W0252910

Périgord Quercy

Dordogne Lot

Domme, rue de la Porte-Delbos.
H. Lenain / hemis.fr

Les microrégions du guide :
(voir la carte à l'intérieur de la couverture ci-contre)

Sommaire

NOS INCONTOURNABLES

ORGANISER SON VOYAGE

COMPRENDRE LA DESTINATION

DÉCOUVRIR LE PÉRIGORD ET LE QUERCY

POUR CHAQUE SITE, RETROUVEZ NOS ADRESSES

1 SARLAT ET LE PÉRIGORD NOIR

2 BERGERAC ET LE PÉRIGORD POURPRE

3 PÉRIGUEUX ET LE PÉRIGORD BLANC

4 BRANTÔME ET LE PÉRIGORD VERT

5 FIGEAC ET LE HAUT QUERCY

6 CAHORS ET LE BAS QUERCY

Nos incontournables

Le château de Castelnaud★★, une vigie au-dessus de la Dordogne *(p. 128)*.

La cathédrale St-Front★★ à Périgueux, étape sur le chemin de St-Jacques-de-Compostelle *(p. 217)*

Une sélection de nos plus beaux sites étoilés.

La grotte du Pech-Merle★★★, bisons et mammouths immortalisés il y a 16 00 ans *(p. 296)*.

Rocamadour★★★, cité médiévale sacrée accrochée à la falaise *(p. 312)*.

La Roque-Gageac★★, un village médiéval se mire dans la Dordogne scintillante *(p. 132)*.

Le pont Valentré★★, une imposante forteresse enjambe le Lot pour protéger Cahors *(p. 386)*.

Sarlat-la-Canédat★★★, un petit bijou médiéval en terre périgourdine *(p. 94)*.

Figeac★★, animée par le souvenir de Champollion et de la célèbre pierre de Rosette *(p. 280)*.

Les jardins d'Eyrignac★★, l'art topiaire dans toute sa splendeur et son originalité *(p. 118)*

Lascaux II★★, la chapelle Sixtine de la préhistoire vous livre ses trésors *(p. 153)*.

Crédits photographiques :
page 4 : A. Chicurel/hemis.fr (haut) ; S. Sonnet/hemis.fr (bas)
page 5 : Cabrol/© Centre de Préhistoire du Pech-Merle, Cabrerets, Lot (haut gauche) ; Rrrainbow/iStock (haut droit) ; Ph. Body/hemis.fr (bas)
page 6 : J.-M. Barrère/hemis.fr (haut) ; P. Jacques/hemis.fr (bas)
page 7 : D. Zylberyng/hemis.fr (haut gauche) ; N. Thibaut/Photononstop (haut droit) ;
Robert Harding Produc/robertharding/age fotostock (bas)

ORGANISER SON VOYAGE

Gabares et canoës-kayaks sur la Dordogne.
D. Caviglia/hemis.fr

Suggestions d'itinéraires

3 JOURS	FIGEAC ET LES DEUX VALLÉES
Circuit au départ de Figeac (env. 100 km)	**1er jour** – Consacrez la matinée à Figeac et visitez le musée Champollion *(p. 285)*. L'après-midi, suivez la vallée du Célé, qui offre une succession de superbes panoramas. Nuit à St-Cirq-Lapopie *(p. 424)* pour profiter du village en soirée : beau moment en perspective ! **2e jour** – Visite de la grotte du Pech-Merle *(p. 296)*, l'une des curiosités phares du Quercy, avec ses gravures et ses peintures préhistoriques. L'après-midi, louez un bateau à Bouziès *(p. 294)* pour naviguer tranquillement sur le Lot. Si le temps ne s'y prête pas, allez faire une excursion urbaine à Cahors *(p. 380)*. Seconde nuit à St-Cirq-Lapopie. **3e jour** – Retour à Figeac en suivant cette fois-ci la vallée du Lot. En chemin, arrêtez-vous au château de Cénevières *(p. 427)*, puis au point de vue du saut de la Mounine *(p. 288)*.
Conseils	L'accès à la grotte du Pech-Merle étant limité, réservez votre billet à l'avance (par téléphone ou sur le site Internet).
4 JOURS	**VALLÉES DE PRÉHISTOIRE**
Circuit au départ des Eyzies-de-Tayac (80 km)	**1er et 2e jours** – Commencez par le musée national de Préhistoire et enchaînez avec le Pôle international de la Préhistoire, tout deux aux Eyzies *(p. 138)*, visitez ensuite la grotte de Font-de-Gaume *(p. 141)*. Le lendemain, complétez vos connaissances en allant voir quelques-uns des abris et gisements de la vallée de la Vézère. Pour changer un peu, rendez-vous à la grotte du Grand Roc *(p. 142)*, où la magie des concrétions opère. **3e jour** – Suivez la vallée de la Beune. Si vous êtes en famille, arrêtez-vous aux grottes du Roc de Cazelle *(p. 144)* avant de filer à l'abri de Cap Blanc *(p. 145)* aux surprenantes sculptures en haut relief. L'après-midi, revenez aux Eyzies et à la vallée de la Vézère pour rejoindre le site de la Madeleine *(p. 146)*, puis la Roque St-Christophe *(p. 160)*, le plus grand ensemble troglodytique d'Europe. **4e jour** – Réservez vos places pour la grotte de Lascaux *(p. 153)*. Passez au Thot pour voir l'espace Cro-Magnon *(p. 159)*. Après un déjeuner à Montignac *(p. 155)*, terminez votre circuit en apothéose en allant admirer les reproductions des plus belles peintures préhistoriques connues à ce jour à Lascaux.
Conseils	Planifiez votre séjour ! Plusieurs sites imposent une réservation longtemps à l'avance, notamment la grotte de Font-de-Gaume ; d'autres ne proposent qu'une seule visite guidée par semaine. Quant aux grottes du Roc de Cazelle, les animations pour les enfants en juillet-août se déroulent l'après-midi (sauf le samedi).

SUGGESTIONS D'ITINÉRAIRES

4 JOURS	BOURIANE, BASSE VALLÉE DU LOT ET QUERCY BLANC
Circuit au départ de Gourdon (env. 200 km)	**1er jour** – Passez la matinée à Gourdon *(p. 305)*, verte capitale de la Bouriane, étape gastronomique et petite cité à l'important patrimoine médiéval. L'après-midi, visitez les grottes de Cougnac *(p. 306)*, qui conservent quelques peintures préhistoriques. Nuit à Gourdon. **2e jour** – Direction le sud-ouest pour un arrêt à l'ancienne bastide de Cazals, puis aux Arques *(p. 303)*. Après avoir déjeuné dans le village attaché au souvenir de Zadkine, prenez un bol d'oxygène en empruntant le sentier qui traverse l'espace naturel sensible de la vallée de la Masse *(p. 304)*. Filez ensuite vers Cahors, faites un crochet à la plage aux ptérosaures à Crayssac *(p. 388)*. Étape à Cahors *(p. 380)*, avec dîner arrosé d'un vin capiteux produit dans la vallée du Lot. **3e jour** – Consacrez la matinée à Cahors. Ensuite, suivez le Lot en direction de Puy-l'Évêque. Petite pause à Luzech *(p. 392)* avant de finir l'après-midi par une promenade en gabare à Puy-l'Évêque *(p. 397)*, où vous passerez la nuit. **4e jour** – Le château fort de Bonaguil *(p. 401)* impressionnera petits et grands ! Filez ensuite vers le sud en direction de Montcuq. Vous voici dans le Quercy blanc *(p. 404)*, avec ses paysages mamelonnés et parsemés de moulins à vent. Arrêtez-vous à Lauzerte, peut-être la plus séduisante bastide du Quercy blanc, où vous déjeunerez. L'après-midi, ralliez Castelnau-Montratier, puis Montpezat-de-Quercy *(p. 410)*.
Conseils	L'A 20, accessible à Caussade, vous permettra de revenir rapidement à Gourdon. La plage aux ptérosaures est ouverte exclusivement en juillet-août.
5 JOURS	**DORDOGNE QUERCYNOISE**
Circuit au départ de Rocamadour (env. 180 km)	**1er jour** – Consacrez la journée à Rocamadour *(p. 312)* et à son site de toute beauté. Visitez le village, admirez-le depuis le point de vue de l'Hospitalet, puis descendez l'après-midi dans la vallée vous offrir une balade rafraîchissante dans l'espace sensible des vallées de l'Ouysse et de l'Alzou. Poussez jusqu'au moulin fortifié de Cougnaguet *(p. 319)*, avant de revenir à Rocamadour, où vous passerez la nuit. **2e jour** – De bon matin, visitez les grottes de Lacave *(p. 334)* pour une leçon de concrétions, puis rejoignez Meyronne *(p. 331)*, village au cœur d'un des coins les plus sauvages de la vallée de la Dordogne, pour apprécier la vue depuis le pont qui traverse la rivière. Finissez la journée par une promenade en canoë au départ de Souillac *(p. 328)*. **3e jour** – Découvrez Martel *(p. 336)*, la « ville aux sept tours », puis montez au puy d'Issolud *(p. 330)*, qui offre une vue étendue sur la vallée. Le temps semble ne pas avoir de prise sur Carennac *(p. 341)*, en balcon sur la Dordogne. Alors, passez-y la soirée et la nuit. **4e jour** – Suivez la rive de la Dordogne jusqu'à Loubressac, avant de vivre d'autres vertiges au gouffre de Padirac *(p. 325)* et au cirque d'Autoire *(p. 364)*, qui révèle un panorama exceptionnel. Étape à St-Céré *(p. 361)*, petite ville tranquille et agréable attachée au souvenir de Jean Lurçat.

	5e jour – Deux visites de châteaux très différents au programme de cette journée : Montal *(p. 370)* et Castelnau-Bretenoux *(p. 368)*. Vous traverserez ensuite une région riche en beaux villages tels Curemonte *(p. 358)*, Collonges-la-Rouge *(p. 350)* et Turenne *(p. 344)* avant de trouver l'A 20.
Conseils	Les loueurs de canoë et certains sites ouvrent seulement pour la saison, d'avril à octobre. Affluence à Padirac ! En juillet-août, il est préférable de venir dès l'ouverture ou après 17h. Pensez aussi à l'option « nocturne » proposée le mardi et le jeudi.
5 JOURS	**PATRIMOINE ET GASTRONOMIE EN PÉRIGORD BLANC ET VERT**
Circuit au départ de Périgueux (env. 280 km)	**1er jour** – Périgueux *(p. 214)* : entre la visite des deux incontournables, la cathédrale St-Front et Vesunna, site-musée gallo-romain de Périgueux, et une promenade sur la voie verte, votre journée sera comblée. **2e jour** – Découvrez l'abbaye de Chancelade *(p. 226)*, puis suivez la vallée de l'Isle jusqu'à Neuvic *(p. 233)*, où vous vous dégourdirez les jambes dans le jardin botanique. Cap ensuite sur Aubeterre-sur-Dronne *(p. 259)* et sa curieuse église monolithe, puis sur Ribérac *(p. 255)*, où vous ferez étape. **3e jour** – Si vous aimez le patrimoine religieux, rendez-vous dans les églises du val de Dronne *(p. 255)* ou du « pays de Bourzac » *(p. 263)*. Sinon, filez au château de Mareuil *(p. 244)* et rejoignez ensuite Brantôme *(p. 242)*. Après la visite de la ville, terminez la journée par un dîner au bord de la Dronne. **4e jour** – Châteaux en diagonale au départ de Brantôme : commencez par vous rendre à Bourdeilles *(p. 248)*, au sud-ouest, puis allez à Puyguilhem *(p. 247)*, au nord-est. Pour varier les plaisirs, déambulations souterraines dans les grottes de Villars *(p. 246)*. Nouvelle nuit à Brantôme. **5e jour** – En partant tôt, St-Jean-de-Côle *(p. 245)* sera tout à vous. Poussez ensuite jusqu'à Thiviers *(p. 246)*, pour des emplettes à la Maison du Foie gras et continuez vers Sorges *(p. 227)* pour une pause truffée. En cours de route pour rentrer à Périgueux, vous pourrez visiter le château des Bories.
Conseils	Les châteaux de Mareuil, de Ribérac et des Bories sont ouverts seulement en juillet-août.

Types de séjour

Voir également les « Routes thématiques », p. 24.

NATURE	
Parcs naturels et espaces naturels sensibles	Les amoureux de la randonnée *(p. 24)* iront en priorité vers le Parc naturel régional Périgord-Limousin *(p. 266)* ou le Parc naturel régional des Causses du Quercy *(p. 300)*. Périgord et Quercy comptent aussi plusieurs espaces naturels sensibles : étang de la Jemaye *(p. 235)* et de St-Estèphe *(p. 267)*, vallée de la Masse *(p. 304)*, forêt de la Braunhie *(p. 301)*, landes du Frau *(p. 310)*, vallées de l'Ouysse et de l'Alzou *(p. 318)*.
Jardins	Particulièrement nombreux dans le Périgord : jardins d'eau de Sarlat *(p. 107)*, d'Eyrignac *(p. 118)*, de Marqueyssac *(p. 130)*, de l'Imaginaire *(p. 172)*, de Sardy *(p. 209)*, Tranquilles *(p. 248)* et parc botanique de Lostanges *(p. 358)*. Sans oublier les parcs et jardins des châteaux : Losse *(p. 159)*, Hautefort *(p. 174)* et Jumilhac-le-Grand *(p. 272)*.
Grottes et gouffres	Difficile de se lasser du spectacle des concrétions naturelles des grottes et de la féerie des gouffres : Tourtoirac *(p. 176)*, le Grand Roc *(p. 142)*, Lacave *(p. 334)*, Maxange *(p. 204)* ; gouffres de Proumeyssac *(p. 170)* et de Padirac *(p. 325)*.
CULTURE	
Vestiges préhistoriques	Grottes peintes, abris et gisements, gravures et sculptures : le Périgord possède la plus importante collection de vestiges préhistoriques en Europe : Cap Blanc *(p. 145)*, les Combarelles *(p. 144)*, Font-de-Gaume *(p. 141)*, Pech-Merle *(p. 296)*, Villars *(p. 246)*, sans oublier le musée national de Préhistoire aux Eyzies *(p. 138)* et, bien sûr, Lascaux *(p. 153)*.
Églises et abbayes	Cathédrales de Sarlat *(p. 97)*, Périgueux *(p. 217)* et Cahors *(p. 381)*. Abbayes de St-Amand-de-Coly *(p. 157)*, Cadouin *(p. 202)*, Chancelade *(p. 226)* et Beaulieu-en-Rouergue *(p. 417)*. Église monolithe d'Aubeterre *(p. 259)*, églises de Souillac *(p. 328)*, St-Pierre à Beaulieu-sur-Dordogne *(p. 355)*, Assier *(p. 372)* et St-Léon-sur-Vézère *(p. 160)*.
Châteaux et forteresses	Impossible de chiffrer avec exactitude le nombre de châteaux et de manoirs élevés ici entre le Moyen Âge et la Renaissance en Périgord. Parmi eux : Fénelon *(p. 107)*, Puymartin *(p. 113)*, Beynac-et-Cazenac *(p. 120)*, Castelnaud *(p. 128)*, Commarque *(p. 150)*, Losse *(p. 159)*, Hautefort *(p. 174)*, Monbazillac *(p. 185)*, Lanquais *(p. 194)*, Biron *(p. 200)*, Puyguilhem *(p. 247)*, Bourdeilles *(p. 248)*, Jumilhac-le-Grand *(p. 272)*. Le Quercy n'est pas en reste : Bonaguil *(p. 401)*, Castelnau-Bretenoux *(p. 368)*, Montal *(p. 370)*, Cénevières *(p. 427)*.
LOISIRS	
Canoter	Sur la Dordogne, à Beynac-Cazenac *(p. 120)*, La Roque-Gageac *(p. 132)* et Domme *(p. 123)* ; sur la Vézère, aux Eyzies *(p. 138)* ; sur l'Isle, à Neuvic *(p. 233)* ; sur la Dronne, à Aubeterre *(p. 259)* ; dans les gorges de l'Aveyron, à St-Antonin-Noble-Val *(p. 414)* ; sur le Célé, à St-Cirq-Lapopie *(p. 424)*.
Naviguer	Lot, Dordogne, Célé et Isle se prêtent aux promenades commentées en gabarre, aux croisières, à la navigation en bateau électrique ou en bateau habitable : Beynac-et-Cazenac *(p. 120)*, La Roque-Gageac *(p. 132)*, Bergerac *(p. 180)*, Neuvic *(p. 233)*, Brantôme *(p. 242)*, Marcilhac-sur-Célé *(p. 288)*, Cahors *(p. 380)*, Luzech *(p. 392)*, Puy-l'Évêque *(p. 397)*.

Aller en Périgord et en Quercy

Par la route

LES GRANDS AXES

La région est traversée du nord au sud par l'**A 20** (axe Paris-Toulouse) et d'ouest en est par l'**A 89** (axe Bordeaux-Clermont-Ferrand-Lyon). L'A 62 (axe Bordeaux-Toulouse) est reliée à l'A 20 au sud de Montauban.

www.autoroutes.fr – Informations autoroutières (trafic, péages, etc.).

CARTES ET SITE MICHELIN

Carte de France 721.
Cartes Région 525 (Midi-Pyrénées) et **522** (Auvergne, Limousin).
Cartes Départementales 336 (Gers, Lot-et-Garonne)**, 337** (Lot, Tarn-et-Garonne) et **338** (Aveyron, Tarn).
www.ViaMichelin.fr – Site d'aide à la mobilité proposant calcul d'itinéraires, info trafic, météo… tout pour préparer votre voyage.

DISTANCES EN KM	Bergerac	Bordeaux	Brantôme	Cahors	Figeac	Périgueux	Rocamadour	St-Cirq-Lapopie	Sarlat	Toulouse
Bergerac	–	119	76	112	210	49	171	143	77	206
Bordeaux	119	–	153	247	297	137	258	292	198	243
Brest	743	630	630	833	828	760	790	849	798	883
Cahors	112	247	198	–	70	173	70	34	72	112
Figeac	210	297	193	70	–	168	46	45	102	163
Lille	756	786	697	792	787	708	749	808	755	895
Lyon	483	566	465	466	461	441	423	482	429	537
Marseille	609	646	619	516	427	595	473	451	584	405
Nantes	396	333	333	534	529	414	491	552	497	567
Nice	773	810	783	680	591	759	637	615	748	569
Paris	540	570	481	576	571	492	533	591	538	679
Périgueux	49	137	27	173	168	–	130	186	66	275
Rocamadour	171	258	154	70	46	130	–	74	64	171
Sarlat	77	198	93	72	102	66	64	90	–	180
Strasbourg	885	971	823	870	865	845	810	886	833	971
Toulouse	206	243	300	112	163	275	171	131	180	–

Le guide MICHELIN

À dévorer d'urgence

Plus de **8750 adresses** dans toute la France.
Disponible sur la boutique Michelin : **www.michelin-boutique.com,**
dans toutes les bonnes librairies et autres points de vente.

MICHELIN
Une meilleure façon d'avancer

En train

LE RÉSEAU GRANDES LIGNES

Aucun TGV ne dessert directement la région : la correspondance avec le réseau TGV s'effectue aux gares de Libourne, Bordeaux-St-Jean, Montauban ou Toulouse-Matabiau.

Cahors et **Figeac** sont reliées quotidiennement à Toulouse (1h30 env.) et à Paris (5h env.) ; de Paris-Austerlitz, un train de nuit dessert Figeac, Cahors et Toulouse.

Pour rallier **Sarlat et sa région**, ceux qui choisissent l'option train + location de voiture peuvent descendre en gare de Brive-la-Gaillarde.

Pour rallier **Périgueux** depuis la capitale (4h15/5h15 de trajet), il faudra changer à Limoges ou à Libourne/Bordeaux-St-Jean.

Il est également possible de prendre le TGV jusqu'à Angoulême, puis le bus *(ligne Transpérigord Angoulême-Périgueux via Brantôme, durée 4 h 30, 2 €, ✆ 05 53 08 43 13, www.transperigord.fr).*

Info et réservations – ✆ 36 35 (0,34 €/mn) - www.voyages-sncf.com.

LES TRAINS EXPRESS RÉGIONAUX

Périgueux est reliée directement à Brive-la-Gaillarde, Agen, Limoges et Bordeaux ; **Bergerac** et **Sarlat** le sont à Bordeaux.

Cahors, **Figeac** et **Souillac** sont sur les lignes qui desservent Toulouse et Brive.

Rocamadour est accessible en train depuis Figeac et Brive.

Info et réservations – www.ter-sncf.com.

En avion

LES AÉROPORTS DE LA RÉGION

Aéroport de Bergerac-Dordogne-Périgord – ✆ 05 53 22 25 25 - www.bergerac.aeroport.fr. Liaisons avec Paris (Twin Jet) et avec le Benelux (Ryanair).

Brive-Vallée de la Dordogne – 3 km à l'ouest de Brive - ✆ 05 55 22 40 00 - www.aeroport-brive-vallee-dordogne.com. Liaisons avec Paris (3/j en semaine ; Hop !).

Aéroport Périgueux-Bassillac – ✆ 05 53 02 79 79 - www.agglo-perigueux.fr. Liaisons avec Paris (2/j en semaine assurées par Twinjet).

Aéroport de Toulouse-Blagnac – ✆ 0825 380 000 (0,15 €/mn)- www.toulouse.aeroport.fr. La desserte aérienne la plus importante. Nombreux vols quotidiens pour Paris Orly (Air France et Easy Jet) ou Paris CDG (Air France), et de grandes villes françaises (Bastia, Dijon, Lille, Lyon, Metz, Nantes, Nice, Rennes, Strasbourg ; compagnies Air France, Easy Jet, Hop ! ou Twin Jet).

Chaque aéroport dispose de services de taxis et de bureaux de locations de véhicules. Une navette assure la liaison avec le centre-ville et la gare routière de Toulouse.

Avant de partir

Le bon moment pour partir

Été – C'est la meilleure saison pour partir, même s'il fait parfois très chaud (entre 25 °C et 35 °C), car bien des sites sont fermés hors saison. En août, les orages viennent parfois rafraîchir l'atmosphère. Préférez juin et septembre pour échapper à la foule de touristes. L'affluence touristique atteint son pic en juillet et en août. Les routes de la vallée de la Dordogne sont alors souvent embouteillées.

Printemps et automne – Ces deux saisons intermédiaires sont douces mais pluvieuses (c'est souvent en avril et en mai qu'il pleut le plus).

Hiver – Dans l'ensemble de la région, la saison froide reste clémente : les températures descendent rarement en dessous de zéro, la neige est peu fréquente. La plupart des sites de la Dordogne restent ouverts à la visite, en revanche, même autour de Rocamadour et de la grotte du Pech-Merle, beaucoup d'établissements du Lot ferment de novembre à mars.

MÉTÉO

Services téléphoniques de Météo France – ✆ 3250 (2,99 €/appel) suivi de :

1 – météo d'une commune ou d'un département ;

2 – météo du prochain week-end ;

6 – météo des routes.

Accès aux prévisions du département – ✆ 0 899 71 02 suivi du n° du département (2,99 €/ appel).

En ligne : **www.meteo.fr**.

Adresses utiles

INSTITUTIONS

Comités régionaux de tourisme

Aquitaine – 4-5 pl. Jean-Jaurès - CS31759 - 33074 Bordeaux Cedex - ✆ 05 56 01 70 00 - www.tourisme-aquitaine.fr.

Midi-Pyrénées – 15 r. Rivals CS 78543 - 31685 Toulouse Cedex 6 - ✆ 05 61 13 55 55 - www.tourisme-midi-pyrenees.com.

Comités départementaux de tourisme (CDT) et agences de développement touristique (ADT)

Dordogne-Périgord – 25 r. du Prés.-Wilson - BP 40032 - 24002 Périgueux Cedex - ✆ 05 53 35 50 24 - www.dordogne-perigord-tourisme.fr.

Lot Tourisme – 107 quai Cavaignac - CS 90007 - 46001 Cahors Cedex 9 - ✆ 05 65 35 07 09 - www.tourisme-lot.com.

Corrèze Tourisme – 45 quai Aristide-Briand - 19000 Tulle - ✆ 05 55 29 98 78 - www.vacances-en-correze.net.

Maison de pays à Paris

Maison Aquitaine – 21 r. des Pyramides - 75001 Paris - ✆ 01 55 35 31 42 - www.maisonaquitaine.com - lun.-vend. : 10h-18h30. Située entre le Louvre et l'Opéra (M° Pyramides), elle présente les savoir-faire, l'art de vivre et les cultures de la région à travers des expositions ; bibliothèque et espace multimédia.

Offices de tourisme

Les adresses des offices de tourisme et des syndicats d'initiative des villes et sites décrits dans ce guide sont précédées du symbole ℹ dans la partie « Découvrir ».

LABEL

Fédération des stations vertes de vacances – ☏ 03 80 54 10 50 - www.stationverte.com.

TOURISME DES PERSONNES HANDICAPÉES

Le symbole ♿ signale les sites accessibles aux personnes à **mobilité réduite**.

Accessibilité des infrastructures touristiques

Consultez les sites labellisés **Tourisme et Handicap** sur le site www.franceguide.com, rubrique « Tourisme et Handicap ».
Association Tourisme et Handicaps – ☏ 01 44 11 10 41 - www.tourisme-handicaps.org.

Accessibilité des transports

Train – Un guide gratuit *Mobilité réduite* est disponible dans les gares et boutiques SNCF.
SNCF Accès Plus – ☏ 0 890 640 650 (0,11 €/mn, 7h-22h) - www.accessibilite.sncf.fr. Service gratuit facilitant le voyage des personnes handicapées, disponible sur réservation 48h avant le départ.

Se loger

NOTRE SÉLECTION

Retrouvez notre sélection d'hébergements dans « Nos adresses à… » située en fin de description des principaux sites de la partie « Découvrir ». Les établissements sont classés par catégories de prix *(voir tableau p. 20)*. Les tarifs communiqués, prix minimal et maximal pour une chambre double, sont ceux pratiqués en haute saison.
Si vous partez pendant les mois d'été, il est vivement conseillé de réserver à l'avance vos chambres d'hôte ou vos nuitées dans les hôtels. Sarlat, le Périgord noir et Rocamadour attirent le plus de visiteurs. Par ailleurs, l'offre dans le bas Quercy est limitée.

Les hôtels

Nous indiquons les prix à la nuitée, ainsi que celui du petit déjeuner s'il n'est pas inclus dans le tarif. Certains établissements assurent un service de restauration également accessible à la clientèle extérieure.
Pour un choix plus étoffé, reportez-vous au **Guide Michelin France**.

Les chambres d'hôte

Pour leur rapport qualité-prix et le contact avec l'habitant, elles constituent le mode d'hébergement à privilégier.
Les prix, mentionnés à la nuit, incluent le petit déjeuner. Certains propriétaires proposent aussi une **table d'hôte**, en général le soir, réservée aux résidents de la maison.

HÉBERGEMENT RURAL

Fédération nationale des gîtes de France et du tourisme vert – ☏ 01 49 70 75 85 - www.gites-de-france.com. Cet organisme donne les adresses des relais départementaux et publie des guides sur les différentes possibilités d'hébergement en milieu rural (gîtes, chambres et tables d'hôte, campings à la ferme).
Bienvenue à la ferme – ☏ 01 53 57 11 50 - www.bienvenue-a-la-ferme.com. Ce guide propose par régions et par départements des fermes-auberges, campings à la ferme, fermes de séjour…

AUBERGES DE JEUNESSE

Fédération unie des auberges de jeunesse (Fuaj) – 27 r. Pajol - 75018 Paris - ☏ 01 44 89 87 27 - www.fuaj.org. Auberge à Beaulieu-sur-Dordogne, Cadouin et Cahors.

Ma route des vacances

avec les cartes MICHELIN

118 ZOOM France

118

MICHELIN

Périgord Quercy

NOS CATÉGORIES DE PRIX		
	Hébergement	**Restauration**
Premier prix	jusqu'à 80 €	jusqu'à 20 €
Budget moyen	de 80 € à 120 €	de 20 € à 40 €
Pour se faire plaisir	de 120 € à 160 €	de 40 € à 60 €
Une folie	plus de 160 €	plus de 60 €

CAMPING

Ils sont très nombreux dans la région, le camping étant plébiscité par beaucoup de visiteurs. Là encore, la réservation en période estivale est vivement conseillée.
Consultez le **Guide Camping France et hôtellerie de plein air**, qui propose tous les ans une sélection de terrains.

LOCATION DE BATEAUX HABITABLES

La location de « bateaux habitables » (sans permis), aménagés en général pour six à huit personnes, permet une approche insolite du Lot, navigable sur 75 km entre Luzech et Cénevières.

BabouMarine – Port St-Mary - 46000 Cahors - ✆ 05 65 30 08 99 - www.baboumarine.com.

Le Boat – Le Grand Bassin - BP 1201 11492 - Castelnaudary - ✆ 04 68 94 42 80 - www.leboat.fr.

Lot Navigation – Port de Bouziès - 46330 Bouziès - ✆ 05 53 84 72 50 - www.lot-navigation.com.

Les Canalous – Route de Caïx - 46140 Luzech - ✆ 03 85 53 76 74 - www.canalous-plaisance.fr.

Se restaurer

Retrouvez notre sélection de restaurants dans « Nos adresses à… », en fin de description des principaux sites de la partie « Découvrir ». Nous vous proposons des restaurants régionaux, classiques et gastronomiques, mais aussi des adresses où faire une petite pause.
Les établissements sont listés par catégories de prix *(voir le tableau ci-dessus)*, sur la base tarif minimal/maximal en haute saison.
Rendez-vous sur le site **restaurant.michelin.fr** pour une offre plus étendue.

BISTROTS DE PAYS

En Aquitaine, vous verrez affiché sur certaines devantures de café ou de restaurant « Café de pays » ou « Assiette de pays ». Ces marques signalent des établissements, ouverts toute l'année et situés dans de petits villages (moins de 2 000 habitants) qui portent une attention particulière à l'accueil et aux saveurs locales. Ils servent de relais d'informations disposant de documentation touristique ; ce sont aussi des lieux de vie, assurant un programme d'animations tout au long de l'année. D'autre part, ils mettent à l'honneur les produits du terroir en vitrine ou dans une assiette soigneusement composée.
www.bistrotdepays.com.

Sur place de A à Z

Pour obtenir de la documentation traitant des différentes activités à pratiquer, s'adresser aux **comités départementaux** et **comités régionaux** de tourisme *(voir p. 17)*.
Certaines brochures sont téléchargeables sur le Web.

BAIGNADE

Elle se pratique dans les rivières comme dans les bases de loisirs.
http://baignades.sante.gouv.fr – Pour connaître la qualité de l'eau.
Inf'eau loisirs – 0 805 46 46 00 (n° gratuit) - www.lot.fr (rubrique environnement et qualité de l'eau). Bilan quotidien de la qualité de l'eau des rivières du Lot.

CANOË-KAYAK

Le département de la Dordogne est la première destination de France pour la pratique du canoë, notamment sur la Vézère, l'Isle, la Dronne et l'Auvézère.
Dans le Quercy, le Célé, ombragé et souvent bordé de parois rocheuses, est un petit paradis pour les amateurs.
Vous pourrez partir plusieurs jours durant sur le Lot, plus paisible, ou sur la Dordogne (parcours plus sportifs dans sa partie lotoise).
« Types de séjour » *(voir p. 13)*.

ESCALADE

Quelques sites d'escalade du côté de Bourdeilles et près de Sarlat, dans le Périgord noir, sans oublier la via ferrata des jardins de Marqueyssac *(voir p. 130)*. Dans le Quercy, les falaises calcaires du Lot, jusqu'à la confluence avec le Célé, attirent les grimpeurs.
Par ailleurs, dans un département aussi boisé que la Dordogne, l'**Accrobranche** ne cesse de se développer. Le site Internet du tourisme en Périgord et Dordogne *(voir p. 17)* y consacre une rubrique.

FOIE GRAS

Les **stages** de préparation du foie gras se déroulent le week-end ou en semaine durant 2 ou 3 jours, à la saison du gras (d'octobre à mars). Les personnes désirant apprendre à confectionner le foie gras, le confit, le cou farci, etc., sont reçues dans des fermes, gîtes ou hôtels. Le prix du stage comprend généralement l'initiation (découpe, transformation et conservation), les repas et l'hébergement, mais pas l'achat de l'oie ou du canard.
Des offres de stages sont proposées sur les sites Internet touristiques du Lot *(voir p. 17)* et de la Dordogne *(voir p. 17)*.

MARCHÉS

Marchés des producteurs de pays – Les producteurs fermiers se regroupent sur des marchés, assurant ainsi eux-mêmes la promotion de leurs produits de qualité.
www.marches-producteurs.com.
Marchés de nuit – Ils ne sont pas toujours reconduits d'une année sur l'autre, mais se tiennent certains jours de l'été à Cahors, Figeac, Paunat, Périgueux, St-Avit, St-Céré… Renseignez-vous auprès des offices de tourisme.

PÊCHE

Eaux à salmonidés (truites) – Classées en 1re catégorie, elles occupent le cours supérieur des rivières importantes, notamment au lac du Tolerme, à

Sénaillac-Latronquière, et au plan d'eau de Dégagnac.
Eaux à cyprinidés (ablette, barbeau, brème, carpe, gardon, tanche) – Classées en 2e catégorie, elles occupent les cours moyen et inférieur des rivières, le lac du Causse (Lissac-sur-Couze), le lac du Rosier (Coursac) et le lac de St-Sernin (Montcuq).
www.federationpeche.com.

RANDONNÉE CYCLISTE

En Dordogne

29 circuits sur route et des voies vertes : Thiviers-St-Pardoux, Sarlat-Cazoulès, vallée de l'Isle et du Céou. Carte en téléchargement sur le site Internet du tourisme du Périgord et de la Dordogne *(voir p. 17)*. Côté VTT, en dehors des sentiers de randonnée, 5 circuits ont été tracés dans la forêt du vignoble près de Mussidan. Vous pouvez aussi louer des vélos à assistance électrique pour des circuits dans le Périgord noir *(www.rouelib.fr)*.
Qu'il s'agisse de randonnées à vélo, à pied, à cheval ou en canoë, le site Internet du **conseil général de la Dordogne** fourmille d'informations et de conseils utiles : http://rando.cg24.fr.

Dans le Lot

Le département compte plus de 60 km de voies sécurisées, notamment le long des vallées de la Dordogne et du Lot.
Aux voies vertes (Cahors-Albas, Albas-Fumel et Aiguillon-Fumel),

MARCHÉS	Cèpes (août-nov.)	Noix (oct.-nov.)	Châtaignes (oct.-nov.)	Foie gras (nov.-mars)	Truffes (déc.-mars)
Belvès		merc.			
Brantôme				vend.	
Cahors				sam.	
Excideuil				jeu.	jeu.
Lalbenque					mar.
Limogne-en-Quercy					vend.
Martel				merc., sam.	merc., sam.
Monpazier	tlj, suivant poussée				
Montignac		merc.			
Périgueux				merc., sam.	merc., sam.
Ribérac		vend.		vend.	
Ste-Alvère					lun.
Sarlat-la-Canéda				sam.	sam.
Sorges					dim.
Thiviers				sam.	
Villefranche-du-Périgord	tlj, suivant poussée		sam.		

SEPT GRANDES VILLES
FORMAT POCKET
ROME DANS
LA POCHE
SE RESTAURER
FAIRE UNE PAUSE
SHOPPING
SORTIR
RCS 433 677 721 00030
ROME . NEW YORK . VENISE . LONDRES . BARCELONE
PARIS . MARSEILLE
MICHELIN
ROME
en un coup d'œil
Anguillara
Piazza S. Sonnino
53
V. dei Salumi
MICHELIN
Une meilleure façon d'avancer

s'ajoutent une quarantaine de circuits VTT et plus de 35 idées de promenades à vélo. Fiches téléchargeables sur le site Internet de Lot Tourisme *(voir p. 17)*.

RANDONNÉE ÉQUESTRE

Le Comité départemental du tourisme de la **Dordogne** *(voir p. 17)* édite une carte gratuite « Périgord à cheval » pour repérer les itinéraires.
Le **Lot**, quant à lui, possède un réseau de 1 500 km de sentiers balisés, pour beaucoup dans le PNR des Causses du Quercy.
www.ffe.com.

RANDONNÉE PÉDESTRE

Le site Internet du tourisme du Périgord et de la **Dordogne** *(voir p. 17)* référence 35 plans guides de randonnées (2,30/2,50 €, cartographie en téléchargement). Pensez aussi à consulter le site du conseil général de la Dordogne *(voir p. 22)*.
Sur son site Internet, **Lot Tourisme** *(voir p. 17)* recense les GR sillonnant le département et près de 130 propositions de circuits de promenade et randonnée, téléchargeables gratuitement.

GR et PR

GR 6 – Le Périgord et le Quercy de Monbazillac à Figeac, via Les Eyzies-de-Tayac-Sireuil.
GR 36 – La « Traversée du Périgord » sillonne les routes de Dordogne de Mareuil à Monbazillac (départ de Puymoyen), puis celles du Lot de Castillonnès à Cahors.
GR 46 – Le « Tour des gorges de l'Aveyron » emprunte les routes du Lot de Cahors à Beauregard, puis celles du Tarn-et-Garonne et du Tarn de Loze à Penne.
GR 65 – Le « Sentier de St-Jacques » traverse la partie sud-est du Quercy, de Montredon à Cahors (départ de Conques) ; puis la partie sud-ouest, de Cahors à Moissac.

Les sentiers de **petite randonnée** (PR) sont destinés aux marcheurs d'un jour. Au départ des circuits en Dordogne, des balisages indiquent la durée de la promenade:
Bleu – Jusqu'à 2h.
Jaune – De 2h15 à 3h45.
Vert – De 4h à 6h.

Autres itinéraires

En Dordogne, vous pourrez suivre quatre **voies vertes** *(voir « Randonnée cycliste », p. 22)*.
Dans le Lot, le **chemin de halage** entre Bouziès et St-Cirq-Lapopie est aussi agréable.
Le **Parc naturel régional des Causses du Quercy** édite un topoguide comprenant 27 circuits (de 6 à 16 km).

ROUTES THÉMATIQUES

« Types de séjour », p. 13.

Architecture

Route des églises romanes du Ribéracois – Route reliant une quarantaine d'églises fortifiées à coupoles. Rens. à l'office du tourisme de Ribérac *(voir p. 255)*.
Sentiers romans en Quercy blanc – Églises, chapelles et croix des cantons de Castelnau-Montratier et de Montcuq. Livret en vente (2 €) dans les offices du tourisme de Castelnau-Montratier *(voir p. 404)* et de Montcuq *(voir p. 405)*.
www.pays-des-bastides.com – Pour ne manquer aucune des bastides et des cités médiévales du sud de la Dordogne.

Métiers d'art

En Périgord – ✆ 05 53 31 56 23 - www.artisanat24.com/metiers_art. 4 parcours regroupent une soixantaine d'ateliers : horlogers, luthiers, relieurs, tailleurs de pierre, dinandiers, souffleurs de verre, potiers, couteliers, maroquiniers…
Dans le Lot – ✆ 05 65 35 13 55 - www.tourisme-lot.com. La route

regroupe près d'une trentaine d'ateliers d'artisans d'art (potiers, ébénistes, maîtres verriers…).

Histoire

Routes de St-Jacques en Limousin – www.chemin-de-st-jacques-voie-de-rocamadour-limousin-haut-quercy.fr. L'itinéraire secondaire menant à St-Jacques traverse le haut Quercy, le pays de Collonges-la-Rouge et la vallée de la Dordogne.

Route des marches du Quercy – www.vacances-en-correze.net. De Capdenac à Brive, cette route parcourt 3 régions riches en châteaux et en édifices religieux depuis le haut Moyen Âge, autrefois aux confins du duché d'Aquitaine et des possessions du comte de Toulouse.

Gastronomie

Route des vins de Bergerac – routedesvinsdebergerac.jimdo.com. Pour découvrir les vignobles produisant 13 AOC; 140 vignerons participants.

Route de la noix du Périgord – www.noixduperigord.com. Corne, marbot, grandjean ou franquette, à vous de voir quelle AOP vous préférez en parcourant les quatre itinéraires proposés dans le bassin nucicole (Dordogne, Corrèze et Lot).

SOUVENIRS

Pour le palais

Douceurs – Ici, la **noix** s'utilise sous de multiples formes, surtout dans les pâtisseries : croquants aux noix (on en trouve à Rocamadour), arlequines de Carlux, bouchées aux noix, nogaillous du Périgord…

Fromages – Le **cabécou**, célèbre petit fromage de chèvre du Quercy, bénéficie depuis 1996 d'une AOC sous le nom de **rocamadour**.

Foie gras et confits – Foie gras d'oie ou de canard, cuisses de confit, cou farci, magret fumé…

Truffes – Cet « or noir » parfumera le moindre de vos plats, même si son coût exorbitant vous fera peut-être acheter seulement des pelures (peau de la truffe dégageant un parfum et un goût prononcés).

Boissons alcoolisées – Le **vignoble du Bergeracois**, avec ses 13 AOC, propose toute une gamme de vins, dont le monbazillac, vin liquoreux. À tester aussi, le vin de Domme, moins connu.

Le **vignoble de Cahors**, également AOC, offre des vins rouges de caractère. Plus au sud, l'AOC coteaux-du-quercy est un vin à découvrir.

Pour la maison

Périgord et Quercy sont des terres d'inspiration pour les artistes et artisans. Ils sont connus des offices de tourisme et référencés dans des catalogues de métiers d'art *(voir ci-contre)*.

Nontron a mis en place un pôle expérimental des métiers d'art *(voir p. 265)* où les artistes du nord du Périgord exposent et vendent une sélection de leur travail.

SPÉLÉOLOGIE

L'essentiel des sites se trouve sous les causses du Quercy (Rocamadour, Thémines, Caniac-du-Causse, Gramat et Le Bastit).

Fédération française de spéléologie – ✆ 04 72 56 09 63 - www.ffspeleo.fr.

VILLES ET PAYS D'ART ET D'HISTOIRE

Ce réseau propose des visites générales ou thématiques (1h30 ou plus) conduites par des guides conférenciers ou des animateurs du patrimoine agréés par le ministère de la Culture. Cahors, le pays de la vallée de la Dordogne, Figeac, Bergerac, Périgueux et Sarlat ont reçu cette distinction.

♿ www.vpah.culture.fr.

En famille

Nous avons sélectionné des sites ou activités qui intéresseront les enfants *(voir tableau ci-dessous)*. Vous les repérerez dans la partie « Découvrir » grâce au symbole .

AUTRES PISTES

Randoland

Destinés aux familles avec enfants de 4 à 12 ans, ces circuits en forme de jeux de piste font visiter un château, un village ou le centre historique d'une ville de façon ludique (1,95 € en téléchargement) : 17 possibilités en Dordogne, 2 dans le Lot (Preyssac et Martel), ainsi qu'en Corrèze (Collonges-la-Rouge). www.randoland.fr.

Dans le Périgord

Dans « Le coin des enfants », sur la page d'accueil de son site Internet, **Dordogne Périgord Tourisme** liste une série d'activités destinées aux enfants, de l'initiation aux fouilles préhistoriques aux jeux de piste, en passant par toutes sortes d'ateliers créatifs. www.dordogne-perigord-tourisme.fr.

Dans le Lot

Des brochures recensant les activités destinées aux enfants sont éditées chaque année : *Guide des P'tits bouts* à Gourdon, *Guide famille* à Cahors et dans le PNR des Causses du Quercy, *Pitchou guide* à Figeac. Cette dernière localité arbore le label « Station Kid », qui récompense la qualité de l'accueil, des activités, des équipements et de l'animation.

Villes et Pays d'art et d'histoire

Le réseau des Villes et Pays d'art et d'histoire *(voir p. 25)* propose pour les enfants des **visites découverte** et des **ateliers du patrimoine** le mercredi, samedi et pendant les vacances scolaires. En juillet-août, dans le cadre de l'opération « L'Été des 6-12 ans », ces activités sont également proposées pendant la visite des adultes.

SITES OU ACTIVITÉS À FAIRE EN FAMILLE

Chapitres	Nature	Musées et sites	Loisirs
Les Arques	Espace naturel sensible de la vallée de la Masse		
Aubeterre-sur-Dronne			Canoë
Beaulieu-sur-Dordogne	Parc botanique de Lostanges	Musée de l'Homme de Neandertal	
Belvès		Habitations troglodytiques, filature	
Bergerac		Château de Bridoire	Balade en gabarre, Aqua Park

EN FAMILLE

SITES OU ACTIVITÉS À FAIRE EN FAMILLE			
Chapitres	**Nature**	**Musées et sites**	**Loisirs**
Beynac-et-Cazenac		Château, parc archéologique	Balade en gabarre, canoë
Château de Bonaguil		Animations médiévales (été)	
Brantôme		Grotte de Villars	Vélo-rail du Périgord, voie verte
Le Bugue	Aquarium du Périgord noir	Village du Bournat, gouffre de Proumeyssac	
Cadouin	Jardins panoramiques à Limeuil	Grotte de Maxange	
Cahors		Plage aux ptérosaures de Crayssac	Accrobranche, croisière sur le Lot
Château de Castelnaud		Animations médiévales (été)	
Caylus	Phosphatières du Cloup d'Aural		
Château de Commarque		Animations (été)	
Domme			Canoë
Excideuil		Papeterie de Vaux	
Les Eyzies-de-Tayac-Sireuil		Préhisto Parc, Roc de Cazelle, maison forte de Reignac, Abri de Cro Magnon	Canoë
Figeac		Musée Champollion	Domaine de loisirs du Surgié
Gourdon	Espace naturel sensible des landes de Frau	Musée agricole et automobile	
Labastide-Murat	Forêt de la Braunhie, animations du Parc naturel régional des Causses du Quercy		
Grottes de Lacave		Site Préhistologia	
Grotte de Lascaux		Lascaux, Regourdou	
Marcilhac		Écomusée de Cuzals	

SITES OU ACTIVITÉS À FAIRE EN FAMILLE			
Chapitres	**Nature**	**Musées et sites**	**Loisirs**
Jardins de Marqueyssac	Animations		Initiation à l'escalade via ferrata
Martel		Reptiland	
Monpazier		Château de Biron	
Montignac	Forêt Barade	Le Thot, la Roque St-Christophe	L'Appel de la Forêt
Neuvic	Parc botanique		Grand étang de la Jemaye
Nontron	Roc Branlant		Étang de St-Estèphe, Lud'eau vive
Grotte du Pech-Merle	Site naturel		
Périgueux		Visites guidées de la ville, musée d'Art et d'Archéologie, Vesunna	
Quercy blanc		Découverte du patrimoine	
Ribérac		Moulin de la Pauze	Parc de loisirs du Paradou
Rocamadour	Espace naturel sensible de la vallée de l'Ouysse et de l'Alzou	Rocher des Aigles, Forêt des Singes, parc animalier de Gramat	
La Roque-Gageac			Gabarre, canoë
Rouffignac		Grotte	Jacquou Parc
Saint-Cirq-Lapopie			Plage, canoë
Sarlat-la-Canéda	Réserve zoologique de Calviac	Visites guidées de la ville	
Sarladais	Château des Milandes (fauconnerie)	Château de Fénelon, cabanes du Breuil	Canoë, Airparc
Souillac	Espace naturel sensible du Couasne de Floirac	Musée national de l'Automate	Canoë
Terrasson-Lavilledieu		Jardins de l'Imaginaire, Bovetti Musée du chocolat	
Turenne	Gouffre de Fage		
Vendoire		Maison des Tourbières	

LE CARNET - *Le guide de toutes vos envies*

Détours enfantins

Bouillon de culture

Rencontre terroir

Michelin crée « Le Carnet » une série de guides qui vous offre un autre regard sur 6 régions de France. Leurs pages vous font découvrir ou re-découvrir des lieux de culture, de terroir, de spectacles et d'activités sportives. Vous bénéficiez aussi des conseils avisés de personnalités locales : ostréiculteurs, écrivains, vignerons, surfeurs...
Autant d'invitations à vivre vos vacances au rythme de vos envies.

MICHELIN
Une meilleure façon d'avancer

Mémo

Agenda

Voici les principales manifestations dont la réputation n'est plus à faire, mais bien d'autres festivités animent la région toute l'année. Elles sont à découvrir dans les carnets d'adresses de la partie « Découvrir ».

PENTECÔTE

Sarlat – Fête de la Ringueta *(voir p. 105)*.

JUILLET

Cahors – Cahors Blues Festival *(voir p. 391)*.
Cajarc – Africajarc *(voir p. 291)*.
Gourdon – Rencontres estivales de musique de chambre *(voir p. 311)*.
Monpazier – Fête du livre *(voir p. 201)*.
Périgueux (et diverses localités de Dordogne) – Musiques de La Nouvelle-Orléans en Périgord *(voir p. 232)*.
Périgord – La Félibrée (1er dim.) : fête de la langue et de la civilisation occitanes. Chaque année, une ville différente accueille cette fête.
Ribérac – Le Grand Souk *(voir p. 258)*.
Souillac – Souillac en jazz *(voir p. 333)*.
Terrasson-Lavilledieu – Festival Les chemins de l'imaginaire *(voir p. 173)*.

JUILLET-AOÛT

Bergerac et sa région – Festival L'Été musical en Bergerac *(voir p. 191)*.
Figeac – Festival de théâtre *(voir p. 291)*.
Quercy blanc – Festival du Quercy blanc et des Arts vivants *(voir p. 409)*.
Sarlat – Festival des jeux du théâtre de Sarlat *(voir p. 105)*.

AOÛT

Le Bugue (et diverses localités) – Musique en Périgord *(voir p. 171)*.
Château de Bonaguil – Festival de théâtre *(voir p. 401)*.
Gourdon – Les Médiévales *(voir p. 311)*.
Nontron – Fête du couteau *(voir p. 270)*.
Périgueux – Mimos *(voir p. 232)*.
Rocamadour – Fête de l'Assomption et Cantica Sacra *(voir p. 324)*.
St-Céré – Festival de St-Céré *(voir p. 367)*.

AOÛT-SEPTEMBRE

Périgueux (et diverses localités)– Sinfonia en Périgord *(voir p. 232)*.
St-Léon-sur-Vézère (et diverses localités) – Festival du Périgord noir *(voir p. 163)*.

SEPTEMBRE

Rocamadour – Montgolfiades *(voir p. 324)*.

OCTOBRE

Cajarc – Fête du safran *(voir p. 291)*.

Bibliographie

Architecture - art - archéologie

Les Églises fortifiées de Dordogne, T. Hourlier, Patrimoines & Médias, 2006. Ouvrage richement illustré permettant d'organiser promenades et circuits.
Les Bastides, villes neuves du Moyen Âge, J. Dubourg, Sud-Ouest,

2002. Une cinquantaine de bastides décrites par un spécialiste.
Cahors la Magnifique, M.-C. Lanta, H. Guillaume, Le Lou du Lac, 2005. Patrimoine, jardins secrets et petits bonheurs au cœur de la cité.
Art pariétal – Grottes ornées du Quercy, M. Lorblanchet, Éditions du Rouergue, 2010. Un recueil unique, fruit de quarante-cinq années de recherches menées par un spécialiste reconnu de l'art préhistorique.

Histoire et civilisation

Gabariers et bateliers de la Dordogne, J. Reix, Fanlac, 2003. De nombreux documents retracent l'histoire du fleuve à travers son activité marchande.

Gastronomie

Carnets truffiers, D. Hervier, Féret, 2008. Pour tous les amoureux de la truffe.
Le foie gras du Périgord, S. Boireau-Tartarat, coll. « Connaître », Éditions Sud-Ouest, 2012. Le canard et l'oie, de l'œuf à l'assiette : des témoignages, des recettes et des conseils de préparation en photos.
Carnet de recettes du Périgord, F. Bonis, Éditions Ouest-France, 2010. Des entrées aux desserts, les incontournables de la cuisine périgourdine.

Littérature

Le Goût du Périgord, collectif, Mercure de France, collection « Petit Mercure », 2004. Des textes d'écrivains amoureux du Périgord : Henry Miller, René Char, Georges Simenon…
Des grives aux loups, C. Michelet, Pocket, 2006. Premier tome de la saga des Vialhe, une famille d'agriculteurs de St-Libéral, village corrézien tout proche de la Dordogne.
J'ai choisi la terre, C. Michelet, Pocket, 2001. Une œuvre autobiographique où bien des agriculteurs se reconnaîtront.
Jacquou le Croquant, E. Le Roy, Pocket, 2002. Au cœur du Périgord noir, l'histoire bouleversante du jeune Jacquou, symbole de la révolte paysanne contre l'oppression.
La Rivière Espérance, C. Signol, Pocket, 2000. Premier tome de la passionnante saga des bateliers de la Dordogne.
Cahors, le roman du vin noir, J.-C. Chapuzet, Féret, 2008. Le romancier et l'historien à la découverte d'une région pleine de mystères.

Jeunesse

Contes du Périgord, Toussaint-Samat, Sud-Ouest, 2008. Des chefs-d'œuvre d'esprit et de poésie, pour petits et grands.
La Merveilleuse Découverte de Lascaux, P. Fanlac, Fanlac, 2006. La véritable histoire de la découverte des grottes.
La Préhistoire en Périgord, A. Roussot, P. Rémy, Sud-Ouest, 2006. Le quotidien des hommes préhistoriques dans la région périgourdine.

Filmographie

Le Capitan (1960) de A. Hunebelle : sites de Biron, Beynac et Monpazier, pont-levis du château de Hautefort.
Les Duellistes (1977) de R. Scott : pays sarladais, château de Commarque.
La Fille de d'Artagnan (1994) de B. Tavernier : châteaux de Biron et de Beynac.
Le Chocolat (2000) de L. Hallström : Beynac-et-Cazenac et Sarlat.
Fanfan la Tulipe (2003) de G. Krawczyk : Monpazier, près de la bastide et de l'église.
Jacquou le Croquant (2007) de L. Boutonnat : environs du château de l'Herm et autres sites périgourdins.

COMPRENDRE LE PÉRIGORD ET LE QUERCY

La salle des Taureaux (paroi gauche, Lascaux II).
LASCAUX II/fac-similé de la grotte de Lascaux (site ouvert au public - www.semitour.com) Cliché APPI/SEMITOUR

Périgord et Quercy aujourd'hui

Un simple coup d'œil sur une carte en dit déjà beaucoup : boisés, le Périgord et le Quercy n'abritent pas de grande ville. L'habitat, essentiellement rural et relativement dispersé, s'accorde à une économie reposant d'abord sur l'agriculture. La région tire parti tant de ses paysages et de son histoire que d'un patrimoine gastronomique spécialisé dans des productions de qualité. Elle a développé un tourisme à forte identité régionale, profitant d'un environnement préservé, d'un patrimoine exceptionnel et d'une grande qualité de vie.

Des produits du terroir

Avec une agriculture placée sous le signe de la diversité, Périgord et Quercy figurent parmi les régions françaises qui possèdent le plus grand nombre de productions labellisées. On dénombre en effet ici une vingtaine d'Appellations d'origine contrôlée (AOC) ou protégée (AOP) à l'échelle européenne, ainsi qu'une kyrielle de Labels rouges et d'Indications géographiques protégées (IGP), norme européenne garantissant la qualité et l'origine du produit.

TRUFFE DU PÉRIGORD

Il existe une trentaine d'espèces de truffes. La plus intéressante est la variété connue sous le nom de « truffe du Périgord », *Tuber melanosporum*, appellation botanique qui ne garantit en rien son origine.

La truffe était autrefois considérée comme une production d'appoint. Loin d'être cet or noir que les « orpailleurs des causses » se disputent aujourd'hui, il fut même un temps où les vignerons tentaient de l'éloigner de leurs alignements de vignes et creusaient pour cela des tranchées autour du vignoble. Un malheur peut avoir des effets secondaires bénéfiques : c'est le phylloxéra qui, en détruisant le vignoble, laissa le champ libre au champignon. Délaissée dans la tourmente de la Première Guerre mondiale, abandonnée par les nouvelles générations et l'exode rural, la production a connu un déclin régulier pendant plusieurs décennies.

Le Périgord-Quercy n'est plus la première région de production de ce curieux champignon : le sud-est de la France en assure 80 % de la production. Le reboisement en chênes truffiers, notamment autour de Lalbenque, ainsi que la plantation de 100 ha de truffières par an en Dordogne ont cependant permis de réorienter la production à la hausse. Les principaux centres de production et de vente en Périgord sont Brantôme, Thiviers, Excideuil, Périgueux, Thenon, Terrasson-Lavilledieu, Sarlat, Domme, Sorges ;

TOUT SUR LA TRUFFE

Quinze ans de symbiose – Étrange production du règne végétal, la truffe est un champignon souterrain qui se développe à partir du mycélium, réseau de filaments, autour du noisetier, du tilleul et du chêne. Cette association est une symbiose : truffe comme chêne en tirent un bénéfice réciproque. Le champignon offre à l'arbre les sels minéraux qu'il fabrique par digestion de matières organiques en décomposition. L'arbre donne à la truffe les sucres que ses feuilles synthétisent par photosynthèse. Pour établir cette association, la truffe est exigeante. Elle monopolise toutes les ressources alentour, si bien qu'en surface la végétation disparaît, décrivant les fameux « ronds de sorcière » ou « brûlés » aux allures dénudées. Il lui faut quinze ans au minimum pour qu'enfin elle donne, entendez qu'elle développe, ces sortes de fructifications que sont les truffes.

Trouver la perle noire – La truffe naît au printemps. Sans saveur au départ, elle se développe pendant tout l'été, parvient à maturité en automne pour être « récoltée » entre les mois de novembre et février ou mars. Le **caveur**, accompagné d'une truie ou d'un chien spécialement dressé, laisse l'animal indiquer l'emplacement pour récolter les truffes. Une autre technique consiste à repérer l'emplacement de la truffe grâce à une « mouche à truffe » *(Suilla gigantea)* : cherchant un lieu de ponte, celle-ci se pose avec précision à l'endroit où se trouve le champignon. Une bonne truffe doit être ferme au toucher. Si elle suinte quand on la presse, c'est qu'elle a subi les assauts du froid. Si elle paraît sèche et légère, elle a été immodérément exposée au soleil. Si elle n'a pas d'arôme, elle n'est pas forcément mauvaise, mais tout simplement pas assez mûre.

L'âme parfumée du Périgord – C'est ainsi que le gastronome Curnonsky appelait celle qui règne sur les foies gras, les pâtés, les volailles, les ballottines et les galantines. La truffe embellit tout ce qu'elle touche grâce à son arôme imprégnant les aliments. Ne dit-on pas que le secret d'une bonne brouillade aux truffes consiste à enfermer œufs et truffe dans une boîte hermétique le temps que les puissants arômes du champignon traversent la coquille ? La truffe ne donne toute satisfaction au gastronome que fraîche ou en très bonne conserve artisanale. Elle peut alors se consommer crue en salade, ou encore, luxe suprême, entière, seulement cuite sous la cendre. Et rien ne se perd dans la truffe : ses pelures rehaussent les plats et leur donnent un air de fête !

dans le Quercy, Limogne et surtout Lalbenque. Le cours moyen, très variable selon les années, tourne autour de 500 €/kg. Malgré le prix élevé, il ne permet pas à la production truffière de peser bien lourd dans l'économie régionale (4 à 9 t/an en moyenne, soit une part infime du chiffre d'affaires du tourisme).

AGNEAUX ET ROCAMADOURS

Sur les causses arides, seuls les moutons sont en mesure de dénicher leur pitance. On dit de ces moutons aux yeux cerclés de noir qu'ils portent des lunettes parce que l'herbe est difficile à voir… La race caussenarde est celle qui offre au Quercy son fameux **agneau fermier**, estampillé Label rouge. Élevé sous la mère, cet agneau développe une finesse et une tendreté de viande assez rare dues au lait qui concentre toutes les saveurs des plantes du causse.

Le lait des chèvres de races saanen et alpine est destiné à un autre usage. C'est avec lui que plus

Le foie gras

UN SAVOIR ANCESTRAL

Les Égyptiens sont sans doute les premiers à avoir gavé des oies : une fresque datant de 2670 av. J.-C. l'atteste. La pratique fut ensuite reprise, améliorée et diffusée par les Romains. Tombé dans l'oubli, le foie gras resurgit au 16e s., quand les juifs d'Europe centrale utilisent la graisse pour conserver la viande. La communauté développe cette activité en Alsace, où elle s'est implantée. Déjà consommé par Louis XIV, le foie gras devient courant sur la plupart des tables aristocratiques à l'époque de Louis XVI. La production se déplace vers le Périgord pendant la Seconde Guerre mondiale, quand les juifs alsaciens se réfugient au-delà de la ligne de démarcation pour échapper aux persécutions nazies. La rencontre de ce savoir-faire et des grandes capacités énergétiques du maïs, très présent dans la région, va assurer l'explosion de la production.

La technique du gavage

Dès que l'emplumement est suffisant (environ un mois), canards et oies sont élevés en plein air. En guise de préparation, ils reçoivent une nourriture composée de céréales et de luzerne, favorisant la dilatation de leur système digestif. Après trois mois de pâturage, les volailles sont installées dans des épinettes (cages individuelles) pour une période de claustration de quinze à dix-huit jours. Progressivement suralimentés, les palmipèdes ingurgitent (à l'aide d'une gaveuse pneumatique) de la semoule, puis des grains entiers de maïs, 2 ou 3 fois par jour; pendant ce traitement, un canard recevra de 10 à 15 kg de maïs, une oie 15 à 20 kg. En fin de gavage, le foie doit avoir triplé, voire quadruplé, pour atteindre un poids idéal de 450 à 500 g pour un canard et de 800 à 900 g pour une oie.

Une activité controversée

Sans parler du confinement, le stress et la souffrance liés au gavage sont les principaux arguments des détracteurs du foie gras. Une autre polémique porte sur les causes de l'enflure du foie. Pour les uns, c'est une cirrhose, donc une maladie. Pour les autres, le **gavage** n'est que l'amplification forcée d'un phénomène naturel propre aux oiseaux migrateurs. En effet, dans la nature, les oiseaux se gavent avant la migration. Mais jamais à ce point…

UNE SPÉCIALITÉ RÉGIONALE

Sur les 27 100 t de foie gras produites dans le monde, 75 % le sont en France, dont près de la moitié en Aquitaine. Le Périgord et le Quercy ne sont plus les premiers producteurs français : le Gers, les Pyrénées-Atlantiques et les Landes les ont détrônés. Mais le foie gras reste une spécialité régionale et la Dordogne est le premier département producteur d'oies à foie gras. Dans les basses-cours, vous verrez plus souvent les canards, plus rentables. L'élevage, orienté vers la préparation de foie gras et de confit, ne suffit pas à la production locale et doit être complété par l'importation de foies d'Israël ou de Hongrie. Les éleveurs et transformateurs du Périgord ont donc fait en sorte d'obtenir une **IGP** sur les canards à foie gras en 2000. Cette appellation garantit que les canards ont été élevés, gavés, abattus, découpés, cuisinés et conditionnés en Périgord.

Pâté en croûte à base de foie gras et de truffe.
J.-D. Sudres / hemis.fr

La préparation

Le foie gras se commercialise sous diverses formes. Dans tous les cas, il est préférable de l'acheter en parfait (pot en verre) plutôt qu'en boîte. Un foie frais, vendu sous vide, se conserve trois à quatre jours dans le réfrigérateur ; un foie gras entier consiste en un ou plusieurs lobes simplement déveinés et assaisonnés, puis stérilisés dans leur graisse (la version mi-cuit doit être conservée à + 3 °C et consommée rapidement) ; un bloc de foie gras est une reconstitution de fragments de lobe malaxés à très grande vitesse, puis émulsionnés par adjonction d'eau. Le foie gras se présente aussi sous forme de parfait (75 % de foie gras), de mousse, de pâté, de médaillon ou de galantine (50 % de foie gras).

La dégustation

Les foies gras se servent frais (compter 50 g par personne) et se découpent avec un couteau trempé dans l'eau chaude ; en Périgord, ils s'accompagnent traditionnellement d'un verre de monbazillac, voire d'un pécharmant, un rouge de haute tenue. Rien n'empêche de leur préférer un blanc sec d'une autre région – Alsace, Bourgogne ou Val de Loire. Les foies frais sont destinés en particulier à être poêlés, manipulation très gourmande mais difficile à réaliser.

Oie ou canard ?

Tout dépend de la finalité du produit : le foie gras d'oie, 4 % à peine du marché, occupe une place privilégiée dans le cœur des gourmets. Plus cher que le foie de canard, il est apprécié pour ses saveurs délicates, sans préparation de préférence. Quant au second, il aura connu un notable développement, le canard étant plus facile à élever que l'oie. Les connaisseurs se délectent de son goût rustique et de sa facilité à être cuisiné.

de 150 éleveurs confectionnent les rocamadours, ou **cabécous**. Ces petits fromages ronds, d'un diamètre de 6 cm sur 1,5 cm d'épaisseur, quatre fois striés sur le dessus, ont servi de monnaie à la fin du 15e s. Fromage du Quercy par excellence, le **rocamadour** (AOC/AOP) est différent d'un producteur à l'autre, les chèvres ne broutant pas les mêmes plantes qui parfument le lait.

FRAISES DU PÉRIGORD

La Dordogne est le 2e département producteur de fraises en France, avec environ un quart de la production nationale. Cultivées d'abord dans les vallées du Lot et de la Dordogne, les fraises ont peu à peu gagné les plateaux de la région de Vergt et de Rouffignac, dans le Périgord central.
On cultive les fraisiers sous des bandes de plastique qui strient le paysage de longs rubans réfléchissants au printemps. On laisse ensuite les fruits mûrir sur ces bandes de plastique avant de les ramasser pour les expédier sur les grands marchés de la région parisienne et du nord de la France, où les fraises du Périgord, pour un bon tiers d'entre elles des **gariguettes**, sont appréciées. Ce sont des fraises précoces, qui arrivent sur les marchés en avril-mai. Jusqu'en juin apparaissent d'autres variétés : cirafine, darselect, cléry, donna rouge ou encore candiss. Entre mi-mai et octobre, les variétés charlotte et **mara des bois**, très sucrées et aromatiques, connaissent un franc succès auprès des consommateurs.
La création de l'**IGP fraise du Périgord** a permis de stimuler la consommation tout en diminuant des coûts de récolte deux à trois fois plus élevés qu'ailleurs en Europe. Huit variétés sont admises dans l'IGP, assurant la présence des fraises du Périgord sur les étals pendant six mois de l'année.

NOIX DU PÉRIGORD

La Dordogne est le 2e département producteur de noix en France, derrière l'Isère. Près de 70 % de la production est exportée, essentiellement sous forme de noix coque, vers l'Espagne, l'Allemagne et l'Italie. La fabrication d'huile de noix demeure encore artisanale. Quatre variétés, plus deux autres (mayette et parisienne), sont réunies sous l'**AOC/AOP noix du Périgord** (l'autre AOC/AOP de la noix étant la noix de Grenoble).
La **noix marbot**, variété la plus courante dans le Lot, très précoce, est souvent vendue comme noix fraîche (septembre-octobre).
La **noix grandjean**, produite dans les régions de Sarlat et de Gourdon, fournit une grande partie des cerneaux du Périgord et du Quercy (septembre à juin, comme toutes les noix sèches).
La **noix corne** est répandue dans la région de Hautefort et sur les meilleurs sols du causse : c'est une noix de qualité mais de petite dimension ; elle rencontre quelques difficultés de commercialisation.
On trouve la **noix franquette** dans les nouvelles plantations. Signe de l'importance de la région dans cette production, Creysse accueille la station expérimentale de la noix, chargée, en collaboration avec l'Inra et le CTIFL, de la création de la noiseraie du 3e millénaire. Une action qui concerne toute la filière nucicole française.

Autres productions

Le cèpe – *Boletus edulis* est le grand champignon du Quercy et du Périgord, avec une trentaine de tonnes vendues sur les marchés (sur 1 000 t environ à l'échelle nationale, essentiellement dans le Nord-Est et le Centre). La tempête de décembre 1999 ayant détruit

une partie importante des bois, la production a été divisée par 2,5. Le cèpe se récolte d'août à septembre, en particulier dans le Périgord noir, dans le Ségala et en Bouriane. Revenu complémentaire important des agriculteurs, les cèpes sont leur chasse gardée et les touristes récolteurs sont très rarement acceptés avec le sourire.
Les cèpes sont bien meilleurs frais, ou confits dans l'huile. Ils ne s'épluchent ni ne se lavent, car ils se comportent comme des éponges et perdent leur saveur au contact de l'eau. La terre doit être retirée avec une brosse.
Le melon – Classé en IGP depuis 2004, le melon du Quercy est la culture essentielle du bas Quercy, qui en produit environ 11 000 t chaque année principalement dans le département du Lot. On le cueille à la main, le matin, de juin à octobre, l'été étant la période la plus féconde.
La reine-claude – C'est au monastère de Cluny que François Ier offrit les plants de pruniers, cadeau du souverain ottoman Soliman le Magnifique. Le roi leur donna le nom de sa première épouse, Claude. Puis la reine-claude fut transportée au monastère clunisien de Carennac. **Label rouge** depuis 1998, la reine-claude a connu un développement important dans l'ensemble du bas Quercy, devenu aujourd'hui la première région productrice de France et même d'Europe. La prune à chair verte tournant au rosé à maturité, très sucrée, se cultive sur de petites parcelles et se cueille en juillet, à la main.
La pomme – Les goldens produites dans le nord du département de la Dordogne bénéficient de l'AOC/AOP pommes du Limousin, créée en 2005. C'est la seule pomme AOC à ce jour. La production périgourdine représente environ 30 % de l'ensemble de l'appellation. La cueillette, nécessitant l'emploi de nombreux travailleurs saisonniers, s'effectue de la mi-septembre à la mi-octobre.

CULTURES INATTENDUES

Le tabac

Il trouve en Périgord et en Quercy, comme dans tout le Sud-Ouest de la France, des conditions particulièrement favorables à sa culture. La coopérative Périgord Tabac, qui dépasse largement les frontières du département, est le premier producteur français. Plus de la moitié de son activité tabacole est réalisée en Dordogne.
Cette plante vigoureuse, importée d'Amérique au 16e s., fut à l'origine utilisée pour ses propriétés médicinales *(voir le musée du Tabac à Bergerac, p. 181)*. Exigeant des soins minutieux et une main-d'œuvre nombreuse, la production de tabac n'en assure pas moins des revenus substantiels pour les exploitations familiales qui s'adonnent à sa culture.
Elle se pratique surtout sur les sols alluviaux des vallées de la Dordogne et du Lot, et sur les terres limoneuses des replats des collines du Périgord et du Quercy.
Les variétés cultivées, qu'il s'agisse de tabac brun, blond (virginie) ou clair (burley), connaissent un même cycle de production : les semis de graines sélectionnées sont réalisés fin mars ; durant la fin du printemps et l'été ont lieu les travaux de repiquage, de binage, d'étêtage et d'ébourgeonnement. La récolte traditionnelle s'effectue tige par tige, chacune étant couverte de 10 à 12 feuilles atteignant 60 à 90 cm de longueur. Le séchage, d'une durée d'un mois et demi, a lieu dans des hangars aérés, constructions typiques des régions tabacoles. Triées, les feuilles séchées sont acheminées vers les dépôts de

la coopérative. Le Lot a la quasi-exclusivité de la production de tabac à priser.

Le marché du tabac – La lente baisse de la production globale de tabac en France porte essentiellement sur les tabacs bruns, tandis que la demande de produits dits de « goût américain », fabriqués à partir du tabac blond, s'accroît encore lentement.

La Dordogne s'est adaptée en réduisant le nombre de ses exploitations, dont les surfaces ont cependant été multipliées par deux en quinze ans (elles restent toutefois de 2 ha seulement en moyenne). Cette situation a rendu nécessaire la mise en œuvre d'un programme de recherche et de développement des variétés virginie ou burley à l'Institut du tabac de Bergerac.

L'exploitation du virginie nécessite des équipements spéciaux (fours de séchage), mais ces variétés sont en constante expansion.

Fort de plusieurs centaines de producteurs, le département de la Dordogne occupe le 2e rang en France, après le Bas-Rhin (environ 15 % de la production française).

Le safran

Le safran *(Crocus sativa)* est une production végétale luxueuse et sensible au climat. L'épice est obtenue à partir du pistil séché de la fleur dont on a, au préalable, séparé les trois étamines rouges qui l'entourent. Un travail long et minutieux, gourmand en main-d'œuvre. La production annuelle oscille entre 6 et 8 kg. Elle correspond à la récolte de deux millions de fleurs pour 79 producteurs.

Le safran, ingrédient d'une cuisine raffinée, a été une culture commune entre les 15e et 18e s. On l'utilisait pour teindre la soie, épicer les plats et concocter des remèdes. Peut-être introduit par les esclaves sarrasins qui construisirent le monastère d'Espagnac-Ste-Eulalie, sur le Célé, à la fin du 13e s., le crocus s'est particulièrement bien implanté dans le sud du Quercy. Cultivé sur des sols quasiment réduits en poudre, il a fait la fortune de la ville de Caussade, principal marché au safran de la région.

Victime de mauvaises conditions climatiques et de la concurrence du safran du Gâtinais, la culture du crocus déclina au cours du 19e s., pour finalement être abandonnée. Ce n'est que depuis la fin des années 1990 que des cultivateurs réunis en association s'en occupent à nouveau dans la région de Cajarc et St-Cirq-Lapopie. Revenu complémentaire d'exploitations familiales (les mélanges étant interdits, chaque famille commercialise son produit), la culture du safran est devenue un élément important de l'image de marque du département du Lot.

Le safran est cher : autour de 30 € le gramme. Mais une seule dose commerciale (0,3 g) de « l'or rouge du Quercy » correctement mise à infuser suffit à parfumer et colorer un plat.

Une industrie spécialisée

Compte tenu de l'importance de son agriculture spécialisée, le secteur agroalimentaire domine en Périgord-Quercy. Dans le Lot, 56 % du chiffre d'affaires issu de l'industrie viennent de ce secteur aux deux tiers tourné vers des productions animales. Les entreprises de transformation de produits agricoles sont à l'origine de près de la moitié de la richesse créée en Périgord et en Quercy.

LA FORÊT ET SES ARBRES

Près de 50 % des territoires de la région sont couverts de forêt, et la

Dordogne, 3e département français forestier, compte 400 000 ha boisés, privés à 99 %. L'exploitation des arbres apporte un important complément aux revenus agricoles : le département est le 1er producteur de bois d'œuvre en châtaignier et noyer, le 2e en chêne. La filière forêt et bois s'avère le 2e pourvoyeur d'emploi industriel après l'agroalimentaire.

DES PÔLES INDUSTRIELS

La région n'est pas industrielle, mais elle compte quelques grands noms de l'industrie mécanique et électronique. Dans les années 1970 se sont créés les pôles industriels de Périgueux (chaussure, imprimerie nationale des timbres-poste dont la production, pour la France et une vingtaine de pays étrangers, avoisine les 3,5 milliards de timbres par an !), Cahors (matériel électrique), Bergerac (tabac, société des poudres et explosifs), Brive (électronique et métallurgie) et Figeac. C'est dans cette dernière ville qu'est implantée l'une des plus belles entreprises aéronautiques d'Europe, Ratier, premier fabricant d'hélices du monde. La papeterie de Condat (située en fait sur la commune du Lardin-St-Lazare), autre fleuron de l'industrie périgourdine, a en revanche été confrontée en 2013 à un plan social.
Le luxe est également une spécialité du Périgord-Quercy. En effet, **Souillac** et **Gourdon** fabriquent des emballages pour parfums et cosmétiques, tandis que **Nontron** s'est orientée vers la maroquinerie et la sellerie de haute volée (Hermès). Certaines marques célèbres sont nées et établies ici : Repetto à Excideuil, Ayrens à St-Pardoux-la-Rivière…

ART ET ARTISANAT

L'artisanat fait vivre directement un actif sur cinq, essentiellement dans le bâtiment, les services et l'alimentation. L'artisanat d'art concerne quant à lui quelques centaines de personnes seulement, mais il pérennise pratiques et gestes anciens. Aidés, promus et fédérés par la **Route des métiers d'art**, qui regroupe une soixantaine d'artistes et d'artisans et, dans le Périgord, par le **Pôle expérimental des métiers d'art** de Nontron, ces métiers rares (ferronniers, émailleurs, enlumineurs, tailleurs de pierre…) ont été redynamisés au point que, chaque année, de nouveaux artisans s'installent dans la région, en particulier dans le nord du Périgord.

Le tourisme

Développé dès l'après-guerre dans le Périgord, le tourisme a gagné le Quercy plus tardivement, suite à l'amélioration de la N 20, puis à l'ouverture de l'A 20.
Avec 3,6 millions de nuitées en Dordogne (dont 40 % le fait de la clientèle étrangère) et 10,8 millions dans le Lot, le tourisme est la première activité tertiaire de ces départements. Il génère 5 % des emplois salariés en Dordogne et 6,5 % dans le Lot.
En Dordogne, l'activité reste concentrée sur une dizaine de sites du Périgord noir qui drainent la majorité des visiteurs. Dans le lot, la dispersion des sites favorise une meilleure répartition de la fréquentation.

PATRIMOINE NATUREL

Périgord et Quercy font de leur faible densité industrielle et urbaine un véritable atout. Détrôné au 19e s. par le chemin de fer, le Lot fait l'objet, depuis la fin des années 1990, d'un vaste programme pour lui rendre sa navigabilité. On peut d'ores et déjà emprunter son cours sur 75 km (à terme, il sera navigable de Conques à la Garonne).

Mesures de protection

Une grande partie des rivières de la région est désormais protégée par des **arrêtés de biotope** et des classements en sites **Natura 2000.**
Le saumon est revenu dans la Dordogne, en aval de Bergerac et en amont de Carennac, ainsi qu'en amont de Brive, sur la Vézère, grâce notamment au repeuplement par alevins et à la construction d'échelles de contournement des ouvrages hydrauliques.
Çà et là, les bords des routes sont fauchés plus tardivement afin de laisser le temps aux papillons de polliniser la flore sauvage. Les orchidées sont protégées, comme l'ensemble du patrimoine naturel des causses.
Le **Parc naturel régional Périgord-Limousin** *(voir p. 266)* et le **Parc naturel régional des Causses du Quercy** *(voir p. 300)*, de 180 000 ha environ chacun (soit à eux deux le quart de la surface de la région), mettent en place des actions de sauvegarde du patrimoine bâti rural et des paysages agricoles, menacés par le vieillissement accéléré de la population agricole (30 % environ des agriculteurs ont plus de 60 ans, moitié plus que la moyenne nationale) et la mise en jachère de certaines terres.
Les communes participent à cette œuvre conservatoire en finançant l'entretien des chemins ruraux, devenus sentiers de randonnée pédestre, équestre et cycliste. C'est le cas du Lot, dont la pauvreté du sol a imposé une agriculture pastorale qui a tracé un dense maillage de petites routes entre fermes isolées et hameaux.
Ce réseau mesure aujourd'hui 4 500 km, dont 3 000 km sont balisés et 2 200 km classés en sentiers de grande et de petite randonnée (le double du réseau périgourdin).

PATRIMOINE BÂTI

Chambres d'hôte, gîtes et résidences secondaires favorisent un tourisme rural actif depuis une vingtaine d'années. La Dordogne est d'ailleurs le premier département de tourisme vert, avec un peu plus de 3 % des nuitées nationales, suivi du Lot (2 %).
De nombreuses maisons paysannes ont été sauvées de la ruine, à laquelle les vouait l'exode rural, par des citadins épris de vieilles pierres. Plus de la moitié des maisons du Lot sont ainsi des résidences secondaires.
Dans le Périgord, l'**immigration anglaise** a également permis de restaurer des milliers de bâtisses ancestrales qui n'étaient plus entretenues. Témoin de l'importance de cette implantation, l'aéroport de Bergerac assure depuis 2002 plusieurs liaisons quotidiennes avec différentes villes britanniques, dont Londres en premier lieu.

Lalbenque, le marché aux truffes le plus important du Quercy.
A. Felix/hemis.fr

Gastronomie

« Le meilleur guide de ma santé à table, c'est la volupté que j'éprouve en mangeant », se plaisait à dire Montaigne, qui donna à la gastronomie périgourdine le titre de « science de gueule ». La cuisine du Quercy n'est pas en reste. Elle propose elle aussi nombre de plats tour à tour subtils et copieux. Une bonne table bien garnie, telle semble être la maxime que ces deux cuisines ont adoptée et sur laquelle elles ont assis une réputation internationale.

Comment peut-on passer ici à côté de la gastronomie quand presque chaque ville et chaque village du Périgord comme du Quercy possède son marché au gras ? Talleyrand, grand diplomate des 18e et 19e s., fort de ses attaches périgourdines, n'a-t-il pas gagné ses plus rudes batailles diplomatiques autour d'une table somptueusement servie, faisant du pâté truffé et du monbazillac ses plus sûrs alliés ? De nos jours, le Périgord reste synonyme d'art de vivre, fumets délicats et produits du terroir. Truffes, cèpes, noix et surtout oies, canards et porcs font la fierté des fermes du pays.

Les spécialités

LES ENTRÉES

Le **foie gras** *(voir p. 36)* ou le pâté de foie ou de perdrix, les **grattons** (genre de rillettes), la salade aux gésiers de canard, l'**omelette aux cèpes** ou **à la truffe** *(voir p. 34)* : tels sont les grands classiques qui figurent au chapitre entrées des cartes de la plupart des restaurants périgourdins et quercynois.
Moins fréquent, le **tourin quercynois** est une soupe au confit d'oie, à l'ail ou à l'oignon, à laquelle on ajoute de la graisse d'oie saupoudrée d'une cuillerée de

farine. Roborative et goûteuse, elle est servie sur du pain bis.
Le **far** est l'entrée traditionnelle par excellence. C'est une simple pâte (farine, œufs et lait) mêlée de lard, de jambon, de blettes ou de laitue, d'oignon, d'ail et de persil, mise à cuire en terrine. Une variante est la **mique**, pâte à lever mélangée aux légumes de la soupe à même la casserole.

LES PLATS DE RÉSISTANCE

Les **volailles** constituent une des bases de la gastronomie périgourdine et quercynoise.
Le **confit d'oie aux pommes sarladaises** – pommes de terre sautées à cru, à la graisse d'oie, saupoudrées d'un hachis d'ail et de persil – mais aussi le **magret de canard** aux cèpes ou aux morilles, ou encore la poularde en estouffade sont incontournables.
Fonds habituel des cuisines périgourdine et quercynoise, le **confit** était avant tout un procédé qui permettait aux paysans de conserver les différentes parties de l'oie après en avoir récupéré les foies gras. Aujourd'hui spécialité gastronomique, les confits sont toujours préparés de manière traditionnelle. Les morceaux découpés sont cuits dans leur graisse pendant trois heures, puis conservés dans des pots de grès, les tupins. Ce procédé est utilisé pour l'oie, le canard, la dinde et aussi la viande de porc (les confits de porc sont appelés « enchauds »).
La graisse d'oie pure remplace le beurre dans la cuisine périgourdine. Maurice Edmond Saillant, dit Curnonsky, l'un des plus énergiques défenseurs de la gastronomie française, la disait « sans beurre et sans reproche ».
Le Quercy résonne du bêlement des **moutons** de race caussenarde *(voir p. 35)*. Une viande tendre et goûteuse, légèrement teintée de rouge, fondante ou croustillante selon le mode de cuisson. Les recettes ne manquent pas : épaule farcie, rouelles de gigot fermier à la persillade, ris d'agneau aux cèpes, daube au vin de Cahors…
Les **poissons** ne sont pas en reste : le sandre est apprêté à l'oseille, les écrevisses en soupe, le saumon au foie et aux cèpes… Le poisson s'accompagne souvent de porc comme dans la préparation du brochet aux lardons ou de la carpe au confit.
Les **sauces** les plus fréquemment employées sont la « rouilleuse » (un fond de farine roussi au beurre et mouillé au vin ou au sang), qui accompagne et colore la fricassée de volaille, et la sauce Périgueux, sauce madère mijotée à partir de carcasses de volailles, à laquelle on incorpore des truffes fraîches.
La **farce** est aussi utilisée dans la cuisine locale : onctueuse et relevée, parsemée de foie et de truffes, elle garnit les volailles – comme le fameux cou d'oie farci – le gibier et les cochons de lait.
L'**huile de noix** joue aussi un rôle important dans les préparations culinaires du Périgord et du Quercy. Elle est pressée à chaud dans de magnifiques moulins. Une grosse meule de pierre réduit les cerneaux en une pâte mise à chauffer à 60 °C au four à bois. Enveloppée dans une toile, cette pâte est ensuite pressée. Les résidus, appelés « tourteaux », servent encore parfois d'appât aux pêcheurs. L'huile très parfumée est alors coupée avec une huile moins aromatique pour pouvoir servir d'assaisonnement.

LE FROMAGE

Le **rocamadour** ou **cabécou**, petit fromage de chèvre emblématique du Quercy *(voir p. 38)*, est servi de différentes façons : pané ou rôti sur un lit de salade, nappé de

miel, ou tout simplement frais, de préférence crémeux, c'est-à-dire après neuf jours d'affinage. Ceux qui apprécient les arômes plus puissants le choisiront sec.
D'autres préféreront la texture molle de la **trappe d'Échourgnac**, rehaussée par les saveurs de la liqueur de noix qui l'imprègne. Ce fromage périgourdin est issu d'une petite production artisanale assurée par les moniales.

LES DESSERTS

Les desserts de la région sont tout aussi généreux que les autres préparations, avec les gâteaux ou les **tartes aux noix**, les tourtières aux pruneaux, mais surtout, le pastis. Loin de celui de Marseille, le **pastis du Quercy**, croustillant et parfumé, se mange à pleine bouche. Rappelant pour certains la pastilla marocaine, ce dessert feuilleté se gorge de beurre et de pommes marinées dans le rhum et l'eau de fleur d'oranger. Plus fruste, le **pescajun**, grosse crêpe cuite comme une omelette, peut aussi bien être servi avec du sucre ou accompagner une viande.

Les vins

Les vignobles de Bergerac et de Cahors étaient déjà renommés à l'époque gallo-romaine. Après la catastrophe du phylloxéra – elle avait totalement anéanti le vignoble lotois au 19e s. –, ils ont retrouvé un nouvel essor et donnent des vins d'Appellation d'origine contrôlée de qualité.

LE VIGNOBLE DE BERGERAC

Le vignoble de Bergerac, sur lequel une large part est faite au cépage sauvignon, recouvre 12 500 ha répartis sur 90 communes. S'étalant en terrasses au-dessus de la vallée de la Dordogne, il se partage en plusieurs zones donnant des crus différents : les bergerac et côtes-de-bergerac, le monbazillac, le montravel et les côtes-de-montravel, le pécharmant – plus ancien vignoble de bergerac –, le saussignac et le rosette.
Les vins blancs secs – Il s'agit des montravels, dont le terroir, berceau de Montaigne, est situé à proximité du St-Émilionnais, sur la rive droite de la Dordogne, autour de Vélines, et des bergeracs. Aromatiques, veloutés, fins et fruités, ils accompagnent parfaitement fruits de mer et poissons. Montravel et bergerac sont tous deux issus d'un assemblage de cépages sauvignon (essentiellement), sémillon et muscadelle.

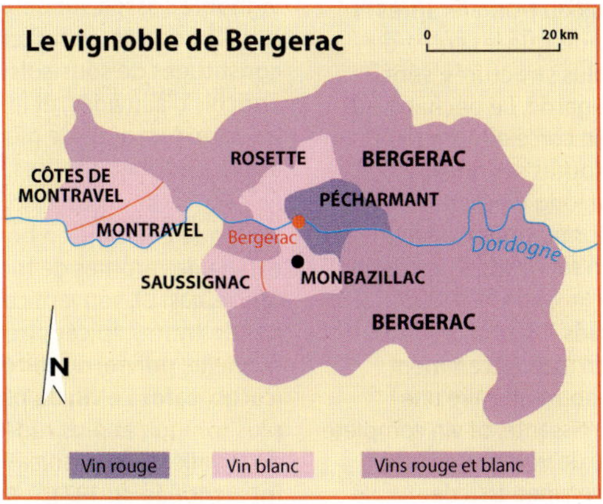

Les vins blancs moelleux – Sous cette même désignation cohabitent des vins nuancés très agréables en apéritif, sur les viandes blanches et les fromages forts : les côtes-de-bergerac et les côtes-de-montravel conjuguent fraîcheur et rondeur; la discrète appellation rosette se caractérise par des vins à la robe légèrement paillée; quant aux saussignacs, récoltés aux limites de la « surmaturation », ils présentent une grande élégance.

Les vins blancs liquoreux – Le monbazillac occupe une place à part. Doré, onctueux, parfumé, ce vin se sert en apéritif ou avec le foie gras, les viandes blanches, poissons en sauce et les desserts. Issu de trois cépages (sémillon, sauvignon, muscadelle), il doit son bouquet particulier à la pourriture noble qui réduit l'acidité du raisin. Le procédé date de la Renaissance : la vendange (« tries ») s'effectue comme pour le sauternes en plusieurs fois; on ne récolte à chaque passage que les grains parvenus à l'état souhaité. Le monbazillac acquiert toute sa saveur après deux ou trois années et peut se conserver trente ans. Son terroir s'étend sur 2700 ha et cinq communes : Pomport, Rouffignac, Colombier, St-Laurent-des-Vignes et Monbazillac.

Les vins rouges – Les bergeracs, souples et fruités, se consomment jeunes (deux ou trois ans après la récolte), tandis que les côtes-de-bergerac, plus structurés, sont des vins de garde. Le pécharmant, excellent vin corsé et généreux, n'acquiert toutes ses qualités qu'après un long vieillissement. Ce dernier accompagnera idéalement un gibier en sauce ou un carré de bœuf, mais aussi un foie gras.

Les vins rosés – Seul le bergerac se décline en rosé. Récemment développé pour satisfaire une demande croissante, ce vin complète une gamme de vins d'appellation déjà très diversifiée. Issu de vinifications courtes, il se distingue par sa fraîcheur et sa vivacité.

LE VIGNOBLE DE CAHORS

Fort célèbres au Moyen Âge, les vins de Cahors, transportés par gabarres jusqu'à Bordeaux, puis par navires vers les différentes capitales d'Europe, étaient très recherchés. On raconte aussi que le roi François Ier aurait exigé d'en faire transplanter des ceps au château de Fontainebleau. Le tsar Pierre le Grand ne voulait boire que celui-là. Mais, en 1868, le vignoble, alors en pleine prospérité, fut complètement détruit par le phylloxéra. Le sol fut laissé à l'abandon et les viticulteurs émigrèrent. Après la Seconde Guerre mondiale, on reconstitua le vignoble de Cahors essentiellement avec l'auxerrois (cépage rouge connu aussi sous les noms de malbec et de cot) dans la vallée du Lot entre Cahors et Fumel. Ce cépage dominant (au moins 70 % dans l'élaboration d'un vin, complété par le merlot et le tannat) est le marqueur de l'identité du cahors. La véritable renaissance de ce vignoble eut lieu dans la décennie 1960-1970.

D'une superficie de 208 ha en 1962, l'aire de production est à présent limitée et s'étend sur 4500 ha. Le vignoble s'assoit sur deux terroirs : la vallée du Lot, où les terrasses sont constituées de sous-sols calcaires enrichis d'alluvions, et le causse calcaire, composé de pierrailles argileuses et marneuses.

Le cahors est un vin « noir », très tannique et ample en bouche. Il exhale des arômes de fruits noirs (mûre, cassis), souvent complétés par des notes épicées (réglisse, cannelle, poivre) ou torréfiées (cacao, café). Le vin du plateau est plus tonique et plus rude que celui de la vallée. La classification en AOC fut attribuée en 1971.

Le vignoble de Cahors.
B.Merle / Photononstop

Un vin de Cahors jeune (à partir de 3 ans) accompagnera avantageusement viandes en sauce, foie gras et charcuteries. Un vin plus vieux (une dizaine d'années), aux arômes plus subtils et raffinés, se mariera avec les viandes rouges aux cèpes, les truffes, les gibiers et le fromage.
Encouragés par le succès commercial du malbec argentin et épousant la tendance qui veut que l'on identifie plus un vin par son cépage que par son terroir, l'Union interprofessionnelle du vin de Cahors (UIVC), les collectivités locales et l'État ont lancé en 2010 le label Cahors Malbec Vallée.
Entre Cahors et Montauban, le vignoble des **coteaux du Quercy** s'étend sur 400 ha et produit en majorité des rouges. Bénéficiant d'une appellation AOC depuis 2011, ces rouges se boivent jeunes (entre 2 et 5 ans) ; les rosés s'apprécient dans l'année.

LIQUEURS ET EAUX-DE-VIE

Dans la région, on ne fait pas pousser que de la vigne ! Prunes, noix, genièvre, noisettes sauvages, châtaignes, framboises, mais aussi… truffes sont, depuis des générations, le centre d'intérêt de liquoristes comme la famille Roque, originaire de Sarlat et installée à Souillac depuis le début du 20e s., ou la distillerie Clovis Reymond de Villamblard.
Le **vin de noix** reste un digestif très apprécié. On l'élabore à partir des noix de juillet, cueillies encore vertes et mises en macération dans du bon vin et un doigt d'eau-de-vie. Au bout de trois mois, le jus obtenu est filtré. On sait aussi sortir des armoires d'innombrables **eaux-de-vie** élaborées discrètement à partir de poire ou de prune. Le **ratafia** est un vin, réalisé à partir du moût de raisin, qu'il faut boire vite, car sa fermentation est incontrôlable.

Préhistoire

Habitués que nous sommes à l'échelle de l'histoire chrétienne, le dépaysement est ici total : se côtoient, dans un même foisonnement de cavernes, l'œuvre patiente de la nature, mesurable en millions d'années, et celle de nos lointains et habiles ancêtres, il y a « quelques » dizaines de millénaires…

L'évolution du genre humain

L'ère quaternaire, dans laquelle nous vivons, commence vers – 1,8 million d'années. Elle se caractérise par des cycles climatiques alternant phases glaciaires et périodes plus clémentes. Apparaît alors la faune animale moderne et se développe le genre humain, né à la fin de l'ère tertiaire.

L'APPARITION DE L'HOMME

Les ancêtres de l'homme sont apparus en Afrique de l'Est, aux alentours de la région des Grands Lacs, du lac Tchad et de la vallée du Rift, vers – 7 millions d'années (voire plus). Le genre humain a, quant à lui, pris pied dans la même région et en Afrique du Sud il y a 2,5 millions d'années environ, avec *Homo rudolfensis* et *Homo habilis*. Ces derniers, premiers utilisateurs d'outils en pierre, inaugurent la période dite **paléolithique**, l'âge de la pierre ancienne.

L'HOMME EN EUROPE

De plus en plus de spécialistes admettent que le continent européen a été « colonisé » en plusieurs fois : les traces les plus anciennes dont on soit sûr remontent à – 1,8 million d'années environ. Elles ont été découvertes à Dmanisi, en Géorgie, pour les premières, puis en Espagne, à Atapuerca et Gran Dolina, et remontent aux environs de – 780 000 ans. D'après certains préhistoriens, il existe des sites plus anciens, datés de – 2 millions d'années, dans le Massif central ainsi qu'à **Sept-Fonds**, dans le Périgord. D'autres affirment que les outils trouvés sur ces sites, et qui ont servi à leur datation, ne seraient que des géofacts : des pierres fendillées par le gel et la foudre, confondues avec des outils taillés. Une dernière vague de peuplement, située vers – 500 000 ans, aurait apporté à l'Europe la **domestication du feu** (traces en Bretagne et dans le Var) et la taille du **biface**. Cette ultime colonisation aurait évolué sur place, pour donner l'homme de Neandertal, il y a de cela environ 200 000 à 250 000 ans, tandis que le Périgord-Quercy semble avoir été investi par l'*Homo ergaster* il y a 470 000 ans (site de la **Micoque**).

L'homme de Neandertal

Cet homme, qui subit des phases de refroidissement du climat très intenses, enterre ses morts (comme le confirment les sites périgourdins de **La Ferrassie**, du **Moustier** et de **Regourdou**), collectionne les fossiles et les belles pierres. Il s'essaierait à des œuvres d'art encore très frustes, comme en témoignent peut-être les cupules de La Ferrassie, et ses outils sont très élaborés.

L'homme moderne

L'homme anatomiquement moderne, *Homo sapiens* (la dénomination *Homo sapiens sapiens* est aujourd'hui abandonnée par les scientifiques), apparaît vers – 200 000 ans en Afrique du Nord, de l'Est et au Proche-Orient. Les plus anciens ossements ont été découverts en Éthiopie. Appelé couramment homme de Cro-Magnon, l'homme moderne semble arriver en Europe au plus tôt vers – 43 000 ans, date approximative des éléments retrouvés dans les Balkans. Vers – 35 000 ans, on le retrouve en Périgord (premier site de description au lieu-dit **Cro-Magnon**, aux Eyzies, en 1868). Il cohabite, échange et se mêle parfois avec l'homme de Neandertal, tout en le repoussant progressivement vers le nord de la France (restes de Neandertal découverts à Arcy-sur-Cure, en Bourgogne) et le sud de l'Espagne au-delà du fleuve Tage (site de Zafarraya). C'est vraisemblablement là que l'homme de Neandertal s'est éteint il y a 30 000 ans, peut-être victime du climat et d'une fécondité plus faible. Au **mésolithique** (période intermédiaire entre paléolithique et néolithique, de – 10 000 à – 6 000 ans environ), le climat évolue, devenant comparable à celui que nous connaissons aujourd'hui. Vers – 6 000 ans, une nouvelle vague de peuplement arrive du Proche-Orient : ce sont les pasteurs

NEANDERTAL OU CRO-MAGNON : PAS LE MÊME CRÂNE…

Sans doute doué d'une intelligence comparable à la nôtre, parfaitement bipède, l'homme de Neandertal est doté d'un aspect plus robuste : il est de petite taille (1,60 m), possède des os plutôt épais, un front encore fuyant, un crâne ovale, large et long, avec une arcade sourcilière proéminente et un fort développement des sinus frontaux. Ces caractéristiques physiques sont peut-être à mettre en rapport avec ses dures conditions d'existence (périodes glaciaires). L'homme moderne, qui vient d'Afrique, pays sensiblement plus chaud, dispose d'une anatomie plus gracile : son crâne est plus haut et la réduction de sa mandibule a fait saillir un menton (à l'image du crâne néandertalien de **La Ferrassie** et du crâne d'homme moderne du site de **Cro-Magnon**).

Crâne de Neandertal

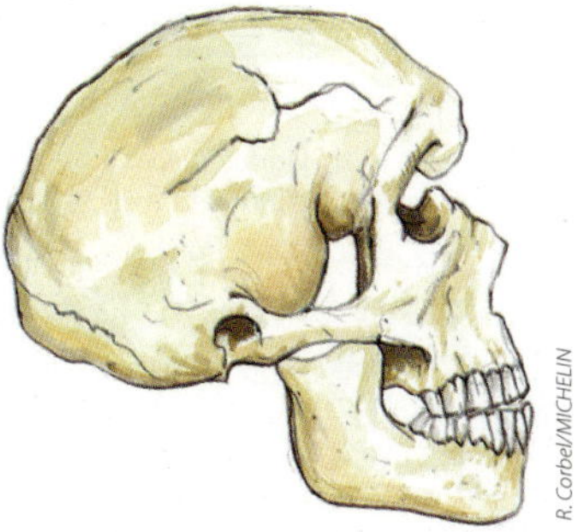

Crâne de Cro-Magnon

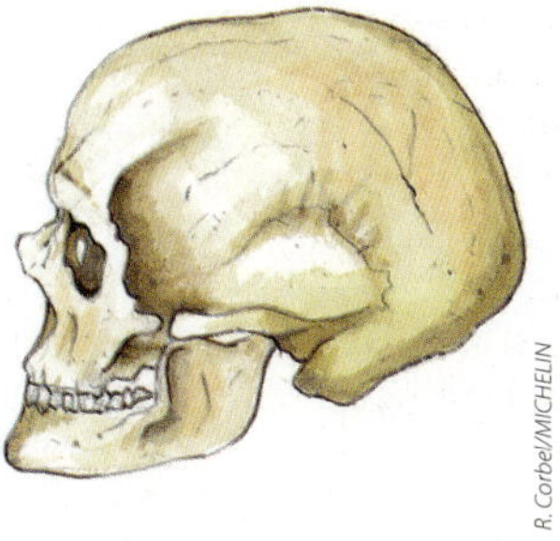

TEMPS	PÉRIODE	CULTURE
-4 à -1,5 M d'années	Paléolithique archaïque	
-1,7 M à -500 000 ans	Paléolithique ancien	Acheuléen (subdivisions locales : tayacien, micoquien)
-500 000 à -40 000 ans	Paléolithique moyen	Moustérien
-40 000 à -30 000 ans	Paléolithique supérieur	Châtelperronien
-36 000 à -29 000 ans		Aurignacien
-29 000 à -22 000 ans		Gravettien
-22 000 à -18 000 ans		Solutréen
-18 000 à -16 000 ans		Magdalénien ancien
-16 000 à -13 000 ans		Magdalénien moyen
-13 000 à -10 000 ans		Magdalénien supérieur

PRÉHISTOIRE

ESPÈCE HUMAINE	OUTILS ET ART	SITES EN PÉRIGORD-QUERCY
Homo rudolfensis, Homo habilis	Galet aménagé	
Homo ergaster	Premier biface	La Micoque
Homo ergaster, Homo neandertalensis, Homo sapiens.	Pointe et technique Levallois. Biface complexe (acheuléen), outils de pierre taillés à partir d'éclats	Le Moustier, La Ferrassie, Le Regourdou
Homo neandertalensis *H. sapiens* n'est pas concerné	Lame, couteau, pointe, outils en os, premiers bijoux	La Ferrassie
Homo sapiens	Augmentation très importante de la diversité et de la finesse des outils (lame très effilée ou étranglée, pointe de sagaie en os), premières manifestations artistiques (parures, gravures sur blocs, cupules, symboles féminins, animaux schématiques).	Abris Blanchard, Cellier, Castanet et Pataud
	Pointe à dos, pointe pédonculée, burin. Début de l'art pariétal, Vénus stéatopyges	La Ferrassie, Laugerie-Haute, abri Pataud, Castel-Merle, abri Labattut, abri du Poisson, Pech-Merle, Cougnac
	Retouche par pression. Finesse exceptionnelle des outils lithiques : aiguille à chas, feuille de laurier, pointe à cran. Art pariétal naturaliste, figure aviforme, homme blessé, perspective semi-tordue	Abri Pataud, Pech-Merle, Cougnac
	Sagaie, outils lithiques triangulaires. Perspective semi-tordue, figures pariétales animées, chasseur en difficulté	Lascaux, Villars, Font-de-Gaume
	Explosion artistique, respect des perspectives, développement de l'art mobilier sur os, bois et ivoire	Cap Blanc, abri Reverdit, Bara-Bahau, St-Cirq, Bernifal, Combarelles, Font-de-Gaume, Rouffignac
	Harpons. Art pariétal très réaliste	Teyjat, La Madeleine, Laugerie-Basse

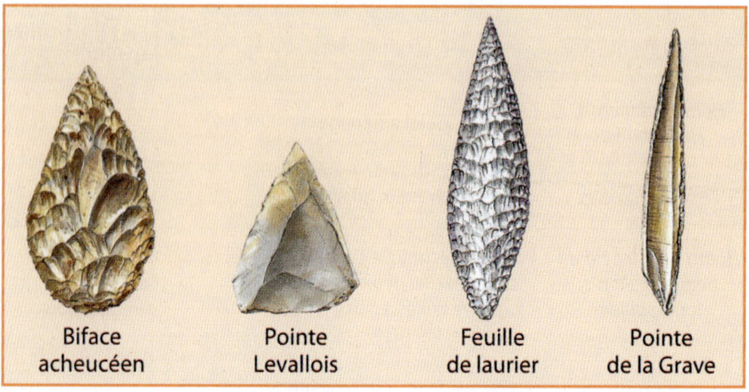

R. Corbel/MICHELIN

et les agriculteurs du **néolithique**, qui remplacent progressivement les derniers chasseurs-cueilleurs *(voir le musée d'Art et d'Archéologie du Périgord à Périgueux, p. 224)*. Les sociétés se développent, se hiérarchisent, se sédentarisent, édifiant sur place menhirs et dolmens ; vers – 3 000, c'est l'**âge des métaux**, puis le début de l'histoire…

Pourquoi le Périgord-Quercy ?

Pourquoi les hommes arrivés du Moyen-Orient et d'Afrique se sont-ils installés au bord des rivières du sud-ouest de la France ? Pas pour le climat, mais parce que le gel de l'eau infiltrée dans les falaises calcaires avait élargi d'innombrables failles en abris. Des grottes surtout, sous le surplomb desquelles nos ancêtres furent à couvert des intempéries et réchauffés par le rayonnement nocturne de la roche. L'homme n'a jamais habité à l'intérieur des cavernes, trop frais, humide et sombre, mais bien toujours à l'entrée, et de façon temporaire : il n'était ni cavernicole ni sédentaire ! De là, les premiers Périgourdins-Quercynois allaient cueillir baies et fruits dans des forêts alors très denses, chasser les ruminants et le gibier en migration sur les plaines alluviales et les pelouses calcaires, et boire dans les rivières.

LES CULTURES DE L'HOMME PRÉHISTORIQUE

Neandertal, puis Cro-Magnon ont littéralement « vécu sur la bête », en particulier sur le renne dont les troupeaux étaient considérables en cette époque où le climat oscillait entre tempéré froid et glacial. Cette variation cyclique s'est traduite par des modifications des écosystèmes. Steppe, taïga et toundra, accueillant mammouths, rhinocéros laineux, aurochs, cerfs géants et rennes, se sont succédé en Périgord-Quercy durant tout le quaternaire.
L'**outillage** nécessaire à la capture des proies évolua et, avec lui, les techniques de transformation de la pierre puis des os, des peaux et des matières végétales. De façon générale, l'évolution s'est faite dans le sens de l'économie de la matière première, les sites à bons silex étant rares (l'un des plus riches se trouve près de Bergerac). La **taille** est sans cesse affinée et des supports plus petits sont utilisés (des éclats plutôt que des rognons de silex).

Du galet à la pointe fine

PREMIERS TEMPS

On divise le paléolithique en plusieurs périodes dites archaïque

Lame aurignacienne

Lame aurignacienne

Lame étrange aurignacienne

R. Corbel/MICHELIN

(ou « très ancien paléolithique »), ancien, moyen et supérieur.

Paléolithique archaïque

Il correspond aux premiers temps de l'évolution humaine, de – 4 à – 1,5 million d'années ; il est essentiellement africain. Nos prédécesseurs utilisaient alors de simples cailloux qu'ils travaillaient à peine (*peeble tool culture*, ou culture des galets aménagés).

Paléolithique ancien

De – 1,7 millions d'années à – 500 000 ans, il est possible de distinguer **l'acheuléen**, avec production de bifaces, et le **tayacien**, avec une industrie – propre au Périgord-Quercy – travaillant sur éclats et sans bifaces (site de La Micoque). Ensuite, les bifaces prennent des formes plus variées, donnant naissance au **micoquien**, subdivision locale de l'acheuléen nommée à partir du site où elle a été décrite.

Paléolithique moyen

Cet âge, de – 500 000 à – 40 000 ans environ, est caractérisé par l'apparition de la technique de débitage **Levallois**, une méthode très ingénieuse pour obtenir de bons outils bien calibrés.
Cette période porte le nom de **moustérien**, ayant été décrite pour la première fois sur le site du Moustier. Les outils sont façonnés avec moins de matière, ils sont réalisés à partir d'éclats, les bifaces gagnent en finesse.
On rencontre la culture moustérienne en Périgord, sur les sites du Moustier, de La Ferrassie et du Regourdou. Elle fut pratiquée surtout par l'homme de Neandertal, mais aussi par l'homme moderne.

Paléolithique supérieur

Aux alentours de – 40 000 ans, deux humanités et deux cultures cohabitent encore en Périgord et Quercy. D'un côté, l'industrie du **châtelperronien** et l'homme de Neandertal (site de La Ferrassie). Aux outils typiquement moustériens s'ajoutent la taille de lames et de « couteaux », la fabrication de pointes, d'outils en os et les premiers bijoux. Cantonnées à la France et au nord de l'Espagne, les techniques du châtelperronien disparaissent de ces régions avec l'homme de Neandertal, vers – 30 000 ans.
De l'autre côté, l'homme moderne, de type **aurignacien**, avec une culture que l'on retrouve dans toute l'Europe depuis – 36 000 ans. L'outillage, d'une haute finesse, est fait de grandes lames, parfois « étranglées », et de pointes de sagaies en os (**abri Pataud**). La parure est bien développée (perles,

pendeloques), mais curieusement, alors qu'ailleurs l'art est très élaboré (sud-ouest de l'Allemagne, grotte Chauvet en Ardèche), il reste assez fruste dans ces régions : il est fait de gravures sur blocs, de cupules, de symboles féminins et d'animaux schématiques (abris **Blanchard** et **Castanet**, à Castel-Merle, et aussi au musée du Périgord à Périgueux, abri Cellier). L'aurignacien s'efface ensuite, en Périgord et en Quercy, devant le gravettien vers – 29 000 ans.

GRAVETTIEN : ART PARIÉTAL ET SCULPTURE

Localement appelé périgordien supérieur, le gravettien se répand uniformément en Europe.
En Périgord, il dure jusque vers – 22 000 ans. Les outils sont principalement des pointes à dos (tranchant d'un seul côté, l'autre côté permettant la prise en main), des pointes pédonculées (avec une ébauche de manche), ainsi que des burins de formes particulières (abri Pataud, La Ferrassie, **Laugerie-Haute**). L'art se développe (**abri Labattut**, Castel-Merle, **abri du Poisson**), l'art sur paroi – pariétal – apparaît : c'est le début de l'ornementation des grottes de **Cougnac** et du **Pech-Merle**. Le gravettien est typique, notamment dans sa façon de représenter la femme, avec une forte poitrine, un ventre proéminent et des hanches généreuses (stéatopygie). Au début du 20e s., on prenait ces « Vénus » pour des représentations réalistes. Aujourd'hui, on penche plutôt pour des conventions stylistiques exprimant la fécondité.

SOLUTRÉEN : LA RETOUCHE PAR PRESSION

Décrit à Solutré, en Saône-et-Loire, le solutréen est présent seulement en France, au Portugal et en Espagne. La période glaciaire est alors à son paroxysme (– 21 000 ans). Le travail de la pierre est de toute beauté, ayant acquis, grâce à la **retouche par pression** (au lieu de taper sur la pierre, on exerce une pression dessus pour détacher un éclat plus petit et plus fin), une très grande finesse : aiguilles à chas – invention de l'époque –, pointes à cran, feuilles de laurier (outils ayant la légèreté et la finesse d'une feuille de laurier) sont parmi les outils les plus caractéristiques.
Outre sa finesse, cet art solutréen offre un mélange très intéressant de naturalisme et d'archaïsme : si les figures commencent à s'animer, l'ensemble reste massif et très stylisé *(voir le bouquetin de l'abri Pataud et le bloc du Fourneau du Diable, exposé au musée national de Préhistoire des Eyzies, p. 139)*.
Selon le préhistorien Jean Clottes, les signes « **aviformes** », en forme d'accolades, datent aussi de cette époque (Cougnac et Pech-Merle). Sur ces sites, un nouveau thème figuratif apparaît, celui de « **l'homme blessé** », au corps percé de traits.
Le solutréen se prolonge par la culture du badegoulien, avant de laisser la place au magdalénien, qu'il a pu influencer partiellement.

MAGDALÉNIEN : MOUVEMENT, RÉALISME ET PERSPECTIVES

Étendu à toute l'Europe et débutant vers – 18 000 ans, le magdalénien (dont le nom vient du site de la Madeleine) se caractérise aussi par un réchauffement du climat ponctué d'épisodes plus froids. Il se divise en trois phases, en raison de la formidable explosion des formes d'art et d'outillage.

Magdalénien ancien

Il correspond à l'époque de **Lascaux** (vers – 17 000 ans), sanctuaire de cette culture. Bien qu'encore empreint de certaines

Grotte du Pech-Merle.
P. Cabrol/© Centre de Préhistoire du Pech-Merle, Cabrerets, Lot

conventions du solutréen (« **perspective semi-tordue** » des encornures, représentées de trois quarts alors que l'animal est figuré de profil), le style montre des figures animées qui gambadent sur les parois avec une grande liberté d'expression. Un même thème, celui du « chasseur en difficulté », se retrouve tant à Lascaux qu'au **Villars**.

Il semble que les premiers décors de la grotte de **Font-de-Gaume** remontent à cette époque. L'outillage osseux se développe et se régionalise (différents types de sagaies par exemple). Les outils en silex prennent une forme triangulaire.

Magdalénien moyen

Entre – 16 000 et – 13 000 ans, on assiste à une sorte d'explosion de l'art en Périgord, dont on trouve de multiples traces à l'abri du **Cap Blanc**, à l'abri **Reverdit**, à Castel-Merle, **Bara-Bahau**, **St-Cirq-du-Bugue**, **Bernifal**, aux **Combarelles**, à Font-de-Gaume ou encore à **Rouffignac**. Ces quatre derniers sites présentent un signe commun, en forme de maison, appelé **tectiforme**. Le style des figures est plus réaliste et la perspective des encornures (bois de cerf, etc.) est respectée. Parallèlement, l'art mobilier sur objets en os, bois de cervidés et ivoire atteint une grande maîtrise (**Laugerie-Basse**).

FUSARIUM SPP.

C'est la terreur des préhistoriens ! Ces champignons sont nocifs surtout pour les sites : ils ont conduit l'État à fermer Lascaux en 1963. Profitant du dioxyde de carbone (CO2) et de l'humidité des exhalaisons humaines, l'espèce *Fusarium solani* avait fini par recouvrir les fresques et, en association avec la bactérie *Pseudomonas fluorescens*, par attaquer la roche. Les autres grottes ne sont pas encore affectées, mais peut-être que la plupart devront un jour fermer au public, tant l'humidité menace dessins, sculptures et concrétions.

Magdalénien supérieur

De – 13 000 à – 10 000 ans, cette période voit la fin de la phase glaciaire. Un nouvel outil apparaît alors : il s'agit du **harpon**. L'art a évolué vers un **style hyperréaliste**, presque « photographique », évolution très visible sur l'art mobilier (**La Madeleine**, Laugerie-Basse – *voir au musée national de Préhistoire des Eyzies, p. 139*) et dans l'art pariétal (grotte de la Mairie, à **Teyjat**, et peut-être certaines figures des Combarelles). Finalement, le magdalénien fait place au mésolithique ; l'art change de forme, se fait plus schématique : c'est la culture de l'azilien *(voir le musée d'Art et d'Archéologie du Périgord à Périgueux, p. 224)*.

Les pionniers de la recherche

Il revient à **Jacques Boucher de Perthes** (1788-1868) d'avoir écorné le mythe de « l'homme sauvage », qui accompagnait la pensée occidentale depuis la plus haute Antiquité, en créant la **préhistoire**, science de l'étude de l'humanité et de son environnement avant l'invention de l'écriture. C'est surtout aux Eyzies-de-Tayac que cette science se développa. À la suite des prospections d'Édouard Lartet et d'Henry Christy, à la fin du 19e s., de nombreuses fouilles sont conduites dans cette région, notamment par les abbés Amédée et Jean Bouyssonie, Louis Capitan, Émile Cartailhac, l'abbé Lemozi et Denis Peyrony. Le docteur **Léon Henri-Martin** (1864-1936) invente alors la **taphonomie**, l'étude des altérations des ossements après leur dépôt. Mais il faut attendre la découverte de la grotte de la Mouthe, en 1895, pour faire admettre l'existence de l'art pariétal. Les travaux de l'abbé **Henri Breuil** (1877-1961) mettront de l'ordre dans les classifications chrono-stratigraphiques et contribueront à faire connaître l'art paléolithique.

Découvertes modernes

Les préhistoriens ne recherchent plus les belles pièces, mais à restituer des tranches de vie. Désormais, le moindre indice est traqué et analysé. Les nouvelles fouilles de l'abri Castanet ont ainsi permis de découvrir des centaines de fragments de perles en ivoire de mammouth. Grâce à la microscopie électronique à balayage et à l'expérimentation, le préhistorien américain, périgourdin d'adoption, **Randall White** en a reconstitué la chaîne de fabrication. On parvient également à dater des échantillons de plus en plus petits. C'est la datation d'un simple bigorneau du collier associé aux squelettes de l'abri Cro-Magnon qui les a rajeunis : on les pensait aurignaciens, ils sont gravettiens ! L'imagerie numérique, en particulier médicale, aide aussi les préhistoriens : en scannant les ossements fossiles, il est possible d'en étudier l'intérieur sans avoir à les découper et de déterminer les processus de croissance, voire les pathologies. Le traitement d'images, employé par **Norbert Aujoulat** pour l'étude des peintures à Lascaux, a ressuscité les gestes des artistes. Nous savons de quels pinceaux ils se sont servis, combien de couches ils ont appliquées, quelles nuances de couleurs ils ont employées : la technique des peintres magdaléniens apparaît désormais aussi complexe que celle d'un Michel-Ange…

L'art préhistorique

Difficile, voire impossible de résumer le patrimoine préhistorique… Non pas tant parce que le Périgord possède la plus importante collection de vestiges d'Europe, mais parce que l'on se perd toujours en conjectures sur les motivations des peintres du paléolithique. La réinterprétation des grottes ornées a brisé le mythe d'une évolution linéaire de l'art et celui de la supériorité de l'homme moderne sur ses ancêtres, ne serait-ce que parce qu'il y a 15 000 ou 30 000 ans nos prédécesseurs ont développé un art pariétal abouti, qui émeut encore.

L'ARTISTE DE LA PRÉHISTOIRE, UNE ÉNIGME

Qu'est-ce qui a bien pu pousser l'homme de la préhistoire à ne représenter que des animaux, et si peu – et si mal – lui-même ? Pourquoi avoir utilisé aussi habilement le relief des grottes et la danse de la faible lumière des torches pour donner une telle perspective et une telle impression de mouvement aux sujets représentés ? Surtout, pourquoi Cro-Magnon, qui vivait à l'entrée des cavernes, s'est-il enfoncé, à genoux ou à plat ventre au plus profond des falaises pour exercer son art (jusqu'à plus d'un kilomètre à Rouffignac !) ? À ces questions, préhistoriens et archéologues apportent des réponses aussi contradictoires qu'incertaines.

Une certitude : les techniques de **peinture** et de **gravure** appartenaient à peu d'hommes, qui l'enseignaient probablement à des élèves. L'art paléolithique se transmettait très certainement de maîtres en disciples. Ces maîtres étaient-ils des chamans, des religieux, des sages dont le savoir imposait le respect au point de les mettre à l'abri de toute autre tâche que celle de peindre, soigner, et consulter les augures ? Mystère…

TECHNIQUES

Comment les hommes peignaient-ils ? Contrairement aux idées reçues, très rarement avec du charbon de bois. Le noir est de l'**oxyde de magnésium**, l'ocre de l'**oxyde de fer**. Les deux couleurs principales de la palette paléolithique sont donc des terres que les artistes savaient identifier et extraire parfois fort loin de leurs « ateliers ». Ils les étalaient avec leurs doigts, les crachaient sur leurs mains utilisées comme des pochoirs ou des caches, les soufflaient au moyen de sarbacanes ou directement à la bouche.

UN ART SYMBOLIQUE

Sur les murs des grottes, Cro-Magnon a non seulement peint, mais aussi gravé et parfois sculpté. Quel que soit son mode d'expression, il a cependant toujours obéi à un parti pris général : il s'intéresse peu aux scènes naturalistes (quelques préaccouplements, des troupeaux, des indications de saisonnalité comme les saumons bécards, des affrontements de mâles), ni à l'histoire. L'iconographie paléolithique semble uniquement symbolique. Les animaux sont en procession, ils disent quelque chose que nous ne comprenons pas. D'autant moins que les artistes paléolithiques, découvrant les dessins faits par de lointains prédécesseurs, s'en servaient pour représenter d'autres animaux. De la croupe d'un cheval s'élève celle d'un bison qui est le front d'un mammouth… Bref, les grottes sont des **palimpsestes** (plusieurs dessins successifs se superposent) parfois difficilement lisibles.

Histoire

Du Moyen Âge aux guerres de Religion, en passant par la guerre de Cent Ans, l'histoire du Quercy et du Périgord ressemble à une interminable succession de conflits nés de rivalités locales ou nationales. Secouées par des révoltes paysannes sous l'Ancien Régime, ces régions rurales et à l'écart des axes de communication furent ensuite préservées des grandes batailles et des mutations trop brutales.

Vers le Moyen Âge

COHABITATION GALLO-ROMAINE

Avant J.-C.

Au temps de la Gaule, le territoire actuel du Périgord est occupé par la tribu gauloise des Pétrocores, celui du Quercy par les Cadurques. Le pays des Pétrocores avait pour capitale Vesona (l'actuelle Périgueux) et celui des Cadurques, Divona (l'actuelle Cahors).

- **59-51** – Conquête romaine. La dernière résistance du peuple gaulois a lieu à Uxellodunum que les historiens situent dans le Quercy, au **puy d'Issolud**.
- **16** – L'empereur Auguste crée la province d'Aquitaine.

Après J.-C.

- **1er-3e s.** – La Paix romaine. Pendant trois siècles, les villes se développent, de nombreux monuments publics sont édifiés. Dans les campagnes alentour, de nouvelles cultures sont introduites : noyer, châtaignier, cerisier et vigne.
- **235-284** – Les invasions (Alamans et Francs) ravagent la région. En l'an 276, plusieurs villes sont rasées. Vesona, désormais Vesunna, se protège derrière un rempart élevé à la hâte avec les pierres de bâtiments publics romains démantelés.

ROYAUME D'AQUITAINE, BARONNIES DU PÉRIGORD

- **486-507** – Clovis, roi des Francs, conquiert la Gaule jusqu'aux Pyrénées après avoir défait le roi wisigoth Alaric II en 507 à Vouillé (près de Poitiers).
- **8e s.** – Les comtés du Quercy et du Périgord sont rattachés au royaume d'Aquitaine. Fondation de l'abbaye de Brantôme.
- **9e s.** – Les vallées de l'Isle et de la Dordogne, ainsi que Périgueux sont dévastées par les **Normands**. De nombreux habitants se réfugient dans les cluzeaux, abris troglodytiques et souterrains, prenant la suite des hommes préhistoriques.
- **10e s.** – Les quatre baronnies du Périgord se mettent en place : Mareuil, Bourdeilles, Beynac et Biron, ainsi que les châtellenies d'Ans, Auberoche, Gurson… Le comté du Périgord passe à la maison des Talleyrand.
De puissantes familles se partagent le Quercy : les Gourdon, les Cardaillac, les Castelnau, les Turenne et les St-Sulpice.
- **Vers 950** – Début du pèlerinage de **St-Jacques-de-Compostelle**, qui traverse la région.
- **12e s.** – Fondation d'abbayes dans le Périgord : Cadouin, Sarlat,

TEMPS OU CLIMAT BÉNI DU MOYEN ÂGE ?

À partir du début du 11e s., les températures moyennes s'élèvent de 1 à 2 degrés et l'humidité baisse en Europe occidentale. En Périgord-Quercy, ces nouvelles conditions climatiques favorisent les pratiques agricoles. Les cultures poussent mieux, plus vite, sans pourrir sur pied. Les hommes vivent plus vieux et la mortalité infantile baisse. Après cet « optimum climatique », ainsi baptisé par l'historien Emmanuel Le Roy Ladurie, le temps change. Dès le premier quart du 14e s., il entre dans le « petit âge glaciaire » qui se terminera à la fin du 18e s. Beaucoup plus humide, ce climat fit au 14e et 15e s. pourrir les cultures en herbe. Ce qui expliquerait la succession des famines, terribles, qui endeuillèrent les deux siècles de la guerre de Cent Ans. Sur quoi s'appuient les historiens pour de telles affirmations ? Sur l'étude des glaciers et, plus récemment, sur l'analyse de l'émail dentaire !

Boschaud, Chancelade… et dans le Quercy : Rocamadour, Figeac, Souillac et Carennac.

- **1331** – Fondation de l'université de Cahors.

GRANDEURS ET MISÈRES DU MOYEN ÂGE

- **11e-13e s.** – La population augmente et se réunit en villages, les « sauvetés » (autour d'une église), et dans des villes nouvelles, les bastides, à partir desquelles elle défriche la forêt et draine les marais. L'Église tente d'imposer les trêves de Dieu, quarante jours de réflexion obligatoires avant d'entamer un conflit armé. La paix s'installe peu à peu, accompagnée de multiples progrès techniques.
- **Début 13e s.** – Croisade des Albigeois. Simon de Montfort fait des incursions dans le Quercy et le Périgord.
- **1229** – Le traité de Paris entre Saint Louis, roi de France, et Raymond VII, comte de Toulouse, met fin à la croisade des Albigeois.
- **14e s.** – Avec le retour des conflits, les récoltes s'amoindrissent, les famines se répètent, aggravées par les razzias sanglantes des routiers. Quand la peste arrive, elle trouve dans le Périgord et le Quercy des corps peu résistants : 1348, 1361, 1384 et 1400-1401 amènent des hécatombes.

Rivalité franco-anglaise

France et Angleterre se sont fait la guerre pendant près de huit siècles. À l'origine pour un différend successoral, la guerre est devenue conflit géopolitique entre deux puissances revendiquant le contrôle du continent ouest-européen. C'est dans le Périgord et le Quercy que la part terrestre de ce long conflit a été la plus active.

- **1137** – Mariage du prince Louis, fils du roi de France Louis VI, et **d'Aliénor**, fille unique du duc d'Aquitaine, qui lui apporte en dot un territoire plus important que le sien : la Guyenne, le Périgord, le Limousin, le Poitou, l'Angoumois, la Saintonge, la Gascogne et la suzeraineté sur l'Auvergne et le comté de Toulouse. Mariage mal assorti : Louis, devenu **Louis VII**, penche pour une vie monacale, tandis que la reine a appris à Bordeaux à savourer les arts et les fêtes. Après quinze ans de mésentente conjugale, le couple obtient du concile de Beaugency la prononciation de la nullité de son mariage.
- **1152** – Lourde erreur pour la politique française ! Outre sa liberté, Aliénor recouvre sa dot qu'elle apporte en remariage à Henri Plantagenêt, comte d'Anjou et

suzerain du Maine, de la Touraine et de la Normandie. Elle dirige pleinement son duché d'Aquitaine. Pour les Capétiens, c'est une catastrophe : les domaines réunis d'Henri, futur roi d'Angleterre sous le nom d'**Henri II**, et d'Aliénor, sont en effet aussi vastes que ceux des autres vassaux du roi de France. Bien que le duché d'Aquitaine demeure en fait vassal du roi de France, l'équilibre des forces est rompu. La lutte franco-anglaise qui s'engage va durer des siècles. Elle se double par la suite des conflits entre Aliénor et son second mari, puis entre le roi et ses fils. Elle favorise la versatilité des villes et des grands féodaux. Les futurs rois de France sauront en jouer habilement.

- **1190** – Pour apaiser les tensions, **Philippe Auguste** cède aux Anglais le Quercy, frontalier des deux royaumes, à l'exception de deux abbayes : Figeac et Souillac.
- **1199** – Mort du fils aîné d'Aliénor, **Richard Cœur de Lion**, à Châlus. Une lutte s'engage pour la succession entre le petit-fils d'Aliénor, Arthur de Bretagne, et son fils Jean sans Terre qu'elle place sur le trône en 1199.
- **1204** – Profitant des hésitations de Jean sans Terre, Philippe Auguste conquiert la Normandie, possession anglaise, et Poitiers, capitale du duché d'Aquitaine. L'équilibre des forces se rétablit.
- **1259** – Par le traité de Paris, cette fois avec **Henri III**, le fils de Philippe Auguste, **Saint Louis**, abandonne le Périgord et le Quercy, qui étaient échus auparavant au comte de Toulouse. Ce traité met fin aux luttes franco-anglaises et permet aux populations de vivre en paix. Mais il s'avère rapidement caduc et le conflit reprend.
- **1294-1296 – Philippe le Bel** reconquiert la quasi-totalité des possessions anglaises. La Guyenne (Aquitaine) redevient française. Le port de Bordeaux se retrouve coupé de son riche arrière-pays. Afin que les choses ne dégénèrent pas, le roi de France donne à l'Angleterre sa sœur Marguerite, qui épouse le roi Édouard Ier, puis sa fille Isabelle de France au fils de celui-ci (le futur Édouard II).
- **1314** – Mort de Philippe le Bel. Lui succèdent pour de courtes durées, Louis X, Philippe V et Charles IV. Ces trois rois, dits **maudits**, meurent sans héritier mâle.
- **1328** – Le trône de France est vacant. La couronne est posée sur la tête du fils du frère de Philippe le Bel, seul héritier mâle de la branche capétienne. Philippe VI de Valois devient donc roi de France. Pourtant, la fille de Philippe le Bel, Isabelle de France, a donné un fils à son mari, le roi Édouard II d'Angleterre. Édouard III est le prétendant le plus légitime à la couronne de France.

Possessions des Anglais
- en 1253
- au début de la guerre de Cent Ans (1338)
- après le traité de Brétigny (1360)
- après les reconquêtes de Charles V et Du Guesclin (1380)

- **1340** – **Édouard III** d'Angleterre se proclame roi de France. Avec l'appui des Flamands, Bretons et Normands, il impose sa suprématie militaire et s'empare de l'Aquitaine.
- **1345** – Début de la guerre de Cent Ans en Aquitaine. Le roi **Jean le Bon** cherche à reprendre les terres d'Aquitaine. En 1356, il est vaincu à Poitiers par le fils d'Édouard III – le redoutable Prince Noir – et emprisonné à Londres.
- **1360** – Le traité de Brétigny donne toute l'Aquitaine aux Anglais. Commence alors une période faste qui voit se développer la viticulture et l'activité fluviale sur la Dordogne et le Lot. Au cours de la guerre, les deux rivières seront des enjeux stratégiques majeurs. Leurs rives se hérissent de châteaux.
- **1369** – Après des années de ravages par les **routiers**, soldats mis au chômage durant les années de paix, le Quercy et le Périgord sont repris par **Charles V**, roi de France. Le futur connétable Du Guesclin, soutien actif du roi depuis quelques années déjà, a participé aux opérations. Par la suite, les seigneurs du nord du Périgord seront fidèles au roi de France tandis que ceux du sud prendront le parti des Anglais, passant parfois des uns aux autres en fonction de leurs intérêts économiques. Les villes du Quercy demeurent globalement fidèles au roi de France. **Cahors**, par exemple, se libère toute seule et ne sera jamais réinvestie par « l'Anglois ».
- **1399** – Annexion du Périgord par Charles VI.
- **1429-1439** – Des bandes de routiers travaillant indifféremment pour les deux partis dévastent la région.
- **1440-1500** – Le Quercy est si dépeuplé qu'il fait venir des milliers d'Auvergnats et d'habitants du Rouergue (Aveyron) pour redresser sa courbe démographique.
- **1453** – La bataille de Castillon met fin à la guerre de Cent Ans.

Guerres de Religion

Comme dans tout le royaume, les idées de la Réforme gagnent d'abord les « élites pensantes », puis les villes et les campagnes. La concurrence religieuse tourne au conflit politique avec des soubresauts de guerre civile.

- **1540** – Un premier foyer protestant se développe à **Ste-Foy-la-Grande** ; quatre ans plus tard, la Réforme atteint Bergerac. Le **protestantisme** devient l'affaire des Grands, il est soutenu dans le Périgord par les princes de Bourbon-Albret (dont Jeanne d'Albret, mère du futur Henri IV) et par les Caumont-Laforce, et dans le Quercy par Jeanne de Genouillac, les Gourdon et les Cardaillac. Bergerac et Ste-Foy-la-Grande deviennent alors des bastions de la **Réforme**, tandis que Périgueux et Cahors soutiennent la Ligue.
- **1562** – Massacre de protestants à Cahors.
- **1569** – Massacre de **La Chapelle-Faucher** : l'amiral de Coligny, chef huguenot, fait enfermer 300 paysans dans le château et y met le feu en représailles aux attaques subies par l'armée protestante. **Brantôme** *(voir encadré p. 244)*, bouleversé par ce massacre, dénonce dans ses écrits ces luttes fratricides.
- **1572** – **Massacre de la St-Barthélemy** au cours duquel Clermont de Piles, chef des huguenots en Périgord, trouve la mort. Homme de guerre rusé, **Geoffroi de Vivans** prend la tête des armées protestantes et met la région à feu et à sang, cherchant à tout prix à s'emparer des villes fidèles à la Ligue.
- **1575** – Les troupes de Geoffroi de Vivans s'introduisent un soir de carnaval à Sarlat et s'emparent de la ville.

- **1577** – La paix de Bergerac annonce l'édit de Nantes à venir.
- **1580** – Prise de Cahors par Henri de Navarre.
- **1588** – Geoffroi de Vivans réalise l'exploit de s'emparer de Domme.
- **1589** – Avènement d'**Henri IV** qui se convertit au catholicisme en 1593 et est sacré roi en 1594. Sous Henri IV le comté du Périgord est rattaché au domaine royal.
- **1598** – **Édit de Nantes**. Après l'avènement d'Henri IV, les protestants obtiennent la liberté de culte, ainsi que des places de sûreté.
- **1685** – **Révocation de l'édit de Nantes** par Louis XIV, de nombreux Périgourdins protestants s'expatrient.

Temps de révoltes

En raison des famines et des guerres, Périgord et Quercy passent par des temps difficiles. Les luttes paysannes secouent les campagnes par intermittence pendant deux siècles.

- **1594-1595** – Première révolte des **croquants** : les paysans, dits « croquants », se révoltent alors que les guerres de Religion, la misère et les famines ont laissé la région exsangue. Ils se réunissent pour rédiger des doléances à transmettre au roi, se donnent une structure militaire, refusent de travailler pour les seigneurs et organisent des expéditions punitives contre eux. La noblesse réagit : une armée est levée sous les ordres du sénéchal de Bourdeilles. Un combat à St-Crépin-d'Auberoche en août 1595, puis un autre à Condat-sur-Vézère défont l'armée des paysans. Ceux-ci, plus misérables que jamais, retournent alors à leurs terres.
- **1637** – Nouvelle révolte des croquants contre le gouvernement de Louis XIII et de Richelieu. La condition des paysans n'a pas changé, les taxes n'ont fait que s'alourdir et une levée extraordinaire de blé pour le ravitaillement des troupes déclenche l'insurrection. Des « gabeleurs » chargés de percevoir les impôts sont assassinés. Un gentilhomme du nom de **La Mothe La Forêt** prend alors la tête d'une armée paysanne de plusieurs milliers d'hommes, tente d'investir Périgueux le 1er mai et s'empare de Bergerac le 11. La résistance de Ste-Foy-la-Grande arrête cette armée dans sa progression vers Bordeaux. Le gouverneur de Guyenne lève alors une armée qui écrase les croquants à La Sauvetat. La Mothe La Forêt obtient une reddition honorable et dissout ses troupes. Dans les mois qui suivent, la guérilla se propage dans les campagnes. Des bandes, constituées d'anciens « soldats » de l'armée des croquants, parviennent à repousser les troupes royales. En 1642, le pouvoir royal vient enfin à bout des rebelles.
- **1707** – Dernière révolte paysanne, dite des **Tard-Avisés** (nom déjà donné aux révoltés de 1594). Elle éclate dans le Périgord et le Quercy, mais est très vite étouffée par l'armée du gouverneur de Guyenne.

Du 18e s. à nos jours

Le siècle des Lumières amorce les temps modernes. Avec eux arrivent les départements, le train, la fin de la batellerie, l'épidémie du phylloxéra, la découverte de la préhistoire, l'autoroute et le tourisme. La région sort de son isolement.

- **1743-1757** – **Tourny**, intendant de la généralité de Bordeaux, est le promoteur de nombreux aménagements dans les villes du Sud-Ouest, dont les allées qui portent son nom à Périgueux. L'ouverture de nouvelles routes divise les temps de trajet par cinq, par rapport au Moyen Âge.

LA BATELLERIE

Les hommes du Périgord et du Quercy ont forgé une civilisation fluviale qui date du néolithique. Lot et Dordogne furent aménagés à partir du 12e s. afin de réduire le débit et les caprices de l'eau. Durant des siècles, les **gabarres** ont affronté les « hautes eaux » hivernales et capricieuses du Lot et de la Dordogne pour descendre bois de chêne et de châtaignier, noix, huiles, fromages et châtaignes vers Cahors et Bergerac. De ces ports importants, les marchandises descendaient jusqu'à Bordeaux. Au retour, les navires rapportaient du sel, du poisson salé, du sucre et un peu de tout ce que l'on pouvait acheter sur les quais de ce grand port colonial des 18e et 19e s. Le chemin de fer, plus ponctuel et indifférent à la météo, a raison de la batellerie dans le dernier quart du 19e s. Ne reste aujourd'hui de cette civilisation que la légende des gabarriers, toujours très présente dans les mémoires et les histoires des conteurs.

- **1789** – Réunion des États généraux, Assemblée constituante, prise de la Bastille et abolition des privilèges. Dernier sursaut des révoltes paysannes, quelques jacqueries accompagnent la Révolution dans les campagnes.
- **1790** – Formation des départements de la Dordogne et du Lot. Cahors devient préfecture à la place de Montauban, capitale historique du Quercy. L'affront sera lavé par **Napoléon** qui créera autour de Montauban le département du Tarn-et-Garonne en 1808.
- **1812-1814** – Le Périgord est un fief bonapartiste. Plusieurs généraux et maréchaux de Napoléon sont originaires de cette région : Murat, Fournier-Sarlovèze, Daumesnil.
- **1838** – Naissance de Léon Gambetta à Cahors.
- **1868** – La crise du **phylloxéra** détruit le vignoble de Cahors et de Bergerac et entraîne un véritable exode rural.
- **1869** – Arrivée du train, inauguration de la ligne Cahors-Capdenac
- **Début 20e s.** – Aménagements du Lot et de la Dordogne. Le nombre d'inondations diminue et la vitesse de circulation des **gabarres** s'accroît, ce qui favorise le développement des foires.
- **1926** – Face à la concurrence croissante du train, le Lot et la Dordogne sont rayés de la *Nomenclature des voies navigables de France*. Des siècles de batellerie s'éteignent.
- **Entre-deux-guerres** – Forte émigration économique hollandaise. La plupart des immigrés trouvent à s'employer dans l'agriculture.
- **1939** – Évacués par l'armée française, des Strasbourgeois s'installent nombreux à Périgueux. Ils transmettent aux Périgourdins leurs techniques du foie gras.
- **1940** – Découverte par quatre jeunes gens de la grotte de **Lascaux**.
- **1940-1944** – Très agricoles et loin des grands axes de communication, le Périgord et le Quercy se trouvent à l'écart des batailles de la campagne de France. Après la défaite, la région est au sud de la **ligne de démarcation**, sauf quelques villes à l'extrême ouest de la Dordogne.

La **Résistance**, très présente, augmente dès la disparition de la ligne de démarcation en 1942 et l'institution du Service du travail obligatoire. Un nombre croissant de paysans nourrissent et cachent les francs-tireurs. Les anciennes régions de révoltes que furent la Double et le Landais, le Ségala et les causses deviennent des maquis. Incapables de les « nettoyer », les occupants tentent de faire peur en brutalisant la population des villes, à **Figeac** notamment.

- **Juin 1944** – La remontée vers la Normandie de la division blindée **Das Reich**, freinée par le harcèlement de la résistance locale, est ponctuée de représailles. **Montpezat-de-Quercy**, **St-Céré**, **Bagnac-sur-Célé**, **Cardaillac**, **Caylus**, **Cieurac**, **Figeac** et **Fanlac**, entre autres localités, subissent exécutions sommaires et crimes de guerre encore très présents dans la mémoire locale.

Pour son action, **Sarlat** est décorée de la croix de guerre en 1947.

- **1960** – Création des régions : la Corrèze est rattachée au Limousin, la Dordogne à l'Aquitaine et le Lot à la région Midi-Pyrénées.
- **1963** – Fermeture de la grotte de Lascaux.
- **1979** – Les grottes ornées de la vallée de la Vézère sont classées au Patrimoine mondial de l'humanité par l'Unesco.
- **1983** – Ouverture du site de Lascaux II au public.
- **1998** – La cathédrale de Périgueux et les chemins de St-Jacques-de-Compostelle sont classés au Patrimoine mondial de l'humanité par l'Unesco.
- **2003** – Achèvement de l'autoroute A 20 qui relie Limoges à Toulouse en contournant Cahors.
- **2008** – L'A 89 est achevée entre Clermont-Ferrand et Bordeaux.
- **2012**– La population de la Dordogne s'élève à 416 400 habitants, celle du Lot à un peu moins de 175 000 individus.
- **2016** – Changement de la carte des régions : le département de la Dordogne est maintenant rattaché à la région Aquitaine-Limousin-Poitou-Charentes et le Lot à la région Languedoc-Roussillon-Midi-Pyrénées. Ouverture du site de Lascaux IV au public.

LES GRANDES DATES

- **59-51 av. J.-C.** – Rome conquiert la région sur les Celtes pétrocores et cadurques.
- **235-284** – Invasions des Francs et des Alamans.
- **9e s.** – Les Normands pillent la région en remontant ses rivières.
- **1152** – Remariée au futur Henri II, Aliénor d'Aquitaine unit le Périgord au royaume d'Angleterre.
- **1360** – Le traité de Brétigny donne toute l'Aquitaine à l'Angleterre. Le nord du Périgord et le Quercy demeurent néanmoins fidèles au roi de France.
- **1540-1577** – Guerres entre milices protestantes et catholiques.
- **1594 à 1642** – Révoltes des croquants.
- **1790** – Formation des départements du Lot et de la Dordogne.
- **1860-1870** – Arrivée du train.
- **1868** – Crise du phylloxéra.
- **1939** – Des réfugiés strasbourgeois apportent la technique du foie gras.
- **1940** – Découverte de la grotte de Lascaux.
- **2003** – Le désenclavement routier se parfait avec l'achèvement de l'A 20 (puis de l'A 89 quelques années plus tard).

Paysages et nature

Répartis autour des basses vallées du Lot et de la Dordogne, le Périgord et le Quercy font la transition entre le Massif central et l'Aquitaine. La perméabilité des sols de ces deux pays modelés par l'eau et striés de rivières a abouti à une rare diversité de milieux naturels, que l'homme s'est appliqué à travailler, créant une grande variété de paysages agricoles.

Terre plurielle

La dureté de la roche a obligé les cours d'eau à tailler des falaises. Les premiers Européens en ont suivi les berges et ont fait souche dans la région parce qu'ils ont su habilement tirer parti de la diversité colorée de la géographie. Pays de grottes et de gouffres, le Périgord et le Quercy sont aussi terres de chênes, de châtaigniers, de vignes, de moutons, de murets de pierres sèches et de moulins…

COULEURS DU PÉRIGORD

La région se découpe en quatre couleurs et une zone humide.

Le Périgord noir

Taillant dans le calcaire dur, la Dordogne et la Vézère ont ménagé de hautes falaises friables. Jusqu'aux grandes coupes du Moyen Âge, les plateaux sont restés couverts de très denses boisements de chênes verts et pubescents. Ce qu'il en reste, mêlé aux châtaigniers, donne à ce Périgord la teinte sombre de sous-bois où la lumière est chiche. Périgord noir, donc, que ce pays impressionnant tant par sa découpe – falaises à pic, méandres prononcés – que par son patrimoine architectural qui semble faire corps avec la roche. Quel contraste avec le Quercy, si sec, et le Bergeracois, à la morne géographie ! Le Périgord noir est gras, fertile, productif et riche. C'est ici que l'on peut encore voir le très rare hibou grand duc, imposant rapace nocturne très menacé en France, qui a trouvé refuge au sommet des falaises.

Le Périgord pourpre

La partie sud du Périgord a plus affaire avec l'Aquitaine qu'avec le Périgord noir tout proche. Tout la rattache en effet au Bordelais : la Dordogne, sa vallée alluvionnaire et ses versants plantés de vignes là où la terre est d'argile et de calcaire. Rouge (pourpre) parce qu'il donne du raisin, ce Périgord-là n'est pas des plus riants. Sa grande densité de population, conséquence de la forte demande en main-d'œuvre du vignoble et du tabac au début du 20e s., s'est traduite par une urbanisation envahissante. Le vin est somptueux. Le tabac, grande culture régionale, entoure Bergerac.

Le Périgord vert

Une portion de Limousin fait la frontière entre les Charentes et le bassin de Brive : le Périgord vert est géologiquement un morceau du Limousin. Pas de calcaire, donc,

mais du gneiss et des schistes, des roches métamorphosées en profondeur il y a des centaines de millions d'années. Grâce à une pluviométrie généreuse, l'érosion les a dégradées en sols acides, propices à de denses boisements de résineux, de châtaigniers et à des landes à bruyères. Cela fait un beau vert, pâturé par des bovins, comme dans le Limousin, dont Jules Verne a tiré ce nom de « Périgord vert ».

Région d'étangs et de forêts – Au sud du Ribéracois, voici une région d'étangs comme la Sologne ou la Dombes. En couches alternées, grès, sables et argiles ont été arrachés au Massif central et déposés successivement par un océan à l'ère tertiaire, puis par d'innombrables cours d'eau. La Double et le Landais forment une région d'un camaïeu de verts : la forêt de chênes, de châtaigniers et de pins maritimes, replantée sous Napoléon III pour couvrir un sol mis à nu par les déboisements excessifs du 18e s., occupe plus de la moitié de sa superficie. Comme dans les autres régions marécageuses de France, les terres furent drainées afin de chasser définitivement la « fièvre » (le paludisme). Seule la brume du petit matin rappelle ces temps anciens du règne de l'eau, de ses dangers et de ses légendes… Porté par la ville de Brantôme, le pays est géographiquement étroit. Mais, parce que le nom était parlant, les instances touristiques régionales l'ont étendu à une région plus vaste, jusqu'à Jumilhac-le-Grand et Payzac.

Le Périgord blanc

Des plaines calcaires – Entre Charentes et Aquitaine, le Ribéracois est véritablement une « champagne » typique. Comme la Champagne, c'est une grande plaine calcaire vallonnée rebaptisée Périgord blanc au 17e s. en l'honneur de sa couleur dominante. Couvert de cultures céréalières, il ne ressemble pas aux autres pays composant le Périgord : seuls ses innombrables églises romanes à coupoles et ses cluzeaux le rattachent visuellement à la région.

Des collines et des vallées – Autour de Périgueux, un autre Périgord blanc s'enroule à l'est du Ribéracois. Voici le Périgord central. Tout autant crayeux que le Ribéracois, il s'en différencie par ses collines et les grandes vallées de l'Isle, de la Vern et de Beauronne qui tranchent dans sa monotonie. Moins présentes, les cultures céréalières partagent l'espace avec l'élevage éparpillé autour de multiples hameaux. Le patrimoine bâti est aussi moins riche. À l'est, il a des allures de Quercy : la campagne autour de Hautefort est un causse strié de murets de pierres sèches qui le relie à la région quercynoise de Martel.

Cingle de Trémolat, en Dordogne.
P. Escudero/hemis.fr

PAYS DU QUERCY

Le Quercy est une zone de transition géologique. Entre Aquitaine et Auvergne s'y échelonnent des terrains qui permettent de passer progressivement de la France du Nord à celle du Sud, de pays d'oïl en pays d'oc. Mosaïque paysagère comme le Périgord, le Quercy doit son unité actuelle à l'histoire, faite autour de l'extraordinaire territoire des causses.

Les causses

C'est à l'ère secondaire, il y a une centaine de millions d'années, que le socle du Massif central s'effondre et laisse place à la mer. À sa lisière, les dépôts calcaires s'accumulent et forment les causses. Un causse (du latin *calcinus*, chaux) est donc une terre calcaire recouverte de pelouse sèche, sans arbre. Elle est ce qui reste dès lors que le chêne pubescent a disparu. L'homme est à l'origine de cette disparition : comme le maquis, le causse est un paysage de dégradation. La nature a néanmoins eu le temps de s'adapter au déboisement et à la mise en pâture au point de constituer un paysage rien moins que naturel, mais très riche en espèces.

Sans le couvert des arbres, le sol est nu. Au vent et confronté à de grandes différences de températures, il reçoit beaucoup d'eau en automne et en hiver, mais celle-ci est bue par la roche affleurante qui est perméable. Les plantes sont donc rabougries, toutes adaptées à la recherche profonde et à l'économie de l'eau, le genévrier par exemple, et les orchidées, innombrables au printemps. Entretenu par le mouton, le causse a été pendant

DES SENTEURS ET DES MURMURES

La faune et la flore des **causses** sont aussi variées… que discrètes. Si les **orchidées** fleurissent en nombre au printemps (ophrys jaune, orchis bécasse et ophrys parfumé en particulier), en été la monotonie domine. Mais vous apprécierez alors les effluves des **plantes aromatiques**, comme le serpolet et l'origan. Le genêt cendré forme des buissons épars, tandis que le chêne pubescent envahit le causse dès lors qu'on le laisse faire : cherchant l'eau, il tend ses racines vers les réservoirs ouvragés par l'homme tels que les lacs de St-Namphaise, qu'il dégrade rapidement. Dans le ciel, bruants ortolans et fauvettes orphées rivalisent avec l'**œdicnème criard**, aussi bien camouflé que… criard. L'animal le plus visible demeure cependant l'un des plus petits, le **papillon**, omniprésent au printemps.

des siècles débarrassé de ses pierres pour construire murets, clôtures, abris, abreuvoirs et réserves d'eau. Les maisons sont faites de la roche sous-jacente. Bocage de pierres sèches, le causse est une steppe française désormais menacée par la fin de la paysannerie pastorale qui, par endroits, l'a déjà condamnée à revenir à l'état de boisement.

Causse de Martel – Adossé au Périgord noir, le causse de Martel est plus riche que les autres. Cela est lié au nombre plus important de dépressions, les **dolines** ou **cloups** (désignation locale), çà et là réunies en vastes ouvalas. L'argile s'y est accumulée. Imperméable et plus fertile que le sol calcaire, la terre argileuse supporte d'autres plantes et autorise des élevages plus importants, ceux des bovins en particulier.

Causses de Gramat et de Gréalou – Une désolation plate. Le causse de Gramat, entre les vallées de la Dordogne et du Célé, riche en patrimoine rural, en dolmens et en menhirs, est le plus typique des causses. L'eau y est bue plus rapidement que dans les autres. Le sol végétal, très peu épais, n'a pas le temps de la retenir. L'eau profite des multiples failles, pertes, gouffres et autres abîmes pour s'infiltrer et remplir de profonds réservoirs. Aride, le causse de Gramat masque en vérité un réseau hydrographique souterrain très complexe, entretenu à la fois par l'eau de pluie et les rivières auvergnates forcées de quitter la surface dès qu'elles entrent en contact avec le calcaire. Entre les vallées du Lot et du Célé, le causse de Gréalou (ou de Cajarc) est une portion du causse de Gramat.

Causse de Limogne – Le plus méridional des causses quercynois se caractérise par une flore quelque peu méditerranéenne, à l'image du genêt cendré. Plus sec que les autres, le causse de Limogne est celui où les hommes ont sans doute tenté plus qu'ailleurs de retenir l'eau. Les lavoirs, puits et digues (autour des pertes) sont ici plus nombreux que dans les autres causses. Terre d'élection de la truffe, le pays cache par ailleurs en son sous-sol des veines de phosphate exceptionnellement riches en fossiles de l'ère tertiaire.

Causse de Caylus – À la frontière de l'Aveyron, le causse de Caylus est en grande partie occupé par un terrain militaire. C'est le plus boisé des causses car les aléas de la géologie ont offert à son calcaire des nappes d'argiles fertiles.

Les trois vallées

La Dordogne, le Célé et le Lot, descendus du Massif central, s'encaissent dans les calcaires durs du Quercy. Ces rivières sont courbées en méandres par endroits tellement étroits que les falaises semblent se toucher, et ailleurs si prononcés qu'ils forment des cercles presque refermés, les **cingles**. Peu aménagées, les eaux du Quercy offrent un large panel de milieux de vie, allant de la falaise aux prairies inondables, du rapide au bras mort. Ce n'est pas si courant en Europe. Si l'on y rencontre classiquement le héron cendré et l'hirondelle de rivage, on s'étonne de voir la loutre, qui revient après avoir été trop chassée et, ici aussi, le hibou grand duc. Les vallées, riches en alluvions, sont le domaine du maïs (Dordogne, Célé et Lot), de la vigne (Lot, en aval de Cahors et Dordogne, à Bergerac) et du tabac (Dordogne et Lot). Les trois villes principales du Quercy – Souillac, Figeac et Cahors – y ont été fondées.

La Bouriane

Zone de transition entre les causses et le Périgord noir, la Bouriane est un pays de forêts et de ruisseaux. Le calcaire laisse progressivement la place, d'est en ouest, à un calcaire mêlé de grès, plus hydrophile, qui est couvert à l'ouest de sables riches en fer et d'argiles. En Bouriane, on passe donc, de Mercuès à Cazals, de pelouses sèches à des boisements touffus de chênes pubescents et de châtaigniers. Les nombreux ruisseaux ont pendant des siècles servi de moteur aux moulins de forges dont il reste un beau patrimoine bâti.

Le Quercy blanc

Passé le Lot, les causses du Quercy se transforment subtilement en **planèze**, grands plateaux de craie blanche veinés de nombreux ruisseaux. Terre de vent – les moulins ont été omniprésents pendant des siècles –, le Quercy blanc est une intrusion de la région d'Agen dans le Quercy. Les planèzes ne sont en effet rien d'autre que des **serres**, ces bandes calcaires typiquement agenaises séparées par l'action érosive des cours d'eau. Orientées nord-est/sud-ouest, les serres quercynoises ont vu leur sommet couronné par les bastides médiévales. C'est sur le calcaire de cette région que poussent les vignes donnant les coteaux-du-quercy, petits vins encore dans l'ombre des prestigieux cahors cultivés au nord, sur les coteaux de la vallée du Lot. Sur les pentes argileuses poussent des céréales et, au fond des vallées, un melon réputé et très sucré. Malgré son apparence aride, le Quercy blanc est la région la plus agricole du Quercy.

Le Ségala

Tout ici, où seul le seigle a nourri les hommes (c'est lui qui a donné son nom à la région), rappelle le Cantal tout proche. Dans cette région semi-montagneuse, le sol acide peu fertile porte châtaigniers, pins, hêtres,

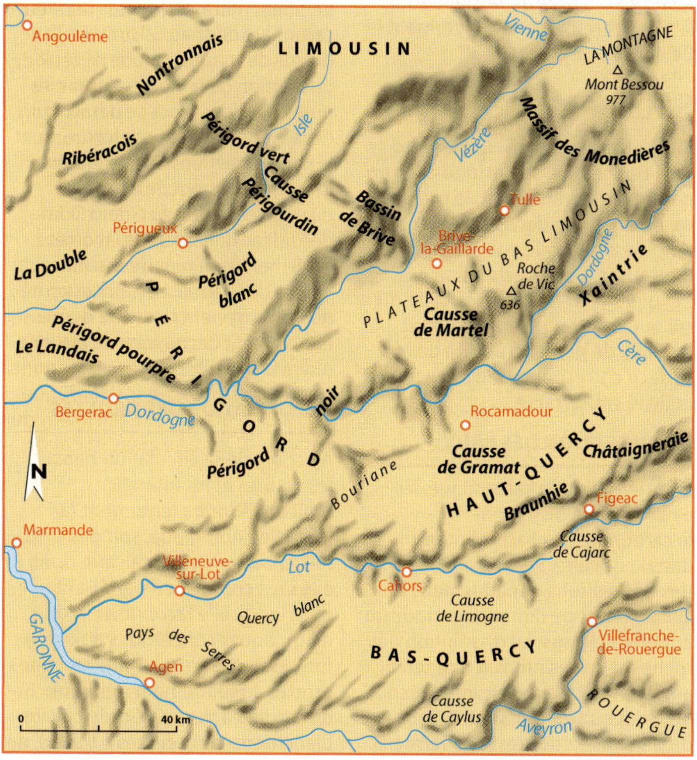

bouleaux, chênes pédonculés et sessiles. Sur les croupes dénudées, aux pelouses arasées par le vent et le froid du soir, les vaches aubrac et salers sont plus nombreuses que les arbres. Elles se satisfont de pâtures bordées de fougères. Au sud, vers Figeac, les profonds ravins boisés cachent d'anciennes galeries de mines de charbon.

Le Limargue

Une bande de riches terres fait barrage entre causses et Ségala. Argilo-calcaire, soulevé de croupes fortement dessinées, le Limargue porte un bocage véritable où l'herbe est tendre, la terre grasse et les bovins bien nourris. Région la plus riche – à tout point de vue – du Quercy, le Limargue est une éponge : les cours d'eau auvergnats le nourrissent avant de disparaître dans le calcaire des causses. Certains ressortent par des résurgences près de Rocamadour, la plupart rejoignent directement le Célé et le Lot.

Sous terre

Présent aux marches du Périgord où il tranche par son aridité dans un paysage très verdoyant, le causse l'est également dans le Quercy où il déroule à perte de vue ses solitudes pierreuses. Cette sécheresse s'explique par la nature calcaire du sol qui absorbe très rapidement les eaux de pluie. À l'aridité de la surface correspond une intense activité souterraine.

L'INFILTRATION DES EAUX

Chargées d'acide carbonique, les eaux de pluie dissolvent le carbonate de chaux contenu dans le calcaire. Se forment alors des dépressions généralement circulaires et de dimension modeste appelées **cloups**. La dissolution des roches calcaires produit une terre arable propice aux cultures : lorsque les cloups s'agrandissent, ils forment de plus vastes dépressions fermées, les **sotchs**. De la taille des fissures dans les roches calcaires dépend l'importance du travail d'érosion et de corrosion de l'eau de pluie qui s'infiltrera alors plus profondément dans le sol. Affaiblie par ce patient travail de sape, de creusement et de dissolution, la couche calcaire s'effondre, donnant naissance à des puits naturels ou des abîmes, que l'on appelle **igues** en Quercy, **edzes** ou **eidges** en Périgord.

LES RIVIÈRES SOUTERRAINES

Les eaux d'infiltration finissent par former d'importantes galeries souterraines et se réunissent en rivières à circulation plus ou moins rapide. Parfois chargées de matériaux abrasifs, elles élargissent leur lit et se précipitent en torrents souterrains. Lorsqu'elles s'écoulent lentement, elles forment, en amont, des barrages naturels ou **gours** qui s'édifient peu à peu par les dépôts de carbonate de chaux. Il arrive qu'au-dessus des nappes souterraines la dissolution de la croûte calcaire se poursuive : des blocs se détachent de la voûte, un dôme se forme, dont la partie supérieure se rapproche irrémédiablement de la surface du sol. C'est le cas du Grand Dôme de Padirac que quelques mètres seulement séparent de la surface du causse de Gramat. Lorsque la voûte du dôme devient très mince, un éboulement découvre la cavité et ouvre un **gouffre**.

LA FORMATION DES GROTTES

Au cours de sa circulation dans les fissures et les interstices, l'eau abandonne lentement (à l'échelle géologique, soit des milliers d'années) le calcaire dont elle s'est chargée en pénétrant dans le sol. Elle façonne ainsi de magnifiques concrétions aux formes fantastiques. Dans certaines grottes, le suintement des eaux donne lieu à des dépôts de calcite blanchâtre (carbonate de chaux) qui constituent des cônes, des pendeloques, des pyramides, des draperies, dont les représentations les plus connues sont les stalactites, les stalagmites et les excentriques.

Les **stalactites** se forment à la voûte. Chaque gouttelette qui suinte au plafond y dépose, avant de tomber, une partie de la calcite dont elle s'est chargée. Peu à peu s'édifie ainsi la concrétion le long de laquelle d'autres gouttes d'eau viendront couler et déposer leur calcite.

Les **stalagmites** sont des formations de même nature qui s'élèvent du sol vers le plafond. Les gouttes d'eau, tombant toujours au même endroit, déposent leur calcite qui forme peu à peu un cierge. Celui-ci s'élance à la rencontre d'une stalactite avec laquelle il finira par se réunir pour constituer un **pilier** reliant le sol au plafond. La formation de ces concrétions est extrêmement lente : elle est, actuellement, de l'ordre de 1 cm par siècle sous nos climats.

Les **excentriques** sont de fines protubérances en forme d'aiguille, dépassant rarement 20 cm. Elles se développent dans une apparente anarchie sous forme de minces rayons ou d'éventails translucides. Formées par cristallisation, elles n'obéissent pas aux lois classiques de la pesanteur. Beaucoup plus rares mais tout aussi étonnants sont les **disques** (Pech-Merle), dont la forme spectaculaire s'explique aussi par quelques lois physiques de cristallisation.

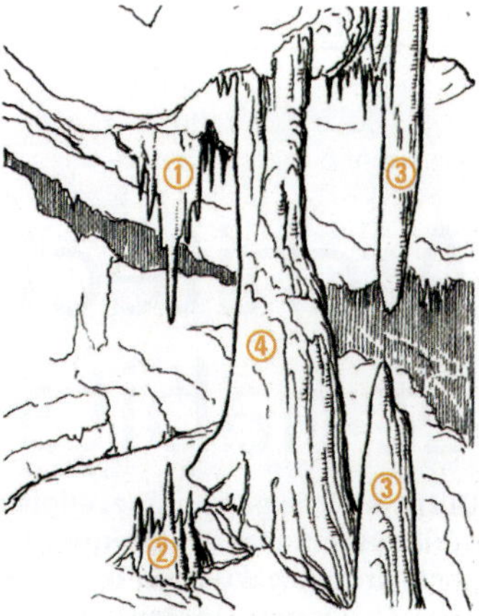

Grotte à concrétions :
① Stalactites ② Stalagmites
③ Colonne en formation ④ Colonne formée

MICHELIN

LES RÉSURGENCES

Les circulations souterraines s'alimentent soit avec les pertes d'un cours d'eau dans une igue du causse, soit par accumulation des eaux d'infiltration atteignant le niveau des couches imperméables (marnes ou argiles). Elles s'écoulent par conduite forcée ou par gravité, suivant l'inclinaison des couches, jusqu'à réapparaître à l'air libre au flanc d'un versant : c'est une résurgence.

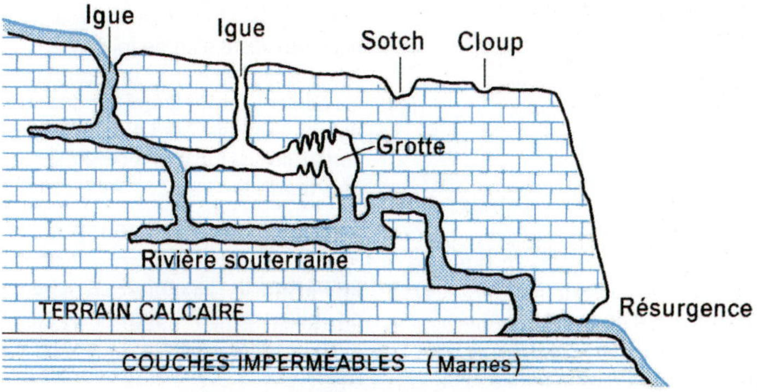

Formation d'une résurgence

MICHELIN

Architecture et habitat

Outre un riche patrimoine religieux comprenant églises et abbayes des périodes romanes et gothiques, le Périgord et le Quercy se singularisent par la présence d'un nombre incroyable de châteaux et demeures fortifiées, élevés entre le Moyen Âge et la Renaissance. À côté de cette architecture religieuse et défensive, la région surprend tout autant par la beauté et la variété de son petit patrimoine rural – pigeonniers, lavoirs, séchoirs, abreuvoirs, citernes…

Art gallo-romain

Des édifices qu'élevèrent Gaulois et Romains, bien peu ont résisté à l'épreuve du temps. Le souvenir de l'époque gauloise survit dans plusieurs sites du Quercy qui se disputent l'honneur d'avoir été le théâtre de la bataille d'Uxellodunum, dernier sursaut de la résistance des Gaules devant la conquête de César.
Il s'agit de **Capdenac-le-Vieux**, de **Murcens** dans la vallée du Vers, de l'**Impernal** au nord de Luzech et enfin du **puy d'Issolud**. Ce dernier site est désormais reconnu comme le vrai théâtre de l'ultime bataille de résistance à l'occupant.
Pendant l'occupation romaine, l'ex-capitale des Pétrocores, Vesunna (nom latin de Vesona, Périgueux), et celle des Cadurques, Divona (Cahors), étaient des villes importantes où s'élevaient de nombreux édifices publics.
À Périgueux, quelques vestiges, tels l'imposant temple de Vésone, les fouilles d'une vaste *domus* (résidence urbaine) des 1er et 2e s., les restes des arènes et les mosaïques, stèles, autels présentés au musée de Périgueux témoignent encore de la richesse de l'antique cité.
À Cahors, on reconnaît dans le plan quadrillé du quartier ancien l'influence gallo-romaine. L'arc de Diane, dernier vestige des thermes, est le seul élément architectural encore visible. Le musée de Cahors conserve aussi un sarcophage du 3e s. et un linteau sculpté.

Art roman

Après les troubles du haut Moyen Âge, l'an 1000 marque le début d'un renouveau dans l'art de la construction. En même temps que s'affermit le pouvoir royal, un vaste élan de foi se développe en France : on remplace les édifices carolingiens par des églises de plus vastes dimensions construites selon des techniques plus hardies.

ARCHITECTURE RELIGIEUSE

En Périgord – La région est riche en églises romanes dont l'aspect austère valorise l'emploi d'un beau calcaire doré aux chaudes tonalités. L'extérieur frappe par l'extrême

sobriété de la décoration : les portails sans tympan s'ornent de voussures sculptées de tores, de festons en dents de scie…
Le plan de l'édifice reste simple : une nef, deux croisillons, un chœur, mais les collatéraux demeurent rarissimes. Si le chœur s'ouvre parfois sur de petites chapelles rayonnantes (St-Jean-de-Côle, Tourtoirac, Montagrier), le chevet est souvent plat.
L'architecture périgourdine se singularise par l'originalité de sa voûte, disposée en coupole. Importée d'Orient selon les uns, création originale de l'art français selon les autres, elle offre plusieurs avantages sur la voûte en berceau qui nécessite de puissants contreforts. La coupole sur pendentifs permet de répartir le poids de la voûte sur les murs latéraux, mais aussi sur les arcs doubleaux de la nef. La première réalisation de ce style (St-Étienne-de-la-Cité, à Périgueux) inaugure une succession d'autres constructions : Trémolat, Agonac, Grand-Brassac, Cherval… Ce procédé est aussi utilisé dans la nef qui est alors divisée en plusieurs travées carrées surmontées d'une coupole sur pendentifs. Le rôle des pendentifs est de permettre le passage du plan carré au plan circulaire. L'église St-Front de Périgueux avec son plan en croix grecque couverte de cinq coupoles reste un exemple unique.
Certaines églises répondent à une autre forme de construction : nef bordée de collatéraux (St-Privat, Cadouin), voûte en plein cintre et en berceau brisé. Dans le Ribéracois notamment, de nombreuses façades, influencées par l'art de la Saintonge et de l'Angoumois, s'ornent de registres d'arcatures.
En Quercy – L'art roman quercynois présente de nombreuses similitudes avec son voisin : même plan simple, même utilisation de la coupole (St-Étienne de Cahors, Souillac), même matériau : le calcaire. Cependant, les églises du Quercy sont plus riches en décoration sculptée illustrant l'influence de Moissac et de l'école languedocienne. Des ateliers de cette école – puisant leur inspiration dans l'art byzantin, les enluminures et l'Antiquité – sortirent de remarquables portails sculptés qui comptent parmi les plus beaux de cette époque : vestiges du portail de Souillac avec l'admirable prophète Isaïe, tympans de Cahors, Carennac, Martel et de Collonges-la-Rouge, à la limite du Quercy et du Limousin.

ARCHITECTURE CIVILE ET MILITAIRE

Il reste peu de témoignages de l'architecture civile. Parmi eux, l'ancien hôtel de ville de St-Antonin-Noble-Val, en Quercy, bien que très remanié, demeure un exemple intéressant d'architecture municipale du 12e s.
Les forteresses médiévales édifiées aux 10e et 11e s. ont largement été modifiées aux siècles suivants et n'ont guère résisté aux guerres et aux destructions. Il subsiste tout de même quelques donjons, généralement carrés.
En Périgord, les châteaux de Biron, Beynac, Bourdeilles, Mareuil, Commarque, Castelnaud… ont conservé des parties romanes. En Quercy, le château de Castelnau-Bretenoux, au donjon puissamment fortifié, est un bon exemple de construction féodale bâtie sur une colline.

Art gothique

Né dans la première moitié du 12e s. en Île-de-France, l'art gothique supplante peu à peu l'art roman. Parvenu tardivement en Périgord et en Quercy, il s'y prolonge tout de même jusqu'au 16e s.

ART RELIGIEUX

Architecture – Voûte sur croisée d'ogives et emploi systématique de l'arc brisé sont les deux caractéristiques essentielles de l'art gothique qui va connaître des évolutions différentes selon les régions. Le midi de la France n'a pas adopté les principes de l'architecture gothique septentrionale et le nouveau style continue à être étroitement lié aux traditions romanes. Ainsi, l'art gothique proprement méridional, dit « languedocien », se caractérise par une nef unique très large, sans collatéraux (autrement appelés bas-côtés), se terminant par une abside polygonale et la subsistance de contreforts massifs, entre lesquels se logent les chapelles, pour assurer la butée des voûtes (dans le nord, les arcs-boutants jouent ce rôle). Du fait de leur position à la jonction des deux mondes (oïl et oc), le Périgord et le Quercy subissent les influences du Nord et du Sud, illustrées parfois dans le même édifice. La cathédrale de **Sarlat**, par exemple, présente une nef à bas-côtés et des arcs-boutants aériens typiques du gothique septentrional, alors que les chapelles latérales montrent l'influence méridionale. Dans le Quercy, l'école languedocienne inspire le plan des églises de **Gourdon** (église St-Pierre), **Martel** (St-Maur), **Montpezat-de-Quercy** (collégiale St-Martin, richement ornée) et **St-Cirq-Lapopie** (construite sur un premier édifice roman), à nef unique presque aussi large que haute, sans bas-côtés et pourvue de nombreuses chapelles latérales.

Monastères – L'architecture monastique s'exprime dans des ensembles qui n'ont pas toujours résisté aux épreuves du temps. Les hommes y ont souvent apporté des remaniements : tel est le cas de l'ancienne abbaye cistercienne de **Beaulieu-en-Rouergue**, dont l'abbatiale, reconstruite au 13e s., reste remarquable par ses voûtes d'ogives et son élégante abside à sept pans. Cet édifice est d'autant plus intéressant que les ouvertures respectent les prescriptions du chapitre général de l'ordre qui prévoit des vitraux « blancs et sans image », baignant le vaisseau de pierre d'une douce lumière. **Cadouin** et **Cahors** ont conservé leur cloître de style flamboyant, et **Périgueux** un cloître dont la construction s'est échelonnée du 12e au 16e s.

Églises fortifiées – Pendant les 13e et 14e s., tandis que les églises gothiques s'élèvent dans d'autres régions de France, les Périgourdins, vivant dans l'insécurité permanente, fortifient leurs églises romanes (**St-Amand-de-Coly**) ou élèvent de véritables forteresses avec clocher-donjon, chemin de ronde, tours crénelées et archères… utilisées comme sanctuaires (églises de **Rudelle**, de **St-Pierre-Toirac**). Ces églises constituent pour les villageois le refuge le plus sûr pour échapper aux violences des troupes armées, françaises ou anglaises, qui parcourent le pays.

Sculpture et peinture – De la seconde moitié du 13e s. au 15e s. furent exécutées quelques œuvres remarquables comme la *Mise au tombeau* de **Carennac** (16e s.), le tombeau des Cardaillac à **Espagnac-Ste-Eulalie** et les gisants du cardinal Pierre Des Prés et de son neveu Jean Des Prés, dans la collégiale St-Martin de **Montpezat-de-Quercy**.

Les fresques, peintures murales exécutées à l'eau sur une couche de mortier frais, à laquelle elles s'incorporent, décorent de nombreuses chapelles et églises. La coupole occidentale de la cathédrale de Cahors est entièrement couverte de fresques du 14e s. À **Rocamadour**, les

Rocamadour, fresque illustrant l'Annonciation et la Visitation, dans la chapelle Saint-Michel.
J.-P. Azam / hemis.fr

chapelles ont reçu une décoration à l'intérieur et sur les façades extérieures. Dans les chapelles de **St-André-des-Arques**, de **Martignac**, de **Soulomès** (scène de la Résurrection dans un décor d'époque), dans celles de **St-Geniès** et du petit cimetière à **Montferrand-du-Périgord** (situé à l'écart du village), les fresques naïves des 14ᵉ et 16ᵉ s. évoquent l'histoire sainte. Œuvres de piété des populations locales attachées à leurs croyances en des temps parfois difficiles, elles offrent aussi de merveilleux défilés de mode de la gent seigneuriale et paysanne de l'époque.

ARCHITECTURE CIVILE ET MILITAIRE

De nombreux châteaux du Périgord et du Quercy ont été élevés pendant l'époque gothique – qui coïncide avec l'augmentation de l'insécurité et la montée de petits potentats locaux – et en comportent des éléments architecturaux caractéristiques. Citons pour exemple **Bourdeilles** et ses deux châteaux, l'un médiéval, l'autre Renaissance; le château épiscopal de **Château-l'Évêque**; le nid d'aigle de **Beynac** perché sur sa falaise et dont l'austère donjon est flanqué d'un manoir seigneurial; la forteresse de **Castelnaud**, lieu d'une vaste campagne de travaux pendant la seconde moitié du 15ᵉ s.; l'impressionnante citadelle de **Castelnau-Bretenoux**, siège d'une puissante baronnie; le château des Gontaut-Biron, à **Cabrerets**.

Le **château de Bonaguil**, situé aux confins du Quercy et de l'Agenais, présente un cas particulier : bien que construit à la fin du 15ᵉ s. et au début du 16ᵉ s. – époque à laquelle se développe une volonté d'ouvrir les murs trop épais, de faire pénétrer la lumière dans des édifices jugés lugubres et froids –, il montre toutes les caractéristiques des forteresses médiévales.

Dans les **villes**, un élan de construction important suit la fin de la guerre de Cent Ans. La paix stimule l'activité, les affaires reprennent de plus belle et les riches artisans et commerçants de la ville dépensent pour s'installer dans de riches demeures joliment décorées. À Sarlat, Périgueux, Bergerac, Cahors, Figeac, Gourdon, Martel… les façades des maisons s'ornent de grands arcs d'ogive au rez-de-chaussée où s'ouvre l'échoppe, de fenêtres en tiers-point (simples, doubles ou triples) ou à rosaces, de tourelles et d'échauguettes. Les familles de marchands, de magistrats, de dignitaires et autres édiles ornent leur façade d'écussons frappés de leurs armes ou de leur nom. Parmi les édifices les plus remarquables de cette époque, on note l'hôtel de la Raymondie à **Martel**, l'hôtel de la Monnaie à **Figeac**, l'hôtel Plamon à **Sarlat**… et le célèbre pont **Valentré** de Cahors.

La Renaissance : âge d'or des châteaux

Au début du 16e s., les arts subissent une forte influence italienne. La découverte des trésors artistiques de la péninsule éveille chez le roi François Ier et les nobles de sa suite le désir d'introduire chez eux, en utilisant les services d'artistes italiens, ces procédés nouveaux. Les moyens financiers croissent fortement après la guerre de Cent Ans : meilleur rapport de la terre avec le développement du métayage, libération du négoce sur la Dordogne, exploitation du minerai de fer, récompenses et offices rémunérateurs attribués par le roi aux guerriers émérites. Le très faible coût de la main-d'œuvre et la répartition de la dépense sur plusieurs générations rendent l'entreprise supportable.

ARCHITECTURE

À **Assier**, château et église sont élevés au début du 16e s. par Galiot de Genouillac, grand maître de l'artillerie de François Ier. Le château, remarquable réalisation comparable aux plus beaux châteaux du Val de Loire, est malheureusement aux trois quarts démoli. Les châteaux de **Montal** et de **Puyguilhem**, par leur grâce et leur architecture, s'apparentent aussi aux châteaux de la Loire.
La plupart des autres châteaux élevés au 16e s. montrent un aspect défensif important malgré des fenêtres, des lucarnes, des cheminées et d'autres éléments de pur style Renaissance (**Monbazillac**, **Losse**…). Ceux de **Cénevières**, **Bourdeilles**, **Lanquais** et les Bories, ainsi que l'église de **Rouffignac**, furent partiellement transformés dans ce style. L'architecture civile porte aussi la marque de cette grâce italianisante : hôtel de Roaldès, ou maison Henri IV, à **Cahors**, maison des Consuls à **Périgueux**, hôtel de Maleville à **Sarlat**, hôtel de Labenche à **Brive**.

SCULPTURE

Les remarquables frises ornées d'attributs guerriers qui décorent le pourtour de l'église d'**Assier** et la façade intérieure du château comptent parmi les réalisations les plus originales de la Renaissance.
La cour intérieure du château de **Montal** offre un bel exemple du style italianisant avec ses bustes en haut relief, chefs-d'œuvre d'un réalisme parfait ; à l'intérieur, le remarquable escalier peut rivaliser avec ceux des châteaux de la Loire.
Dans la chapelle de **Biron**, les tombeaux à gisants des Gontaut-Biron sont décorés de sculptures influencées par le Quattrocento (15e s. italien).

De restaurations en créations

En dehors du beau château de Hautefort, rare exemple

d'architecture classique dans la région, et de quelques manoirs, le 17e et surtout le 18e s. ont laissé peu de témoignages dans la région. Les nombreuses révoltes paysannes, le déclin des ordres religieux, puis les troubles révolutionnaires, expliquent pour beaucoup le faible nombre de chantiers tant dans le domaine civil que religieux.
Le 19e s. a légué un patrimoine industriel intéressant, souvent lié à l'eau. Il s'est par ailleurs tourné vers le sauvetage des monuments (centres anciens de Sarlat, Figeac, Cahors; cathédrale St-Front à Périgueux). Restauration ou nouvelle création ? L'ampleur des travaux à Périgueux pousse à se poser la question.
Au 20e s., la région s'illustre surtout par l'attrait qu'elle exerce auprès des artistes. St-Cirq-Lapopie et la vallée du Lot séduisent les surréalistes, Man Ray et André Breton en tête. Le tapissier **Jean Lurçat** (1892-1966) se prend de passion pour St-Céré, le sculpteur **Ossip Zadkine** (1890-1967) pour Les Arques et le photographe **Robert Doisneau** (1912-1994) pour la vallée de la Dordogne et le Lot.
La dernière création architecturale importante reste Vesunna, le musée gallo-romain de Périgueux (2003) conçu par **Jean Nouvel**. Le bâtiment protège et met en valeur le site archéologique grâce à un « simple » toit auvent géant posé sur 14 piliers et une enveloppe de verre. À la fois gigantesque et légère, la structure est l'écrin discret du contenu muséographique.

Habitat traditionnel

Durant des siècles, Périgourdins et Quercynois ont bâti leurs maisons avec les matériaux disponibles. L'architecture rurale est pour l'essentiel le reflet fidèle de la géologie : décrypter une ferme c'est aussi lire le paysage et savoir dans quel « pays » l'on se trouve. Murs ocre jaune, toits abrupts recouverts de tuiles roses ou brunes, pigeonniers massifs perchés sur pilotis, caselles perdues au milieu du causse : l'habitat local revêt une identité ancrée dans la terre à peine mâtinée d'influences méridionales.

LE PÉRIGORD

Les maisons périgourdines, simples dans leurs plans, sont aussi plus basses. Leur toiture est en revanche plus complexe. Elle se compose de deux ou quatre pans et est percée de toutes petites ouvertures, les **outeaux**, par lesquelles l'air venait sécher les noix et les grains stockés.
La maison du **Périgord noir** se présente sous la forme d'un édifice d'aspect massif en calcaire jaune, pierre majoritaire, coiffé d'un haut toit pentu couvert de tuiles plates brunes. De petits pigeonniers-tours à pans de bois encadrent les demeures les plus riches. Dans certains villages, les maisons les plus anciennes sont souvent couvertes non de tuiles, mais de **lauzes**, pierre calcaire extraite des causses tellement lourde qu'elle impose au toit une pente plus importante afin de supporter la charge (entre 500 et 1000 kg par mètre carré).
En **Périgord blanc**, les maisons basses sont en calcaire blanc ou gris et percées de fenêtres surmontées d'œils-de-bœuf. Le toit plat couvert de tuiles romaines a déjà un aspect très méridional.
En **Périgord vert**, pays de forêt et de bois, les rares maisons traditionnelles sont construites en torchis maintenu par des colombages.
La « vinée » de Bergerac, dans le **Périgord pourpre**, est parsemée de maisons vigneronnes reconnaissables en particulier à leur système de chais construit en U ou sur deux cours successives. Au milieu

Les bastides

Les principaux fondateurs furent Alphonse de Poitiers (1249-1271), comte de Toulouse et frère de Saint Louis, et, à partir de 1272, les sénéchaux agissant pour le compte des rois de France, Philippe le Hardi et Philippe le Bel, ou sur ordre du roi d'Angleterre, Édouard Ier Plantagenêt, duc d'Aquitaine. Ces villes neuves, *bastidas* en langue d'oc, plus ou moins fortifiées, se sont multipliées au 13e s. pour connaître, au 14e s., une évolution de leur système défensif.

MISE EN PLACE

Les fondateurs fixent sur les terres choisies des colons intéressés par les avantages d'un contrat : charte de franchise, garantie du droit d'asile, exemption du service militaire, droit à l'héritage… pour le prix d'une parcelle de terrain à bâtir et d'une autre à cultiver. La bastide est gérée par le *bayle* (bailli) qui représente le roi, rend la justice et perçoit les impôts, tandis que les consuls choisis par les habitants assurent l'administration.

Les objectifs politiques et militaires apparaissent au lendemain de la croisade contre les Albigeois, lors de la fondation d'une quarantaine de bastides à l'initiative du comte de Toulouse Raymond VII. La nouvelle rivalité franco-anglaise fait bientôt peser d'autres menaces sur la région. Ainsi s'échelonnent les bastides d'Eymet, Castillonnès et Villeréal le long du Dropt et celles de Villefranche-du-Périgord et de Ste-Foy-la-Grande, à l'initiative d'Alphonse de Poitiers. Le roi d'Angleterre répond à ces constructions en créant Beaumont-du-Périgord (1272), Molières, Lalinde et Monpazier (1285), créations entre lesquelles s'intercale Domme (1281), due à Philippe le Hardi.

URBANISME

Le plan des bastides se rapproche de l'échiquier carré ou rectangulaire (Ste-Foy-la-Grande, Monpazier), mais s'en éloigne souvent en raison de la nature du site, choisi pour ses possibilités de peuplement ou de défense (Domme). La bastide se développe parfois autour d'un élément préexistant : une église fortifiée (Beaumont) ou un château.

Le plan de **Monpazier** est le plus caractéristique : un quadrilatère aux rues rectilignes se coupant à angle droit et ruelles *(carreyrous)* ; les façades latérales des maisons sont séparées par les *andrones*, interstices de 25 cm environ qui formaient un pare-feu et servaient d'égouts, voire de latrines. Au centre, une place carrée, entourée de galeries couvertes (cornières ou couverts), renferme une halle en bois utilisée pour le marché. L'église est située près de la place.

La plupart des bastides, dont le nom évoque parfois le fondateur (Villeréal : « ville du roi »), les privilèges (Villefranche), le rattachement à un château (Castelnau), ont perdu leur aspect primitif : les mieux conservées dans le Périgord et le Quercy sont Monpazier, Domme et Eymet.

des vignes, on peut également apercevoir les masures des « bordiers » (ouvriers agricoles).

LE QUERCY

Construites en moellons de calcaire blanc noyés dans du mortier de chaux, les solides demeures du Quercy présentent un ensemble de volumes et de décrochements, de tours, d'ouvertures qui en font un type très séduisant de maisons rurales, différent des maisons plus simples du Périgord. Traditionnellement, le rez-de-chaussée, en sous-sol (appelé la « **cave** »), abrite l'écurie, les remises, les magasins. Le premier étage sert d'habitation. On y accède par un escalier extérieur en pierre qui donne sur une terrasse sous auvent, le « **bolet** », supportée par des colonnes de pierre ou de bois.
Dans le **Quercy blanc**, les toits sont en tuiles romaines. De façon générale, dans les fonds de vallée et près des rivières, nombre de constructions sont en briques, façonnées avec les argiles locales. Deux sortes de toit sont courantes en Quercy : le toit à forte pente (également appelé toit celtique) couvert de tuiles plates, parfois de lauzes à ses extrémités, et le toit à faible pente, couvert de tuiles romaines roses, dont les limites fluctuent entre le Lot et la Dordogne.
En **Bouriane**, les toits sont parfois couverts de lauzes et les murs sont en calcaire ocre ou en calcaire gréseux plus clair, comme le sol. À l'opposé, dans le **Ségala**, les habitations rappellent l'Auvergne très proche : la couverture est en schiste et s'appelle ardoise, les murs sont bâtis dans le même matériau ou en un mélange copié sur celui du sol (schiste, granit, gneiss et marbre). Le froid a imposé la présence d'un sas sur la porte d'entrée et une architecture ramassée, pour une meilleure isolation. Au sud du pays, des ornements en bois rappellent qu'il y eut de grandes châtaigneraies, comme dans le Cantal frontalier.
En **Limargue**, la richesse de la terre se lit sur le matériau des murs, fait de calcaire et de grès rouges ou blonds. Balustrades, colonnes et charpentes externes permettent de profiter du soleil et de faire sécher… le tabac.

LES CONSTRUCTIONS ANNEXES

Les dépendances

Celles de la ferme comprennent parfois, en haut Quercy notamment, un **fournil**. Ce bâtiment bas terminé par une abside renferme le four à pain.

Les plus jolis **puits** sont couverts d'une voûte en tas de charge ou d'une toiture appareillée pyramidale.

Sur les serres du bas Quercy subsistent des **moulins-tours** à calotte tournante.

Le Périgord vert et la châtaigneraie quercynoise conservent quelques **séchoirs** à châtaignes appelés « clédiers ». Sur toute la marche auvergnate du Périgord et du Quercy, on rencontre des granges à montoir (Braunhie), plan incliné qui facilite le stockage du foin au premier étage, le rez-de-chaussée étant réservé aux animaux.

Les pigeonniers

Ils sont très nombreux, et souvent élégants : tantôt tourelles flanquant la maison, tantôt isolés, parfois surmontant un porche ou montés sur colonnes.

Avant 1789, le droit de pigeonnage était en principe réservé aux grands propriétaires terriens, mais le Quercy et, à un degré moindre, le Périgord faisaient exception. Les colombidés étaient élevés surtout pour leur fiente, la « colombine », dont l'importance (il y avait très peu de fumier, faute de bovins en nombre suffisant) se mesurait à l'heure des successions : elle était partagée entre les héritiers, au même rang que la terre et le bétail. Excellent engrais, elle était aussi prisée en boulangerie (pour aromatiser les petits pains), en pharmacie (pour, entre autres, ramollir les goitres…).

Après 1850, l'apparition d'engrais chimiques entraîna le déclin de cette production. Les pigeonniers isolés les plus anciens sont de type suspendu, posés sur des colonnes pour les protéger de l'humidité où des « capels », chapiteaux circulaires créant un surplomb, dissuadent les rongeurs d'entreprendre l'ascension. Les exemples de plans carrés ou circulaires sont en général plus récents et destinés au stockage du grain. À l'approche de la vallée de la Garonne, la toiture se chapeaute d'un lanterneau d'envol parfois très effilé.

Les cabanes en pierres sèches

On rencontre encore, isolées dans les champs, au milieu des causses quercynois ou plus rarement groupées en hameau, comme les **cabanes du Breuil** en Périgord noir *(voir p. 113)*, ces petites constructions bâties en pierres sèches, du sol au faîte du toit, presque toujours coniques.

LES CHARTREUSES

Maison de maître apparue au 17e s., la chartreuse se répand au siècle suivant et connaît encore une grande vogue jusqu'à la fin du 19e s. Très présente dans le Sud-Ouest, dans le Périgord en particulier (on en compte plus de 200), on en connaît peu dans le Quercy. Cette maison rurale sans étage est souvent liée à l'exploitation de la vigne. Ses éléments architecturaux extérieurs, la recherche de symétrie, les moulurations ou les terrasses à balustres les différencient de la maison paysanne classique. Un couloir aménagé au nord dessert les pièces disposées en enfilade. Les chartreuses, surtout construites entre 1650 et 1850, manifestent, plutôt qu'une condition sociale ou un désir ostentatoire, un certain art de vivre.

Les cabanes du Breuil, anciens édifices agricoles en pierres sèches.
Ch. Boisvieux/hemis.fr

Tenant sans ciment, ces **gariottes**, **caselles** et autres « cabanes » ont pour la plupart été bâties au 19e s. La contrainte exercée par les toitures de pierres sèches finit en effet par faire s'effondrer les cabanes en quelques décennies. Certaines ont deux niveaux.

Les caselles épousent les formes du causse dont elles sont issues. Comme les murets, elles semblent être des éléments naturels. Il faut parfois regarder longuement pour les distinguer parmi les prairies d'herbes sèches parsemées de pierres.

Lavoirs et murs

Plus difficiles encore à voir sont les compte-moutons, passages à gibier, passages à bergers, lavoirs, abreuvoirs, réservoirs (lacs de St-Namphaise), canaux, de même que les citernes que l'homme a souvent simplement creusées dans la roche pour récupérer l'eau de pluie. Ce petit patrimoine rural est tout à fait exceptionnel, tant par sa richesse que par sa rareté. Menacé de ruine par la désertification des campagnes, il est désormais protégé par le Parc naturel régional des Causses du Quercy.

ABC d'architecture

Les dessins présentés dans les planches qui suivent offrent un aperçu visuel de l'histoire de l'architecture dans les régions du Périgord et du Quercy, et de ses particularités. Les définitions des termes d'art que nous vous proposons permettent de se familiariser avec un vocabulaire spécifique et de profiter au mieux des visites des monuments religieux, militaires ou civils.

Architecture religieuse

CADOUIN – Plan de l'église abbatiale (1119-1154)

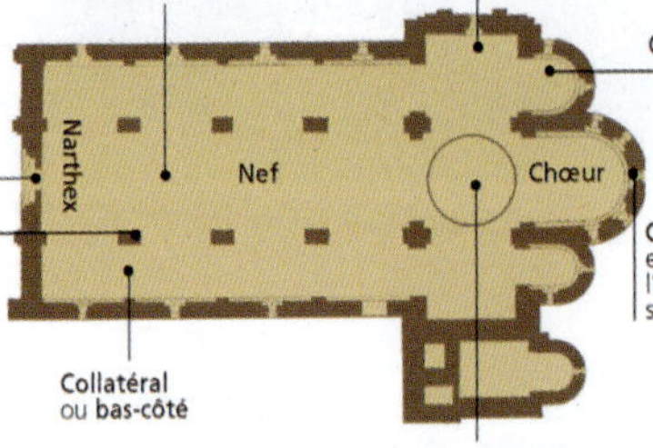

CARSAC-AILLAC – Voûtes de l'église Saint-Caprais (12e-16e s.)

R. Corbel/MICHELIN

BESSE – Portail de l'église Saint-Martin (fin du 11e-début du 12e s.)

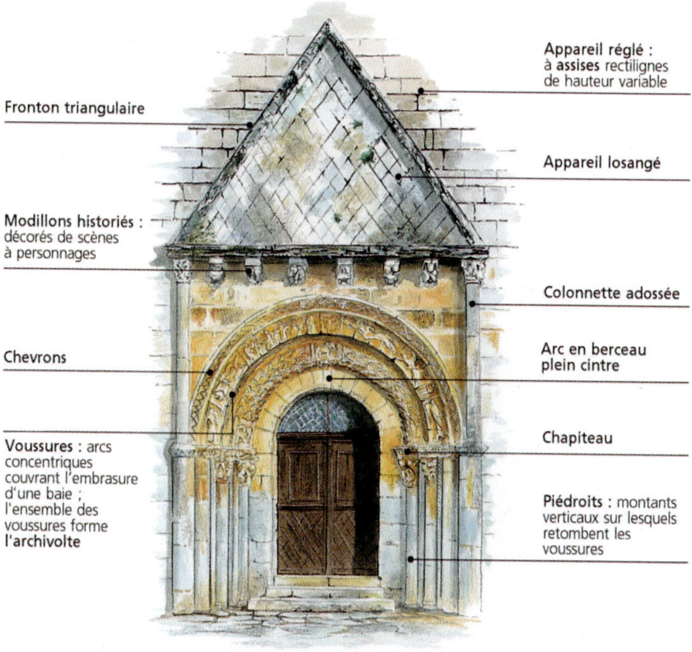

SOUILLAC – Chevet de l'ancienne abbatiale Sainte-Marie (12e s.)

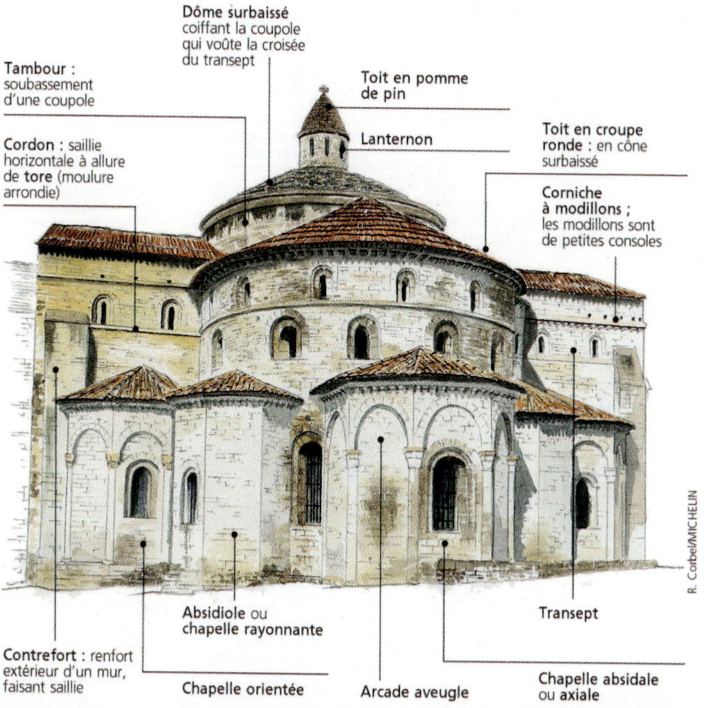

BRANTÔME – Clocher de l'ancienne abbatiale Saints-Pierre-et-Sicaire (11e s.)

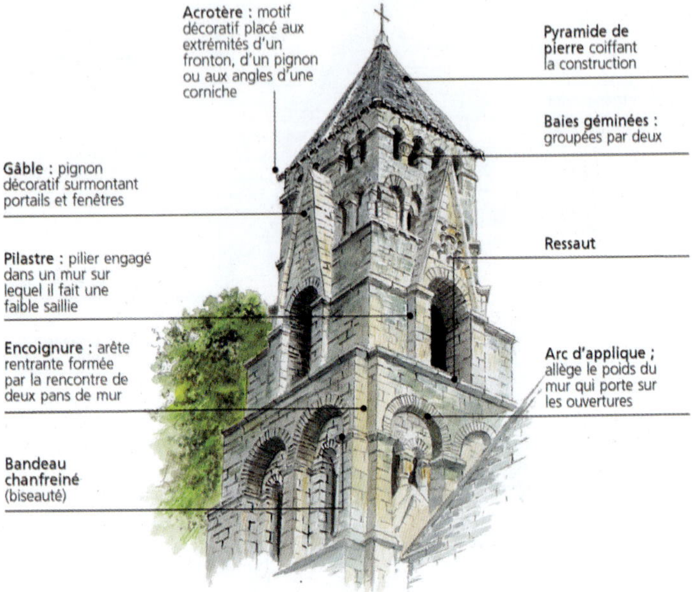

SAINT-AMAND-DE-COLY – Église fortifiée (12e et 13e s.)

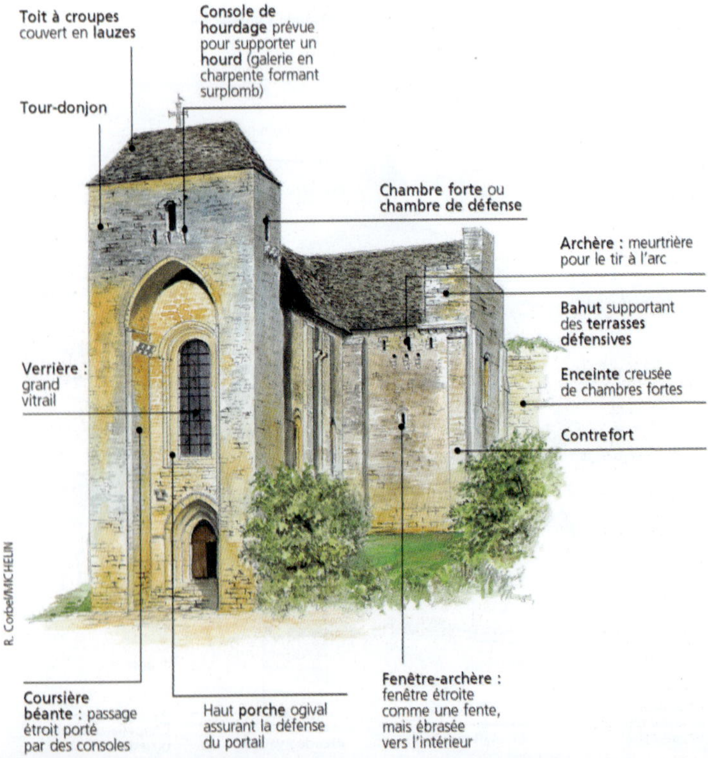

Châteaux

Château de BONAGUIL (13e s.-début du 16e s.)

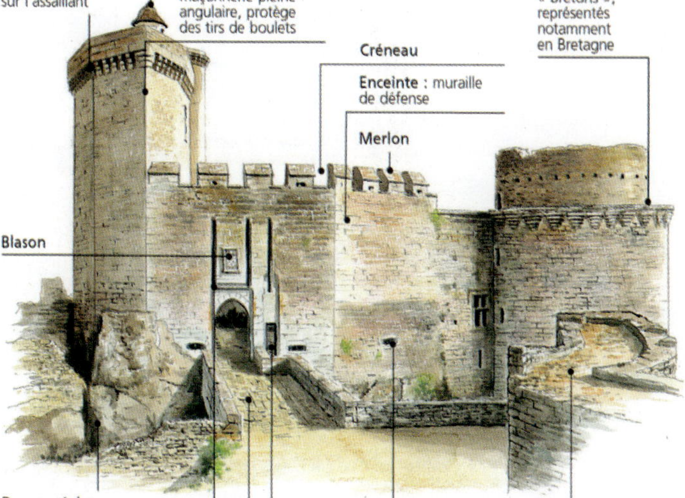

Château de MONTAL (millieu du 16e s.)

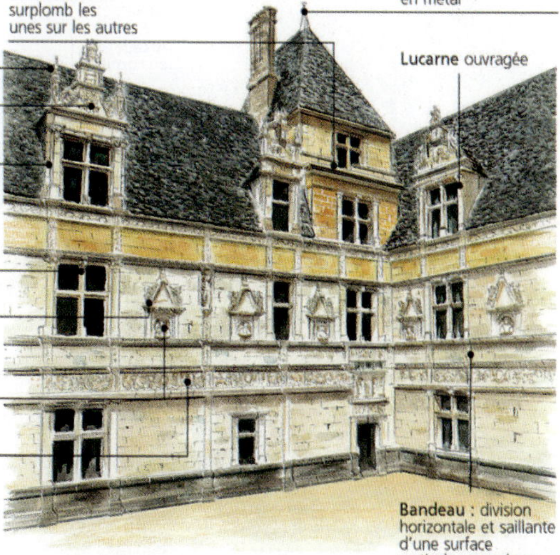

Architecture des bastides

DOMME – Porte des Tours (fin du 13e s.)

MONPAZIER – Place centrale de la bastide (fin du 13e s.-14e s.)

Constructions fonctionnelles

FIGEAC - Hôtel de la Monnaie (fin du 13e s.)

CAHORS – Pont Valentré (14e s.)

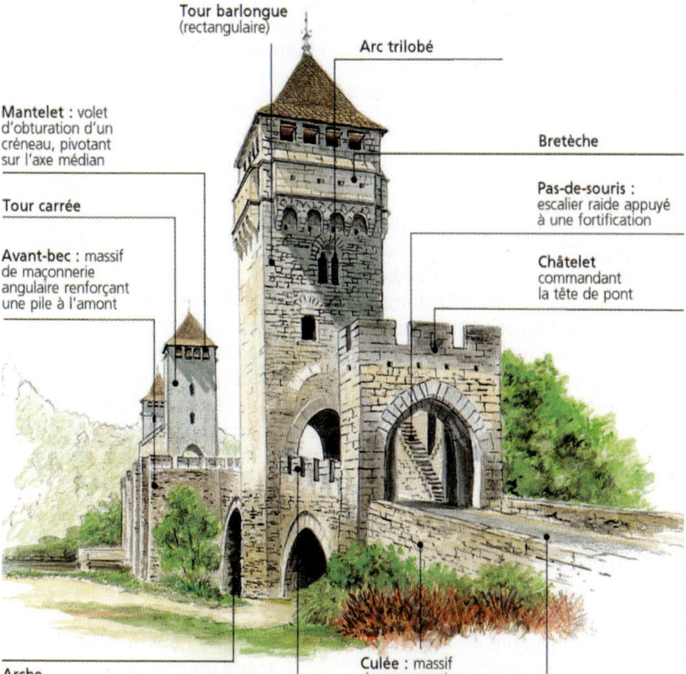

Littérature

De Clément Marot à Christian Signol, la littérature locale est riche et enracinée. Selon les auteurs qui l'ont nourrie, elle célèbre tour à tour les valeurs humaines, les femmes ou la terre natale, mais elle peut aussi se montrer plus engagée et incisive politiquement.

Plumes novatrices

Troubadours, trouvères et ménestrels, ces termes similaires font voyager et évoquent à la fois la poésie, la musique et le Moyen Âge. Accompagnant la naissance de la langue d'oc, ils sillonnent la région et inventent des airs porteurs de poésies lyriques. **Guillaume IX de Poitiers** (1071-1127), comte de Poitiers, duc d'Aquitaine et de Gascogne, dit « le Troubadour », est le premier connu parmi eux. Siégeant souvent à Bordeaux, il oriente son lyrisme vers un « nouvel art d'aimer » qui, repris et accentué par ses successeurs troubadours, aboutira à la **fin'amor**, l'amour courtois occitan. Encouragée par les seigneurs, cette poésie lyrique originale s'étend bientôt au Quercy et s'épanouit dans les cours féodales. Le simple nom des plus célèbres de ces troubadours renvoie aux villes environnantes : Bertand de Gourdon, Aimeric de Sarlat, Arnaut Daniel de Ribérac et Giraut de Borneuil, natif d'Excideuil. Un autre type de chanson, le **sirventès**, est créé dans la région ; il ne se distingue de l'art des troubadours que par le sujet traité – des thèmes guerriers – et un ton satirique. **Bertran de Born** (v. 1140 - v. 1215), seigneur de Hautefort, est l'instigateur de ces pièces politiques et morales, qui lui ont été inspirées par le conflit l'opposant à son frère pour faire valoir son droit à être seigneur indépendant.

Amour, amitié et politique

L'apogée de la Renaissance littéraire s'illustre avec **Clément Marot** (1496-1544). Né à Cahors d'une mère gasconne et d'un père normand, Marot excelle dans les épigrammes et les sonnets par lesquels il séduit la Cour et le roi. Ses jeux littéraires et son ingéniosité s'illustrent dans son fameux poème *Le Beau Tétin* dans lequel il chante et décrit à ravir le corps féminin :

« Tétin refait, plus blanc qu'un œuf,
Tétin de satin blanc tout neuf,
Tétin qui fait honte à la rose
Tétin plus beau que nulle chose
[…]. »

Pierre de Bourdeille (v. 1540-1614), plus connu sous le pseudonyme d'abbé de **Brantôme**, s'attaque aux huguenots lors des batailles de Meaux et de Dreux. Gentilhomme de la chambre sous Charles IX, il se retire dans son château de Richemond près de Brantôme après la mort du roi et écrit ses mémoires, des chroniques sur la cour des Valois et *Vie des hommes illustres*. « Femmes et amours sont compagnes, marchent ensemble et ont une même sympathie », écrit-il : son goût pour l'amour et

les femmes devient célèbre et ses ouvrages sont taxés de légèreté par ses contemporains.
Né en 1530 à Sarlat, **Étienne de La Boétie**, après des études de droit à l'université d'Orléans, devient conseiller au parlement de Bordeaux. Philosophe et politicien, il rédige, alors qu'il est âgé d'à peine 18 ans, le *Discours de la servitude volontaire* ou *Contr'un*, un réquisitoire contre l'absolutisme. Illustré par de nombreux exemples tirés de l'Antiquité, ce texte pose la question de la légitimité de toute autorité sur une population et lui permet de critiquer la situation politique de son temps. C'est à cette période que naît l'amitié entre La Boétie et un autre philosophe, Michel Eyquem de **Montaigne** (1533-1592). Cette amitié deviendra célèbre : c'est en son honneur que, à la mort de La Boétie, Montaigne abandonne le stoïcisme. Dans ses *Essais,* il évoque cette relation essentielle : « En l'amitié de quoi je parle, elles se mêlent et confondent l'une en l'autre, d'un mélange si universel, qu'elles effacent et ne retrouvent plus la couture qui les a jointes. Si on me presse de dire pourquoi je l'aimais, je sens que cela ne se peut exprimer qu'en répondant : parce que c'était lui ; parce que c'était moi. »
Également originaire du Périgord, **Fénelon** (1631-1715) passe toute son enfance dans le château du même nom. Il commence ses études à Cahors, puis gagne Paris. Il aurait composé à Carennac son célèbre roman *Les Aventures de Télémaque* (1699). Dans son voyage pour retrouver son père Ulysse, Télémaque séjourne dans différents pays aux gouvernements autoritaires puis dans le gouvernement idéal de Salente. L'ouvrage, non destiné à la publication, permet à Fénelon, sous couvert d'Antiquité, de donner une leçon de politique au dauphin Louis de France (1682-1712), petit-fils de Louis XIV et futur père de Louis XV.

Paysages littéraires

Jacquou le Croquant (1899), grand roman à succès qui relate une histoire de jacquerie paysanne au début du 19e s., est l'œuvre d'**Eugène Le Roy** (1837-1907), originaire de Hautefort. Le succès du roman est tel qu'il est d'abord adapté au petit écran en 1969 par Stellio Lorenzi, puis pour le cinéma en 2007, par Laurent Boutonnat.
André Maurois (1885-1967) écrit du Languedoc : « Tu vas voir une province toute sertie de merveilles naturelles ou architecturales, donc ne sois pas pressé. Donne-toi le temps d'un détour pour regarder un village qui n'est pas sur ta route. » Originaire de Seine-Maritime, il découvre la région par son épouse Simone de Cavaillant, propriétaire du manoir d'Essendiéras près d'Excideuil. Il y passe ses vacances et le transforme en lieu de rendez-vous d'artistes, de penseurs et de savants.
Christian Signol, auteur contemporain originaire du Quercy, connaît le succès avec ses innombrables œuvres souvent inspirées de sa région natale. Son roman *La Rivière Espérance* est devenu un feuilleton télévisé en 1995.
Peintre et écrivain, **François Augiéras** (1925-1971) passe son enfance à Périgueux et fait de la région l'héroïne de ses romans autobiographiques *(Domme ou l'Essai d'occupation, Une adolescence au temps du Maréchal).* Bien différent, **Pierre Michon** est l'auteur de *La Grande Beune* (1998), roman sur la confrontation entre un instituteur et la société rurale périgourdine.
Bibliographie, p. 30.

DÉCOUVRIR LE PÉRIGORD ET LE QUERCY

Le château et les bories de Beynac-et-Cazenac.
H. Lenain/hemis.fr

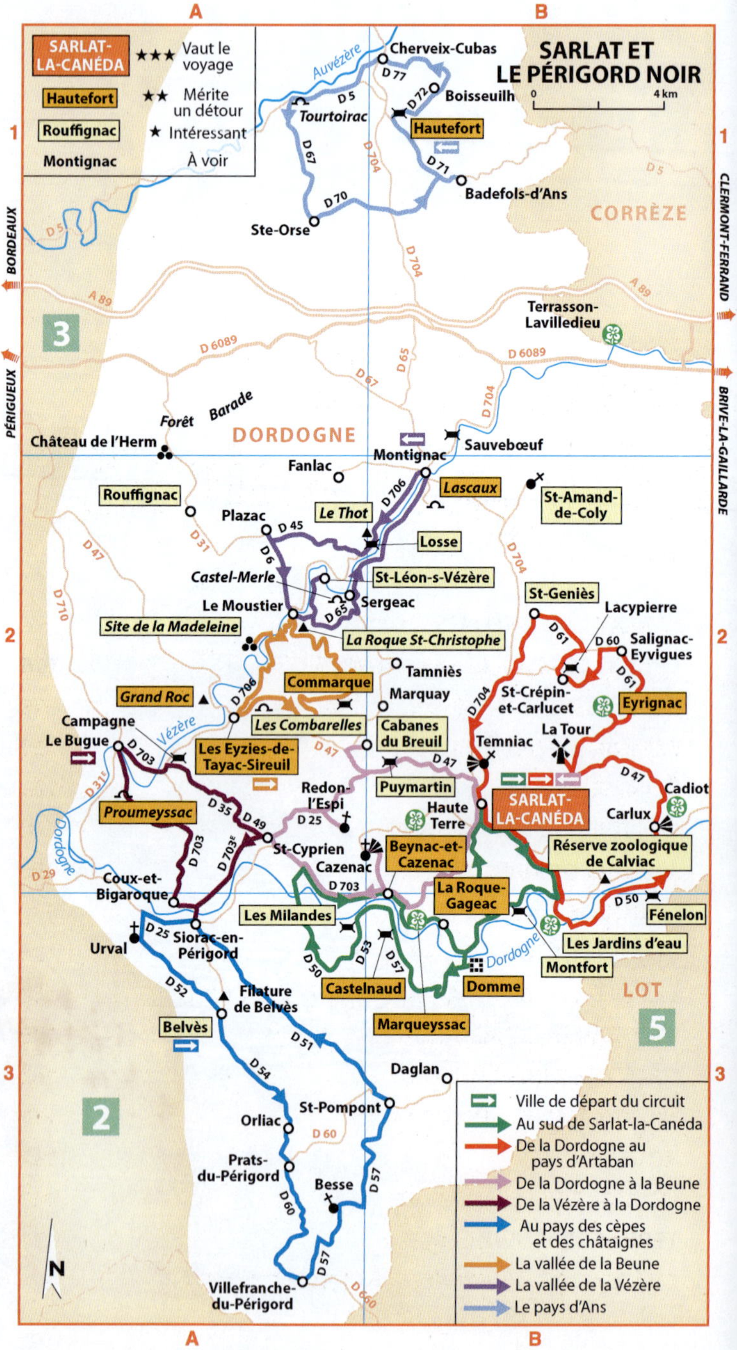
SARLAT ET LE PÉRIGORD NOIR
SARLAT-LA-CANÉDA ★★★ Vaut le voyage
Hautefort ★★ Mérite un détour
Rouffignac ★ Intéressant
Montignac À voir
0 4 km
BORDEAUX
PÉRIGUEUX
CLERMONT-FERRAND
BRIVE-LA-GAILLARDE
CORRÈZE
DORDOGNE
LOT
Cherveix-Cubas
Boisseuilh
Tourtoirac
Hautefort
Badefols-d'Ans
Ste-Orse
Terrasson-Lavilledieu
Forêt Barade
Château de l'Herm
Montignac
Sauvebœuf
Fanlac
Lascaux
St-Amand-de-Coly
Rouffignac
Plazac
Le Thot
Losse
Castel-Merle
St-Léon-s-Vézère
Sergeac
Le Moustier
Site de la Madeleine
La Roque St-Christophe
Tamniès
Commarque
Marquay
Grand Roc
Campagne
Le Bugue
Les Combarelles
Cabanes du Breuil
Les Eyzies-de-Tayac-Sireuil
Puymartin
Redon-l'Espi
Proumeyssac
Haute Terre
St-Cyprien
Cazenac
Beynac-et-Cazenac
Coux-et-Bigaroque
Les Milandes
La Roque-Gageac
Urval
Siorac-en-Périgord
Castelnaud
Domme
Marqueyssac
Filature de Belvès
Belvès
Daglan
St-Pompont
Orliac
Prats-du-Périgord
Besse
Villefranche-du-Périgord
St-Geniès
Lacypierre
Salignac-Eyvigues
St-Crépin-et-Carlucet
Eyrignac
Temniac
La Tour
SARLAT-LA-CANÉDA
Cadiot
Carlux
Réserve zoologique de Calviac
Fénelon
Les Jardins d'eau
Montfort
Auvézère
Vézère
Dordogne
Ville de départ du circuit
Au sud de Sarlat-la-Canéda
De la Dordogne au pays d'Artaban
De la Dordogne à la Beune
De la Vézère à la Dordogne
Au pays des cèpes et des châtaignes
La vallée de la Beune
La vallée de la Vézère
Le pays d'Ans
N

Sarlat et le Périgord noir 1

Carte Michelin Départements 329 - Dordogne (24)

Sarlat-la-Canéda

★★★

9 739 Sarladais – Dordogne (24)

Avec ses ruelles médiévales et ses hôtels particuliers gothiques ou Renaissance, Sarlat, blottie dans une dépression ceinturée de collines boisées, attire les foules au cœur du Périgord noir. Il suffit de faire le tour de la magnifique vieille ville, secteur sauvegardé, pour comprendre les raisons de cet engouement. Outre l'architecture d'apparat, les étals de son marché, comme la multitude de ses adresses qui rendent hommage à la truffe et au foie gras, élèvent Sarlat au rang d'emblème du Périgord. Pour l'apprécier tranquillement, venez, si vous le pouvez, hors saison ou, à défaut, tôt le matin.

NOS ADRESSES PAGE 103
Hébergement, restauration, achats, activités, etc.

S'INFORMER

Office de tourisme Sarlat Périgord noir – Plan de ville p. 98 - *3 r. Tourny - 24200 Sarlat-la-Canéda - ✆ 05 53 31 45 45 - www.sarlat-tourisme.com - juil.-août : 9h-19h, dim. et j. fériés 10h-13h, 14h-18h ; avr. : 9h-12h, 14h-18h, dim. et j. fériés 10h-13h, 14h-17h ; mai-juin et sept. : 9h-18h, dim. et j. fériés 10h-13h, 14h-17h ; oct. : 9h-12h, 14h-17h, dim. et j. fériés 10h-13h ; nov.-mars : lun.-vend. 9h-12h, 14h-17h - fermé 1er janv., 11 Nov., 25 déc.*

Visite guidée – *Rens. à l'office de tourisme - 5,50 € (-12 ans 3 €).* Sarlat, qui porte le label Ville d'art et d'histoire, propose des visites découverte *(1h30)* animées par des guides conférenciers. La visite nocturne *(juin-sept.)* permet d'apprécier l'éclairage conçu par Jacques Rouveyrollis. Des visites théâtralisées sont proposées l'été à 18h30 *(tlj sf merc. - 10 €, enf. 5 €).* Les « Carnets de voyage » sont des visites guidées multisensorielles qui laisseront libre cours à votre créativité *(juil.-août, merc. 18h).*

Balade audioguidée – *Rens. à l'office de tourisme - 5 € pour 2h (2 € pour un casque supplémentaire).* Audioguide sur Iphone (fourni) livré avec une carte.

SE REPÉRER

Carte de microrégion B2 (p. 92)

Sarlat se trouve aux portes de la vallée de la Dordogne (que vous pourrez longer jusqu'à Bergerac, à 63 km à l'est) et à 90 km au nord-ouest de Cahors, si vous souhaitez rejoindre le Lot.

SE GARER

Le bourg s'est développé selon un axe nord-sud. La vieille ville, ceinte de petits boulevards, est accessible par les avenues Thiers et Gambetta. En été, elle est réservée aux piétons. Nombreux parkings en périphérie mais, en saison, ça bouchonne.

WEEK-END PROLONGÉ À SARLAT	
Jour 1	Visite du vieux Sarlat le matin et promenade dans le quartier ouest l'après-midi.
Jour 2	Circuit au sud de Sarlat *(p. 110)* le long de la Dordogne.
Jour 3	Visite du musée national de la Préhistoire aux Eyzies-de-Tayac-Sireuil *(p. 139)* et de Lascaux II *(p. 153)*.

Sur la place de la Liberté, l'ancienne église Ste-Marie revisitée par Jean Nouvel.
P. Jacques / hemis.fr / ADAGP, Paris 2016

À NE PAS MANQUER

Une visite guidée de la ville ; son éclairage nocturne ; les couleurs et saveurs du marché ; la dégustation de pommes de terre à la sarladaise ; l'architecture rurale des cabanes du Breuil, aux alentours.

AVEC LES ENFANTS

En été, les guides assurent des visites spécifiques pour les 8-12 ans *(mar. et jeu. 15h)*. Dans les environs, faites-leur découvrir la réserve zoologique de Calviac.

Se promener

★★★ LE VIEUX SARLAT

Circuit 1 *tracé sur le plan de la ville p. 98.*

Sarlat a été coupée en deux par la rue de la République, appelée « **Traverse** » par les habitants. Cette artère percée au 19e s. sépare artificiellement la ville en un quartier ouest plus populaire et un quartier est plus aristocratique.

Les maisons frappent par leur architecture : les cours intérieures, l'appareillage et la qualité de leurs pierres de taille choisies dans un beau calcaire ocre blond. La plupart ont été surélevées à travers les siècles et présentent un rez-de-chaussée médiéval, un étage gothique rayonnant ou Renaissance, des faîtages et des lanternons classiques et une couverture de lauzes. Préservée grâce à son éloignement des grandes voies de communication, mais se dégradant, la vieille ville fut choisie en 1962 comme site pilote de la **loi Malraux** visant à sauvegarder les quartiers anciens à valeur historique et architecturale.

Commencez la visite du vieux quartier à l'office de tourisme.

Ancien évêché

L'intérieur a été transformé en théâtre et abrite l'office de tourisme au rez-de-chaussée. Poursuivez place du Peyrou pour admirer, à droite de la cathédrale, la **façade★** percée de fenêtres gothiques au 1er étage, Renaissance au 2e et

Une cité médiévale et Renaissance

Les origines de Sarlat sont à chercher du côté du bas latin, certainement *serrum*, la « colline », suivi de *latum*, « large ». Le bourg de La Canéda a été rattaché à Sarlat par la suite. La Canéda vient du latin *canetum*, « lieu planté de roseaux », « roseau » se disant *canet* en occitan.

DE L'ABBAYE À L'ÉVÊCHÉ

Sarlat s'est développée autour d'une **abbaye bénédictine** fondée à la fin du 8e s. qui reçoit sous Charlemagne les reliques de saint Sacerdos, évêque de Limoges, et de sa mère, sainte Mondane. Les abbés restent tout-puissants jusqu'au 13e s. qui voit la décadence de l'abbaye plongée dans des luttes intestines aux épisodes parfois sanglants : ainsi en 1273, lors d'un office, l'abbé fut soudain terrassé par une flèche décochée par un moine.

UN SIÈGE ÉPISCOPAL

Pour vous rendre compte de l'étendue du domaine de l'abbaye, rendez-vous au **jardin du Plantier** où les moines cultivaient vigne (*plantier* signifie « petit plan de vigne ») et potager, devenu un agréable jardin public *(aire de jeux pour les enfants)*.

En 1299, la signature par la commune, l'abbaye et le roi d'un acte d'affranchissement, « le livre de la paix », permet à la cité de s'émanciper de la tutelle religieuse : elle est désormais administrée par les **consuls**. S'instaurent alors deux lieux de pouvoir. En 1317, le pape Jean XXII, partageant l'évêché de Périgueux, proclame Sarlat **siège épiscopal** d'un territoire dont les limites s'étendent bien au-delà du Sarladais. L'abbatiale devient cathédrale.

L'ÂGE D'OR DE SARLAT

Au 13e s. et au début du 14e s., elle devient une ville de foires et de marchés prospère, mais la guerre de Cent Ans la ruine, la laissant exsangue et dépeuplée. En remerciement de sa fidélité et de son âpre défense contre les Anglais (auxquels elle avait été cependant cédée par le traité de Brétigny en 1360), le roi Charles VII lui accorde de nombreux **privilèges**, dont l'attribution de nouveaux revenus et l'exemption de certaines taxes. Les Sarladais reconstruisent leur ville et, entre 1450 et 1500, édifient la plupart des hôtels qui font aujourd'hui la fierté de Sarlat.

UN ESPRIT HUMANISTE

Les magistrats, les clercs, l'évêque et les dignitaires du chapitre, les marchands forment une bourgeoisie aisée et importante à laquelle se mêlent des hommes de lettres comme Étienne de La Boétie qui insuffle son esprit humaniste.

La **Contre-Réforme**, alors dominée par une noblesse de robe, marque la ville : couvents (clarisses, récollets…), chapelles et hôpitaux se multiplient ; la cathédrale est achevée. Seule la disparition des remparts trouble la ville à la fin de l'Ancien Régime.

UNE AFFAIRE DE DUELS

Un Sarladais, connu sous le surnom de François Louis Fournier-Sarlovèze (1773-1827), inspira à Joseph Conrad *Le Duel*, nouvelle qui servit de trame au film *Les Duellistes* du réalisateur Ridley Scott (1977, avec Harvey Keitel, Keith Carradine, Albert Finney). Conrad et Scott ont retranscrit leur fascination pour les 22 duels consécutifs qui opposèrent durant dix-neuf ans ce général, cavalier émérite et sabreur chatouilleux, glorifié par la campagne d'Espagne, à un autre général d'Empire, Dupont. Le duel final se situe, dans le film, au château de Commarque *(voir p. 150)*.

surmontée d'une galerie Renaissance italienne. Celle-ci fut ajoutée ultérieurement par l'évêque italien Nicolo Gaddi, ami de la reine Catherine de Médicis.

★ Cathédrale St-Sacerdos

Une église avait été construite à cet emplacement au 12e s. En 1504, l'évêque **Armand de Gontaut-Biron** entreprend la démolition de l'édifice pour reconstruire une cathédrale plus importante. Mais il quitte Sarlat en 1519 et les travaux sont abandonnés pendant plus d'un siècle.

L'église actuelle, élevée aux 16e et 17e s., a conservé la **base romane** de la tour de façade qui présente deux premiers étages à arcatures aveugles et à baies ouvertes. Le troisième étage est une adjonction du 17e s. Dans l'ensemble ressort le **gothique méridional**, tardif, caractérisé par une allure massive et un intérieur sobre. D'ailleurs, ce qui frappe surtout en entrant, ce sont le grand volume et l'élévation. La nef voûtée d'ogives prolonge un chœur à cinq pans pourvu d'un déambulatoire. Parmi le mobilier de l'église, on remarque une tribune supportant des **orgues de Lépine** (célèbre facteur d'orgues du 18e s.).
Sur la même place.

★ Maison de La Boétie

Remarquable, c'est un peu l'emblème de la ville. Construite autour de 1525 par Antoine de La Boétie, lieutenant criminel de la sénéchaussée de Sarlat, elle a vu naître **Étienne de La Boétie** (1530-1563), l'ami de Michel de Montaigne, à qui il légua la totalité de sa bibliothèque.

Au rez-de-chaussée sous un arc à colonnades s'abritait autrefois une échoppe. Au-dessus, deux étages de style Renaissance italienne sont percés de larges baies à meneaux encadrées de pilastres à médaillons et à losanges. Dans la partie gauche de la maison, légèrement en retrait, la toiture de lauzes est percée d'une lucarne moderne à la décoration luxuriante.

Au rez-de-chaussée, s'ouvre le **passage Henri-de-Ségogne**, aménagé entre l'hôtel de Maleville et la maison de La Boétie, qui permet de « traboule » à la lyonnaise en passant successivement sous un arc, dans un couloir, puis sous une voûte.

★ Hôtel de Maleville

Il est aussi connu sous le nom d'**hôtel de Vienne**, pour avoir appartenu d'abord à Jean de Vienne, Sarladais né dans une famille pauvre en 1557, qui après une ascension sociale remarquable devint surintendant des Finances d'Henri IV. Plus tard, cet hôtel fut racheté par la famille de Maleville, dont Jacques de Maleville participa à la rédaction du Code civil. Il fut agencé au milieu du 16e s. en résidence noble à partir de trois maisons plus anciennes et de styles différents. Le pavillon central, très haut et étroit, qui fait office de tour, est précédé d'une terrasse sous laquelle s'ouvre l'arc de la porte d'entrée surmonté de médaillons représentant Henri IV et un portrait féminin (Marie de Médicis,

1

Gabrièle d'Estrée… ou une de ses nombreuses maîtresses !). Il est soudé à l'aile gauche par un pan coupé flanqué d'une tourelle en encorbellement. L'aile droite sur la place de la Liberté se termine par un pignon Renaissance. *Suivez le passage couvert s'ouvrant à gauche de la porte d'entrée. Prenez en face la rue du Minage qui débouche sur la rue de la République. Remontez cette artère commerçante, puis tournez à droite dans la rue des Consuls.*

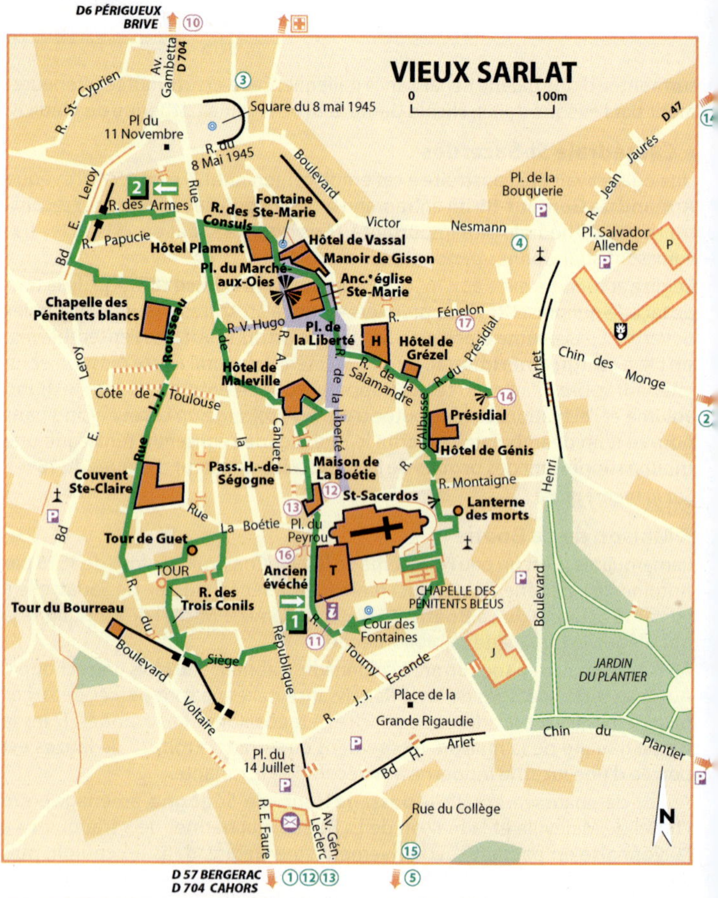

SE LOGER

Cordeliers (Chambre d'hôte Les)......3
Couleuvrine (Hotel La)......4
Étape des Peupliers (Chambre d'hôte L')......1
Maison des Peyrat (Hôtel La)......2
Mas de Castel (Hôtel Le)......12
Montaigne (Hôtel)......13
Roche d'Esteil (La)......14
Sarlat Côté Jardin......15
3 Jardins (Chambre d'hôte Les)......5

SE RESTAURER

Bistrot (Le)......12
Bistrot de l'Octroi (Le)......10
Chez le Gaulois......11
Jardins d'Harmonie (Les)......13
Présidial (Le)......14
Rapière (La)......16
Vin au 10 (Le)......17

JEAN NOUVEL

Récompensé en 2008 pour son œuvre par le prix Pritzker, comparable au Nobel, cet architecte-urbaniste a signé un grand nombre de réalisations de dimension internationale dont l'Institut du monde arabe et le musée du quai Branly. Né à Fumel (Lot-et-Garonne) en 1945, il a passé son enfance à Sarlat avant de partir étudier à Bordeaux, puis à Paris. Ce n'est donc pas un hasard si en Périgord on lui doit, outre la restauration de l'église Ste-Marie *(voir p. suivante)*, la réalisation de Vesunna à Périgueux.

Rue des Consuls

Les hôtels forment ici un ensemble extrêmement intéressant de l'architecture sarladaise du 14e au 17e s.

★ Hôtel Plamon

Appartenant à une famille de drapiers, les Selves de Plamon, dont le nom apparaît encore sur l'écu du fronton triangulaire du premier portail, ce groupe de bâtiments fut construit à différentes époques, comme en témoigne au tournant de la rue le balcon arrondi, en avancée, posé sur une magnifique trompe (petite voûte, afin de faciliter la circulation).

Côté façade sont représentés l'ensemble des styles qui se sont succédé à Sarlat : le rez-de-chaussée du 14e s. s'ouvre par deux grandes arcades ogivales ; au premier étage, les trois baies sont ornées d'un remplage gothique rayonnant. Les fenêtres à meneaux du deuxième étage sont postérieures (15e s.). Pénétrez dans la cour intérieure de l'hôtel et admirez un bel **escalier★** en bois, à balustres (17e s.). À gauche, l'étroite tour Plamon a été percée de fenêtres de plus en plus petites vers le haut de façon à dessiner une ligne de fuite.

Fontaine Ste-Marie

Située face à l'hôtel Plamon, une résurgence naturelle s'épanche sous la voûte fraîche d'une grotte.

★ Place du Marché-aux-Oies

Cette place était réservée aux négociations concernant les oies. Elle offre un beau décor architectural de tourelles, clochetons et escaliers d'encoignure, et une sculpture contemporaine dédiée au fameux volatile.

Hôtel de Vassal

Situé à l'angle de la place du Marché-aux-Oies, cet hôtel du 15e s. présente deux bâtiments en équerre flanqués d'une double tourelle en encorbellement.

Manoir de Gisson

Pl. des Oies - ✆ 05 53 28 70 55 - www.manoirdegisson.com - juil.-août : 10h-19h ; avr.-juin et sept. : 10h-18h30 ; des vac. de fév. à fin mars et de déb. oct. à mi-nov. : 10h-18h ; de mi-nov. à mi-janv. : 11h-17h, vac. de Noël 10h-17h - 7 € (-15 ans 3,50 €).

Appelé aussi hôtel Magnanat, cet édifice du 16e s. se compose de deux corps de bâtiments soudés par une tour d'escalier hexagonale au remarquable toit pointu couvert de lauzes. Cette tour qui renfle la façade a été ajoutée comme signe extérieur de richesse, donnant à cet hôtel particulier des allures de château.

★ Place de la Liberté

Nommée place du Roi avant la Révolution, c'est la place centrale de Sarlat. Outre ses vastes terrasses de café, elle est bordée à l'est par l'**hôtel de ville**, ancienne maison commune reconstruite au début du 18e s. après un incendie.

★ **Église Ste-Marie** – Au nord de la place se dresse l'ancienne église Ste-Marie dite « l'église du marché ». Désaffectée, son chœur a été démoli au 19e s. Elle fut alors réagencée en logements, puis elle abrita la Poste avant d'être laissée à l'abandon... jusqu'à ce que l'architecte **Jean Nouvel** vînt la revisiter avec sobriété et élégance. Il a restitué sa nef élancée, vitré simplement les ouvertures et fermé l'édifice avec une porte monumentale en acier.
Ascenseur panoramique – *✆ 05 53 31 45 45 - juil.-août : 9h-14h, 17h-21h ; reste de l'année : 9h-14h, 17h-18h - fermé en cas de mauvais temps - 5 € (4 € oct.-mars).* Dissimulé dans la tour du clocher, il offre une **vue★** exceptionnelle à 360° sur l'urbanisme et l'enchevêtrement de toits couverts de lauzes du vieux Sarlat, ainsi que sur les environs.
Quittez la place de la Liberté par la rue de la Salamandre, sur la gauche.

Hôtel de Grézel

Occupé par le restaurant Gueule et Gosier et édifié à la fin du 15e s., il présente une façade à colombages à laquelle est accolée une tour noble à la belle porte en accolade de style gothique flamboyant. Plus bas, remarquez sur plusieurs toitures le beau montage des lauzes épousant parfaitement l'évasement du bas du toit, témoignant de la maîtrise des charpentiers et des couvreurs. Dans la région, on vous le dira : « Qui bien lauze, pour cent ans pose. »
Avancez dans la rue du Présidial, puis la rue Landry pour apercevoir le **clocheton du Présidial** (17e s.), ancien siège de la justice royale *(aujourd'hui un restaurant).*
Revenez sur vos pas et prenez à gauche la rue d'Albusse.
À l'angle de l'impasse de la Vieille-Poste, où se trouve l'ancien relais de poste, se dresse l'**hôtel de Génis**, édifice sobre et massif du 15e s., dont l'étage en encorbellement est supporté par sept corbeaux de pierre.
Poursuivez dans la rue Sylvain-Cavaillez et pénétrez en face dans le jardin.
De ce jardin, **ancien cimetière** de l'abbaye, belle vue sur le chevet de la cathédrale et les différentes cours. Il est surplombé par un édifice énigmatique.

Lanterne des morts

Cette tour cylindrique de la fin du 12e s., surmontée d'un cône terminal décoré de quatre bandeaux, compte deux salles. L'une au rez-de-chaussée, couverte d'une voûte bombée supportée par six arcs d'ogives, l'autre dans la partie conique qui était inaccessible à un homme. De nombreuses hypothèses ont été émises au sujet de cet édifice : tour élevée pour commémorer le passage de saint Bernard en 1147 (il aurait béni des pains qui auraient guéri miraculeusement les malades), lanterne des morts – mais comment la lanterne pouvait-elle être éclairée puisque la salle du haut était inaccessible ? – ou peut-être chapelle funéraire.
Descendez l'escalier (au passage, sachez que les pierres tombales ont été redéposées ici pour marquer l'emplacement du cimetière) et contournez la chapelle des Pénitents bleus (12e s.). Passez dans la cour des Chanoines, puis dans la cour des Fontaines. La rue Munz et la rue Tourny ramènent à la place du Peyrou.

★ LE QUARTIER OUEST

Circuit 2 tracé sur le plan de la ville p. 98.
Le paisible quartier ouest, délimité par la Traverse et les vestiges des remparts, est moins fréquenté des visiteurs, peut-être en raison de la déclivité de ses ruelles tortueuses. Moins aristocratique, mais également doté d'un important patrimoine, il s'anime dans sa partie basse, avec la présence de quelques restaurants, artisans et galeries d'art.

Ruelle du vieux Sarlat.
C. Labonne/Michelin

Remontez la rue de la République, pratiquement jusqu'en haut, pour vous engager à gauche dans la ruelle des Armes et grimper ensuite rue des Armes.

En arrivant au reste de **rempart** qui ceinturait la ville, remarquez à droite les quelques marches d'escalier encore présentes, qui donnaient accès au chemin de ronde.

Prenez à gauche sur le boulevard pour repiquer dans la première rue à gauche.

Chapelle des Pénitents blancs

Édifiée entre 1622 et 1626, elle faisait partie d'un couvent de religieux récollets qui furent remplacés au 19e s. par quelques pénitents blancs. Le portail baroque est assez étonnant : il est composé de quatre colonnes dont les chapiteaux laissent perplexe quant à la finition de l'entablement qu'elles soutiennent.

Rue Jean-Jacques-Rousseau

Artère principale de ce quartier, elle est jalonnée de belles maisons anciennes. Au n° 9, à l'angle de la côte de Toulouse, l'hôtel Monméja présente une belle façade du 18e s. (c'est le premier bâtiment qui fut restauré suite à la loi Malraux) et, à l'angle de la rue de La Boétie, une échauguette signale le **couvent Ste-Claire**, vaste bâtiment du 17e s. autrefois occupé par les clarisses, aujourd'hui transformé en habitations.

OÙ SE NICHE LA LUMIÈRE ?

À droite de l'entrée du restaurant, situé au niveau du coude de la **rue des Trois-Conils**, voyez une niche encadrée de fer… eh bien, imaginez qu'elle renfermait autrefois une manivelle qui permettait de faire descendre une bougie pour la recharger en huile de noix (très commune dans la région), la remonter ensuite et assurer ainsi l'éclairage public. Les manivelles ont disparu, restent les niches qui rappellent que l'éclairage au gaz date d'hier : il a en effet été remis pour rendre à la ville son ambiance d'antan.

Le jardin de l'ancien couvent est utilisé lors du Festival de théâtre en été, ou lors de concerts et autres événements culturels.
Poursuivez dans la rue du Siège, puis tournez à gauche dans la rue Rousset.

Tour de guet
Imbriquée dans des immeubles au bout de la rue Rousset, elle est couronnée par des mâchicoulis du 15e s. et flanquée d'une tourelle en encorbellement.
Tournez à droite rue de Cordil.

Rue des Trois-Conils
Elle se coude au pied d'une maison agrémentée d'une tour ayant appartenu à des consuls apparentés à la famille de La Boétie.
Prenez à droite la rue Aimery et passez sous le porche en face.

Tour du Bourreau
Dix-huit tours reliaient les remparts de la ville. Il n'en reste plus que deux, dont celle-ci, qui date de 1580.
Revenez sur vos pas et prenez la rue du Siège qui rejoint la rue de la République.

À proximité Carte de microrégion p. 92

Jardins ethnobotaniques de Haute Terre à St-André-d'Allas B2
À 7 km à l'ouest de Sarlat par la D 25, puis la C 6.
Le Dau-Nord - 06 84 39 57 36 - jardinsdehauteterre.free.fr - - visite libre tte l'année sur demande préalable et réservation - visite guidée sur demande (30mn) : juil.-août et j. fériés 9h-12h - fermé 1er janv., dim. de Pâques, 25 déc. - 10 € (-18 ans 5 €) - ateliers.
Approchant les 300 m d'altitude, ce jardin familial de 4 ha dissimulé au milieu d'une chênaie, à l'aspect sauvage, est tenu par un couple de passionnés, Claude-Marie et Serge : orchidées, bruyères, cistes, parterres de marguerites… Et **vue★** panoramique sur la région et les massifs environnants, par beau temps.

★ Réserve zoologique de Calviac B2
À 10 km au sud-est de Sarlat par la D 704, puis la D 704A.
Sous le Roc - 05 53 28 84 08 - www.reserve-calviac.org - juil.-août : 9h30-20h ; avr.-juin et sept. : 10h-19h ; reste de l'année : 13h30-18h - fermé de mi-nov. aux vac. de fév. (sf vac. de Noël) - 10 € (-12 ans 7 €) - animations (repas des animaux) à horaires réguliers en sais.
Cette réserve originale de 3 ha vous fera découvrir certaines des espèces les plus menacées et les moins présentes des zoos traditionnels : loup à crinière, tapirs, vison d'Europe, etc. Un ingénieux système de sas vous permettra même d'entrer dans l'espace de vie de certaines d'entre elles, dont les chouettes effraies, les lémuriens, les wallabies et les ibis chauves.

Marquay B2
À 11,5 km au nord-ouest de Sarlat par la D 6.
Environné de sites paléolithiques, le bourg est devenu un centre de villégiature apprécié. Son **église** fortifiée (12e s.) présente un plan insolite : ses croisillons se terminent en absidioles.

Tamniès B2
À 15 km au nord-ouest de Sarlat par la D 6.
Le bourg domine la vallée de la Beune de son église du 12e s. et de l'ancien prieuré qui la jouxte. Tamniès est par ailleurs apprécié pour son **étang de loisirs** *www.tamnies.com - juil.-août - 2 €.*

NOS ADRESSES À SARLAT-LA-CANÉDA

HÉBERGEMENT

PREMIER PRIX

Chambre d'hôte L'Étape des Peupliers – *25 ter r. de Cahors - 05 53 59 03 53 - - 5 ch. 60 €* . À deux pas du vieux Sarlat, la maison de Pierrette dispose de chambres simples et parfaitement tenues : elles s'ouvrent sur le jardin dissimulé à l'arrière, où vous pourrez profiter aussi des joies de la piscine.

Montaigne – *2 pl. Pasteur - 05 53 31 93 88 - www.hotelmontaigne.fr - fermé de mi-nov. à déb. mars - - 28 ch. 59/79 € - 9 €.* Dans une bâtisse classique, à proximité de la vieille ville, les chambres rénovées avec soin et l'accueil aimable en font une adresse sympathique. Le plus : la salle des petits déjeuners sous la verrière. Garage à vélos.

BUDGET MOYEN

La Couleuvrine – *1 pl. de la Bouquerie - 05 53 59 27 80 - www.la-couleuvrine.com - 26 ch. 82/92 € - 10 €.* Situé dans l'ancienne tour de défense du rempart de la cité médiévale de Sarlat, cet hôtel ne manque pas de caractère. Il est doté d'un restaurant qui sert une cuisine traditionnelle de qualité.

Sarlat Côté Jardin – *13 r. du Collège - 06 03 11 52 96/05 53 29 79 22 - 4 ch. 79 € - 9 €.* Très bien située à l'entrée sud de la cité, cette belle maison du 16e s. saura vous retenir dans ses coquettes chambres agrémentées de terrasses qui donnent sur un jardin calme et arboré. Meubles anciens, ambiance sereine, petits déjeuners copieux et accueil chaleureux vous feront passer un très agréable séjour !

Chambre d'hôte Les Cordeliers – *51 r. des Cordeliers - 05 53 31 94 66 - www.hotelsarlat.com - fermé de déb. nov. à mi-mars - 5 ch. 95 € - 7,50 €.* À l'entrée du centre historique, cette jolie maison bourgeoise aux volets bleu roi vous transportera outre-Manche : après avoir appuyé sur le bouton doré « Press », vous serez accueilli par un charmant couple d'Anglais, M. et Mme Johnson. Chambres spacieuses, avec grands lits à ressorts et papier peint classique. Petit déjeuner traditionnel servi dans le salon, qui s'ouvre sur une place arborée.

Chambre d'hôte Les Trois Jardins – *Imp. des Clarisses - 05 53 31 70 27 - www.lestroisjardins.fr - fermé de déb. nov. à Pâques - 2 ch. 85 € - studio (4 pers.) 105/145 € - 9 €.* Située à 400 m du centre historique, cette maison d'hôte tenue par Jo et Steeve dégage un charme apaisant. Avec son jardin, sa décoration aux allures british et son petit déjeuner frais et savoureux, la maison est ravissante et accueillante, comme ses hôtes.

À proximité

La Roche d'Esteil – *La Croix d'Esteil - 24200 Ste-Nathalène - 05 53 29 14 42 - www.larochedesteil.com - ouv. mars-nov. - 5 ch. 82/106 € - 8 € - table d'hôte (certains soirs et sur réserv.) 27 €.* Un domaine restauré avec goût par des propriétaires passionnés, dans le respect de la tradition périgourdine. Les chambres, au charme rustique, se trouvent dans les anciennes granges et sont donc indépendantes. Le soir, décor plus contemporain et ambiance conviviale à la table d'hôte.

1

La Maison des Peyrat – *Lac de la Plane (1 km à l'est du centre) - ✆ 05 53 59 00 32 - www.maisondespeyrat.com - fermé 15 nov.-1er avr. - P ♿ - 🏊 - 10 ch. 71/112 € - ☕ 10 € - table d'hôte 25 €.* On se croirait dans une maison de famille à la campagne… Difficile de résister au charme de cette jolie demeure noyée sous la verdure, sur les hauteurs de Sarlat : vieilles pierres, poutres anciennes, mobilier en bois peint, joli jardin plein de recoins pour paresser, et accueil très chaleureux !

Le Mas de Castel – *Le Sudalissant (à 3 km du centre, en direction de la vallée de la Dordogne et de Gourdon) - ✆ 05 53 59 02 59 - www.hotel-lemasdecastel.com - fermé 11 nov.-Pâques - P - 13 ch. 77/135 € - ☕ 11 €.* À la campagne, un ancien corps de ferme devenu sympathique hostellerie. Dans les chambres, simplement mais joliment arrangées (certaines en rez-de-jardin), les nuits sont paisibles. Une nouvelle extension vient d'être achevée, offrant plus d'espace et un bel esprit contemporain…

RESTAURATION

PREMIER PRIX

Chez le Gaulois – *9 r. Tourny - ✆ 05 53 59 50 64 - fermé dim.-lun. sf juil.-août. - 11/14,50 €.* Sympathique « cave à jambon » : le maître des lieux, dit le Gaulois, propose sa sélection de produits régionaux et assure le service en contant leur petite histoire. Assiettes de charcuteries complètes, avec fromages et salade, à dévorer sur une planchette. Succulentes glaces artisanales.

Le Bistrot – *14 pl. du Peyrou (face à la cathédrale) - ✆ 05 53 28 28 40 - www.le-bistrot-sarlat.com - fermé dim. sept.-juin et lun. avr.-juin -14/28 €.* Très bien placé face à la cathédrale, voici un restaurant qui fait la part belle aux grands classiques locaux : foie gras, confit, pâtés… dans un cadre agréable. Belle terrasse en été.

BUDGET MOYEN

La Rapière – *Pl. de la Cathédrale - ✆ 05 53 59 03 13 - fermé dim. et lun. midi hors sais. - formule déj. 14,50 € - 18,50/39,50 €.* Les locaux ne s'y trompent pas ; ils viennent ici déguster la cuisine régionale concoctée avec goût. Les amateurs apprécieront : confit de canard rôti au four, parmentier d'oie aux cèpes… La régalade.

Le Bistro de l'Octroi – *111 av. de Selves - ✆ 05 53 30 83 40 - www.lebistrodeloctroi.fr - ♿ - formule déj. 14 € - 21/36 €.* Ce restaurant, proche du centre historique, possède de sérieux atouts pour allécher les gourmets. Outre les recettes locales, la carte offre une place de choix au bœuf limousin et aux spécialités de poisson. De beaux volumes dans les salles et une terrasse-jardin sympathique.

Les Jardins d'Harmonie – *Pl. André-Malraux - ✆ 05 53 31 06 69 - www.lesjardinsdharmonie.com - fermé mar. et vend. midi. l'été. ; le reste de l'année : du jeu. au lun. ; fermé de mi-fév. à fin mars - ♿ - 22/48 €.* La gastronomie régionale rencontre ici les saveurs du monde pour le plus grand plaisir des papilles (magret de canard aux feuilles de thé, par exemple). Une adresse plébiscitée à Sarlat.

Le Vin au 10– *10 r. Fénelon - ✆ 05 53 29 47 80 - www.levinau10.com - menu 29 € - 30/40 €.* Bien que situé à côté de la très vivante place de la Liberté, le Vin au 10 jouit d'une belle terrasse dans la rue Fénelon, au calme. La cuisine est ici traditionnelle (et fait la part belle au canard, auquel elle consacre même un menu) et innovante : que dire des nems au confit sauce aigre-douce ! Le service est charmant et la carte des vins ravira les amateurs.

Le Présidial – *6 r. Landry - ✆ 05 53 28 92 47 - www.lepresidial.fr - fermé lun. et mar. midi (jeu. hors sais.) - formule déj. 13/19 € - 29/36 €.* Ancien siège de la cour de justice royale, cette belle demeure du 17e s. dispose d'un vaste jardin au cœur du vieux Sarlat. Bonne cuisine périgourdine revisitée et service soigné.

ACHATS

Marchés

Marché traditionnel – Samedi dans les rues de la vieille ville et mercredi pl. de la Liberté. L'un des grands rendez-vous gastronomiques du Périgord noir.

Marché couvert de l'église Ste-Marie – Tous les jours *(sf jeu. de mi-nov. à mi-avr.)* de 8h30 à 14h. Le vendredi en saison, de 9h30 à 20h.

Marché au gras et aux truffes – Samedi matin de décembre à février pl. Boissarie, près du marché couvert.

Boutiques

Foie gras Godard – *14 r. de Tourny - ✆ 05 53 31 20 17 - fermé dim.-lun. sf juil.-août.* Foies gras « IGP du Périgord » mi-cuits, en conserve, en pâtés… Et conseils très avisés de Monique.

Terroirs et gourmandises – *16 r. de Tourny - ✆ 05 53 29 86 27 - juil.-août tlj 9h-20h30.* Parmi les produits régionaux, cette boutique vend ceux de la coopérative de Sarlat (foie gras d'oie et de canard, etc.).

Pâtisserie Roland Mertz– *33 r. de la République - ✆ 05 53 59 00 85 - tlj 8h-19h.* Cette pâtisserie-salon de thé propose quelques spécialités de la région, à l'instar des gâteaux aux noix à l'ancienne et autres tartes noix-caramel. Goûtez aussi aux lauzes du Périgord, une nougatine enrobée de chocolat, un délice…

AGENDA

Fête de la Ringueta – Près de 30 jeux traditionnels occitans pl. de la Grande-Rigaudie le dimanche de la Pentecôte (années paires).

Festival des jeux du théâtre – *www.festival-theatre-sarlat.com.* Représentations variées en plein air (jardin des Enfeus et pl. de la Liberté) ou au couvent Ste-Claire de mi-juillet à début août.

Festival de la truffe à Sarlat – *www.sarlat-tourisme.com.* Mi-janvier. Concours culinaire de chefs, marché, ateliers à destination du public, démonstrations… autant d'animations autour du célèbre champignon.

Fest'Oie – *www.sarlat-tourisme.com.* 1er w.-end de mars. Grande fête populaire où l'on mange de l'oie sous toutes les formes, et en leur compagnie, 250 volatiles dans la ville ! Repas dominical à réserver.

Les journées du terroir– *www.sarlat-tourisme.com.* W.-end de l'ascension. Noix, vin, foie gras, fraises, truffes… à chaque produit, son pôle et ses animations. Une fête des saveurs et du goût.

Le Sarladais

★★

Dordogne (24)

Maisons paysannes coiffées de tuiles plates, de lauzes ou d'ardoises, élevages de canards et d'oies, petites églises romanes, forêts de feuillus envahies de cèpes à l'automne... La campagne sarladaise offre mille joies visuelles et gourmandes. Au sud, la Dordogne, colonne vertébrale de la région, déroule ses méandres parmi les champs entrecoupés de peupliers, s'épanouissant dans une vallée opulente gardée par une armée de châteaux forts.

NOS ADRESSES PAGE 114
Hébergement, restauration, achats, activités, etc.

SE REPÉRER

Carte de microrégion AB2-3 (p. 92)

Le Sarladais est compris au sens large dans le triangle formé par les vallées de la Dordogne (au sud), de la Vézère (à l'ouest) et la D 820 (à l'est).

À NE PAS MANQUER

Le panorama du cingle de Montfort; le souvenir de Joséphine Baker au château des Milandes; une dégustation de foie gras...

ORGANISER SON TEMPS

Outre la vallée de la Vézère et la vallée de la Dordogne, comptez une journée pour le Sarladais.

AVEC LES ENFANTS

Le château de Fénelon; les cabanes du Breuil; les spectacles de fauconnerie au château des Milandes; une randonnée en canoë-kayak ou un parcours aventure avec Airparc *(voir « Nos adresses » p. 117)*.

Circuits conseillés Carte de microrégion p. 92

★★ DE LA DORDOGNE AU PAYS D'ARTABAN B2-3

Circuit de 75 km au départ de Sarlat-la-Canéda, tracé en rouge sur la carte p. 108. Comptez environ une journée.

Au long de ce parcours, vous remarquerez que l'architecture des maisons, châteaux, manoirs et églises du Périgord noir, dont les murs construits dans le beau calcaire doré de la région sont coiffés de toits pentus en lauzes ou en petites tuiles plates au coloris brun, est en parfaite harmonie avec les paysages vallonnés et boisés.

Quittez Sarlat par le sud-est en empruntant la D 704, direction Gourdon. À la sortie de la ville, prenez à droite vers La Canéda.

★ Église de Carsac-Aillac

Dans un site champêtre s'élève la modeste mais charmante église de Carsac bâtie en belle pierre jaune *(voir ABC d'architecture p. 82)*. Sa façade s'ouvre sur un porche à cinq voussures retombant sur des colonnettes; le massif clocher roman et l'abside sont couverts de lauzes. La nef et les bas-côtés ont reçu au 16e s. des voûtes étoilées dotées d'élégantes clefs en disques. Une petite coupole à pendentifs surmonte la croisée du transept. Le chœur se prolonge par une abside romane, voûtée en cul-de-four et ornée de remarquables chapiteaux de style archaïque d'inspiration orientale. Les **vitraux** et le **chemin de**

LA VOIE VERTE SARLAT-CAZOULÈS

Suivant le tracé d'une voie ferrée désaffectée, une piste cyclable conduit à **Cazoulès** *(25 km à l'est de Sarlat et 8 km à l'est de Carlux)*. Facile à parcourir, cet itinéraire est idéal pour une journée en famille, avec pique-nique le long de la Dordogne. À St-Rome, où se trouvent les Jardins d'eau *(voir ci-dessous)*, une variante mène à **Groléjac** *(12 km au sud)*, où une base de loisirs est aménagée autour du lac.

Plan en téléchargement sur www.sarlat-tourisme.com

croix, réalisés par l'artiste russe **Léon Zack** (autres vitraux à Strasbourg, Brest, Issy-les-Moulineaux), réfugié là durant la Seconde Guerre mondiale, complète l'ornementation : l'œuvre frappe par la rudesse de son style et l'austérité de sa conception ; les textes sont de **Paul Claudel**.

Quittez Carsac par le sud en empruntant la D 704. Au lieu-dit St-Rome, suivez le fléchage « Jardins d'eau ».

★ Les Jardins d'eau

St-Rome - 05 53 28 91 96 - www.jardinsdeau.com - mai-août : 9h-20h ; reste de l'année : 10h-19h - fermé de mi-oct. à fin avr. - 7 € (-10 ans gratuit).

C'est sur un terrain de 3 ha en pente douce au pied de la Dordogne que Claude et Didier Bernard ont décidé de créer leur jardin aquatique. Traversé d'un pont japonais, le **grand bassin des nymphéas** évoque une toile de Monet, tandis que les cinq variétés d'iris rappellent Van Gogh. En descendant, sur le bas-côté, subsiste une partie de l'aqueduc construit par les Romains sur 4 km, permettant l'écoulement du trop-plein d'une source dans la Dordogne. Au pied de la **fontaine**, les plus grands lotus – les fleurs atteignent 2 m de hauteur et les feuilles 70 cm de diamètre – côtoient six variétés de nénuphars blancs. Les **bassins en terrasses**, aménagés dans la montée, permettent de toucher et de respirer le parfum des nénuphars. Ici, pas de filtre UV pour maintenir la clarté de l'eau mais cinq variétés de plantes oxygénantes. Il est possible de trouver l'ensemble de ces plantes aquatiques en vente sur place à la **pépinière**.

Revenez sur la D 704 ; après avoir franchi la Dordogne, prenez à gauche la D 50.

★ Château de Fénelon

05 53 29 81 45 - www.chateau-fenelon.fr - - juil.-août : tlj sf sam. 10h30-18h30 ; avr.-juin et sept. : tlj sf mar. et sam. 10h30-12h30, 14h30-18h ; oct. : 14h-17h - fermé sam. - fermé nov.- mars - 9 € (-14 ans 6 €).

Bâti auprès du village de Ste-Mondane, sur une éminence dominant la Dordogne et les bois de la Bouriane, le château de Fénelon, dont les fondations datent du 14e s., joua un rôle important durant la guerre de Cent Ans et passa successivement aux mains des Anglais et des Français. Il subit d'importantes transformations au 17e s. puis, comme beaucoup de châteaux en Périgord, il fut laissé à l'abandon à la Révolution mais resta intact. Les actuels propriétaires ont redonné au lieu son lustre d'antan.

Extérieur – Sa **triple enceinte** lui confère une allure de puissante forteresse. Les logis et les tours ont conservé leur **couverture de lauzes**, tandis qu'un bel escalier à double révolution donne accès à la cour d'honneur. À droite, sous la galerie, se trouve un puits de 96 m taillé dans le roc. Depuis la terrasse, belle **vue** sur le vallon.

Intérieur – La visite *(libre)* retrace l'**histoire du mobilier★** du Moyen Âge à l'Empire, à travers différentes pièces : cuisine médiévale, chambre Louis XVI, chambre Empire..., en passant par la reconstitution d'un cabinet de curiosités.

À noter également, une belle collection d'armes du 15e au 18e s. et des tapisseries faisant référence à l'œuvre de Fénelon. François de Salignac de La Mothe-Fénelon naquit en effet au château le 6 août 1651 et y passa son enfance. Sa famille possédait le fief depuis le 14e s. et l'occupa jusqu'en 1780. On peut y voir la chambre où serait né le futur archevêque de Cambrai, avec son lit à colonnes torses.

Suivez la D 50 jusqu'à St-Julien-de-Lampon, puis rejoignez la rive droite de la Dordogne par la D 61. Le franchissement de la Dordogne est gardé par le **château de Rouffillac**, dont la silhouette se découpe sur les chênes verts.

Carlux

Campée sur une position dominante, cette bourgade a conservé de vieilles maisons et sa petite halle. Une lanterne des morts, surgissant d'un mur-pignon, confère à l'ensemble une note insolite. Du château subsistent encore une tour d'entrée, le donjon et d'imposantes courtines. Depuis la terrasse du château, jolie **vue** sur la vallée et les falaises servant de fondations à la forteresse.

Prenez la route derrière le château, près de la mairie, et suivez les panneaux « Jardins de Cadiot » (1 km à parcourir).

Jardins de Cadiot – *℘ 05 53 29 81 05 - www.lesjardinsdecadiot.com - 10h-19h - fermé mi-oct. à avr. - 7 € (-14 ans gratuit).* Ce jardin privé de 2 ha, partagé par une

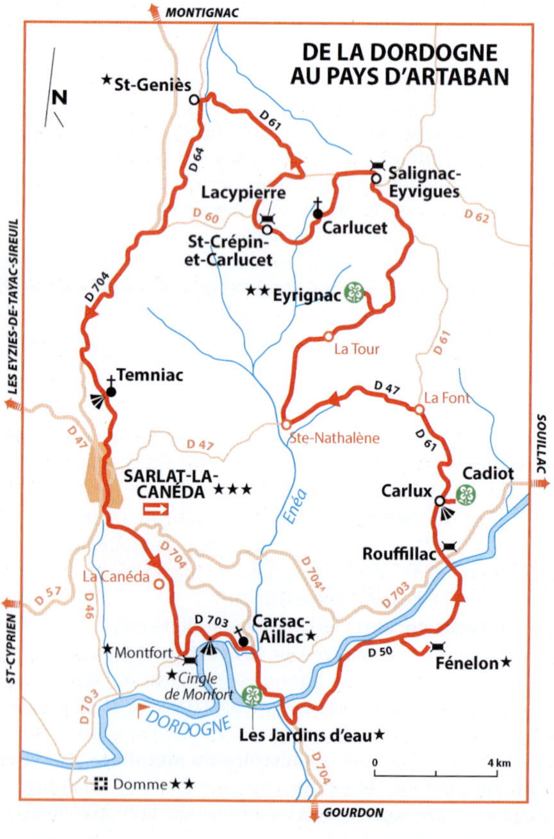

petite route, se niche au creux d'une combe, au milieu d'un bois de chênes. L'espace traité comme une œuvre d'art présente dix tableaux répartis sur trois terrasses. Sur la première se succèdent le **potager** et le **verger-cloître**, où les pommiers en espalier s'alignent autour d'un bassin, tandis que des cyprès tracent un déambulatoire. Une antichambre de charmes ouvre sur la **pivoineraie** en éventail, suivie du labyrinthe de charmes et de la **roseraie** (beaux rosiers anciens). La deuxième terrasse offre un **jardin à l'anglaise**, savant mélange aux couleurs vives, suivi d'un **jardin sauvage**, sous-bois d'érables ponctué de palmiers, de fougères arborescentes et de sculptures. Célébrant l'art topiaire, la dernière terrasse présente un jardin d'inspiration toscane où le buis taillé encadre des fleurs blanches, suivi de trois petits patios dont l'un joue sur différentes nuances de bleus.
Poursuivez sur la D 61 en direction de Salignac. Après 3 km, tournez à gauche dans la D 47. À Ste-Nathalène, prenez à droite vers le hameau de La Tour.

★★ Jardins du manoir d'Eyrignac *(voir ce nom)*
Rejoignez la D 61 et prenez à gauche.

Salignac-Eyvigues
Pl. du 19-Mars-1962 - 24590 Salignac-Eyvigues - ✆ 05 53 28 81 93 - www.perigordnoir-valleedordogne.com - juil.-août : 10h-12h30, 14h-17h ; reste de l'année : tlj sf w.-end 10h-12h, 15h-17h.
La place de la Halle, sur laquelle donne la façade du couvent des Croisiers (13e s.), et les ruelles avoisinantes, en particulier la rue Ste-Croix avec ses beaux toits de lauzes, forment un joli tableau, à deux pas de l'entrée du château. Bâti du 12e au 17e s., le **château** est encore flanqué de ses remparts *(ne se visite pas)*. Cette forteresse médiévale appartient toujours à la famille dont était issu François de Salignac de La Mothe-Fénelon. Des tours rondes et carrées encadrent le corps de logis égayé de fenêtres à meneaux.
Quittez Salignac par l'ouest en empruntant la D 60, en direction de Sarlat. À la sortie du village, tournez à gauche.

Carlucet
L'église de Carlucet jouxte un curieux **cimetière** du 17e s. dont plusieurs tombes se nichent dans des enfeus creusés dans le mur d'enceinte.
Suivez la direction de St-Crépin, par une route qui serpente dans le vallon.

St-Crépin-et-Carlucet
Château de Lacypierre – *✆ 05 53 29 39 28 - de w.-end de Pâques à déb. nov. : 9h-20h - visite libre des extérieurs - possibilité de visite guidée juin-sept. : vend. 15h30 ou sur demande préalable - tarifs, se rens.* Cette charmante gentilhommière, bâtie à la fin du 16e s. à l'emplacement d'une ancienne demeure fortifiée, comprend un logis rectangulaire conforté de deux tourelles. L'ensemble est coiffé de lauzes.
Quittez St-Crépin par le nord en empruntant la D 60, en direction de Salignac. Après 2 km, tournez à gauche dans la D 61.

★ St-Geniès
Sans doute l'un des plus beaux villages du Périgord noir, avec ses maisons de calcaire doré couvertes de lauzes, ses ruines d'un donjon roman et son château du 15e s. accolé à l'église. On pénètre dans celle-ci par un clocher-porche fortifié, rajouté au 16e s. La **chapelle du Cheylard**, petite construction gothique dressée au sommet d'une butte, derrière la poste, s'orne de belles **fresques**★ du 14e s. relatant la vie du Christ et de saints populaires. Remarquez à la frange du toit la corniche à arceaux reposant sur des modillons sculptés de têtes.

1

Quittez St-Geniès par le sud en empruntant la D 64 et rejoignez la D 704, direction Sarlat. Aux Presses, prenez à gauche.

Temniac

Située sur une colline au-dessus de Sarlat d'où s'offre un beau **point de vue★** sur la ville, la **chapelle Notre-Dame** constitue toujours le but d'un pèlerinage important. L'enceinte du château, aujourd'hui ruinée, fut une commanderie des Templiers avant de devenir la résidence des évêques de Sarlat. La chapelle du 12e s. présente les caractéristiques du style roman périgourdin avec sa nef voûtée de deux coupoles et son chœur à cinq pans. Une Vierge noire, objet de la dévotion du pèlerinage, se trouve dans la crypte voûtée d'ogives archaïques.
La D 57 ramène à Sarlat.

★★★ AU SUD DE SARLAT-LA-CANÉDA AB2-3

Circuit de 80 km au départ de Sarlat-la-Canéda, tracé en vert sur la carte ci-dessous. Comptez une journée. Quittez Sarlat par le sud en empruntant la D 704. À Carsac-Aillac, prenez la D 703 à droite.

★ Cingle de Montfort

Parking. De la route accrochée à la falaise, un superbe **panorama★** embrasse la presqu'île de Turnac et sa noiseraie, qu'enveloppe un méandre de la Dordogne (c'est sa sinuosité prononcée que l'on appelle « cingle »). À droite, le château de Montfort se dresse au sommet de son promontoire.

★ Château de Montfort

Le site de Montfort se découvre au détour d'un virage de la D 703, entre les bourgs de Vitrac, auquel se rattache le château, et de Carsac-Aillac. Une forteresse sur un tel site ne pouvait qu'attiser les convoitises de ceux qui prétendaient à la suzeraineté du Périgord. De fait, l'histoire du château se résume à une longue litanie de sièges et de luttes pour sa possession : en 1214, il est pris par Simon de Montfort qui le fait raser ; reconstruit une première fois, il est détruit à trois autres reprises : lors de la guerre de Cent Ans, sous Louis XI et Henri IV, et chaque fois rebâti ! Ce sont les restaurations entreprises au 19e s.,

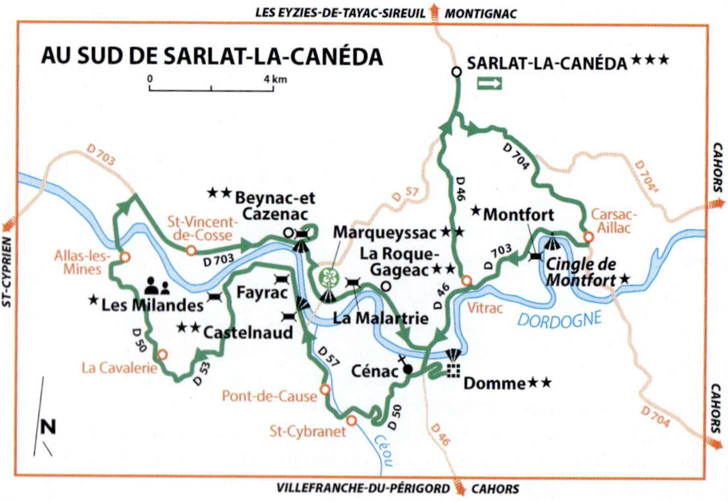

Château des Milandes.
A. De Bernardi/Marka/age fotostock

par l'adjonction d'une loggia et de lanternons, qui lui confèrent cet aspect de château d'opérette.
Continuez sur la D 703 jusqu'à l'intersection de la D 46, que vous prenez à gauche. Après avoir franchi la Dordogne, prenez à droite la D 50.

★★ Domme *(voir ce nom)*
Poursuivez sur la D 50.

Cénac
Isolée du village, l'**église de la Nativité** est un vestige d'un important prieuré bâti au 11e s. Le chevet de cet édifice roman, avec son beau toit de lauzes (vue imprenable depuis le cimetière), échappa aux destructions des protestants en 1589. À l'intérieur, le chœur et l'abside recèlent d'intéressants chapiteaux historiés.
Poursuivez sur la D 50. À St-Cybranet, prenez la D 57, direction Sarlat. Avant le pont, tournez à gauche.

★★ Château de Castelnaud *(voir ce nom)*
Rejoignez la D 57 (à gauche), puis poursuivez tout droit sur la D 53 qui longe la rive gauche de la Dordogne.

Château de Fayrac
Face au bourg de Beynac-et-Cazenac, ce château, dont les fondations remontent au 13e s., a été restauré avec trop de zèle au 19e s. (donjon). Il n'en conserve pas moins un impressionnant gabarit et de beaux éléments de défense, comme une double enceinte et deux ponts-levis.
Poursuivez sur la D 53.

★ Château des Milandes
✆ 05 53 59 31 21 - www.milandes.com - de mi-juil. à fin août : 9h30-19h30 ; reste de l'année : 10h-18h30 - fermé de mi-nov. à fin mars - 9,40 € (-16 ans 5,90 €) - spectacle de rapaces et animations enfants.

L'histoire retiendra de François de Caumont le souvenir d'un homme poussé par une femme autoritaire à construire un somptueux château. Dans un site surplombant la Dordogne, il fait élever dès 1489 un édifice répondant aux nouveaux styles architecturaux italiens, mais qui sera largement remanié au 19e s. dans un style néogothique. **Joséphine Baker** (1906-1975) en a repensé la décoration intérieure, comme vous le verrez en traversant des pièces où sont évoquées différentes périodes de sa vie. L'exposition, très bien documentée, est intelligemment mise en scène : photos inédites, costumes de scène (dont la célèbre ceinture de bananes), affiches et commentaires audio sur fond de chansons interprétées par l'artiste.

Un joli jardin, où se déroulent des **spectacles de fauconnerie** (les rapaces visibles dans les volières sont impressionnants), entoure le château. Au-delà, les 7 ha de parc sont accessibles au public. Également remaniés au 19e s., ils regroupent arbres et conifères parfois centenaires.

Rejoignez la D 50. Roulez pendant 4,5 km, puis tournez à droite vers Allas-les-Mines. Après avoir franchi la Dordogne, prenez à droite la D 703 qui longe la rive droite de la rivière.

★★ Beynac-et-Cazenac *(voir ce nom)*

Poursuivez sur la D 703. Après la voie ferrée, prenez à gauche la D 49, direction Sarlat, puis à droite la D 57.

★★ Jardins de Marqueyssac *(voir ce nom)*

Rejoignez la D 703 (à gauche).

Observez, sur la gauche, le **château de la Malartrie**, édifice du 20e s., pastiche du style Renaissance.

★★ La Roque-Gageac *(voir ce nom)*

Poursuivez sur la D 703 sur 2 km et tournez à gauche : la D 46 ramène à Sarlat.

★ DE LA DORDOGNE À LA BEUNE AB2-3

Circuit de 60 km au départ de Sarlat-la-Canéda, tracé en mauve sur la carte de microrégion p. 92. Comptez environ une demi-journée. Quittez Sarlat par le sud-ouest en empruntant la D 57. Peu après Vézac, prenez à droite dans la D 703.

★★ Beynac-et-Cazenac *(voir ce nom)* B2-3

Poursuivez en direction de St-Cyprien. À la sortie du village, tournez à droite.

Cazenac AB2

Perché sur une colline perdue au milieu des bois, ce village possède une petite église gothique. De là, belle vue sur la vallée.

Faites demi-tour et reprenez la D 703 (à droite).

St-Cyprien A2

Accroché au flanc d'un coteau proche de la rive droite de la Dordogne, dans un décor de collines et de forêts, St-Cyprien est dominé par la silhouette massive de son église autour de laquelle se serrent les maisons anciennes. Non loin du bourg, les ruines du **château de Fages** ont été patiemment restaurées.

Bâtie au 12e s. et remaniée à l'époque gothique, l'**église**, de dimensions imposantes, a conservé un clocher-donjon de style roman. Le vaisseau, de vastes proportions, est voûté d'ogives. Un riche mobilier du 17e s. comprend des retables, une chaire, un buffet d'orgue et une balustrade en fer forgé.

De là, les rues anciennes descendent franchement vers la Dordogne que la ville, fondée au 7e s. autour de son monastère, surveilla jusqu'au 18e s. Notez

l'homogénéité architecturale de la rue de la Justice-de-Paix et de la place des Oies, où s'installe le **marché** le dimanche matin).
Quittez St-Cyprien par le nord-est en empruntant la D 25.

Chapelle de Redon-l'Espi A2

Perdue au fond d'un vallon sauvage, cette sobre chapelle romane est flanquée au sud des ruines d'un monastère. Au début du 16e s., des religieuses de l'ordre de Fontevrault habitaient les bâtiments qui furent saccagés pendant les guerres de Religion. On prête à une jeune bergère une brève apparition de la Vierge. Depuis cet événement, survenu au 19e s., un pèlerinage se déroule en septembre. Le nom de Redon-l'Espi viendrait du latin *rotondo spino*, évocation possible d'une relique de la sainte épine conservée pendant des siècles à la proche abbaye de St-Cyprien.
Revenez sur la D 25 (à droite). Peu après Allas, prenez à gauche la D 47. Après 1,5 km, tournez à droite.

★ Cabanes du Breuil AB2

Le Breuil - ✆ 06 80 72 38 59 - www.cabanes-du-breuil.com - avr.-sept. : 10h-19h ; oct. : 10h-12h 14h-18h ; nov. : 14h-17h - fermé déc.-mars - visite guidée sur demande préalable (1h30) 4 € (enfant 2 €) - exposition permanente Instants de vie d'autrefois aux cabanes.

Les cabanes du Breuil constituent un ensemble unique de *caselles* (ou *gariottes*) du Périgord : cinq cabanes, dont certaines jumelées, aux toits de lauzes percés de lucarnes s'organisent autour d'un corps de ferme toujours en activité. Un espace culturel (excellente vidéo) est consacré à la construction de ces cabanes et à celle de voûtes romanes.
Faites demi-tour et reprenez la D 47 (à gauche) vers Sarlat. Après 3 km, tournez à gauche.

★ Château de Puymartin B2

D 47 - ✆ 05 53 59 29 97 - www.chateau-de-puymartin.com - visite guidée (50mn) juil.-août : 10h-18h30, mar. nocturne sur réserv. ; avr.-juin et sept.-mi-nov. : tlj sf sam. mat. (basse sais.), 10h-12h 14h-18h - fermé de mi-nov. à fin mars. - 8 € (-12 ans 4 €) - Gîte et chambre d'hôte.

Durant les guerres de Religion, ce château servit de refuge aux catholiques face aux protestants établis à Sarlat. Construit aux 15e et 16e s. (très remanié au 19e s.), il est formé de plusieurs corps de logis reliés à des tours rondes et cernés de courtines.

L'intérieur offre un décor et un **mobilier** de qualité. La chambre d'honneur est ornée de verdures d'Aubusson (18e s.) aux tons restés très frais. Jouxtant celle-ci, découvrez le charmant **cabinet de méditation★**, joyau du château ; ses boiseries murales sont recouvertes de peintures à la détrempe (fixées au blanc d'œuf) du 17e s. évoquant des thèmes mythologiques. Dans la grande salle, la cheminée est habillée d'un trompe-l'œil et le plafond décoré de poutres peintes au 17e s. Belle suite de six tapisseries flamandes relatant la guerre de Troie, une table et des sièges Louis XIII, une commode Régence, un secrétaire Louis XV. La visite permet d'accéder à une chambre de défense hexagonale voûtée en étoile, puis aux combles. Au rez-de-chaussée, dans l'ancienne salle d'armes, sont rassemblés divers meubles, tapisseries et peintures.
Revenez sur la D 47 (à gauche) qui ramène à Sarlat.

NOS ADRESSES DANS LE SARLADAIS

HÉBERGEMENT

PREMIER PRIX

Camping La Bouquerie – *24590 St-Geniès (14 km au nord de Sarlat par la D 704 et chemin à droite) - 05 53 28 98 22 - www.labouquerie.com - fermé de déb.-sept. à mi-avr. - - réserv. conseillée - 197 empl. - mobile homes et chalets 320/2 190 €/sem.).* Bien entretenu, ce terrain est plaisant : les propriétaires qui l'ont conçu autour de bâtiments anciens l'ont régulièrement amélioré, en multipliant notamment les piscines… Emplacements ombragés.

Chambre d'hôte Les Filolies – *Les Filolies - 24200 St-André-d'Allas (5 km à l'ouest de Sarlat par la D 25)- 05 53 30 31 84 - www.lesfilolies.com - fermé 14 nov.-14 fév. - - 5 ch. 63/67 € .* Aménagées dans la grange et les écuries d'un ancien relais de poste, ces 5 chambres d'hôte disposent chacune d'un accès indépendant au jardin fleuri et à sa jolie piscine. Intérieur un peu exigu mais confortable. Petits déjeuners à base de produits régionaux, servis dans une salle à manger au charme rustique.

Chambre d'hôte La Roseraie – *Caudon - 24200 Vitrac (8,5 km au sud de Sarlat par la D 46) - 05 53 59 26 48 - www.chambres-la-roseraie.com - fermé nov.-fév. - - 3 ch. 76/85 € - table d'hôte (réservée aux résidents) 28 €.* Desservie par une route en impasse qui conduit à la Dordogne, la maison de Josette et Gérard offre une belle vue sur la vallée et ses falaises. Agréable jardin planté de rosiers rouges, avec piscine, et berges ombragées situées à proximité. Petit déjeuner en terrasse aux beaux jours.

Hôtel du Relais du Touron – *Rte de Sarlat par la D 704 - 24200 Carsac-Aillac (9 km au sud-est de Sarlat par la D 704) - 05 53 28 16 70 - www.lerelaisdutouron.net - fermé de fin-nov. à déb. avr. - - 18 ch. 58/88 € - 9,50 € - 21/39 €.* Dans un joli parc arboré, séduisante maison périgourdine et son annexe, où vous aurez le choix entre la partie ancienne du bâtiment et la partie agrandie récemment. Sympathique véranda face à la piscine avec une belle terrasse couverte. Cuisine régionale.

BUDGET MOYEN

Chambre d'hôte La Guérinière – *24250 Cénac-et-St-Julien (1,5 km à l'ouest de Domme sur la D 46) - 05 53 29 91 97 - www.la-gueriniere-dordogne.com - - fermé nov.-mars - 5 ch. 90/105 € - table d'hôte 28 €.* Située face à la bastide de Domme, cette chartreuse périgourdine profite d'un cadre verdoyant et serein. Chambres coquettes, grand parc et piscine sont là pour vous assurer un séjour délicieux… Le soir, recettes régionales servies dans un agréable décor rustique.

Chambre d'hôte Le Chèvrefeuille – *Pechboutier (D 48) - 24220 St-Cyprien (17 km à l'ouest de Sarlat par la D 25) - 05 53 59 47 97 - www.lechevrefeuille.com - fermé de mi-oct. à Pâques - - - 5 ch. 80/95 € - table d'hôte 33 €.* Au milieu d'une campagne riante plantée de noyers, cette ferme du 18e s. est tenue par un charmant couple d'Anglais, Sara et Ian. Vieux four du 13e s. Toutes les chambres s'ouvrent sur l'extérieur et disposent d'un espace privatif. Piscine.

Chambre d'hôte Le Clos-Vallis – *Ch. de Peyriniac - 24200 Sarlat (3,5 km du centre par la D 47) - ✆ 05 53 28 95 64 - www.leclosvallis.com* - P ⊄ ≋ - *4 ch. 89/99 €* ☕. Les bâtiments de cette vieille ferme soigneusement restaurée s'organisent autour d'une jolie cour de style périgourdin. L'ancienne grange abrite les chambres simples (murs en pierre apparente ou peints en blanc, sol carrelé ou en coco, mobilier en pin), claires et reposantes. Séjours balnéo et sauna, piscine. Accueil sympathique et discret.

Chambre d'hôte Les Granges Hautes – *Le Poujol - 24590 St-Crépin-et-Carlucet (11 km au nord-ouest de Sarlat par la D 47 et la D 56) - ✆ 05 53 29 35 60 - www.les-granges-hautes.fr - fermé de mi-nov. à déb. mars* - ♿ P ≋ - *5 ch. 79/99 € - ☕ 8 €*. Joli parc arboré invitant à la paresse, piscine d'eau salée agrémentée d'une belle mosaïque, chambres meublées et décorées avec élégance : cette séduisante maison en pierre a un charme fou ! Deux dépendances abritent des gîtes au cadre raffiné. Table d'hôte sur réservation.

Chambre d'hôte La Désirade – *D 704, rte de Gourdon - 24200 Carsac-Aillac (9 km au sud-est de Sarlat par la D 704) - ✆ 05 53 29 52 47 ou 07 87 55 56 68 - www.ladesirade-dordogne.com* - P ⊄ ≋ - *3 ch. 80 €* ☕. Au cœur d'un magnifique parc avec jardin à la française et piscine, cette grande demeure périgourdine abrite 3 chambres (dont une suite) décorées avec finesse. À l'étage, salle à manger pleine d'originalité, avec sa table en fer forgé et verre sur un sol en calade. Très bonne tenue et accueil agréable.

Gîte de la Mouynarie – *Rte de Tamniès - 24590 St-Geniès (14 km au nord de Sarlat par la D 704 et la D 61) - ✆ 05 53 59 68 85 ou 06 72 70 86 32 - www.lamouynarie.com* - P ⊄ ≋ - *3 gîtes 80 €*. Votre séjour dans cette ancienne ferme périgourdine sera bercé par le calme, au cœur des 4 ha de forêt et de prairie qui entourent la propriété. Aménagés dans les anciennes écuries, les 3 gîtes indépendants allient le charme et le cachet des pierres apparentes et un confort agréable. Belle piscine entourée de verdure.

Chambre d'hôte L'Ombrière – *Monfort - 24200 Vitrac (8,5 km au sud de Sarlat par la D 46) - ✆ 05 53 28 11 38 - www.lombriere.com* - P ⊄ - *4 ch. 85/98 €* ☕ - *table d'hôte 30 €*. Perchée sur une petite butte faisant face au château de Montfort, cette demeure de charme du 18e s. est tenue par un couple d'Italiens, Barbara et Andrea. Les confortables chambres, situées aux étages, offrent de belles vues sur la nature environnante. Salon avec vieux cantou et beaux livres à disposition, et jardin surplombant la Dordogne. À la table d'hôte, les recettes italiennes sont concoctées avec des produits locaux.

Chambre d'hôte Les Charmes de Carlucet – *24590 St-Crépin-et-Carlucet (11 km au nord-ouest de Sarlat par la D 47 et la D 56) - ✆ 05 53 31 22 60 - www.carlucet.com - fermé mi-nov.-fév.* - P ≋ - *4 ch. 84/119 € - ☕ 5 €*. Calme assuré dans cette propriété périgourdine nichée dans un parc clos de murs. Si la demeure affiche tout le caractère de l'architecture régionale, les chambres jouent la carte d'une certaine simplicité. Le confort des lieux, la piscine chauffée aux beaux jours, l'accueil attentionné : le plaisir de se sentir hôte…

RESTAURATION

PREMIER PRIX

La Ferme du Port d'Enveaux – *Au port d'Enveaux - 24220 St-Vincent-de-Cosse (14 km au sud-ouest de Sarlat par la D 57, la D 49 et la D 703) - ✆ 05 53 29 52 15 - www.ferme-du-portdenveaux.com - fermé nov.-mars - ♿ P - 13,50/30 €.* Cette ancienne ferme-auberge, transformée en restaurant, garde un goût prononcé pour la cuisine du terroir et les saveurs locales. Salle à manger très correcte mais, aux beaux jours, on se laissera charmer par un repas en terrasse, avec, en contrebas, la pelouse qui descend jusqu'à la Dordogne.

BUDGET MOYEN

Ferme-auberge La Garrigue-Haute – *La Garrigue Haute - 24370 Prats-de-Carlux (11 km à l'est de Sarlat par la D 47 et la D47[B]) - ✆ 05 53 29 80 08 - www.lagarriguehaute.fr - fermé Toussaint-Pâques, dim. - dîner uniquement - P - 7 ch. 60/70 € - 6 € - 19,50/32 €.* Située dans la campagne sarladaise, cette exploitation agricole propose de vous accueillir en saison dans ses chambres simples mais agréables ou pour dîner. Bien sûr, les produits de la ferme sont à l'honneur : rillettes, foie gras, magrets ou confits, salade du jardin et le fameux gâteau aux noix. Attention toutefois à bien réserver, car l'adresse est très connue !

La Ferme de Maraval – *D 46 - 24250 Cénac-et-St-Julien (12 km au sud par la D 46 et la D 703) - ✆ 05 53 30 26 95 - www.lemaraval.com - ♿ P - 19/28 €.* Une ancienne grange habilement mise à profit sert de cadre à cette adresse dont la salle de restaurant, parée de poutres apparentes et de pierre du pays, abrite une belle collection d'outils agricoles. Préparations aux accents régionaux.

Ferme-auberge Montalieu-Haut – *Montalieu-Haut - 24250 St-Cybranet (16 km au sud de Sarlat par la D 57) - ✆ 05 53 28 31 74 - www.montalieuhaut.com - fermé nov.-mai et lun. en juil.-août - P - 4 ch. 60 € - 20/25 €.* Pour un agréable repas dans un décor campagnard, faisant la part belle aux spécialités régionales préparées avec les produits de la ferme. Chambres d'hôte et gîte fonctionnel offrant une vue splendide sur la vallée. Piscine, sentiers de randonnée à proximité et circuit botanique.

The Black Duck – *24590 St-Crépin-et-Carlucet (11 km au nord-ouest de Sarlat par la D 47 et la D 56) - ✆ 05 53 28 80 51 - www.theblackduck.fr - fermé dim. midi et lun. - P - 13/28 €.* Vous aimez les surprises ? Même culinaires ? C'est au Black Duck qu'il faut venir manger. Dans cette auberge, point de menu, mais des produits du coin cuisinés avec intelligence.

Restaurant du Château – *46590 St-Geniès (14 km au nord de Sarlat par la D 704 et la D 61) - ✆ 05 53 28 36 77 - www.restaurantduchateau.com - fermé de mi-nov. à déb. avr., et lun. et mar. sf le soir en juil.-août - P - 3 ch. 115 € - 18/34 €.* Un petit voyage dans le temps, ça vous tente ? Prenez place ici et laissez-vous transporter à l'époque des chevaliers pour déguster une cuisine riche en goûts, mêlant saveurs périgourdines et italiennes. Un mélange bien trouvé.

Plaisance – *Le Port - 24200 Vitrac (8,5 km au sud de Sarlat par la D 46) - ✆ 05 53 31 39 39 - www.hotelplaisance.com - fermé mi-nov. à fév. ; sam. midi* *(mai-sept.), vend. soir et dim. soir (oct.-avr.), vend. midi - P - 48 ch. 59/112 € - ☕ 10 € - formule déj. 18 € - 28/40 €.* Trois générations se côtoient dans cet établissement familial, qui propose une cuisine régionale généreuse. Tous les menus comprennent le potage traditionnel. Table et service soignés. En saison, vous profiterez de la très belle terrasse, à l'ombre de vieux tilleuls.

ACHATS

Domaine de Béquignol – *Béquignolles - 24370 Carlux (14 km à l'est de Sarlat par la D 47 et la D 47B) - ✆ 05 53 29 73 41 - www.bequignol.fr - P - tlj sf w.-end 8h-12h (lun. 9h), 13h30-17h30.* Confiseries : Arlequines de Carlux (cerneaux de noix enrobés de chocolat et poudrés de cacao), bouchées aux noix, Nogaillous du Périgord (cerneaux de noix enrobés de chocolat), Noir et noix (barre de chocolat noir fourrée à la pâte de noix et de caramel). Ces gourmandises sont distribuées dans les principales boutiques de la région.

La Maison de la Noix – *La Borie (zone commerciale) - 24250 Cénac-et-St-Julien (14 km au sud de Sarlat par la D 70 et la D 46) - ✆ 05 53 28 61 61 - www.cerno.fr - P - lun.-sam. 10h-13h, 15h-19h (dim. en juil.-août) - fermé de mi-oct. à avr.* Ici, la noix se décline à l'envi et sous toutes les formes : moutarde, huile, gâteau, biscuit, pâté, fromage, bière et liqueurs.

Foie Gras Crouzel – *Le Temple - 24590 Salignac-Eyvigues (16 km au nord-ouest de Sarlat par la D 47, la D 56 et la D 60) - ✆ 05 53 28 80 83 - www.crouzel.com - P - tlj sf dim. 8h-12h (sam. 8h30), 14h-18h30 (sam. 15h-18h30) - fermé j. fériés.* Des produits locaux sélectionnés pour leur qualité, un savoir-faire culinaire dans la plus pure tradition, transmis de génération en génération : voilà le secret du foie gras de la famille Crouzel. Accueil sympathique.

ACTIVITÉS

Canoë

Aux Canoës Roquegeoffre du Port d'Enveaux – *Enveaux rive droite - 24220 St-Vincent-de-Cosse (14 km au sud-ouest de Sarlat par la D 57, la D 49 et la D 703) - ✆ 05 53 29 54 20 - www.canoe-roquegeoffre.com - 9h-19h.* Cette base de loisirs sur une rive de la Dordogne propose des promenades en canoë ou en kayak. Location de barques de pêche. Réservation la veille.

A Canoë Raid – *Campeyral - 24170 Siorac-en-Périgord (28 km à l'ouest de Sarlat par la D 57, la D 49 et la D 703) - ✆ 05 53 31 64 11 - www.a-canoe-raid.com - Pâques-oct. : 9h-19h.* Randonnées en canoë-kayak sur la Dordogne et la Vézère, de un à plusieurs jours, à partir de deux bases : Siorac ou Cénac/Domme.

Dans les arbres

Airparc – *Port d'Enveaux - 24220 St-Vincent-de-Cosse (14 km au sud-ouest de Sarlat par la D 57, la D 49 et la D 703) - ✆ 05 53 29 18 43 - www.airparc-perigord.com - avr.-oct. : 10h-18h.* Ponts de singe et tyroliennes au-dessus de la Dordogne. Parcours adaptés à chaque âge. Possibilité de nuitées dans les arbres sous des tentes transparentes.

1

Jardins du manoir d'Eyrignac

★★

Dordogne (24)

Au cœur du Périgord noir, cette composition originale d'art topiaire séduira les amateurs de jardins « à la française ». Tracés au 18e s., ils furent remaniés à de nombreuses reprises, jusqu'à devenir parc à l'anglaise. Dans les années 1960, le propriétaire, Gilles Sermadiras, imagina leur forme actuelle où, sous la rigueur, pointe l'allégresse. Depuis l'ouverture des jardins au public, des compositions annexes ont vu le jour.

SE REPÉRER

Carte de microrégion B2 (p. 92)

À 15 km au nord-est de Sarlat, sur la commune de Salignac. Accès par une petite route sinueuse qui traverse un bois de chênes. Grand parking.

ORGANISER SON TEMPS

Nombre d'allées du parc se contournent plus qu'elles ne se parcourent. Comptez 1h15 avec ou sans l'audioguide et 25mn pour le diaporama. Vous pourrez venir à l'heure du déjeuner (restaurant et aire de pique-nique sous les pins) ou faire une pause au salon de thé.

Cette plongée au sein d'une nature maîtrisée peut se prolonger par des visites techniques sur les tailles, des rencontres avec les jardiniers, ainsi que par des ateliers pour enfants *(modalités détaillées sur le site Internet)*.

Découvrir

05 53 28 99 71 - www.eyrignac.com - ♿ - mai-sept. : 9h30-19h ; avr. et oct. : 10h-19h ; reste de l'année : 10h30-12h30, 14h30-17h - 12,50 € (-5 ans gratuit).

Heureuse réinterprétation du style à la française, ce jardin, planté surtout de végétaux à feuilles persistantes, offre peu d'emprise aux saisons et peut donc s'apprécier toute l'année.

★★ Allée des Charmes (sculptures végétales)

L'art topiaire, qui consiste à tailler arbres et arbustes jusqu'à créer de véritables sculptures aux formes figuratives ou géométriques, s'exprime de façon spectaculaire le long de l'allée des charmes. En miroir, une **pagode chinoise**, dans le goût du 18e s., orne le petit labyrinthe de buis anciens. La chambre de verdure, avec son mur de charmes percé de « fenêtres », puis la double haie d'ifs de l'allée des vases, complète ce théâtre végétal à ciel ouvert.

Manoir d'Artaban

Le manoir en pierres blondes (habité par les propriétaires), avec sa cour de sable bien ratissée, sa fontaine, sa chapelle (où sont baptisés tous les descendants de la famille) et son pigeonnier, donne une âme et une vie à ces jardins.

★★ Jardin Français

Face au manoir, le jardin « à la française » s'illustre, au pied des courbes de buis, par de discrets massifs de fleurs. De la terrasse, près d'un torii japonais, la vue embrasse le manoir et l'élégante perspective végétale.

★ Jardin Blanc

Au-delà, des allées de buis nains encadrant des rosiers blancs mènent à cinq bassins : vous voilà dans le Jardin Blanc. Au fond, un hémicycle de rosiers grimpants (blancs bien sûr…) ménage de superbes échappées sur la vallée.

L'allée des charmes.
E. Sander/Jardins d'Eyrignac

Autres jardins

Enfin, en périphérie, s'étendent le « Jardin Potager » et le « Jardin Fleuriste » séparés par une allée de cèdres pleureurs, puis le « Jardin des Sources » et les « Prés Fleuris » avec son amphithéâtre d'arbres fruitiers.
La partie forestière du domaine se découvre au fil des deux **sentiers botaniques** ponctués de panneaux détaillant les caractéristiques des arbustes.

DES FAITS ET DES CHIFFRES

Un passé versatile – En 1653, Antoine de Costes de La Calprenède édifie le manoir sur les ruines du « repaire noble » appartenant à sa famille et incendié en représailles pour son engagement lors des batailles opposant le Grand Condé au pouvoir royal. De jardin, il n'est pas encore question. Il faut attendre le milieu du 18e s. pour que son petit-fils, le marquis de Costes, contrôleur général des Comptoirs et Monnaies de France, crée le premier jardin. Au 19e s., celui-ci est transformé en parc à l'anglaise.
Une renaissance harmonieuse – Dans les années 1960, Gilles Sermadiras de Pouzols de Lile, père de l'actuel propriétaire, décide de réorganiser complètement cet espace. Sans aucune expérience dans ce domaine, il crée des jardins selon son goût et son inspiration, projetant avec justesse le tracé de son architecture de verdure. Le caractère unique de ces jardins contemporains (au-delà de l'assimilation à une facture classique) a été reconnu, puisqu'ils ont été inscrits à l'inventaire des Monuments historiques en 1986.
Les jardins en chiffres – 4 ha de superficie pour 7 jardins et 7 sources (Eyrignac signifie « là où l'eau coule » en occitan) ; 5 jardiniers, qui désherbent, taillent et soignent, et 4 spécialistes de la taille, en juin.

Beynac-et-Cazenac

★★

542 Beynacois-Dordogne (24)

Étagé autour de l'une des plus somptueuses falaises de la vallée de la Dordogne, ce village a une position stratégique qui lui vaut une occupation depuis l'âge du bronze. Des ruelles pavées du bourg au vaste panorama qui embrasse les châteaux de Marqueyssac, Fayrac et des Milandes, le site est époustouflant. Le cinéma y plante très souvent ses caméras.

NOS ADRESSES PAGE 122
Hébergement, restauration, achats, activités, etc.

S'INFORMER

Office de tourisme Sarlat Périgord noir – *La Balme - 24220 Beynac - 05 53 29 43 08 - www.sarlat-tourisme.com - juil.-août : 10h-13h, 14h-18h ; avr.-juin et sept. : 10h-13h, 14h-17h ; fév.-mars et oct.-déc. : vend. 14h-17h ; sam. 10h-13h, 14h-17h ; vac. de Noël : vend.-sam. 10h-13h, 14h-17h - fermé janv., 1er janv., 1er Nov., 11 Nov., 25 déc.*

Visite guidée de Beynac – *De mi-juin à mi-sept. : jeu. 10h30 - se rens. à l'office de tourisme - 5 € (-12 ans gratuit).*

SE REPÉRER

Carte de microrégion B2-3 (p. 92)

À 14 km au sud-ouest de Sarlat, 27 km au sud-est des Eyzies-de-Tayac-Sireuil. La route se rétrécissant au centre du village, les embouteillages sont fréquents.

SE GARER

Plusieurs parkings payants *(non autorisés aux camping-cars)* à l'entrée ouest du village, près du château. Parking *(gratuit)* accessible aux camping-cars près du parc archéologique.

À NE PAS MANQUER

L'architecture du château ; les points de vue.

ORGANISER SON TEMPS

Comptez 3h.

AVEC LES ENFANTS

La visite du château, les animations du parc archéologique et une promenade en gabarre ou en canoë.

Découvrir

★ Village

Il était organisé en cinq quartiers d'artisans, les barris (barri de la Cafourque, barri del Soucy, barri du port…), dont on retrouve encore le découpage par le nom des rues qui les délimitaient au 19e s.

La **rue Tibal Lo Garrel★**, petit chemin piéton en forte pente *(sur la droite)*, conduit du bas du village au château précédé de l'église paroissiale, ancienne chapelle du château remaniée au 15e s. Bordé de belles maisons des 15e, 16e et 17e s. finement ouvragées, il permet d'imaginer la prospérité passée de Beynac, quand le port constituait sa principale ressource. Au bout de la rue Tibal Lo Garrel, un calvaire surplombe la falaise : ne manquez pas le **panorama★★** sur la vallée de la Dordogne.

★★ Château

05 53 29 50 40 - avr.-sept. : 10h-18h30 ; reste de l'année : se rens. - possibilité de visite guidée (45mn) - 8 € (-16 ans 4,50 €).

BEYNAC-ET-CAZENAC

UNE REDOUTABLE PLACE FORTE

Au Moyen Âge, Beynac constitue, avec Biron, Bourdeilles et Mareuil, l'une des quatre baronnies du Périgord. Pris par Richard Cœur de Lion à la fin du 12e s., le château est confié au sinistre Mercadier, capitaine d'armes dont les bandes pillent la région pour le compte de l'Angleterre. En 1214, Simon de Montfort, le champion de la croisade contre l'hérésie cathare, après s'être emparé du château avec sa violence coutumière, commence son démantèlement. Il avait interprété de façon quelque peu exagérée les réclamations de l'archevêque de Bordeaux et de l'abbé de Sarlat. Le seigneur de Beynac reconstruisit l'édifice tel qu'il nous est parvenu. Au cours de la guerre de Cent Ans, la Dordogne marque la limite des influences anglaise et française : Beynac, aux mains des Anglais en 1360, puis des Français en 1368, et Castelnaud, sous domination anglaise, échangent escarmouches et coups de main. La paix retrouvée, la forteresse continue de veiller sur le bourg. Le hameau de Cazenac a été rattaché à Beynac en 1827.

À savoir – C'est à Beynac que vécut Marius Rossillon (1867-1946), alias O'Galop, premier dessinateur du Bibendum Michelin. C'est au château de Beynac que furent tournés le film de Jean-Marie Poiré *Les Visiteurs II* et *Jeanne d'Arc* de Luc Besson.

Sa forme massive – en quadrilatère – domine la vallée de la Dordogne de 150 m. La falaise sur laquelle il est édifié lui assurait une défense efficace au sud-est. À l'opposé, vers le plateau, il fut protégé par une double enceinte. Le **donjon** garni de créneaux date du 13e s. En cas d'attaque, la garnison du château, après avoir repoussé les envahisseurs depuis les mâchicoulis par des jets de pierres, récupérait les projectiles à l'aide d'un treuil pour les entreposer jusqu'à l'attaque suivante.

Le grand corps de bâtiment des 13e et 14e s. est prolongé par le manoir seigneurial du 15e s. agrémenté au 16e s. d'une échauguette. À partir de 1798, le château ne fut plus habité et fut laissé à l'abandon jusqu'à son rachat en 1961. Le propriétaire, qui loge à présent au-dessus de l'entrée, a entrepris un ambitieux programme de rénovation (sur cent ans) qui a déjà permis aux cuisines, au pont-levis, à la salle des gardes et au donjon de retrouver leur aspect d'antan.

On pénètre dans la **salle des gardes** (13e s.) où il faut s'accoutumer à la pénombre, car elle n'est éclairée que de quelques lampes à l'huile comme à l'époque. À l'étage se trouve la cuisine du 14e s. avec ses deux cheminées. Dans la pièce attenante, vous verrez les latrines : tous les étages en sont munis, comme souvent dans les châteaux médiévaux.

Ensuite, on monte à la **salle des états généraux du Périgord** avec sa belle voûte en arceau brisé, où se réunissait jadis la noblesse. Remarquez le décor sculpté de la cheminée, en provenance d'Italie, qui a été ajouté. Dans l'oratoire, les fresques gothiques, d'une facture parfois naïve, mêlent personnages bibliques et membres de la famille de Beynac.

Le grand escalier du 17e s. à rampe droite, d'inspiration florentine, mène à un **salon meublé** Louis XIII ; notez les peintures sur bois au plafond. Par un dernier escalier, on accède au chemin de ronde et au bastion méridional du château d'où l'on découvre un splendide **panorama★★** sur la vallée et, de gauche à droite, sur la « barre » de Domme et les châteaux de Marqueyssac, de Castelnaud, de Fayrac et des Milandes.

En redescendant, passage par la cuisine sur différents niveaux (13e s.), puis par le pont-levis et la barbacane.

Parc archéologique

✆ 05 53 29 51 28 - de déb. juil. à mi-sept. : 10h-19h ; reste de l'année : sur demande préalable - possibilité de visite guidée (1h30) - 6 € (-16 ans 4,50 €) - des activités pédagogiques destinées aux enfants sont organisées (merc. 14h-17h30, sur demande préalable), ainsi que des démonstrations lors de la visite.

À l'aide d'une dizaine de reconstitutions, ce parc archéologique évoque les habitats de la fin du néolithique à l'époque gauloise, auxquels s'ajoutent une sépulture lithique, une porte fortifiée et un four de potier gaulois.

NOS ADRESSES À BEYNAC-ET-CAZENAC

HÉBERGEMENT

PREMIER PRIX

Hôtel Pontet – *La Balme - 24220 Beynac - ✆ 05 53 29 50 06 - www.hostellerie-maleville.com - 10 ch. 52/69 € - ☕ 9 €.* Sympathique petit hôtel installé dans une ancienne bergerie. Chambres petites, mais coquettes et confortables, pour profiter de la sérénité du village une fois les touristes repartis. Très bon accueil.

RESTAURATION

PREMIER PRIX

La Petite Tonnelle – *Le bourg - 24220 Beynac - ✆ 05 53 29 95 18 - www.restaurant-petite-tonnelle.fr - 17/39,50 €.* Une excellente adresse où l'on privilégie les produits de qualité et la présentation des plats. Agréable terrasse et accueil sans façon, un peu comme à la maison.

ACHATS

Marché – Marché de producteurs de pays le lundi matin du 15 juin au 15 septembre, sur le parking de la Balme.

ACTIVITÉS

Canoë

Locations de canoë, voir p. 117.

Découverte

Gabarres de Beynac – *✆ 05 53 28 51 15 - www.gabarre-beynac.com - visite guidée (50mn) avr.-oct. : 10h-12h30, 14h-18h - 8 € (enf. 4,50 €) - mat. gratuit pour les enf.* Pour voguer sur la Dordogne au milieu des plus belles richesses de la vallée.

Vol en montgolfière – *24220 Beynac (1,5 km en dir. de St-Cyprien) - ✆ 06 83 26 47 66 - www.perigord-dordogne-montgolfieres.com - 200 € (-12 ans 110 €).* Comptez 3h au total, dont 1h de vol époustouflante.

Domme

★★

998 Dommois – Dordogne (24)

Des rues qui dévalent la pente vers le sud, une falaise qui surplombe à 150 m la vallée de la Dordogne au nord : Domme, surnommée par les inconditionnels l'« Acropole du Périgord », se distingue parmi les autres bastides de la région. C'est sans doute l'une des plus attirantes, avec son site exceptionnel et ses ruelles qui, le printemps venu, embaument la rose.

NOS ADRESSES PAGE 126
Hébergement, restauration, achats, activités, etc.

S'INFORMER

Office de tourisme Périgord noir Sud Dordogne – Plan de ville p. 124 - *Pl. de la Halle - 24250 Domme - ✆ 05 53 31 71 00 - www.perigordnoir-valleedordogne.com - juil.-août : 9h30-19h ; mai-juin et sept. : 9h30-18h30 - mars, oct.-mi-nov. et vac. scol. : 10h30-12h30, 13h30-17h - fermé déc.-fév. sf vac.*

SE REPÉRER

Carte de microrégion B3 (p. 92)

À 12 km au sud de Sarlat, sur la rive gauche de la Dordogne.

SE GARER

En pleine saison, n'entrez pas en voiture : privilégiez le grand parking situé au pied du village *(2 €, service de navette en saison).*

ORGANISER SON TEMPS

Comptez 3h environ pour faire tranquillement le tour de la bastide et profiter de la vue du haut du belvédère.

AVEC LES ENFANTS

Une descente de la Dordogne *(voir « Nos adresses »).*

Se promener

★ LA BASTIDE

Circuit tracé sur le plan p. suivante.

Les fortifications qui enserrent le bourg s'adaptent au relief, tout comme les rues qui suivent, dans la mesure du possible (à défaut de rectangle, les rues s'insèrent ici dans un trapèze), un plan géométrique.

Porte del Bos – Porte de la Combe

Tracée en arc brisé, elle était autrefois fermée par une herse. La promenade à l'intérieur des remparts mène à la porte de la Combe (13e s.).

Remontez vers le bourg par la rue de la Porte-de-la-Combe.

De part et d'autre de la rue, les murs de pierres blondes surmontés de toits bruns sont égayés par des balcons et des terrasses fleuries. À gauche, jolie fontaine.

Par la rue de la Porte-des-Tours, sur la droite, rejoignez la porte du même nom.

Porte des Tours (graffitis templiers)

Voir ABC d'architecture p. 86. De la fin du 13e s., c'est la plus imposante et la mieux conservée de l'enceinte de Domme. Elle s'ouvre sur la campagne environnante

1

par deux demi-tours à bossages, élevées par Philippe le Bel et utilisées comme corps de garde. Mais elles sont surtout connues pour leurs **graffitis**. De 1307 à 1318, soixante-dix **templiers** furent emprisonnés dans la porte des Tours. En témoignage de leur foi en la religion catholique, ils taillèrent des dessins dans la pierre. En 1970, le chanoine Le Tonellier fit un relevé par estompage de ces graffitis afin de les décrypter (ainsi il put lire des inscriptions indiscernables à l'œil).

La **visite guidée** propose une lecture iconographique des sept tableaux gravés. *05 53 31 71 00 - www.perigordnoir-valleedordogne.com - ♿ - sur réserv. - avr.-sept. : horaires, se rens. - 7 € (-14 ans 5 €).*

Prenez à gauche.

Rue Eugène-Le-Roy

Elle porte le nom de l'auteur de *Jacquou le Croquant* qui rédigea deux de ses œuvres lors de son séjour dans une de ces maisons (plaque commémorative) : *L'Ennemi de la mort* et *Le Moulin du Frau*.

Place de la Rode

La *rode*, c'est la « roue », et c'est en ce lieu qu'était infligé ce supplice. Remarquez les fenêtres gothiques sur la façade de la **maison du Batteur de monnaie**.

Grand'Rue

Cet axe commerçant du village est bordé de magasins de produits régionaux et d'artisanat. Levez les yeux à l'angle de la rue Geoffroy-de-Vivans pour apprécier les délicats meneaux de la maison.

Gagnez la rue des Consuls par la rue Geoffroy-de-Vivans.

Rue des Consuls

L'**hôtel de ville** s'est installé dans une bâtisse du 13e s., ancienne maison de justice du sénéchal.

Gagnez le cœur du bourg par la Grand'Rue.

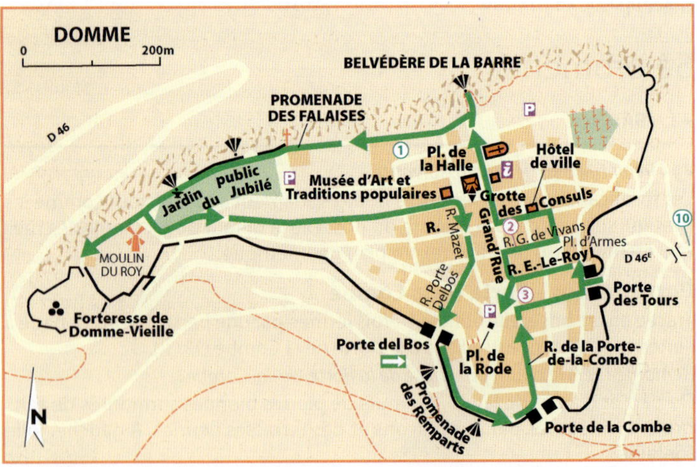

SE LOGER		SE RESTAURER	
Esplanade (Hôtel de L')	1	Auberge de la Rode	3
Manoir du Rocher (Chambre d'hôte Le)	10	Cabanoix & Châtaigne	2

DOMME

UNE BASTIDE ROYALE

Niché sur le rebord d'une falaise percée de grottes, surplombant la Dordogne de quelque 150 m, le site de Domme semblait l'emplacement idéal pour contrecarrer les velléités d'expansion anglo-gasconnes. La bastide se voit, dès sa création (1281), attribuer des privilèges considérables, comme celui de battre sa propre monnaie. Domme joue un rôle important lors des guerres franco-anglaises, devenant le siège de la sénéchaussée de Périgord-Quercy dès le 14e s. Tandis que les troubles de la Réforme mettent la France à feu et à sang, Domme résiste vaillamment aux huguenots qui écument le Périgord. En 1588, la bastide tombe, par la ruse : **Geoffroi de Vivans**, fameux capitaine protestant, grimpe avec une trentaine d'hommes le long des rochers de la Barre, endroit si abrupt qu'il n'est pas fortifié. Les soldats pénètrent dans la ville et réveillent la population qui laisse les assaillants ouvrir les portes au gros de la troupe. Installant sa garnison dans la ville, Geoffroi restera maître de Domme pendant quatre ans. Mais les succès grandissants des catholiques l'obligeront à plier bagage et à vendre la bastide, non sans laisser quelques ruines, en 1592. Au 17e s., la petite cité connaît une grande prospérité grâce, notamment, à la qualité de son vignoble, à ses marchés et au commerce fluvial.

Place de la Halle

Elle s'organise autour d'une halle de pierres sèches du 17e s. En face, la **maison du Gouverneur** (15e s.), flanquée d'une petite échauguette, accueille l'office de tourisme.

Grotte de Domme

Pl. de la Halle - ✆ 05 53 31 71 00 - www.perigordnoir-valleedordogne.com - visite guidée (45mn) juil.-août : 10h-18h40 ; juin et sept. : 10h-12h, 14h-18h ; avr.-mai : 10h-12h, 14h-17h30 ; reste de l'année : 11h, 14h30, 15h30 et 16h30 - fermé 1er janv., 25 déc. - 8,50 € (-14 ans 6 €) - billet combiné avec la bastide, le musée, le petit train ou les graffitis templiers.

Ancien refuge des habitants lors des différents conflits, la grotte de Domme présente 450 m de galeries aménagées. Une succession de salles parfois entrecoupées de passages bas déroule ses drapés de roches et ses plafonds ornés de stalactites blanches. Remarquez, dans la salle Rouge, les **excentriques**, lignes cristallines qui se jouent de la pesanteur.

Pour donner accès à ce magnifique ensemble, la halle de la place a été reconvertie en vestibule. Plus controversé, l'ascenseur panoramique qui permet de remonter à l'issue de la visite. Car autant il permet de profiter d'un des plus beaux points de vue sur la vallée de la Dordogne, autant il défigure la falaise…

Musée d'Art et Traditions populaires

Pl. de la Halle - ✆ 05 53 31 71 00 - www.perigordnoir-valleedordogne.com - juil.-août : 10h30-19h ; avr.-juin et sept. : 10h30-12h30, 14h30-18h - 5 € (-14 ans 3 €).

Également appelé L'Oustal du Périgord, il retrace la vie dommoise à travers les âges. Des reconstitutions d'intérieurs, des collections de meubles, de vêtements ou d'outils agricoles font revivre le passé. Des documents d'archives racontent les heurs et malheurs de la bastide royale, telles ces lettres patentes confirmant les privilèges et exemptions de la ville accordés par les rois, de Philippe VI à Louis XV.

Église

Détruite durant les guerres de Religion, elle fut reconstruite au 17e s., et le clocher-porche ajouté au 19e s.

★★★ LE PANORAMA

Du haut de la bastide, la vue embrasse la vallée de la Dordogne, du cingle de Montfort au château de Beynac. Voilée de brume aux premières heures du jour, bleue entre les haies de peupliers à midi, ruban argenté à l'heure où le soleil embrase de ses derniers rayons le château de Beynac, la rivière déroule ses méandres parmi les champs parsemés de villages et de fermes.

Belvédère de la Barre

C'est incontestablement le **lieu** où la vue embrasse le mieux la vallée de part et d'autre du bourg de Vitrac.
Suivez la promenade des Falaises.

Jardin public du Jubilé

Situé entre le bourg et l'extrémité du promontoire, ce jardin, qui possède une table d'orientation, a été aménagé sur l'emplacement du camp établi par Simon de Montfort en 1214. Celui-ci venait de vaincre les cathares et de raser leur forteresse de **Domme-Vieille**, dont il reste quelques vestiges *(non accessibles)*, à l'extrémité de la corniche, au-delà de la rue Paul-Reclus. Sur le chemin qui y mène, le **moulin** dit « du Roy » toise la vallée de la Dordogne.

À proximité Carte de microrégion p. 92

Maison de la pierre sèche à Daglan B3

À 12 km de Domme par la D 46 (dir. Gourdon), puis la D 60 à gauche.
R. de la République - ☎ 05 53 29 88 84 - www.maisonpierreseche.org - mêmes horaires que l'office de tourisme, se rens. au ☎ 05 53 29 88 84 - possibilité de randonnée (3h) à la découverte des cabanes de Daglan juil.-août : jeu. mat, 3 € (-14 ans 2 €).
La Maison de la pierre sèche promeut le petit patrimoine rural. En ses murs (syndicat d'initiative de la vallée du Céou) sont exposés histoire, technique et outils des cabanes de pierres sèches. Reconstitutions et ateliers à l'extérieur.
6 km (3h). La randonnée mène à deux grandes cabanes, celle du **Combe du Rat** et celle du **Mazut**, dans un paysage vallonné d'une sécheresse insoupçonnée.

NOS ADRESSES À DOMME

HÉBERGEMENT

BUDGET MOYEN

L'Esplanade – *2 r. Pontcarral - ☎ 05 53 28 31 41 - www.esplanade-perigord.com - fermé de déb. nov. à mi-déc., de mi-janv. à mi-fév., lun. sf le soir de mai à sept. et merc. midi hors sais. - 15 ch. 90/160 € - ☕ 13 € - ✕ 38/114 €.* Une belle demeure ancienne, perchée sur les remparts, avec une terrasse sous les tilleuls. La cuisine est sincère, sans artifice, et fait apprécier les saveurs franches de la tradition. Chambres bourgeoises, certaines avec une jolie vue sur la vallée de la Dordogne.

POUR SE FAIRE PLAISIR

Le Manoir du Rocher – *Rte de Turnac - Les Pechs - ☎ 05 53 30 25 09 - www.manoir-perigord.*

fr - P (icons) *- fermé mi-nov. à mars - 3 ch. - 140/160 €* (icon). Cet ancien relais de chasse du 17e s. reconverti en maison d'hôte fleure bon le chic et la tradition. Les chambres spacieuses à la décoration raffinée, le jardin et la propriété sont une invitation à la rêverie et au calme. L'accueil y est charmant, comme tout le reste.

RESTAURATION

BUDGET MOYEN

Auberge de la Rode – *Pl. de la Rode - ✆ 05 53 28 36 97 - www.auberge-delarode.com - fermé merc. et nov.-fév. - 19/35 €.* Avec sa belle terrasse, sa carte qui fait la part belle aux produits du terroir, cette étape est parfaite pour les amateurs de spécialités locales et de plaisir.

POUR SE FAIRE PLAISIR

Cabanoix & Châtaigne – *3 r. G.-de-Vivans - ✆ 05 53 31 07 11 - www.restaurantcabanoix.com - fermé 1 sem. en juin, 1 sem. en sept., de mi-déc. à déb. mars - formule déj. 24 € - 30/54 €.* Cabanoix et Châtaigne exalte les charmes de la région… mais sans traditionalisme. Pour le chef, travailler dans le respect de la terre et des saisons est une priorité, tout autant que leur rendre hommage à travers des recettes qui ont le goût de la nouveauté. Et quel goût !

PETITE PAUSE

Glacier fabricant Lambert – *Pl. de la Halle - ✆ 05 53 28 32 86 - tlj 12h30-19h (22h30 en juil.-août) - fermé nov.-mars.* Depuis 1957, trois générations se sont succédées à la tête du glacier Lambert, c'est dire la qualité du savoir-faire. Les parfums sont classiques et variés, et la glace à la noix vaut le détour !

ACHATS

Ferme de Turnac – *Lieu-dit Turnac - ✆ 05 53 28 10 84 - www.fermedeturnac.com - juil.-août : tlj sf sam. matin et dim. 10h45-11h30, 15h45-17h15 ; reste de l'année : lun., merc., sam. 15h45-17h15, jeu. 10h45-11h15 - boutique 8h-20h - possibilité de visite guidée (1h30) - 4 € (-5 ans 2 €).* Visite commentée sur l'élevage des oies, les secrets du foie gras et de la noix. Dégustation des différents produits de l'exploitation. Boutique.

Cave du vin de Domme – *24250 Montcalou (16 km au sud de Domme par les D 46, D 60 et D 52) - ✆ 05 53 28 14 47 - www.vindedomme.fr - été : lun.-vend. 10h-12h, 14h-18h30, w.-end et j. fériés 14h30-18h30 ; hors sais. : lun.-vend. 9h-12h, 13h30-17h.* L'union de viticulteurs passionnés a permis la renaissance du vin de Domme. Rouges et rosés mûris en fût de chêne. Dégustation gratuite.

Marché – Pl. de la Halle jeu. matin.

ACTIVITÉS

Canoës Loisirs – *Pont de Vitrac - ✆ 05 53 28 23 43 - www.canoes-loisirs.com.* Descente libre de la Dordogne.

Château de Castelnaud

★★

Dordogne (24)

Beynac côté français, Castelnaud côté anglais : les deux châteaux qui se font face résument bien les interminables confrontations qui ont opposé ces deux solides forteresses. Le premier trône sur sa falaise, le second lui répond par une position particulièrement stratégique, à la confluence des vallées du Céou et de la Dordogne. Si des rivalités peuvent subsister, le château de Castelnaud, aujourd'hui restauré, n'a plus d'assauts à repousser et accueille bien volontiers les visiteurs pour leur conter le Moyen Âge.

S'INFORMER

Animations et visites guidées – *05 53 31 30 00 - www.castelnaud.com.* Visites guidées (extérieur du château, intérieur et histoire des restaurations, visite historique par une comédienne, etc.) proposées en été, ainsi que de nombreuses animations médiévales *(vac. scol. et j. fériés)* : démonstration de tir au trébuchet, de forge et de travail du métal, maniement d'armes, essayage d'armure et de costume ; spectacle nocturne *(été : 20h15).*

SE REPÉRER

Carte de microrégion B3 (p. 92).

À 16 km au sud de Sarlat, et 5 km de Beynac, le village de Castelnaud est longé par la D 57.

SE GARER

Parking *(payant)* situé en contre-haut du village (suivre les panneaux).

ORGANISER SON TEMPS

Comptez 1h pour la visite guidée, la journée avec les animations et ateliers.

AVEC LES ENFANTS

Nombreuses animations dédiées.

Découvrir

Château et musée de la Guerre au Moyen Âge

05 53 31 30 00 - www.castelnaud.com - juil.-août : 9h-20h ; avr.-juin et sept. : 10h-19h ; 12 nov.-31 janv. : 14h-17h, vac. de Noël 10h-17h ; reste de l'année : 10h-18h - possibilité de visite guidée (45mn) - 9,60 € (-10 ans gratuit) - 16,80 € billet combiné avec les jardins de Marqueyssac.

Imposant donjon carré, mâchicoulis, enceintes aveugles : le château de Castelnaud est sans conteste fidèle aux représentations du château médiéval qui couvrent nos livres d'histoire. Il a évolué au cours des siècles : aux éléments défensifs du 13e s. se sont ajoutés une barbacane et un corps de logis au 15e s., une tour d'artillerie et un châtelet au 16e s.

Le château est entièrement consacré à l'art de la guerre au Moyen Âge. Des montages audiovisuels permettent de mieux imaginer les tactiques des combats de ce temps. Dans une petite salle, une **maquette** retrace le siège de Castelnaud en 1442 lorsque Charles VII, roi de France, entreprit de chasser définitivement les Anglais.

La **salle d'artillerie** présente une grande variété d'objets de guerre : canons des 15e et 16e s. ; arcs, arbalètes et panoplie défensive de l'archer dans la **salle basse du donjon** ; catapulte, bélier, trébuchet… dans la **salle des engins de siège** ; épées du 15e au 17e s. dans **la salle des épées**. Dans une autre salle est reconstitué l'**atelier d'un batteur d'armures**, « l'homme à tout fer ».

CHÂTEAU DE CASTELNAUD

Vue sur le château de Castelnaud.
A. Chicurel / hemis.fr

Sur la plate-forme du bastion qui domine la Dordogne, des machines de guerre sont positionnées. Lors des sièges, aux techniques de sape des enceintes s'ajoute l'emploi de plus en plus fréquent d'armes de jet. Le fonctionnement de ces éléments repose sur un système de tendeurs et de contrepoids. Ainsi, au début du 13e s., le **trébuchet** peut projeter des boulets de 100 kg par-dessus les murailles. La bricole (ou perrière) expédie des projectiles d'environ 5 kg à une quarantaine de mètres. Au 15e s., ces armes d'emploi précaire sont petit à petit remplacées par l'artillerie à feu.
Enfin, de la terrasse du château, la vue se porte sur la vallée du Céou : de son extrémité, à l'est, se développe un **panorama★★** remarquable sur l'un des plus beaux paysages de la vallée de la Dordogne.

À voir aussi

Écomusée de la Noix du Périgord

Ferme de Vielcroze - ✆ 05 53 59 69 63 - www.ecomuseedelanoix.fr - avr.-11 Nov. : 10h-19h - 5 € (-9 ans gratuit). Pressage de l'huile : juil.-août mar.-jeu. apr.-midi.
Dans une ferme restaurée, expositions et parcours didactiques aideront petits et grands à découvrir la culture du noyer et ses utilisations possibles. Boutique (noix, huile, gâteaux, etc.), sentier de promenade dans l'immense noiseraie entourant l'écomusée, aire de pique-nique.

UNE LITANIE D'OCCUPANTS

Ayant embrassé la foi cathare, les premiers occupants, Bernard de Casnac et sa famille, sont chassés par Simon de Montfort en 1214. Un demi-siècle plus tard, le château passe entre les mains des Anglais : Saint Louis le cède au roi d'Angleterre Henri III. Pendant la guerre de Cent Ans, alors que le château de Beynac, tout proche, reste fidèle à la fleur de lys, celui de Castelnaud change de mains, tantôt anglais, par l'entremise de Nompar de Caumont, seigneur du lieu, tantôt français. Charles VII reprend la forteresse en 1442, chassant définitivement les Anglais. Transformé en carrière de pierre au 19e s., il sert encore d'abri à quelques résistants lors de la Seconde Guerre mondiale.

Jardins de Marqueyssac

★★

Dordogne (24)

À la pointe d'un éperon rocheux surplombant la vallée de la Dordogne, les jardins suspendus de Marqueyssac offrent un paysage varié selon l'exposition, changeant au fil des saisons, nuancé en fonction de l'heure : une pluie d'orage ranimant la senteur des buis omniprésents, une brume matinale s'accrochant aux topiaires, l'ombre des chênes verts abritant du soleil d'été... L'enchantement est de tous les instants.

SE REPÉRER

Carte de microrégion B3 (p. 92)

Au sud du Périgord noir, entre Beynac-et-Cazenac et La Roque-Gageac.

SE GARER

Vaste parking ombragé à l'entrée.

ORGANISER SON TEMPS

Au minimum 1h (3 chemins alternent durée et difficultés de parcours). En été, préférez la fraîcheur du matin, même si une bonne partie du parc est ombragée. Vous pouvez revenir du fond du parc en empruntant le véhicule électrique qui sillonne la grande allée *(navette gratuite avr.-sept. : 11h-13h30, 14h30-18h30 ; service continu le w.-end de Pâques).*

Marqueyssac aux chandelles – *05 53 31 36 36 - www.marqueyssac.com - juil.-août : jeu. 19h-0h ; juin : 1er sam. soirée exceptionnelle - 13 € (-17 ans 6,50 €) - risque d'annulation en cas de pluie.* Chaque soirée, deux mille bougies sont mises en place dans les jardins et une centaine de sources lumineuses jalonnent la promenade des falaises jusqu'aux cascades. Animations musicales.

AVEC LES ENFANTS

Le site est destiné aux familles : on vous signale les parcours accessibles aux poussettes ; aires de jeux et escalade en saison.

Curieux de nature – *Juil.-août : tlj ; vac. de Pâques et vac. de la Toussaint : se rens. Ateliers d'activités manuelles.*

Démonstration de tourneur sur bois – *Juil.-août : 10h-12h30, 14h30-18h30 ; vac. de Pâques et vac. de la Toussaint : se rens.*

Escalade – *Juil.-août : tlj sf sam. 9h30-12h30. Initiation pour les plus de 6 ans.*

Via Ferrata des rapaces – *Juil.-août : tlj ; vac. de Pâques et vac. de la Toussaint : se rens. Parcours acrobatique en falaise de 200 m pour les plus de 8 ans (et plus de 1,30 m).*

Bon à savoir – Dans le parc, le salon de thé avec terrasse (vue superbe) propose aussi quelques plats et menus et d'excellentes glaces artisanales.

Découvrir

05 53 31 36 36 - www.marqueyssac.com - juil.-août : 9h-20h ; avr.-juin et sept. : 10h-19h ; fév.-mars et 1er oct.-11 Nov. : 10h-18h ; reste de l'année : 14h-17h - possibilité de visite guidée (35mn) - 8,80 € (-17 ans 4,40 €).

Le parc de Marqueyssac couvre 22 ha où serpentent allées et sentiers bordés de buis taillés à la main ou laissés à leur croissance naturelle. À l'entrée, les dépendances rappellent le passé d'exploitation agricole du domaine. Devant le château (quelques pièces ouvertes à la visite), qui est une résidence d'agrément de la fin du 18e s., la terrasse d'honneur présente un agencement géométrique (le seul) évoquant la symétrie des deux corps du bâtiment.

Illustration de l'art topiaire à la française.
Jardins de Marqueyssac © Laugery

★★ Terrasse du bastion

Elle est plantée de buis soigneusement taillés aux formes ornementales variées (taillés selon l'art topiaire), tandis que les cyprès structurent le paysage.

Promenades

Ensuite s'ouvrent à vous trois promenades qui mènent au belvédère ; quelques petits chemins de traverse permettent de passer de l'une à l'autre. Dans cette partie boisée de chênes verts, les buis se déploient plus librement, certains sont arqués en tonnelles. Les sentiers sont jalonnés de panneaux renseignant sur la faune, la flore et l'histoire. Ainsi on apprend tout en se promenant, s'arrêtant pour admirer les points de vue. Les petits pourront se détendre dans les aires de jeux et les grands méditer sous les frondaisons.

★★★ Panorama du belvédère

Aménagé par Julien de Cerval, le belvédère est à présent doté d'une passerelle qui surplombe un vide de 130 m. De là, le panorama est superbe sur les villages et châteaux environnants (La Roque-Gageac, Castelnaud, Fayrac, Beynac) et sur les cingles de la Dordogne animée en été par le ballet des canoës et des gabarres.

Avant de partir, les plus curieux se rendront au pavillon de nature, à côté de la volière, qui abrite une collection de dioramas réalisés entre 1848 et 1864.

Enfin, en saison, l'**artisan tourneur** officie près de l'entrée. Le bois du buis est dur et compact, sans veines et d'une couleur jaune qui acquiert un beau poli. Il vous en parlera très bien.

La Roque-Gageac

★★

418 Laroquois – Dordogne (24)

C'est en abordant La Roque-Gageac par l'ouest que l'on en aura la meilleure vue d'ensemble. En fin d'après-midi, le soleil éclaire la haute falaise bistre frangée de chênes verts. Avec leurs carrés de jardin aux essences exotiques, les maisons aux toits de lauzes ou de tuiles se blottissent sous la muraille de calcaire, suivant le miroir scintillant de la rivière.

NOS ADRESSES PAGE CI-CONTRE
Hébergement, restauration, achats, activités, etc.

S'INFORMER

Office de tourisme Sarlat Périgord noir – *Le Bourg - 24250 La Roque-Gageac - ✆ 05 53 29 17 01 - fermé janv. - horaires : se rens.*

Visite guidée du village – *✆ 05 53 31 45 42 - 10 juin-26 août et déb. sept. : merc. 21h - 5 € (-12 ans gratuit €).*

SE REPÉRER

Carte de microrégion B3 (p. 92)

À 13 km au sud de Sarlat par la D 703.

ORGANISER SON TEMPS

Comptez 1h.

AVEC LES ENFANTS

La découverte du site en canoë ou en gabarre.

Se promener

Le bourg

Dans ce site exceptionnel, vous déambulerez avec plaisir de ruelle en ruelle : les maisons paysannes et les échoppes d'artisans côtoient de nobles demeures, toutes agrippées à la falaise. Le village, fortifié de remparts au Moyen Âge, était le lieu de villégiature des évêques de Sarlat.

Une ruelle en escalier, aussi charmante qu'escarpée, débute à droite de l'hôtel Belle Étoile et grimpe à travers une végétation luxuriante composée de figuiers, néfliers du Japon, lauriers-roses… pour aboutir à une véritable oasis adossée à la falaise. Gérard Dorin, passionné de botanique, travaille depuis plus de trente ans à l'élaboration de ce **jardin exotique**★. Les conditions climatiques (la situation en plein midi, l'absence de vent) favorisent le développement d'une végétation de type méditerranéen. Ainsi, oliviers, citronniers, bananiers et palmiers (20 variétés) font désormais partie du décor. À côté, la petite **église** présente une architecture du roman tardif, cependant que la façade a été reprise au 17e s.

Redescendez la rue pour rejoindre en face le fort troglodytique. Au passage, arrêtez-vous devant le **manoir de Tarde**. Deux logis à pignons aigus, percés de fenêtres à meneaux, accostent une tour cylindrique. À ce manoir est attaché le nom de la famille Tarde ; le plus célèbre reste le chanoine Jean Tarde (1561-1636), historien, cartographe astronome et mathématicien !

Le **fort troglodytique** imprenable *(pas accessible à la visite)* fut construit au 12e s. et renforcé au 17e s. avant d'être démantelé au 18e s.

NOS ADRESSES À LA ROQUE-GAGEAC

RESTAURATION

PREMIER PRIX

Auberge Le Colombier – *Lieu-dit Le Colombier (1,5 km de La Roque-Gageac, direction Vitrac) - 05 53 28 33 97 - www.gite-auberge-dordogne.fr - fermé de mi-oct. à Pâques - réserv. conseillée - - 11 ch. 50/55 € - 6,50 € - 16/34 €.* Au royaume du canard, les gourmands sont rois ! Dans une ambiance conviviale, vous dégusterez les produits de la ferme : foies, magrets, confits, légumes… sans oublier, bien sûr, les pâtisseries maison. Chambres agréables et piscine chauffée.

BUDGET MOYEN

La Belle Étoile – *Le Bourg - 05 53 29 51 44 - www.belleetoile.fr - fermé nov.-mars, lun. et merc. midi - réserv. conseillée - 14 ch. 65/75 € - 10 € - 31/50 €.* Manger à La Belle Étoile en plein jour, c'est possible ! Rendez-vous dans cette demeure tournée vers la Dordogne… La cuisine réserve de belles surprises : savoureuse et gourmande, elle sait mettre le terroir en valeur ! De petites chambres permettent de prolonger son séjour dans ce joli village.

Auberge La Plume d'Oie – *Le Bourg - 05 53 29 57 05 - www.aubergelaplumedoie.com - fermé de déb. nov. à fin mars - réserv. obligatoire pour le repas de midi - 4 ch. 80/90 € - 12,50 € - 33/48 €.* Petite auberge de village aménagée dans une maison ancienne joliment rénovée, face à la Dordogne. Poutres claires, pierres apparentes et baies vitrées agrémentent la salle à manger. Chambres confortables et bien tenues avec vue sur le cours d'eau.

À proximité

Les Prés Gaillardou – *Rte de Vitrac, D 46 - 05 53 59 67 89 - www.lespresgaillardou.com - fermé de mi-déc. à mi-fév., mar. soir hors sais., merc. sf le soir de juin à sept. et sam. midi - - formule déj. 17 € - 24/29 €.* Les années passent, mais cette petite maison sur le bord de la route demeure une bonne adresse. Région oblige, on y sert des recettes à base de canard, comme le magret rôti accompagné de pommes de terre nouvelles de la formule « Périgord ». Au dessert, délicieuses pâtisseries maison.

ACHATS

Marché des producteurs de pays – Tous les vendredis matin de mi-juin à mi-septembre, sous la halle paysanne.

ACTIVITÉS

Découverte

Gabarres Les Caminades – *05 53 29 40 95 - - visite guidée (1h) de déb. avr. à mi-nov. : 9h30-18h - 9 € (-12 ans 7 €).*

Gabarres Norbert – *05 53 29 40 44 - www.norbert.fr - 10 avr.-1er nov. : 10h-18h - 9 € (-13 ans 7 €) - visite guidée (55mn) réserv. recommandée.*

Canoë

Pour une descente libre ou accompagnée sur la Dordogne :

Canoë Dordogne – *05 53 29 58 50 - www.canoesdordogne.fr.*

Canoë Vacances – *La Peyssière - 05 53 28 17 07 - www.canoevacances.com - 6/22 €.* Cadre naturel verdoyant et calme, différents parcours étalés sur 9, 16 ou 25 km.

Belvès

★

1 454 Belvésois – Dordogne (24)

Au milieu de paysages vallonnés où se côtoient bois de châtaigniers, de noyers et de chênes, Belvès, perché sur un promontoire à l'emplacement d'un castrum gallo-romain, domine la vallée de la Nauze. Les demeures du vieux Belvès, tel un bourg de Toscane, dégringolent de la colline. En contrebas, vous ferez la découverte de cluzeaux, habitations troglodytiques où les plus démunis vécurent pendant plusieurs siècles.

NOS ADRESSES PAGE 137
Hébergement, restauration, achats, activités, etc.

S'INFORMER

Office du tourisme du Pays de Belvès – *R. des Filhols - 24170 Belvès - ✆ 05 53 29 10 20 - www.perigordnoir-valleedordogne.com - juil.-août : 10h-19h ; de mi-à fin juin et de déb. à mi-sept. : 10h-13h, 14h30-19h ; de déb. avr. à mi-juin et de mi-sept. à fin oct. : tlj sf dim. 10h-12h30, 14h30-18h ; reste de l'année : tlj sf dim. 10h-12h30, 14h30-17h30 - fermé 1er janv., 25 déc.*

Visite guidée de Belvès – Rens. à l'office de tourisme. Découvrez Belvès de manière ludique grâce aux audioguides (3,50 €). Un parcours illustré et commenté de la ville vous permettra de découvrir ses richesses (livret pédagogique 3 €).

SE REPÉRER

Carte de microrégion A3 (p. 92).
Au sud du Périgord noir, Belvès est la porte d'entrée de la région des bastides. Sur la D 710, la ville se trouve à 21 km à l'est du Bugue, à 22 km à l'ouest de Beynac et de Castelnaud-la-Chapelle et à 12 km à l'est de Cadouin.

SE GARER

Au nord du promontoire sur lequel Belvès est bâti, la rampe accède à un large parking. Le centre du bourg est impraticable les jours de marché.

À NE PAS MANQUER

La halle du 15e s. ; les ruelles ; les habitations troglodytiques (cluzeaux) à flanc de falaise ; le marché du samedi.

ORGANISER SON TEMPS

Comptez 2h, au moins, pour flâner dans la ville.

AVEC LES ENFANTS

La visite des maisons troglodytiques, très ludique, et celle de la filature.

Se promener

Le bourg

Des panneaux apposés sur les principaux monuments permettent d'identifier chacun d'eux, un plan commenté est disponible à l'office de tourisme.

Au cœur du bourg, la **place d'Armes** a conservé l'ancien beffroi du 11e s. et la halle du 15e s. (23 piliers de chêne, chacun posé sur une colonne de pierre), où le marché se tient toujours. En quittant la place par un discret passage couvert situé à droite de la maison de l'Archevêque, vous accéderez à la **rue Rubigan** pour découvrir la tour de l'Auditeur (ancien donjon du castrum). Dans la **rue des Eiffols**, vous trouverez notamment la maison des Consuls (qui abrite l'office de tourisme). Dans la **rue Manchotte**, artère principale commerçante, vous remarquerez aux n°s 27 et 29 les maisons à colombages. En remontant la rue, vous arriverez à l'**église Notre-Dame** (13e-15e s.) située à la lisière ouest de la ville. À l'origine prieuré bénédictin, ce grand édifice gothique abrite un bel ensemble de fresques du 15e s. au 18e s.; l'une des fausses chapelles faisant office de retable, sur le mur gauche de la nef, est ornée d'une rare représentation de saint François de Sales. Vous redescendrez sur la **place Croix-des-Frères** : à droite, le château, à gauche, un clocher octogonal (14e s.), vestige du couvent des frères prêcheurs.

Habitations troglodytiques souterraines

1 r. des Filhols - ✆ 05 53 29 10 20 - www.perigordnoir-valleedordogne.com - visite guidée (45mn) juil.-août : 10h30, 11h15, 13h30, 14h15, 15h, 15h45, 17h15 et 18h (12h et 16h30 en anglais) ; de mi à fin juin et de déb. à mi-sept. : 10h30, 11h15, 15h, 15h45, 17h15 et 18h (12h et 16h30 en anglais) ; reste de l'année : visites bilingues tlj sf dim. 11h, 15h et 16h - fermé 1er janv., 25 déc. - 5,50 € (-14 ans 2,50 €) - 4 pers. mini.

Un ensemble souterrain de neuf salles, situées dans le fossé médiéval, sous la place d'Armes, permet de découvrir la vie quotidienne des familles pauvres qui y vécurent du 12e au 18e s.

À proximité Carte de microrégion p. 92

Filature de Belvès A3

À 2 km au nord de Belvès par la D 53 et la D 710.

Centre d'Interprétation de la Laine - Fongauffier - 24170 Monplaisant - ✆ 05 53 57 52 64 - www.filaturedebelves.com - juil.-août : 10h-19h ; reste de l'année : tlj sf sam. 14h-18h - 7,50 € (-18 ans 5 €).

L'ancien moulin médiéval reconverti en filature au 19e s. a fonctionné jusque dans les années 1990. Il a conservé toutes ses machines, occasion de connaître toutes les étapes de la fabrication et de voir la laine brute devenir fil. L'association Au fil du temps propose aussi des animations, des ateliers et autres stages patchwork, couverture piquée, etc. *(rens. sur http://agenda-aufildutemps.com)*. Un café tricot, une boutique laine et une mare pédagogique complètent le site.

Circuit conseillé Carte de microrégion p. 92

AU PAYS DES CÈPES ET DES CHÂTAIGNES AB3

Circuit de 76 km tracé en bleu sur la carte p. 92. Comptez environ une demi-journée.

Des prés, des parcelles ocre, des champs de blé et surtout des bois. Un parcours essentiellement sous couvert végétal ponctué de petits villages charmants.

Quittez Belvès par le sud en empruntant la D 710 (en direction de Villefranche-du-Périgord). Après 1 km, prenez à gauche la D 54, puis 2 km plus loin, prenez à droite.

Orliac A3

Sous leurs toits de lauzes, un **pigeonnier** et une église romane fortifiée au portail Renaissance égayent ce petit village isolé dans la forêt.

Prats-du-Périgord A3

Lieu de pêche réputé pour la truite et l'écrevisse, l'endroit recèle quelques merveilles comme cette **église St-Maurice★** romane fortifiée : la nef est étonnamment enchâssée entre l'abside et le clocher-mur.

Quittez Prats par le sud par la D 60.

1

Villefranche-du-Périgord A3

R. Notre-Dame - ✆ 05 53 29 98 37 - www.perigordnoir-valleedordogne.com/fr/domaine/villefranche - juil.-août : 9h-18h45, w.-end 10h-13h 14h-17h ; juin et sept. : 9h-17h45, w.-end 9h-13h 14h-16h ; reste de l'année : tlj sf dim. 9h-17h, sam. 9h-16h - fermé certains j. fériés.

Aussi appelée « Villefranche-de-Belvès », cette **bastide** a été fondée en 1261 par le sénéchal Guillaume de Bagneux pour Alphonse de Poitiers, frère de Saint Louis. Sur la place du marché, l'imposante **halle** portée par de lourds piliers de pierre conserve des mesures à grains.

L'église du 19e s. est due à **Abadie**, l'architecte qui a remanié la cathédrale St-Front à Périgueux.

Maison de la châtaigne – *À l'office de tourisme - ✆ 05 53 29 98 37 - www.lepaysduchataignier.com - ♿ - juil.-août : 9h-18h45, w.-end 10h-13h, 14h-17h ; reste de l'année : tlj sf dim. 9h-17h, sam. 9h-16h - fermé 1er janv., 1er Mai, 25 déc. - gratuit.* Cet écomusée présente la forêt, l'arbre, le bois, le fruit, mais aussi les villages alentour et les produits du terroir.

1 km (30mn). Pour compléter la visite, vous pourrez vous rendre sur le **sentier de nature du châtaignier**.

Continuez vers le nord-est en suivant la D 57.

Église de Besse A3

Ne passez pas à côté de cet édifice roman fortifié sans vous y arrêter. Cette église aux toits de lauzes est surtout connue pour son **portail★** primitif sculpté du 11e s., inhabituel dans cette région *(voir ABC d'architecture p. 83)*.

De nombreuses scènes y sont sculptées (thème de la Rédemption avant et après le péché originel) : saint Michel terrassant le dragon, Isaïe purifié par un charbon ardent, la chasse au cerf de saint Eustache qui décida de sa conversion.

Quittez Besse par le nord-est en empruntant la D 57.

St-Pompont B3

En bordure d'un ruisseau sur lequel se penchent de frêles maisons, le village occupe un endroit charmant. Traversez le petit pont à côté de la mairie pour rejoindre sur la droite la **porte fortifiée**, seul vestige de l'enceinte élevée par les Anglais au 15e s.

Après l'église, vous apercevez les restes d'un château édifié à la même époque. À mi-chemin entre St-Pompont et Daglan *(à l'est)* trône **Notre-Dame-de-Bedeau**, une chapelle des 13e et 17e s., où l'on célèbre encore des messes lors des fêtes de la Sainte Vierge, notamment autour du 8 septembre.

Quittez St-Pompont par le nord-ouest en empruntant la D 60, direction Prats. Après 1 km, tournez à droite sur la D 52. À St-Laurent, prenez la D 51 jusqu'à Siorac-en-Périgord. De là, prenez la D 25 vers Cadouin. Après environ 3 km, prenez à droite, direction Urval (vous passez sous la D 25).

Urval A3

Urval se dévoile dans un petit val de la dense forêt de **Bessède**. En cas d'attaque, l'austère **église forte** (11e-12e s.) abritait les habitants dans deux pièces au-dessus de la nef et du chœur. Remarquez au chevet le four banal du 15e s. Possession du seigneur d'Urval, il servait à la cuisson du pain des villageois contre redevance. À la sortie vers Belvès, ne manquez pas le joli moulin et sa retenue d'eau construits sur le ruisseau du Peyrat.

Prenez la D 52 qui revient à Belvès.

NOS ADRESSES À BELVÈS

HÉBERGEMENT

PREMIER PRIX

À proximité

Chambre d'hôte La Grande Marque – *La Grande Marque - 24220 Marnac (10 km au nord par les D 710 et D 703) - ✆ 05 53 31 61 63 - www.lagrandemarque.fr - ♿ P - 5 ch. 64/104 € - table d'hôte 25 € sur réserv.* Sur les hauteurs, cette bâtisse périgourdine du 17e s. entourée d'un parc de 4 ha offre une vue imprenable sur la Dordogne et le village de Siorac. Chambres simples et joliment décorées. Également trois gîtes. Piscine et court de tennis. Table d'hôte avec produits issus d'un potager biologique.

RESTAURATION

BUDGET MOYEN

À proximité

Ferme-auberge Les Tilleuls – *À la sortie du bourg - 24220 Marnac (10 km au nord par les D 710 et D 703) - ✆ 05 53 30 30 26 - www.fermelestilleuls.com - fermé oct.-mars, dim. soir et lun. - ♿ P - 13,50/31,50 €.* Quand on sait que les produits servis proviennent à plus de 80 % de l'exploitation, on ne peut que se réjouir de l'existence de cet établissement d'exception. Vente directe de toutes les préparations à base de canard.

Auberge de la Nauze – *Fongauffier - 24170 Sagelat (2 km au nord par la D 710) - ✆ 05 53 28 44 81 - www.aubergedelanauze.fr - fermé 29 juin-7 juil., 23 nov.-7 déc., 25 déc.-1er janv. ; lun. sf le soir en juil.-août, mar. soir et sam. midi de sept. à juin - P - 8 ch. 40/68 € - 7 € - ✕ 18/55 €.* Les gourmands des environs ne s'y sont pas trompés… Dans cette maison en pierre de pays, on s'attable autour de bons petits plats dans l'air du temps. L'auberge propose aussi de petites chambres, bien tenues.

ACHATS

Marchés de Belvès – Marché traditionnel sam. matin. Marché aux noix merc. matin d'oct. à déc. (selon récolte). Soirées sous la halle merc. de fin juin à déb. sept. (apporter ses couverts).

Marchés de Villefranche-du-Périgord – Marché traditionnel le sam. matin tte l'année. Marché des producteurs mar. en juil.-août à partir de 18h. Marché aux châtaignes sam. matin d'oct. à fin déc. Marché aux cèpes tlj à partir de 16h de juin à oct. (selon la pousse). Marché primé au gras sam. matin en déc.-janv.

ACTIVITÉS

Randonnées

Sentiers balisés – *www.perigordnoir-valleedordogne.com.* En vente à l'office de tourisme, un plan guide recensant 18 sentiers balisés variant de 4 à 17 km au départ des villages environnant. Le club de marche local vous accueille le merc. pour un moment de marche convivial, rens. à l'office de tourisme.

AGENDA

À Villefranche-du-Périgord

Salon des antiquaires – *✆ 05 53 29 98 37.* Mi-août, une soixantaine d'exposants.

Fête de la châtaigne et du cèpe – *✆ 05 53 29 98 37.* En oct., vente de châtaignes grillées et de jus de pomme frais, marché fermier, bal et… concours de cracher de châtaigne !

Les Eyzies-de-Tayac-Sireuil

★★

827 Eyzicois ou Tayaciens – Dordogne (24)

L'Europe compte deux lieux préhistoriques majeurs : la grotte de Lascaux et Les Eyzies. La préhistoire scientifique est en effet née dans ce village, bénéficiant des nombreux sites préservés dans lesquels l'homme ancien a laissé son empreinte. C'est l'occasion ou jamais de vous initier à ses mystères ou d'approfondir vos connaissances, dans un environnement qui, découpé par la belle lumière du soir, prend des allures de reconstitution.

NOS ADRESSES PAGE 148
Hébergement, restauration, achats, activités, etc.

S'INFORMER

Office de tourisme – *19 av. de la Préhistoire - 24620 Les Eyzies-de-Tayac-Sireuil - ✆ 05 53 06 97 05 - www.lascaux-dordogne.com - juil.-août : 9h-18h30 ; mai-juin et sept. : 9h-12h30, 14h-18h, dim. 9h30-12h30, 14h-17h ; avr. et oct. : tlj sf dim. 9h30-12h30, 14h-18h ; reste de l'année : tlj sf w.-end 10h-12h30, 14h-17h - fermé 1er janv., 25 déc.*

SE REPÉRER

Carte de microrégion A2 (p. 92)

Les Eyzies est un village carrefour à la croisée de la route qui mène du Bugue à Montignac. Il se trouve à 26 km au sud-ouest de Montignac.

SE GARER

Un parking gratuit à chaque extrémité du village (est-ouest), des places de stationnement le long des rues et un parking au centre du village ne suffisent pas en été. Mieux vaut donc arriver le matin…

Il est possible d'aller **à pied** du centre des Eyzies (gare SNCF) jusqu'aux Combarelles *(50mn AR, en marchant au bord de la départementale)* et jusqu'à la plupart des sites de la Vézère *(1h AR jusqu'à Laugerie-Haute, par une voie piétonne parallèle à la D 47)*.

À NE PAS MANQUER

Les peintures de Font-de-Gaume, gravures des Combarelles et sculptures de Cap Blanc ; le musée national de Préhistoire ; les falaises au levant et au couchant ; l'arrivée en kayak sur les Eyzies après une descente de la Vézère.

ORGANISER SON TEMPS

L'idéal sera de réserver. Comptez environ 1h par site et 2h pour le musée, qu'il est préférable de visiter en fin de parcours pour mieux en comprendre le contenu.

Réservation – Attention, compte tenu de la volonté de préservation des sites de Font-de-Gaume et Combarelles, l'accès est limité pour les sites : 78 pers./j. pour Font-de-Gaume et 42 pers./j pour Combarelles. Il est donc fortement conseillé de réserver très en avance *(✆ 05 53 06 86 00 - fontdegaume@monuments-nationaux.fr)*.

Si vous n'avez pas réservé – Pour les sites de Font-de-Gaume et Combarelles, présentez-vous à la billetterie de Font-de-Gaume bien avant l'ouverture des bureaux à 9h30. En été, il est recommandé de venir près de 3 heures avant l'ouverture de la billetterie.

AVEC LES ENFANTS

Les grottes du Roc de Cazelle, la maison forte de Reignac, le Préhisto Parc, les ateliers préhistoriques proposés par le musée national de Préhistoire, la maison forte de Reignac, l'Abri de Cro-Magnon. Une promenade en canoë.

Statue de l'homme de Neandertal, sur la terrasse du musée national de Préhistoire.
J.-D. Sudres / hemis.fr

Découvrir

LA PRÉHISTOIRE AUX EYZIES Carte p. 142

★★ Musée national de Préhistoire

Au centre des Eyzies-de-Tayac - ✆ 05 53 06 45 49 - www.musee-prehistoire-eyzies.fr - ♿ - juil.-août : 9h30-18h30 ; juin et sept. : tlj sf mar. 9h30-18h ; reste de l'année : tlj sf mar. 9h30-12h30, 14h-17h30 - fermé 1er janv., 25 déc. - possibilité de visite guidée sur demande (1h) - 6 € - gratuit 1er dim. du mois.

Placé sous la protection de la forteresse bâtie par Jean-Guy de Beynac en 1585, en surplomb du village des Eyzies, le musée consacré au **paléolithique** abrite une collection exceptionnelle d'outils et d'objets d'art provenant des sites préhistoriques que vous pourrez visiter aux alentours, comme un extraordinaire bison en os du gisement de la Madeleine ou les objets issus des fouilles de la grotte de Lascaux. Pour vous représenter ces êtres qui ont façonné l'histoire de l'humanité, vous verrez d'abord le moulage du squelette de Lucy (– 3,5 millions d'années) et, au fil des étages, de très belles reconstitutions en « **dermoplastie** » : l'adolescent du lac Turkana (Kenya, – 1,8 million d'années),

ÉGLISE DE TAYAC

L'église fortifiée du 12e s. séduit par les tons dorés de sa pierre. Deux tours crénelées, aménagées en réduits défensifs et coiffées de toits de lauzes, encadrent le vaisseau. Celle qui surmonte le portail fait office de clocher. La première voussure du portail confère à l'église de Tayac une note orientale : deux colonnettes de remploi en marbre bleu témoignent de l'art gallo-romain. À l'intérieur, le plan à trois nefs, séparées par de grandes arcades reposant sur des piles, et le plafond en charpente sont exceptionnels en Périgord.

un homme et un enfant de Neandertal, l'homme de l'abri de Cro-Magnon et son étrange lésion au front, l'énorme ancêtre du cerf (mégacéros).
L'escalier « puits du temps », décoré de moulages de stratigraphies (successions de couches géologiques), donne une idée du matériau brut des chercheurs en préhistoire. Vous pénétrez alors dans la salle du **1er étage** et découvrez à la fois les méthodes de datation et les techniques de taille des silex et des os, des plus anciennes (– 350 000 ans) aux plus récentes (– 10 000 ans). Cette présentation est accessible pour les non-spécialistes grâce à divers films (de 1 à 5mn chacun) et ceux qui voudraient davantage d'explications se reporteront aux fiches mises à disposition.
La salle du **second étage** s'intéresse aux diverses activités des hommes préhistoriques, en commençant par la recherche des matières premières. Suivent la chasse et la pêche (un intrus du 20e s. s'est glissé dans les vitrines : la copie d'éclats de verre et de porcelaine utilisés comme pointe de flèche par les aborigènes d'Australie), puis les sépultures : remarquez la **parure** de 1 296 coquillages de l'enfant de la Madeleine. Enfin, les activités religieuses comprennent l'art pariétal (matériel des peintres préhistoriques) et des blocs ornés.
Le musée national de Préhistoire propose des ateliers d'art pariétal, de fouille archéologique ou de préhistoire (1 ou 2 j.) pour enfants et adultes, en partie accessibles aux handicapés moteurs et visuels.
De la terrasse, où se dresse la statue de l'homme de Neandertal (par Paul Dardé, 1931), **vue** sur le bourg et sur les vallées de la Vézère et de la Beune.

Pôle international de la Préhistoire (Pip)

30 r. du Moulin - 05 53 06 06 97 - www.pole-prehistoire.com - - mai-sept. : 9h30-18h30 ; reste de l'année : tlj sf sam. 9h30-17h30 - fermé 1er janv., 1er Mai, 25 déc.

LA « CAPITALE DE LA PRÉHISTOIRE »

Des abris creusés à la base des masses calcaires ont tenu lieu d'habitations aux hommes de la préhistoire, tandis que des grottes s'ouvrant à mi-hauteur des falaises leur servaient de sanctuaires. La découverte de ces abris, depuis le 19e s., dans un rayon restreint autour des Eyzies, leur exploration méthodique et l'étude des gisements qu'ils recèlent ont permis à la préhistoire de s'ériger en science et ont fait des Eyzies la « capitale de la préhistoire ». Au point de modifier son nom ! En effet, avant 1905, la commune s'appelait Tayac. Elle fut ensuite rebaptisée en raison de l'attrait exercé par les sites : ce rajout, orthographié *Ayzies* ou *Eyzies*, évoque en occitan les résidences, « les demeures de Tayac ».
Au paléolithique – La basse Vézère offrait une multitude de cavités que, pendant plusieurs dizaines de milliers d'années, les hommes ont fréquentées, y laissant des traces de leur passage et de leurs activités : ossements, cendres de foyers, outils, armes, ustensiles, représentations figuratives et abstraites. Cependant, il est faux de dire que l'homme préhistorique a vécu dans les cavernes : elles étaient trop humides ! Il se contentait de camper à l'entrée, à l'abri du vent, sur la pente exposée au soleil (si possible du matin, afin de se débarrasser de la fraîcheur nocturne).
Le domaine des chercheurs – L'étude méthodique des gisements de la région des Eyzies a permis aux archéologues de mieux connaître la préhistoire. Le département de la Dordogne offre en effet une fabuleuse richesse de vestiges : près de 200 gisements sont dénombrés, dont plus de la moitié se situent dans la basse vallée de la Vézère !
Voir la partie sur la préhistoire et l'art préhistorique p. 48 et p. 57.

Inauguré en juillet 2010, cet édifice de béton et de verre aux lignes épurées vient renforcer le rôle de capitale de la préhistoire des Eyzies. On accède à l'intérieur par une passerelle au-dessus de la Beune. Au rez-de-chaussée se trouvent une cafétéria, un espace de documentation, une boutique et l'espace de découverte de la préhistoire (maquette 3D de la vallée de la Vézère, bornes interactives s'intéressant aux 21 sites ouverts au public, effigies grandeur nature de Lucie, d'un Néandertalien et d'un homme de Cro-Magnon, etc.). Le rez-de-jardin abrite une salle d'expositions temporaires, un auditorium et un espace pédagogie (reconstitution d'un chantier de fouille et ateliers).

★★ Grotte de Font-de-Gaume

À la sortie des Eyzies en direction de Sarlat. Parking ombragé. 4 av. des Grottes - ✆ 05 53 06 86 00 - de mi-mai à mi-sept. visite guidée sur réserv. et vente de billets le matin : tlj sf sam. 9h30-17h30 ; reste de l'année : 9h30-12h30, 14h-17h30 - fermé 1er janv., 1er Mai, 1er et 11 Nov., 25 déc. - 7,50 €.

Attention, compte tenu du nombre limité de places, il est fortement conseillé, notamment en saison, de venir bien avant l'ouverture de la billetterie. *(Voir « Organiser son temps » p. 138.)*

Exceptionnel : voici le dernier site à figures polychromes ouvert au public. La partie visible de la grotte se présente sous la forme d'un couloir d'environ 120 m, sur lequel se greffent plusieurs ramifications. Les peintures pariétales furent pour la plupart attribuées au magdalénien moyen (entre – 16 000 et – 13 000 ans). Il est probable qu'une partie d'entre elles est contemporaine de **Lascaux** (magdalénien ancien).

Parmi 200 représentations réalisées sur des brouillons gravés ou à partir de dessins antérieurs, vous découvrirez une frise polychrome de **bisons★★** (dont un est classé au Patrimoine mondial de l'humanité), de chevaux et de mammouths. Vous verrez aussi une des très rares peintures presque animées de l'art paléolithique : **deux rennes★** se font face et l'un lèche les bois de l'autre. La scène, qui ne se déroule dans la nature que dans des conditions très particulières, touche tant par sa finesse d'observation que par la très ancienne émotion qu'elle suppose. Notez enfin la présence de signes en forme de toit, les tectiformes (signes évoquant des habitations), qu'on retrouve aussi à **Bernifal**, aux **Combarelles** et à **Rouffignac**. Certains préhistoriens voient dans ces similitudes l'œuvre d'un même groupe culturel.

Abri Pataud

✆ 05 53 06 92 46 - visite guidée (1h) juil.-août : 10h-13h, 14h-18h ; mai-juin et sept. : dim.-jeu. 10h-12h, 14h-18h ; reste de l'année : tlj sf w.-end 10h-12h, 14h-18h - dép. ttes les h - fermé de mi-oct. à déb. avr. - 5 € (-18 ans gratuit).

Il s'agit d'un gisement préhistorique de référence. On visite le chantier de fouilles et notamment deux coupes stratigraphiques de 9,25 m de hauteur et pas moins de 14 couches archéologiques (aurignacien, gravettien, solutréen) avec ossements, silex, foyers visibles *in situ*. Une statue, enterrée au fond de l'abri il y a environ 20 000 ans, représente une jeune femme de 16 ans.

Le **musée**, aménagé dans une partie non effondrée de l'abri, présente une sélection de vestiges découverts au cours des fouilles (outils, objets de parure et d'art, ossements d'animaux et humains). On y contemple aussi un exceptionnel bouquetin sculpté en bas relief, attribué au solutréen. Des tableaux et des maquettes permettent de comprendre comment les préhistoriens (dont H. de Lumley et H.-L. Movius) ont daté les campements et reconstitué les paysages et le mode de vie de ces chasseurs de rennes, qui vécurent ici à de multiples reprises entre – 35 000 et – 20 000 ans.

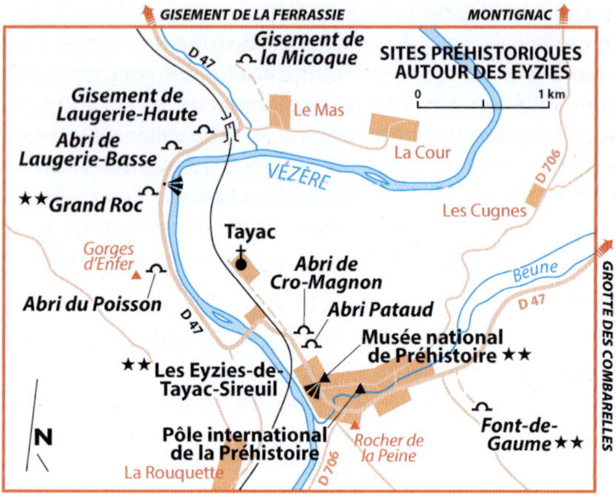

Abri de Cro-Magnon

2 ch. de Cro-Magon - ✆ 05 53 13 58 54 - www.abri-cromagnon.com - juil.-août : 10h-20h ; avr.-juin et sept. : 10h-18h30 ; oct. : 10h-18h, nov.-déc. 11h-17h ; reste de l'année sur réserv. - fermé janv. - 7 € (5-16 ans 4 €).

Mise au jour en 1868, la sépulture aurignacienne (autour de - 35 000 ans) réunit, outre des outils et des pendeloques, cinq squelettes d'hommes modernes, dont le fameux « vieillard » de 50 ans et un enfant mort en bas âge. Ce furent les premiers restes d'*Homo sapiens* découverts. Au départ de la visite, une exposition est consacrée à l'homme de Cro-Magnon. Une partie intitulée « Mythes et réalité » combat de manière pertinente les idées reçues sur l'homme préhistorique. Un film holographique met aussi en scène la vie quotidienne d'une famille de Cro-Magnon. Du site lui-même, il n'existe plus aujourd'hui qu'une plaque commémorative, mais la balade pédagogique vaut le détour, notamment pour la vue sur la vallée de l'Homme et ses nombreux sites préhistoriques.

★★ Grotte du Grand Roc

D 47 - ✆ 05 53 06 92 70 - www.semitour.com - visite guidée (40mn) juil.-août : 10h-19h ; de déb. avr. à fin juin et de déb. sept. à déb. nov. : 10h-13h, 14h-18h ; de déb. fév. à déb. avr. et nov.-déc. : tlj sf lun. (sf vac. scol.) 10h-12h30, 14h-17h - fermé 1er janv., 25 déc. - 7,50 € (-12 ans 5 €).

De la terrasse située à l'entrée de la grotte, on jouit d'une très belle **vue★** sur la vallée de la Vézère. La grotte fut découverte en 1924 par J. Maury. Après quarante longs mètres de tunnels étroits, vous découvrez, dans des salles généralement exiguës, une extraordinaire floraison de stalactites et de stalagmites, des excentriques comparables à des coraux (remarquez la « Victoire de Samothrace »), des pendeloques et des cristallisations (triangles, boucles, spirales) d'une grande variété. Dommage que le regard se heurte à un nécessaire grillage de protection pratiquement en continu…

Abri préhistorique de Laugerie-Basse

✆ 05 53 06 92 70 - www.semitour.com - juil.-août : 10h-19h ; avr.-juin et sept.-oct. : 10h-13h, 14h-18h ; reste de l'année : 10h-12h30, 14h-17h - fermé lun. (hors vac. scol.), 1er janv., 25 déc. - possibilité de visite guidée sur demande (1h) - 6,50 € (-12 ans 4 €) - 9,50 € billet combiné avec la grotte du Grand Roc.

Situé en aval de Laugerie-Haute *(voir ci-après)*, d'où son nom, ce site servit plusieurs fois d'habitat à l'homme préhistorique, depuis – 14000 ans environ (magdalénien moyen) jusqu'à des époques plus récentes. On y découvrit un important rassemblement d'outils en pierre et en os, ainsi que des objets d'art sur supports osseux ou en bois de cervidés, conservés notamment au musée de Préhistoire (reproductions sur place). Outre une vidéo, la visite se résume au commentaire d'une stratigraphie et à quelques animations en été.

AUTRES SITES PRÉHISTORIQUES Carte ci-contre

Contrairement au sites précédemment présentés, ceux-ci ne sont que partiellement ouverts et destinés à un public averti.

Abri du Poisson

✆ 05 53 06 86 00 - www.eyzies.monuments-nationaux.fr - visite-conférence hebdomadaire mar. à 11h30 ou sur demande - fermé 1er janv., 1er Mai, 1er et 11 Nov., 25 déc. - 7,50 € (-26 ans 6,50 €) - rens. à l'accueil de Font-de-Gaume au ✆ 05 53 06 86 00.

Au plafond d'une petite cavité est sculpté un poisson long de 1,05 m, un saumon (précisément gravé au stade bécard qui le caractérise dans la période qui suit le frai), espèce qui abondait dans la Vézère jusqu'à une époque récente. Cette figuration en bas relief, la plus ancienne et la plus grande connue à ce jour, indique une fois de plus l'intérêt que le paléolithique portait à la nature ; elle remonterait au gravettien (vers – 23000 ans) et peut être comparée aux sculptures de Laussel. Non loin du poisson apparaît en blanc sur fond noir une main, qui semble soufflée sur la paroi, comme faite au pochoir.

1

Gisement de Laugerie-Haute

✆ 05 53 06 86 00 - www.eyzies.monuments-nationaux.fr - ♿ - visite-conférence hebdomadaire mar. à 10h ou sur demande - fermé 1er janv., 1er Mai, 1er et 11 Nov., 25 déc. - 7,50 € (-26 ans 6,50 €) - rens. à l'accueil de Font-de-Gaume au ✆ 05 53 06 86 00.

Au pied des hautes falaises, le gisement fouillé entre 1863 et 1939 a livré d'importants spécimens de l'industrie et de l'art des hommes préhistoriques. La stratigraphie, une des plus complètes du Périgord, a permis de préciser la chronologie des sculptures paléolithiques dans la région. Elle se prolonge en 42 niveaux sous la maison, dans une partie encore peu explorée. Compte tenu de sa longueur (180 m), de la taille de son surplomb aujourd'hui effondré et de la proximité de la Vézère, Laugerie-Haute a sans doute abrité un grand nombre de familles, voire des réunions de groupes humains.

Quittez la D 47 juste après être passé sous le pont, en prenant à droite la direction de La Cour.

Gisement de La Micoque

✆ 05 53 06 86 00 - www.eyzies.monuments-nationaux.fr - visite-conférence hebdomadaire mar. à 14h30 ou sur demande - fermé 1er janv., 1er Mai, 1er et 11 Nov., 25 déc. - 7,50 € (-26 ans 6,50 €) - rens. à l'accueil de Font-de-Gaume au ✆ 05 53 06 86 00.

Site majeur découvert fortuitement en 1895, La Micoque occupe une place importante dans la constitution de la science préhistorique : tous les pionniers s'y sont intéressés. En effet, c'est un des rares sites de plein air de la région. Installé sur une plage du Petit Manaurie, quand celui-ci était un torrent, il servait probablement d'aire de dépeçage du gibier.

Les fouilles ont permis l'étude d'industries lithiques anciennes, de la fin du paléolithique inférieur et du paléolithique moyen : le tayacien, le micoquien et le moustérien (pièces au musée des Eyzies).

Revenez vers la D 47 que vous prenez à droite. Empruntez à gauche la D 32 et tournez de nouveau à gauche 1,1 km après la seconde intersection.

Gisement de La Ferrassie

✆ 05 53 06 86 00 - www.eyzies.monuments-nationaux.fr - ♿ - visite-conférence hebdomadaire jeu. à 14h30 ou sur demande - fermé 1er janv., 1er Mai, 1er et 11 Nov., 25 déc. - 7,50 € (-26 ans 6,50 €) - rens. à l'accueil de Font-de-Gaume au ✆ 05 53 06 86 00.

Découvert en 1896, le site se compose de trois abris : le petit, le grand et la grotte. Huit squelettes néandertaliens – un fœtus, deux nouveau-nés, trois enfants, deux adultes – ont été retrouvés dans le Petit Abri, attribué au moustérien, vers - 50 000 ans. L'homme était handicapé moteur, ce qui suppose qu'il avait été pris en charge. Ses dents, usées vers l'intérieur (comme le sont celles de certains Inuits), dénotent la pratique de mastication des peaux. Quant au Grand Abri, il présente un premier art sur bloc, assez fruste, composé de cupules, d'animaux schématiques et de symboles sexuels féminins.

Circuit conseillé Carte de microrégion p. 92 et carte ci-contre

LA VALLÉE DE LA BEUNE A2

▶ *Circuit de 50 km tracé en ocre sur la carte ci-contre. Comptez une journée. Quittez Les Eyzies-de-Tayac-Sireuil par l'est en empruntant la D 47.*

★ Grotte des Combarelles

Rte de Sarlat - ✆ 05 53 06 86 00 - de mi-mai à mi-sept. visite guidée sur réserv. et vente de billets le matin : tlj sf sam. 9h30-17h30 ; reste de l'année : 9h30-12h30, 14h-17h30 - fermé 1er janv., 1er Mai, 1er et 11 Nov., 25 déc. - 7,50 €.

Attention, compte tenu du nombre limité de places, il est fortement conseillé, notamment en saison, de venir bien avant l'ouverture de la billetterie. *(Voir « Organiser son temps » p. 138.)*

Après un parcours de 120 m, un couloir sinueux, sombre et étroit, présente sur 250 m de parois de nombreux traits, souvent gravés, parfois rehaussés de peinture : près de sept cents figurations s'enchevêtrent (un tiers de chevaux, mais aussi bisons, ours, rennes, mammouths, félins et personnages humains caricaturaux). La **Lionne★**, en fait un lion des cavernes, est gravée sur la paroi gauche, en plein élan : il s'agit d'un des chefs-d'œuvre de l'art magdalénien. Remarquez les quatre signes tectiformes, comparables à ceux que l'on voit dans la grotte voisine de **Font-de-Gaume**, ainsi qu'à **Bernifal** et **Rouffignac**. On attribue les Combarelles au magdalénien moyen (entre – 16 000 et – 13 000 ans), mais il est possible que certaines gravures soient plus récentes (magdalénien supérieur). Un second couloir offrant des gravures analogues a été le théâtre de la vie des hommes ; on y a trouvé des restes de foyers et des témoignages de l'industrie magdalénienne.

Poursuivez sur la D 47 en direction de Sarlat.

Grottes du Roc de Cazelle

Rte de Sarlat - ✆ 05 53 59 46 09 - www.rocdecazelle.com - juil.-août : 10h-20h ; avr.-juin et sept. : 10h-19h ; vac. de fév. et de déb. oct. à mi-nov. : 10h-18h ; vac. de Noël : 10h-17h ; reste de l'année : 11h-17h - 7,80 € (-13 ans 4 €) - ateliers préhistoriques de mi-juil. à fin août.

Ce site de falaises, qui de tout temps a été occupé, fait découvrir aux visiteurs la vie de nos ancêtres du paléolithique au milieu du 20e s. Un parcours fléché nous mène des scènes de la vie quotidienne de la préhistoire à

la maison monolithique occupée par un couple d'agriculteurs jusqu'en 1966. Si les scènes de chasse et reconstitutions ne sont pas toujours d'une grande fiabilité scientifique, les bruitages, les animaux cachés dans la forêt, ainsi que le parcours pour aventuriers feront la joie des enfants.

Grotte de Bernifal

✆ 06 74 96 30 43 - visite guidée sur demande préalable (1h30) - 7,50 € (-18 ans 5,50 €) - accès : 10mn de marche. Prévoyez un chandail.

La décoration de cette grotte majeure est attribuée au magdalénien moyen (entre – 16 000 et – 13 000 ans). Cent dix figures y sont recensées parmi lesquelles 2 figures humaines, 24 mammouths, 8 chevaux (dont un splendide cheval de Przewalski grandeur nature), 7 bovidés, 23 cervidés, un ours et un curieux mammouth en plein galop.

Treize signes tectiformes (signes évoquant des habitations) permettent de rapprocher Bernifal d'autres sites déjà connus pour la présence de signes identiques : Combarelles, Rouffignac et Font-de-Gaume. La proximité stylistique des mammouths avec ceux de Rouffignac laisse supposer qu'ils proviennent des mêmes artistes.

Poursuivez la D 47 qui longe la petite Beune, puis après 2 km, tournez à gauche. Après Sireuil, rejoignez la D 48 (à droite).

Vous traversez la Beune et montez par une petite route ombragée en lacet. Remarquez à droite, juste avant d'arriver à Cap Blanc, la **vue★** sur le château de Commarque.

Abri de Cap Blanc

✆ 05 53 59 60 30 - www.eyzies.monuments-nationaux.fr - visite guidée (45mn) de mi-mai à mi-sept. : 10h-18h ; reste de l'année : 10h-12h30, 14h-17h30 - fermé sam., 1er janv., 1er Mai, 1er et 11 Nov., 25 déc. - 7,50 € - 6 € billet combiné avec les grottes de Font-de-Gaume et des Combarelles.

Ce qui rend cet abri unique, c'est d'y trouver de l'art pariétal alors qu'il servit d'habitat préhistorique. Figurent en effet ici 14 véritables **sculptures★** en haut relief, de chevaux grandeur nature (l'un d'entre eux fait même plus de

2 m de long), de bisons, de cerfs et peut-être d'un ours. Elles sont traditionnellement attribuées au magdalénien moyen, mais les sondages récents ont mis au jour des outils solutréens. Au pied de cette frise a été découverte une **sépulture humaine**.

Poursuivez sur la D 48 puis prenez à gauche la D 6, direction Le Moustier.

Vous quittez la vallée de la Beune. Éloignée de la rivière, la végétation du plateau se fait plus chétive. De **Bel-Air**, vue sur la vallée de la Vézère.

Poursuivez sur 9 km, puis tournez à gauche dans la D 706 en direction des Eyzies-de-Tayac-Sireuil.

Maison forte de Reignac

05 53 50 69 54 - www.maison-forte-reignac.com - juil.-août : 10h-20h ; mai-juin et sept. : 10h-19h ; avr. : 10h-18h30 ; vac. de fév., mars, oct., nov. et vac. de Noël : 10h-18h - 7,80 € (-5 ans 4 €).

Cette maison forte (ou château des Anglais), classée Monument historique, s'avère être un château-falaise, comme les Eyzies : sa façade (14e s.) ferme un abri-sous-roche. Elle fut percée de fenêtres au 16e s. Après plus d'un demi-siècle de fouilles préhistoriques (vestiges du solutréen et du magdalénien moyen), le site ouvre au public.

Les salles, entièrement meublées, se succèdent sur trois niveaux : grande salle d'honneur, salle d'armes, salle à manger, salon, cuisine, chambres, chapelle, mais aussi cachots et oubliettes. L'escalier mène à un belvédère naturel d'où la **vue★** embrasse la Vézère. Le site a créé un « cabinet de curiosités », ainsi qu'une salle d'exposition consacrée au thème de l'Inquisition, de la peine capitale et de la torture.

Poursuivez de quelques mètres sur la D 706 (parking commun possible).

Préhisto Parc

05 53 50 73 19 - www.prehistoparc.fr - juil.-août : 10h-19h ; avr.-juin et sept. : 10h-18h30 ; fév.-mars et oct.-nov. : 10h-17h30 - 6,90 € (-10 ans 3,40 €).

Dans un vallon en sous-bois bordé de falaises, le long d'un sentier de découverte, sont reconstituées une vingtaine de scènes de la vie quotidienne des hommes du paléolithique, qu'ils soient de Neandertal ou de Cro-Magnon : chasse au mammouth et au mégacéros, dépeçage du renne, pêche, peinture pariétale, habitat, première sépulture…

Poursuivez sur la D 706. Après 500 m, tournez à droite dans une petite route qui franchit la Vézère. À Lespinasse, prenez à gauche.

★ Site de la Madeleine

En vous promenant le long de la Vézère, vous admirerez la largeur de la vallée et la hauteur des falaises, témoins de ce que fut la rivière en des temps plus anciens. Soudain, dans une discrète trouée dans les bois, vous distinguerez, au loin, quelque chose comme… des portes et des fenêtres. C'est l'étonnant village troglodytique de la Madeleine.

Village troglodytique – *05 53 46 36 88 - juil.-août : 9h30-20h ; mars-juin et sept.-nov. : 10h-18h - 6 € (-12 ans 3,50 €) - 16 € billet famille (2 adultes*

MARIE-MADELEINE ET LA PRÉHISTOIRE

Le site de la Madeleine doit son nom à une chapelle. Agrandie et voûtée d'ogives au 15e s., elle fut dédiée à sainte Marie-Madeleine, Marie de Magdala. Ce site donnera ensuite son nom (universel) à une période de la préhistoire, la dernière du paléolithique, le magdalénien.

Site de la Madeleine.
H. Lenain / hemis.fr

+ 2 enf.) - possibilité de visite guidée juil.-août. Le paysage est façonné par le méandre le mieux dessiné et le plus étroit de la rivière. À mi-hauteur de la falaise, le village troglodytique fut occupé probablement de la fin du 9e s. (invasions normandes) à 1920. L'aspect défensif de la falaise retint l'attention puisqu'un château fut élevé autour du 13e s. avant d'être abandonné au 17e s. Les vestiges du village médiéval (maisons, chapelle…) dans cet abri-sous-roche permettent de mieux comprendre la vie des paysans dans cette région. Au pied de la falaise s'étend le **gisement paléolithique** qui permit de définir la culture du magdalénien. Fouillé dès 1863 par Lartet, puis Peyrony, il livra, en 1864, une plaque d'ivoire comportant la gravure d'un mammouth, espèce dont on a retrouvé des cadavres congelés en Sibérie. L'homme qui a figuré ce mammouth en avait vu : preuve était faite d'un art très ancien, plus vieux que les menhirs de Bretagne. Certaines des nombreuses pièces (dont des parures) trouvées ici sont visibles au musée national de Préhistoire des **Eyzies**.
Ombragé par de grands arbres, le charmant site qui entoure le village troglodytique se prête aux pique-niques estivaux.
Revenez et poursuivez (à droite) sur la D 706.

Tursac

Dominée par un énorme clocher-tour d'aspect sévère, l'**église** de Tursac offre une suite de coupoles caractéristiques du style roman périgourdin.
La route grimpe sur la falaise ; de belles perspectives s'ouvrent sur le village de Tursac et la Vézère.
Poursuivez sur la D 706 qui ramène aux Eyzies-de-Tayac-Sireuil.

NOS ADRESSES AUX EYZIES

HÉBERGEMENT

PREMIER PRIX

Chambre d'hôte Le Panoramique – *Lieu-dit Beune - ✆ 05 53 06 98 82 - www.spadi-lepanoramique.com - 5 ch. 35/49 € - 6,50 €.* Un agréable parc arboré isole du bruit ces trois maisons de style régional. Le décor des chambres joue la sobriété; deux d'entre elles disposent d'une terrasse surplombant le site des Eyzies. Petits déjeuners servis sous une véranda. Délicieux accueil. Deux gîtes, piscine.

Moulin de la Beune – *2 r. du Moulin-Bas - ✆ 05 53 06 94 33 - www.moulindelabeune.com - fermé de mi-oct. à mi-avr. - 20 ch. 68/80 € - 8 €.* Au milieu du luxuriant jardin coule une rivière, la Beune. Puis il y a ces deux anciens moulins, cultivant avec bonheur leur ravissant charme champêtre et leur bel esprit maison de famille… Un lieu délicat, plaisant et reposant.

BUDGET MOYEN

Chambre d'hôte Lasserre Perdissou – *Lieu-dit Sireuil - ✆ 06 85 78 74 51 - www.lasserreperdissou.e-monsite.com - 2 ch. 89 € et 1 ch. famille 135 €.* Cette ancienne ferme périgourdine totalement restaurée est un petit bijou avec ses chambres spacieuses, sa piscine au sel et son beau jardin. Voici un havre de tranquillité d'où l'on peut rayonner aisément dans la région. Accueil charmant.

Hostellerie du Passeur – *Pl. de la Mairie - ✆ 05 53 06 97 13- www.hostellerie-du-passeur.com - ouv. Pâques-Toussaint - 19 ch. 95/185 € - 13,50 € - formule déj. 13/16 € - 31/37 €.* Sur la place de la mairie, cette imposante demeure périgourdine a tout pour elle : des chambres coquettes et un restaurant qui fait la part belle à la tradition, revisitant quelques classiques comme les pommes sarladaises.

POUR SE FAIRE PLAISIR

Les Glycines – *4 av. de Laugerie - ✆ 05 53 06 97 07 - www.les-glycines-dordogne.com - 26 ch. 125/335 € - 17 € - formule déj. 17/29 €, 62/90 €.* Totalement rénové, l'établissement propose des chambres mais aussi des éco-lodges autour d'un joli parc arboré. De la décoration contemporaine chic et raffinée des chambres au raffinement des plats du restaurant gastromique, le 1862, tout ici fleure le bon goût.

RESTAURATION

PREMIER PRIX

Pizzeria crêperie Dumoulin – *39 av. de la Préhistoire - ✆ 05 53 53 36 67 - 8,50/13 €.* La famille Dumoulin, connue pour sa moutarderie et sa jolie épicerie fine, fait également des pizzas et des crêpes d'excellente qualité. On peut aussi manger des salades périgourdines. Jolie terrasse.

BUDGET MOYEN

Au Coup de Silex – *4 r. du Musée - ✆ 05 53 05 14 29 - fermé lun. soir et mar. midi - 12,50/28,50 €.* Située juste à côté du musée national de la Préhistoire et dotée d'une jolie terrasse, cette table propose une carte où les produits locaux (canard, rocamadour…) sont retravaillés. Le restaurant fait également salon de thé et glacier : parfait pour une pause !

À proximité

Auberge de l'Étang Joli – *Lieu-dit La Combe (3 km au sud par D 706* *et rte secondaire) - ✆ 05 53 35 29 87 - www.auberge-de-letang-joli.fr - ♿ 🅿 - 5 ch. - 24/37 €.* Loin de l'agitation touristique, paisible auberge périgourdine et son joli jardin fleuri où l'on dresse la terrasse. Recettes régionales mitonnées par la patronne, personnage haut en couleur. Stages de cuisine en hiver.

La Source – *Le Bourg - 24620 Tursac (5,5 km au nord par D 706) - ✆ 05 53 06 98 00 - www.restaurant-la-source.fr - fermé mar. sf été et merc. - 🅿 - 21,50/30 €.* Cette jolie ferme du 18e s. dissimule une terrasse ombragée qui s'ouvre sur un ravissant jardin apprécié des oiseaux. Edwin et sa femme, Karin, d'origine néerlandaise, proposent une cuisine fraîche et originale, avec nombreux fumages maison : hareng, saumon, magret, entrecôte, etc.

ACHATS

Marché – Lundi matin avr.-oct. Artisans et agriculteurs locaux tlj en haute sais.

Élevage des Granges – *À Tursac (5,5 km au nord par D 706) - ✆ 05 53 06 94 51 - www.elevagedesgranges.com - juil.-août : 11h et 18h, juin et sept. : 8h-10h, 16h-18h30.* Vente de produits et démonstration de gavage.

Palaïos - l'atelier de taille du silex – *45 av. de la Préhistoire - ✆ 06 88 92 71 33 - www.ginellames.fr - avr.-sept. : tlj sf sam. 10h-18h.* Bernard Ginelli, tailleur de silex, propose gratuitement de vous expliquer la fabrication de ces outils. Dans sa boutique : arcs, sagaies, couteaux et dagues.

ACTIVITÉS

Canoës AVCK – *✆ 05 53 06 92 92 - www.vezere-canoe.com.*

Canoës Vallée Vézère – *1-3 prom. de la Vézère - ✆ 05 53 05 10 11 - www.canoesvalleevezere.com.*

Loisirs Évasion Canoës Kayak – *✆ 05 53 06 92 64 - http://canoe-loisirsevasion-vezere-dordogne.com.*

AGENDA

Musique en Périgord – *Rens. et réserv. office du tourisme de St-Cyprien - ✆ 05 53 30 36 09 - www.musiqueenperigord.fr.* Début août, concerts de musique classique, world et jazz dans différentes localités du Périgord noir (Audrix, Les Eyzies, Le Bugue…).

1

Château de Commarque

★★

Dordogne (24)

Ce n'est pas qu'un château mais un remarquable ensemble fortifié situé dans un environnement exceptionnel. Au milieu de nulle part peut-être, bien dissimulé sûrement, et c'est ce qui fait son charme. Dès le premier abord, le site surprend par sa base troglodytique surmontée de constructions romanes. Ne manquez pas la plate-forme du donjon, qui réserve une vue superbe sur la vallée et sur le château de Laussel.

SE REPÉRER

Carte de microrégion A2 (p. 92)

À 13 km à l'est des Eyzies-de-Tayac-Sireuil par la D 47, puis la D 48.

SE GARER

Après 8 km, tournez à gauche en direction de Sireuil ; avant ce village, prenez une petite route sur la droite, vers Marquay. Du parking, descendez à pied (*10mn de marche*) à l'ombre des bois.

ORGANISER SON TEMPS

Comptez 1h.

AVEC LES ENFANTS

Les histoires des guides (la légende du fantôme de Jehan de Laussel). Différents ateliers tout public (tracé pariétal, tir à l'arc, sculpture sur pierre, mesures et géométrie) sont proposés gratuitement en juillet-août.

Découvrir

05 53 59 00 25 - www.commarque.com - juil.-août : 10h-20h ; mai-juin et sept. : 10h-19h ; avr., oct. et vac. de la Toussaint : 10h30-18h - possibilité de visite guidée (1h) - 7,50 € (-12 ans 3,50 €) - ateliers gratuits vac. scol. et w.-end fériés.

Au pied du château se trouvent des **habitats troglodytiques**. Remarquez les larmiers creusés dans la roche afin d'empêcher les eaux de pluie de ruisseler le long des parois et de pénétrer dans les abris. À l'intérieur, vous verrez les aménagements traditionnels taillés dans la paroi, dont des anneaux et des boulins dans lesquels s'encastraient des hourds.

COMMARQUE, LE RETOUR

Au 12e s., la famille de Commarque construit une forteresse destinée à défendre un passage entre Montignac et Sarlat, près d'une source abondante. Au retour des croisades, elle doit cohabiter avec une branche cadette des Beynac qui a acquis le château. Le château sera une coseigneurie de six familles ! Au 17e s., celui-ci est abandonné en raison de sa vétusté. En 1972, Hubert de Commarque, descendant des premiers propriétaires, rachète le lieu. Seuls le donjon et la chapelle émergent alors de la colline envahie par les arbres et la végétation. Au fil des ans, il a dégagé l'ensemble du site visible actuellement et le travail n'est pas terminé ! Pour préserver les lieux, les aménagements sont réversibles. Que ce soient les niveaux reconstruits à l'intérieur du donjon ou les escaliers à l'emplacement (ou en parallèle) de ceux d'origine taillés dans la pierre, tout est démontable en 48h.

Château de Commarque.
DEA/C SAPPA/De Agostini Editore/age fotostock

La visite des vestiges du *castrum* (village fortifié) commence par la **chapelle,** qui présente des arcs doubleaux. Ensuite, le parcours traverse quatre **maisons nobles** (une cinquième est encore ensevelie). La « maison du four » abrite un four à pain. La « maison à contreforts » illustre la succession de constructions : une base troglodytique, un mur 10e-11e s., une cheminée du 15e s. et des peintures du 16e s. Une **ruelle** a été dégagée laissant apparaître un départ de toit de lauzes. Les entrées indépendantes montrent que chaque habitation avait sa propre économie. « L'hôtel de Commarque », dans lequel la famille s'était retirée tandis que les Beynac tenaient le château, est précédé d'une **basse cour**. Dans le double **donjon** (le rajout est visible sur la façade), on accède à la grande salle du 14e s. qui renferme une voûte à cinq branches : les culs-de-lampe sculptés de figures sont bien conservés, la clef de voûte représente un heaume (armes de Pons de Beynac) dont vous verrez une reproduction au sol. Remarquez également la fenêtre à colonnettes du 12e s. devant laquelle a été gravé un échiquier. Un escalier mène à une plate-forme, à 34 m de hauteur, d'où l'on a une **vue** panoramique. On visite également les grandes salles des **corps de logis**, fraîchement restaurées.

Des **campagnes de fouilles** se déroulent régulièrement sur le site afin de mieux comprendre la vie et l'organisation d'une coseigneurie entre les 12e et 14e s., époque de construction des bâtiments.

Un sanctuaire paléolithique

LE HASARD DE LA DÉCOUVERTE

En septembre 1940, à la suite d'un violent orage, le trou béant d'un chêne déraciné attire le chien de Marcel Ravidat, 17 ans, en balade ce jour-là avec ses camarades. Parti le rechercher, Marcel s'aperçoit que dans ce trou s'ouvre un autre orifice, beaucoup plus profond. Le 12 septembre, avec Jacques Marsal, Simon Coencas et Georges Agnel, ils pénètrent dans le sanctuaire inviolé de la grotte de Lascaux.

La cavité, aménagée pour la visite en 1949, souffre rapidement de l'affluence des visiteurs : respirations, humidité et introduction de spores accrochées aux semelles entraînent le développement de deux maladies : la « verte », qui se traduit par la poussée de mousses et d'algues, et la « blanche », qui engendre un dépôt de calcite. En 1963, la décision est prise de fermer la grotte au public. En 1983, ouvre enfin un fac-similé, **Lascaux II**.

UN ENSEMBLE EXCEPTIONNEL

La grotte est une cavité modeste qui s'étend sur 250 m. Elle comprend plusieurs secteurs, dont la Rotonde et le Diverticule axial, qui recèlent 90 % des peintures; les parois sont couvertes de plus de 1 500 représentations. Une fermeture naturellement hermétique et l'imperméabilité du plafond expliquent l'absence de concrétions et la parfaite conservation des peintures fixées et authentifiées par une légère imprégnation naturelle de calcite. Ces œuvres sont attribuées au magdalénien ancien (vers – 17 000 ans, mais certains penchent pour une utilisation prolongée, du solutréen au magdalénien moyen), époque où le climat était relativement clément, comme en témoigne la présence de cerfs sur les parois. Certains animaux ne sont représentés qu'une seule fois : l'oiseau, le rhinocéros, et surtout l'homme, ici affublé d'une tête d'oiseau (fac-similé visible au musée du Thot). Cette représentation est l'une des rares scènes narratives de l'art paléolithique : le thème du « chasseur en difficulté », que l'on voit aussi dans la **grotte de Villars** *(voir p. 246)*, sans doute contemporaine. Une partie des figures de **Font-de-Gaume** *(voir p. 141)* appartient peut-être à la même époque.

Le style de Lascaux

Les animaux de Lascaux ont un aspect très reconnaissable : des chevaux à gros ventre et à tête effilée, des aurochs et des bouquetins aux cornes et aux sabots vus de trois quarts et des cerfs à la ramure fantastique. Mais le critère le plus important est sans doute l'animation des gestes de ces bêtes. Un des dessins, un cheval ocre situé au fond du Diverticule axial, semble tomber dans les entrailles de la Terre. Notez, dans bien des cas, une savante utilisation des reliefs et des volumes de la paroi.

Des saisons superposées ? – Viennent d'abord les chevaux, puis les bovidés (aurochs, bison), enfin les cerfs : à Lascaux, les animaux ne s'enchevêtrent pas seulement, ils se superposent. C'est le cheval qui aborde en premier la saison des amours, à la fin de l'hiver. Il est représenté sur les parois avec son pelage hivernal et, bien souvent, dans l'attitude agressive des mâles qui entrent en compétition pour l'accès aux femelles. Les taureaux sont, eux, représentés en pelage d'été, période où chez eux le rut commence. Enfin, le grand développement des bois des cerfs et la présence d'un individu en train de bramer indiquent la période du rut, à la fin de l'automne.

Grotte de Lascaux

★★

Dordogne (24)

Voici la « chapelle Sixtine » de la préhistoire, l'un des sites les mieux ornés au monde pour cette période, une œuvre d'art à part entière. L'original étant inaccessible, compte tenu de la fragilité du site et de la volonté de préservation de ce patrimoine unique et millénaire, des copies de la grotte ont été réalisées. Lascaux II, premier fac-similé ouvert en 1983, reproduit les œuvres majeures de la grotte. Lascaux IV, ouvert en 2016, se propose de présenter l'intégralité de la grotte à l'échelle réelle, avec plus de gravures. Une prouesse scientifique! La découverte de l'art magdalénien apporte beaucoup, ne serait-ce que la conviction que l'homme n'a attendu ni l'Antiquité ni le monde moderne pour exprimer cette spiritualité qui le distingue au sein du monde animal.

SE REPÉRER

Carte de microrégion B2 (p. 92)

La grotte se trouve à 30 km au nord-est des Eyzies-de-Tayac, à 30 km au nord de Sarlat et à 2 km au sud-est de Montignac.

ORGANISER SON TEMPS

Comptez 2h en tout pour Lascaux II.

AVEC LES ENFANTS

La grotte et le site Regourdou plus au calme que celui de lascaux.

Découvrir

★★ Lascaux II

05 53 51 95 03 - www.semitour.com - visite guidée (40mn) juil.-août : 9h-19h ; de mi-avr. à fin juin et sept. : 9h30-18h ; reste de l'année : 10h-12h, 14h-17h30 - fermé 1er janv., 25 déc. - 10 € (-12 ans 6,50 €) - 13,90 € billet combiné avec Le Thot - attention avr.-sept., billetterie à Montignac (à côté de l'office de tourisme).

Victime de son succès, la grotte est prise d'assaut en été, et les visites se succèdent avec l'inconvénient parfois d'entendre les commentaires du groupe qui précède ou qui suit…

À 200 m de la grotte originale, ce fac-similé reconstitue la Rotonde et le Diverticule axial de manière très fidèle. Des « sas » muséographiques présentent l'archéologie de la grotte (sagaies, silex des graveurs, poudres colorées ayant servi aux peintures, lampe à suif pour l'éclairage, reconstitution d'un échafaudage…), expliquent les différentes techniques utilisées par l'artiste magdalénien et retracent l'histoire de la découverte.

Une véritable prouesse technologique doublée d'une grande rigueur scientifique a permis de recréer l'atmosphère de la cavité originale. Dès 1966, l'Institut géographique national avait effectué des relevés stéréophotogrammétriques au millimètre près de la grotte de Lascaux afin de reconstituer son relief de façon précise. Ce travail permit de réaliser, dans une ancienne carrière à ciel ouvert, une coque en ferro-ciment bâtie à l'image des constructions navales. Sur la paroi artificielle, Monique Peytral a recopié les peintures murales en s'aidant des relevés qu'elle avait effectués et de diapositives. Elle a utilisé les mêmes pigments et les mêmes procédés que ceux des artistes magdaléniens. On peut donc admirer, comme dans l'original, les cinq grands taureaux noirs de la Rotonde, dont le quatrième, long de 5,50 m, demeure la plus grande figure paléolithique connue, ainsi que, harmonieusement placés, des vaches rouges, des chevaux noirs, rouges, jaunes et bruns, et deux petits bouquetins jaune et rouge, affrontés dans le Diverticule axial. Sur la paroi gauche de la Rotonde, remarquez l'étrange « licorne », animal fabuleux composé, semble-t-il, de plusieurs espèces. L'ensemble, apparemment désordonné, présente cependant de nombreuses compositions, dont certaines sont en rapport avec le relief des parois.

Lascaux IV

Au moment de la rédaction de ce guide, le site de Lascaux IV n'était pas encore ouvert, d'où l'emploi du conditionnel pour toutes les informations qui suivent.

☏ 05 53 51 95 03 - www.projet-lascaux.com - ♿ - visite audio-guidée (2h) - juil.-août : 9h-22h ; avr.-sept. : 9h30-20h ; reste de l'année : 10h-19h - 16 € (6-12 ans 10,40 €).

Situé au pied de la colline, Lascaux IV devrait proposer dès l'automne 2016 une expérience visuelle et sensorielle hors du commun. La reproduction de la grotte dans son intégralité et à l'échelle 1 promet une prouesse technologique et scientifique. Vous pourrez ainsi apprécier toutes les peintures – déjà présentes à Lascaux II – et encore davantage de gravures. Une fois l'exploration du fac-similé terminée, vous pourrez prolonger l'expérience dans un espace pédagogique équipé de nombreuses tables interactives.

Plus loin, un théâtre d'art pariétal reviendra sur l'histoire de la science préhistorique, pour finir sur les liens entre l'art et l'art pariétal. La scénographie de Lascaux IV semble avoir été la priorité de ce projet, dans le but avéré de récréer une atmosphère des plus authentiques.

À proximité

Regourdou

À 800 m de Lascaux.

☏ 05 53 51 81 23 - www.regourdou.fr - ♿ - visite guidée (1h) juil.-août : 10h-19h ; sept.-nov. : 11h-18h ; reste de l'année : se rens. - fermé de fin nov. à déb. fév. - 6,20 € (-12 ans 3,50 €).

À la différence de Lascaux qui date de Cro-Magnon, Regourdou est un **site néandertalien**. Il fut découvert en 1954 par Roger Constant, propriétaire des lieux. De nombreux ossements ont été mis au jour sur différents niveaux (ours, sanglier, cerf…) et outils (silex taillés, racloirs…). Mais la découverte majeure fut celle de la plus ancienne **sépulture organisée** (70 000, voire 90 000 ans) contenant le squelette d'un homme de Neandertal (exposé au musée du Périgord de Périgueux) et des ossements d'ours, qui a donné naissance à l'hypothèse d'un « culte de l'ours ». Celui-ci avait été dévoré et son squelette reconstitué, placé à côté de celui de l'homme, puis recouvert d'une dalle équivalente et orné d'objets similaires. Un **musée** retrace l'évolution de l'homme, de l'âge de la pierre à l'âge du fer. Quant aux **ours**, on peut en voir six bien vivants sur ce site où a été tourné en 2001 *Le Vieil Ours et l'Enfant*, avec J. Dufilho et M.-C. Barrault.

Montignac

2 794 Montignacois – Dordogne (24)

Montignac forme l'entrée discrète de la vallée de la Vézère. Quand Les Eyzies sont bondés, retrouvez-y le calme : vous vous prendrez même à croire que la rivière naît ici. Entre la forêt des Croquants et les plaines qui annoncent les causses du Quercy, Montignac constitue l'étape idéale pour rayonner dans la partie nord du Périgord noir.

NOS ADRESSES PAGE 161
Hébergement, restauration, achats, activités, etc.

S'INFORMER

Office de tourisme – *Pl. Bertrand-de-Born - 24290 Montignac - ✆ 05 53 51 82 60 - www.lascaux-dordogne.com - juil.-août : 9h-18h30 ; avr.-juin et sept.-oct. : 9h30-12h30, 14h-18h ; reste de l'année : tlj sf w.-end 10h-12h30, 14h-17h - fermé 1er jeu. du mois (oct. à avr.), certains j. fériés.*

SE REPÉRER

Carte de microrégion B2 (p. 92)

À 26 km au nord des Eyzies-de-Tayac-Sireuil et à 12 km au sud-ouest de Terrasson-Lavilledieu.

SE GARER

Parkings devant la poste, face à l'église, place d'Armes et au cinéma.

À NE PAS MANQUER

L'église fortifiée de St-Amand-de-Coly ; les reconstitutions didactiques du Thot ; le village troglodytique de la Roque St-Christophe.

ORGANISER SON TEMPS

Comptez 1h pour la ville, une demi-journée avec Le Thot, une journée pour les environs. Pour les sites préhistoriques, l'idéal sera de réserver vos visites à l'avance.

AVEC LES ENFANTS

Comparez avec eux les animaux du Thot à ceux peints à Lascaux, partez en balade sur la Vézère ou offrez-leur une petite marche dans l'étrange forêt Barade. Vous pourrez aussi visiter les grottes de la Roque St-Christophe ou encore suivre un parcours aventure en forêt *(voir « Nos adresses » p. 163).*

1

Se promener

Partez de l'office de tourisme (rive gauche).

L'office de tourisme est installé dans l'ancien hôpital St-Jean (14e s.) dont vous remarquerez la galerie. À côté, l'ancienne église de St-Georges, extension de la chapelle de l'hôpital, accueille des ventes de produits artisanaux ou des expositions temporaires.

Prenez en face la **rue de la Pègerie★** qui compte des habitations du Moyen Âge, notamment à son terme une belle maison à colombages (13e s.). Poursuivez jusqu'à la Vézère pour admirer sur l'autre rive les maisons sur pilotis à galeries de bois. Remontez vers le **vieux pont** de pierre que vous traverserez pour rejoindre le square Pautauberge où se dresse le buste d'Eugène Le Roy. Sortez face à l'**hôtel de Bouillac★** (17e s.), prenez à droite, puis deux fois à gauche pour trouver la rue des Jardins d'où vous apprécierez la vue sur Montignac.

Poursuivez en face dans la rue de la Tour qui longe le château (11e s.), dont il ne reste que la tour et le rempart, et descendez vers l'église. Belle maison à galerie de bois sur la gauche. Rejoignez l'ancien pont par les quais. Remarquez dans la rue du 4-Septembre le style néoclassique de la **maison Duchêne** (19e s.).

DE PART ET D'AUTRE DE LA VÉZÈRE

Montignac fut occupé dès le paléolithique puis colonisé par les Romains. Au début du Moyen Âge et jusqu'au 10e s. est attestée l'existence d'une forteresse qui passe par mariage au comte du Périgord au 11e s. et devient une place forte. Les derniers comtes, Archambaud V et VI, voient leur bien confisqué en raison de leur conduite déloyale. Montignac revient alors à Louis d'Orléans qui, fait prisonnier à Azincourt, vend la ville à Jean de Blois pour payer sa rançon. La châtellenie reste à la famille d'Albret jusqu'en 1603, date à laquelle Henri IV la cède à François de Hautefort. Plusieurs fois démantelé pendant les guerres, le château est détruit en 1825.

Autrefois, l'enceinte reliée à celle de la forteresse aboutissait à un **pont** à tablier de bois qui franchissait la Vézère (face à l'actuelle rue de la Pégerie). Brûlé par les protestants en 1580, il fut reconstruit puis emporté par la crue de 1620. Le pont en pierre fut bâti à la fin du 18e s., remplaçant le bac utilisé pendant cent cinquante ans.

La petite ville est formée de deux noyaux de vie situés de part et d'autre de la **Vézère**. Rive droite, le « bourg féodal » s'ouvre sur des ruelles médiévales étroites; rive gauche, le « faubourg », avec ses couvents et son prieuré, rappelle que sous l'Ancien Régime Montignac était un port terminus, haut lieu marchand et artisanal.

À savoir – Montignac compte parmi ses hommes d'esprit **Eugène Le Roy** (1836-1907), l'auteur de *Jacquou le Croquant*, qui se retira dans le bourg à la fin de sa vie. Lors de la Seconde Guerre mondiale, Montignac avait un maquis qui s'appelait « Jacquou le Croquant ». Les résistants reçurent leurs parachutages sur les hauteurs de la Vézère abritant les sites moustériens.

À proximité Carte de microrégion p. 92

Fanlac A2

À 7 km à l'ouest de Montignac.

Eugène Le Roy y avait ancré en partie l'action de *Jacquou le Croquant* et la série télévisée fut tournée ici. La production permit de financer le réseau d'eau de ce village aux maisonnettes de pierre blonde presque intact depuis le 17e s. Église du 12e s. et croix lobée du 17e s.

Prenez la rue des Époux-Aubarbier vers la forêt.

Forêt Barade – *Promenades de 1h ou 2h AR.* Vous trouvez le GR 36 *(balise blanc et rouge)* qui s'enfonce dans cette forêt typique des boisements périgourdins (chênes, châtaigniers, genêts, ajoncs...). Il conduit jusqu'au château de l'Herm et à Angoulême. La forêt Barade a, de tout temps, abrité marginaux, révoltés, résistants et ermites. Elle est célèbre au point qu'**Eugène Le Roy** donna son nom à l'un de ses romans (1899). La partie qui va de Fanlac à la côte menant à Auberoche est facile et permet de belles promenades en famille.

Château de Sauvebœuf à Aubas B1

À 5,5 km au nord de Montignac par la D 45.

Aubas - 05 53 51 89 46 - www.chateau-de-sauveboeuf.com - tlj sf sam. juil.-août : 11h-19h ; Pâques-juin et sept.-oct. : lun.-vend. 14h-18h - 8 € (enf. 5 €). Possibilité visite guidée (1h) en haute sais.

Au bord de la Vézère et cerné par des vergers, le château a traversé les âges non sans bouleversements. La forteresse médiévale d'origine fut entièrement reconstruite en 1636 après avoir été détruite par les troupes de Richelieu.

Demeure de la noblesse locale jusqu'au 19e s., Sauvebœuf devient alors une propriété agricole et le château est abandonné. C'est grâce à son actuel propriétaire que le bâtiment a retrouvé l'éclat d'antan de sa salle de bal, du salon Richelieu, du cabinet de curiosités et de la salle à manger Mirabeau.
N'oubliez pas de visiter le **musée de Préhistoires** situé dans les caves du château, il ravira les amateurs férus de silex et autres couteaux *(8 €, enf. 5 € - billet combiné avec le château 12 € - visite guidée uniquement 1h30).*

★ Abbaye de St-Amand-de-Coly B2

À 11 km à l'est de Montignac par la D 704, puis l'intersection fléchée à gauche.
05 53 51 60 49 - 10h-21h - gratuit - poss. de visite guidée (1h) sur demande (4 €).
Un premier sanctuaire a été construit au 6e s. sur le lieu de vie et le tombeau de **saint Amand**, venu évangéliser le pays avec ses deux acolytes, saint Cyprien et saint Sour. Au cœur de cette petite vallée s'écoule le Coly, issu d'une résurgence d'une source vauclusienne très profonde. Certains voient dans ce vocable un mot occitan à rattacher à *colinar*, « couler ».
Bâtie en 1124 devant l'entrée de la grotte où vécut saint Amand au 6e s., l'abbaye augustinienne dont fait partie l'église connaît au cours des guerres anglaises un déclin de son activité spirituelle, puis se transforme en forteresse. Elle devient alors le « fort St-Amand ».
Par son système défensif très élaboré et ses remparts, l'abbaye réussit à maintenir l'ennemi à distance mais aussi à le déloger en cas d'incursion. Les huguenots installés ici en 1575 pourront ainsi résister six jours aux soldats du sénéchal du Périgord équipés d'une artillerie efficace.
Extérieur – Une impression de puissance se dégage de la **tour-donjon** percée d'un immense porche en arc brisé, supportant une chambre de défense *(voir ABC d'architecture p. 84)*. Le chemin de l'Abbé-Carrier permet de faire le tour du bâtiment et d'apercevoir les traces de fortification. À la base des toits de lauzes, un chemin de ronde court autour de l'édifice.
Intérieur – La pureté des lignes et la simplicité de la **décoration** concourent à la beauté de la nef. Le sol, de dalles inégales, grimpe sensiblement vers le chœur et l'impression d'appel est renforcée par le plan légèrement trapézoïdal de la nef, plus étroite vers le chœur qu'à l'entrée. Le souci défensif apparaît dans la coursière qui cerne le chœur, les logettes de guet placées dans les piliers du carré du transept et les trous de tir percés à la base de la coupole. Remarquez dans le bras gauche du transept la percée (rebouchée) ménagée dans le mur lors des guerres de Religion. Elle donne une idée de la violence des attaques.

Circuit conseillé Carte de microrégion p. 92

★ LA VALLÉE DE LA VÉZÈRE AB2

Circuit de 55 km tracé en violet sur la carte p. 92. Comptez environ une journée.
La partie de la vallée de la Vézère comprise entre Montignac et la région des Eyzies, tour à tour enserrée de falaises et de peupliers, est sans conteste la plus séduisante.
Quittez Montignac par le sud-ouest en empruntant la D 706, direction Les Eyzies-de-Tayac-Sireuil.

★ Le Thot, espace Cro-Magnon AB2

05 53 50 70 44 - www.semitour.com - juil.-août : 10h-19h ; avr.-juin et sept.-oct. : 10h-18h ; reste de l'année : 10h-12h30, 14h-17h30 - fermé 1er janv., 25 déc. - 8 € (-12 ans 5 €).

1

Le **musée** présente un large panorama des moyens d'expression de l'homme préhistorique : la peinture, la sculpture, les graffitis ; leur place dans l'histoire de l'humanité, leur évolution, les motivations de leurs auteurs. Ces différents thèmes sont abordés à l'aide de techniques modernes : fac-similés, diapositives géantes, montage audiovisuel, film, etc. Plusieurs reconstitutions de campements, souvent spectaculaires, et de scènes de la vie quotidienne au paléolithique supérieur contribuent à rendre la visite attrayante.
Implanté dans un site privilégié, le **parc** permet d'avoir un aperçu de la faune que l'homme de Cro-Magnon côtoyait et représentait sur les parois des grottes.
Poursuivez sur la D 706.

★ Château de Losse B2

Rte des Eyzies - ✆ 05 53 50 80 08 - www.chateaudelosse.com - mai-sept. : 12h-18h - fermé sam. (sf j. fériés) - 9 € (enfant 4,50 €) - visite guidée (40mn) - salon de thé et aire de pique-nique.
Sur une falaise rocheuse, ce château du 16e s., édifié sur les bases d'une ancienne forteresse, est composé d'un corps de logis Renaissance flanqué d'une grosse tour ronde et d'une élégante **terrasse** en surplomb de la Vézère. On accède à la cour d'honneur par un pont dormant, qui a remplacé le pont-levis, et un châtelet défensif.
Extérieur – Une visite libre ou guidée permet de cheminer dans les douves pour découvrir l'enceinte, avant de gagner les remparts. Dans la **tour Ste-Marguerite**, transformée en pigeonnier, est projetée une vidéo sur les costumes. En suivant l'allée bordée de créneaux de buis tandis que des rosiers serpentent sur le mur, on arrive à la **tour de l'Éperon** qui renferme une étuve et sa chambre de repos. Un regard sur le **jardin bas** s'impose car il a été conçu pour être regardé d'en haut : deux parterres symétriques de boules de lavande entourées de banquettes de romarins sont séparés par un canal. De là, on peut gagner un commun où sont diffusées des vidéos. Ensuite, on rejoint les **jardins en terrasses** inspirés des chambres de verdure du 17e s.
Intérieur – Le grand logis Renaissance entièrement **meublé d'époque** (16e-17e s.) présente le cadre de vie de Jean II de Losse, précepteur du roi Henri IV et gouverneur de Guyenne, maître des lieux. Dans la **salle voûtée**, au plafond, a été mise au jour l'inscription 1576, qui atteste la fin des travaux de construction du château. Le décor mobilier des salles a été disposé selon l'inventaire de 1602. Les nombreux objets en laiton rappellent qu'à une époque où la bougie était chère, tout ce qui reflétait la lumière était recherché. Parmi les remarquables **tapisseries**, deux retiennent l'attention : l'une flamande représente la préparation au tournoi, l'autre florentine, aux couleurs d'une étonnante vivacité, est intitulée *Le Retour de la courtisane*. Dans le **salon vert** lambrissé, restauré selon le coloris d'origine retrouvé sous le brou de noix, est exposé un beau portrait d'Henri IV en cire, *modello* pour les grandes médailles de bronze de Guillaume Dupré exposées au Louvre.
Continuez jusqu'à Thonac, puis prenez à droite la D 45.

Plazac A2

Perchée sur une butte dominant le village, l'**église** romane est entourée d'un cimetière planté de cyprès. Le clocher-donjon du 12e s. est une récupération de l'ancienne tour du château des évêques de Périgueux. Couvert de lauzes, il est orné d'arcatures aveugles retombant sur des bandes lombardes.
Quittez Plazac par le sud en empruntant la D 6.

Château de Losse.
Targa/age fotostock

1

Le Moustier A2

De même que le site de La Madeleine a donné son nom au magdalénien, Le Moustier a donné son nom à une culture du paléolithique moyen, le moustérien.
Abri du Moustier – *✆ 05 53 06 86 00 - www.eyzies.monuments-nationaux.fr - visite guidée sur demande préalable (1h) jeu. à 10h - fermé 1er janv., 1er Mai, 1er et 11 Nov., 25 déc. - 7,50 € (-26 ans 6,50 €) - se rens. à l'accueil de Font-de-Gaume au ✆ 05 53 06 86 00.* Les gisements paléolithiques du Moustier ont révélé un squelette d'homme de Neandertal et de nombreux outils de silex (entre – 100 000 et – 40 000 ans environ).
À noter : l'église de ce petit village bâti au pied d'une colline renferme un confessionnal (17e s.) original.
Dans le village, prenez la direction de Chabans, côte de Jor.
La **côte de Jor**, qui domine de 150 m la vallée, ouvre un remarquable **panorama** sur la Vézère et St-Léon-sur-Vézère.

★ La Roque St-Christophe A2

✆ 05 53 50 70 45 - www.roque-st-christophe.com - juil.-août 10h-20h ; avr.-juin et sept. : 10h-18h30 ; fév.-mars et oct.-11 Nov. : 10h-18h ; reste de l'année : se rens. - 8,50 € (-14 ans 4,50 €) - possibilité de visites guidées en sais., se rens.
Cette falaise surplombe sur 900 m de longueur et de 80 m de hauteur la vallée de la Vézère. Énormes balafres dans la roche, ses **cinq terrasses** recèlent une centaine de cavités, constituant le plus grand ensemble troglodytique d'Europe. Occupées à la préhistoire (on a trouvé des traces de vie humaine remontant au paléolithique supérieur), ces cavités naturelles ont servi de fondations à un fort aménagé contre les raids normands au 10e s., avant de devenir une cité. Elle a hébergé jusqu'à 1 500 personnes au 14e s. avant d'être rasée pendant les guerres de Religion.
L'incroyable entrelacs de canalisations, escaliers, passages, mais aussi les citernes, les éviers et les foyers montrent l'importance de la vie humaine sur ce site. Une **maison** en appui de la falaise a été reconstruite selon les méthodes des 10e et 13e s., et dans la **cuisine de l'an 1000** sont présentées des répliques de pièces archéologiques. Sur la grande terrasse (300 m de longueur), une reconstitution d'un **chantier médiéval** et une maquette permettant de visualiser l'ensemble du site. De cette plate-forme, très belle **vue★** sur la vallée.
Les stations du parcours sont ponctuées d'illustrations extraites de la bande dessinée *La Roque St-Christophe*, de Felix et Bigotto.
Poursuivez sur la D 66.

★ St-Léon-sur-Vézère A2

Le village compte l'une des plus belles églises romanes du Périgord. Si vous venez en dehors des quatre semaines du Festival musical, la quiétude des lieux vous donnera sans doute envie de vous y attarder.
★ **Église** – Élevée sur les restes d'une villa gallo-romaine, elle faisait partie d'un prieuré bénédictin fondé au 12e s. qui dépendait de l'abbaye de Sarlat. De la place, l'abside, les absidioles et le beau clocher carré à deux étages d'arcatures forment un ensemble parfaitement équilibré. Le tout est coiffé de lauzes calcaires du Périgord noir. À l'intérieur, la croisée du transept est voûtée d'une coupole, tandis que les absidioles communiquent avec l'abside par d'étroites ouvertures dites « passages berrichons ». Cette dernière et l'absidiole sud sont décorées de **fresques** romanes graciles, à dominante rouge.
Château de Clérans – Cette élégante construction des 15e et 16e s., flanquée de tours et de tourelles à mâchicoulis couronnées de girouettes, se dresse au bord de la Vézère.

Château de la Salle – Sur la place centrale du village, ce petit château en pierres sèches présente un beau donjon carré du 14e s.
Chapelle du cimetière – Cette chapelle gothique date du 14e s. Surmontant la porte, une inscription en langue d'oc évoque un événement extraordinaire : en 1233, un domestique ayant décoché une flèche sur le crucifix qui gardait l'entrée du cimetière tomba raide mort « ayant son visage tourné derrière-devant ». En 1890, la tombe du profanateur fut fouillée par la Société historique et archéologique du Périgord qui découvrit un squelette au crâne retourné… Le cimetière s'orne toujours d'un haut crucifix, et six enfeus de forme ogivale prennent place dans le mur d'enceinte.
Revenez à Peyzac, prenez à gauche et rejoignez la D 65.

Sergeac A2

Une croix du 15e s. salue le visiteur à l'entrée du village. Ce dernier s'est organisé autour de l'implantation des Templiers qui décident, à la fin du 13e s., d'y établir une commanderie. L'église date du 12e s. Sa belle couleur ocre adoucit des traits guerriers : chambres à meurtrières, mâchicoulis et clocher-mur. À l'intérieur, au-delà du porche creusé de voussures, un arc triomphal en plein cintre s'ouvre sur un chevet plat orné de chapiteaux décorés.

Castel-Merle A2

Le site, longtemps fermé au public, a vu nombre de ses découvertes dispersées aux Eyzies, à Périgueux et à St-Germain-en-Laye.
★ **Musée** – *℘ 05 53 42 30 09 - visite guidée sur demande préalable juil.-août : 10h-18h ; avr.-juin : 10h-12h, 14h-17h ; sept. : 14h-17h, mat. sur demande préalable - 6,50 € (-12 ans 3,50 €).* Il présente de nombreuses pièces. Vous garderez le souvenir tant des reconstitutions que de la verve du guide, à la fois préhistorien et agriculteur.
Abris – *Mêmes conditions de visite que pour le musée.* Bien connus des spécialistes, ils permettent de découvrir quelques restes de sculptures magdaléniennes. Coupe stratigraphique pour visualiser la superposition des périodes.
Regagnez Montignac par la D 65 qui borde la rive gauche de la Vézère (jolie vue sur le château de Losse).

NOS ADRESSES À MONTIGNAC

HÉBERGEMENT

PREMIER PRIX

Hôtel Le P'tit Monde – *52 et 54 r. du Quatre-Septembre - ℘ 05 53 51 32 76 ou 06 15 72 42 25 - www.hotellepetitmonde.com - 14 ch. 45/79 € - ☕ 8,50 € - ✕ formule déj. 12,50 € - 20 €.* Réparties dans deux bâtiments placés à l'entrée du bourg, les chambres de cet hôtel se veulent avant tout fonctionnelles. Le strict nécessaire en matière de confort. La terrasse et son bouquet d'arbres exotiques offrent une note agréable aux petits déjeuners. Spa et sauna accessibles gratuitement.

À proximité

Camping Le Moulin du Bleufond – *Av. Aristide-Briand (500 m au sud par la D 65, rte de Sergeac) - ℘ 05 53 51 83 95 - www.bleufond.com - fermé de mi-oct. à déb. avr. - ♿ ⛱ ✕ - réserv. conseillée - 82 empl. - 21 bungalows 120 à 145 €/nuit, 245 à 615 €/sem.* Cadre agréable, autour d'un ancien moulin du 17e s. pour ce camping idéalement installé au cœur du Périgord noir et de la vallée de la Vézère. Pour la détente, grande piscine et pataugeoire chauffées, spa et sauna, terrasse au bord du ruisseau…

Camping Le Paradis – *La Rebeyrolle - 24290 St-Léon-sur-Vézère (14 km au sud-ouest de Montignac par la D 706) - ✆ 05 53 50 72 64 - www.le-paradis.fr - fermé de fin oct. à fin mars - réserv. indispensable en haute saison - 200 empl. - bungalows, tentes lodges et gîtes 49 à 194 €/nuit, 343 à 1 358 €/sem.* - ♿ 🏊 🍴. Voilà un camping bien nommé ! Très bon accueil organisé autour des bâtiments d'une ferme du pays. Les plantations ombrageant les emplacements sont agréables ; infrastructures modernes et très confortables. Piscine, tennis et terrains de jeu.

Hôtel du Parc – *Le Bourg, sur la D 706 - 24290 Thonac (6,5 km au sud-ouest de Montignac par la D 706) - ✆ 05 53 50 70 20 - www.hotel-du-parc.net - fermé nov.-mars* - 🅿 🏊 *- 25 ch. 57 € -* ☕ *8,50 €.* Cet hôtel dispose de chambres aux dimensions modestes, à la décoration un peu « rétro ». Nous vous conseillons de choisir celles qui, au rez-de-chaussée, ouvrent directement sur le parc face à la Vézère. Piscine.

BUDGET MOYEN

À proximité

Chambre d'hôte La Licorne – *Le Bourg - 24290 Valojoulx (7,5 km au sud de Montignac par la D 65) - ✆ 05 53 50 77 77 - www.licorne-lascaux.com* - 🅿 🚭 🏊 *- 5 ch. 78/105 €* ☕ *- table d'hôte 28 € (lun., jeu. et sam. soir).* Au cœur du petit bourg de Valojoulx, face à l'église, cette authentique maison périgourdine des 17e et 18e s. abrite 5 chambres décorées avec soin. Vieilles pierres et poutres apparentes confèrent aux pièces un cachet unique. Découverte des plantes médicinales. Piscine.

Hostellerie La Commanderie – *1 pl. du Verdier - 224570 Condat-sur-Vézère (10 km au nord-est de Montignac par la D 704 et la D 62) - ✆ 05 53 51 26 49 - www.hotel-lacommanderie.com* - 🅿 🏊 *- 7 ch. 90 € -* ☕ *10 € - rest. formule déj. 15 € - 22/48 €.* Au cœur du bourg, voici une charmante demeure ancienne, jadis poste de garde sur la route de Compostelle. Jolies chambres « king size » aménagées sous les grandes voûtes de l'étage. Les meubles ont été choisis par la sympathique propriétaire, qui fut autrefois antiquaire. Jardin reposant et piscine chauffée.

POUR SE FAIRE PLAISIR

À proximité

Château de la Fleunie – *La Fleunie - 24570 Condat-sur-Vézère (10 km au nord-est de Montignac par la D 704 et la D 62) - ✆ 05 53 51 32 74 - www.lafleunie.com - fermé de janv. à mi-fév.* - 🅿 ♿ 🏊 *- 33 ch. 120/210 € -* ☕ *12 € - rest. 28/45 €.* Ce château féodal, au cœur d'un vaste domaine boisé, impressionne ; il y a même un parc animalier ! On cultive le style châtelain, avec poutres, vieilles pierres et beau salon dans la tour. Cuisine classique servie devant la cheminée.

RESTAURATION

PREMIER PRIX

Les Pilotis – *6 r. Laffite - ✆ 05 53 50 88 15 - fermé lun. et jeu. soir sf été - formule déj. 14 € - 14/20 € (carte).* Un classique de Montignac : cet établissement familial tient son succès à sa cuisine simple, savoureuse et abordable (classiques régionaux, grandes salades, pizzas, etc.) et à sa terrasse juste au-dessus de la Vézère. Ambiance conviviale.

À proximité

Le Dénicheur – *42 av. de la Libération - 24210 Thenon (13 km au nord-ouest de Montignac par la D 67) - ✆ 05 53 06 37 60 - formule déj. 14 € - 14/22 €.* Facile à trouver au centre du bourg, cette petite maison périgourdine abrite un restaurant fort sympathique. En dehors des menus, assez classiques, on s'intéressera aux grandes assiettes de salade, garnies de gésiers, magret ou foie gras. Service en terrasse dans le parc.

BUDGET MOYEN

À proximité

Le Bareil – *Le Bareil - 24290 La Chapelle-Aubareil (8,5 km au sud de Montignac par la D 740E) - ✆ 05 53 50 74 28 - fermé le soir hors sais. (sf sam.) et sam. midi - ⊭ - sur réserv. - formule déj. 19,50 € - 24/28 €.* Ici, l'adjectif « gargantuesque » n'est pas un vain mot : les plats, savoureux, se succèdent sur la table, sans précipitation, mais très sûrement, de l'incontournable potage au digestif, en passant par la salade de gésiers ou les fromages accompagnés de confitures. À déguster dans une ambiance festive, en compagnie des patrons Caty et Didier, d'une grande gentillesse.

Le Petit Léon – *24290 St-Léon-sur-Vézère (10 km au sud-ouest de Montignac par la D 66) - ✆ 05 53 51 18 04 - fermé de mi-sept. à mi-juin - formule déj. 11/19 € - 24/27 €.* Qu'il est charmant le jardin du Petit Léon ! Gourmands, installez-vous autour d'une table de bois sous les pommiers ou les parasols blancs de ce restaurant de village et régalez-vous des saveurs inédites du menu.

ACTIVITÉS

Randonnée – *Rens. au ✆ 05 53 51 47 85 (mairie) ou au ✆ 05 53 51 04 56 (Maison du patrimoine).* En vente au point accueil près de l'église, un topo-guide regroupant les 29 chemins de randonnée de la communauté de communes.

Dans les arbres

L'Appel de la Forêt – *D 6089 - 24210 Thenon (13 km au nord-ouest de Montignac par la D 67) - ✆ 05 53 46 35 06 - www.appel-de-la-foret.com - fermé de déb. oct. à mi-avr. - se rens. pour les horaires.* Ce grand parcours aventure *(20 € ; enf. 12/16 €)* accueille toute la famille. Ponts himalayens, sauts de Tarzan et incontournables tyroliennes, au milieu d'une magnifique forêt.

AGENDA

À proximité

Messe de St-Hubert – Le 15 août, messe avec trompes de chasse, puis fête de village à St-Amand-de-Coly.

Festival du Périgord noir – *www.festivalmusiqueperigordnoir.com.* Pendant plusieurs semaines, de début août à début octobre, nombreux concerts de musique classique à St-Léon-sur-Vézère et dans diverses localités du Périgord noir. Artistes renommés, notamment dans le domaine de la musique ancienne.

Rouffignac

★

1 579 Rouffignacois – Dordogne (24)

Détruit lors de la Seconde Guerre mondiale, puis reconstruit entre 1946 et 1950, le village doit son attrait à la richesse des sites qui l'entourent (Lascaux, Les Eyzies-de-Tayac) et à sa magnifique grotte. Rouffignac, à mi-chemin de Périgueux et de Sarlat, au milieu d'une campagne aux paysages variés, constitue une bonne base de départ pour découvrir les richesses de la vallée de la Vézère.

NOS ADRESSES PAGE 166
Hébergement, restauration, achats, activités, etc.

S'INFORMER
À l'office du tourisme du Bugue *(voir p. 167)*.

SE REPÉRER
Carte de microrégion A2 (p. 92)
À 15 km au nord-ouest des Eyzies-de-Tayac.

ORGANISER SON TEMPS
Prévoyez 2h, compte tenu de la route d'accès et de l'attente.

AVEC LES ENFANTS
La grotte ; le Jacquou Parc *(voir « Nos adresses »)*.

Découvrir

Église

Elle s'ouvre par un intéressant clocher-porche dont le portail remonte à la première Renaissance. Exécuté vers 1530, il est orné de chapiteaux corinthiens et surmonté d'un linteau finement sculpté. La décoration profane des chapiteaux (sirènes, bustes de femmes) surprend un peu en pareil lieu ! La nef se compose de deux travées à collatéraux de style flamboyant voûtées d'ogives et renforcées par des colonnes engagées moulurées en hélice.

À proximité Carte de microrégion p. 92

★ Grotte de Rouffignac A2

À 5 km au sud de Rouffignac par la D 32. ✆ 05 53 05 41 71 - www.grottederouffignac.fr - visite guidée (1h) juil.-août : 9h-11h30, 14h-18h ; avr.-juin et sept.-oct. : 10h-11h30, 14h-17h - 7 € (-12 ans 4,60 €) - nombre d'entrées limité. Prévoyez un chandail : la température avoisine les 13 °C.

Cette grotte sèche, appelée aussi « Cro de Granville », était déjà connue au 15e s. Ses galeries de plus de 8 km de longueur sont aujourd'hui parcourues par un chemin de fer électrique qui vous transporte vers les galeries principales. Vous remarquerez au passage non seulement les traces de griffes des ours des cavernes, mais surtout les bauges qu'ils ont creusées pour hiberner ici, et qui donnent une idée de leur taille : environ trois fois celle des ours bruns. En 1956, le professeur L.-R. Nougier signala un remarquable ensemble de dessins au trait noir et de **gravures★**, exécutés au magdalénien moyen (vers – 13 000 ans). En avançant en profondeur, la grotte des « Cent Mammouths » se révèle en effet bien nommée. Ce sont 158 représentations

Peintures rupestres de la grotte de Rouffignac.
CM Dixon / Heritage Image / age fotostock

de mammouth que comptent les parois et plafond. Leur présence est une double énigme : elle s'avère rare ailleurs et, chose plus étonnante encore, on ne trouve que peu d'ossements de ce grand pachyderme dans le Sud-Ouest. Parmi ces dessins, remarquez le « patriarche » et une étonnante frise de deux hardes s'affrontant. Les représentations s'emmêlent avec celles d'autres animaux : chevaux, bouquetins, rhinocéros laineux, bisons.

Au bout du parcours ferré, le **Grand Plafond★**, avec ses 66 figures, présente des peintures ou des gravures dans la marne habilement croquées, chefs-d'œuvre de l'art paléolithique. Notez les bouquetins, rhinocéros, bisons, chevaux et le dessin précis des mammouths. On aperçoit également des signes tectiformes (en forme de toit) que l'on trouve aussi à Bernifal, Combarelles et Font-de-Gaume. Ces quatre cavités appartenaient sans doute au même ensemble cultuel.

Château de l'Herm A1-2

À 4,5 km au nord-ouest de Rouffignac par la D 6.

05 53 05 46 61 - www.chateaudelherm.com - 10h-19h - fermé j. fériés, juin et oct.-mars - 6,50 € (-16 ans gratuit).

L'histoire de cette forteresse médiévale, embellie par une campagne de travaux de 1485 à 1512, est marquée par une longue série de crimes. Mais, de ce noir passé, seules subsistent d'imposantes ruines, rendues célèbres par Eugène Le Roy qui y situe la demeure du sinistre comte de Nansac de *Jacquou le Croquant*. Les grosses tours de défense émergent de la forêt. Le corps de logis a été recouvert d'un toit translucide afin de le mettre hors d'eau et d'arrêter la dégradation des ruines. En outre, des passerelles ont été aménagées sur trois niveaux.

La tourelle hexagonale de l'escalier s'ouvre par un portail de style flamboyant déjà influencé par la Renaissance. La deuxième archivolte décorée de choux frisés lance très haut son pinacle. Cette porte donne accès à un remarquable **escalier à vis★** dont le noyau central dessine une torsade moulurée. Sans palier, d'un seul élan, il s'achève par une voûte en étoile, croisée d'ogives avec liernes et tiercerons, formant un véritable palmier de pierre. Des fenêtres de cette tour, la vue plonge sur les cheminées monumentales qui décoraient les trois étages. Elles portent les armoiries de la famille de Calvimont. Vue sur la forêt de Barade.

NOS ADRESSES À ROUFFIGNAC

HÉBERGEMENT

PREMIER PRIX

À proximité

Chambre d'hôte Le Logis de la Mouchardie – *La Mouchardie - 24580 Plazac (3 km au sud-est de Rouffignac par la D 31 et rte secondaire à gauche) - 05 53 50 45 12 - www.giteperigord.com/le_logis - - 5 ch. 52,50/58,50 €*. Difficile de trouver plus calme que cette ancienne ferme au milieu de collines boisées. Entièrement rénovée par le propriétaire, la bâtisse compte 5 chambres bien tenues et un petit gîte charmant. S'ajoutent une agréable terrasse, idéale pour les petits déjeuners, et une jolie cour avec piscine invitant au farniente.

RESTAURATION

BUDGET MOYEN

À proximité

Ferme-auberge Le Puits Fleuri – *Boujou (2 km au sud-est de Rouffignac par la D 31, rte de Fleurac et chemin à gauche) - 05 53 05 42 95 - fermé dim. soir en sais. - - réserv. obligatoire hors sais. - 20/35 €*. Vous aurez à peine le temps de remarquer la décoration de la salle, très dépouillée. Aussitôt les plats servis, ils accaparent l'attention. Une cuisine régionale de qualité (essayez le magret aux pommes de terre sarladaises, un délice) et des portions presque trop copieuses.

ACTIVITÉS

Jacquou Parc – *Mortemart, la Ménuse (13 km à l'ouest de Rouffignac par la D 6, la D 45 et la D 710) - 05 53 54 15 57 - www.jacquouparc.com - - fermé oct.-mars - 12/13,50 € - carte accès illimité 37,50 €*. Située en pleine nature, cette structure comprend trois types d'activités différentes. Un parc animalier rassemblant des spécimens des fermes du monde entier, un espace aquatique avec toboggans et pataugeoire, et un parc d'attractions pour vibrer en famille au rythme des manèges.

Le Bugue

2 728 Buguois – Dordogne (24)

Contrôlant l'ultime courbe de la Vézère avant sa confluence avec la Dordogne, cette très ancienne localité, remodelée au 19e s., organise de nombreuses manifestations culturelles en saison. Son emplacement en fait par ailleurs un site idéal pour rayonner vers l'ensemble du Périgord noir, jusqu'aux bastides.

NOS ADRESSES PAGE 171
Hébergement, restauration, achats, activités, etc.

S'INFORMER

Office de tourisme – *R. du Jardin-Public - 24260 Le Bugue - 05 53 07 20 48 - www.lascaux-dordogne.com - horaires, se rens. sur Internet - fermé 1er janv., 1er et 11 Nov., 25 déc.*

SE REPÉRER

Carte de microrégion A2 (p. 92)

À 11 km au sud-ouest des Eyzies-de-Tayac-Sireuil et à 16 km au nord de Cadouin, Le Bugue est situé au carrefour entre les Périgord noir, pourpre et le pays des bastides. La circulation y est donc dense en toute saison.

À NE PAS MANQUER

Le marché du mardi, le parc du Bournat ; les concrétions du gouffre de Proumeyssac ; le parc panoramique de Limeuil.

ORGANISER SON TEMPS

Comptez une demi-journée pour la ville, une autre pour les alentours.

AVEC LES ENFANTS

Les animations estivales au parc du Bournat ou encore l'Aquarium du Périgord noir ; aux alentours, l'impressionnant gouffre de Proumeyssac.

Découvrir

⋆ Parc du Bournat

191 allée Paul-Jean-Souriau - 05 53 08 41 99 - www.lebournat.fr - - visite guidée sur demande préalable (1h) juil.-août : 10h-19h, merc. 10h-0h ; mai-juin et sept. : 10h-18h ; reste de l'année : 10h-17h - fermé 1er janv., 1er et 11 Nov., 25-26 déc. - 13,50 € (-4 ans gratuit).

À proximité de la Vézère, ce parc reconstitue sur 7 ha un **village périgourdin** de 1900, avec son ambiance d'époque et ses nombreux savoir-faire. Les édifices, tous anciens (à l'exception du moulin), ont été démontés puis remontés sur place. *Bournat*, qui signifie « la ruche » en patois périgourdin, rappelle qu'autrefois les abeilles occupaient le site.

Il y a bien sûr l'école, la chapelle, la mairie, mais aussi un lavoir, un chai… Dans chaque bâtiment, des mannequins costumés renouent avec les faits et gestes du passé. À la forge, au fournil, au moulin à vent et au moulin à huile, des **artisans** raniment les métiers d'autrefois, également mis à l'honneur par une riche collection d'outils et de machines agricoles. Le bon pain doré et croustillant tout droit sorti du four est garanti recette et cuisson à l'ancienne. Des semailles à la boulange, toutes les étapes se déroulent au village. D'autres artisanats sont également présentés (potier, fileuse de verre ou forgeron…). En saison, le manège rétro fait la joie des enfants. Bref, de quoi passer une journée instructive et ludique.

LE BUGUE DANS L'HISTOIRE

L'événement le plus important de l'histoire du Bugue serait la décision de fixer le jour du **marché** le mardi. Signé par le roi de France Philippe V en novembre 1319, cet acte, en lui reconnaissant son statut de ville, permit au Bugue de se libérer progressivement de la tutelle de Limeuil et, donc, de contrôler son territoire. Le développement économique de la cité, notamment les forges, en découle.

Qui se souvient de **Jean Rey**, né au Bugue en 1583 ? On doit pourtant à ce médecin l'invention du thermoscope, ancêtre du thermomètre, et la découverte de la pesanteur de l'air. Pascal prendra sa suite en supposant que cette pesanteur diminuait avec l'altitude et en inventant le baromètre.

★ Aquarium du Périgord noir

99 allées Paul-Jean-Souriau - ✆ 05 53 07 10 74 - www.aquariumperigordnoir.com - ♿ - juil.-août : 10h-22h ; avr.-juin et sept. : 10h-18h ; reste de l'année : 14h-18h, dim. 10h-18h - fermé 11 Nov.-15 fév. - 12,50 € (enf. 8,70 €/-4 ans gratuit) - visite sur smartphone gratuite disponible sur place.

Il a été conçu de manière que le visiteur ait l'impression d'évoluer au cœur des rivières. Les **aquariums** à ciel ouvert, éclairés en lumière naturelle et ouvrant sur de grandes vitrines, sont peuplés de poissons d'eau douce (plus de 6 000) issus de diverses régions d'Europe. Vous pourrez y observer de plus près des esturgeons, des carpes, des saumons, d'énormes silures (1,50 m) ou les très étranges axolotls albinos… C'est tout un univers ordinaire insoupçonné ! Après les rivières, en route pour la Louisiane et son **Alligator park**, où s'ébattent aligators, caïmans et iguanes de tous âges. Profitez de la douceur de la plage aux tortues avant d'entrer dans **la mine aux serpents**, où anacondas, pythons et autres couleuvres vous feront un peu frissonner.

En saison, les biologistes se transforment en animateurs ; vous pourrez nourrir les poissons ou assister au repas des reptiles.

Grotte de Bara-Bahau

Voir carte ci-contre. ✆ 05 53 07 44 58 - www.grotte-bara-bahau.com - visite guidée sur demande préalable (30mn) juil.-août : 9h30-19h ; fév.-juin : 10h-12h, 14h-17h30 ; reste de l'année : 10h-12h, 14h-17h - fermé lun. (nov.-mars sf vac. scol.), 1er janv., 25 déc. - 7 € (-15 ans 5 €).

Longue d'une centaine de mètres, elle se termine par une salle bouchée par un effondrement de rochers. Sur la voûte de cette salle au calcaire très tendre (le « fromage blanc ») se distinguent notamment des gravures réalisées à la pointe de silex sur des tracés digitaux qui semblent être des « brouillons ». Elles datent de la fin du magdalénien ancien et du début du magdalénien moyen (– 16 000 à – 14 000 ans). Les dessins représentent chevaux (dont l'un, la crinière au vent, est particulièrement réaliste), aurochs, bisons, cervidés, ours, ainsi que des signes abstraits, des mains et un phallus.

Grotte du Sorcier (St-Cirq)

Voir carte ci-contre. 6 km au nord-est par la D 31. ✆ 05 53 07 14 37 - www.grottedusorcier.com - visite guidée (30mn) juil.-août : 10h-19h30 ; mai-juin : 10h-18h30 ; avr. : 10h-18h ; de déb. sept. à mi-nov. : 10h-18h - 7 € (-5 ans 3,50 €).

Dans une petite grotte, sous une roche en léger surplomb, ont été découvertes sur les parois verticales et les plafonds quelques gravures attribuées au magdalénien moyen (entre – 16 000 et – 14 000 ans). Il s'agit de chevaux, de bisons et de bouquetins. Mais la grotte est surtout connue pour sa rare **gravure** d'un corps schématisé, doté d'un long phallus et d'une tête à l'expression étrange, qui lui vaut d'être appelée « le sorcier de St-Cirq ».

Circuit conseillé Carte de microrégion p. 92 et carte ci-dessous

DE LA VÉZÈRE À LA DORDOGNE A2-3

Circuit de 35 km tracé en pourpre sur la carte ci-dessous. Comptez une demi-journée. Quittez Le Bugue par la D 703 au sud-est.

Campagne

Au débouché d'un vallon, l'église romane est précédée d'un mur-clocher. Juste derrière elle, trône le **château** des seigneurs de Campagne, édifié au 15e s. et réaménagé au 19e s. Les tours avec créneaux et mâchicoulis qui flanquent le logis, ainsi que des éléments néogothiques lui confèrent une allure de manoir anglais. Le dernier marquis de Campagne fit don du château à l'État en 1970. *Quittez Campagne par l'est en empruntant la D 35 et poursuivez sur la D 49.*

St-Cyprien *(voir ce nom)*

Quittez St-Cyprien par le sud-ouest en empruntant la D 703[E]. La route longe la rive droite de la Dordogne. Tournez à gauche dans la D 703.

Siorac-en-Périgord

Château – ✆ *06 20 28 36 57 - fermé pour une durée indéterminée.* Construit sur des bases médiévales, il fut remanié au 18e s. Il abrite aujourd'hui un **musée des Arts culinaires**, qui permet de découvrir ustensiles, vaisselle, objets d'art et mobilier (16e-19e s.) sur le thème de la cuisine et des arts de la table. *Revenez sur la D 703 et continuez à longer la Dordogne.*

Le gouffre de Proumeyssac.
Gouffre de Proumeyssac

Coux-et-Bigaroque

Petite pause dans ce gros bourg, né de la fusion des paroisses de Coux et de Bigaroque. Vous aimerez, dans le premier, le portail sculpté de l'église romane et, dans le second, le charme de ses rues.
Prenez au nord la D 703, puis tournez à gauche dans la D 31E2 en direction d'Audrix puis du Bugue.

★★ Gouffre de Proumeyssac A2

05 53 07 27 47 - www.gouffre-proumeyssac.com - visite guidée (45mn) juil.-août : 9h-19h ; avr.-juin et de déb. à mi-sept. : 9h30-18h ; reste de l'année : se rens. - fermé janv., 25 déc. - 9,90 € (enfant 6,50 €) - 18,20 € (-15 ans 12,50 €) avec descente en nacelle.

En saison, il est conseillé de réserver par téléphone ou sur Internet, notamment pour les descentes en nacelle. En saison, de nombreuses animations sont organisées à destination des plus jeunes, notamment une visite théâtralisée du site.

Il existe deux façons de découvrir le gouffre : à pied par le tunnel ou en descendant dans une nacelle tournante par le trou qui a permis la découverte du site en 1907. Frisson garanti en arrivant dans cette « cathédrale de cristal » mise en valeur par un son et lumière.

D'une plate-forme aménagée à mi-hauteur du gouffre, on embrasse d'un seul regard cette splendide cavité de forme régulière, de 52 m de hauteur et de 60 m dans sa partie la plus large. À mi-hauteur, un important ruissellement continue à alimenter des stalactites très denses par endroits, formant quatre impressionnantes **fontaines pétrifiantes**, dont la fameuse méduse. À la base des parois se sont développées de grandes orgues de stalactites, stalagmites et monolithes ocre ou blancs. La **galerie des cierges** présente au sol de belles cristallisations triangulaires.

À l'extérieur, le Ludo Parc, un espace paysagé ponctué de panneaux explicatifs, présente de façon exhaustive les phénomènes géologiques, notamment la formation des concrétions et le rôle de l'eau.

À côté, un espace muséographique aborde les aspects historiques de la découverte du gouffre.

En face du site a été aménagé un parcours forestier (30mn AR) menant à un panorama sur la Vézère. En chemin, à l'appui de panneaux explicatifs, vous observerez les principales essences d'arbres du Périgord..

Prenez la direction nord-ouest sur D31E2 puis la D31 pour rejoindre Le Bugue.

NOS ADRESSES AU BUGUE

HÉBERGEMENT

BUDGET MOYEN

Chambre d'hôte Maison Oléa – *La Combe de Leygue - ✆ 05 53 08 48 93 - www.olea-dordogne.com - fermé 21 déc.-4 janv. - - 5 ch. 75/105 € , table d'hôte 35 €.* Derrière une architecture inspirée des anciennes granges à tabac se cache un rêve mauresque ! Chambres avec loggia orientées plein sud et vue sur la vallée de la Vézère. L'accueil est charmant, à l'image des lieux, et le repas servi à la table d'hôte est digne d'un grand restaurant.

RESTAURATION

PREMIER PRIX

Le Pha – *25 r. du Jardin-Public - ✆ 05 53 08 96 96 - fermé en janv. et jeu. (sf été) - - 15/26 €.* Vous ne résisterez pas à la terrasse située à l'arrière, ouvrant sur la Vézère et plantée de bambous, rosiers, vigne sauvage… Cette adresse originale propose deux types de cuisines : une classique, périgourdine, et une asiatique, préparée au wok. Belle vue sur le moulin depuis la berge.

À proximité

La Maison de Martine – *Pl. de l'Église - 24260 Campagne (5 km à l'est du Bugue par la D 703) - ✆ 05 53 03 51 88 - fermé de déb. nov. à fin mars et jeu. sf juil.-août - - 14/24 €.* Dès l'entrée, vous tomberez sous le charme de cette adorable maison où vous attendent salades, tartines, assiettes gourmandes, crêpes et autres délices. Service en continu.

BUDGET MOYEN

Le Cygne – *2 r. du Cingle - ✆ 05 53 06 01 06 - fermé Noël-10 janv. - formule dej. 15 € - menu 28/34 € - ch. 54/66 €.* Certes la décoration est surannée, mais la terrasse est belle et accueillante, comme le personnel. La cuisine de qualité est traditionnelle (canard évidemment) et très variée : poissons, salades, carpaccio… L'établissement dispose également de chambres.

AGENDA

Musique en Périgord – *www.musiqueenperigord.fr.* La 1re quinzaine d'août, concerts de musique classique et de musique du monde au Bugue et en divers lieux (Campagne, St-Cyprien, Les Eyzies, etc.).

Terrasson-Lavilledieu

6 261 Terrassonniens – Dordogne (24)

Prenez la peine de vous arrêter flâner dans le vieux Terrasson. Après le pont, le centre, plein de charme avec ses vieux édifices et ses toits en ardoises, s'étend sur les collines de la rive gauche de la Vézère. Une restauration et une signalétique efficaces, couplées à un heureux penchant pour les jardins, font de cette bourgade une halte agréable.

NOS ADRESSES PAGE CI-CONTRE
Hébergement, restauration, achats, activités, etc.

S'INFORMER

Office de tourisme – *R. Jean-Rouby - 24120 Terrasson-Lavilledieu - 05 53 50 37 56 - www.ot-terrasson.com - juil.-août : se rens. ; reste de l'année : tlj sf dim. 9h30-12h30, 14h-17h30 - fermé j. fériés.*

Visite guidée – En été, visite guidée comprenant la vieille ville et un cluzeau jeu. : 15h (durée : 1h15).

SE REPÉRER

Carte de microrégion B1 (p. 92).
À 18 km au nord-est de Montignac.

ORGANISER SON TEMPS

Comptez 1h pour la ville seule, 1h15 pour la visite guidée des jardins.

AVEC LES ENFANTS

Les jets d'eau des Jardins de l'Imaginaire, le musée du Chocolat.

Découvrir

Vieille ville

Depuis l'église St-Sour (chevet du 15e s., nef du 19e s.) dominant la ville et la vallée, redescendez vers la rivière par la passerelle aménagée sur la **falaise de Malpas** qui offre un beau point de vue. Le **circuit historique★**, ponctué de 17 bornes explicatives, relie les maisons à colombages disséminées dans les ruelles, l'hôtel de ville (19e s., incendié en 1944), le **pont** (12e s.), les cluzeaux (cavités artificielles), fontaines et petites places. En face des Jardins de l'Imaginaire, une vitrine expose des **sarcophages mérovingiens** (5e, 6e s.) découverts en 2006.

★ Jardins de l'Imaginaire

Pl. de Genouillac - 05 53 50 86 82 - www.jardins-imaginaire.com - visite guidée (1h15) juil.-août : 10h-18h ; avr.-juin : tlj sf mar. 10h-11h30, 14h-17h30 ; sept. : tlj sf mar. 10h-11h30, 14h-17h - fermé certains j. fériés - 7,50 € (-18 ans 4,50 €).

LES ORIGINES DE LA VILLE

Une grotte préhistorique, classée, et des vestiges de villas romaines attestent une occupation ancienne. Au 6e s., saint Sour, ermite auvergnat, cherche un emplacement pour un nouveau monastère. Il est accompagné des saints Cyprien et Amand, qui fonderont respectivement St-Cyprien et St-Amand-de-Coly. Une tradition, plus jolie que fiable, rapporte que le moine aurait lâché des colombes et qu'elles se seraient toutes posées là, lui arrachant l'exclamation « *Terra sunt !* » (elles sont à terre !), dont serait issu le nom de Terrasson. Au 12e s., l'implantation monastique s'est beaucoup développée. Elle est en lien avec l'abbaye limousine St-Martial, ce qui explique sans doute la ressemblance du pont qu'elle fait édifier avec celui qui se lance en travers de la Vienne à Limoges, à la même époque.

6 ha de jardin en terrasses dominant Terrasson et sa vallée. Une création contemporaine due à Kathryn Gustafson qui remporta le concours international lancé en 1992. Le caractère original du lieu tient dans sa **visite contée** qui vous emmène à travers le bois sacré aux vagues bleues et blanches qui rappellent la couleur des pierres et des ardoises de la ville, la forêt peuplée d'elfes et de lutins, les jardins d'eau que l'on traverse avec délice ou crainte en se faufilant entre les jets. On découvre aussi la roseraie (2000 rosiers), une charmille percée de portes et de fenêtres, cinq cascades fontaines ouvrant sur une collection d'iris, jusqu'à la serre tapissée d'un mur végétal, œuvre de l'architecte Ian Ritchie, qui abrite des expositions.

Bovetti – musée du Chocolat

Zaes du Moulin-Rouge - 05 53 51 57 36 - www.bovetti.com - - août et vac. de Noël : 10h-11h15, 14h-17h15, sam. 14h-17h15, dim. 14h-17h15 ; reste de l'année : merc.-jeu. 10h-11h15, 14h-17h15, sam. 14h30-16h - possibilité de visite guidée (20mn) - 3,80 € (-12 ans 3,10 €).

L'Italien Valter Bovetti, installé en Corrèze en 1994 et devenu célèbre par ses clous en chocolat, a ouvert la chocolaterie de Terrasson en 2002. Le musée présente l'histoire du cacao et la fabrication du chocolat. En fin de visite, les enfants réalisent un moulage qu'ils pourront réutiliser.

NOS ADRESSES À TERRASSON-LAVILLEDIEU

HÉBERGEMENT

PREMIER PRIX

Village Vacances Le Clos du Moulin – *05 53 51 68 95 - www.leclosdumoulin.com - - 14 chalets 560/830 €/sem./5 à 7 pers.* En bordure de rivière, un village de chalets sans surprise, mais de confort et bien entretenu. Piscine chauffée et restauration sur place.

RESTAURATION

PREMIER PRIX

Aux Saveurs des Jardins – *5 bis rte de la Fontaine-St-Julien - 05 24 16 15 34 ou 06 88 90 87 21 - www.auxfleurs.fr - fermé oct.-mi-avr. - réserv. conseillée - 13/30 €.* Situé à l'entrée des Jardins de l'Imaginaire, ce restaurant offre une jolie vue sur la vieille ville. Il propose une cuisine du terroir, agrémentée de fleurs comestibles. Original, joli et bon. Formule panier pique-nique.

POUR SE FAIRE PLAISIR

L'Imaginaire – *Pl. du Foirail - 05 53 51 37 27 - P - www.l-imaginaire.fr - fermé dim. soir, mar. et merc. hors sais. et lun. en juil.-août - 7 ch. 85/125 € - 13 € - formule déj. 36 € - 50/71 €.* Où sont les portes de L'Imaginaire ? À l'entrée de la vallée de la Vézère, dans cet ancien hospice du 17e s. et sa salle voûtée en pierre… Le chef, Vincent Laval, signe une cuisine inspirée et pleine de finesse. Original et malin, le menu dégustation est composé de plusieurs plats à la carte. Option bistrot « Côté Cour » le midi en semaine.

ACHATS

Marché – Jeudi matin.

AGENDA

Festival Les Chemins de l'imaginaire – *05 53 50 13 80.* Spectacles de rue pendant la 2e semaine de juillet.

Château de Hautefort

★★

Dordogne (24)

Massif et élégant, juché sur un éperon rocheux, le château de Hautefort s'impose aux regards à 15 km à la ronde. Cet archétype des châteaux d'agrément a sans cesse été embelli au fil des siècles et des styles. Parfaitement restauré et doté d'un jardin à la française impeccablement entretenu, il offre son décor à un nombre croissant d'animations.

NOS ADRESSES PAGE 177
Hébergement, restauration, achats, activités, etc.

S'INFORMER

Office du tourisme – *Pl. du Marquis-Jacques-François-de-Hautefort - 24390 Hautefort - ✆ 05 53 50 40 27 - www.vezere-perigord.fr - juin-sept.: 9h30-19h; reste de l'année: 10h-12h30, 14h-18h - fermé de mi-déc. à déb. janv.*

SE REPÉRER

Carte de microrégion B1 (p. 92).
À 26 km au nord de Montignac.

SE GARER

Parking au pied du château.

À NE PAS MANQUER

Si vous le pouvez, profitez de **« La Nuit, au château... »**, les mercredis d'été pour visiter le parc et apprécier le site.

ORGANISER SON TEMPS

Comptez 1h30 pour le château, le parc et un rapide tour dans le village.

Découvrir

★★ Château

✆ 05 53 50 51 23 - www.chateau-hautefort.com - juin-août: 9h30-19h; avr.-mai: 10h-12h30, 14h-18h30; sept.: 10h-18h; mars et 1er oct.-11 Nov.: w.-end et j. fériés 14h-18h - possibilité de visite guidée (30mn) - 9,50 € (-15 ans 5 €).

Extérieur – L'effet à l'approche du château est saisissant. Le site, surélevé, est protégé par un fossé et cerclé de murs de terrassement. Il subsiste quelques traces médiévales, comme la tour d'angle nord-ouest, dite tour de Bretagne, à droite de l'entrée. Les bâtiments formant un U gardent une forte empreinte défensive, ils sont pourtant ornés presque aux quatre coins de gracieux lanternons (17e s.), et l'intérieur de la cour dévoile une élégante **galerie basse★**.

Intérieur – La tour de Bretagne, dont les fondations remontent au 14e s., est couverte d'une magnifique **charpente** de châtaignier, œuvre des compagnons du Tour de France. Elle donnait accès au départ du chemin de ronde, en

BERTRAN DE BORN

Ce célèbre troubadour du 12e s., cité dans *La Divine Comédie* de Dante, fut coseigneur du château de Hautefort avec son frère Constantin. Mais, « semeur de discorde », Bertran prend les armes contre son frère et réussit à mettre Henri II Plantagenêt dans son camp. Il devient donc seul possesseur du château. Dès l'année suivante, Constantin revient et ravage Hautefort. Bertran se retire alors sous l'habit monastique.

UNE ARCHITECTURE COMPOSITE

Dès le 9e s., une forteresse des vicomtes de Limoges occupe le site. Plusieurs édifices se succèdent au Moyen Âge. La capacité défensive du château, renforcée au 16e s. pendant les guerres de Religion avec l'ajout d'échauguettes et d'un pont-levis, est allégée dès le 17e s. : Hautefort devient alors une résidence d'agrément où se mêlent styles Renaissance et classique, conférant au bâtiment une élégance originale. En 1929, le baron et la baronne Henri de Bastard rachètent le château, qu'ils décident de remettre en état, et créent les jardins à la française. En 1968, un tragique incendie dévaste le grand corps de logis, seules les deux ailes sont épargnées. Depuis, un travail de reconstitution à l'identique a permis de restituer le bel intérieur.

grande partie démantelé au 17e s. Clôturant symétriquement la cour, une tour construite au 17e s. abrite la **chapelle**. En face de l'entrée de la tour s'ouvrent les **souterrains** voûtés, qui menaient aux cuisines en sous-sol. Durant la Seconde Guerre mondiale, ils servirent d'abri pour les vitraux des cathédrales de Colmar, Strasbourg, Mulhouse et Nancy. La galerie du corps de logis mène à un escalier d'honneur. À l'étage, les différentes pièces avec vues sur les jardins retrouvent progressivement un mobilier approprié, comme la chambre dite de Marie de Hautefort (époque Louis XV), le vestibule, la chambre de Monsieur avec son beau lit à la polonaise, la chambre de Madame, mais aussi la tisanerie, le grand salon et le cabinet de travail. Deux **cheminées monumentales** en noyer (répliques d'après photographie de celles du 17e s.) se font face dans la salle de réception. Les quatre **tapisseries** (16e s., trois proviennent d'Enghien et une de Bruxelles) de la salle qui porte leur nom ont été sauvées de l'incendie : un membre du personnel les jeta par la fenêtre.

Parc – Les terrasses du château aménagées en **jardins à la française★** forment un écrin. En outre, 30 ha de **parc à l'anglaise**, à l'abord duquel se dresse un superbe cèdre du Liban (le plus vieil arbre des lieux, qui a résisté à la tempête de 1999), réservent une agréable promenade.

Bourg

Peu étendu, discret, il entoure le château qui le domine. Les ruelles, pentues et étroites, sont agréables à parcourir.

Ancien hospice

Édifiée sur la place du village au sud du château, l'ancienne chapelle dépendait d'un hospice fondé par les Hautefort en 1669. Le bâtiment, couvert d'un beau dôme, surmonté d'un haut lanternon, déploie un plan en croix grecque.

Musée de la Médecine – *Pl. Marquis-Jacques-François de Hautefort - ✆ 06 85 52 29 75 - www.musee-hautefort.fr - visite guidée sur demande préalable (1h30) juin-sept. : 10h-19h ; reste de l'année : 10h-12h, 14h-18h - fermé de mi-nov. à mi-mars - 6 € (-5 ans 3 €).* Il comprend la reconstitution d'une salle de malades, une exposition sur les progrès de la médecine au 19e s. et une salle consacrée à l'art dentaire de 1870 à nos jours.

Circuit conseillé Carte de microrégion p. 92

★ LE PAYS D'ANS AB1

Circuit de 40 km tracé en bleu clair sur la carte p. 92. Comptez 2h30. Quittez Hautefort par le nord-est en empruntant la D 72.

S'étendant aux confins du Limousin et du Périgord, le pays d'Ans tient son nom d'une châtellenie qui était la plus importante de la vicomté de Limoges. Les paysages vallonnés dessinent des damiers de bois et de cultures piquetés de noyers.

Boisseuilh B1

Au cœur du village, église romane au clocher-mur à deux baies, remaniée au 17e s.

Quittez Boisseuilh par l'ouest, suivant la D 77.

Cherveix-Cubas B1

Dans le cimetière à l'écart de l'église se dresse une **lanterne des morts** du 13e s.

Quittez Cherveix par le sud-ouest (D 5). À env. 1 km avant d'entrer dans Tourtoirac, prenez à gauche en direction de la grotte.

Tourtoirac A1

★ **Grotte de Tourtoirac** – *✆ 05 53 50 24 77 - www.grotte-de-tourtoirac.fr - ♿ - visite guidée (1h) juil.-août : 9h30-19h30 ; mai-juin et sept. : 10h-12h, 14h-18h ; avr. et oct. : 14h-18h ; mars et nov. : w.-end 14h-18h - fermé 1er janv., 25 déc. - 7,80 € (-14 ans 5,20 €).* La grotte a été découverte en 1995 par Jean-Luc Syriex (spéléologue tragiquement disparu lors d'une seconde exploration), attiré par une résurgence de la Clautre dans le bourg de Tourtoirac. Après la descente en ascenseur débute une promenade de 300 m (sans dénivelé ni escalier long) au cours de laquelle vous admirerez de splendides concrétions – fragiles fistulaires, élégants « drapés » et très curieux excentriques, à commencer par la « reinette », la mascotte de la grotte.

Abbaye de Tourtoirac – *✆ 05 53 51 12 17 - juil.-août : 10h-12h, 14h-18h ; reste de l'année : sur demande préalable.* L'église romane fut remaniée au cours des siècles, remarquez néanmoins le portail du 12e s. et l'enfeu du 13e s.

Derrière le chevet, les **vestiges de l'abbaye** fondée au 11e s. se dressent dans le jardin ouvert au public. À droite, une chapelle romane voûtée en berceau, dotée d'amphores acoustiques, le four à pain et le chemin de ronde. À gauche, l'ancienne abbatiale de plan tréflé dont le chœur et la croisée du transept sont décorés de fresques murales.

Dans les **caves du presbytère** situé à côté de l'église, la salle capitulaire a été mise au jour. Ses remarquables chapiteaux romans sont visibles en contournant l'édifice.

Quittez Tourtoirac par le sud en empruntant la D 67.

Ste-Orse A1

Quelques maisons aux murs lumineux enserrent l'église romane du village. Derrière un portail à triple voussure, l'édifice recèle une crypte polygonale *(souvent fermée au public).*

Quittez Ste-Orse par l'est et suivez la D 70.

Badefols-d'Ans B1

La seigneurie de Badefols fut propriété de la famille de Bertran de Born. Un donjon carré constitue la partie la plus ancienne du château qui domine la vallée. L'église du 12e s. a été remaniée aux 15e et 16e s.

La D 70, puis la D 71 à droite vous ramènent à Hautefort à travers des sous-bois et ménagent un beau point de vue sur le château.

NOS ADRESSES À HAUTEFORT

HÉBERGEMENT

PREMIER PRIX

À proximité

Chambre d'hôte La Razoire Haute – *Rte de Nailhac, à la Razoire - 24390 Nailhac (5 km au sud de Hautefort par la D 71) - ✆ 05 53 51 51 74 - fermé oct. et fêtes de fin d'année - P - 5 ch. 50 € - table d'hôte sur réserv. 15 €.* Les propriétaires ont mis un terme aux activités de l'exploitation agricole pour profiter de leur retraite, mais ont gardé le goût de l'accueil. De dimensions modestes, les chambres, très simples, sont bien tenues. Table d'hôte servie dans la salle à manger familiale.

RESTAURATION

BUDGET MOYEN

La Table d'Érillac – *1 pl. Eugène-Le-Roy - ✆ 05 53 51 61 49 - fermé nov.-fév., dim. soir (sf été) et lun. - formule déj. 12/16 € - 13,50/35 €.* Derrière sa devanture en bois, cette boutique égrène les spécialités régionales sur de jolis présentoirs en forme de bibliothèque (conserves, bouteilles, confitures…). Sur place, cuisine simple et soignée : amuse-bouche, salade de bloc de foie gras, confit de canard rôti, etc.

À proximité

Ferme-auberge Le Grand Coderc – *Le Grand Coderc - 24210 St-Rabier (13 km au sud de Hautefort par la D 72 et la D 704) - ✆ 05 53 50 64 61 - www.legrandcoderc.com - fermé 2e sem. de janv., 1re sem. de juil., 2e sem. d'oct., dim. soir et lun. - ♿ P - 5 ch. 42 € - sur réserv. uniquement - formule déj. 12 € - 20/28 €.* Dans cette vieille maison au caractère rustique, le bonheur est dans le plat, avec entre autres : embeurré de chou au foie gras, lièvre à la royale et glaces maison.

ACHATS

Les Abeilles du Périgord – *24210 La Bachellerie - ✆ 05 53 51 00 91 - www.lesabeillesduperigord.fr - juil.-août : 10h-12h, 14h30-19h ; reste de l'année : sur demande préalable.* Une visite guidée (gratuite) vous dira tout de la vie des abeilles et de la fabrication du miel. En juil.-août, vous aurez la chance d'assister à l'extraction du miel les mar. et jeu. Vente des produits de la ruche.

ACTIVITÉS

Étang du Coucou – *✆ 05 53 51 96 14.* Au pied du château de Hautefort, un bel étang pour les pêcheurs (carpe), mais aussi des possibilités de restauration « rapide ».

BERGERAC ET LE PÉRIGORD POURPRE

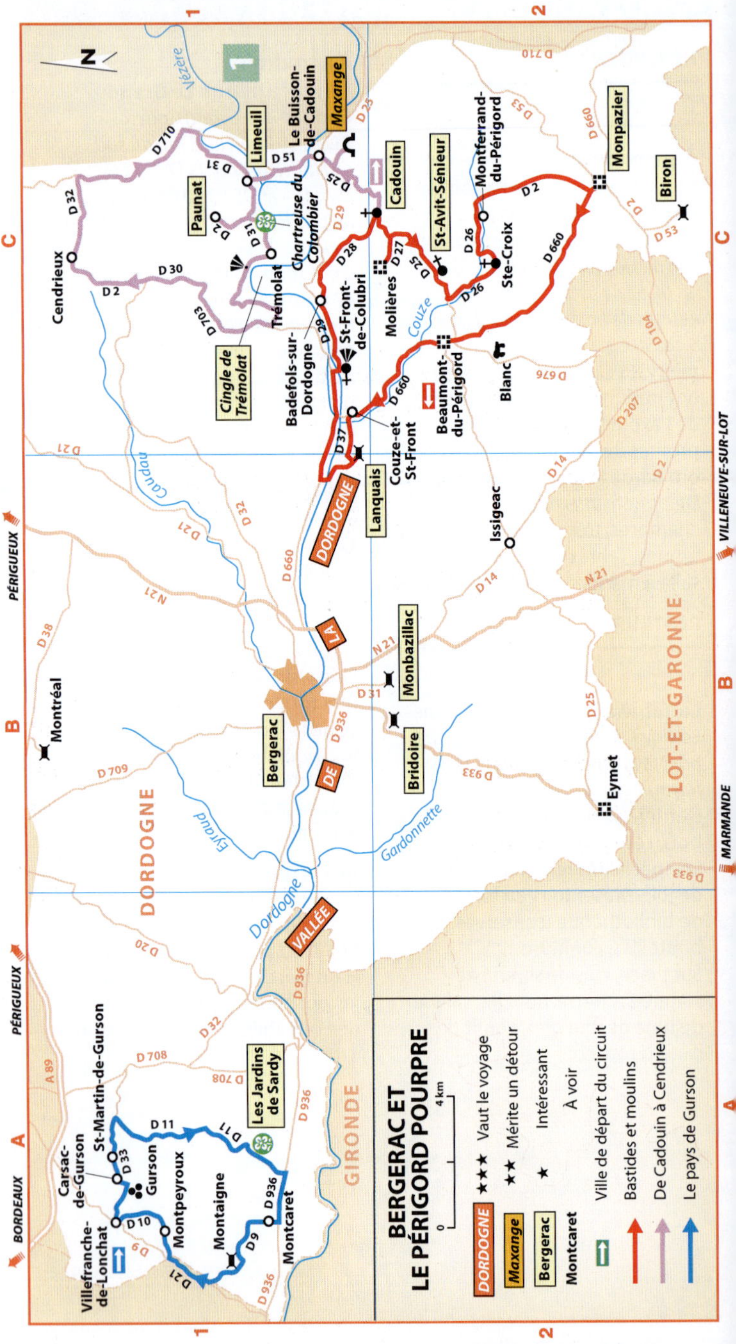

Bergerac et le Périgord pourpre 2

Carte Michelin Départements 329 - Dordogne (24)

Bergerac

★

27 687 Bergeracois – Dordogne (24)

Ses pierres, son tabac : Bergerac est une ville blonde, coiffée de vignes, les pieds dans le bleu sombre de la Dordogne. Si la ville ne doit rien à Cyrano, elle doit en revanche beaucoup au vin qu'on y négocie depuis des siècles. Par ses ruelles, ses maisons de bois et de pierre, son vieux port où l'histoire glorieuse de la batellerie résonne toujours, Bergerac invite à la flânerie.

NOS ADRESSES PAGE 189
Hébergement, restauration, achats, activités, etc.

S'INFORMER

Office du tourisme – Plan I B1 - *97 r. Neuve-d'Argenson - 24100 Bergerac - 05 53 57 03 11 - www.bergerac-tourisme.com - juil.-août : 9h30-19h30 ; avr.-juin et sept.-oct. : tlj sf dim. 9h30-13h, 14h-19h ; reste de l'année : tlj sf dim. 9h30-13h, 14h-18h30 - fermé 1er janv., 25 déc.*

SE REPÉRER

Carte de microrégion B1 (p. 178). Bergerac est à 69 km à l'ouest de Sarlat.

SE GARER

Le cœur historique est inaccessible en voiture. Grand parking gratuit sur la place du Foirail ; parking gratuit également sur le port ancien, mais uniquement hors période estivale. Plusieurs parkings autour de l'église Notre-Dame.

À NE PAS MANQUER

Les gabarres de l'ancien port ; le musée du Tabac ; le cloître des Récollets.

ORGANISER SON TEMPS

Comptez une demi-journée pour la ville, une autre pour les alentours.

AVEC LES ENFANTS

Le château de Bridoire. Prévoyez une balade en gabarre ou une baignade à l'Aqua Park.

Se promener

★★ LE VIEUX BERGERAC

Circuit tracé en vert sur le plan II p. 183.

Ancien port

Autrefois, les gabarres accostaient à cet endroit pour décharger les marchandises et le bois en provenance du haut du pays et embarquer les barriques de vin à destination de Bordeaux, puis de l'Angleterre et de la Hollande. Les gabarres que l'on voit aujourd'hui ne transportent plus que les touristes.

Maison des vins - cloître des Récollets

Accès à l'ancien couvent des Récollets par la boutique de la Maison des vins, quai Salvette, ou au 2 pl. du Dr-Cayla - 1 r. des Récollets - 05 53 63 57 55 - www.vins-bergerac.fr - ♿ - juil.-août : 10h-19h ; mai-juin et sept. : tlj sf dim.-lun. 10h-12h30, 14h-19h ; reste de l'année : tlj sf dim.-lun. 10h30-12h30, 14h-18h, 1er dim. du mois 10h-13h - fermé janv., 25 déc.

Bergerac et la statue de Cyrano de Bergerac par le sculpteur Mauro Corda.
I. Cook/age fotostock / ADAGP, Paris 2016

En franchissant l'enceinte qui, jadis, protégeait la cité des fortes crues, le visiteur pénètre dans la boutique avec salle sensorielle communiquant avec le **caveau de la Vinée**. La cave des moines, remarquablement voûtée, se divisait à l'origine en deux entrepôts : le plus petit recueillait le grain (par une trappe encore visible) ; le plus grand abritait les barriques de vin destinées au chargement des gabarres. Aujourd'hui, le caveau accueille les réunions de la conférence des consuls de la Vinée.

Montez l'escalier débouchant dans le cloître. Le bâtiment du **cloître des Récollets**, construit entre le 12ᵉ s. et le 17ᵉ s., allie la brique à la pierre. La cour intérieure donne à voir une galerie Renaissance du 16ᵉ s. accolée à une autre galerie du 18ᵉ s. Là sont présentés des panneaux relatifs au vin.

Sortez par la boutique et prenez sur la gauche au bout du quai Salvette.

Rue du Château

Elle forme un coude dans lequel a été aménagé un curieux balcon à balustre surplombant la rue.

Poursuivez en traversant la rue de l'Ancien-Pont et tournez à gauche.

Rue St-Clar

Elle est bordée de maisons à colombages à encorbellement dont le torchis des murs est parfois mêlé de briquettes.

Tournez à gauche dans la rue des Rois-de-France et à droite dans celle de l'Ancien-Pont.

★ Maison Peyrarède

Cet élégant hôtel, dit des Rois de France, édifié en 1603, s'orne d'une tourelle en encorbellement. Il abrite le musée du Tabac.

★★ Musée du Tabac

Pl. du Feu - ✆ 05 53 63 04 13 - www.ville-bergerac.com - ♿ - juin-sept. : 10h-13h, 14h-18h ; avr.-mai : tlj sf lun. 10h-12h, 14h-18h, dim. 14h30-18h30 ; reste de l'année :

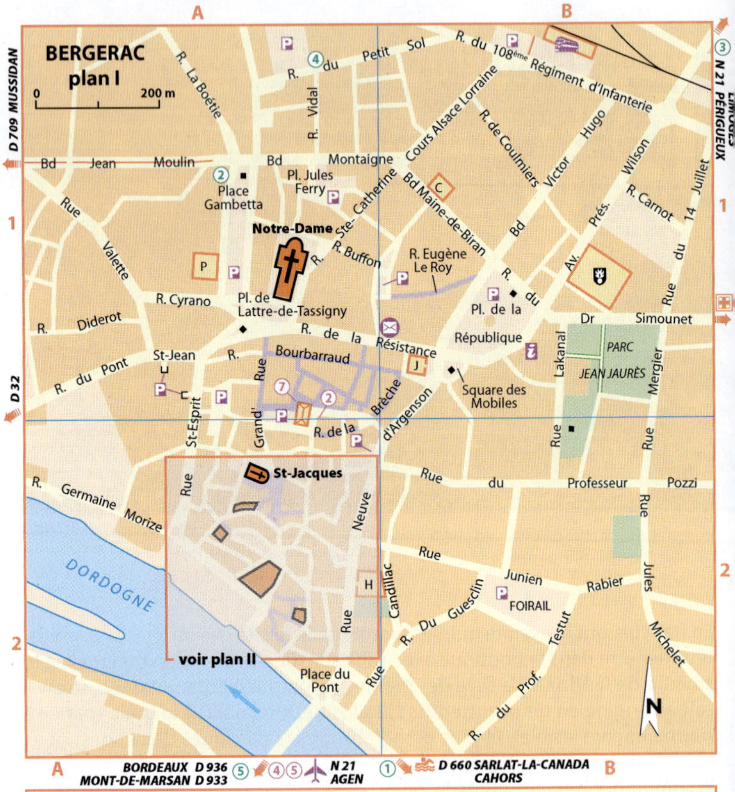

SE LOGER

Agrybella (Chambre d'hôte L') 1
Bordeaux (Hôtel de) 2
Europ Hôtel 4
Flambée (La) 3
Maison Forte (La) 5

SE RESTAURER

Bistro du Coin 2
Relais de l'Ancienne Gare 4
Table du Marché Couvert (La) 7
Tour des Vents (La) 5

tlj sf dim.-lun. 10h-12h, 14h-18h, sam. 10h-12h - fermé 1er janv., 1er Mai, 1er et 11 Nov., 25 déc. - possibilité de visite guidée sur demande (1h) - 4 € (-18 ans gratuit).

Ne vous attendez pas à trouver quoi que ce soit sur les effets nocifs de cette plante : vous êtes ici au paradis des amateurs des parfums, des sensations et des gestes du tabac. Les remarquables collections sont présentées dans une succession de petites salles. Une section est consacrée à la culture du tabac, plus particulièrement dans la région de Bergerac. Prenez le temps de détailler les tabatières, secouettes (tabatière percée pour le tabac à priser) et autres objets, mais aussi les **gravures satiriques** du 19e s.

Le 1er étage évoque l'utilisation première du tabac en Amérique (calumet à tête d'oiseau recouvert d'une peau de serpent), liée au chamanisme, et son expansion extraordinairement rapide en Afrique, alors que le tabac était une monnaie… pour l'achat d'esclaves ! Au 2e étage suivent quelques œuvres d'art. Remarquez le fume-cigare dénommé **La Noce sicilienne★** d'une grande richesse d'ornementation (19e s.), *Les Deux Fumeurs* de l'école française du Nord (17e s.), *Les Trois Fumeurs* de Meissonier et le charmant *Intérieur de tabagie* de David Teniers II dit le Jeune.

BERGERAC plan II

SE RESTAURER

Côté Noix .... ③
Imparfait (L') .... ①
Saint-Jacques (Restaurant Le) .... ②
Vin'Quatre (Le) .... ④

Vous terminerez par la superbe **collection de pipes★★** en tout genre : politique lorsqu'elles affichent les portraits de Marie-Antoinette, de Clemenceau, ou une abeille pour Napoléon, historique et humoristique pour celle d'Apollinaire en forme de pot de chambre, ou ludique avec ces pipes de Vienne portant jeux d'enfants, chiens et chats.
À ce même étage est présentée l'étonnante machine inventée par J.-H. Dalloz en 1863. Elle permettait à un ouvrier de sculpter jusqu'à 14 têtes de pipes en même temps en une journée.

Rue d'Albret

Au fond de cette rue, à droite, apparaît la façade de l'hôtel de ville, ancien couvent des Dames de la foi. En revenant sur ses pas, à gauche, faisant l'angle avec la place du Feu, une vaste demeure du 14e s. a conservé les grands arcs de ses portes ogivales.

Place du Docteur-Cayla

Place du Dr-Cayla, attenante à l'ancien couvent des Récollets, se dresse une chapelle du 13e s., devenue un **temple protestant** à la fin du 18e s. Celui-ci accueille des expositions relatives à l'histoire du protestantisme local. *✆ 05 53 57 02 79 - 15h-19h - fermé de mi-sept. à déb. juil.*

CHRONOLOGIE DU TABAC EN EUROPE

Les Indiens d'Amérique sont les premiers fumeurs. Avec le retour des colons, le tabac pénètre en Europe. En France, il est introduit vers 1560 par Jean Nicot, qui envoie de la poudre de tabac à Catherine de Médicis pour guérir ses migraines. Fumeurs et fumeuses envahissent les églises… L'engouement est tel que le pape Urbain VIII va jusqu'à excommunier les fumeurs et que Louis XIII interdit la vente de tabac avant d'établir, plus sagement, le premier système fiscal le concernant. À la fin du 18e s., le tabac n'est plus vendu sous forme de carotte qu'il faut râper mais directement en poudre. Une nouvelle évolution se produit avec l'usage de la pipe. Les officiers du Premier Empire en avaient lancé la mode, suivie aussitôt par les romantiques, dont George Sand. Enfin, au milieu du 19e s., apparaît la cigarette.

Place de la Myrpe

Cette place ombragée séduit par le charme de ses petites maisons à colombages. Sur le terre-plein se dresse la statue de **Cyrano de Bergerac** enveloppé d'une houppelande.

Engagez-vous dans la petite rue qui ferme la place, puis tournez à droite.

Rue des Conférences

Son nom évoque les entretiens qui précédèrent la paix de Bergerac. Elle est bordée de maisons à colombages.

★ Musée de la Ville - Tonnellerie et batellerie

5 r. des Conférences - ✆ 05 53 57 80 92 - www.la-cab.fr/culture-loisirs/musées - ♿ - juin-sept. : 10h-12h, 13h-18h ; reste de l'année : tlj sf dim.-lun. 10h-12h, 14h-18h, sam. 10h-12h - fermé 1er janv., 1er Mai, 1er et 11 Nov., 25 déc. - possibilité de visite guidée sur demande (45mn) - 4 € (-18 ans gratuit) - 5 € billet combiné avec le musée du Tabac.

Installé dans une belle maison de brique à colombages, au bout de la place de la Myrpe, ce musée évoque l'activité de la **tonnellerie** qui eut une place importante dans l'économie de Bergerac et l'évolution du vignoble bergeracois à travers les siècles et les différents types d'habitats vignerons. Le musée tend à se transformer en Centre d'interprétation de l'architecture et du patrimoine bergeracois. De nouvelles sections ont été ouvertes au public ou remodelées : l'une retrace l'évolution urbaine de la ville, l'autre l'histoire du terroir bergeracois et l'exploitation batelière de la Dordogne. Cette dernière fait revivre la tradition de la **batellerie** (nombreuses maquettes) et le trafic des gabarres, bateaux à fond plat et à voiles qui n'allaient pas en amont de Bergerac, seuil de rupture de charge. Des photos montrent l'animation du port au 19e s., ainsi que des scènes de pêche à l'épervier ou à l'escave, à l'aide de grands filets permettant des captures miraculeuses au moment de la remontée des poissons migrateurs (saumons, aloses).

Place Pélissière

Autour d'une fontaine, cette grande place à plusieurs niveaux (autrefois celle des marchands de peaux, pélissiers) a été dégagée à la suite de la démolition de masures. Elle est dominée par l'**église St-Jacques**, ancienne étape des pèlerins de St-Jacques-de-Compostelle, qui abrite des œuvres contemporaines. En haut de la place trône une autre statue de **Cyrano de Bergerac**, polychrome celle-ci.

Musée Donation Costi – *Presbytère St-Jacques - pl. de la Petite-Mission - ✆ 05 53 63 04 13 - ♿ - juil.-août : tlj sf lun. 14h-19h ; reste de l'année : sur demande préalable - gratuit.* Les caves du presbytère de St-Jacques ont été aménagées afin d'abriter les œuvres que le sculpteur Costi (1906-2004), élève de Bourdelle, a offert à la ville.

Rue St-Jâmes

Elle est bordée de demeures des 15e, 16e et 17e s., montrant des fenêtres à meneaux et des murs à pans de bois.

Tournez à droite.

Rue des Fontaines

La Vieille Auberge, à l'angle de la rue Gaudra, a conservé ses arcades moulurées, ses chapiteaux (14e s.) et ses baies ogivales. Descendez la rue des Fontaines jusqu'à la place du Docteur-Cayla.

Revenez place Pélissière, que vous quittez par le nord, et la Grand'Rue. Traversez le boulevard de la Résistance pour arriver ensuite sur la place de Lattre-de-Tassigny.

ENTRE VIGNES ET RIVIÈRE

Un carrefour commercial et intellectuel – La cité prend son essor dès le 12e s. Ville port, mais aussi ville pont sur la Dordogne, elle voit rapidement se développer une bourgeoisie qui fait fortune dans le commerce fluvial entre les régions de l'intérieur (Auvergne, Limousin) et Bordeaux. Au 16e s., ce fief des Navarre devient l'une des capitales du protestantisme, dans un Périgord très catholique. La cité connaît alors une période brillante. De nombreuses imprimeries publient des pamphlets diffusés dans l'ensemble du monde protestant. En août 1577, la **paix de Bergerac** est signée entre le roi de Navarre et les représentants d'Henri III. C'est un préliminaire à l'édit de Nantes qui ne sera signé qu'en 1598. Mais en 1620, les armées de Louis XIII s'emparent de la ville et démolissent les remparts. Après la révocation de l'édit de Nantes (1685), les jésuites et les récollets essaient de reconquérir des disciples. De nombreux Bergeracois, fidèles à leurs croyances calvinistes, émigrent alors en Hollande, pays avec lequel ils maintenaient des contacts commerciaux. À la Révolution, Bergerac, jusque-là première ville du Périgord, se voit dépassée par Périgueux qui devient préfecture du département de la Dordogne. Au 19e s. cependant, vignoble et batellerie prospèrent jusqu'à la crise du phylloxéra et l'arrivée du chemin de fer.

Bergerac aujourd'hui – Dans une région Aquitaine concentrant plus de la moitié des exploitations, principalement en Dordogne, Bergerac est la capitale française du tabac. Le Centre de formation et de perfectionnement des planteurs de tabac y a élu domicile.

Les vignes qui entourent la ville (12 000 ha) produisent des **vins** d'Appellation d'origine contrôlée, comprenant le bergerac et les côtes-de-bergerac, le monbazillac, le montravel et le pécharmant *(voir la carte du vignoble p. 45)*. Le Conseil interprofessionnel des vins de la région de Bergerac, qui décide de l'appellation des vins, se trouve dans le cloître des Récollets *(voir p. 180)*.

2

Église Notre-Dame plan I A1

Construite au 19e s. en style gothique par Paul Abadie, architecte du Sacré-Cœur de Paris, elle est coiffée d'un clocher très élancé. Elle recèle dans la chapelle deux beaux tableaux : une *Adoration des Mages* attribuée à Pordenone, peintre vénitien élève de Giorgione, et surtout, une *Adoration des bergers* attribuée à Ferrari, Milanais élève de Léonard de Vinci. Dans le transept nord est tendue une immense **tapisserie d'Aubusson** aux armes de Bergerac.

À proximité Carte de microrégion p. 178

★ Château de Monbazillac B2

À 7 km au sud de Bergerac par la D 13.

05 53 63 65 00 - www.chateau-monbazillac.com - juil.-août : 10h-19h ; reste de l'année : 10h-12h, 14h-17h - fermé janv. et de déb. à mi-déc., 25 déc. - 7,50 € (-5 ans gratuit) - possibilité de visite guidée (40mn) juil.-août (5 €, -18 ans 3,75 €) - avec dégustation.

Le château de Monbazillac est la propriété de la cave coopérative de Monbazillac, qui l'a restauré et aménagé. Situés dans la cour d'honneur, les **chais** ont été transformés en restaurant. Quant au magasin, il propose du vin, mais aussi des produits du terroir. L'architecture de l'édifice construit vers 1550 hésite entre une composition toute militaire et l'élégante fantaisie

MILLÉSIME 1747
Son nom provient de la combinaison de *mons*, « mont » en occitan, et de Basilius, personnage gallo-romain : le tout donne Monbazillac, le mont de Basile. Monbazillac, à l'égal de Bergerac, soutint la Réforme avec ardeur. Les exportateurs de la ville fournissaient d'ailleurs en vin les protestants réfugiés aux Pays-Bas. En 1985, alors qu'il fouille une épave dans la Manche, un archéologue néerlandais découvre quatorze bouteilles de monbazillac millésime… 1747.

du style Renaissance : ses douves sèches et son chemin de ronde crénelé se conjuguent avec une façade percée de fenêtres à croisillons et surmontée de lucarnes ouvragées. À l'intérieur, vous remarquerez surtout la **Grande Salle**, ornée d'une cheminée monumentale Renaissance surmontée de statues de chevaliers en armes réalisées dans les années 1920, de meubles et de tapisseries des Flandres du 17e s. À l'étage, reconstitution de la chambre de la vicomtesse de Monbazillac, meublée en style Louis XIII.

Issigeac B2

À 18 km au sud-est de Bergerac par la N 21 puis la D 14.
Pl. du Château - 24560 Issigeac - 05 53 58 79 62 - www.issigeac-tourisme.fr - - de mi-mai à fin août : 10h-12h30, 15h-18h30, dim. 10h-12h30 ; de déb. janv. à mi-mai et sept.-déc. : tlj sf lun. 10h-12h, 14h-17h30, dim. 10h-12h30 - fermé certains j. fériés - 3,50 € (-12 ans gratuit) - possibilité de visite guidée (1h) 2 avr.-24 sept. : jeu. 10h30 du 2 avr.-24 sept. (RV devant l'office de tourisme).
Une vallée largement évasée où ruisselle la Banège, un paysage bigarré où alternent cultures fruitières et pâturages : c'est dans ce petit coin de paradis, non loin de Bergerac, que se love Issigeac depuis le Moyen Âge.
Vu d'en haut, le vieux bourg ecclésiastique présente une forme arrondie, les maisons se serrent les unes contre les autres. En son cœur, la place centrale est dominée par l'**église** gothique, construite par Armand de Gontaut-Biron, évêque de Sarlat. Sous le clocher-porche, le tympan du portail est orné de voussures torsadées. De l'autre côté de la place, le **château des Évêques** fut édifié par François de Salignac – oncle de Fénelon – dans la seconde moitié du 17e s. Fénelon, alors abbé de Carennac, y aurait d'ailleurs séjourné. À deux pas se dresse l'ancienne maison des Dîmes, à la haute toiture de lauzes. Mais le lieu le plus remarquable reste la **Maison aux têtes**, dont les faciès grimaçants semblent ricaner au passage des visiteurs.

★ Château de Bridoire B2

À 11 km au sud de Bergerac par la D 933 et une route à gauche.
06 06 42 58 59 - juil.-août : 10h-19h ; juin et sept. : 14h-18h ; de fin avr. à fin mai. : w.-end., vac. de Pâques et j. fériés 14h-18h - 8 € (-5 ans gratuit).
De très nombreux jeux anciens sont installés dans la cour du château et dans les communs : de quoi occuper facilement votre après-midi en famille. Il est aussi possible d'y prendre le soleil (transats à disposition) et d'y pique-niquer. Chaque été à la faveur des Nuits de Bridoire *(jeu. et sam. de mi-juil. à mi-août 20h-0h - billets en vente sur place)*, l'endroit reprend vie grâce à des animations réalisées par des acteurs costumés ou des bénévoles.
L'ancienne probable propriété de la famille Bokassa, juchée sur un éperon rocheux, est restée à l'abandon et à la merci des pilleurs pendant des années. Elle a retrouvé fière allure depuis sa récente restauration. L'origine du château remonte au 12e s., quand il appartenait aux seigneurs de Bergerac. Il a pris

Vue aérienne du château de Bridoire.
L. Lourdel / Photononstop

son apparence actuelle entre le 15e s. et le 17e s., lorsque furent construits ses grosses tours rondes à mâchicoulis, puis son pavillon central avec escalier d'apparat.

Pour le moment, seul le rez-de-chaussée est de nouveau meublé, à commencer par la salle à manger, couverte d'un plafond en bois de noyer. Aux étages supérieurs, on visite plusieurs pièces, dont la salle des Gardes, où trône un chevalier en armes sur une monture protégée par sa barde. La tour abritant la chapelle porte une jolie voûte fasciculée.

Eymet B2

À 25 km au sud de Bergerac par la D 933, qui longe le Dropt et des moulins.
45 pl. Gambetta - 24500 Eymet - 05 53 23 74 95 - www.eymet-perigord.fr - juil.-août : 10h-12h30, 14h-18h30, dim. 10h-12h30, mar. 10h-12h30, 14h-22h ; oct.-avr. : tlj sf dim.-lun. 10h-12h30, 14h-17h30 ; reste de l'année : se rens. - fermé 1er janv., 25 déc. - possibilité de visite guidée sur demande (1h) - l'office de tourisme propose en juil.-août des visites aux flambeaux et des balades à thème.

UNE BASTIDE CONVOITÉE

Fondée en 1256 par Alphonse de Poitiers, frère de Saint Louis, la bastide d'**Eymet** obtient sa charte de franchise en 1271. Mais les libertés concédées n'empêchent guère quelques seigneurs, évoluant dans la mouvance tantôt des Français, tantôt des Anglais, de faire la pluie et le beau temps sur la ville et ce malgré la construction de remparts en 1320… Comme Bergerac, Eymet est un bastion du protestantisme dont les fortifications et le temple sont démolis sous Louis XIII. Près d'un demi-siècle plus tard, l'autorité royale prend un nouvel arrêté pour détruire le temple, installé en d'autres lieux. Vidée de ses habitants par l'exode rural, la bastide retrouve des Eymetois… anglais, qui reviennent en nombre, cette fois au secours des vieilles maisons, et y ont même fondé un club de cricket.

La municipalité a mis en place trois parcours d'interprétation du patrimoine ponctués de panneaux explicatifs dans le pays d'Eymet : La bastide, Au fil de l'eau et Le chemin des vignes (avec livret-jeu, se rens. à l'office de tourisme).
La **place centrale** a conservé ses arcades (ou « couverts ») et de belles maisons anciennes aux façades de pierres apparentes ou à pans de bois. Au centre de la place s'élève une fontaine du 17e s. Une promenade dans les rues permet de retrouver le plan de construction initial, un damier. Le **donjon**, tour carrée du 13e s., est le seul vestige du château. Il donne accès à une cour intérieure où se dresse un manoir de style Renaissance périgourdine. L'**église** succéda à un premier édifice bénédictin dépendant de l'abbaye de Moissac. Les bases du **moulin** datent du 13e s. En aval se trouvaient les quais, avant que la navigation ne prît fin vers 1902.
À l'extérieur de la bastide, dans le cadre bucolique du quartier « Le Bretou », un **pont roman**, ouvrage du 13e s., franchit le Dropt.

Château de Montréal B1

À 33 km au nord de Bergerac par la D 709 et D 38.
05 53 81 11 03 - www.bergerac-tourisme.com - visite guidée (40mn) de déb. juil. à mi-sept. : 10h-12h, 14h30-18h30 - 6 € (-12 ans 4 €).
Au sommet d'un éperon rocheux dominant une forêt, ce château est posé sur les fondations d'un ancien castel totalement rasé au cours de la guerre de Cent Ans. Le corps de logis actuel fut construit au 16e s. À l'intérieur, parmi le mobilier présenté, essentiellement daté du 18e s. et de l'Empire, on retiendra un ensemble de sièges à médaillon situé dans le salon de réception. D'époque Louis XVI, celui-ci a conservé ses **tapisseries d'Aubusson** inspirées par les fables de La Fontaine. Une charmante bibliothèque épouse les murs de la tour d'angle de l'édifice, mettant en valeur un bel ensemble de livres reliés. Dans les communs, un escalier du 12e s. voûté de berceaux successifs conduit aux **caves** que prolonge une grotte parée de petites concrétions.
Une **chapelle** fut construite au 16e s. dans la partie ouest de l'enceinte pour abriter le reliquaire de la sainte épine, prise sur la dépouille du maréchal anglais Talbot à la bataille de Castillon, qui mit fin à la guerre de Cent Ans.

ET LA VILLE DU QUÉBEC ?

La formule *mons real*, le « mont royal », est assez répandue pour expliquer l'origine de Montréal, un nom qui s'est exporté jusqu'aux États-Unis et au Canada. **Claude de Pontbriand**, seigneur de Montréal, serait en effet à l'origine du nom de la deuxième agglomération francophone du monde après Paris : en octobre de l'an 1535, il se trouve aux côtés de Jacques Cartier sur les bords du St-Laurent lorsque celui-ci fonde un établissement français sur l'emplacement d'une bourgade indienne, Hochelaga.

NOS ADRESSES À BERGERAC

HÉBERGEMENT

PREMIER PRIX

Europ Hôtel – Plan I A1 - *20-22 r. du Petit-Sol - ✆ 05 53 57 06 54 - www.europ-hotel-bergerac.com - - 22 ch. 49/69 € - 8,50 €.* Le jardin jouxtant la piscine est l'atout majeur de cet hôtel situé dans le quartier de la gare. Chambres rénovées et bien tenues (climatisation et double vitrage côté rue ; écran plat).

Hôtel de Bordeaux – Plan I A1 - *38 pl. Gambetta - ✆ 05 53 57 12 83 - www.hotel-bordeaux-bergerac.com - fermé de mi-déc. à déb. janv. - - 40 ch. 66/95 € - 9 €.* Derrière sa jolie façade Art déco, l'établissement dissimule une agréable cour verdoyante, avec piscine. Chambres simples et colorées.

BUDGET MOYEN

La Flambée – Plan I B1 en direction - *49 av. Marceau-Feyry - ✆ 05 53 57 52 33 - www.laflambee.com - P - 20 ch. 80/90 € - 9 € - menus 19 € (bc, déj. en sem.) 28/38 €.* À la sortie de la ville, une ancienne ferme (18e s.) dans un parc arboré. Les chambres sont spacieuses, avec un mobilier de style colonial ; celles de l'ancien chai ont même une terrasse !

À proximité

Chambre d'hôte L'Agrybella – Plan I B2 en direction - *Pl. de l'Église - 24560 St-Aubin-de-Lanquais (13 km au sud-est de Bergerac par la D 19) - ✆ 05 53 58 10 76 ou 06 83 87 77 56 - fermé janv.-fév. - - P - 5 ch. 100 € - table d'hôte 32,50 € (sur réserv.).* Au cœur d'un village tranquille, une belle demeure (18e s.) dans un jardin clos de murs. Choisissez parmi trois chambres de style différent, très bien entretenues par la propriétaire… et n'oubliez pas de profiter de la piscine extérieure chauffée avec sauna, hammam et jacuzzi !

POUR SE FAIRE PLAISIR

À proximité

La Maison Forte – Plan I A2 en direction - *Le Bourg - 24560 Montaut (à côté d'Issigeac) - ✆ 05 53 23 49 10 - www.lamaisonforte.net/fr - - 125/130 € - table d'hôte.* Cette maison fortifiée du 13e s. restaurée avec goût accueille trois chambres d'hôte et deux appartements. Décoration à la fois sobre et élégante. Belle vue sur la campagne et calme absolu.

RESTAURATION

PREMIER PRIX

Bistro du Coin – Plan I A1-2 - *6 r. du Col.-de-Chadois - ✆ 05 53 57 77 56 - www.lebistroducoin-bergerac.fr - fermé mar. et merc. - menu 17/27 €.* Signalé par sa façade d'angle digne des années 1950, ce restaurant propose une intéressante formule à petit prix. Frites maison. Belle salle intérieure aux murs rouges et au sol en mosaïque, et terrasse dominant la place Malbec.

Côté Noix – *Pl. Pélissière* - Plan II - *✆ 05 53 57 71 38 - www.cotenoix.fr - fermé le soir, dim.-lun. et nov.-mars - réserv. conseillée - 15/18 €.* Situé au milieu de la place Pélissière, cet établissement occupe l'ancien moulin de la Ribière, l'un des sept que comptait la ville. Cuisine du jour composée d'assiettes complètes, de tourtes, de tartes salées et sucrées… Glaces artisanales et thés Mariage Frères. Vente de produits régionaux.

À proximité

Le Relais de l'Ancienne Gare – Plan I A2 en direction - *Rte d'Eymet - ✆ 05 53 58 70 29 - www.relais-anciennegare.com - fermé 1 sem. fin juin, 7 janv.-5 fév., dim. soir et jeu. - formule 13 €, menus 17/27 €.* À la circonférence de cette jolie cité médiévale recroquevillée autour de son église gothique, le type même de la bonne petite adresse de campagne, avec son décor sans surprise et sa cuisine traditionnelle tout simplement franche et bonne. De plus, les prix sont raisonnables et l'engagement des patrons évident.

BUDGET MOYEN

Le Saint-Jacques – Plan II - *30 r. St-Jâmes - ✆ 05 53 23 38 08 - restaurant-saintjacques-bergerac.com - fermé llun.-mar. et fin déc. - menus 22/45 €.* Au bout d'un petit passage couvert, le Saint-Jacques offre le choix entre manger dans la patio ou à l'intérieur, mais plus encore de goûter une cuisine où la tradition est finement bousculée par les inspirations créatives du chef. Accueil chaleureux.

Le Vin'Quatre – Plan II - *14 r. St-Clar - ✆ 05 53 22 37 26 - fermé merc. et le midi en sem. - formule déj. 14 € - 27/32 €.* Dans ce sympathique petit restaurant du Bergerac historique, le jeune chef concocte chaque jour de nouvelles recettes au gré de ses (bonnes) idées : sashimi de longe de veau et espuma tandoori, dos de cabillaud, risotto de boulgour et sauce homardine en sont de bons exemples. Simple et percutant !

La Table du Marché Couvert – Plan I A1 - *21 pl. de la Bardonnie - ✆ 05 53 22 49 46 - www.table-du-marche.com - fermé fin fév. à déb. mars, déb. juil., lun. hors sais. et dim. - formule déj. 22 € - 35/48 €.* Impossible de ne pas remarquer cette maison d'angle à la façade rouge, face aux halles ! Dans ce bistrot à l'élégance toute contemporaine – un cadre soigné –, les recettes s'inspirent du marché… évidemment.

POUR SE FAIRE PLAISIR

L'Imparfait – Plan II - *8 r. des Fontaines - ✆ 05 53 57 47 92 - www.imparfait.com - fermé 23 déc.-7 janv. - formule déj. 29 € - 49/90 €.* Dans cette bâtisse médiévale du vieux Bergerac, l'art culinaire se conjugue au présent ! Cuisine goûteuse inspirée du terroir et teintée d'exotisme. Parfait rapport plaisir-prix.

À proximité

La Tour des Vents – *Moulin-de-Malfourat - 24240 Monbazillac (8 km au sud de Bergerac par la D 933) - ✆ 05 53 58 30 10 - www.tourdesvents.com - P - fermé en janv., mar. midi sauf juil.-août, dim. soir et lun. - formule 24 €, 29/99 €.* Priorité à la qualité des produits, des cuissons et des assaisonnements : la chef réalise une belle cuisine traditionnelle, relevée d'une pointe d'originalité. En prime, la salle offre une vue imprenable sur les vignobles de Monbazillac.

PETITE PAUSE

Victoria – *27 r. Bourbarraud - ✆ 05 53 58 48 36 - tlj sf dim. et lun. 10h-18h (boutique 8h30-18h30).* Coquet salon de thé et boutique présentant de jolis services pour le « five o'clock tea ». Côté décor : reproductions de tableaux anciens, tartans écossais et couleur rouge dominante. Côté carte : tartes salées et salades à midi, pâtisseries maison et un choix de plus de 100 thés…

EN SOIRÉE

L'Art et l'Envie – *12 Grand' Rue, ✆ 05 53 57 07 42 - tlj sf sam. midi et* *dim.* Sympathique bar à vin où l'on s'attable à un grand bar central pour déguster du vin de Bergerac et d'autres crus triés sur le volet.

Le Plus Que Parfait – *12 r. des Fontaines - ✆ 05 53 61 95 11 - 9h-0h (11h-22h dim. et lun.).* Amateurs de bières, rendez-vous au PQP, pub où sont organisées des soirées à thèmes et des concerts. L'adresse jeune de Bergerac, où il n'est pas rare d'entendre parler anglais.

ACHATS

Vin

L'Art et le Vin – *17 Grand'Rue - ✆ 05 53 57 07 42 - www.artetvin-bergerac.fr - tlj sf dim. et lun. 9h30-12h30, 14h-19h, sam. 9h-12h30, 14h-19h ; juil.-août : dim. 10h30-12h et lun. 15h-19h.* La façade bordeaux de cette boutique voisine des halles donne le ton. Les crus sélectionnés, rangés dans des caisses en bois, proviennent essentiellement des petits producteurs de la région.

La Maison des vins – *Voir p. 180.*

La Cave de Monbazillac – *D 933 - 24240 Monbazillac - ✆ 05 53 63 65 06 - www.chateau-monbazillac.com - tlj sf dim.* Vente des vins de la coopérative.

Maison du tourisme et du vin de Monbazillac – *Le Bourg - 24240 Monbazillac - ✆ 05 53 58 63 13 - juil.-août : 10h-19h ; sept.-oct. et mai : lun.-sam. 14h-18h - fermé nov.-avr.* Vente des vins des producteurs indépendants.

ACTIVITÉS

Périgord Gabarres – *Quai Salvette - ✆ 05 53 24 58 80 - www.gabarres.fr - visite guidée (50mn) avr.-oct. - 9 € (-12 ans 6 €)* - découverte de la batellerie, de Bergerac et de sa réserve naturelle. Au dép. du quai Salvette, promenade commentée (50mn) sur la Dordogne : évocation de la batellerie et observation ornithologique.

Aqua Park – *Rte de Bordeaux - ✆ 05 53 58 33 00 - www.aquapark-dordogne.fr - mai, juin, sept. : 11h-19h ; juil.-août : 10h-21h - fermé 30 sept.-14 mai - 7,20 € (enf. - 5 ans 4,20 €).* Quatre piscines éclairées, un toboggan, un trampoline à air, des jeux de plein air, des soirées à thème… et surtout de superbes balades en canoë sur la Dordogne.

AGENDA

Mai des Arts – *✆ 05 53 74 66 62.* Expositions, animations et spectacles sont proposés tout au long du mois de mai.

Jazz Pourpre Périgord – *www.jazzpourpre.com.* Fin mai. Festival de jazz créé en 2003.

Les Mercredis du jazz – Concerts en juillet et août.

Festival L'Été musical en Bergerac – *✆ 05 53 74 30 94 - www.festivalbergerac.com.* De fin juillet à mi-août, une vingtaine de concerts de musique surtout classique en divers lieux (Cadouin, Lanquais, Monpazier…).

Beaumont-du-Périgord

1 101 Beaumontois – Dordogne (24)

Érigé au milieu d'un paysage vallonné, Beaumont domine les prés alentour délicatement dessinés par quelques haies d'arbres. D'aspect relativement moderne, la « première bastide royale » anglaise, caractéristique de l'architecture urbaine du 13e s., présente un plan en damier, avec en son centre une place à cornières. Elle recèle encore des témoins de son riche passé, lorsque catholiques et protestants s'opposaient pour conquérir l'Aquitaine.

NOS ADRESSES PAGE 197
Hébergement, restauration, achats, activités, etc.

S'INFORMER

Office du tourisme – *16 pl. Jean-Moulin - 24440 Beaumont-du-Périgord - 05 53 22 39 12 - www.pays-des-bastides.com - juil.-août : 10h-12h, 14h-18h, dim. et j. fériés 10h-12h30 ; reste de l'année : tlj sf w.-end 10h-12h, 14h-17h - fermé j. fériés.*

Visites aux flambeaux de Beaumont-du-Périgord – *5 € - Rens. et réserv. à l'office de tourisme - durée 1h30 - 5 €.*

SE REPÉRER

Carte de microrégion C2 (p. 178)

À 30 km au sud-est de Bergerac, Beaumont est sur la D 660 qui se poursuit jusqu'à Cahors.

À NE PAS MANQUER

L'église forteresse et les maisons des 13e, 14e et 15e s. ; les moulins à Couze-et-St-Front.

ORGANISER SON TEMPS

Comptez 1h30 pour la ville, une journée pour le circuit.

Se promener

LA BASTIDE

Ces villes neuves (*bastidas* en langue d'oc, *voir p. 78*), plus ou moins fortifiées, se sont développées au 13e s. Leur plan est généralement en échiquier, carré ou rectangulaire. Des quatre points cardinaux, des allées rejoignent les deux rues parallèles qui enserrent la place centrale de la ville.

Fondée en 1272 par Lucas de Thanay, sénéchal de Guyenne, pour le compte d'Édouard Ier, celle de Beaumont n'a conservé de ses importantes fortifications percées de seize portes que la **porte Luzier**, en contrebas de la place que domine l'église.

Église St-Front

Les quatre tours reliées par un chemin de ronde marquent le caractère défensif de l'édifice bâti dans le style gothique anglais. De loin, l'église ressemble à s'y méprendre à un château fort.

Le portail est orné d'une **galerie★** à balustrade soulignée par une frise de personnages grimaçants. À l'intérieur, à gauche, dans la tour des Cloches, est exposée la volumineuse clef de voûte du chœur (elle pèse 450 kg) sculptée de têtes, dont celle du patron de l'église, saint Front. Sur le même bas-côté vers le milieu de la nef, s'ouvre la chapelle St-Joseph, vestige sans doute d'une église plus ancienne.

À proximité Carte de microrégion p. 178

Dolmen de Blanc C2

À 13 km au sud de Beaumont-du-Périgord par la D 676.
Une bien curieuse légende lui est attachée : on raconte qu'une jeune fille qui s'était perdue pendant un orage arriva à proximité des mégalithes et pria afin d'être secourue. Les pierres se levèrent alors et lui indiquèrent son chemin.

Circuit conseillé Carte de microrégion p. 178

★ BASTIDES ET MOULINS BC1-2

Circuit de 110 km tracé en rouge sur la carte ci-dessous. Comptez une journée. Quittez Beaumont par la D 660 au nord.

Château de Bannes

Propriété privée - ne se visite pas. Très impressionnante sur son piton rocheux, sa silhouette domine la vallée de la Couze. Le château a été reconstruit à la Renaissance mais conserve un aspect défensif tempéré par la présence de nombreuses fenêtres à meneaux sur ses puissantes tours rondes.

Couze-et-St-Front

Au débouché de la vallée de la Couze, ce bourg excellait dès le 15e s. dans la fabrication du « papier de Hollande » qui était commercialisé jusqu'en Russie. C'était le centre papetier le plus important d'Aquitaine : treize moulins y fonctionnaient. De nos jours, sur les trois moulins en activité, seuls deux fabriquent encore du papier filigrané selon les méthodes anciennes.
Moulin de la Rouzique - Écomusée du Papier – *Rte de Varennes* - ☏ *05 53 24 36 16* - *www.moulin-rouzique.com* - *visite guidée (1h15) juil.-août : 10h-19h ; reste*

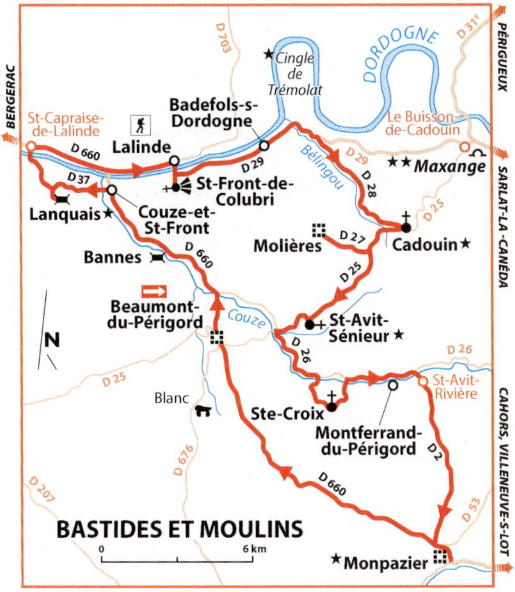

L'ESPIONNE ET L'ENFANT

Isabeau de Limeuil, née au château de Lanquais, faisait partie des séductrices espionnes de Catherine de Médicis. Chargées de recueillir sur l'oreiller les confidences, elles ne devaient en aucune façon connaître « l'enflure du ventre ». Isabeau s'éprit du duc de Condé qu'elle devait épier et donna naissance à un enfant, mettant ainsi fin à sa « carrière » à la Cour.

de l'année : tlj sf sam. 14h-18h - fermé nov.-mars - 7,50 € (-18 ans 5 €). Comment de vieux tissus blancs (coton, lin) deviennent-ils feuilles de papier ? Un circuit initiatique retrace les étapes nécessaires à sa fabrication. C'est à l'étage du moulin de la Rouzique, percé de baies munies de volets en bois, qu'avait lieu le séchage du papier. Cet espace accueille aujourd'hui une intéressante **collection de papiers filigranés★** du 14e au 18e s.

Moulin de Larroque – *Av. de Cahors - ✆ 05 53 61 01 75 - www.moulindelarroque.com - visite guidée (20mn) atelier et galerie d'artisanat 9h-12h, 14h-17h30 - fermé w.-end et j. fériés - 5 € (-10 ans gratuit).* À la recherche d'idées pour vos cadeaux de fin d'année ? Faites une halte à la boutique de ce moulin du 13e s. considéré comme le site majeur du papier d'art en Europe où l'on fabrique du papier à la main. Les nombreux objets à base de papier filigrané devraient vous aider à trouver l'inspiration !

Quittez Couze par l'ouest en empruntant la D 37.

★ Château de Lanquais

✆ 05 53 61 24 24 - www.chateaudelanquais.fr - juil.-août : 10h-19h ; avr.-juin et sept. : tlj sf mar. 14h30-18h - 8 € (enfant 6 €).

Une **chambre d'hôte** et la suite Louis XVI permettent de prolonger le plaisir et de mieux profiter de ce lieu d'exception. Deux appartements sont également proposés à la location.

Vous voici devant le « Louvre inachevé du Périgord »... car c'est le même architecte qui conçut la façade de la cour Carrée du Louvre. À l'approche de la demeure se dessinent les impacts des boulets qui criblèrent les murs de l'édifice lors d'une escarmouche en 1577. Sur un corps des 14e et 15e s. *(à droite)*, conservant les caractères défensifs d'un château fort se greffe un bâtiment Renaissance édifié pendant les guerres de Religion *(à gauche)* : travées, moulures et frontons de fenêtres rythment les **façades★** côté cour. Le pavillon d'angle est dû à Pierre Lescot qui reprit les plans de la cour Carrée du Louvre. Dans l'intérieur meublé, vous verrez les chambres de Madame et de Monsieur, la salle à manger aménagée au 19e s. au plafond peint de fleurs de lys et hermines de Bretagne, le salon de jeu et de musique à la mode au 18e s., le salon bleu renfermant une remarquable **cheminée-portique★**, avant de descendre à la cuisine Renaissance reconstituée au sol en pisé, puis de voir la salle des armes. Les caves et les souterrains du château renferment un petit musée avec quelques éléments de la collection préhistorique d'Alexis de Gourgue. À l'entrée du domaine, l'imposante grange dîmière à trois nefs accueille des manifestations culturelles variées.

Poursuivez sur la D 37. Après 1,5 km, tournez à droite et franchissez la Dordogne. À St-Capraise-de-Lalinde, prenez à droite la D 660.

Lalinde

Jardin-Public - 24150 Lalinde - ✆ 05 53 61 08 55 - www.pays-des-bastides.com - juil.-août : 10h-12h30, 15h-19h, sam. 10h-12h30, 15h-17h30, dim. et j. fériés 10h-13h ; mai-juin et sept. : tlj sf dim. 10h-12h30, 14h-17h30, sam. 10h-12h30, 14h-17h30 ;

reste de l'année : tlj sf w.-end et j. fériés 10h-12h30, 14h-17h30 - visites nocturnes commentées et théâtralisées de la bastide 23 juil.-20 août : mar. 21h.

Malgré le grand incendie de 1914 qui a en grande partie détruit la ville médiévale, le plan quadrillé de cette ancienne **bastide anglaise** (13e s.) est encore bien visible. Se retrouvent les deux portes et les vestiges de l'enceinte, d'époque romane, la maison du Gouverneur, le donjon et de nombreuses façades à colombages. Sur la place centrale, un marché couvert remplace les halles abattues à la fin du 19e s.

Sentier d'interprétation de Tuilières – Il suit les berges du canal, voie verte, où se succèdent différents ouvrages dont l'escalier de Tuilières qui compte six écluses de part et d'autre d'un bassin de croisement. Un ascenseur à poisson permet aux espèces migratrices, attirées par un système de contre-courant, de passer le barrage par un long tunnel de 20 m équipé de fenêtres d'observation.

Retraversez la Dordogne et prenez la D 29.

Chapelle de St-Front-de-Colubri

Un dragon, expression de la dangerosité de la Dordogne, terrorisait les habitants de Lalinde. Prénommé **Coulobre**, il dévorait paysans et bateliers. Seul saint Front (1er s.), l'évangélisateur du Périgord, parvint à le terrasser. Depuis, la chapelle St-Front-de-Colubri trône face à Lalinde, à l'endroit où le dragon avait son antre.

Construite au 12e s. au sommet de la falaise dominant la Dordogne, elle protégeait les mariniers qui descendaient les rapides du saut de la Gratusse. À partir du milieu du 19e s., le canal de Lalinde permit d'entreprendre la manœuvre sans risque.

Longez la Dordogne par la D 29.

Badefols-sur-Dordogne

La petite église du village se terre au pied des vestiges du château fort, repaire de Seguin de Badefols, seigneur brigand pendant la guerre de Cent Ans qui louait ses troupes au plus offrant, Anglais ou Français.

Poursuivez sur la D 29 puis prenez à droite la D 28.

★ Cadouin *(voir ce nom)*

Quittez Cadouin par le sud-ouest en empruntant la D 25, puis après 2 km, tournez à droite sur la D 27.

Molières

La place de cette **bastide** inachevée (fondée par les Anglais en 1284), vers laquelle convergent de larges rues, n'a jamais été bordée de maisons à couverts. Cela n'empêche pas Molières d'être un village séduisant, embelli par une petite église gothique, un porche (maison du Bailli) et les ruines du château fort au nord du bourg.

Dans le château se trouve un puits au fond duquel le roi de Castille, Pierre Ier le Cruel, aurait poussé Blanche de Bourbon, son épouse répudiée et félonne, en 1361. Mais on n'aurait retrouvé au fond que les chaînes de la malheureuse, sans son squelette…

Faites demi-tour et reprenez la D 25 (à droite).

★ Église abbatiale de St-Avit-Sénieur

C'est en souvenir du Gallo-Romain Avitus Senior, soldat du roi Alaric II, puis ermite au 6e s., que fut édifiée, au 11e s., l'abbaye bénédictine de St-Avit. Elle utilise les fondations d'une abbaye antérieure.

L'église abbatiale de Saint-Avit-Sénieur.
Ch. Boisvieux / hemis.fr

★ **Église abbatiale** – *05 53 22 39 12 - www.pays-des-bastides.com - ♿ - tlj - 5 € - se rens. à l'office du tourisme de Beaumont-du-Périgord (voir p. 192).* Avec 60 m de longueur, 20 de largeur et 43 de hauteur, sa dimension en impose. Fortifiée au 14e s., elle donne une impression de sévérité et de rudesse : bretèche crénelée, hautes murailles presque aveugles du chevet et tours encadrant la façade, reliées par des chemins de ronde. Restauré, l'intérieur révèle des fresques figuratives, des draperies peintes en excellent état (13e et 17e s.) et, surtout, un plafond décoré de motifs floraux rouges et noirs disposés dans un entrelacs de fins rubans ocre bordés de rouge. L'ensemble, rare, replonge le visiteur dans le quotidien des églises romanes peintes.
Au sud de l'église, des fouilles ont mis au jour les vestiges d'un établissement augustinien détruit lors des guerres de Religion, dégageant les soubassements d'une église romane primitive et de bâtiments conventuels.
Suivez sur la D 25, puis, après 2 km, tournez à gauche dans la D 26.

Ste-Croix

Entre les ruisseaux de la Vouludre et de la Véronne, ce village possède une charmante **église romane** que jouxtent les bâtiments en partie ruinés d'un ancien prieuré. Cet édifice du 12e s. présente une silhouette épurée. Derrière une façade surmontée d'un clocher-mur se dégage une nef couverte de tuiles rondes.
Quittez Ste-Croix par l'est et prenez à droite la D 26.

Montferrand-du-Périgord

Un château fort à demi ruiné domine ce beau village étagé au-dessus de la Couze. Une promenade permet de découvrir une halle du 16e s., des maisons Renaissance et leurs pigeonniers.
Dans le cimetière, à l'écart du village *(balisé au départ du château, comptez 7mn de marche)*, une **chapelle romane** est décorée d'un ensemble de fresques (12e-15e s.).
Rejoignez la D 26 et tournez à droite sur la D 2.

★ Monpazier *(voir ce nom)*

Quittez Monpazier par la D 660 vers Beaumont-du-Périgord.

NOS ADRESSES À BEAUMONT-DU-PÉRIGORD

HÉBERGEMENT

PREMIER PRIX

À proximité

Camping La Grande Veyière – *24480 Molières (2,2 km au SE par la D 27 et chemin à droite) - ✆ 05 53 63 25 84 - www.lagrandeveyiere.com - fermé mi-sept. à mi-juin - ♿ - réserv. conseillée - mobile homes et tentes lodges 220 à 665 €/sem./4 pers.* On respire le bon air sur ce terrain haut perché, aménagé auprès d'une ferme périgourdine dont les bâtiments restaurés accueillent le magasin d'alimentation et le bar. Vastes emplacements ombragés.

BUDGET MOYEN

À proximité

Hôtel Côté-Rivage – *Le Bourg - 24150 Badefols-sur-Dordogne (14 km au nord par la D 660, la D 27, la D 8 E4 et la D 29) - ✆ 05 53 23 65 00 - www.coterivage.com - fermé janv., rest. fermé dim. soir et lun. midi - 7 ch. 85/115 € - 13 € - formule déj. 24 € - 29/42 €.* Ancienne bâtisse restaurée près des berges de la Dordogne. Chambres agréables et soignées. Jolie salle à manger moderne et terrasse d'été. Bonne cuisine du marché.

POUR SE FAIRE PLAISIR

Le Coteau de Belpech – *Coteau de Belpech (1,1 km au nord) - ✆ 05 53 22 87 58 - www.coteau-belpech.com - P - 4 ch. 112/160 € - table d'hôte 25/30 €.* De quoi être aux anges… Sur un coteau, une chapelle romane du 11e s. restaurée par un couple amoureux des vieilles pierres. Chambres soignées, dont l'une dans le clocher avec une vue à 360° ! Cuisine traditionnelle de qualité à la table d'hôte.

RESTAURATION

BUDGET MOYEN

Hostellerie de Saint-Front – *3 r. Romieu - ✆ 05 53 22 30 11 - www.hostellerie-de-saint-front.com - fermé 3 sem. en janv., 2e quinz. de nov. - ♿ P - 10 ch. 43/53 € - 6 € - formule déj. 14 € - 20/30 €.* Les assiettes du pays, le midi, sont complètes. Carte traditionnelle, avec accent local. Service efficace.

À proximité

Auberge des Marronniers – *Le Bourg - 24150 Lanquais (13 km au NO par la D 660 et la D 37) - ✆ 05 53 24 93 78 - fermé mar. soir, merc., vac. de fév. et 2 sem. en oct. - formule déj. 12 € - 15/30 €.* Paisible auberge de tradition proposant les grands classiques du terroir périgourdin.

UNE FOLIE

Étincelles-La Gentilhommière – *24440 Ste-Sabine (9,5 km au sud par la D 676) - ✆ 05 53 74 08 79 - www.gentilhommiere-etincelles.com - fermé vac. scol. ; mar. midi sf juil.-août., vend. midi et merc. - 4 ch. 101/115 € - 31/110 €.* Une chaleureuse maison périgourdine, dans un jardin aux arbres majestueux. Le concept : on réserve au plus tard la veille, car le chef ne travaille que des produits frais. Il propose un menu unique et sa créativité fait des étincelles !

AGENDA

Les Tradigordines – *✆ 05 53 24 66 12.* À **Lalinde**, 1 j. fin juil. Rencontres internationales de musiques et de danses traditionnelles en Périgord.

Les murmures de St-Avit-Sénieur – *✆ 05 53 22 39 12.* De juin à fin sept., mise en lumière du village et de son abbaye.

Monpazier

★

511 Monpaziérois - Dordogne (24)

Ville de guet médiévale, Monpazier est sans doute la bastide la mieux conservée du Périgord et l'une des plus petites communes de France (53 ha). Surplombant la vallée du Dropt, cette bastide archétypique, avec son plan en damier, est à découvrir en fin d'après-midi pour profiter pleinement de la lumière chaude qui fait chatoyer les pierres.

NOS ADRESSES PAGE 201
Hébergement, restauration, achats, activités, etc.

S'INFORMER

Office de tourisme – *Pl. des Cornières - 24540 Monpazier - ✆ 05 53 22 68 59 - www.monpazier.fr - juil.-août : 10h-13h, 15h-19h ; juin et sept. : 10h-12h30, 14h30-18h ; reste de l'année : tlj sf lun. 10h-12h30, 14h30-18h, dim. et j. fériés 10h-12h30 - fermé 1er janv., 25 déc.*

Visite guidée de la bastide – *Pl. des Cornières - ✆ 05 53 22 68 59 - www.pays-des-bastides.com - ♿ - juil.-août : 9h-13h, 15h-18h30 ; juin et sept. : 10h-12h30, 14h-18h ; reste de l'année : tlj sf lun. 10h-12h30, 14h30-18h, dim. et j. fériés (vac. scol.) 10h-12h30 - fermé 1er janv., 25 déc. - 5 € (-12 ans 2,80 €) - possibilité de visite guidée (45mn) : juil.-août : mar. 11h (4,80 €), lun. 21h (5 €, aux flambeaux).*

SE REPÉRER

Carte de microrégion C2 (p. 178)

À 45 km au sud-est de Bergerac, Monpazier se situe à 17 km au sud-ouest de Belvès, à la pointe du triangle formé par la D 660 et la D 53.

SE GARER

De Beaumont-du-Périgord, on accède aux portes fortifiées au nord du bourg, d'où l'on gagne le parking de l'église. En haute saison, prévoir un stationnement à l'extérieur, au sud ou au nord.

ORGANISER SON TEMPS

Comptez 2h en vous promenant tranquillement.

AVEC LES ENFANTS

Le château de Biron, avec le livret-jeu disponible à l'office du tourisme de Monpazier.

Se promener

De la bastide subsistent le plan d'ensemble et trois des six portes fortifiées. Plusieurs maisons ont conservé leur caractère original. La ville forme un quadrilatère de 400 m sur 220 m, le grand axe étant orienté nord-sud. Des rues courent d'une extrémité à l'autre, parallèlement aux grands côtés. Quatre rues transversales les croisent, décomposant ainsi la cité en compartiments rectangulaires. Toutes les habitations présentaient à l'origine la particularité d'être d'égales dimensions et séparées les unes des autres par d'étroits intervalles ou *andrones*, prévus pour éviter la propagation des incendies.

★ Place des Cornières

Voir ABC d'architecture p. 86. Agréablement encadrée de galeries couvertes à cornières, elle présente des maisons construites entre le Moyen Âge et le 17e s. Cette place possède toujours son ancienne halle à charpente de

Bastide de Monpazier.
J.D. Dallet/age fotostock

châtaignier, soutenue par des piliers de bois, et abrite encore de vieux récipients de mesures à grain.

Quittez la place par un pan de mur coupé sur la gauche.

Église St-Dominique

Intéressant édifice construit au 13e s. et remanié à plusieurs reprises : portail (14e s.), rose et pignon (16e s.). La nef unique, très large et voûtée d'ogives, se prolonge par un chevet polygonal. Le tympan du portail porte l'inscription révolutionnaire « Le peuple français reconnaît l'existence de l'Être suprême ».

Prenez à droite en sortant de l'église.

UNE HISTOIRE MOUVEMENTÉE

Monpazier compte parmi les bastides créées pour commander les routes allant de l'Agenais aux rives de la Dordogne. Elle est fondée en 1284 par Édouard Ier en association avec Pierre de Gontaut, seigneur de Biron, qui fournit les terrains. Désireux de compléter la zone de défense déjà entreprise avec la fondation des bastides de Lalinde, Beaumont, Molières et Roquépine, le souverain se trouve vite confronté à moult problèmes : conflit avec le seigneur de Biron et les habitants, reprise des hostilités avec les Français, retards dans les constructions… pour accélérer la colonisation de Monpazier, le roi Édouard menaça d'amendes les bâtisseurs trop lents à son goût. En 1574, la bastide est livrée par trahison au chef huguenot Geoffroi de Vivans qui s'illustrera plus tard par la prise de Domme *(voir p. 123)*.

Le bourg, l'une des « paroisses unies » de la **révolte des croquants**, est le lieu d'une assemblée en 1594. L'insurrection se rallume en 1637 sous la conduite de Buffarot, un tisserand du bourg voisin, qui subira, après la répression des troubles par les troupes du duc d'Épernon, le supplice de la roue. On promènera sa tête sur une pique jusqu'aux portes de Belvès.

Maison dite « du Chapitre »
Datant du 13e s., cette ancienne maison de trois étages située à deux pas de l'église servait d'entrepôt aux récoltes réquisitionnées pour l'impôt. On l'appelle encore la « grange aux dîmes ».
À droite derrière l'église.

Bastideum
8 r. Jean-Galmont - 05 53 57 12 12 - www.bastideum.fr - - juil.-août : 10h30-13h, 14h30-18h ; avr.-juin et sept.-oct. : tlj sf lun. 10h30-13h, 14h30-18h - possibilité de visite guidée sur demande (45mn) - 4,80 € (-18 ans 3,80 €) - application smartphone de visite de la bastide.
Un espace pour comprendre l'histoire et l'évolution de la bastide de Monpazier, avec maquette, vue aérienne du site et multimédia. Le centre organise par ailleurs des expositions temporaires et des visites théâtralisées.

À proximité Carte de microrégion p. 178

★ Château de Biron C2
À 8 km au sud de Monpazier par la D 2, puis la D 53.
05 53 63 13 39 - www.semitour.com - de déb. avr. à déb. juil. et de déb. sept. à déb. nov. : 10h-13h, 14h-18h - 8,10 € (-12 ans 5,20 €) - 11,60 € billet combiné avec le cloître de Cadouin.
L'architecture du château concentre huit siècles d'évolution de l'art de bâtir en Périgord. Racheté par le département en 1978, le lieu a été restauré et transformé en centre d'art. Tous les étés, les expositions offrent un excellent prétexte de visite. Avec en mémoire la légende de Charles de Gontaut (duc de Biron) qui, depuis sa décapitation en 1602, se promènerait sur les remparts portant sa tête entre les mains…
Basse cour – Entourant les bâtiments d'habitation du château sur trois côtés, elle comprend la **conciergerie**, la chapelle, la recette (bâtiment où les paysans venaient apporter leurs redevances) et la boulangerie. L'élégante tour de garde, occupée par la conciergerie, juxtapose créneaux, chemin de ronde et décoration Renaissance. La **chapelle** a été construite au début du 16e s. dans le style Renaissance, une balustrade courant à la base du toit. Elle abrite deux **tombeaux surmontés de gisants** dont les sculptures montrent l'influence du Quattrocento : celui d'Armand de Gontaut (évêque de Sarlat) est décoré de Vertus assises, et celui de son frère, Pons, est orné de bas-reliefs retraçant la vie du Christ. La nef basse servait jadis d'église paroissiale et la nef supérieure de chapelle seigneuriale. Au nord de la cour, le **bâtiment des recettes** date du 15e s.
Cour d'honneur – On y accède par un escalier et un couloir voûté d'ogives. À droite, le logis seigneurial du 16e s. orné de fenêtres Renaissance dessert le donjon du 13e s. remanié au 15e s. À gauche, le corps de logis bâti du 16e s. au 18e s. présente un bel escalier qui donne accès à la salle des États. Au sous-sol, la garnison tout entière s'attablait dans ce réfectoire de 210 m^2. Fermant la cour d'honneur à son extrémité, un portique à colonnes conduit au péristyle du château d'où l'on découvre une large **vue★** sur la campagne environnante et, au nord, sur la bastide de Monpazier dont les Biron étaient les seigneurs.
Ne quittez pas Biron sans vous balader dans le **village** en contrebas. Il est plein de charme avec son église à clocher plat et ses maisons anciennes qui dégringolent de la colline.

NOS ADRESSES À MONPAZIER

HÉBERGEMENT

PREMIER PRIX

À proximité

Camping Le Moulinal – *24540 Biron (12 km au sud par les D 2 et D 53) - ✆ 05 53 40 84 60 - www.campings-franceloc.fr - fermé de mi-sept. à déb. avr. - réserv. conseillée - 320 empl. - mobile homes, bungalows et tentes lodges 45 à 213 €/nuit, 130 à 450 €/sem. -* L'étang bordant ce camping fera la joie de toute la famille. Piscine paysagée. Miniclub et espace clos et arboré réservé aux enfants.

Chambre d'hôte La Ferme Tandou – *2 km au sud par la D 2 - ✆ 05 53 22 62 28 ou 06 83 07 14 27 - www.ferme-tandou.com - P - 4 ch. 40 € - 4 € - table d'hôte 23 €.* Quatre chambres très simples au cœur de cette ferme en activité. Table d'hôte paysanne aux légumes du jardin.

BUDGET MOYEN

Hôtel Edward Ier – *5 r. St-Pierre - ✆ 05 53 22 44 00 - www.hoteledward1er.com - fermé de fin nov. à mi-mars - P - 10 ch. 87/210 € - 13 € - rest. Éléonore (slt le soir) 30/47 €.* Une belle gentilhommière du 19e s. et les joies de la vie de château ! Tout est charmant, romantique et raffiné : moulures, meubles de style, ciels de lit et chambres avec vue sur la nature, le jardin ou le village.

RESTAURATION

BUDGET MOYEN

Bistrot 2 – *Foirail Nord - ✆ 05 53 22 60 64 - www.bistrot2.fr - fermé mi-nov. à mi-déc. et vend. sf juil.-août. - formule 16 € bc - menus 20 (déj. en sem.)/28 €.* Une partie de l'équipe de l'Edward Ier *(voir « Hébergement »)* a investi ce bistrot contemporain. Ici, les gourmands apprécient les classiques du genre. Et à la belle saison, on profite de la terrasse à l'ombre de la glycine.

Privilège du Périgord – *60 r. Notre-Dame - ✆ 05 53 22 43 98 - www.privilegeperigord.com - fermé déc.-fév., lun. - réserv. conseillée - formule déj. 15/19,50 € - 28,50/45 €.* Ce joli relais de poste du 18e s. tapissé de vigne vierge abrite une coquette salle à manger rustique. Dès les premiers rayons de soleil, on dresse les tables dans la cour verdoyante. Cuisine traditionnelle au bel accent du Sud-Ouest.

ACHATS

Marchés et foires – Marché traditionnel jeudi matin, pl. des Cornières. Grande foire le troisième jeudi du mois.
Marché aux cèpes en octobre (selon la pousse) sous la halle à partir de 15h.

Verrerie d'art de Monpazier – *13 r. St-André - ✆ 05 53 74 30 82 - www.artisans-d-art.com/guernic - mar.-dim. 10h-12h30, 14h-19h ; fermé lun. et 3 sem. en janv.* Cet artisan souffleur de verre expose ses créations originales dans l'espace boutique de son atelier. Certaines pièces seront réalisées devant vous.

AGENDA

Fête du livre – Le dernier dimanche de juillet, sur la place des Cornières, ateliers liés aux métiers du livre, dédicaces, bouquinistes…

Cadouin

★

336 Caduniens – Dordogne (24)

Un vallon étroit aux portes de la forêt de la Bessède, une rivière et une abbaye cistercienne classée au Patrimoine mondial de l'Unesco : le décor de Cadouin est posé. L'abbaye constitue une véritable aubaine pour ce village qui bénéficia de l'intense fréquentation de ce lieu de pèlerinage sur le chemin de Compostelle. Les fidèles ont laissé place aux visiteurs, venus admirer la beauté du cloître magnifiquement conservé.

NOS ADRESSES PAGE 207
Hébergement, restauration, achats, activités, etc.

S'INFORMER

Office du tourisme du Buisson-de-Cadouin – *Pl. André-Boissière - 24480 Le Buisson-de-Cadouin - ✆ 05 53 22 06 09 - www.pays-des-bastides.com - 10 juil.-16 août : 9h-13h, 14h-18h, dim. 10h-13h ; reste de l'année : tlj sf dim. 10h-12h30, 14h-17h30, merc. 10h-12h - fermé sam. et j. fériés.*

SE REPÉRER

Carte de microrégion C2 (p. 178).
À 16 km au sud du Bugue et à 11 km à l'est de Beaumont-du-Périgord, Cadouin est accessible par la D 25.

À NE PAS MANQUER

Les ornementations du cloître ; la halle.

ORGANISER SON TEMPS

Comptez 2h pour voir l'ensemble de l'abbaye.

AVEC LES ENFANTS

Les jardins panoramiques de Limeuil, avec leur sentier pédagogique, et les grottes de Maxange.

Se promener

Dans les rues du village, des panneaux explicatifs ponctuent une « **balade du patrimoine** » qui relate l'histoire de Cadouin.

LA PLUS CÉLÈBRE RELIQUE PÉRIGOURDINE

Fondée en 1115 par Géraud de Sales aux portes de la forêt de la Bessède, l'**abbaye de Cadouin** s'affilie en 1119 à l'ordre de Cîteaux (son nom vient peut-être du latin *catinus*, lieu plat, ou du nom gallo-romain *Catonius*). Elle devient prospère, mais subit des dommages pendant la guerre de Cent Ans – destruction du cloître roman et de certains bâtiments –, au moment des guerres de Religion et de la Révolution.

Un drap de lin, passant pour avoir enveloppé la tête du Christ, fut rapporté d'Antioche par un chanoine périgourdin après la première croisade. Le suaire devient un objet de culte, faisant de Cadouin un centre de pèlerinage fréquenté par les plus grands, comme Richard Cœur de Lion, Saint Louis et Charles V. Mais en 1934, le mythe s'effondre. Soumis à l'épreuve de la science, le suaire révèle ses véritables origines : il s'agit d'un tissu égyptien datant du 11ᵉ s. Les bandes brodées portent des caractères coufiques qui mentionnent un émir et un calife qui ont gouverné l'Égypte vers 1100. L'évêque de Périgueux supprime alors le pèlerinage.

Abbaye de Cadouin, étape sur le chemin de Compostelle.
R. Cintract/hemis.fr

Abbaye

★ **Église** – Consacrée en 1154, elle présente une façade organisée en trois registres horizontaux : le registre médian, percé de trois baies en plein cintre éclairant le vaisseau, sépare deux niveaux d'arcatures. Le décor du bâtiment en pierre meulière, à l'architecture fort sobre, se limite presque au jeu de la lumière sur les ressauts du mur scandé de contreforts.

L'édifice s'affranchit de la simplicité cistercienne par la disposition de son plan (chœur à abside entre deux absidioles) et par la présence d'une coupole à la croisée du transept, surmontée d'un clocher couvert de bardeaux de châtaignier *(voir ABC d'architecture p. 82)*. Autre entorse à la règle de Cîteaux : la richesse de la décoration intérieure qui comprend fenêtres moulurées et chapiteaux sculptés. Mais de l'équilibre des volumes et de la grandeur de l'ensemble émane cette atmosphère de spiritualité propre aux sanctuaires cisterciens.

★★ **Cloître** – *✆ 05 53 63 36 28 - www.semitour.com - ♿ - juil.-août : 10h-19h ; de mi-avr. à fin juin et 1er sept.-11 Nov. : 10h-13h, 14h-18h ; reste de l'année : se rens. - fermé janv., 25 déc. - 6,50 € (-12 ans 3,80 €) - 11,60 € billet combiné avec le château de Biron.* Édifié grâce aux libéralités de Louis XI, le cloître est bâti au 15e s. en style gothique flamboyant. Les travaux se poursuivent jusqu'au milieu du 16e s., comme en témoignent les chapiteaux Renaissance de certaines colonnes. Remarquez la beauté des proportions et la diversité des formes, en particulier dans les portes de style Renaissance

ANIMATIONS

Au fil du temps – *Abbaye de Cadouin - ✆ 05 53 57 52 64 - www.au-fil-du-temps.com.* Cette association de promotion du patrimoine assure des visites théâtralisées aux flambeaux *(de mi-juil. à mi-août : merc. 21h)* de l'abbaye et du village de Cadouin, mais aussi des animations dans les jardins de Limeuil *(voir p. 205)*, au moulin de la Rouzique *(voir p. 193)* et à la filature de Belvès *(voir p. 135)*.

ou gothique flamboyant, les clefs de voûte variées, les retombées de voûtes et chapiteaux historiés, la fresque figurant l'Annonciation.
De chaque côté du siège de l'abbé, les hauts-reliefs illustrent la montée du Christ au Calvaire et la procession des moines (15e s.).
À observer en détail, sur quatre colonnettes en forme de tour, des sujets empruntés à l'Ancien et au Nouveau Testament (Samson et Dalila, Job, Lazare et le mauvais riche…). La salle capitulaire a été aménagée en **musée du Suaire** : une exposition évoque huit siècles de ferveur religieuse et de pèlerinage.

Circuit conseillé Carte de microrégion p. 178

DE CADOUIN À CENDRIEUX C1

Circuit de 77 km tracé en rose sur la carte p. 178. Comptez une journée. Quittez Cadouin par la D 25 au nord-est. Au Buisson-de-Cadouin, après la voie ferrée, tournez à gauche, puis encore à gauche. Poursuivez sur 1,5 km.

★★ Grottes de Maxange

Mestreguiral - ✆ 05 53 23 42 80 - www.maxange.com - visite guidée (40mn) juil.-août : 9h-19h ; du w.-end de Pâques à fin juin et sept. : 10h-12h, 14h-18h ; de déb. oct. aux vac. de la Toussaint : 10h-12h, 14h-17h ; reste de l'année : sur demande préalable - 8,50 € (-12 ans 5,90 €).

Les grottes ont été découvertes en 2000 par Angel Caballero (lequel officie parfois à l'accueil), qui exploitait une carrière sur ce site. Les galeries se sont creusées dans le calcaire jaune quand la mer s'est retirée, puis ont été obstruées par des alluvions. Il a donc fallu procéder à un déblaiement. Après avoir suivi dans la galerie inférieure la présentation de ces différentes couches de sédimentation, sur lesquelles on lit facilement l'alternance des périodes sèches et humides, la visite se poursuit dans la galerie supérieure qui renferme les concrétions classiques (stalactites, stalagmites) mais surtout une exceptionnelle densité d'**excentriques** (l'une des plus importantes de la région), dont les formes défient la gravité, joliment mise en valeur par un **son et lumière★**. Remarquez notamment l'une d'elles, dite « perroquet », devenue l'emblème de la grotte. À la sortie, un impressionnant plafond de microcristallisations de calcite pur affiche un blanc immaculé.
Revenez au Buisson-de-Cadouin.

Bambous de Planbuisson

20 r. Montaigne - Le Buisson-de-Cadouin - ✆ 05 53 57 68 02 - planbuisson.com - juil.-août : 10h-19h ; mars-nov. : tlj sf lun. (et mar. en mars, avr. et nov.) : 10h-12h, 14h-18h - 6 € (enf. 2 €, gratuit -12 ans).

La bambouseraie de Planbuisson, alternative exotique aux noyers de la région, est l'œuvre d'un passionné. Sur plus d'un hectare, le visiteur profite de la plus grande collection de bambous et de graminées d'Europe. De toutes les tailles, de toutes les couleurs et de toutes les formes, les bambous guident cette balade insolite. Un arrêt dans le jardin zen est également recommandé !
Prenez la D 51 au nord.

★ Limeuil

✆ 05 53 63 38 90 - www.limeuil-en-perigord.com - juil.-août : 10h-13h, 14h-18h ; mai-juin et sept. : 10h-13h, 14h-17h ; avr. : tlj sf w.-end 10h-13h, 14h-17h.

Construit sur un promontoire escarpé, ce bourg dégringole vers le confluent de la Dordogne et de la Vézère. Les croquants firent de cet excellent lieu de

Dans une rue de Limeuil.
D. Caviglia / hemis.fr

défense une de leurs places de sûreté pendant leur révolte au 17e s. Au 19e s., Limeuil était un centre économique important grâce à son **artisanat** et à la **batellerie**. Le port, avec ses auberges, dont l'ancestrale *Ancre du Salut*, toujours là, accueillait au 19e s. les gabarres descendues du Limousin et d'Auvergne. Dans l'église Ste-Catherine (14e-15e s.), vous trouverez une Vierge noire, la Vierge des bateliers.

Ce charmant village a conservé quelques vestiges de son passé de ville close dans les ruelles piétonnes qui grimpent vers l'église. Suivez le circuit ponctué de panneaux explicatifs dédiés au jeune public, mais qui instruisent également les grands ! Remarquez en particulier l'imposante maison aux fenêtres à meneaux qui jouxte la porte fortifiée du port (16e s.), autrefois siège des bateliers. Tout de suite à gauche, l'actuelle mairie occupe un ancien couvent de récollets. La Grand'Rue mène à la porte du Récluzou qui présente une voûte d'ogive à l'extérieur et un arc en plein cintre à l'intérieur.

★ **Jardins panoramiques** – *Pl. des Fossés - ✆ 05 53 57 52 64 - www.jardins-panoramiques-limeuil.com - ♿ - juil.-août : 10h-20h ; avr.-juin et sept.-oct. : 10h-12h30, 14h-18h, ponts de mai 14h-18h - fermé sam. (sf de déb. juin à mi-sept.) - 7,50 € (-18 ans 5 €).* Ils offrent un beau point de vue sur le confluent Dordogne-Vézère au gré de sentiers d'interprétation jalonnés de panneaux explicatifs sur la batellerie, le village, les arbres, les paysages, les insectes… Un parc à l'anglaise et des jardins contemporains thématiques ont été aménagés autour de l'ancien château du 12e s. transformé au début du 20e s., dont il ne reste que le donjon. En été, des ateliers nature et artisanat sont organisés l'après-midi (vannerie, aquarelles, tissage, teinture végétale…).

La route en corniche dite du « Bac de Sors » *(D 31)* domine le **cingle de Limeuil**, peu visible à cause de la végétation.

Après 2 km, tournez à droite dans la D 2.

★ Paunat

Blotti dans un vallon, ce bourg de pierre jaune a conservé une imposante église qui dépendait d'un monastère autrefois rattaché à la puissante abbaye

St-Martial de Limoges. Construite en pierre ocre au 12e s., remaniée et fortifiée au 15e s., l'**église St-Martial** s'appuie sur un puissant clocher-porche de style roman. Celui-ci comporte deux étages voûtés de coupoles, cas exceptionnel en Périgord.

Faites demi-tour et reprenez la D 31 direction Trémolat.

Jardins de la Chartreuse du Colombier

✆ 06 84 60 74 75 - de mi-mai à sept : 10h30-18h30 - 5 € (gratuit -12 ans).

L'impression d'être hors du temps vous saisira à la vue de cette chartreuse du 17e s. et de son remarquable jardin. Quatre espaces, pour quatre ambiances différentes, où le formel – parterre de buis taillé en hommage aux oiseaux de Magritte – côtoie une nature plus libre.

Trémolat

Édifié à l'entrée du cingle du même nom, ce charmant village est devenu célèbre grâce au film de Claude Chabrol, *Le Boucher* (1970). Trémolat est aussi connu pour son **église fortifiée** (12e s.), qui offre un condensé des spécificités de l'architecture religieuse périgourdine : elle associe d'imposantes fortifications, un voûtement supportant des coupoles et un intérieur sobre surmonté d'une vaste salle (350 m^2) de défense qui pouvait servir de refuge aux habitants du village.

Quittez Trémolat par le nord-ouest et suivez la rivière.

★ Cingle de Trémolat

Au pied d'un hémicycle de falaises blanches, la Dordogne décrit une vaste courbe au cœur de laquelle se love une mosaïque de prés et de champs. Au-delà s'étendent les premières frondaisons de la forêt de la Bessède. La vue, partielle (la végétation masque la partie externe du cingle), est particulièrement impressionnante au coucher du soleil.

Poursuivez la route, qui offre de belles échappées sur la vallée, puis, avant Mauzac, prenez à droite une petite route qui débouche sur la D 703. À Pezuls, empruntez la D 30 vers Ste-Alvère, puis Cendrieux par la D 2.

Musée Napoléon à Cendrieux

✆ 05 53 03 24 03 - www.musee-napoleon.fr - ♿ - visite guidée (1h) de mi-juil. à fin août : tlj sf sam. 11h, 15h et 17h ; de déb. à mi-juil. et de déb. à mi-sept. : tlj sf sam. 15h et 17h ; avr.-juin : dim. et j. fériés 15h ; vac. de Pâques et juin : dim. et jeu. 15h - 7 € (-12 ans gratuit).

Le prince Victor Napoléon, chef de la famille impériale et petit-fils du plus jeune frère de Napoléon Ier (Jérôme, roi de Westphalie), a su préserver l'héritage de multiples objets ayant appartenu à l'Empereur ou traitant de sa gloire. Descendant direct du prince, le comte Baudoin de Witt fait revivre intelligemment ces pages de l'histoire grâce à quelque 500 objets, dont certains émouvants (la longue-vue utilisée à Austerlitz, le bonnet de baptême de l'Aiglon, le bougeoir de l'Empereur à Ste-Hélène et les « objets du culte »).

Prenez la D 32 vers Mauzens-et-Miremont, puis la D 710 jusqu'au Bugue, au sud ; prenez ensuite la D 703 à droite, puis la D 31 ; la D 51 et la D 25 vous ramènent à Cadouin.

NOS ADRESSES À CADOUIN

HÉBERGEMENT

PREMIER PRIX

À proximité

Camping St-Avit Loisirs – *Malfon - 24260 St-Avit-de-Vialard (20 km au nord par les D 25, D 51, D 31^{E}, D 710 et une rte secondaire à gauche) - ✆ 05 53 02 64 00 - www.saint-avit-loisirs.com - fermé de fin sept. à fin mars - ♿ - réserv. conseillée - 400 empl. - mobile homes, chalets, tentes lodges et appart. 51 à 197 €/nuit, 357 à 1 379 €/sem.* Vastes emplacements, installations confortables, services multiples… Qu'il est beau, ce camping aménagé parmi les chênes et les châtaigniers, autour d'une ferme périgourdine centenaire ! Des locatifs et une formule de résidence hôtelière sont également proposés. Plusieurs piscines, dont une couverte et chauffée.

Chambre d'hôte Ancienne Gendarmerie – *30 r. Albert-de-Veer - ✆ 05 53 58 39 84 - www.ancienne-gendarmerie.fr - P - 4 ch. 69/79 €.* Belle bâtisse du 17e s., dotée de chambres propres et spacieuses et d'agréables espaces communs, cette ancienne gendarmerie est devenue fort accueillante et chaleureuse, à l'image de ses propriétaires.

BUDGET MOYEN

À proximité

Chambre d'hôte Le Moulin Neuf – *À Paunat - 24510 Ste-Alvère (15 km au nord de Cadouin par la D 2) - ✆ 05 53 63 30 18 - www.the-moulin-neuf.com - ♿ P - 5 ch. 93/97 €.* Jadis moulin, cet édifice est aujourd'hui la maison d'habitation des propriétaires. L'ancienne grange, restaurée, abrite désormais de jolies chambres cosy. Les matins d'été, le petit déjeuner se prend sous une agréable tonnelle.

RESTAURATION

BUDGET MOYEN

À proximité

Le restaurant de l'Abbatiale - Julien – *Au bourg - 24510 Paunat (15 km au nord de Cadouin par la D 2) - ✆ 05 53 63 21 08 - mars-oct. : fermé sam. midi, dim. soir et merc. ; nov.-fév. fermé mar., merc. et dim. soir - ♿ P - formule déj. 16 € - 23,50/35 €.* Une adresse comme on en voudrait tous les jours. Installé dans l'ancien presbytère (superbe maison périgourdine), ce restaurant flatte les yeux avec sa décoration bistrot et son petit jardin à la française. Cuisine régionale savoureuse et généreuse, accompagnée de bière locale, la Lutine.

Bistrot d'en Face – *Le Bourg - 24510 Trémolat (13 km au nord-ouest de Cadouin par la D 28, la D 29 et la D 31)- ✆ 05 53 22 80 06 - www.vieux-logis.com - fermé lun. et mar. de mi-oct. à mi-avr. - formule déj. 17 € - 23/29 €.* Une adresse pour se régaler d'une savoureuse cuisine du terroir : andouillette, confit de canard… L'annexe à prix doux du très huppé hôtel-restaurant Le Vieux Logis, appartenant au réseau Relais & Châteaux.

AGENDA

Festival Musique en Sol – *✆ 05 53 73 55 85.* Début août à l'abbatiale de Paunat, un festival musique et voix programme des artistes de renommée internationale.

Villefranche-de-Lonchat

976 Villafrancois – Dordogne (24)

S'il ne reste plus de cette ancienne bastide anglaise que le tracé des rues et quelques monuments, le village n'en est pas moins le centre le plus actif du pays de Gurson, région vallonnée et couverte de vignes entre Libourne et Ste-Foy-la-Grande. Il ne s'agit pas des premières vignes venues, mais de celles qui donnent les meilleurs crus de bergerac.

NOS ADRESSES PAGE 211
Hébergement, restauration, achats, activités, etc.

S'INFORMER

Syndicat d'initiative du Pays de Montaigne-Gurson-La Force – *6 pl. de la Mairie - 24230 Velines - 06 15 11 84 57 - tourisme-montaigne.jimdo.com/contact - 9h-13h, 14h-17h - fermé w.-end et j. fériés.*

SE REPÉRER

Carte de microrégion A1 (p. 178)

À 45 km à l'ouest de Bergerac.

À NE PAS MANQUER

Les jardins de Sardy.

ORGANISER SON TEMPS

Comptez 1h pour le village.

Se promener

La ville, sur le chemin des guerres avec les Anglais, n'a rien gardé de ses fortifications de la fin du 13e s. Elle a pourtant préservé son plan quadrillé et ses simples édifices religieux, une église et une chapelle du 14e s. Remarquez aussi l'étonnante maison Second Empire qui accueille la mairie et un musée d'histoire locale.

Circuit conseillé Carte de microrégion p. 178

LE PAYS DE GURSON A1

Circuit de 45 km tracé en bleu sur la carte p. 178. Comptez environ une demi-journée. Quittez Villefranche-de-Lonchat par l'est en empruntant la D 32.

Château de Gurson

Campé sur une butte, le château a conservé quelques vestiges de ses fortifications. Donné par Henri III d'Angleterre, duc d'Aquitaine, à son sénéchal Jean de Grailly, il fut reconstruit au 14e s. Au pied de la butte, un **plan d'eau** a été aménagé.

Revenez sur la D 32 (à droite), puis prenez à gauche.

Carsac-de-Gurson

Entouré de vignobles, ce village possède une **église** dont la façade romane présente toutes les caractéristiques du style saintongeais.

Quittez Carsac au nord-est en empruntant la D 33.

ORIGINE DU NOM

L'expression de « **villefranche** » date du 12e s. et désigne une ville ou une bourgade affranchie par le roi des droits seigneuriaux. Cette exemption ici est liée à la nature du village, bastide fondée à la fin du 13e s., succédant à la paroisse de Lopchac.

St-Martin-de-Gurson

L'**église** s'enorgueillit d'une belle façade (12e s.) de style saintongeais. Le portail sans tympan s'ouvre sous cinq voussures lisses retombant sur dix colonnes aux chapiteaux sculptés d'oiseaux et de monstres. Au-dessus, une arcature, composée de sept arcs en plein cintre reposant sur des colonnettes, est bordée d'une moulure décorée de têtes, surmontée d'une intéressante corniche à modillons sculptés.

Poursuivez sur la D 33, puis tournez à droite dans la D 11. Avant le bourg de Vélines, tournez à gauche, puis à droite après le gymnase.

★ Les jardins de Sardy

7 rte de Sardy - ✆ 05 53 27 51 45 - juil.-août : 10h-18h ; reste de l'année : tlj sf lun. 14h-18h - fermé oct.-avr., certains j. fériés - visite guidée sur demande (1h10) - 7 € (-12 ans gratuit).

En 1956, Betty et Bertie Imbs achètent le domaine ; suivant les conseils d'un ami architecte féru d'Italie, ils font relever les murs, raccourcir la bâtisse de 4 m et ajouter un escalier reliant l'habitation au grand bassin rectangulaire. Ils créent ensuite les jardins : des cyprès structurent la verticalité et quelques topiaires forment le cadre où s'expriment les *mixed borders* (massifs mélangés) dessinés par Mme Imbs, passionnée de jardins anglais. À présent, leur fils a repris les lieux et le même jardinier continue de l'entretenir depuis sa création.

La visite commence par la **cour des senteurs** (sauge, citronnier, camphre…), sensibilisation à l'approche olfactive de ces jardins où se fondent les couleurs et se mêlent les effluves. La plate-forme permet une vue d'ensemble, avant de s'engager sur la pente douce bordée de vivaces aux teintes pastel qui mène à la pièce d'eau. Remarquez au passage la statue de saint Fiacre (patron des jardiniers) qui s'élève sur la racine d'un charme.

Derrière, dans le sous-bois, depuis un promontoire, une belle perspective sur le **grand bassin** parsemé de nymphéas. Après en avoir fait le tour, on descend sous la tonnelle de rosiers, passant la fontaine alimentée par une source, pour arriver au **verger** (pommiers, abricotiers…) au-delà duquel s'étend une zone boisée.

Ce jardin de 12 ha offre un refuge aux oiseaux, reconnu comme tel par la Ligue de protection des oiseaux. Les spécialistes pourront identifier sans peine le chant des verdiers, troglodytes, accenteurs et pinsons. De retour au grand bassin, on emprunte l'escalier bordé d'un magnifique olivier, puis on longe la paroi rocheuse couverte de grimpantes jusqu'à l'ancien lavoir du Moyen Âge. On peut alors rejoindre la terrasse du salon de thé ou se laisser tenter par l'envie de rebrousser chemin pour prolonger la rêverie.

Le **château de Sardy** domine 5 ha de vignoble à flanc de coteaux. Une petite production pour un bergerac soigné *(visite du chai sur demande).*

Après Vélines, prenez à droite la D 936, vers Libourne. Au lieu-dit Tête Noire (3 km), tournez à droite.

Montcaret

Villa gallo-romaine – *1 r. des Anciennes-Postes - ✆ 05 53 58 50 18 - www.monuments-nationaux.fr - de fin mai à fin sept. : 9h45-12h30, 14h-18h30 ; reste de l'année : tlj sf sam. 10h-12h30, 14h-17h30 - fermé certains j. fériés - possibilité de visite guidée (45mn) - 3 € (-25 ans gratuit) - gratuit 1er dim. du mois (nov. à mai).* À l'emplacement de Montcaret s'étendait, à l'époque gallo-romaine, une grande villa (plus de 10 ha) établie sur les premières pentes du coteau de la Dordogne. Dévastée par les Barbares au temps des invasions, lieu de culte pour les premiers chrétiens et siège d'un prieuré bénédictin au Moyen Âge, la villa était depuis longtemps oubliée lorsque, en 1827, une mosaïque fut mise au jour lors de la construction d'un lavoir. Son dégagement fut entrepris de 1921 à 1941. L'ensemble des vestiges, utilisés comme nécropole du 6e au 12e s., correspond à une villa à péristyle et cour intérieure, avec ses **thermes** (bains privés). Ils sont remarquables tant par leur système de chauffage fonctionnant grâce à des appels d'air que par leurs **mosaïques★** du 4e s. En effet, le pavement intact présente seize carrés aux motifs aquatiques. Attenante à la salle abside (350 m^2), la **salle cruciforme** de 55 m^2 constitue le point d'orgue de la visite. Au sol, cinq tapis de mosaïques et un chauffage par hypocauste (voyez le réseau de conduits aménagés sous le sol et dans les murs). Dans la partie d'accueil du site, ne manquez pas la **salle d'exposition** destinée à recevoir les objets découverts au cours des fouilles : fragments de marbre et de chapiteaux romains, sépultures du 6e au 12e s. avec leur mobilier funéraire.

Église – Elle dépendait de l'abbaye St-Florent-de-Saumur. Au fond de l'abside, du 11e s., quatre beaux chapiteaux romains et mérovingiens en marbre, à décor d'acanthes, ont été réemployés dans l'édifice par les bénédictins. Sur la façade ouest, remarquez les deux bas-reliefs romans : l'un représentant Adam et Ève, l'autre saint Pierre et saint Paul.

Quittez Montcaret par le nord vers St-Michel-de-Montaigne.

Château de Montaigne

✆ 05 53 58 63 93 - www.chateau-montaigne.com - visite guidée (45mn) juil.-août. : 10h-18h30 ; reste de l'année : tlj sf lun.-mar. (sf vac. scol.) 10h-12h, 14h-17h30 - fermé 1er janv., 25 déc. - 8 € (-10 ans gratuit) - 12 € billet combiné avec la tour de Montaigne - 3 € parc - chasse aux trésors enf., sur réserv. - avec dégustation des vins.

Comme l'annonce la présence de rangs de vignes à l'entrée du domaine, Montaigne est une **exploitation viticole**. On y produit d'excellents AOC bergerac, comme d'ailleurs dans toute cette partie la plus occidentale de l'appellation. Boutique à l'accueil.

Seuls les communs, ainsi que la **tour** de la librairie, où Montaigne avait coutume de se retirer, ont été épargnés par l'incendie de 1885. De sa chambre, située au-dessus de la chapelle, le philosophe pouvait suivre l'office par une ouverture pratiquée dans le mur. À l'étage supérieur se situe la bibliothèque, où l'écrivain aurait rédigé ses fameux *Essais*.

En contournant le château, on découvre un paysage harmonieux : coteaux boisés et vignobles produisant un vin blanc apprécié, tandis que se profile, à l'horizon, la silhouette féodale du donjon de Gurson.

Poursuivez la D 9 vers le nord, tournez à droite dans la D 21, et encore à droite.

UN GENTILHOMME PHILOSOPHE

Michel Eyquem naît en 1533 dans les murs du château, acquis par son arrière-grand-père du temps de la guerre de Cent Ans. La terre porte déjà ce nom qui dérive du bas latin *montanea*, la « montagne ». Conseiller au Parlement et maire de Bordeaux, gentilhomme de la Chambre du roi Henri III, il se lie d'amitié avec Étienne de La Boétie.

À l'âge de 38 ans, après la mort de son père, il préfère délaisser la Cour, où il ne fait plus que de brèves apparitions, pour vivre sur ses terres et écrire. Son œuvre exprime la tolérance, la sagesse, la maîtrise des passions, la compréhension et un amour lucide à l'égard de son prochain : « Chaque homme porte en soi la forme entière de son humaine condition. » Son cœur serait scellé dans l'un des piliers de l'église du village de St-Michel-de-Montaigne.

Montpeyroux

De l'extrémité de la butte de Montpeyroux, une belle **vue** s'offre sur la région, les maisons basses se dispersant au milieu du vignoble. Dans le village, la maison noble des Marroux a appartenu à Bertrand Eyquem, frère cadet de Michel de Montaigne.

Entourée du cimetière, l'**église** romane présente une façade saintongeaise rappelant celle de St-Martin-de-Gurson. Admirez la belle corniche à modillons sculptés courant le long de l'abside revêtue de neuf arcs d'appliques. À côté, un élégant **château** des 17e et 18e s. s'organise autour d'un logis flanqué de deux pavillons en équerre, cantonnés de tours rondes. Chaque ouverture est surmontée d'un œil-de-bœuf.

Quittez Montpeyroux par la D 10 vers le nord pour Villefranche-de-Lonchat.

NOS ADRESSES À VILLEFRANCHE-DE-LONCHAT

HÉBERGEMENT

PREMIER PRIX

À proximité

Chambre d'hôte du Domaine de la Mouthe – *La Mouthe - 24700 St-Rémy (11 km au sud-est de Villefranche-de-Lonchat par la D 32 et rte secondaire à gauche) - ✆ 05 53 82 15 40 ou 06 71 52 73 42 - www.domainedelamouthe.fr - P - 5 ch. 62/75 €.* Les bâtiments d'origine de cette ancienne ferme ont été transformés en gîtes et l'habitation principale, reconstruite à partir de charpentes de réemploi. Les trois petites chambres du rez-de-chaussée sont claires et agréables ; les deux autres, plus spacieuses, se trouvent dans l'annexe contiguë.

RESTAURATION

BUDGET MOYEN

À proximité

Ferme-auberge de Jolibois – *24610 St-Méard-de-Gurçon (12 km à l'est de Villefranche par la D 32) - ✆ 05 53 82 47 02 - www.aubergejolibois.fr - fermé 2 sem. déb. janv., 2 sem. déb. sept. ; en sais., le soir du dim. au mar. ; hors sais., le soir du dim. au vend. sf groupes - réserv. conseillée - 2 ch. 52 € + 1 gîte - formule déj. 13 € - 24/36 €.* Prisée des habitants alentour, cette ferme-auberge dispose d'une grande salle à manger aménagée dans une ancienne grange. Élaborée à partir des produits de l'exploitation, la carte réserve une place de choix au canard. Vente de conserves préparées sur place.

PÉRIGUEUX ET LE PÉRIGORD BLANC

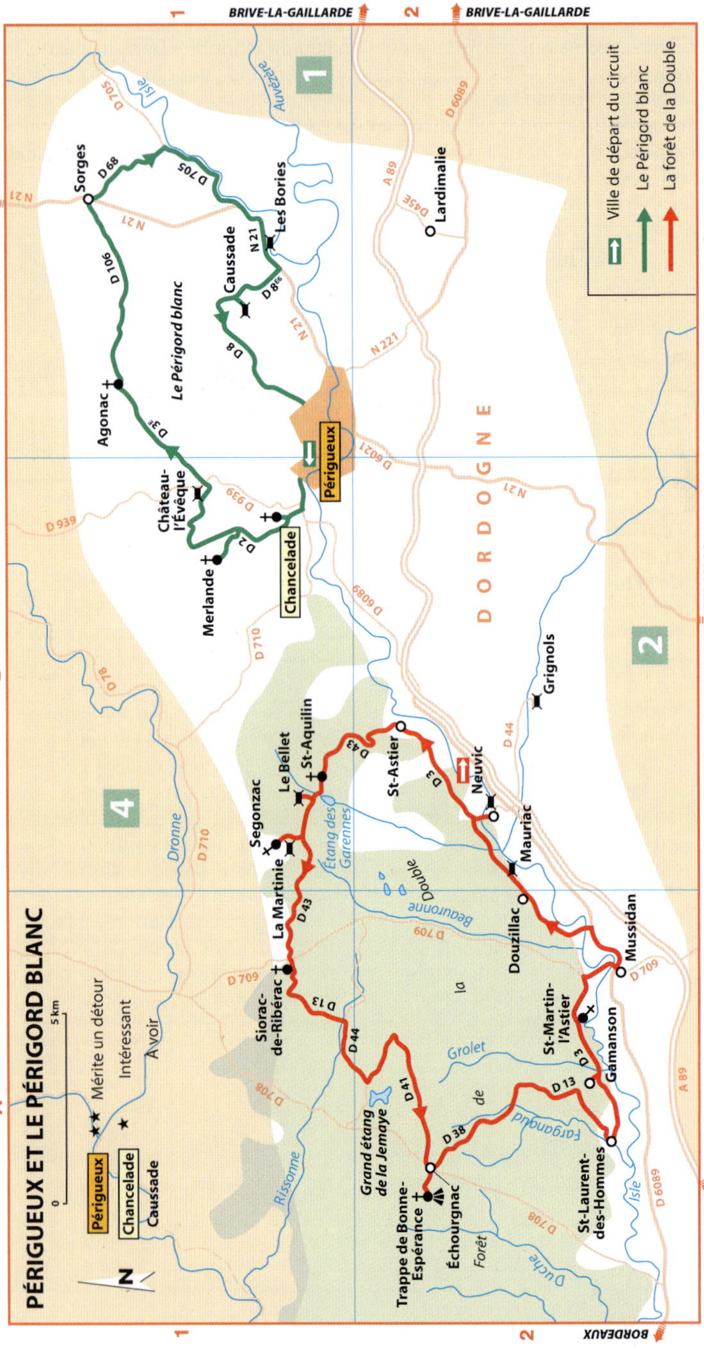

Périgueux et le Périgord blanc 3

Carte Michelin Départements 329 - Dordogne (24)

Périgueux

★★

29 811 Périgourdins – Dordogne (24)

Périgueux se parcourt comme un livre d'histoire : d'un côté la cité antique avec sa demeure gallo-romaine abritée sous un préau de verre dû à Jean Nouvel, de l'autre, la ville médiévale et Renaissance où s'élève la cathédrale St-Front aux airs byzantins donnés par Paul Abadie. Entre les deux, la place de Francheville à l'aménagement contemporain avec son jardin fermé par un complexe de cinéma. Vous pourrez aussi rallier ces deux quartiers distincts en suivant la voie verte le long de l'Isle, l'occasion d'une agréable promenade offrant un coup d'œil différent sur la ville.

NOS ADRESSES PAGE 229
Hébergement, restauration, achats, activités, etc.

S'INFORMER

Office du tourisme de Périgueux – Plan de ville B2 - *26 pl. Francheville - 24000 Périgueux - ✆ 05 53 53 10 63 - www.tourisme-perigueux.fr - ♿ - de mi-juin à mi-sept. : 9h-19h, dim. et j. fériés 10h-18h ; reste de l'année : tlj sf dim. 9h-12h30, 14h-18h - fermé 1er janv., 25 déc.*

Visites guidées – Rens. à l'office de tourisme. Périgueux, labellisé Ville d'art et d'histoire, propose des visites découverte (1h30-2h) autour de thèmes variés animées par des guides conférenciers. Un certain nombre de monuments sont accessibles exclusivement dans le cadre de ses visites - *6 € (-18 ans 4,50 €).*

SE REPÉRER

Carte de microrégion BC1 (p. 212)

Préfecture de la Dordogne, Périgueux est à 43 km au nord de Bergerac et à 45 km au nord-ouest des Eyzies-de-Tayac-Sireuil.

SE GARER

Parkings gratuits sur les quais, une partie des allées Tourny et pl. Mauvard. Parkings souterrains payants *(35mn gratuites)* : bd Montaigne, pl. Francheville, espl. Badinter.

À NE PAS MANQUER

Les façades médiévales et Renaissance du quartier St-Front et la cathédrale ; Vesunna, le site-musée gallo-romain de Périgueux, dans le quartier de la Cité et le retable de St-Étienne-de-la-Cité.

ORGANISER SON TEMPS

Comptez 1 journée pour parcourir la ville et visiter Vesunna ; une autre pour prendre le temps de découvrir le Périgord blanc.

AVEC LES ENFANTS

Les ateliers de découverte pour les 6-12 ans, en été (à l'office de tourisme) ; Vesunna et le musée d'Art et d'Archéologie du Périgord.

Se promener

★★ LE QUARTIER SAINT-FRONT

Circuit 1 tracé sur le plan de la ville p. 218-219.

L'ancien quartier des artisans et des commerçants, classé Secteur sauvegardé, a fait l'objet d'importantes restaurations. Ses façades Renaissance, ses maisons

Les clochetons et coupoles de la cathédrale Saint-Front.
Ch. Boisvieux/age fotostock

médiévales, ses cours, ses escaliers et ses échoppes ont ainsi été sauvés de la ruine et mis en valeur. Les rues piétonnes ont retrouvé leur fonction d'artères commerçantes : les places du Coderc et de l'Hôtel-de-Ville s'animent le matin avec le marché aux fruits et aux légumes, tandis que la place de la Clautre sert de cadre aux grands marchés du mercredi et du samedi. En hiver, les prestigieuses ventes de truffes et de foie gras attirent des foules de connaisseurs place St-Louis. En été, les tables des restaurants débordent sur le pavé et l'on peut savourer la prestigieuse cuisine périgourdine dans un cadre d'exception.
Partez de la tour Mataguerre, face à l'office de tourisme.

3

Tour Mataguerre B2

R. de la Bride - ✆ 05 53 53 10 63 - 10h-12h, 14h-17h30 - possibilité de visite guidée - 2 € (-6 ans gratuit).
Cette tour ronde (dont le nom viendrait d'un Anglais emprisonné dix-sept ans entre ses murs), couronnée d'un parapet à mâchicoulis et percée d'archères, date de la fin du 15e s. C'est la dernière des 28 tours qui constituaient le système de fortifications de Puy-St-Front au Moyen Âge. Du sommet, **vue★** intéressante (table d'orientation) sur les toits de tuiles du vieux quartier de Périgueux, les tours des maisons nobles, les dômes de St-Front et les collines environnantes dont la fameuse colline d'Écornebœuf qui était si raide que les bêtes s'y rompaient le coup… et y perdaient leurs cornes !
Prenez la rue de la Bride.

Rue des Farges (des Forgerons) B2

Elle fait suite à la rue de la Bride. Aux nos 4 et 6, la maison des **Dames de la foi** dresse sa façade dont on lit encore l'ordonnance médiévale (12e s.) : arcs brisés au rez-de-chaussée, plein cintre au niveau supérieur, loggia sous la toiture. Un clocheton à un angle rappelle que l'édifice abritait au 17e s. une congrégation.
Jetez un coup d'œil au passage Taillefer avant de descendre à droite l'escalier de la ruelle des Farges. Au bas des marches, prenez à droite vers la place de Navarre, agrémentée d'un joli square. Montez les escaliers au bout de la rue des Places.

De Vésone à Périgueux

VÉSONE LA ROMAINE

À l'origine de Périgueux, les Gaulois pétrucores établissent leur principal oppidum sur la rive gauche de l'Isle. Après avoir pris fait et cause pour la résistance de Vercingétorix contre César, les Pétrucores doivent accepter la domination romaine, mais profitent largement de la Pax romana qui fait de leur ville l'une des plus belles cités de la province d'Aquitaine. Vésone (Vesunna) s'étend au-delà de la boucle de l'Isle, tandis que s'élèvent temples, forums et arènes. Cette prospérité est brusquement ruinée au 3e s. par les Alamans qui détruisent la ville, ainsi que soixante-dix autres bourgades de la Gaule.

LA CITÉ DU HAUT MOYEN ÂGE

Au début du 4e s., répondant aux nouvelles normes de l'Empire pour se prévenir des invasions, la ville se réduit et s'entoure d'un rempart, une nouvelle parure construite avec les blocs démontés des monuments publics. À cette époque, Vésone prend le nom du territoire qu'elle contrôle : la cité des Pétrucores. C'est ici que se développera le premier christianisme et que sera fondée la cathédrale Saint-Étienne.

L'AMBITIEUX PUY-ST-FRONT

Non loin de la Cité s'élevait un petit sanctuaire abritant le tombeau de saint Front, apôtre du Périgord. Objet d'un pèlerinage, ce lieu saint devient un centre monastique autour duquel se groupe un bourg actif : Puy-St-Front, dont l'importance éclipse bientôt celle de la Cité. Ses bourgeois participent aux ligues féodales contre les rois anglais, établissent le régime émancipateur du consulat, puis prennent parti pour Philippe Auguste contre Jean sans Terre. Peu à peu, l'envahissant St-Front s'adjuge les prérogatives de la Cité, les escarmouches se multiplient entre les deux rivales. Isolée sur l'échiquier politique, la Cité doit accepter de composer avec sa voisine. Le 16 septembre 1240, les deux entités scellent leur union : une seule communauté gouvernée par un maire et douze consuls sous le vocable de Périgueux. Les deux anciennes villes devenues quartiers gardent leur personnalité : dans la Cité, clercs et aristocrates, à Puy-St-Front, commerçants et artisans.

PÉRIGUEUX, PRÉFECTURE

En 1790, lors de la création du département de la Dordogne, Périgueux est choisie comme préfecture plutôt que Bergerac, et connaît alors un nouvel essor. Des avenues et des places sont aménagées entre les quartiers anciens. Le transfert de l'Imprimerie des timbres-poste de Paris à Périgueux eut lieu en 1970. La production de figurines postales, pour la France et une vingtaine de pays étrangers, avoisine les 5 milliards par an !

Rue Aubergerie B2

Au n° 16, l'**hôtel d'Abzac de Ladouze** comprend une grande arche soudée à une tour octogonale et à une tourelle en encorbellement, caractéristique du 15e s. Aux nos 4 et 8, l'**hôtel de Sallegourde**, également du 15e s., présente une tour polygonale couronnée d'un chemin de ronde à mâchicoulis.

Tournez à gauche.

Rue St-Roch B2

Au n° 6, petite loggia à arcature décorée de pointes de diamant. Plus loin, remarquez la maison à pans de bois qui débute la rue de Sully, joliment restaurée.

Prenez sur la gauche.

Rue du Calvaire B2

Les condamnés qui étaient exécutés place de la Clautre gravissaient cette rue qui était leur « calvaire ». On y voit au n° 3 une belle porte cloutée sous un portail Renaissance. La place de la Clautre offre une perspective intéressante sur l'imposante cathédrale St-Front.

★★ Cathédrale St-Front BC2

Située sur le chemin de St-Jacques-de-Compostelle, St-Front est à ce titre inscrite au Patrimoine mondial de l'humanité. C'est la première des églises à coupoles élevées au Moyen Âge le long de la voie romaine allant de Rodez à Cahors et à Saintes.

Dès le 6e s., une chapelle avait été édifiée à l'emplacement du tombeau de saint Front, bientôt rejointe par une abbaye dont on ne sait si elle était à l'origine augustinienne ou bénédictine. En 1047, une église plus vaste était consacrée. Ce deuxième édifice fut ravagé par un incendie en 1120, et l'on décida alors la construction d'une église encore plus grande, dans le prolongement de l'édifice endommagé.

Achevée vers 1173, cette troisième basilique, de type byzantin, rappelle par ses coupoles et son plan en croix grecque, rare en France, St-Marc de Venise et les Sts-Apôtres de Constantinople. En 1575, au cours des guerres de Religion,

RESTAURATION OU RECONSTRUCTION ?

Une ruine menaçante, à la charpente branlante, au toit dénudé : c'est ainsi que Paul Abadie trouve la cathédrale en 1852. C'est que le bâtiment a traversé les guerres de Religion, la Fronde et la Révolution. L'ampleur de la tâche explique le choix d'une réfection si radicale que beaucoup parlent de reconstruction, voire de « pastiche savant ».

Seul le clocher est en grande partie sauvegardé et, si Abadie choisit de conserver le plan en croix grecque, il n'hésite pas à surmonter les coupoles de clochetons romano-byzantins au goût de l'époque, ni à opter pour une pierre blanche découpée mécaniquement, qui tranche avec celle, grisâtre et taillée à la main, de l'église primitive (voyez le clocher).

La salle capitulaire gothique est remplacée par un ensemble néoroman, certaines cryptes et le réfectoire roman sont supprimés, les arcs brisés passent en plein cintre et l'ensemble des sculptures est refondu, reléguant les artistes romans au musée d'Art et d'Archéologie du Périgord. Et pourtant, il a ressuscité une œuvre grandiose.

Paul Abadie (1812-1884) a restauré de nombreux monuments à Périgueux et en France. Il s'est inspiré de St-Front pour ses plans du Sacré-Cœur à Paris.

St-Front est pillée par les protestants, le trésor dispersé, le tombeau du saint détruit. Plusieurs restaurations sont menées sans tenir compte du plan originel. Elle a été en grande partie reconstruite par **Abadie** à partir de 1852, dans le goût des pastiches du Second Empire *(voir encadré p. 217)*.
De la place de la Claustre, vous avez une vue d'ensemble de la cathédrale. La façade donnant sur la place et les travées dévoûtées appartiennent à l'église du 11ᵉ s. Le beau **clocher★** à étages est le seul élément de l'église du 12ᵉ s. conservé tel quel. Son couronnement a été refait par Abadie, de même que la plupart des décorations sculptées.
Pénétrez dans la cathédrale par le porche latéral nord.
Pour respecter l'ordre chronologique de la construction de l'édifice, on voit d'abord, tenant lieu de base au clocher, les vestiges de l'église du 11ᵉ s. : deux travées couvertes de coupoles juchées sur de hauts tambours. De son prestigieux modèle roman, l'église réinventée par Abadie a repris les dimensions,

SE LOGER

SE RESTAURER

INDEX DES RUES

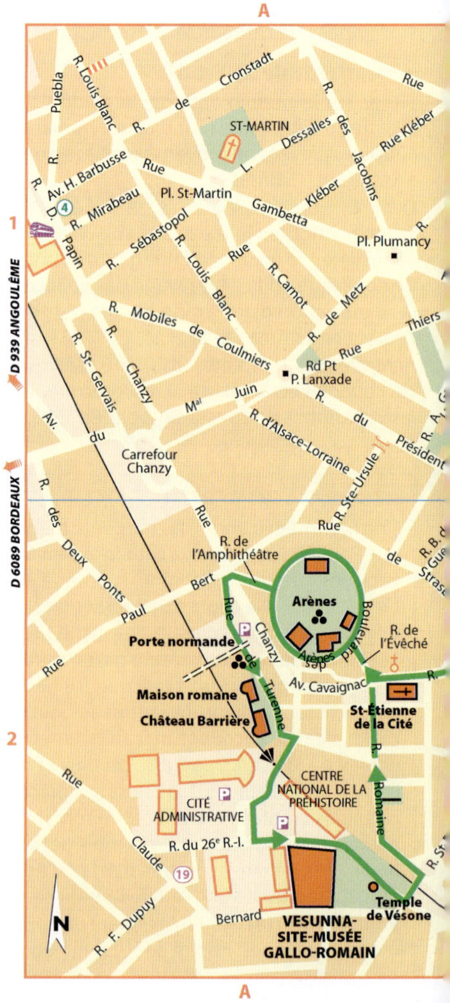

la hardiesse des coupoles sur pendentifs et la puissance des curieux piliers creusés de passages en forme de croix. La chapelle dédiée à St-Jacques de Compostelle, dans le bas-côté gauche, correspond à une partie de l'ancienne église mérovingienne.

Un **retable**★★ en chêne et noyer meuble le fond de l'abside. Ce chef-d'œuvre de sculpture baroque magnifie la Dormition et l'Assomption de la Vierge. Bel exemple d'ébénisterie du 17e s., la **chaire**★ est entourée notamment d'Hercule soutenant la cuve auquel font écho les deux atlantes portant l'abat-son. Les cinq **lustres** de cuivre monumentaux, éclairant chacun une travée de l'édifice, furent dessinés par Abadie ; ils servirent pour le mariage de Napoléon III à Notre-Dame de Paris. Remarquez également des vestiges de peintures murales dans une chapelle du transept sud et dans le mur nord du chœur. Le chemin de croix, dont les compositions se détachent sur un fond doré, est l'œuvre d'un élève de Delacroix, J.-E. Lafond.

3

Cloître – *Visite dans le cadre des visites guidées (voir p. 214).* Datant des 12e, 13e et 16e s., il présente une architecture mi-romane, mi-gothique. Dans les galeries sont exposés des sarcophages. L'énorme « pomme de pin » au centre du cloître coiffait autrefois le sommet du clocher.
Prenez à droite de l'imposant édifice.

Place du Thouin BC2

L'un des deux canons de bronze plantés sur cette petite esplanade arborée porte l'inscription « Périgueux 1588 ». Ils furent exhumés place du Coderc en 1979, à l'emplacement de l'ancien consulat où était établie l'armurerie.
Contournez la cathédrale St-Front pour rejoindre la place Daumesnil, puis, sur la gauche, la rue de la Clarté.

Maison natale de Daumesnil BC1

Derrière la façade du 18e s. du n° 7 naquit, le 27 juillet 1776, le futur **général Pierre Daumesnil** qui suivit Napoléon à Arcole, en Égypte, puis à Wagram, où il perdit une jambe. En 1814, sommé par les alliés de quitter la place de Vincennes, Daumesnil répondit : « Je rendrai Vincennes quand on me rendra ma jambe. »
Poursuivez rue de la Clarté, prenez à gauche puis à droite la rue du Serment.

Place de l'Hôtel-de-Ville B1-2

La mairie est installée dans l'**hôtel de Lagrange-Chancel**, qui date des 17e et 18e s. Au n° 7, une demeure du 15e s. comporte une tour d'escalier polygonale. Ses mâchicoulis, quant à eux, sont néogothiques.
Engagez-vous à gauche de l'hôtel de ville.

Place du Coderc B1

À l'origine pré à parquer les cochons (*couderc* signifie « pré » en occitan), elle devint par la suite le cœur administratif de Puy-St-Front. Au début du 19e s., le consulat, centre de la vie municipale et siège du tribunal, y dressait encore son haut beffroi carré vieux de 600 ans. Il fut remplacé par des halles vers 1830.
Prenez en face la rue de la Sagesse.

Hôtel la Joubertie B1

Au n° 1. Visite dans le cadre des visites guidées (voir p. 214).
Il abrite un très bel **escalier Renaissance★** de plan carré, décoré de caissons au plafond, représentant des dieux de la mythologie, dont Vénus déposant son arc, symbole de la jeune mariée entrant dans la maison. Le H et le S entremêlés au centre des caissons sont les initiales des Hautefort et des Solminihac.

Place St-Louis B1

Connue localement comme la « place du marché au gras », elle s'orne d'une fontaine moderne décorée d'un bronze de Ramon : *La Source*.
Sur la droite, la **maison Tenant★** ou **maison du Pâtissier**, ancien hôtel des Talleyrand, est constituée d'un logis en équerre accolé d'une tourelle en encorbellement. La porte d'angle se voit curieusement surmontée d'une double trompe, tandis qu'un parapet à mâchicoulis délimite la petite cour intérieure. Belle fenêtre gothique sur la façade de la rue Éguillerie.
Prenez à droite.

★ Rue Limogeanne B1

Cette rue menait autrefois à la porte Limogeanne qui s'ouvrait au nord sur la route de Limoges. Elle est bordée de nombreuses boutiques et de beaux hôtels Renaissance. Au n° 12, l'**hôtel de Méredieu** possède dans sa cour intérieure une porte sculptée du 15e s. ornée d'un blason rajouté au 17e s. Au n° 7, au centre de l'imposte en fer forgé, remarquez les initiales. Ce sont celles d'Antoine Courtois, traiteur célèbre au 18e s., connu jusqu'à la cour de Prusse pour ses pâtés de perdrix. C'est ici qu'il officiait. Au n° 5, la **maison Estignard** affiche une élégante façade Renaissance très ouvragée. Au n° 3, derrière la balustrade surmontant le portail, la cour intérieure de l'**hôtel Fayard★** se pare d'une belle porte ornée d'un linteau représentant des *putti* et de la salamandre de François Ier au tympan. L'escalier à vis est un bel exemple de l'architecture Renaissance et des logis périgourdins. Au n° 1, la **maison Lapeyre**, qui fait l'angle avec la place du Coderc, présente une tourelle d'angle en encorbellement.

Revenez sur vos pas et tournez à droite dans l'impasse Limogeanne.

Galerie Daumesnil BC1

C'est un ensemble de cours et de petites places reliées par des passages. Les demeures parasites qui s'étaient construites au fil des siècles ont été rasées, laissant des dégagements permettant d'admirer de belles façades des 15e, 16e et 17e s.

Sortez rue de la Miséricorde et traversez la rue St-Front.

Dans la rue St-Front, percée au 19e s., vous verrez à gauche un **temple maçonnique** aux allures de synagogue. Les symboles sculptés en façade lèvent toute ambiguïté.

Rue de la Constitution C1

Au n° 3, la **porte de l'hôtel de Crémoux** est décorée d'un arc à choux frisés encadré de hauts pinacles. Au n° 7, l'**hôtel de Gamanson** (ou logis de St-Front) comprend deux corps de logis du 15e s. en retour d'équerre réunis par une tour d'escalier avec tourelle en encorbellement et fenêtres à meneaux. Un puits du 17e s. s'abrite sous une coupole !

Prenez à gauche la rue du Plantier, puis tournez à droite.

Rue Barbecane C1

Son nom provient d'une ancienne tour à présent détruite, seul subsiste un pan de rempart. Avant de vous engager à droite dans l'escalier de la rue de l'Abreuvoir, remarquez la façade 19e s. de l'**hôtel de Fayolle**. Une fois descendue la rue, retournez-vous pour voir le côté 17e s. de cet hôtel donnant sur la rivière.

Prenez à droite.

Rue Port-de-Graule C1-2

Elle a gardé son aspect moyenâgeux, avec ses galets inégaux, ses portes basses et ses départs de venelles-escaliers, tout comme la rue Ste-Marthe dans son prolongement. En 1967, plusieurs scènes du film *Jacquou le Croquant* y furent tournées. Malheureusement, de nombreuses maisons sont abandonnées ou mal entretenues.

Rejoignez le boulevard Georges-Saumande sur la gauche.

Quais C1-2

Le long de l'Isle, quelques belles maisons se côtoient. À gauche du pont des Barris, la **maison Lambert**, dite maison aux colonnes en raison de sa galerie, est un bel hôtel Renaissance avec deux logis en équerre éclairés par des baies à meneaux. À côté, la **maison Cayla**, dite « maison des Consuls », fut construite au 15e s. sur le rempart. La toiture est décorée de lucarnes de style flamboyant. Faisant l'angle avec l'avenue Daumesnil, la **maison de Lur** date du 16e s.

Prenez le pont des Barris et tournez tout de suite à gauche.

★ Voie Verte C2

Réservée aux piétons et aux cyclistes, cette allée verdoyante et rafraîchissante en été borde agréablement la rivière et les jardins potagers situés à l'arrière. Saules pleureurs, tilleuls, nénuphars et bancs ombragés. C'est sans doute ici que vous aurez le plus beau point de **vue★** sur la cathédrale et les toits du vieux Périgueux. Si vous avez le temps de continuer plus au sud, vous pourrez voir le moulin de St-Clair (19e s.), situé sur l'autre rive.

Reprenez le pont des Barris et tournez tout de suite à gauche.

Sur les quais se poursuivant de l'autre côté de l'avenue Daumesnil, l'édicule à pans de bois, en encorbellement sur le mur d'enceinte, est un vestige du grenier du chapitre, nommé le **Vieux Moulin**, qui autrefois surplombait la rivière.

Prenez à droite la rue de Tourville qui ramène à la cathédrale St-Front ou passez de l'autre côté de la rive pour vous promener sur la voie verte.

★ LE QUARTIER DE LA CITÉ A2

Circuit 2 tracé sur le plan de la ville *p. 218-219.*

Situé à l'emplacement de l'antique Vésone, ce quartier possède encore quelques vestiges témoignant de l'importance de la ville à l'époque gallo-romaine. Il a gardé sa vocation résidentielle, comme au temps où fut construite la célèbre *domus* du musée Vesunna. De vastes rues sont bordées de façades bourgeoises de style Second Empire, boulevard de Vésonne notamment.

Partez de l'office de tourisme, prenez la rue de la Cité puis à droite la rue de l'Évêché.

Arènes

Un **jardin public** occupe aujourd'hui l'espace des arènes. Élevé au 1er s., cet amphithéâtre, l'un des plus vastes de la Gaule, pouvait contenir jusqu'à 20 000 personnes. D'énormes blocs de maçonnerie font encore apparaître des cages d'escalier, des vomitoires (larges sorties) et des voûtes, mais toute la partie inférieure reste enfouie dans le sol. La démolition des arènes commença dès le 4e s., lorsqu'elles furent aménagées en bastions et incorporées aux remparts de la cité. Transformées ensuite en carrières, les arènes servirent à l'édification de certains immeubles de la ville.

Sortez rue de l'Amphithéâtre et prenez à gauche la rue de Turenne.

Porte normande

C'est l'une des ouvertures de l'enceinte construite à la fin du 3e s. avec des pierres de diverses provenances. Son nom de « normande » vient de ce que cette porte aurait joué un rôle dans la défense de la ville contre les Vikings qui, au 9e s., remontaient l'Isle. La muraille a été détruite au cours des guerres de Religion. Depuis la passerelle du lycée Jay-de-Beaufort, vue intéressante sur les vestiges archéologiques et le château Barrière.

Maison romane

Bâtiment rectangulaire du 12e s., voisinant avec les vestiges d'une tour de l'enceinte gallo-romaine, où s'enchevêtrent éléments de chapiteaux et tambours de colonnes. C'est ici, dans les fondations du rempart, que fut découvert l'autel taurobolique exposé au Site-musée gallo-romain Vesunna.

Château Barrière

Du nom de la famille qui l'occupa, ce château présente un donjon du 12e s. qui surmonte l'une des tours des remparts. Remanié à la Renaissance, il a gardé la belle porte d'honneur de sa tour d'escalier. Incendié lors des guerres de Religion, il ne fut pas reconstruit.

Traversez le pont sur la droite.

Vesunna, le musée gallo-romain de Périgueux, abrite les vestiges d'une riche « domus ».
J. Arnold / hemis.fr

★★★ Vesunna – Site-musée gallo-romain de Périgueux

20 r. du 26e-Régt-d'Infanterie - ✆ 05 53 53 00 92 - www.perigueux-vesunna.fr - ♿ - juil.-août : 10h-19h ; reste de l'année : se rens. - fermé 2 sem. en janv., certains j. fériés - 6 € (-25 ans 4 €) - 12 € billet famille - 1 € audioguide - possibilité de visite guidée (1h) et ateliers vac. scol. (1 €).

En arrivant dans le jardin de la tour de Vésone *(voir p. 224)*, vous serez captivé par l'effet de miroir des grandes parois vitrées qui abritent les vestiges d'une riche **maison gallo-romaine** (4 000 m^2) mis au jour lors d'un projet de construction urbaine. Jean Nouvel *(voir p. 77)* a imaginé cette architecture sobre, qui joue sur la transparence, pour préserver les lieux et mettre en valeur cet héritage du passé.

3

À l'entrée, une maquette permet de mesurer l'étendue de la cité de Vésone au 2e s. et de situer la demeure, près du sanctuaire et du double forum, dont vous avez d'emblée une vue plongeante depuis la mezzanine. Les fouilles ont révélé la présence d'une première *domus* (1er s.) remblayée sur un mètre environ et considérablement agrandie au milieu du 2e s. Les sols ainsi surélevés ont préservé sur la base des murs de la maison primitive de riches **peintures murales**. Sur le terre-plein du bassin agrémentant le jardin central, la frise aux poissons date en revanche de la deuxième *domus* (peinture très fragmentaire, mais de belle facture). Le cheminement à travers ces vestiges est ponctué de vitrines thématiques présentant des objets de la vie quotidienne (beaux bijoux de la collection Taillefer).

Dans la mezzanine et la galerie aménagée en dessous est exposée la **collection lapidaire** qui compte de beaux décors architecturaux (colonnes, chapiteaux, statues…) et un autel taurobolique.

Muraille du Bas-Empire et ancienne manutention

En face du musée, de l'autre côté de la voie ferrée, le centre national de la Préhistoire occupe l'imposant ensemble restauré qui épouse le contour d'une partie de l'ancienne enceinte édifiée au 4e s. Une tour carrée et deux tours rondes s'appuient sur un imposant appareillage de pierres.

★ Temple de Vésone

Visite dans le cadre des visites guidées de la ville médiévale-Renaissance. Voir « S'informer », p. 214.

La **tour** de 24 m de hauteur et de 17 m de diamètre est le seul vestige d'un grand temple dédié à la déesse tutélaire de Vésone. Élevé au cœur de la cité antique au 2e s. apr. J.-C., ce temple était entouré à l'origine de portiques et encadré par deux basiliques. La tour qui abritait le sanctuaire *(cella)* reste imposante malgré la brèche qui la déchire (ancienne porte du temple).

Traversez le pont et prenez à gauche la rue Romaine où se trouve un reste de la muraille du Bas-Empire.

★ St-Étienne-de-la-Cité

Construite au 11e s. à l'emplacement du temple antique de Mars, cette église est le premier sanctuaire chrétien de la cité, très pur exemple du style roman périgourdin. Consacrée par saint Front au martyr saint Étienne, elle demeure la cathédrale de Périgueux jusqu'en 1669, date à laquelle elle est remplacée par St-Front. Après l'occupation de la ville en 1577, les protestants ne laissèrent de l'édifice d'origine que deux travées sur les quatre qui constituaient la nef et détruisirent le clocher. Le palais épiscopal tout proche fut aussi démoli. Restaurée au 17e s., mutilée à nouveau pendant la Fronde, St-Étienne fut désaffectée à la Révolution et rendue au culte sous le Premier Empire.

À l'intérieur, deux travées construites à un demi-siècle d'intervalle : la première, élevée au 11e s., est archaïque, fruste, trapue et obscure. Les grands arcs jouent le rôle de formerets, et la coupole, la plus vaste du Périgord avec ses 15 m de diamètre, est éclairée par de petites fenêtres. La seconde, plus élancée, est surmontée d'une coupole cursive qui repose sur des arcs brisés à rouleau retombant sur des piliers carrés. Contre le mur sud de la première travée se trouve un imposant **retable** du 17e s. en chêne et noyer exécuté pour le grand séminaire. En face, l'arcade sculptée qui faisait partie du tombeau de Jean d'Asside, évêque de Périgueux de 1160 à 1169, encadre aujourd'hui des fonts baptismaux du 12e s. Un chemin de croix contemporain a été réalisé par le peintre J.-J. Giraud. Remarquez également derrière l'harmonium, incrustée dans le mur sud du chœur, une étonnante table de Pâques.

À voir aussi

Boulevard Montaigne et allées de Tourny BC1

Ils témoignent de l'expansion de Périgueux aux 18e et 19e s. Comme à Bordeaux, l'intendant Louis de Tourny donne à la vieille cité un aspect plus aéré, dès 1743, profitant du démantèlement des remparts. Des édifices imposants sont construits par la suite, tel le palais de justice de style néogrec, ou le musée du Périgord. Les allées de Tourny, plantées de platanes, sont bordées d'hôtels particuliers datant des 18e et 19e s. Du belvédère situé à l'extrémité de la promenade, jolie vue sur la ville et la rivière.

★ Musée d'Art et d'Archéologie du Périgord C1

22 cours Tourny - ✆ 05 53 06 40 70 - www.perigueux-maap.fr - avr.-sept. : 10h30-17h30, w.-end 13h-18h ; reste de l'année : lun. et merc. 10h-17h, w.-end 13h-18h - fermé mar. et j. fériés - 4,50 € (-25 ans 2,50 €) - 9 € billet famille - possibilité de visite guidée (1h) de mi-juil. à fin août : 11h (+ 1 €) - expositions temporaires, se rens. - nombreuses animations proposées.

Installé dans l'ancien couvent des Augustins, ce musée offre un panorama au-delà des siècles et des frontières, allant du squelette de l'homme

du Regourdou *(voir p. 154)* à la *Grande Demoiselle*, sculpture féminine abstraite d'**Étienne Hajdu** (1907-1996), en passant par une statuette de Bouddha (Cambodge) ou les statues de grades (Vanuatu).
L'aile est rassemble une des plus importantes **collections de préhistoire★★** en France, comprenant notamment un remarquable ensemble d'objets gravés magdaléniens (15 000-12 000 av. J.-C.) issus des sites de Dordogne. La **section ethnographique non européenne** présente, quant à elle, des objets de la vie quotidienne, ainsi que des sculptures d'Afrique, d'Océanie et d'Amérique. Le cloître abrite la collection lapidaire provenant de Périgueux (comme les chapiteaux de la cathédrale romane de St-Front) et de la Dordogne. Dans l'aile ouest, les **beaux-arts** et **arts décoratifs** suivent l'ordre chronologique (16e-20e s.) : autour d'œuvres émanant du Périgord – portraits de hauts personnages, comme Fénelon par Bailleul (18e s.) ou Sem par François Flameng (20e s.) – sont présentées des œuvres contemporaines de France, d'Europe et d'Asie.

Musée militaire du Périgord B2

32 r. des Farges - ✆ 05 53 53 47 36 - www.museemilitaire-perigord.fr - 14h-18h - fermé dim. et j. fériés - 5 € (-12 ans gratuit).
Armes, drapeaux et uniformes évoquent le passé militaire du Périgord du Moyen Âge à la guerre d'Algérie. Ce musée conserve plus d'un millier d'objets présentés sur deux étages. Parmi eux, un drapeau du 50e régiment d'infanterie dans lequel le colonel Ardouin s'enroula lors de la capitulation de Sedan pour ne pas le livrer à l'ennemi.

À proximité Carte de microrégion p. 212

Musée du Chai de Lardimalie C2

À 17 km au sud-est de Périgueux par la N 221, la D 6089 et la D 45E.
Le Maine - ✆ 05 53 35 44 96 - www.chaidelardimalie.com - ♿ - juil.-août : 10h-12h, 14h30-18h, dim. 14h30-18h ; mai-juin et sept. : 15h-18h ; avr. et oct.-nov. : w.-end 15h-18h - possibilité de visite guidée (45mn) - 6 € (-5 ans gratuit).
L'imposant édifice construit en 1902 par Jules Honoré Sécrestat, inventeur des apéritifs Bitter Sécrestat et Toni-Kola, s'élève en pleine campagne dans un coin perdu. Ici, on a produit du vin jusqu'en 1967, date de la dernière vendange. Le temps semble s'être arrêté depuis, et tout est resté en place, notamment le splendide cuvier central.

Circuit conseillé Carte de microrégion p. 212

LE PÉRIGORD BLANC BC1

Marquée de l'empreinte des Romains, cette terre de collines calcaires coiffées de cultures céréalières, entaillée par la vallée de l'Isle, forme un trait d'union entre le Bordelais et le Limousin. La craie affleure sur de larges étendues, conférant cette tonalité blanche qui a donné son nom à la région. Le paysage est ponctué de végétation abondante entre les vallées de l'Auvézère et de l'Isle, tandis qu'au nord s'étend la forêt de la Double *(voir p. 234)* où abondent les étangs.
Circuit de 80 km au départ de Périgueux, tracé en vert sur la carte p. 212. Comptez environ une demi-journée. Quittez Périgueux par le nord-ouest en empruntant la D 939, direction Brantôme.

3

★ Abbaye de Chancelade B1

Le superbe ensemble des bâtiments de l'abbaye augustinienne de Chancelade trône au pied des coteaux de la Beauronne. Bien que retouché aux 17e et 18e s., le style roman prédomine. Une communauté de chanoines réguliers occupe les lieux depuis 1998.

Église – Seules les parties basses de l'église, avec leurs fenêtres en plein cintre, et le portail remontent au 12e s. Une corniche à modillons souligne les voussures où se dessine une influence saintongeaise. Le reste de l'édifice date du 17e s. : sous le clocher carré roman composé de trois étages d'arcature, la nef et le chœur ont été voûtés d'ogives en 1633. Remarquez *Le Christ aux outrages*, qui fut longtemps attribué à Georges de La Tour, mais serait dû au peintre hollandais Gerrit van Honthorst.

Bâtiments conventuels – *Privé - ne se visite pas.* Jouxtant l'église, ils ont été ajoutés au 17e s. et regroupent, autour de la cour des communs, le cuvier du 15e s., les écuries, les ateliers et le moulin fortifié. Le logis de l'abbé (17e s.) est une élégante construction.

Chapelle St-Jean – De l'autre côté de la route, la chapelle St-Jean fait encore office d'église paroissiale. Sur la façade occidentale, un mouton « crucifère » (qui porte une croix) dévisage les paroissiens depuis huit siècles. Comme le reste de l'édifice, l'abside est ornée d'une corniche à modillons.

Quittez Chancelade par le nord en empruntant la D 2. La route s'élève parmi la forêt de châtaigniers et de chênes. Le prieuré de Merlande se niche dans un vallon solitaire de la forêt de Feytaud, près d'une fontaine.

Prieuré de Merlande B1

Du prieuré fondé au 12e s. par les moines de Chancelade, seules subsistent la chapelle fortifiée et la maison du prieur, toutes deux fort bien restaurées. Par son plan quadrangulaire et son chevet gardé par un véritable châtelet, la chapelle évoque une forteresse.

À l'intérieur, le chœur (partie la plus ancienne) est légèrement surélevé et voûté en berceau. Il s'ouvre sur un arc triomphal en plein cintre et se termine par un chevet plat. Il est entouré par une arcature dont les **chapiteaux★** sont d'une grande finesse : des monstres enchevêtrés et des lions dans des rinceaux à palmettes composent une faune extraordinaire du plus saisissant effet.

Revenez et poursuivez sur la D 2 (à gauche). Après 2,5 km, prenez à droite.

UNE HISTOIRE MOUVEMENTÉE

En 1096, lorsque le moine Foucault décide la création d'une abbaye, un oratoire est déjà présent dans ce vallon, près d'une fontaine grillagée (le mot latin *cancellata*, « qui est fermé d'une grille », a donné Chancelade). Les travaux de construction ne commencent qu'au début du 12e s. et l'église est consacrée en 1147. Les moines adoptent la règle de saint Augustin. Bénéficiant de la protection des évêques de Périgueux, puis de celle du Saint-Siège, l'abbaye ne tarde pas à se développer grâce à de substantiels privilèges : droit d'asile, de sauvegarde et de franchise. Mais elle périclite une première fois, quand les Anglais s'en emparent et la transforment en garnison lors de la guerre de Cent Ans. L'établissement subit un second déclin au 16e s. à la suite des destructions occasionnées par les protestants de Périgueux. Enfin, Chancelade connaît un ultime essor sous l'abbé Alain de Solminihac qui entreprend la réforme et la reconstruction des bâtiments. Devenu un grand centre de recherche historique, le lieu prospère jusqu'à la Révolution.

Abbaye de Chancelade.
Les Amis de l'abbaye de Chancelade

Château-l'Évêque B1

Le village doit son nom à la présence d'un château épiscopal. Modifié à de nombreuses reprises depuis le 14e s., cet édifice se compose d'un corps de logis dissymétrique. Ses façades sur la vallée de la Beauronne sont percées de baies à croisillons de pierre et surmontées d'un chemin de ronde à mâchicoulis. L'église paroissiale servit de cadre à l'ordination de **saint Vincent de Paul** par Mgr François de Bourdeille, le 23 septembre 1600.

Quittez Château-l'Évêque par le nord-est en empruntant la D 3E.

3

Agonac C1

Ce bourg du Périgord blanc est agréablement situé au milieu d'une couronne de collines boisées.

L'**église St-Martin** dresse sa silhouette trapue à l'écart du village, dans la vallée de Beauronne, en bordure de la D 3E. Le gros clocher carré et les contreforts (16e s.) qui l'épaulent sont postérieurs aux dévastations commises par les protestants lors des guerres de Religion. L'intérieur réunit tous les caractères d'un type roman fréquent en Périgord : nef en plein cintre, coupoles sur l'avant-chœur et le sanctuaire, chevet plat. La grande coupole sur pendentifs, supportant le clocher, date du 12e s. ; le système de chambres de défense, à deux étages, qui fait le tour de cette coupole rappelle les époques troublées où les églises étaient transformées en bastions. Le chœur est orné de chapiteaux sculptés de monstres vomissant du feuillage, de facture archaïque.

Quittez Agonac par l'est en empruntant la D 106.

Sorges C1

2 rte des Truffières - 24420 Sorges - ✆ 05 53 46 71 43 - www.sorges-perigord.com - de mi-juin à fin août : 9h30-18h30, w.-end 9h30-12h30, 14h30-18h30 ; sept. : 9h30-12h30, 14h30-18h30 ; reste de l'année : tlj sf lun. 10h-12h, 14h-17h - fermé 1er janv., 1er Mai, 1er nov., 25 déc.

Si Sorges n'est pas la capitale de la truffe, elle lui est tout entière dévouée. Si vous voulez goûter à la passion qu'inspire le diamant noir du Sud-Ouest… L'**église** romane à dôme mérite l'attention, avec son puissant clocher carré à baies jumelées. Elle présente également un beau portail Renaissance.

Écomusée de la Truffe – *2 rte des Truffières - ✆ 05 53 05 90 11 - www.sorges-perigord.com - ♿ - juil.-août : 9h30-18h30 ; reste de l'année : tlj sf lun. 10h-12h, 14h-17h - fermé 1er janv., 1er Mai, 1er nov., 25 déc. - 5 € (-16 ans 2,50 €).* Ce musée didactique installé dans une ferme rénovée illustre la récolte de la truffe au moyen de tableaux, de cartes, de photos, de films et même de textes littéraires. Il apprend aussi au visiteur l'histoire de la truffe, décrit les différentes espèces, les terrains d'élection, les arbres-hôtes, les méthodes de recherche et donne un aperçu de la place de ce champignon dans l'économie et la gastronomie. Pour illustrer ces propos, un jardin truffier a été créé avec plantations d'arbres et de plantes truffières.

« À la découverte de la truffe » – *✆ 05 53 05 90 11 - www.sorges-perigord.com - ♿ - de mi-juin à fin sept. : 9h30-18h30, w.-end 9h30-12h30, 14h30-18h30 - 5 € (-16 ans 2,50 €) - visite libre avec dépliant explicatif sur demande à l'office de tourisme ou au musée.* Ce parcours de 3 km a été aménagé à 2 km de Sorges.

Quittez Sorges par le sud-est en empruntant la D 68. À Savignac-les-Églises, prenez à droite la D 705, qui longe la rive droite de l'Isle, direction Périgueux.

Château des Bories C1

✆ 05 53 06 00 01 - visite guidée (30mn) juil.-août : 13h-19h - fermé dim. - 5,50 € (-12 ans 4 €).

Situé au bord de l'Isle, il fut construit aux 15e-16e s. par la famille de St-Astier. Au début du 20e s., le baron de Nervaux-Loÿs, propriétaire du château, crée des aménagements extérieurs : balustrade Renaissance sur la rivière, terrasses et douves. Ses descendants, le comte et la comtesse Christian de Lary de Latour, ont poursuivi l'œuvre entreprise.

Son **architecture intérieure★** est remarquable. La porte d'entrée, dite « porte à clous », ouvre sur un **escalier monumental**, dont les vitraux Renaissance ont été restaurés, qui occupe toute la tour carrée. La belle **cuisine**, aux voûtes gothiques ornées de clefs en disque, comporte deux vastes cheminées sous arcs surbaissés et présente une collection d'ustensiles. La **salle des gardes** offre un curieux voûtement reposant sur des trompes portées par des ogives partant d'une colonne centrale. La **grande galerie**, qui conserve quelques tableaux, une chaise à porteurs du 18e s. et une tapisserie des Flandres, accueille des expositions temporaires.

Poursuivez sur la N 21. À Antonne-et-Trigonant, prenez à droite et rejoignez la D 8 par la forêt de Lanmary.

Château de Caussade C1

Niché dans une clairière de la forêt de Lanmary, ce noble édifice possède toutes les caractéristiques d'une maison forte du 15e s. Son enceinte polygonale, entourée de douves à demi comblées, est flanquée de tours carrées.

Revenez sur la D 8 qui vous ramène à Périgueux.

NOS ADRESSES À PÉRIGUEUX

HÉBERGEMENT

Si tous les établissements de Périgueux ont été pris d'assaut, une dizaine de solutions de rechange s'offrent à vous dans la commune de Boulazac, bordant l'axe qui rejoint l'autoroute. Des hôtels de chaîne, souvent économiques, proposent même parfois une formule restauration correcte.

PREMIER PRIX

Hôtel des Barris – C2 - *2 r. Pierre-Magne - 05 53 53 04 05 - www.hoteldesbarris.com - - 14 ch. 53/55 € - 7 € - rest. Bistrot de l'Isle - formule déj. 15 € - 23/29 €.* Posé à l'entrée du pont éponyme, l'hôtel des Barris occupe un bel édifice en pierre qui se reflète sur les eaux de l'Isle. Petites chambres bien tenues, hélas un peu bruyantes, certaines avec vue sur la cathédrale. Agréable terrasse qui s'ouvre sur la voie verte.

Comfort Hôtel Régina – A1 - *14 r. Denis-Papin (face gare SNCF) - 05 53 08 40 44 - www.choicehotels.fr - - 41 ch. 66/88 € - 8,70 €.* En sortant de la gare, les voyageurs ne peuvent manquer la façade jaune de cet hôtel rénové depuis peu. Petites chambres fonctionnelles, confortables et colorées, petits déjeuners servis sous forme de buffet et accueil courtois en font une adresse pratique.

Bristol – B1 - *37-39 r. Antoine-Gadaud - 05 53 08 75 90 - www.bristolfrance.com - fermé 18 déc.-3 janv. - - 29 ch. 71/90 € - 10 €.* Les Anglais, nombreux à s'être installés dans la région, apprécieront la référence à l'une des villes de leur pays ! D'autant que cet hôtel familial est idéalement situé pour visiter la vieille ville. Les chambres, parfaitement tenues, sont bien insonorisées. Une bonne adresse.

À proximité

Chambre d'hôte Le Tilleul de Lila – C1 en direction - *Au bourg - 24420 Sorges (19 km au NE de Périgueux par la N 21) - 05 53 05 05 08 ou 06 84 08 13 20 - www.letilleuldelila.fr - fermé oct. - - 3 ch. 45 € (40 € à partir de 3 nuits) - 5 €.* Cette maisonnette attenante au musée de la Truffe abrite trois petites chambres sobres mais coquettes : plancher, meubles anciens et murs de pierre procurant une fraîcheur bienvenue en été. Les matins radieux, le petit déjeuner est servi à l'ombre du tilleul.

Auberge de la Truffe – C1 en direction - *Sur la N 21 - 24420 Sorges (19 km au NE de Périgueux par la N 21) - 05 53 05 02 05 - www.auberge-de-la-truffe.com - 20 ch. 72/113 € et 7 suites 125 € - 12 € - - formule déj. 16 € - 21/75 €.* À proximité de la Maison de la Truffe, cette auberge villageoise est une petite institution locale. Confortables et plutôt spacieuses, les chambres arborent des décors variés, du plus classique au plus contemporain, certaines ouvrant de plain-pied sur le jardin.

BUDGET MOYEN

Chambre d'hôte Le Jardin d'Inès – B1 - *17 r. Bodin - 05 47 45 01 39 - www.lejardindines.cabanova.fr - 3 ch. 88/95 €* . Dans une rue résidentielle, cette maison Belle Époque jouxte le théâtre Le Palace. Grand salon traversant au rez-de-chaussée, avec murs et plafonds en stuc, qui dévoile le jardin à l'arrière. En montant les beaux escaliers en bois, on atteint les chambres spacieuses

(dont une familiale pour 4 pers.), décorées de mobilier ancien.
Les Suites de la Tour – B1 - *13 r. Condé - ✆ 05 53 53 38 68 - appartements-hotels-perigueux-dordogne.suitesdelatour.fr - 3 appart. 1 à 4 pers. - 89/112 €, tarif dégressif dès la 2e nuit - ☕ livraison possible.* Dans un hôtel particulier, ces appart'hôtels de prestige ont été aménagés avec goût dans un esprit contemporain. D'autres appartements, les **Suites du Théâtre**, sont proposés dans le même esprit *(14 allée d'Aquitaine - appart. 1 ou 2 pers. - 99 €/pers.)*.

RESTAURATION

PREMIER PRIX

Au Bien Bon – B2 - *15 r. des Places - ✆ 05 53 09 69 91 - fermé vac. de fév., vac. de Toussaint.; hors sais. fermé le soir sf vend. et sam. - juil.-août : tlj sf dim. et lun. - formule déj. 11 € - 11/23 €.* Voilà une adresse dont le nom laisse présager de bons moments! Elle est en effet bien bonne, la cuisine traditionnelle imprégnée des saveurs du terroir et des saisons d'Éric Becard. Confortablement installé sur la terrasse d'été ou dans la salle à manger rustique, goûtez sans modération à l'art de vivre à la périgourdine...
Le Petit Nice – A2 - *16 r. Claude-Bernard - ✆ 05 53 53 49 07 - www.restaurant-traiteur-lepetitnice.com - fermé le soir - 12/28 €.* Situé à deux pas du musée Vesunna, cet établissement est fréquenté en masse par les employés du quartier : et pour cause, la cuisine du jour, simple, bonne et roborative, se conjugue à petit prix. Grande salle aux tons clairs et terrasse à la belle saison. Service sympathique et efficace.
Izba – B2 - *11 cours Fénelon - ✆ 05 53 09 37 51 - www.restaurant-izba.com - fermé dim.-lun. - formule déj. 14/17 € - 20 €.* Tenu par un couple charmant, le Normand Cyrille et sa femme Daria, d'origine russe, ce restaurant propose une cuisine bio et végétarienne appétissante : boulette de millet au parmesan, sushi de polenta aux pommes, mousseline d'asperges et sauce aux amandes. Grande salle arrière et petite cour intérieure.
Au Petit Chef – B1 - *5 pl. du Coderc - ✆ 05 53 53 16 03 - formule déj. 12,50 € - 19/23 €.* Restaurant établi en face de la grande halle, position évidemment stratégique pour s'approvisionner en produits frais. Goûteuse cuisine du marché et tête de veau ravigote préparées par la patronne. Atmosphère conviviale, avec des formules variées pour toutes les bourses.

À proximité

Ferme-auberge Grande Maison – C1 en direction - *24750 Boulazac (4 km à l'est de Périgueux par la N 221) - ✆ 05 53 09 63 78 ou 06 63 45 89 00 - www.ferme-de-grande-maison.fr - fermé lun. (et sam. hors sais.) - P - 4 ch. 36/40 € - ☕ 5 € - 13,50/31 €.* Travaillant les produits de la ferme, exploitée en famille de génération en génération, cette auberge propose une sélection savoureuse de spécialités régionales. À déguster sur place, dans la salle au cadre campagnard, ou à emporter. Service impeccable et rapport qualité-prix excellent.

BUDGET MOYEN

Ferme Saint-Louis – B1 - *2 pl. St-Louis - ✆ 05 53 53 82 77 - fermé du 22 déc. au 8 janv. et vac. de fév. - formule déj. 16 € - 27,50/36 €.* Une maison médiévale aux poutres apparentes pour une cuisine simple, copieuse, succulente et inventive. Le décor, l'assiette, l'accueil... Tout pour plaire!

Hercule Poireau – C1 - *2 r. de la Nation - ✆ 05 53 08 90 76 - fermé mar. sf août et merc. - formule déj. 17 € - 26/57 €.* Sur les traces d'Hercule Poireau, on mène l'enquête à deux pas de la cathédrale. Dans la belle salle voûtée du 16e s., les suspects sont attablés. Dans l'assiette, l'objet du crime est une cuisine dans l'air du temps aux accents du terroir... car s'il est un péché commis ici, c'est bien celui de la gourmandise!

La Taula – C1 en direction - *3 r. Denfert-Rochereau - ✆ 05 53 35 40 02 - fermé 7-13 mars, 4-10 juil. et lun. midi. - formule déj. 20 € - 32/51 €.* À la Taula (prononcez « taola »), « table » en patois, les gourmands se régalent d'une bonne cuisine familiale. Parmi les spécialités : pâtés, terrines et cous farcis maison... Voilà une adresse authentique où l'on ne badine pas avec les traditions!

Un Parfum de gourmandise – C2 en direction - *67 cours St-Georges - ✆ 05 53 53 46 33 - www.unparfumdegourmandise.com - fermé juin, merc. et dim. soir et lun. - formule déj. 24 € - 32/43 €.* Un simple parfum de gourmandise? Tout un déluge d'arômes et de saveurs! Sébastien Riou et Katell Kergadallan ont forgé leur savoir-faire dans de belles maisons. Intimement liées au terroir périgourdin, leurs assiettes respirent une fraîche et vive inspiration, qui enivre...

POUR SE FAIRE PLAISIR

Le Grain de Sel – B2 - *7 r. des Farges - ✆ 05 53 53 45 22 - fermé 22 juin-15 juil., 21 déc.-6 janv., dim. et lun. - formule déj. 24 € - 32/69 €.* Après St-Émilion, le chef a décidé de mettre son Grain de Sel dans la vieille ville de Périgueux! Au menu : une cuisine du marché gourmande, spontanée et vibrante de saveurs, où les produits de la mer sont à l'honneur. Pour une addition tout sauf salée...

Le Clos Saint-Front – C1 - *5-7 r. de la Vertu - ✆ 05 53 46 78 58 - www.leclossaintfront.com - fermé vacances de fév., dim. soir et lun. sauf de juin à sept. - formule déj. 26,50 € - 30/65 €.* Dans la cour à l'abri des regards ou dans la salle avec sa cheminée monumentale et ses candélabres, cette maison du 16e s., au cœur de Périgueux, offre un cadre des plus intimes... On s'y régale d'une cuisine mêlant exotisme et saveurs du terroir. À noter aussi, le menu vigneron autour d'une sélection de vins.

L'Essentiel – B1-2 - *8 r. de la Clarté - ✆ 05 53 35 15 15 - www.restaurant-perigueux.com - fermé vac. de printemps, 1er-14 juil., dim. et lun. - formule déj. 29 € - 43/98 €.* Inutile de se perdre en conjectures, mieux vaut aller à L'Essentiel! Dans ce restaurant familial voisin de la cathédrale, le produit est roi... et le chef son brillant serviteur. C'est donc une explosion de saveurs, rehaussée par une belle sélection de vins au verre. Et un service attentionné, par-dessus le marché!

À proximité

La Table du Pouyaud – B2 en direction - *Rte de Paris - 24750 Champcevinel (à 6 km au nord de Périgueux par la D 8) - ✆ 05 53 09 53 32 - www.table-pouyaud.fr - fermé dim. soir et lun. - P - formule déj. 28 € - 34/75 €.* Sur les hauteurs de Périgueux, une ferme joliment rénovée dont le chef honore les classiques. Au fil du repas, on le suit dans ses pérégrinations gourmandes; il réalise une partition maîtrisée, dont les notes modernes et subtiles réveillent la belle tradition. Le tout à des prix proprement imbattables!

PETITE PAUSE

L'Espace du Sixième Sens – *6 pl. St-Silain - ✆ 05 53 09 24 29 - www.guide-du-perigord.com/espace-du-sixieme-sens.* Ici vous pourrez faire une pause à toute heure de la journée, que ce soit pour boire un jus de fruits frais ou manger une salade ou un plat du jour simplement élaboré avec des produits de saison et du terroir ! Si vos papilles en redemandent, l'épicerie fine et la cave à vin vous contenteront. Accueil sympathique et agréable terrasse à l'ombre des tilleuls. Le samedi, animation sur les truffes d'été avec dégustation.

Tea for Tous – *28 r. Équillerie - ✆ 05 53 53 92 86 - mar. 10h-15h, merc.-sam. 10h-18h30, fermé dim. et lun.* Dans une petite bâtisse du 16e s., ce salon cosy – tendu de tissus bordeaux et safran – propose les fameux thés Mariage Frères et des pâtisseries maison. Sur la place St-Louis, la terrasse avance ses sièges aux coussins moelleux. Accueil simple et charmant.

ACHATS

Marchés traditionnels – Merc. et sam. matin pl. de la Clautre, pl. de l'Hôtel-de-Ville et pl. St-Silain, tous les matins pl. du Coderc.

Spécialités – Une adresse pour dénicher le véritable pâté de Périgueux : Maison Mazières, charcuterie À la cathédrale *(9 r. des Chaînes).*

Le Relais des Caves – *44 r. du Prés.-Wilson - ✆ 05 53 09 75 00 - tlj sf dim. et lun. 9h-12h30, 14h30-19h.* Cet aimable caviste présente un large choix de vins hexagonaux, en bouteilles, en vrac et en fontaine, ainsi que plus de 500 variétés de bières (100 variétés de verres à bière), dont la Lutine, brassée en Dordogne et plusieurs fois primée.

À Sorges

Marché aux truffes – Le marché traditionnel aux truffes se tient le dim. de déb. déc. à fin janv.

EN SOIRÉE

Café de la Place – *7 pl. du Marché-au-Bois - ✆ 05 53 08 21 11 - www.cafedelaplace24.com - 8h-2h (hiver : 1h) - fermé 1er janv. et 25 déc.* Certains Périgourdins l'appellent le « café des intellos », ce qui ne les empêche pas de se fondre parfaitement à la population hétéroclite qui aime à s'attarder sur la terrasse ou dans le décor début de siècle de cet établissement très connu à Périgueux. Des concerts y sont organisés certains soirs.

AGENDA

Musiques de La Nouvelle-Orléans en Périgord – *www.mnop-festival.com.* Durant la 2de quinzaine de juillet, concerts de jazz à Périgueux et dans une dizaine de localités de Dordogne.

Mimos – *www.mimos.fr.* Fin juillet début août. Festival international de mime très réputé. Réservez pour le *in* ou profitez du *off* qui assure l'animation dans les rues.

Sinfonia – *www.sinfonia-en-perigord.com.* De fin août à début septembre, festival de musique baroque en Périgord. Concerts dans différents sites prestigieux (abbayes de Chancelade et de Brantôme, église de la Cité ; Vesunna, musée du Périgord et préfecture à Périgueux).

Salon international du livre gourmand – *www.livre-gourmand.com - 10h-19h - 2 €.* Les années paires, en novembre, conférences, expositions autour des arts de la table, de rencontres entre éditeurs, écrivains et grands chefs.

Neuvic

3 601 Neuvicois – Dordogne (24)

Village calme aux abords de la forêt du Landais, Neuvic est idéal pour un séjour placé sous le signe de la nature. En effet, vous pourrez alterner balades en forêt, promenades dans le parc du château transformé en jardin botanique et navigation sur l'Isle.

NOS ADRESSES PAGE 237
Hébergement, restauration, achats, activités, etc.

S'INFORMER

Office du tourisme – *1 r. de la Tour-des-Cinq-Pierres - 19160 Neuvic - 05 55 95 88 78 - www.haute-dordogne.com - juil.-août : 10h-12h30, 14h30-19h, dim. et j. fériés 10h-12h30 ; avr.-juin et sept. : tlj sf dim. 10h-12h30, 14h-17h30 ; reste de l'année : tlj sf w.-end 10h-12h, 14h-16h - fermé certains j. fériés.*

SE REPÉRER

Carte de microrégion B2 (p. 212)

Neuvic se love dans la vallée de l'Isle, à 24 km au sud-ouest de Périgueux sur la route de Bordeaux.

ORGANISER SON TEMPS

Comptez 2h30 pour les visites.

AVEC LES ENFANTS

Le parc botanique et le grand étang de la Jemaye.

Découvrir

Château

05 53 80 86 65 - www.chateau-parc-neuvic.com - visite guidée (1h05) juil.-août : 15h30 et 17h - parc 10h-12h, 14h-19h - fermé w.-end - 5,50 € (-16 ans 3 €).

Une allée bordée d'arbres précède ce bel édifice en équerre, très simple, érigé sur la rive gauche de l'Isle, qui abrite actuellement un centre médico-pédagogique. Bâti en 1530, ce château possède un chemin de ronde à mâchicoulis plus décoratif que défensif ; deux corps de logis s'articulent autour d'une tour carrée construite au début du 16e s. À l'intérieur, certaines pièces sont décorées de fresques des 16e et 18e s. La terrasse domine l'Isle.

Parc botanique

05 53 80 86 65 - www.chateau-parc-neuvic.com - juil.-août : 10h-12h, 14h-19h ; avr.-juin et sept. : 10h-12h, 14h-18h - fermé w.-end - 3,80 € (-16 ans 2 €) - gratuit avr.-mai et sept.

Les espaces verts du château ont été aménagés en parc botanique. Six hectares plantés de quelque 1 500 espèces végétales (chênes, cornouillers, fusains, lilas, roses, etc.) gardées par des épouvantails. Classé refuge par la Ligue de protection des oiseaux pour la diversité de ses biotopes artificiels, le parc a augmenté ses zones de jachères pour favoriser la prolifération des insectes, leur créer des refuges et attirer ou sédentariser de nouvelles espèces d'oiseaux.

À proximité Carte de microrégion p. 212

Château de Grignols B2

À 6 km à l'est de Neuvic par la D 44.

3

Planté sur une crête rocheuse qui surplombe la vallée, le château est le berceau de la prestigieuse famille des Talleyrand-Périgord. Il fut édifié à l'époque où le village de Grignols, en contrebas, comptait 10 paroisses et... 5 000 habitants ! Aménagée sur une terrasse triangulaire entre deux douves, la forteresse défendait la route entre Périgueux et Bordeaux. Édifiés du 13e au 17e s., les logis, que domine un donjon carré, s'imbriquent les uns dans les autres. La plupart des bâtiments furent démantelés pendant la Fronde.

Circuit conseillé Carte de microrégion p. 212

LA FORÊT DE LA DOUBLE AB1-2

Circuit de 95 km tracé en rouge sur la carte p. 212. Comptez environ une journée.
La région de la Double présente des paysages sauvages de forêts parsemées d'étangs et un habitat dispersé de maisons à pans de bois et torchis. Chênes et châtaigniers constituent la majorité du peuplement forestier. Recouvrant 600 km^2, la forêt abrita de nombreux refuges de maquisards durant la Seconde Guerre mondiale. Les petites fermes dans les clairières simplifiaient le problème du ravitaillement des maquis.
Quittez Neuvic par le nord en traversant l'Isle, puis en empruntant la D 3 (à droite).

St-Astier B2
Sur les rives de l'Isle, St-Astier s'est développé aux portes de la forêt de la Double. Dans la partie ancienne du bourg, vous verrez quelques maisons Renaissance autour de l'église.
Le bourg a longtemps vécu de la cimenterie et de l'extraction des pierres. Des pierres blanches illuminent ainsi l'église magistrale, dominée par une très haute **tour-clocher** carrée du 16e s.
Quittez St-Astier par le nord en empruntant la D 43.

St-Aquilin B1
L'église romano-gothique de ce petit bourg recèle un retable en bois doré.
Suivez la D 43 sur 700 m et bifurquez à droite.

Château du Bellet B1
À proximité de l'étang des Garennes, cet édifice des 15e et 17e s. exhibe sans complexe tours, corps de logis, échauguettes et, à l'écart, un **pigeonnier**.
Poursuivez sur la D 43. Après 3 km, tournez à droite dans la D 104.

Segonzac B1
À l'entrée du village, remarquez le **château de la Martinie**, bâtisse du 15e s. plusieurs fois remaniée, pour être finalement reconvertie en ferme.
L'**église** romane vaut surtout pour son abside en cul-de-four nervé et ses chapiteaux richement décorés. De la route de crête qui rejoint Siorac-de-Ribérac, belles vues sur la vallée de la Dronne et le Ribéracois.
Revenez sur la D 43 (à droite).

Siorac-de-Ribérac A1
Une nef unique couverte d'une coupole sur le faux carré du transept : voilà la particularité de l'**église** fortifiée de Siorac du 12e s. qui conserve le retable du maître-autel provenant du monastère de Vauclaire (près de Montpon). Elle fait partie du parcours balisé « Églises romanes ».
Quittez Siorac par l'ouest et rejoignez la D 13 (à gauche). Après avoir traversé la Rissonne, prenez à droite la D 44 en direction de St-Aulaye.

Paysage d'hiver dans les environs de Neuvic.
J.-D. Dallet/age fotostock

Grand étang de la Jemaye A2

Creusé par les moines au Moyen Âge au milieu de la forêt de la Double, il assurait aux paysans des vivres pendant le carême. Avec ses 24 ha de superficie, c'est le plus grand étang de la Double et aujourd'hui une **base de loisirs** où l'on peut pratiquer baignade, pêche, planche à voile, VTT, randonnée… C'est aussi l'occasion de découvrir les paysages naturels de la forêt de la Double, domaine boisé par ailleurs très prisé des chasseurs.
Revenez sur la route et prenez à droite.

3

Échourgnac A2

À deux pas de l'ancienne capitale de la Double, les moines de la trappe de Port-Salut en Mayenne ont fondé au 19e s. un nouvel établissement : la **trappe de Bonne-Espérance**.
Venus assainir les marécages de la région, certains payèrent de leur vie cet effort. Toujours en activité, la fromagerie propose encore au public sa production, le trappe, qui ressemble au Port-Salut.
Ferme du Parcot – *À la sortie de la ville - 05 53 81 99 28 - http://parcot.org - juil.-août : tlj sf lun. 10h-12h30, 14h-19h30 ; mai-juin et sept. : w.-end et j. fériés 14h-19h - fermé le reste de l'année : sur demande préalable - gratuit - possibilité de visite guidée à 10h30, 14h30, 16h et 17h30.* Elle propose d'initier les curieux à l'architecture locale et à la vie à la campagne au 19e s.
Quittez Échourgnac par le sud-est en empruntant la D 38. À St-Michel-de-Double, prenez la D 13.

St-Laurent-des-Hommes A2

Dans ce village, comme à Gamans, on peut découvrir quelques superbes maisons traditionnelles de la Double telle celle qui abrite la mairie, une bâtisse du 14e s. Sa galerie en bois, ou balet, est caractéristique de l'architecture de cette partie du Périgord.
Quittez St-Laurent par l'est en empruntant la D 3.

Gamanson A2

À quelques pas de la route, le hameau forme le plus riche ensemble d'habitations traditionnelles de la Double, en colombages et torchis.

Revenez et poursuivez sur la D 3 (à gauche).

St-Martin-l'Astier A2

Dressée au milieu du cimetière, l'église romane de St-Martin (12e s.) conserve un puissant clocher-tour octogonal crénelé soutenu par huit colonnes recouvrant un chœur lui aussi octogonal.

Poursuivez sur la D 3 et traversez l'Isle.

Mussidan A2

Pl. de la République - 24400 Mussidan - 05 53 81 73 87 - www.tourisme-isleperigord.com - de mi-juil. à mi-août : 9h-12h30, 13h30-18h, dim. 10h-12h30 ; de mi-avr. à mi-juil. et de mi-août à fin sept. : tlj sf dim. 9h-12h30, 14h-17h, sam. 9h-12h30, lun. 14h-17h30 ; reste de l'année : tlj sf dim.-lun. 9h-12h30, 14h-17h, sam. 9h-12h30 - fermé certains j. fériés.

Le marché de Mussidan *(samedi matin)* existe depuis le 15e s., époque où Charles VIII fit du bourg une ville commerçante.

Au bord de l'Isle, cette ancienne cité huguenote fut assiégée à plusieurs reprises pendant les guerres de Religion. Le siège de la ville en 1569 inspira à Montaigne son essai *L'Heure des parlements dangereuse.*

Musée André-Voulgre - musée des Arts et Traditions populaires du Périgord – *2 r. Raoul-Grassin - 05 53 81 23 55 - www.museevoulgre.fr - de déb. juin à mi-sept. : 9h30-12h, 14h-18h ; de déb. avr. à fin mai : w.-end et j. fériés 14h-18h - possibilité de visite guidée sur demande (1h30) - 3,50 € (-13 ans gratuit).*

Niché dans une ancienne chartreuse périgourdine où vivait le docteur Voulgre, il réunit patiemment des éléments de la vie locale. Des vaisseliers aux alambics, d'une locomotive à vapeur aux animaux naturalisés, les différentes salles d'exposition retracent les grandes lignes du bon vieux temps !

Quittez Mussidan par le nord-est en empruntant la D 6089. Après 3 km, tournez à gauche dans la D 3E5.

Douzillac A2

L'actuel bâtiment de la mairie, maison à poivrière avec un balcon de bois, mérite un coup d'œil.

En direction de Neuvic, aux abords de la D 3, le **château de Mauriac**, édifié au 16e s., se mire dans les eaux de l'Isle.

Poursuivez sur la D 3 qui ramène à Neuvic.

NOS ADRESSES À NEUVIC

HÉBERGEMENT

POUR SE FAIRE PLAISIR

À proximité

Château de Lalande – *57 rte de St-Astier - 24430 Annesse-et-Beaulieu (13 km au nord-est de Neuvic par la D 38 et la D 3) - ✆ 05 53 54 52 30 - www.chateau-lalande-perigord.com - fermé mi-fév.-mi-mars - ♿ P ≈ - 17 ch., 2 suites 115/220 € - ☕ 15 € - ✕ 40/48 €.* À 12 km de Périgueux, dans un écrin de verdure, cette noble demeure du 18ᵉ s. a conservé son cachet d'antan. On s'y repose dans des chambres empreintes de classicisme : mobilier de style, parquet, tentures, etc. L'été, on profite de la belle piscine. Beaucoup de charme et de personnalité en ces lieux…

UNE FOLIE

Château La Thuilière – *La Thuilière - 24400 St-Front-de-Pradoux (11 km au sud-ouest de Neuvic par la D 44 et la D 3) - ✆ 06 45 35 36 82 - www.lathuiliere.net - fermé 10 janv.-26 mars. - P ≈ - 5 ch. 169/269 € ☕ - table d'hôte 40 €.* Dans son parc arboré, cet élégant châtelet dévoile de belles ambiances : très 19ᵉ s. (boiseries, stucs) ou résolument contemporaines (lignes épurées, grand confort), tout en grâce et équilibre. Et la table d'hôte sait jouer la carte des produits locaux et… de la créativité.

RESTAURATION

BUDGET MOYEN

À proximité

Le Relais de Gabillou – *Rte de Périgueux - 24400 Sourzac (10 km au sud-ouest par la D 6089) - ✆ 05 53 81 01 42 - www.relais-de-gabillou.com - ♿ P - fermé de mi-nov. à mi.-déc., dim. soir, lun. et mar. soir - formule déj. 12/15 € - 20/35 €.* Oubliez la modeste façade de cette auberge bordant la N 89 et laissez-vous plutôt charmer par sa plaisante salle à manger rustique et sa paisible terrasse ombragée. L'alléchante cuisine régionale préparée par le chef finira de vous séduire : vous pourrez reprendre la route l'esprit tranquille… et l'estomac comblé.

ACTIVITÉS

Randonnée – L'office de tourisme vend un guide de randonnées Pays de Neuvic *(2,30 €).*

Navigation – Ceux qui préfèrent les activités nautiques pourront louer, en été, un bateau électrique ou un canoë pour se balader tranquillement sur l'Isle.

Brantôme et le Périgord vert

4

Carte Michelin Départements 329 - Dordogne (24)

Fabrication des couteaux de Nontron à la Coutellerie Nontronnaise.
J.-D. Sudres / hemis.fr

RUFFEC
A
B
ANGOULÊME
BARBEZIEUX-ST-HILAIRE
N
CHARENTE
Lizonne
Bussière-Badil
Forges d'Étouars
Varaignes
Teyjat
Le Bourdeix
Roc Branlant
La Chapelle-St-Robert
Roc Poperdu
Javerlhac-et-la-Chapelle-St-Robert
Nontr
1
2
Mareuil
Champagne-et-Fontaine
Vendoire
Richemont
Cherval
Léguillac-de-Cercles
Belaygue
Nanteuil-Auriac-de-Bourzac
Forêt de St-James
Boulouneix
La Tour-Blanche
Rochers du Breuil
Bouteilles-St-Sébastien
St-Martial-Viveyrol
Cercles
St-Julien-de-Bourdeilles
Paussac-et-St-Vivien
St-Paul-Lizonne
Lusignac
Bourdeilles
Grand-Brassac
Aubeterre-sur-Dronne
Allemans
Villetoureix
Montagrier
Lisle
Ribérac
Cumond
St-Privat-des-Prés
St-Méard-de-Dronne
Vanxains
St-Martin-de-Ribérac
St-Aulaye

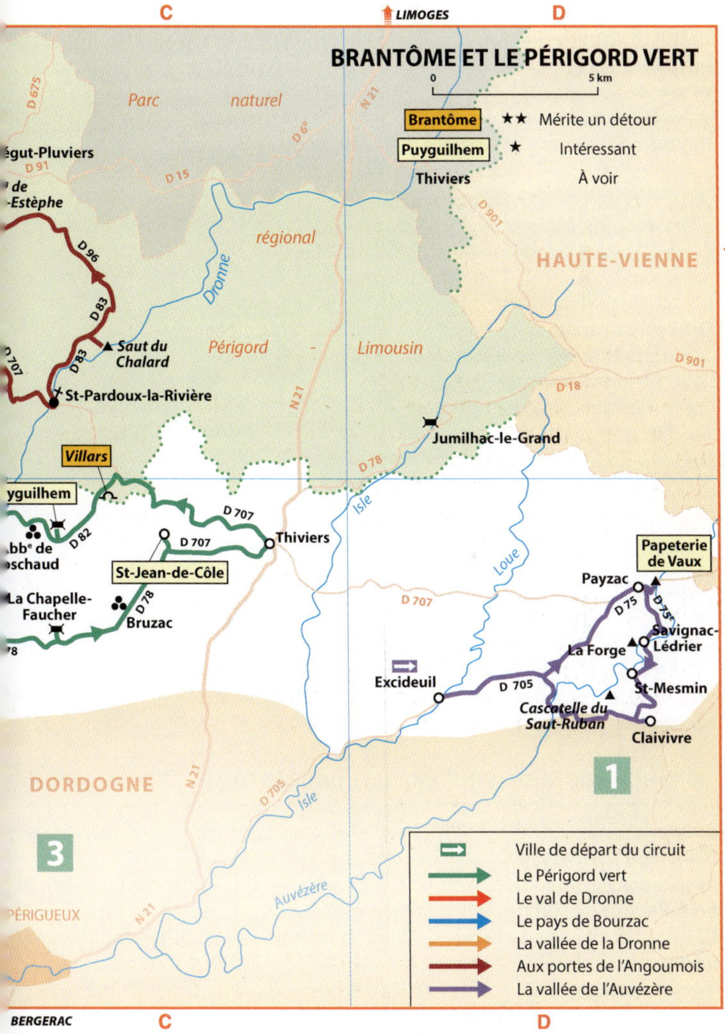

C
LIMOGES
D
BRANTÔME ET LE PÉRIGORD VERT
0
5 km
Brantôme ★★ Mérite un détour
Puyguilhem ★ Intéressant
Thiviers À voir
Parc naturel régional Périgord - Limousin
HAUTE-VIENNE
1
2
D 675
D 91
D 15
D 6e
N 21
D 901
D 96
D 83
D 707
D 18
D 78
D 82
D 75
D 705
Dronne
Isle
Loue
Auvézère
Saut du Chalard
St-Pardoux-la-Rivière
Villars
Jumilhac-le-Grand
Thiviers
St-Jean-de-Côle
La Chapelle-Faucher
Bruzac
Papeterie de Vaux
Payzac
Savignac-Lédrier
La Forge
St-Mesmin
Excideuil
Cascatelle du Saut-Ruban
Claivivre
DORDOGNE
PÉRIGUEUX
3
Ville de départ du circuit
Le Périgord vert
Le val de Dronne
Le pays de Bourzac
La vallée de la Dronne
Aux portes de l'Angoumois
La vallée de l'Auvézère
BERGERAC

Brantôme

★★

2166 Brantômois – Dordogne (24)

Préhistorique, gallo-romaine, carolingienne ou Renaissance ; religieuse et troglodyte : Brantôme, en dépit d'une architecture unifiée, est de toutes les époques. Sa position insulaire, au creux d'un ample méandre de la Dronne, dédoublée et enjambée par cinq ponts, lui vaut depuis Raymond Poincaré le surnom de « Venise du Périgord ».

NOS ADRESSES PAGE 251
Hébergement, restauration, achats, activités, etc.

S'INFORMER

Office de tourisme – *R. Puyjoli - 24310 Brantôme - 05 53 05 80 63 - www.perigord-dronne-belle.fr - juil.-août : 10h-18h30 ; avr.-juin : 10h-13h, 14h-18h.*

SE REPÉRER

Carte de microrégion B2 (p. 240)

À 22 km au nord de Périgueux, Brantôme est en retrait de l'axe majeur Périgueux-Angoulême.

SE GARER

Parkings sur les berges de la rivière et le long des rues, dans la ville haute.

À NE PAS MANQUER

La visite du clocher, le plus vieux de France.

ORGANISER SON TEMPS

Comptez 2h en ville, une journée pour les environs.

AVEC LES ENFANTS

La grotte de Villars à 15 km au nord de Brantôme ; le vélo-rail du Périgord *(voir « Nos adresses »)*.

Se promener

★★ AU BORD DE LA DRONNE, L'ABBAYE DE BRANTÔME

Au pied d'une falaise, les bâtiments de l'**abbaye** dominent de leurs façades blanches l'île sur laquelle le bourg s'est installé.

La tradition fait remonter sa fondation à Charlemagne, qui y déposa les reliques de saint Sicaire, l'un des saints Innocents de Bethléem tués sur ordre du roi Hérode. L'abbaye bénédictine de Brantôme devint un lieu de pèlerinage très fréquenté.

Saccagée par les Normands en 849, elle fut reconstruite à partir de 1075. Au 16e s., elle eut comme abbé Pierre de Mareuil – qui édifie les bâtiments les plus intéressants –, puis son neveu Pierre de Bourdeille. Bertin, intendant du Périgord au 18e s., procéda à d'autres modifications avant une restauration radicale au 19e s.

★★ Clocher de l'église abbatiale

05 47 45 30 12 - www.perigord-dronne-belle.fr - visite guidée (1h30) 10h-18h - fermé janv., 25 déc. - 7 € (-18 ans 4 €) - 8,50 € billet combiné avec le parcours troglodytique de l'abbaye - visite nocturne juil.-août : certains lun., se rens.

Voir ABC d'architecture p. 84. Il est construit sur un rocher abrupt de 12 m de hauteur sous lequel s'ouvrent de vastes cavernes *(voir le parcours troglodytique*

L'abbaye de Brantôme, sur les bords de la Dronne.
J. Elias / Getty Images

ci-après). Édifié au 11e s., c'est le plus ancien des clochers romans limousins à gâbles. Quatre étages légèrement en retrait les uns par rapport aux autres sont coiffés d'une pyramide en pierre. L'étage du rez-de-chaussée, voûté d'une coupole archaïque, est un probable réemploi d'une construction mérovingienne. Les trois autres étages sont percés de baies en plein cintre retombant sur des colonnes à chapiteaux rustiques.

Église abbatiale

Les deux coupoles ont été remplacées au 15e s. par des voûtes angevines, qui sont un compromis entre la croisée d'ogives et la coupole. La nef est sobre et élégante ; trois fenêtres en tiers-point surmontées d'une baie en croix éclairent le chevet plat.

Le baptistère est orné d'un bas-relief en pierre, du 14e s., figurant le baptême du Christ. Sous le porche, le bénitier, qui repose sur un beau chapiteau roman orné d'entrelacs, est surmonté d'un bas-relief du 13e s. représentant le massacre des Innocents. Près du portail principal subsiste une galerie du cloître du 16e s.

Bâtiments conventuels

Ils sont aujourd'hui occupés par la mairie et par le musée Fernand-Desmoulin *(voir p. suivante)*. Un escalier monumental mène à l'ancien dortoir des moines, à la remarquable charpente en bois, qui accueille des expositions temporaires.

Parcours troglodytique de l'abbaye

Sous les rochers de l'abbaye. ✆ 05 47 45 30 12 - www.perigord-dronne-belle.fr - ♿ - 10h-18h - fermé janv., 25 déc. - 5 € (-18 ans 3 €) - 8,50 € billet combiné avec le cloître, l'église et le clocher de l'abbaye.

Succédant à des ermites qui avaient christianisé la « fontaine du Rocher », les moines occupèrent dans un premier temps les grottes de la falaise et les aménagèrent, les utilisant par la suite comme dépendances ou refuges lorsque les bâtiments de l'abbaye subirent des destructions (11e-12e s., 14e s., 17e s.). Le parcours montre ce qui fut sans doute le chauffoir, des vestiges du moulin

LE CHRONIQUEUR BRANTÔME

Pierre de Bourdeille (v. 1538-1614), plus connu sous le nom de Brantôme, mène tout d'abord une vie de guerrier et de courtisan, accompagnant Marie Stuart en Écosse, parcourant l'Espagne, le Portugal, l'Italie et l'Afrique. Des aventures extravagantes lui permettent d'entrer dans l'intimité des grands. Après avoir bataillé à Jarnac, en 1569, il se retire dans son château abbatial (dont il ne reste que la base d'une tour) et entreprend ses chroniques sur *Les Vies des hommes illustres et des grands capitaines*. Sortant de sa retraite, il reprend du service à la Cour comme chambellan de Charles IX. Mais, en 1584, une chute de cheval le rend infirme : il se retire alors dans ses terres et occupe ses loisirs en écrivant, entre autres, ses *Mémoires*.

abbatial, ainsi que le pigeonnier troglodytique et l'ancienne pisciculture. L'atmosphère mystérieuse de la **grotte du Jugement dernier**, décorée d'un énigmatique *Triomphe de la Mort*, de facture naïve, et d'une crucifixion (17e s.), témoigne de la spiritualité qui anima, un millénaire durant, la communauté monastique de Brantôme.

La « fontaine du Rocher », vouée à saint Sicaire, est toujours vénérée pour ses vertus sur la fécondité et son efficacité contre les maladies infantiles.

Pensez à pousser la porte des anciens bâtiments conventuels pour visiter le **musée Fernand-Desmoulin**, consacré à cet artiste de la fin du 19e s., proche d'Émile Zola. On peut voir une centaine de ses dessins médiumniques (réalisés dans un état hypnotique) et certaines de ses œuvres plus classiques (portraits et paysages).

Pont coudé

Traversez le jardin, où trône la fontaine Médicis qui abrite le buste de Brantôme, pour rejoindre le pavillon Renaissance aux fenêtres à meneaux. Vous arrivez sur ce pont du 16e s. qui mène aux **jardins des Moines**, délimités par trois reposoirs.

À proximité Carte de microrégion p. 240

Château de Mareuil B1

À 21 km au nord-ouest de Brantôme par la D 939.

05 53 60 46 18 - visite guidée sur demande préalable (1h) juil.-août : 10h-12h, 14h30-18h, dim. 14h30-18h ; avr.-juin et de déb. sept. à mi-nov. : 10h-12h, 14h30-17h, dim. 14h30-17h - fermé mar. - 7 € (-12 ans 3 €).

Au 15e s., Geoffroi de Mareuil fait reconstruire le château de ses ancêtres pour le rendre plus conforme aux aspirations du moment. La forteresse n'en garde pas moins nombre d'éléments de défense : douves, mur d'enceinte et deux tours cylindriques, tout en intégrant des éléments Renaissance. Mareuil fut en effet le siège de l'une des quatre baronnies du Périgord, ce qui explique le caractère très défensif de la forteresse.

Dans la tour de gauche se niche une **chapelle** de style gothique flamboyant. Au-delà du châtelet qui surveillait l'accès au château, un corps de logis s'articule en équerre autour d'un ancien donjon. En gravissant l'escalier à vis de ce dernier, on accède aux appartements comme la **salle du Conseil** (beau dallage du 15e s.). Dans une autre pièce consacrée au Premier Empire, mobilier et documents racontent l'histoire du **maréchal Lannes**, duc de Montebello, ancêtre des actuels propriétaires.

Circuits conseillés Carte de microrégion p. 240-241

★ LE PÉRIGORD VERT BC2

Circuit de 80 km tracé en vert sur la carte p. 240-241. Comptez environ une journée. Quittez Brantôme par la D 78 à l'est.
L'eau est ici omniprésente, s'infiltrant à travers un cortège dense de ruisseaux, d'étangs peuplés de carpes et entretenant l'humidité de sous-bois verdoyants.

Château de Lasfond à La Chapelle-Faucher C2

Surplombant du haut de sa falaise le cours de la Côle, il a conservé ses courtines et sa poterne d'entrée. Le corps de logis, remontant au 15e s., est couronné d'un chemin de ronde à mâchicoulis. Les belles écuries qui bordent la cour ont été ajoutées au 17e s. La maison d'habitation accolée au château date du 18e s. Destin tragique que celui de ce château ! Il a été successivement dévasté par le Prince Noir (fils d'Édouard III) au 14e s., incendié au 16e s. avec 260 paysans catholiques du village par l'amiral de Coligny, chef protestant, assiégé par les troupes royales durant la Fronde et enfin ravagé en 1916 par un incendie dû à la foudre !
Poursuivez sur la D 78.

Châteaux de Bruzac C2

Peu après St-Pierre-de-Côle se détachent sur la colline, à gauche de la route, les silhouettes des deux tours des châteaux de Bruzac (en fait un seul château divisé en deux coseigneuries). Construit au 11e s. et remanié au 15e s., le château a été laissé à l'abandon et est aujourd'hui à l'état de ruines. Une association très active s'occupe de sa restauration et fait visiter les lieux en costumes du Moyen Âge, visite largement axée sur la vie quotidienne à cette époque. *05 53 56 96 70 ou 06 11 40 55 37 - visites guidées costumées de mi-juil. à mi-août : dim. et j. fériés ou sur demande préalable - visite gourmande avec dégustation, ateliers et exposition.*
Poursuivez sur la D 78 et bifurquez à gauche après 6 km.

★ Saint-Jean-de-Côle C2

19 r. du Château - 24800 St-Jean-de-Côle - 05 53 62 14 15 - www.tourisme-perigord-gourmand.com - juil.-août : 10h-13h, 14h-18h30 ; de mi- à fin juin et de mi- à fin sept. : 10h-13h, 14h-18h30 ; de déb. avr. à mi-juin et de mi-sept. à fin oct. : 10h-13h, 14h-18h ; reste de l'année : tlj sf w.-end 10h-12h30, 14h-17h30 - fermé 1er janv., 25 déc.
Les rues bordées de maisons à colombages ont pour beaucoup conservé leurs galets ronds, les toits s'enchevêtrent harmonieusement et la grande place s'enorgueillit d'une ravissante église, d'une halle, d'un château et de quelques maisons de pierre dont l'ocre se marie au brun des tuiles.
Église – Commencée au 11e s., cette chapelle de l'ancien prieuré est remarquable par la forme curieuse de son clocher percé de baies, par sa nef, carrée à une seule travée, très haute par rapport à sa longueur et par ses **chapiteaux sculptés★** dans la chapelle droite et le chœur. À l'intérieur, remarquez dans le chœur les boiseries du 17e s. en chêne et les stalles. La nef est couverte par un plafond de bois remplaçant une coupole effondrée dont subsistent les pendentifs ; sur le côté droit, une chapelle contient un enfeu à gisant où repose peut-être Geoffroy de La Marthonie, évêque d'Amiens.
Le **prieuré** *(privé - ouvert pour les Journées du patrimoine)* comprenait un cloître du 16e s., dont les vestiges sont visibles entre l'église et la Côle.

4

Château de la Marthonie – *R. du Château - ✆ 05 53 62 14 15 - www.ville-saint-jean-de-cole.fr - de mi-juin à mi-sept. : tlj sf sam. 11h et 16h - 3 € (-13 ans gratuit) - possibilité de visite guidée (1h) dans le cadre de la visite du village sur demande à l'office de tourisme.* Édifié au 12e s., il a été en grande partie détruit, puis reconstruit aux 15e et 16e s. ; quelques fenêtres à meneaux subsistent encore de cette époque. La galerie aux arcades surbaissées et l'escalier intérieur à rampes droites et aux arcs excentrés ou en anse de panier datent du 17e s.

Pont – Recouvert de galets ronds, il enjambe la Côle de ses arches à avant-becs (15e s.) et mène à l'ancien moulin du prieuré. Suivez la rivière sur quelques dizaines de mètres pour apprécier la vue sur le cloître.

Revenez sur la D 78 et prenez à gauche la D 707.

Thiviers C2

8 pl. du Mar.-Foch - 24800 Thiviers - ✆ 05 53 55 12 50 - www.perigordgourmand.com - juil.-août : 9h30-13h, 15h-18h30, j. fériés 9h30-13h, dim. 10h-13h ; sept. : tlj sf dim. 9h30-13h, 15h-18h30, j. fériés 9h30-13h ; mai-juin : se rens.

Ville-porte du **Parc naturel régional Périgord-Limousin** *(voir p. 266)*, Thiviers est réputé pour ses marchés, de même que pour ses foires, et s'est approprié le titre de « capitale du foie gras ». Les trois bourdons de l'église font la fierté de la ville depuis qu'ils ont permis aux habitants de se réveiller et, ainsi, de repousser une attaque d'envergure en 1652.

Maison du Foie gras – *8 pl. Foch - ✆ 05 53 55 12 50 - www.perigordgourmand.com - ♿ - juil.-août : 9h-13h, 14h30-18h30, dim. 9h-13h, 15h-18h30, j. fériés 9h30-13h, 15h-18h30 ; mai-juin et sept. : 9h30-13h, 14h-18h, sam. 9h-13h, 15h-18h, dim. 10h-13h, 14h-18h, j. fériés 10h-13h ; reste de l'année : se rens. - fermé 1er janv., 25 déc. - possibilité de visite guidée sur demande (1h) - 5 € (-12 ans 2,50 €) - visite guidée + dégustation de foie gras juil.-août : lun.-vend. 11h et 16h30 (7,50 €, -18 ans 5,50 €) - visite guidée + démonstration de cuisine + dégustation de foie gras de mi-juin à mi-sept. : mar. mat. (10 €, -18 ans 7,50 €), dégustation seule (3,50 €).* Le musée rappelle les étapes de la réalisation du produit phare de la région, que l'on achètera ensuite dans la boutique.

Quittez Thiviers par le nord-ouest en direction de St-Martin-de-Fressengeas pour gagner la D 707 (à droite). Après 3 km, prenez à gauche sur la D 82. Suivez-la sur 3 km, puis tournez à gauche pour accéder aux grottes de Villars à 1 km.

★★ Grotte de Villars C2

Le Cluzeau - ✆ 05 53 54 82 36 - www.grotte-villars.com - visite guidée (45mn) juil.-août : 10h-19h30 ; avr.-juin et sept. : 10h-12h, 14h-19h ; 1er oct.-11 Nov. : 14h-18h - 8,50 € (-13 ans 5,50 €) - la température reste constamment proche de 13 °C, prévoyez donc un chandail l'été. Animations vac. scol.

Sur les 13 km explorés depuis la découverte de la grotte en 1953, seuls 600 m de galeries reliant des salles creusées par la rivière souterraine peuvent être parcourus. Ces dernières sont ornées de concrétions très variées : draperies mesurant jusqu'à 6 m de longueur aux délicates fistules, gours et colonnes. La blancheur de certaines stalactites formées de calcite presque pure indique un écoulement rapide des eaux à ces endroits. Un son et lumière évoque pendant ce parcours les différentes étapes de formation de la grotte.

Une dernière salle révèle des **peintures pariétales** (chevaux, bouquetins, bisons) réalisées à l'oxyde de manganèse : le voile de calcite qui les recouvre et les protège – preuve que la grotte est toujours active – leur donne un aspect bleuté nuisant à leur lecture. Comme les œuvres de Lascaux, elles sont attribuées au magdalénien ancien (– 17 000 ans) ; une figure d'homme aux bras levés se faisant charger par un bison se devine. Le plafond et les parois de cette dernière salle sont ornés d'une multitude de fines stalactites et stalagmites. Vous n'êtes plus qu'à 3 m de profondeur : repérez par endroits le chevelu pendant de quelques racines…

En complément de la visite, un parcours pédagogique de 700 m raconte l'évolution de la faune et de la flore de l'époque de Cro-Magnon à aujourd'hui.

Revenez sur la D 82 (à gauche). À Villars, tournez à droite après l'église et 1 km plus loin accédez au château de Puyguilhem.

★ Château de Puyguilhem C2

D 98 - 05 53 54 82 18 - mai-août : 10h-12h30, 14h-18h30 ; avr. et sept. : 10h-12h30, 14h-17h30 ; reste de l'année : tlj sf lun.-mar. 10h-12h30, 14h-17h30 - fermé certains j. fériés - possibilité de visite guidée sur demande (1h) - 5,50 € (-18 ans gratuit).

Une vénérable allée de tilleuls découvre en son extrémité… le Val de Loire en Périgord vert ! Puyguilhem, comme Montal *(voir p. 370)* et Lanquais *(voir p. 194)*, est la preuve que l'air du temps, au début du 16e s., soufflant depuis la lointaine Italie, balaya jusqu'au Périgord.

Une certaine harmonie se dégage de la décoration du château édifié par le premier président aux parlements de Bordeaux et de Paris : lucarnes et cheminées finement sculptées, fenêtres à meneaux et mâchicoulis délicatement décorés contribuent à l'élégance de cet édifice de style première Renaissance. Son dispositif apparaît moins homogène : un corps de logis sépare une grosse tour ronde d'une tour barlongue (octogonale) renfermant l'escalier d'honneur. À l'intérieur, d'admirables **cheminées★** sculptées agrémentent de belles pièces sur les trois étages de la bâtisse. À signaler également : les sculptures du grand escalier, la charpente de châtaignier de la grande salle du 2e étage et le chemin de ronde, qui offre de belles vues sur l'appareillage du toit.

Revenez à Villars et prenez à droite. À la sortie du village, prenez à droite la D 3, puis la première route à gauche (D 98).

Abbaye de Boschaud C2

Cette abbaye cistercienne (12e s.) tire son nom du vallon boisé qui l'accueillit : *bosco cavo* (bois creux). Dévastée pendant la guerre de Cent Ans et les guerres de Religion, l'abbaye était à l'abandon. Elle est reprise en 1950 par les Monuments historiques qui dégagent et consolident les ruines. D'une très grande simplicité, l'église est la seule connue de l'ordre cistercien dont la nef, aujourd'hui disparue, ait été voûtée d'une file de coupoles. Noyés en pleine nature, les vestiges (salle capitulaire, chœur de l'église) sont émouvants.

Revenez sur la D 98 (à gauche) que vous poursuivez au-delà de Quinsac. À St-Crépin-de-Richemont, tournez à gauche.

Château de Richemont B2

05 56 92 51 21 - visite guidée (45mn) de mi-juil. à fin août : 10h-18h - fermé de déb. sept. à mi-juil. - 5 € (-18 ans 3 €).

Au bout d'une allée ombragée, cet édifice s'articule en deux corps de logis disposés en équerre. Édifié au 16e s. par Brantôme, il demeure toujours dans la famille du chroniqueur qui fut inhumé dans la chapelle funéraire (il écrivit son épitaphe). Au 1er étage du bâtiment d'entrée se trouve sa chambre, ornée de boiseries.

Rejoignez la D 939 (à gauche) qui ramène à Brantôme.

LA VALLÉE DE LA DRONNE B2

Circuit de 80 km tracé en orange sur la carte p. 240. Comptez une demi-journée. Quittez Brantôme par le sud-ouest en empruntant la D 78 qui longe la rive gauche de la Dronne. Après 2 km, prenez une route secondaire pour rejoindre Chambon.

Les Jardins Tranquilles

✆ 05 53 05 95 24 - www.jardindaudela.com - 1er Mai-15 oct. : vend.-lun. 12h-19h - 7 € (-16 ans 5 €).

Anciens Jardins d'Au-Delà, les Jardins Tranquilles s'étendent sur 3 ha dans un méandre de la Dronne. Au cours de la déambulation dans un univers rafraîchissant se succèdent ici une allée de cytises aboutissant à une rotonde, là un bassin et ses jets d'eau évoquant l'Italie, un jardin japonais avec sa petite île, ou un échiquier végétal. Les changements d'ambiance et d'atmosphère sont incessants, de même que les jeux de couleurs et de feuillages des plantes (600 variétés).

Revenez à la D 78 et poursuivez votre route.

Peu avant l'arrivée à Bourdeilles, la route passe au pied d'un rocher dit « **Forge du Diable** » (site verdoyant).

★ Château de Bourdeilles

✆ 05 53 03 73 36 - www.semitour.com - juil.-août : 10h-19h ; de mi-avr. à déb. juil. et de déb. sept. à déb. nov. : 10h-13h, 14h-18h ; de mi-fév. à mi-avr. : tlj sf lun. 10h-12h30, 14h-17h ; de déb. nov. à fin déc. : tlj sf lun. (sf vac. scol.) 10h-12h30, 14h-17h - fermé 1er janv., 25 déc. - 8,10 € (-12 ans 5,20 €) - audioguide disponible (3 €).

Le chroniqueur **Pierre de Bourdeille**, beau-frère de Jacquette de Montbron et plus connu sous le nom de Brantôme *(voir p. 244)*, fit construire le château. Après avoir franchi la première enceinte fortifiée, on passe sous le chemin de ronde pour pénétrer dans la cour des communs.

Forteresse médiévale (fin 13e s.) – D'aspect sévère, elle se dresse sur des fondations plus anciennes. Le corps de logis se trouve au pied d'un donjon (et un vrai : les murs font 2,40 m d'épaisseur !) de 35 m de hauteur d'où se dégage un magnifique **panorama** sur la Dronne et… le château Renaissance.

Logis Renaissance (16e s.) – Sobre et élégant, il abrite une remarquable **collection de meubles★★** (plus de sept cents tables, crédences, tapisseries, fauteuils, bas-reliefs, tableaux, armes, coffres, tapis…) réunie par deux mécènes, M. et Mme Santiard-Bulteau. Sur trois étages se visitent le **Salon doré★**, superbement décoré de tapisseries, que devait occuper Catherine de Médicis et, plus remarquable encore, la salle à manger ornée d'une magnifique **cheminée★★** du 16e s. sculptée de palmettes. Du chemin de ronde, **vue★** sur un séduisant moulin seigneurial du 17e s., posé sur un îlot de la Dronne et un pont gothique.

Poursuivez sur la D 78.

DU MOYEN ÂGE À LA RENAISSANCE

Une place convoitée – L'année 1259, date à laquelle Saint Louis cède aux Anglais le Périgord et la baronnie de Bourdeilles, marque le début des divisions dans la famille Bourdeille. Les aînés soutiennent les Plantagenêts, tandis que la branche cadette, les Maumont, penche du côté capétien. Géraud de Maumont, épaulé par Philippe le Bel, s'empare du château familial que son protecteur s'empresse de faire fortifier et de pourvoir d'une garnison. En 1375, Du Guesclin marqua de son empreinte la forteresse en la reprenant par les armes aux troupes du prince de Galles.

Une femme « experte et ingénieuse » – C'est à Jacquette de Montbron, femme d'André de Bourdeille et belle-sœur de Brantôme, que l'on doit les plans du château Renaissance. La raison de cet empressement : une visite annoncée de Catherine de Médicis qui n'eut finalement pas lieu… Les travaux cessèrent alors.

Le château de Bourdeilles sur les rives de la Dronne.
L. Lourdel / Photononstop

Lisle

Bastide française bâtie au 14e s. dont le bourg s'organise autour de la halle. Les ruines d'une forteresse inachevée voisinent l'église St-Martin fortifiée pendant les guerres de Religion, et dont on admirera, entre autres, le chœur sous coupole et une abside aux chapiteaux sculptés.

Poursuivez sur la D 78, puis sur la D 710 en direction de Ribérac. Après 1 km, tournez à droite et traversez la Dronne.

Montagrier

À proximité d'une terrasse se dresse l'**église Ste-Madeleine**, chapelle d'un prieuré disparu. Seuls subsistent de l'édifice du 12e s. le carré du transept, couvert d'une coupole sur pendentifs, et l'abside trilobée nantie de deux absidioles en appendice, dispositif unique en Périgord. Le village est creusé de souterrains.

La Maison de la Dronne et du patrimoine rural – *Moulin du Pont - ✆ 05 53 91 35 11 - juil.-août : 9h30-12h30, 14h-18h, dim. 14h-17h ; juin et sept. : tlj sf dim. 10h-12h, 14h-18h ; reste de l'année : sur demande préalable au ✆ 05 53 90 03 10 - fermé certains j. fériés - location de barque motorisée sur la Dronne (1h, 6 pers. maxi), et location de barque à rames (tarifs se rens.).* Dans cet ancien moulin à eau du 12e s., reconverti de 1910 à 1930 en générateur électrique, le public est sensibilisé à l'intérêt du petit patrimoine et à la protection de l'environnement ; expositions d'artistes ou d'artisans.

Continuez jusqu'au village. Quittez Montagrier par le nord en empruntant la D 103.

Grand-Brassac

L'**église fortifiée St-Pierre-et-St-Paul** servit, dès le 13e s., de lieu de refuge aux habitants. Les dispositifs de défense – créneaux, galerie de défense, ouvertures étroites – accentuent l'austérité du bâtiment originel. Au nord de l'édifice, le **portail roman★** a été remanié et a gagné en sculptures : au-dessus d'un arc orné de beaux rinceaux qui abrite des statuettes ayant appartenu à une Adoration des Mages ; cinq statues (le Christ entre saint Jean et la Vierge, plus bas saint Pierre et saint Paul) sont disposées sous un auvent.

Quittez Grand-Brassac par la D 1 à l'ouest. Au lieu-dit Flayac, tournez à droite pour rejoindre la D 99.

La Tour-Blanche

Châtellenie des comtes d'Angoulême, ce bourg conserve de belles maisons anciennes aux fenêtres Renaissance. Au sud-est, vous verrez sur une motte artificielle les ruines du **donjon** de la forteresse du 13e s.

Quittez La Tour-Blanche par l'est.

Cercles

D'un prieuré roman subsiste l'**église St-Cybard**, de plan cruciforme. Le portail gothique, sous le clocher-mur crénelé, comprend six beaux chapiteaux finement sculptés.

Quittez Cercles par le nord et rejoignez la D 84 (à droite).

Léguillac-de-Cercles

Le village fait partie du Parc naturel régional Périgord-Limousin *(voir p. 266)*. Remaniée et fortifiée, l'**église** romane présente une nef voûtée de coupoles à pendentifs.

Au sud, la D 93 offre deux paysages contrastés : à droite la route est bordée par la **forêt de St-James**, où vous pourrez partir en promenade à la recherche de dolmens et de tumulus ; à gauche, elle est dominée par les **rochers du**

Breuil, entourés d'une végétation clairsemée. Sur la droite, un peu à l'écart, des rochers creusés servirent d'abris troglodytiques.

Quittez Léguillac par le sud en prenant la D 93. Au lieu-dit Le Breuil, tournez à droite, direction Lignères. Rejoignez la D 2, que vous prendrez à gauche. À St-Vivien, prenez la D 93, à gauche, vers Paussac-et-St-Vivien.

Paussac-et-St-Vivien

Plantée au milieu de ravissantes maisons Renaissance, l'**église St-Timothée**, édifiée au 13e s. et fortifiée au 15e s., passe pour être l'une des plus belles églises à coupoles du Périgord.

Quittez Paussac par l'est ; à St-Julien-de-Bourdeilles, prenez à gauche.

Boulouneix

La façade de la **chapelle romane**, à deux niveaux d'arcatures, est d'inspiration saintongeaise. La travée sous clocher est voûtée d'une coupole. Dans le chœur, belles peintures murales du 17e s. représentant sainte Marie-Madeleine et saint Hiéronyme.

Poursuivez à la route vers l'est.

À 2,5 km, le hameau de **Belaygue** abrite encore les ruines paisibles d'un petit prieuré.

Rejoignez la D 939 pour rentrer à Brantôme.

NOS ADRESSES À BRANTÔME

HÉBERGEMENT

PREMIER PRIX

À proximité

Chambre d'hôte Ferme des Guézoux – *Les Guézoux - 24800 Vaunac (19 km à l'est de Brantôme par la D 78 et une rte à droite après St-Pierre-de-Côle) - ☎ 05 53 62 06 39 - www.escargotduperigord.com - P - 3 ch. 39/41 € - 5,80 €.* Isolée dans les bois, cette ferme où l'on élève des escargots propose trois chambres, avec cuisine à disposition des hôtes dans la grande salle, et deux gîtes : l'un dans l'ancienne grange en pierre, l'autre dans un chalet en bois. Aménagement simple avec mobilier en pin. Piscine.

Hôtel de France et de Russie – *51 r. du Gén.-Lamy - 24800 Thiviers (26 km à l'est de Brantôme par la D 78 et la D 707) - ☎ 05 53 55 17 80 - www.thiviers-hotel.com - P - 12 ch. 64/97 € - 8 €.* Le foie gras de Thiviers faisait jadis la joie des tsars… Aujourd'hui, on cultive ce souvenir dans cette jolie maison où flotte comme un parfum d'antan. Les chambres y sont bien tenues. Accueil pour les pèlerins en route vers St-Jacques-de-Compostelle. Une adresse à la croisée des chemins et de l'histoire.

Chambre d'hôte L'Ambroisie – *Le Bourg - 24310 Bourdeilles - ☎ 05 53 04 24 51 - www.ambroisie-dordogne-perigord.com - - 5 ch. 70/80 € - table d'hôte 31/37 €.* « Graine de lin », « Paprika », « Anis » : les chambres et la suite de cette belle demeure du 18e s. arborent des couleurs douces ou piquantes. Mobilier ancien, pierres et poutres apparentes, table d'hôte simple et conviviale, dressée à l'ombre des oliviers l'été.

Chambre d'hôte Le Pigeonnier de Picandine – *24350 Lisle (8,5 km au sud-ouest de Bourdeilles ; puis 5 km au sud-est par la D 1 en* *dir. de Périgueux, et 3e à droite) - ✆ 05 53 03 41 93 - www.picandine.com - fermé 15 nov.-1er avr. - 🏊 P 🚭 - 5 ch. 55 € ☕ - table d'hôte sur réserv. 25 €.* Une paire de marronniers bicentenaires monte la garde dans la cour semi-ouverte de cette maison du 17e s. Les chambres, sobres et confortables, se répartissent entre l'ex-grange et le bâtiment principal. Deux suites sympathiques et une piscine feront la joie des familles.

À proximité

Chambre d'hôte Doumarias – *24800 St-Pierre-de-Côle (13 km à l'est de Brantôme par la D 78) - ✆ 05 53 62 34 37 - www.doumarias.com - fermé déc.-janv. - P 🏊 - 4 ch. 72 € et 1 suite 140 € ☕.* Les tours ruinées du château de Bruzac se dressent face à cette maison tapissée de vigne vierge et à sa cour ombragée d'un majestueux tilleul : l'ensemble possède un charme indéniable. Accueil sympathique. Chambres simples et calmes. Joli jardin avec piscine. L'ancien moulin restauré, abrite l'un des deux gîtes, avec piscine privative. Coin cuisine accessible pour les clients.

Auberge de l'Étang Bleu – *Rte de St-Sulpice - 24340 Vieux-Mareuil (16 km au nord-ouest de Brantôme par la D 939 et la D 93 à droite) - ✆ 05 53 60 92 63 - www.auberge-de-letang-bleu.com - fermé de mi-déc. à mi-janv. et les vend., sam., dim. de déb. nov. à fin mars - P - 11 ch. 70/78 € - ☕ 12 € - ✕ 30/40 €.* Très bien située dans un grand parc verdoyant et boisé, l'auberge dispose d'une terrasse qui domine l'étang, particulièrement agréable aux beaux jours. L'intérieur, plus chargé, bénéficie néanmoins d'une belle mise en place. Côté cuisine, on appréciera les incontournables saveurs du terroir.

BUDGET MOYEN

Chambre d'hôte Les Habrans – *Chemin en face de la gendarmerie - ✆ 05 53 05 58 84 ou 06 08 72 29 60 - fermé déb. nov. à Pâques - P 🚭 🏊 - 5 ch. 80/90 € ☕.* Cette petite maison sans prétention, située au bord de la Dronne, propose des chambres équipées simplement, mais décorées avec goût et mansardées à l'étage. Leurs fenêtres donnent sur la rivière dont le doux murmure apaisant devrait favoriser votre sommeil. Petit déjeuner en plein air en saison. Petite piscine.

Charbonnel – *57 r. Gambetta - ✆ 05 53 05 70 15 - www.lesfrerescharbonnel.com - fermé fév.-déb. mars et fin nov. ; restaurant fermé dim. soir en oct.-juin et lun. (sf juil.-août) - 18 ch. 80/120 € - ☕ 12 € - ✕ 34/70 €.* Une maison de tradition qui épouse pleinement son époque : des chambres confortables et douillettes, une terrasse sur la Dronne et un restaurant traditionnel, le tout relooké avec fraîcheur… Une bonne étape !

À proximité

Hostellerie Les Griffons – *Le Pont - 24310 Bourdeilles - ✆ 05 53 45 45 35 - www.griffons.fr - fermé avr.-sept. - P 🏊 - 10 ch. 105/115 € - ☕ 13 € - ✕ 38/60 €.* Charme des poutres et des vieilles pierres, vue sur la Dronne : au pied du château, cette maison bourgeoise du 16e s. cultive avec élégance un certain romantisme rural. Le matin, petit déjeuner dans la véranda face à la rivière et au jardin.

RESTAURATION

PREMIER PRIX

Saint-Sicaire – *4 pl. Charles-de-Gaulle - ✆ 05 53 35 32 04 - www.*

lesaintsicaire.fr - formule déj. 14 €. 18/25 €. Brasserie sans prétention pour déguster une bonne viande, une salade ou une glace sur une terrasse d'anthologie, au bord de la Dronne. Touristique, mais très correct et service efficace.

BUDGET MOYEN

Au Fil du Temps – *1 chemin du Vert-Galant - ✆ 05 53 05 24 12 - www.fildutemps.com - fermé de mi-déc. à fin janv., dim. soir - formule déj. 16 € - 21/30 €.* Au choix pour s'installer : la salle avec la rôtissoire, la salle cosy avec la cheminée ou bien la terrasse à l'ombre du tilleul… Quoi qu'il en soit, la cuisine du terroir est alléchante.

Les Saveurs – *6 r. Georges-Saumande - ✆ 05 53 05 54 23 - www.restaurant-les-saveurs.com - fermé merc. soir, dim. soir et jeu. (sf juil.-août) - menus 19 € (déj. en sem.)/36 €, formule 24 €.* Dans la petite salle ou à l'ombre du saule-pleureur sur la terrasse, on se régale d'une cuisine contemporaine valorisant les produits frais et le foie gras.

Les Jardins de Brantôme – *33 r. Pierre-de-Mareuil - ✆ 05 53 05 88 16 - www.lesjardinsdebrantome.com - fermé mi-déc. à fin janv., le midi sf dim., jeu. hors sais. et merc. - ♿ - 29/59 €.* Dans ce joli cadre rustique s'épanouit une savoureuse cuisine du terroir. Le chef met un point d'honneur à privilégier les petits producteurs. Vous goûterez ainsi un porc fermier du Périgord caramélisé et ses légumes confits.

À proximité

La Ferme-Auberge de Faye – *À Faye (1 km au sud de Brantôme par la D 78) - ✆ 05 53 05 85 84 - ♿ - P - fermé de mi-oct. à mi-avr. ; boutique : ouv. tte l'année - 19/30 €.* Il convient de réserver préalablement : la table de cette ferme-auberge est réputée dans la région. Foie gras, cuisses de canard farcies, magret à la confiture d'oignon, chevreau… Le tout venant de l'exploitation. L'eau à la bouche ? Réservez vite, alors !

Le St-Jean – *Rte de Nontron - 24800 St-Jean-de-Côle (13 km à l'est de Brantôme par la D 78) - ✆ 05 53 52 23 20 - www.le-stjean.com - fermé dim. soir et lun. soir - 17/38 €.* Facile à trouver au centre du bourg, cet établissement propose une carte très classique, avec bien sûr un fort penchant pour la cuisine régionale, à commander de préférence dans la petite salle.

L'Auberge Périgourdine - La Sobronade – *Au bourg - 24800 Vaunac (19 km à l'est de Brantôme par la D 78 et une rte à droite après St-Pierre-de-Côle) - ✆ 05 53 52 39 29 - www.auberge-lasobronade-vaunac.fr - P - 8 ch. 32/42 € - ☕ 6 € - réserv. conseillée le soir et w.-end - formule déj. 14,50 € - menu 20/36 €.* Aux portes du village, une auberge restaurée dans l'esprit néorustique. On s'attable sous les belles poutres apparentes d'une grande salle à manger.

PETITE PAUSE

Les salons de thé fourmillent dans le centre ancien de Brantôme : une bonne option en cas de petite faim.

ACHATS

Marchés – Marché traditionnel vendredi matin. Marché fermier mardi matin en juillet-août. Marché certifié aux truffes de décembre à février.

Marché gras et volailles grasses de Thiviers – Samedi matin de mi-novembre à mi-mars.

ACTIVITÉS

Promenade sur la Dronne – *Juil.-août : 11h-18h ; avr. : 14h-17h ; mai-juin et sept.-oct. : 11h-17h - fermé nov.-mars - 7,50 € (-12 ans 5,50 €) - ✆ 05 53 04 74 71 ou 06 29 77 98 97 - www.brantomecroisieres.com - juil.-août : 11h-18h ; avr. : 14h-17h ; reste de l'année : 11h-17h - fermé nov.-mars - dép. quai du pavillon Renaissance - 7,50 € (-12 ans 5,50 €)* À bord d'un bateau électrique, croisière commentée (50mn) à la découverte des sites majeurs de Brantôme et des îlots sauvages de la Dronne..

Vélo-rail du Périgord – *✆ 05 53 52 42 93 - www.velorail24.com - sur réserv., dép. gare de Corgnac-sur-l'Isle (6,5 km au sud est de Thiviers) août : 10h, 12h, 13h30 et 16h ; reste de l'année : 11h, 13h30 et 16h - 27/55 € selon parcours.* Voilà une façon originale de découvrir la nature en suivant une ancienne voie ferrée *(11/25 km AR).*

Voie verte – ♿ - L'ancienne voie ferrée reliant Thiviers à St-Pardoux-la-Rivière passe près de St-Jean-de-Côle. Ses 16 km se prêtent bien aux promenades à pied, à cheval, à vélo ou VTT - *possibilité de louer des vélos à Thiviers avec Dordogne Cycle Hire au ✆ 06 06 47 29 94 ou au ✆ 05 53 52 26 42 - www.locationdevelodordogne.com.*

Calèche de Dordogne – *Ferme de Charmonteil - D 78 - 24350 Lisle - ✆ 05 53 03 58 35 - promenades (58 €/h ; 100 € la demi-journée pour 4 pers.).* En voiture à cheval avec un cocher. Possibilité de pique-nique ou de repas en ferme-auberge.

AGENDA

Festival Itinéraire baroque – *✆ 05 53 90 05 13 - www.itinerairebaroque.com.* Fin juillet, concerts d'artistes et d'ensembles renommés à Brantôme et dans diverses églises du Périgord vert.

Joutes brantômoises – *✆ 05 53 05 80 63.* Chaque vendredi en juillet-août, joutes nautiques devant l'abbaye de Brantôme.

Sinfonia – *✆ 05 53 08 69 81 - www.sinfonia-en-perigord.com.* Dans le cadre du Festival de musique baroque en Périgord, de fin août à début septembre, concerts en l'abbaye de Brantôme.

Ribérac

4 053 Ribéracois – Dordogne (24)

Près des Charentes, Ribérac est un carrefour agricole où les produits de la terre sont échangés tout au long de l'année lors d'importants marchés. La ville millénaire s'enorgueillit de ses nombreux festivals et expositions. Au cœur d'une campagne fertile et boisée ponctuée de somptueuses églises romanes, Ribérac offre surtout une halte reposante aux visiteurs.

NOS ADRESSES PAGE 258
Hébergement, restauration, achats, activités, etc.

S'INFORMER

Office du tourisme – *Pl. du Gén.-de-Gaulle - 24600 Ribérac - ✆ 05 53 90 03 10 - www.riberac-tourisme.com - ♿ - en sais. : lun.-dim. midi ; hors sais. : lun.-sam. midi - fermé certains j. fériés -* l'office de tourisme propose un circuit guidé avec goûter à la ferme (15 juil.-15 août : mar. apr.-midi) et organise des randonnées pédestres accompagnées (2/sem. tte l'année).

SE REPÉRER

Carte de microrégion A2 (p. 240)

À 38 km au sud-ouest de Brantôme, à 17 km à l'est d'Aubeterre-sur-Dronne, Ribérac se trouve à l'extrémité ouest de la D 710.

À NE PAS MANQUER

L'architecture de la collégiale ; les églises romanes à coupoles ; les fresques de St-Méard.

ORGANISER SON TEMPS

Venez pour l'animation du marché le vendredi matin. Hormis ce jour, comptez 1h pour la ville.

AVEC LES ENFANTS

Les animations du moulin de la Pauze ; le parc de loisirs du Paradou.

Découvrir

Collégiale Notre-Dame de Ribérac

Ancienne chapelle du château de Ribérac disparu à la Révolution, la collégiale Notre-Dame fut le lieu de sépulture des seigneurs locaux avant d'être gravement endommagée lors des guerres de Religion et détruite à la Révolution. Depuis sa restauration, elle accueille expositions d'art contemporain et concerts.

Église de Faye

2 km au nord-ouest par la D 20.

Consacrée à saint Pierre, elle renferme un autel de bois sculpté. Tout aussi admirable et unique en Périgord, le **tympan** sculpté d'un christ en majesté qu'encensent deux anges.

Circuit conseillé Carte de microrégion p. 240 et carte p. 256

LE VAL DE DRONNE AB2

Circuit de 65 km tracé en rouge sur la carte p. suivante. Comptez environ une demi-journée. Quittez Ribérac par le sud-est en empruntant la D 709.

Dernière terre d'Occitanie avant les pays de langues d'oïl angoumois et charentais, le Ribéracois se distingue au sein de l'ensemble périgourdin par ses

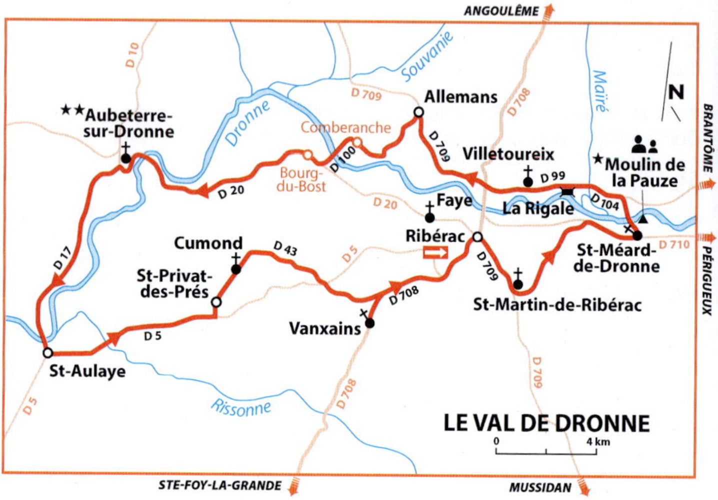

paysages largement ouverts, mettant à nu les moutonnements de collines blanchâtres vouées aux labours.

À l'originalité de ses aspects naturels s'ajoute le charme des bourgs ruraux et, dans la vallée de la Dronne, une exceptionnelle densité d'**églises romanes à coupoles**.

St-Martin-de-Ribérac

Édifiée au 12e s., l'**église** romane est couverte de deux dômes dont les calottes ont été remontées au 19e s.

Quittez St-Martin par le nord-est et rejoignez la D 710 aux Bigoussies (à droite).

St-Méard-de-Dronne

Dans l'**église romane** ont été mises au jour des fresques du 15e s. Il semblerait que toute l'église soit décorée sous son enduit de chaux du 19e s. De la balustrade *(prenez le petit escalier)*, remarquez les représentations naïves du diable, une pécheresse en feu, Adam et Ève.

★ **Moulin de la Pauze** – *✆ 05 53 90 30 01 - www.moulindelapauze.fr - ♿ - possibilité de visite guidée sur demande (1h) - 8 € (-6 ans gratuit) - 6 € billet combiné avec le pass Périgord - gratuit J. des moulins.* Cette minoterie multicentenaire, reconvertie… en microcentrale électrique, est un musée vivant de la farine et du pain. Le commentaire rend familier le travail complexe du meunier, les ateliers (fabrication de farine ou de pain) permettent d'en saisir la beauté et d'assister tous les jours à la confection du « pain de l'Andréa ». Dans le village près de l'église, un écomusée présente un ensemble d'outils du monde rural.

Prenez la D 104 qui bientôt franchit la Dronne.

Villetoureix

Sur les berges de la Dronne, le **manoir de la Rigale** incorpore une **tour** d'époque gallo-romaine, ancienne *cella* d'un temple. Dans le village, l'**église** romane est consacrée à saint Martin de Tours.

Poursuivez sur la D 709 que coupe la D 708.

Allemans

Derrière un manoir du 15e s., l'**église St-Pierre**, bel édifice roman remanié, possède une nef unique surmontée de deux coupoles. Admirez son chevet.

Quittez Allemans par le sud-ouest en empruntant une petite route qui offre de belles vues sur la vallée de la Dronne. Traversez la rivière à hauteur de Bourg-du-Bost, puis empruntez la D 20.

★★ Aubeterre-sur-Dronne *(voir ce nom)*

Quittez Aubeterre par le sud-ouest en empruntant la D 17.

St-Aulaye

Ste-Eulalie donne au masculin le nom de St-Aulaye. Du coup, on ne sait plus très bien qui est qui, hormis le fait que le culte de cette jeune pucelle espagnole fut introduit au 11e s. à la suite des croisades contre les Maures d'Espagne.
L'**église Ste-Eulalie**, à la façade de style saintongeais, a perdu la coupole qui coiffait sa croisée du transept pour une croisée d'ogives.
Le **château** de cette ancienne bastide, reconverti en mairie, a appartenu à Guy Chabot de Jarnac. L'homme est resté dans les chroniques comme le vainqueur, en 1547, d'un duel avec l'un des favoris d'Henri II, François de Vivonne, grâce à la célèbre botte dite **coup de Jarnac**.
Écomusée du Cognac, du Pineau et du Vin – *R. du Dr-Lacroix - ✆ 05 53 90 81 33 - www.saint-aulaye.com - juil.-août : w.-end 15h-18h30 ; reste de l'année : sur demande préalable - 2,50 € (-12 ans 0,50 €) - avec dégustation.* Dans un ancien chai abritant un alambic et un pressoir à vis du 18e s., il retrace le processus de fabrication du pineau et du cognac. La visite s'achève par une dégustation.
Quittez St-Aulaye par la D 5 en direction de Ribérac.

St-Privat-des-Prés

La belle **église★** romane dépendait au 12e s. d'un prieuré bénédictin rattaché à l'abbaye d'Aurillac. Ceci explique que sa façade occidentale soit très influencée par le style saintongeais : un élégant portail déploie neuf voussures en plein cintre et une archivolte sculptée de dessins géométriques. Fortifiée, elle dissimule dans le mur ouest un couloir de défense et conserve sur le haut des murs des vestiges de merlons (partie supérieure des créneaux). À l'intérieur de l'église, outre un beau baptistère roman, on découvre deux retables en bois sculpté du 17e s.
Musée de la Vie au village – *✆ 05 53 91 22 87 - www.saintprivatdespres.fr - juil.-août : 15h-18h ; reste de l'année : sur demande préalable - fermé lun. et j. fériés - possibilité de visite guidée (15mn) - 2,50 € (-18 ans 1 €).* Des ateliers d'artisans, une épicerie ancienne, une école du début du 20e s. : voilà quelques exemples de ce que vous trouverez ici. Intéressante collection de **maquettes★** de monuments français.
Quittez St-Privat par le nord-est.

Cumond

Dans ce joli hameau, à deux pas d'un imposant **pigeonnier**, se trouve une **église** à coupole du 12e s. consacrée à saint Antoine. Son portail est décoré de neuf voussures.
Poursuivez la route vers le nord-est qui longe le cimetière, puis prenez à droite la D 43.

Vanxains

Le village conserve encore quelques belles maisons des 16e et 18e s. De style roman, l'**église Notre-Dame** a été remaniée au 16e s. : les maçonneries furent épaissies pour autoriser l'élévation du clocher. Dans l'avant-chœur, sous une coupole, un curieux bestiaire et des personnages décorent les chapiteaux. Les plus courageux admireront la salle de défense placée au-dessus des voûtes.
Rejoignez la D 708 (à droite) qui ramène à Ribérac.

NOS ADRESSES À RIBÉRAC

HÉBERGEMENT

PREMIER PRIX

Chambre d'hôte La Côte – *Rte de St-Aulaye - ✆ 05 53 90 68 63 ou 06 74 84 89 74 - www.perigordlacote.com - P - 5 ch. 60 € - table d'hôte (tous les soirs, sur réserv.) 32/45 €.* Calme garanti dans l'enceinte de cette ancienne ferme en Périgord vert. L'ancienne étable, décorée de vieux outils agricoles, fait office de hall d'accueil. À l'étage, les chambres et la suite familiale bénéficient de la tranquillité du grand jardin arboré et fleuri. Piscine privée.

RESTAURATION

BUDGET MOYEN

Le Commensal – *54 bis r. du 26-Mars-1944 - ✆ 05 53 90 46 28 - juil.-août : tlj. sauf lun., reste de l'année fermé sam. midi, dim. soir et lun. - P - formule déj. 13 € - 22/38 €.* Les nouveaux propriétaires ont apporté quelques modifications dans la décoration, plus soignée et contemporaine, mais ont conservé l'esprit de leurs prédécesseurs côté cuisine. La carte privilégie le fait maison tout en gardant des prix attractifs. Une adresse souvent conseillée par les gens des environs.

ACHATS

Marchés – Grand marché le vendredi matin. Petit marché fermier le mardi matin d'avril à octobre.

Marché aux noix – Le vendredi en novembre.

Marchés au gras – De novembre à mars.

ACTIVITÉS

À proximité

Parc de loisirs du Paradou – *24410 Parcoul (28 km à l'ouest de Ribérac par la D 5 et la D 44) - ✆ 05 53 91 42 78 - www.leparadou24.fr - fermé 15 déc.-15 janv. - entrée et P gratuits - entrée du parc de jeux 5 €.* Une véritable halte de détente pour toute la famille. Sur 20 ha autour d'un plan d'eau, le parc offre de nombreux divertissements : minigolf, tennis, trampolines, pétanque, pêche, piscine chauffée, toboggan aquatique, pédalos. Camping, cafétéria et bar-glacier.

AGENDA

Le Grand Souk – *www.legrandsouk.com.* Trois jours de concerts de musiques actuelles (pop, électro, variété française…) au parc des Beauvières de Ribérac.

À proximité

St-Aulaye – *www.musiques-epicees.com.* Festival des musiques épicées le 1er week-end d'août. Groupes latinos et artistes de flamenco.

Église monolithe d'Aubeterre.
H. Hughes/hemis.fr

Aubeterre-sur-Dronne

★★

419 Aubeterriens – Charente (16)

À la limite entre Charente et Dordogne, ce village aux murs de pierre crayeuse est baigné de verdure. Une balade dans ses ruelles pentues encadrées de maisons à balcons de bois rappelle que vous êtes ici dans l'un des « Plus beaux villages de France ». Merveille des merveilles, Aubeterre possède une saisissante église monolithe, à découvrir absolument.

4

NOS ADRESSES PAGE 261
Hébergement, restauration, achats, activités, etc.

S'INFORMER

Pôle touristique du Sud Charente – *8 pl. du Champ-de-Foire - 16390 Aubeterre-sur-Dronne - ✆ 05 45 98 57 18 - www.sudcharentetourisme.fr - juil.-août : 10h-13h, 14h-19h ; reste de l'année : tlj sf dim. 9h30-12h30, 14h-18h - fermé certains j. fériés.*

SE REPÉRER

Carte de microrégion A2 (p. 240)

Aubeterre est situé à l'extrême ouest du Périgord, à 17 km à l'ouest de Ribérac par la D 70.

ORGANISER SON TEMPS

Comptez 3h pour découvrir le village, au moins 1h pour ses alentours.

AVEC LES ENFANTS

Une balade en canoë sur la Dronne devrait les ravir *(voir « Nos adresses »).*

Se promener

Il faut gagner l'agréable **place Ludovic-Trarieux**, au cœur du village, pour se repérer dans ce dédale de ruelles jalonnées de belles maisons restaurées. La rue qui descend conduit à l'église souterraine St-Jean, monolithe, encore dominée par les vestiges du château *(propriété privée)*, alors qu'à l'opposé, un clocher signale l'église St-Jacques. Après la découverte du village, les bords de la Dronne offrent une détente bien méritée.

★★ Église souterraine Saint-Jean

R. St-Jean - ✆ 05 45 98 65 06 - www.aubeterresurdronne.com - juin-sept. : 9h30-12h, 14h-18h30 ; reste de l'année : 9h30-12h, 14h-17h - fermé 1er janv., 25 déc. - possibilité de visite guidée (40mn) - 5 € (-7 ans 3 €) - avec audioguide, gratuit 1er sam. apr.-midi du mois (sf juin-août).

Taillée dans la pierre calcaire blanche (*alba terra*, d'où vient le nom d'Aubeterre) de la colline du château, c'est l'une des plus grandes églises monolithes d'Europe, et la plus haute de France. Ses dimensions sont exceptionnelles : 27 m de long, 16 m de large ; ses voûtes impressionnantes taillées en plein cintre atteignent près de 20 m de haut. Elle fut creusée à partir du 8e s., puis considérablement agrandie au 12e s. selon un plan basilical (rectangulaire et sans transept). L'origine et la vocation de cet édifice rupestre restent énigmatiques, mais l'église fut sans doute aménagée pour accueillir les reliques du St-Sépulcre de Jérusalem, rapportées de la première croisade (1096-1099) par Pierre de Castillon, alors seigneur du château. Le fond de l'église abrite un monument hexagonal monolithe de style roman et d'une hauteur de 6 m, taillé en forme de St-Sépulcre, qui aurait jadis servi de reliquaire. Au centre de la nef se trouve la fosse à reliques. De toutes tailles, les 169 tombes creusées à même le sol au 12e s., orientées est-ouest, forme le décor d'une émouvante **nécropole★**. La crypte, sous la nef centrale, est accessible par un petit escalier sur la droite, juste après l'accueil. Terminez la visite par la partie supérieure en empruntant l'escalier taillé dans le rocher : il conduit au déambulatoire d'où, perché à 15 m de hauteur, vous profiterez d'une **vue★** d'ensemble sur ce lieu chargé de spiritualité.

★ Église Saint-Jacques

Construite à la même période que l'église monolithe, elle présente une belle **façade★** romane qui compte deux niveaux d'arcades et d'arcatures. Le portail central comporte six voussures. Son arc polylobé (décoré de motifs en forme de fer à cheval), ainsi que la décoration sculptée de motifs géométriques sont d'inspiration mozarabe. À gauche de ce portail, une frise évoque les travaux des mois. De fines colonnettes à chapiteaux sculptés rythment les arcatures à l'étage. Le troisième niveau a quasiment disparu, mais il comporte encore à gauche une statue de cavalier. En contrebas, tour crénelée du 16e s.

Ancien couvent des Minimes

Maison de retraite, accès libre à la chapelle. Fondé en 1617 par le marquis d'Esparbès de Lussan, il conserve dans sa chapelle un imposant retable classique du début du 18e s., ainsi que les vestiges du mausolée (deux statues de marbre) du fondateur et de son épouse. Le cloître est charmant, mais il est seulement possible de l'entr'apercevoir.

Château

Ne se visite pas. Le châtelet d'entrée, crénelé avec son chemin de ronde, remonte au 16e s. Pris et repris plusieurs fois durant la guerre de Cent Ans, le château en conserve le souvenir avec les armoiries des rois d'Angleterre et des ducs d'Aquitaine gravées sur la porte d'entrée.

NOS ADRESSES À AUBETERRE-SUR-DRONNE

HÉBERGEMENT

BUDGET MOYEN

Hôtel-restaurant du Périgord – *Rte de Ribérac (au croisement des D 17 et D 2) - ✆ 05 45 98 50 46 - www.hostellerie-perigord.com - P - 11 ch. 78/90 € - 8,50 € - formules déj. 13/26,50 € (mar.-sam.) - 16,50/32,50 € (sur réserv.).* Ce petit hôtel familial se trouve à cinq minutes du centre d'Aubeterre. Chambres colorées. Le restaurant, agrandi d'une plaisante véranda tournée sur le jardin et la piscine, propose une cuisine gastronomique traditionnelle avec un zeste de modernité. Fait également salon de thé *(9h30-18h30, dim. 14h-16h30).*

RESTAURATION

PREMIER PRIX

La Taverne-Maison Pierre Véry – *2 r. Barbichon - ✆ 05 45 98 15 53 ou 06 46 19 05 02 - www.la-taverne-aubeterre.fr - fermé hors sais. merc. et le soir sf jeu.-sam. - 12,50/15 €.* Pierre Véry était un écrivain de romans policiers. Située au cœur du village, sa maison abrite maintenant ce restaurant agréable, où vous pourrez déjeuner ou dîner aux beaux jours sur une belle terrasse abritée. La cuisine est simple mais très bonne, avec une mention spéciale pour les desserts. Des tapas complètent une carte appétissante d'un bon rapport qualité-prix.

ACHATS

Bon à savoir – Le dimanche les producteurs de fromages, de miel et de charcuterie vendent leurs délicieux produits sur la pl. Ludovic-Trarieux.

Des artisans d'art (textile, cuir, céramique, poterie…) ont installé leurs ateliers dans le village.

Atelier du Puits Perdu – *Montée St-Jacques - ✆ 05 45 98 51 71 - mars-oct. : tlj sf dim. 10h-19h.* Brigitte Larcher pratique le *sgraffiato*, une technique millénaire nécessitant une grande maîtrise de la poterie. Ses créations sont exposées dans une jolie boutique ornée d'un vieux puits de pierre.

Verrerie Daniel Baroy – *Quartier Plaisance - ✆ 05 45 23 53 44 - de Pâques à oct. : tlj sf lun. 15h-19h.* Il est magique de voir le maître artisan dessiner des courbes légères et fragiles sur une forme de verre rougeoyant. Créations de flacons, vases ou pieds de lampes en direct, sous vos yeux.

ACTIVITÉS

Base de canoë-kayak d'Aubeterre – *Rte de Ribérac (sous le pont) - ✆ 05 45 98 51 72 - snpa-aubeterre.wix.com/snpa-aubeterre - juil.-août : 10h-12h30, 14h-19h ; reste de l'année : sur RV - hors sais. sur RV.* Logée sous le pont de la route de Ribérac, la base de canoë propose de jolies balades embarquées sur la Dronne. Randonnée libre ou accompagnée, à l'heure, à la demi-journée, à la journée ou en nocturne.

Plage d'Aubeterre – *À côté du camping municipal - ✆ 05 45 98 57 18.* Baignade surveillée de juil. à mi-août. Petite plage avec aire de pique-nique, buvette et activités.

AGENDA

Festival des Nuits musicales d'Aubeterre – *Rens. et réserv. à l'office de tourisme.* En juillet-août, l'église souterraine St-Jean accueille des concerts.

Vendoire

153 Vendoiriens – Dordogne (24)

La Lizonne constitue une frontière naturelle qui marque la limite du monde méridional : côté Périgord, on parle encore la langue d'oc avec cet accent chantant qui caractérise les parlers du Midi ; côté Angoumois se trouve l'accent des parlers du Nord et la langue d'oïl ; et au milieu se trouve Vendoire…

NOS ADRESSES PAGE 264
Hébergement, restauration, achats, activités, etc.

S'INFORMER

Office de tourisme à Domme – *Voir p. 123.*

Office de tourisme à Ribérac – *Voir p. 255.*

SE REPÉRER

Carte de microrégion A2 (p. 240)

Vendoire se trouve à 21 km au nord de Ribérac par la D 708 puis la D 101.

ORGANISER SON TEMPS

Comptez 2h30 pour la ville.

AVEC LES ENFANTS

La Maison des Tourbières est une belle balade en famille.

Se promener

Le bourg

On y découvre une demeure à fronton central en plein cintre, bâtie sous Louis XVI. À l'est du château, la petite église romane a conservé une abside polygonale. La façade ouest, très abîmée, a gardé son premier niveau d'arcatures d'influence saintongeaise.

Maison des Tourbières

3 km à l'ouest de Vendoire (itinéraire fléché), sur les bords de la Lizonne. Le Petit-Lyon - 05 53 90 79 56 - www.riberac-tourisme.com - juil.-août : 10h-18h, dim. 15h-18h ; juin et sept. : tlj sf dim. 10h-18h - les sentiers du site naturel des Tourbières de Vendoire sont libres d'accès tte l'année.

Dans le lit majeur de la Lizonne se sont développées au quaternaire de vastes tourbières de fond de vallée. Il en reste 65 ha, dont environ 30 ha, sur 4 m d'épaisseur, ont été aménagés pour la découverte de cet écosystème

PETITE ÉCOLOGIE DES TOURBIÈRES

Comme le pétrole, la tourbe est une véritable roche végétale fossile. Elle est issue de la dégradation incomplète de débris végétaux car le sol retient trop peu d'oxygène pour permettre aux micro-organismes décomposeurs de recycler la matière organique. Parce que cette décomposition est très lente, les tourbières conservent longtemps en bon état des végétaux disparus. Elles sont donc des livres ouverts pour les paléontologues. Dans le même temps, les tourbières retiennent d'énormes quantités d'eau qu'elles restituent très progressivement au réseau hydrographique.

Sur un sol si pauvre, les végétaux ne se développent que grâce à des stratégies adaptées. Ainsi, les plantes carnivores capturent des petits animaux pour récupérer l'azote qu'elles ne trouvent pas dans le sol.

La tourbière de Vendoire.
Moment Open / Getty Images

singulier : observation de la faune et de la flore à l'aide d'un livret explicatif vendu sur place, promenades en barque sur des plans d'eau communicants. Dans le bâtiment, des vitrines permettent d'approfondir la visite, et notamment d'apprendre que la tourbe a été un combustible exploité pendant des millénaires, jusqu'en 1950.

Circuit conseillé Carte de microrégion p. 240

LE PAYS DE BOURZAC A2

Circuit de 45 km tracé en bleu sur la carte p. 240. Comptez une demi-journée.
Le territoire vallonné de ce pays, de Fontaine, au nord, jusqu'à St-Paul-Lizonne, au sud, se caractérise par la richesse de ses cultures et la tranquillité de ses villages massés autour d'églises romanes souvent fortifiées.
Quittez Vendoire par le sud en empruntant la D 102. À la sortie du village, prenez à droite.

Nanteuil-Auriac-de-Bourzac

L'**église** résulte de la superposition de bâtiments de plusieurs époques. Son origine est romane, comme l'attestent l'abside aux beaux chapiteaux et le chœur voûté d'une coupole. Dotée ensuite d'un clocher-porche et d'une abside surélevée, l'église reçut au 16e s. des bas-côtés et des voûtes d'ogives dont subsistent les culées. Le porche d'entrée est Renaissance.
Quittez Nanteuil par le sud-ouest en empruntant la D 100. Après 5 km, tournez à gauche dans la D 97.

Bouteilles-St-Sébastien

L'**église** illustre parfaitement la vague de fortifications qui modifia de nombreux édifices romans dans la région pendant la guerre de Cent Ans. Ici, l'abside fut surélevée pour former avec le clocher un curieux donjon.
Faites demi-tour et quittez la D 97 à gauche, 2 km après la sortie de Bouteilles.

St-Paul-Lizonne

Église fortifiée – *Demander les clefs à la mairie ou à Mme Lebourg près de l'église - gratuit.* Elle conserve un **plafond peint★** et un retable de la fin du 17e s.
Quittez St-Paul par le sud et rejoignez à gauche la D 97E.

4

Lusignac

Construit sur une crête, le village présente des maisons anciennes et un manoir des 15e et 17e s. L'**église** fut fortifiée au 15e s. sur les bases d'une nef à file de coupoles du 12e s. (retable en bois sculpté du 17e s.).

Quittez Lusignac par le nord, en direction de Verteillac, et suivez la D 97E.

St-Martial-Viveyrol

Le caractère austère de l'**église** romane à deux dômes et clocher-donjon est souligné par ses étroites baies. La chambre de défense disposée au-dessus des voûtes est percée de grandes ouvertures. Autour de chacune des baies, les quatre trous permettaient aux défenseurs de fixer les étais d'un plancher en encorbellement.

Poursuivez sur la D 97E.

Cherval

Ce village possède l'une des plus jolies **églises à coupoles** de la région, restaurée par les Monuments historiques. Quatre coupoles en file – trois sur la nef, une sur le chœur – sont portées par de grands arcs brisés qui épousent la courbure des pendentifs. La voûte du chœur est ornée d'une couronne de pointes de diamant.

Quittez Cherval par le nord en empruntant la D 2E, puis tournez à gauche dans la D 100 en direction de Nanteuil. Après 2 km, prenez à droite.

Champagne-et-Fontaine

Église fortifiée voûtée d'ogives sur une double nef au 16e s. et précédée d'un porche à multiples voussures. Remarquez de belles maisons et le manoir de Chaumont (16e s.).

De l'église, une petite route ramène à Vendoire.

NOS ADRESSES AUTOUR DE VENDOIRE

HÉBERGEMENT

PREMIER PRIX

Chambre d'hôte du Domaine de Puytirel – *24320 Champagne-et-Fontaine (6 km au sud-est de Vendoire par la D 100 et la rte de Goût-Rossignol) - ✆ 05 53 90 90 88 ou 06 78 88 92 41 - www.puytirel.com - - 5 ch. 75 € - table d'hôte 28 € bc.* Cette ancienne propriété viticole aux allures de ferme en activité propose des séjours originaux dans une bâtisse au charme d'antan. Sans décoration particulière, les intérieurs bénéficient pourtant de volumes généreux. Cheminées et parquets dans les chambres. Table d'hôte gourmande et foie gras de fabrication maison. Piscine chauffée.

BUDGET MOYEN

Chambre d'hôte Les Pouyades – *24320 Cherval (10 km au sud-ouest de Vendoire par la D 708, la rte de Verteillac et rte secondaire à gauche) - ✆ 05 53 91 02 96 - fermé nov.-avr. - - 3 ch. 85/100 €.* Entourée d'un parc aux arbres centenaires, cette très belle demeure un peu bourgeoise ne manque pas d'élégance. De son hall vaste et habillé de colonnes, l'escalier mène aux chambres, décorées avec goût. Un mobilier de famille à la fois simple et agréable orne toutes les pièces. Accueil souriant et convivial.

Nontron

3 281 Nontronnais – Dordogne (24)

Ville productrice du couteau et du carré Hermès, ce gros bourg du haut Périgord a su préserver sa qualité de vie et son environnement. Avec la création du Parc naturel régional Périgord-Limousin, la région joue désormais la carte du développement durable et de la conservation du patrimoine rural : forges et moulins « vivants »...

NOS ADRESSES PAGE 270
Hébergement, restauration, achats, activités, etc.

S'INFORMER

Office du tourisme – *3 av. du Gén.-Leclerc - 24300 Nontron - ✆ 05 53 56 25 50 - juil.-août : 9h-18h, w.-end et j. fériés 9h-12h30, 13h30-18h ; fév.-juin et sept.-oct. : tlj sf dim. 9h-12h30, 13h30-17h, sam. 9h-12h ; reste de l'année : tlj sf w.-end 9h-12h30, 13h30-17h - fermé certains j. fériés.*

SE REPÉRER

Carte de microrégion B1 (p. 240)

Au nord du département de la Dordogne, Nontron est situé sur la D 675, à 20 km au nord de Brantôme.

À NE PAS MANQUER

Le pôle expérimental et sa boutique à Nontron ; l'ambiance très franco-anglaise d'Abjat-sur-Bandiat ; la grotte de Teyjat.

ORGANISER SON TEMPS

Profitez à la Pentecôte du dernier marché des Tisserands. Comptez 2h pour la coutellerie et le pôle expérimental, la journée pour les environs.

AVEC LES ENFANTS

Où est le Roc Branlant ? Une question pour une belle balade autour de St-Estèphe, où l'on peut se baigner et canoter. Emmenez-les découvrir Lud'eau vive à Varaignes pour tout savoir sur la force hydraulique.

Découvrir

Atelier de Coutellerie Nontronnaise

Dans la ville haute - pl. Paul-Bert - ✆ 05 53 56 01 55 - www.coutellerie-nontronnaise.com - ♿ - 9h-12h, 13h30-17h30 - boutique 9h-12h, 13h30-18h30 - fermé w.-end, certains j. fériés - gratuit.

Les couteaux avec un manche en buis, dont la fabrication remonte au 15e s., sont une des grandes spécialités de Nontron. À l'origine, leur création est due à la présence de minerai et de forges dans la région. Dans cet atelier, de larges baies vitrées permettent d'observer les ouvriers au travail. Des panneaux au mur expliquent les diverses étapes de la fabrication.

Pôle expérimental Métiers d'art de Nontron et du Périgord vert

Au château - av. du Gén.-Leclerc - ✆ 05 53 60 74 17 - www.metiersdartperigord.fr - juil.-août : 10h-13h, 14h-18h ; reste de l'année : tlj sf dim. 10h-13h, 14h-18h - possibilité de visite guidée (2 €, 5 pers. mini).

Ce pôle expérimental offre de nombreuses expositions thématiques autour des métiers d'art. Vous pourrez découvrir les créations d'excellence au savoir-faire rare du travail de la matière.

Le Parc naturel régional Périgord-Limousin

Tout comme les autres parcs régionaux, celui du Périgord-Limousin est né de la volonté de conserver l'identité d'un espace naturel qui témoigne, par la diversité de sa faune et de sa flore, de ses sites et de son patrimoine culturel, de la richesse du territoire français.

Créé en mars 1998 pour protéger et valoriser la région Périgord-Limousin, ce parc de 180 000 ha s'étend entre Périgueux, Limoges et Angoulême *(voir également* Le Guide Vert Berry Limousin*)*.

Il englobe quatre terroirs bien distincts : le bocage limousin planté de chênes et de hêtres, les plateaux du Jumilhacois entaillés de vallées étroites, le massif des Feuillardiers avec ses châtaigniers majestueux et les vallées périgourdines aux noyers centenaires. Écrevisses à pattes blanches, circaètes Jean-le-Blanc, loutres, cistudes d'Europe témoignent de la vitalité de cet espace protégé.

UN LIEU ADAPTÉ AU TOURISME VERT

Parc naturel régional Périgord-Limousin

Dans cet espace préservé où l'homme a su composer avec le paysage, de nombreux sites ont pu renaître ou échapper à une urbanisation destructrice. Châteaux et belles demeures abondent, restaurés avec passion. Monuments, musées et centres culturels se dévoilent au public. Les villages ont conservé leurs églises et les restaurations ont permis de mettre au jour les fresques cachées sous les badigeons. Des sites naturels sont devenus de vastes jardins, tandis que des voies vertes ont été aménagées pour les randonneurs et les cyclistes. Les plans d'eau, les étangs et les rivières aux eaux pures ont encore du poisson. Le Parc régional Périgord-Limousin est parfait pour la pêche, l'observation de la faune et de la flore ou la pratique sportive.

Les communes concernées par le Parc participent activement à sa mise en valeur. Le tourisme vert est devenu une véritable source de revenus pour cette région. Les infrastructures touristiques proposent des hébergements en gîtes ou des chambres d'hôte labellisés, des Assiettes de pays pour goûter les produits du terroir et des animations festives.

Le Parc est un espace dynamique parfaitement adapté au tourisme vert, qui s'attache au développement durable à travers l'exploitation de ses ressources naturelles.

Maison du Parc – *La Barde - 24450 La Coquille - ✆ 05 53 55 36 00 - www.parc-naturel-perigord-limousin.fr - un guide pratique et un calendrier d'animations sont à votre disposition dans les offices du tourisme du Parc.* incluses dans les limites ou proches du parc (Brantôme, Jumilhac-le-Grand, Nontron, Thiviers, etc.).

Circuit conseillé Carte de microrégion p. 240-241

AUX PORTES DE L'ANGOUMOIS BC1

Circuit de 80 km tracé en bordeaux sur la carte p. 240-241. Comptez environ une journée.
Le parcours se fait à l'intérieur du **Parc naturel régional Périgord-Limousin** et permet de le découvrir en partie.
Quittez Nontron par l'est en empruntant la D 707 jusqu'à St-Pardoux-la-Rivière.

St-Pardoux-la-Rivière C1

R. du Puits-de-la-Barre - 24470 St-Pardoux-la-Rivière - 05 53 56 79 30 - juin-août : 10h-12h30, 14h-18h ; reste de l'année : se rens.
Ici sont produits les ombrelles et parapluies haut de gamme de la marque Ayrens. À l'entrée du village, belle église (17e-18e s.).
Sur l'ancienne voie ferrée reliant Nontron à Thiviers, une **voie verte** a été aménagée. Vous pourrez parcourir ces 16 km à pied, à vélo ou à cheval et vous arrêter dans les villages, dont St-Jean-de-Côle *(voir p. 265)*.
De St-Pardoux-la-Rivière, prenez au nord la D 83 jusqu'à Champs-Romain. Garez-vous près du cimetière.

Saut du Chalard C1

2h AR - Se procurer le livret de découverte au Parc, à la mairie de Champs-Romain (05 53 56 71 02) ou au syndicat d'initiative de St-Pardoux-la-Rivière.
Sous les sapins, un sentier balisé en surplomb conduit jusqu'à une petite plate-forme dominant la Dronne. En contrebas, les bouillonnements de la rivière écument entre les versants escarpés et boisés.
Revenez et poursuivez sur la D 83 (à droite). Après 2,5 km, prenez à droite la D 79, puis à gauche la D 96 vers Abjat-sur-Bandiat. À Fargeas, tournez à gauche.

Étang de St-Estèphe C1

Cet étang de 30 ha, classé Espace naturel sensible, offre une exceptionnelle diversité de faune et de flore. Il constitue pour les Nontronnais une agréable **base de loisirs** *(baignade surveillée en juil.-août)*.
Poursuivez sur la même route jusqu'au parking.

Roc Branlant B1

Pour écouter les bornes audio, se procurer la carte Pass à la mairie de St-Estèphe (05 53 60 86 50) ou à l'office du tourisme de Piégut-Pluviers. La rive gauche du ruisseau s'anime entre les rochers jusqu'à l'entablement du roc. Ce dernier oscille d'une simple poussée, selon un axe nord-sud. Pour les curieux et les amoureux de verdure, poursuivre jusqu'à un amoncellement de rochers appelé « **Chapelet du Diable** ». Le chemin voisin conduit à un bief où vous pourrez suivre un sentier ethnobotanique.
À St-Estèphe, prenez à gauche la D 88, vers Nontron.

Roc Poperdu B1

Non loin de l'intersection des D 3 et D 675, étrange chaos de blocs de granit, difficile à voir en été à cause de la végétation.
Faites demi-tour et suivez la D 3.

Le Bourdeix B1

L'**église** recèle d'étonnantes fresques : des têtes de mort blanches sur un drapé noir, censées repousser les épidémies de peste et autres malédictions

4

(15e-16e s.). Devant se trouve une tour du 12e s. À proximité, le moulin Pinard, remontant au Moyen Âge, est toujours en état de marche.
Quittez Le Bourdeix par la D 3 au nord.

Forges d'Étouars B1

1h30. Site privé, ne pas quitter le sentier. Au bas du hameau, un chapelet d'étangs ponctué d'intéressants panneaux conduit aux anciennes forges. Celles-ci ont produit pendant deux siècles les gueuses de fonte nécessaires à la fabrication des canons de marine aux arsenaux de Rochefort.
Reprenez la direction du Bourdeix et, avant le village, prenez à gauche la direction du Verger, puis dans le prolongement la D 91^{E3}.

Piégut-Pluviers C1

1 pl. de l'Église - 24360 Piégut-Pluviers - 05 53 60 74 75 - www.perigordverttourisme.com - 9h-12h30, 14h30-18h, lun. 14h30-18h, sam. 9h-12h30 - fermé dim.
Le bourg est dominé par la haute silhouette d'un donjon circulaire (23 m), unique vestige d'un château détruit en 1199 par Richard Cœur de Lion. Le petit bourg de Piégut-Pluviers s'anime tous les mercredis matin lors du **marché**. Créé en 1642, il reste l'un des plus importants du Périgord.
Quittez Piégut par le nord-ouest en empruntant la D 91. Tournez à droite dans la D 91^{E2} qui se prolonge en D 3.

Bussière-Badil B1

Aux portes de l'Angoumois, ce bourg est assez isolé. Bien sûr, les amoureux des vieilles pierres ne se découragent pas pour si peu et viennent nombreux admirer l'**église Notre-Dame★**, ancienne abbatiale du 11e s.
Cet édifice roman rappelle par bien des aspects l'église cistercienne de Cadouin *(voir p. 202)*, dans le Périgord noir. La couleur rose de la pierre égaie une façade sobre et imposante qui s'ouvre par un portail à triple voussure sculptée. Certains évoqueront l'influence du Limousin à travers son clocher octogonal, d'autres les traits saintongeais de sa façade ouest. Du système de défense du 15e s. ne subsistent que deux échauguettes.
À l'intérieur de l'église, vingt-huit chapiteaux historiés animent la triple nef : l'histoire biblique se lit aussi dans la pierre.
Quittez Bussière-Badil par l'ouest, rejoignez la D 91, puis continuez sur la D 90.

Varaignes B1

Château - 24360 Varaignes - 05 53 56 35 76 - www.officedetourismedevaraignes.com - juil.-sept. : 10h-12h, 14h-18h, dim. 14h-18h ; avr.-juin et oct.-nov. : tlj sf dim. et mar. 10h-12h, 14h-17h ; reste de l'année : tlj sf dim. et mar. 14h-17h - fermé 1er Mai, 25 déc.
Centre permanent d'initiative pour l'environnement (CPIE) – *Château - 05 53 56 23 66 - www.cpie-perigordlimousin.org - visite guidée (2h) juin-sept. : 9h-12h30, 14h-18h - fermé certains j. fériés - 4,50 € (-12 ans 3,50 €).* En juil.-août, il organise des balades en famille et des visites découverte *(2h ; 4,50 €/pers.)* : fabrication d'une paire de charentaises à l'atelier de Varaignes, site de Lud'eau vive, préhistoire à Teyjat, fer et forge en Périgord Vert.
Atelier-musée des Tisserands et de la Charentaise du Haut-Périgord Limousin – *Château - 05 53 56 35 76 - horaires se rens. à l'office de tourisme - visite animée de l'atelier de la charentaise juil.-août : lun. et jeu. 14h30.* Installé dans l'ancien **château des ducs des Cars** (13e-15e s. et Renaissance), il retrace l'activité textile du pays à travers cinq ateliers : tricot, filage, cardage chanvre et corde, tissage et feutre, pantoufles. Après avoir découvert un intérieur

paysan d'autrefois, vous parcourrez les salles du château qui se succèdent avec leur décor d'origine (cheminées, fenêtres, escaliers à vis…) ; remarquez une collection de métiers à tisser.

Lud'eau vive – *Le Bourg - ✆ 05 53 56 35 76 - www.officedetourismedevaraignes.com - ♿ - juil.-août et sept. : 10h-12h, 14h-18h, dim. 14h-18h ; avr.-juin et oct.-nov. : tlj sf mar. et dim. 10h-12h, 14h-17h - fermé 1er Mai - visite guidée sur demande (2h30) - 4,50 € (enf. 3,50 €) - visite animée juil.-août : merc.* Venez découvrir les secrets de la force hydraulique dans ce site unique, sur les rives du Crochet. Roues, engrenages et maquettes animées décrivent en détail l'utilisation de l'énergie de l'eau à travers les siècles. Un parcours éducatif, pour petits et grands, au milieu de 200 espèces végétales.

Quittez Varaignes par le sud-est. Traversez la D 75 et poursuivez sur la D 92.

La Chapelle-St-Robert B1

Vers 1050, Robert de Turlande, fondateur et premier abbé de La Chaise-Dieu, envoie son disciple Raoul Passeron fonder un prieuré en ce lieu. Si les bâtiments conventuels n'existent plus, l'**église** se dresse toujours, édifiée dans le calcaire coquiller du pays à la belle couleur grise. Le portail est orné de chapiteaux primitifs. À l'intérieur, fresques (11e s.) au-dessus des fonts baptismaux.

Quittez La Chapelle-St-Robert par le sud-est et rejoignez la D 93 (à gauche).

Javerlhac B1

Édifiée aux 12e et 15e s., l'**église** est composée de deux nefs dissymétriques voûtées en berceau brisé. Dans le mur sud se trouve un enfeu dans lequel repose un couple de gisants assez abîmés.

À côté de l'église, joli **château** du 15e s., ancienne possession d'Aymeric Vigier et de Louis de Rochechouart.

Quittez Javerlhac par le nord-est en empruntant la D 93.

Teyjat B1

Découverte en 1880, la **grotte de la Mairie** recelait un important gisement du magdalénien supérieur (entre – 13 000 et – 10 000 ans). Ce n'est qu'en 1903 que D. Peyrony et P. Bourrinet découvrirent de remarquables **gravures** sur de grandes dalles stalagmitiques (remarquez les **aurochs★**, saisissants de précision et de vigueur). Un mélange d'une faune « froide » (renne, cheval, bison) avec une faune plus tempérée (cerf) traduit bien le radoucissement du climat à cette époque. La découverte de cet ensemble pariétal a été une étape importante de la préhistoire : les dalles gravées étaient accompagnées d'outils de silex et d'ossements d'animaux faciles à dater, apportant la preuve que les œuvres précédemment retrouvées à Font-de-Gaume *(voir p. 141)* et aux Combarelles *(voir p. 144)* dataient du paléolithique.

Salle muséographique de la préhistoire – *Le Bourg - ✆ 05 53 56 35 76 - www.officedetourismedevaraignes.com - ♿ - juil.-août : 14h30-18h30 - possibilité de visite guidée (1h) - 3,80 € (-18 ans 2,30 €).* Aménagée dans l'ancienne mairie du village, elle explique et remet dans son contexte les divers éléments trouvés dans la grotte toute proche et dans l'abri Mège *(en sortant, petit chemin à gauche de l'église)*. Trois vidéos complètent les vitrines et les panneaux explicatifs. Les armes et objets gravés sont particulièrement intéressants.

Revenez à Javerlhac et prenez à gauche la D 75 qui ramène à Nontron.

NOS ADRESSES À NONTRON

HÉBERGEMENT

PREMIER PRIX

Grand Hôtel Pélisson – *3 pl. Alfred-Agard - ✆ 05 53 56 11 22 - www.hotel-pelisson-nontron.com - P - 22 ch. 72 € - 9 € - formule déj. 13/20 € - menu 29/39 €.* Complètement restauré, cet ancien relais de poste dispose de chambres confortables à la décoration contemporaine. Le restaurant propose une cuisine classique et traditionnelle dans un cadre mariant l'ancien et le moderne. Piscine.

BUDGET MOYEN

À proximité

Hostellerie Saint-Jacques – *10 rte du Grand-Étang - 24470 St-Saud-Lacoussière (15 km à l'est de Nontron par la D 707, la D 85 et la D 79 - ✆ 05 53 56 97 21 - www.hostellerie-saint-jacques.com - fermé fin nov.-fin fév. sf fêtes de fin d'année. - P - 12 ch. 83/114 € - 14 € - formule déj. 29 €, menu 41/56 €.* Une ancienne halte des pèlerins de Compostelle, recouverte de lierre, dont l'origine remonte au 17e s. Chambres gaies et colorées. À la terrasse ombragée du restaurant, dégustation de plats sophistiqués, savoureux et présentés dans de la vaisselle d'exception. Piscine.

Chambre d'hôte Domaine de Montagenet – *Lieu-dit Montagenet-Haut - 24300 St-Martial-de-Valette (2 km au sud-ouest par la D 675) - ✆ 05 53 60 35 98 ou 06 03 05 16 06 - www.domaine-de-montagenet.com - P - 5 ch. 90/115 €* . Dominant 76 ha de parcs, prés et forêts, ce hameau compte une dizaine de bâtiments datant, pour les plus anciens, du 15e s. L'ensemble a été rénové, en respectant le caractère d'origine, tout en y ajoutant des équipements modernes. Salle de musculation, massage avec kiné, piscine et salon de détente.

RESTAURATION

BUDGET MOYEN

À proximité

Ferme-auberge de Hautefaye – *Jaubertin - 24300 Hautefaye (17 km à l'ouest par la D 708 et la D 95) - ✆ 05 53 56 04 50 - www.lesjaubertins.com - fermé 15 déc.-15 fév. - P - 24/27 €.* Bien connue dans la région, cette ferme-auberge continue à élever moutons et volailles et à récolter ses céréales, autant de produits « maison » qui, associés à divers ingrédients du terroir, feront le bonheur des gourmands !

AGENDA

Fête du couteau – *www.feteducouteau.typepad.fr.* Le 1er week-end d'août, ateliers, démonstrations et couteliers étrangers invités.

À Varaignes

Marché des tisserands – *www.filsetmetiers.com.* Se tenant le week-end de la Pentecôte, c'est l'un des derniers du genre en France. Marché de professionnels et exposition à thème.

Château d'Excideuil.
J.D. Dallet/age fotostock

Excideuil

1 184 Excideuillais – Dordogne (24)

Non loin des gorges de l'Auvézère et de la Loue, le bourg d'Excideuil s'étire au pied de son imposante forteresse couronnant une colline. Ancienne sentinelle sur la route du Limousin, si celle-ci domine toujours les confins du Périgord vert, la Corrèze et le Périgord noir ne sont pas loin. Dans ce pays placé entre schistes et calcaires, entre rivières torrentueuses et rivières souterraines, la randonnée permet de découvrir les vestiges cachés d'un riche passé industriel.

4

NOS ADRESSES PAGE 275
Hébergement, restauration, achats, activités, etc.

S'INFORMER

Office du tourisme – *1 pl. du Château - 24160 Excideuil - ✆ 05 53 52 29 79 - www.naturellementperigord.fr - ♿ - juil.-août : 10h-13h, 14h-18h, dim. 9h30-13h ; juin et sept. : tlj sf dim. 10h-13h, 14h-18h ; reste de l'année : jeu.-sam. 10h-13h, 14h-18h - fermé 25 déc.* L'office de tourisme propose un circuit de découverte de la cité *(livret gratuit)* et assure une visite commentée de la ville et du château *(lun. 17h)*.

SE REPÉRER

Carte de microrégion D2 (p. 241)

Excideuil est situé à 19 km au sud-est de Thiviers, à l'intersection des D 76 et D 705.

À NE PAS MANQUER

La forteresse ; la papeterie de Vaux ; la forge de Savignac.

ORGANISER SON TEMPS

Comptez 1h pour la ville, une demi-journée pour les environs.

AVEC LES ENFANTS

La papeterie de Vaux.

Découvrir

Château

✆ 05 53 52 29 79 - www.naturellementperigord.fr - visite guidée (1h) juil.-août : lun. 17h et sam. 18h - expositions dans la salle du châtelet 12 mai-15 oct. (entrée libre). Les anciennes écuries du château ont été transformées en salle de spectacle communale où l'on peut voir des projections de films tte l'année.

Conscients de la valeur stratégique du site, les vicomtes de Limoges transfèrent leur cour à Excideuil et construisent une des plus puissantes forteresses de la région. Le troubadour **Girault de Borneilh** devient le poète attitré d'une cour raffinée mais malmenée par la guerre de Cent Ans. Dans la seule année 1346, le château subit quatre assauts de la part des troupes anglaises. À la fin du 16e s., il échoit à la famille de Talleyrand, qui fait transporter mobilier, cheminées, statues dans son château de Chalais, et abandonne les lieux.

Deux donjons carrés reliés par une courtine constituent les seuls vestiges du 12e s. Le logis, comme le châtelet d'entrée de la forteresse, est plus tardif (16e-17e s.).

Vieux bourg

Du château, empruntez la rue des Cendres, nom qui rappelle l'incendie qui ravagea le village au 15e s., pour arriver sur la place Bugeaud : sur la gauche se trouve le **consulat d'Excideuil**, où siégeaient les magistrats municipaux, et en face la **halle** de 1913 reconstruite avec des éléments de la halle de 1870. Elle abrite toujours le traditionnel marché aux truffes et au gras. *Remontez sur la place, entre le quartier St-Antoine, à gauche, et le quartier St-Georges.*

L'**église St-Thomas** a été édifiée sur les vestiges d'un prieuré bénédictin autour duquel se constitua le bourg. Sur la façade ouest, remarquez une arcature aveugle, reste de l'église romane primitive. Au 15e s., l'église fit l'objet de remaniements dont celui du porche. À l'intérieur, dans la chapelle Ste-Constance, retable en bois doré du 17e s.

En remontant la rue d'Isly, vous remarquerez deux bâtiments : la **commanderie des Templiers** (13e s.) et, donnant sur la rue St-Antoine, la **commanderie St-Antoine**.

À proximité Carte de microrégion p. 241

Jumilhac-le-Grand D1

À 24 km au nord d'Excideuil par la D 67.

Château – *✆ 06 09 61 78 40 - www.jumilhac.net - juil.-août : 10h-19h, mar. et jeu. 21h30-23h30 ; juin et sept. : 10h-19h, mar. 21h30-23h30 ; des vac. de Pâques à fin mai et de déb. oct. à la fin des vac. de la Toussaint : 14h-17h ; reste de l'année : se rens. - 7 € (-11 ans 4 €) - visite toitures (+ 1 €).* Comme sorti d'un conte pour enfant, le château de Jumilhac se signale par ses toitures fantastiques qui inspirèrent le graveur Gustave Doré. La structure médiévale et le site défensif du château se reconnaissent aisément. Son originalité réside dans sa transformation : outre le percement de quelques fenêtres et le relèvement d'un étage en ruine, les tours et les chemins de ronde (13e-15e s.) furent simplement couverts de vertigineuses toitures. Par cette habile innovation, Antoine Chapelle, maître de forge anobli par Henri IV, réalise à moindres frais une demeure au goût du jour, et à son image. Il orne en effet les toitures d'intéressants **épis de faîtage** en plomb (les forges) décorés de figurines humaines et fantastiques selon une symbolique alchimique complexe.

FORGES ET ALCHIMIE

Juché sur son éperon rocheux, le château de Jumilhac est mentionné dans les archives dès le 12e s. Rien de visible ne subsiste pourtant de ce premier édifice, remanié à plusieurs reprises. La dernière grande mutation du château date de la Renaissance, alors qu'Antoine Chapelle en est propriétaire. Celui-ci exerce un des rares métiers accessibles à la noblesse : il est maître des forges. Mais encore ? Il possède une douzaine de forges et connaît suffisamment la chimie pour savoir de laquelle il fera sortir les meilleurs canons. On le qualifierait aujourd'hui de sidérurgiste, mais avec un fort penchant pour un rêve bien de son époque : l'alchimie. Son métier, son savoir et ce rêve de fabriquer un jour de l'or influent fortement sur le décor du château.

Les deux larges ailes qui ferment la cour ont été construites au 17e s. dans les mêmes matériaux que le corps de logis central. Celle de droite renferme un large escalier qui conduit à quelques pièces ouvertes à la visite. Un immense **salon** lambrissé et parqueté abrite une cheminée Louis XIII en bois sculpté rehaussée de statues allégoriques. Également intéressante, la **chambre** dite « de la Fileuse », aux murs épais, naïvement décorés de peintures où apparaissent animaux, anges et feuillages, serait l'œuvre de Louise de Hautefort. Le chemin de ronde *(attention, risques de chute pour les enfants)*, que l'on parcourt sous les **toits★**, donne la meilleure vue sur les épis de faîtage.

Les **jardins en terrasses** à la française ont été aménagés sur le thème de l'or et de l'alchimie.

Dominant le château de son clocher octogonal, l'**église** située à gauche n'est autre que l'ancienne chapelle. Elle renferme la relique de saint Eusice.

Galerie de l'Or – *Pl. du Château - ✆ 05 53 52 55 43 - www.pays-jumilhac.fr - ♿ - juil.-août : 10h-13h, 14h30-18h30 ; reste de l'année se rens. - fermé certains j. fériés - possibilité de visite guidée sur demande (1h30) - 4 € billet donnant accès à la démonstration d'orpaillage - visite guidée, démonstration d'orpaillage et atelier frappe de monnaie 5 €.* À défaut de proposer la recette de la pierre philosophale, ce musée présente des pièces provenant de la campagne de sauvegarde des mines gallo-romaines du Fouilloux. Il retrace l'évolution de la prospection de l'or au cours des siècles, il décrit les étapes de l'extraction du précieux métal et celles de son traitement et en présente certaines applications comme la dorure, la bijouterie ou la monnaie.

En saison, une **initiation à l'orpaillage** au bord de l'Isle est proposée deux fois par semaine *(18 €, enf. 15 € - se rens. à l'office de tourisme).*

Circuit conseillé Carte de microrégion p. 241

★ LA VALLÉE DE L'AUVÉZÈRE D2

Circuit de 55 km tracé en violet sur la carte p. 241. Comptez environ une demi-journée. Quittez Excideuil par le nord-est en empruntant la D 705, puis la D 4 qui coupe la D 704.

La vallée de l'Auvézère relie le bocage limousin aux vallées du Périgord blanc en un profond encaissement.

Trois hypothèses s'opposent sur l'origine de son nom : la première s'appuie sur *alta* Visera, la « haute » Vézère, la deuxième invoque le radical préceltique *arva*, désignant l'eau, enfin la dernière imagine en *al* le mot « autre », l'autre Vézère.

Dans ce pays au parfum de fougère où s'égrènent forges et moulins, la rivière se découvre depuis peu de nouveaux admirateurs, kayakistes ou randonneurs passionnés. Découpant le causse périgourdin, les gorges de l'Auvézère s'élargissent en une ample vallée au-delà de Cherveix-Cubas.

Payzac

Aux abords des gorges de l'Auvézère, l'église de Payzac regarde se dérouler la rivière en contrebas. Cet édifice, au clocher carré roman, a été remanié au 17e s. À l'intérieur, une pietà du 16e s.

★ **Papeterie de Vaux** – *À 4 km. Sortez de Payzac, prenez à droite la D 80. ✆ 05 53 62 50 06 - www.ecomuseesdelauvezere.fr - visite guidée (1h30) 1er Mai-1er Nov. : 10h-12h30, 14h30-18h30, dim. 14h30-18h30 - fermé lun. - 5 € (-15 ans 3 €).* Située sur le ruisseau des Belles Dames, elle fut créée en 1861 à l'emplacement de forges. Jusqu'en 1968, elle produisait du papier de paille de seigle utilisé dans l'emballage et l'alimentation. Les bâtiments, en parfait état, abritent toujours les machines qui sont désormais des reliques. Elles ne fonctionnent pas, sauf dans le discours très clair et passionné des guides, intarissables sur le sujet. Au cours de la visite, vous participerez à l'élaboration du papier et comprendrez qu'il se fabrique avec à peu près n'importe quoi (même de vieux jeans).

Revenez à Payzac et quittez le village par le sud en empruntant la D 75E.

Forge de Savignac-Lédrier

✆ 05 53 62 50 06 - ecomuseesdelauvezere.fr - visite guidée (1h) juin-sept. : 14h-18h - fermé lun., certains j. fériés - 4 € (-15 ans 2 €) - extérieurs en accès libre ; possibilité de visite guidée, prendre contact avec la papeterie de Vaux.

Dominées par le château où résidait le maître de forge, les installations industrielles de Savignac-Lédrier témoignent de la principale activité de la région. Créé en 1521, son haut-fourneau fit sa dernière coulée de fonte en 1930 et la forge ferma définitivement en 1975, après avoir été requalifiée en tréfilerie (clous, clefs, fils de fer). Durant le siècle de Louis XIV, la forge, comme les autres établissements périgourdins, a fourni les gueuses de fonte qui étaient transformées en canons de marine aux arsenaux de Rochefort.

Un chemin d'interprétation composé de huit stations permet de faire le tour du site, d'en admirer l'organisation et l'architecture.

Continuez de longer la rive gauche de la rivière.

Jusqu'à St-Mesmin, la route domine la vallée de l'Auvézère, laissant entrevoir par intermittence quelques échappées sur les gorges.

Le GR 646 serpente en sous-bois depuis St-Mesmin. **Vue** sur la rivière encaissée. Ne manquez pas la **cascatelle du Saut-Ruban** *(1h de St-Mesmin).*

Après la sortie de St-Mesmin, prenez à droite la D 5E3 et suivez les panneaux « Cité de Clairvivre ».

Cité de Clairvivre

Vous pénétrerez avec étonnement dans la première cité sanitaire française à avoir été créée entre 1930 et 1933 afin d'accueillir les tuberculeux. Le but était de pouvoir soigner sans séparer les malades de leur famille, de leur offrir une activité professionnelle, voire de les former à certains métiers. La cité se compose d'un grand bâtiment de 200 chambres (pour les tuberculeux célibataires), de 175 pavillons, d'un hôpital, mais aussi d'une centrale électrique, d'une salle de spectacle, d'une école, etc., bref, de quoi permettre à chacun de vivre sur place. C'est une structure très originale, dans un style architectural typique des années 1930, étonnamment perdue au milieu de la campagne...

Aujourd'hui, le sanatorium a été remplacé par un centre de rééducation professionnelle et un centre d'activité par le travail.
Revenez à la D 5[E] que vous prenez jusqu'à Génis. Prenez à droite la D 72[E1], puis la D 4 à gauche et poursuivez sur la D 705 qui ramène à Excideuil.

NOS ADRESSES À EXCIDEUIL

HÉBERGEMENT

BUDGET MOYEN

Aux Délices d'Excideuil – *2 pl. Bugeaud - ✆ 05 53 62 46 65 - www.auxdelicesdexcideuil.fr - 5 ch. 95 € ☕ - ✕ table d'hôte 35 €.* Une belle maison bourgeoise abrite cinq chambres d'hôte à la décoration soignée, avec mobilier chiné ou plus moderne. Un adorable patio fleuri accueille les petits déjeuners aux beaux jours. Pour agrémenter votre séjour, les propriétaires proposent stages de cuisine et cours de dégustation de vins.

RESTAURATION

PREMIER PRIX

Kitsch Kafé – *29 r. Jean-Jaurès - ✆ 05 53 52 21 62 - www.kitschkafe.com - lun.-vend. 8h30-16h30 - à partir de 5,50 €.* Un café tenu par des Anglais très attentifs à leur clientèle, où la langue de Shakespeare rencontre des spécialités outre-Manche plutôt sympathiques : *krumpets* sucrés et salés, sandwichs club façon croque-monsieur, salades, soupes, gâteaux, sans oublier les inévitables thés et milk-shakes. C'est bon et pas cher, idéal pour une petite faim. Le restaurant fait également dépôt-vente, ce qui ajoute au charme du décor… kitsch !

BUDGET MOYEN

La Cuisine du Marché – *15 r. Jean-Jaurès - ✆ 05 53 62 82 66 - fermé lun. et soir sf vend. et sam. (sur réserv.) - formule déj. 12/15,50 € - menu 24 € - 16/37 €.* Au fil des saisons, venez goûter une cuisine 100 % maison à base de produits locaux de producteurs du coin. Honneur donc au canard, foie gras et légumes ultrafrais. Patio et terrasse sur la place des Tilleuls juste en face.

ACHATS

Marchés d'Excideuil – Marché au gras jeu. matin d'oct. à mars sous la halle. Marché aux truffes jeu. matin de la première sem. de déc. à fin fév. sous la halle.

Usine Repetto – *Le Martinet - 24160 St-Médard-d'Excideuil - 1 km à l'est d'Excideuil par la D 4 - boutique ouv. lun.-sam. 10h-18h.* Petits rats en mal de chaussons de danse ou mamans accros aux ballerines et mocassins de la marque Repetto, voici l'adresse où se précipiter ! Fins de série et seconds choix sont proposés à moitié prix. Production exclusivement française.

Figeac et le haut Quercy

5

Carte Michelin Départements 337 - Lot (46)

La cité religieuse de Rocamadour.

J.-D. Sudres/hemis.fr

FIGEAC
ET LE HAUT QUERCY
0
5 km
ROCAMADOUR ★★★ Vaut le voyage
Montal ★★ Mérite un détour
Assier ★ Intéressant
Rampoux À voir
Ville de départ du circuit
D'une vallée à l'autre
À la confluence du Célé et du Lot
Le sud du causse de Gramat
La Bouriane
Le nord du causse de Gramat
La vallée de la Dordogne lotoise
Sur les terres de M. de Turenne
Entre Palsou et Sourdoire
Gorges de la Cère
Entre Val d'Autoire et Dordogne
Entre Causse et Limargue
A
1
2
3
1
6
Vallée
Dordogne
DORDOGNE
LOT
Cougnac
Gourdon
Salviac
Cazals
Rampoux
Montcléra
Les Arques
Goujounac
Lherm
Les Junies
Lot
CAHORS
MONTAUB
D 704
D 673
D 12
D 25
D 45
D 37
D 660
D 710
D 811
D 28
D 46

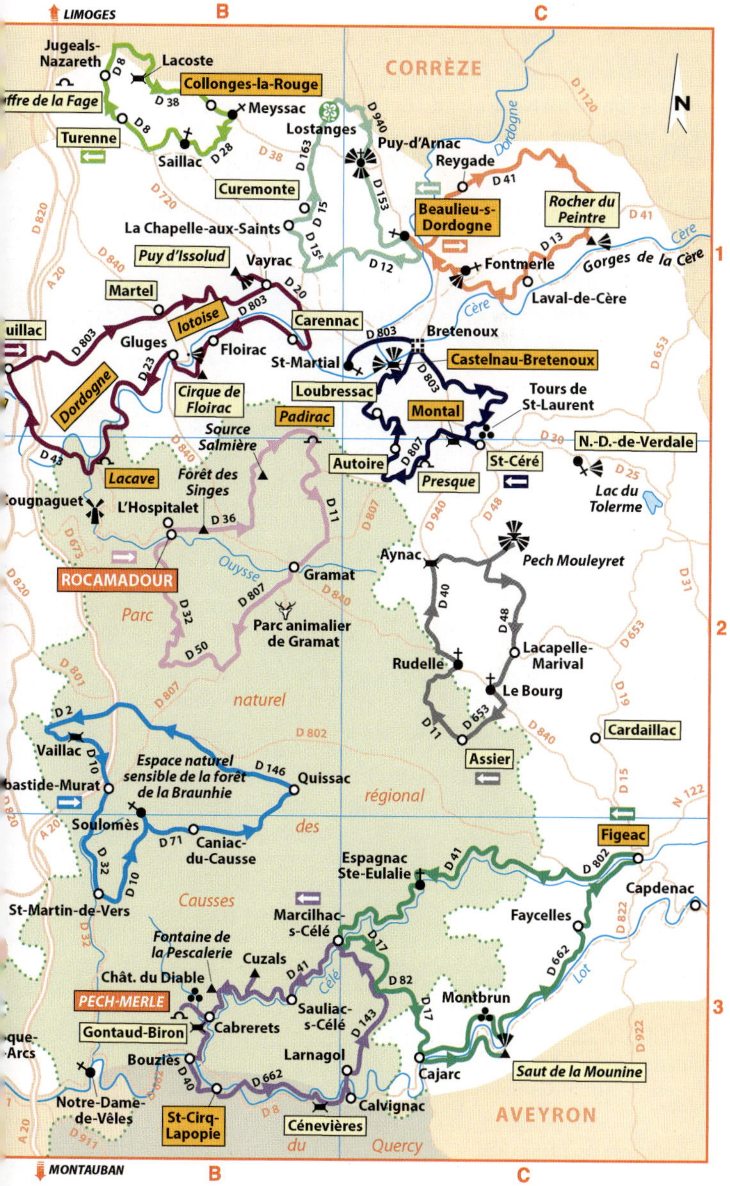
LIMOGES
B
C
CORRÈZE
N
Jugeals-Nazareth
Lacoste
Collonges-la-Rouge
Meyssac
Turenne
Saillac
Lostanges
Puy-d'Arnac
Reygade
Curemonte
Beaulieu-s-Dordogne
Rocher du Peintre
La Chapelle-aux-Saints
Puy d'Issolud
Vayrac
Fontmerle
Gorges de la Cère
Laval-de-Cère
Martel
Carennac
Bretenoux
Gluges
Floirac
St-Martial
Castelnau-Bretenoux
Cirque de Floirac
Loubressac
Tours de St-Laurent
Padirac
Montal
Source Salmière
N.-D.-de-Verdale
Autoire
St-Céré
Lacave
Forêt des Singes
Presque
Lac du Tolerme
L'Hospitalet
ROCAMADOUR
Gramat
Aynac
Pech Mouleyret
Parc animalier de Gramat
Rudelle
Lacapelle-Marival
Le Bourg
Parc
naturel
régional
des
Causses
du
Quercy
Cardaillac
Assier
Vaillac
Espace naturel sensible de la forêt de la Braunhie
Quissac
Soulomès
Caniac-du-Causse
Figeac
Espagnac Ste-Eulalie
Capdenac
St-Martin-de-Vers
Marcilhac-s-Célé
Faycelles
Fontaine de la Pescalerie
Cuzals
Chât. du Diable
PECH-MERLE
Montbrun
Sauliac-s-Célé
Cabrerets
Gontaud-Biron
Bouziès
Larnagol
Cajarc
Saut de la Mounine
Notre-Dame-de-Vêles
Calvignac
St-Cirq-Lapopie
Cénevières
AVEYRON
MONTAUBAN
Dordogne
lotoise
Ouysse
Célé
Lot
Cère
1
2
3

Figeac

★★

9 773 Figeacois – Lot (46)

Blottie contre la rive droite du Célé, Figeac a connu un passé prestigieux dont témoigne aujourd'hui l'architecture de ses hautes demeures de grès, maisons commerçantes et hôtels particuliers bâtis pour la plupart entre les 12e et 15e s. Figeac est une invitation à un voyage dans le temps que vous prolongerez à l'espace Patrimoine, et au-delà, en allant découvrir la naissance de l'égyptologie et des écritures du monde au musée Champollion.

NOS ADRESSES PAGE 290
Hébergement, restauration, achats, activités, etc.

S'INFORMER

Office du tourisme – Plan de ville B2 - *Pl. Vival - 46100 Figeac - 05 65 34 06 25 - www.tourisme-figeac.com - juil.-août : 9h-19h ; mai-juin et sept. : 9h-12h30, 14h-18h, dim. 10h-13h ; reste de l'année : tlj sf dim. 9h-12h30, 14h-18h - fermé 1er janv., 1er Mai, 25 déc.*

Visites de la vieille ville – *Se rens. à l'office de tourisme - 6 € (-12 ans gratuit).* Ville d'art et d'histoire, Figeac organise des visites découverte *(1h30, avr.-oct.)* animées par des guides-conférenciers agréés.

Visite aux flambeaux – ♿ - *juil.-août : merc. 21h - 7 € (-12 ans gratuit) - durée 1h30.*

SE REPÉRER

Carte de microrégion C3 (p. 279)

À 70 km à l'est de Cahors et à 34 km au sud-est de Gramat, Figeac est le carrefour des routes partant vers la vallée du Célé, la vallée du Lot, les causses, le Ségala, le Limargue, le Quercy blanc, le Cantal et l'Aveyron.

SE GARER

D'où que l'on vienne, les accès à Figeac peinent à ventiler une circulation importante. Sur les boulevards, avenues et quais qui enserrent le vieux bourg sont aménagés de nombreux parkings.

À NE PAS MANQUER

Le musée Champollion ; les rues la nuit ; la vallée du Célé aux alentours.

ORGANISER SON TEMPS

Comptez une journée pour la ville avec la visite du musée Champollion et de l'espace Patrimoine, et une journée pour les environs.

AVEC LES ENFANTS

L'office de tourisme comme les prestataires de loisirs proposent une foule d'activités nature et patrimoniales destinées aux enfants. Elles sont recensées dans le *Pitchou'Guide*, téléchargeable sur le site de l'office de tourisme. Une visite au musée Champollion s'impose et les activités et jeux du Domaine du Surgié pour se détendre *(voir « Nos adresses »).*

Se promener Plan de ville p. 282

★★ LE VIEUX FIGEAC

Circuit tracé en vert sur le plan de la ville p. 282.

Il a conservé son plan du Moyen Âge, avec son entrelacs de rues étroites et tortueuses, circonscrit par une ligne de boulevards à l'emplacement des fossés.

Façade du musée Champollion.
N. Thibaut/Photononstop

Figeac est située sur la route du pèlerinage de St-Jacques-de-Compostelle. Les nombreux bâtiments des 12e, 13e et 14e s., construits dans un beau grès beige, s'ouvrent au rez-de-chaussée par de grandes arcades surmontées au premier étage de baies sculptées. Sous le toit plat, le **soleilho** (grenier ouvert) servait à faire sécher les aliments, les produits d'artisanat ou le linge… Ses ouvertures sont séparées par des piliers en bois, en pierre, ou encore en brique, qui supportent la toiture. À cela s'ajoutent des tours en encorbellement, des portes ouvragées caractéristiques de cette époque, dont la plus ancienne date du 15e s. Les escaliers à vis annoncent la Renaissance.

★ Hôtel de la Monnaie B2

Voir ABC d'architecture p. 87. Cet édifice du 13e s., caractéristique de l'architecture civile figeacoise, déploie ses arcades au rez-de-chaussée. Les fenêtres, doubles et surmontées d'oculi, percent la façade. La belle cheminée en pierre octogonale était un modèle fréquent à Figeac. Le nom « Oustal dé lo Mounédo » évoque la fabrique royale de monnaie créée par Philippe le Bel, mais il est établi aujourd'hui que l'atelier de frappe se trouvait dans un autre bâtiment et que cet immeuble n'était que la maison d'un riche Figeacois. L'hôtel de la Monnaie abrite à présent l'office de tourisme.

Rue Balène B2

Au n° 7, le palais Balène dresse sa façade du 14e s. percée d'une porte monumentale. Derrière l'enfilade de ses fenêtres rayonnantes s'ouvre une vaste salle, lieu de vie de la maisonnée. Au n° 1, l'hôtel de Viguier d'Auglanat, du 14e s. également, fut la demeure d'une riche famille. Il s'orne d'une belle porte décorée en arc surbaissé et d'une tourelle d'angle du 15e s.

Rue Gambetta B2

Tracée sur la voie romaine, cette rue restera longtemps l'artère principale de la cité. Elle est aujourd'hui piétonne *(10h-19h)*. Aux nos 25 et 28, maisons à colombages garnis de briques, très bien restaurées.

Remontez la rue Gambetta jusqu'à la place aux Herbes, engagez-vous à droite, vers la place de la Raison.

Église St-Sauveur B2

Ancienne église abbatiale, dont les parties les plus antiques remontent au 11e s., elle a conservé dans l'ensemble son plan primitif en forme de croix latine. Des chapelles construites au 14e s. s'ouvrent sur une haute nef à collatéraux. Cette nef frappe par sa dissymétrie, le côté nord ayant été reconstruit au 17e s. Le côté sud comprend, au-dessus des arcades en plein cintre, une tribune aux baies géminées inscrites dans un grand arc, surmontée elle-même de fenêtres du 13e s. À la suite des guerres de Religion, la tribune a disparu côté nord. Quatre chapiteaux romans provenant du portail disparu soutiennent les bénitiers.

L'aménagement, à la Révolution, de la place de la Raison à l'endroit des bâtiments conventuels isole l'église de son contexte initial.

SE LOGER

- Bains (Hôtel des)........ ①
- Bastie d'Urfé (Hôtel La)........ ②
- Champollion (Hôtel Le)........ ④
- Pont d'Or (Hôtel Le)........ ⑨
- Relais de la Tour (Le)........ ⑧

SE RESTAURER

- Allée des vignes (L')........ ⑤
- Dînée du Viguier (La)........ ⑥
- Puce à l'oreille (La)........ ⑨

DE LA TUTELLE DES ABBÉS À CELLE DES ROIS

Figeac se développe autour d'un monastère établi au 9e s. Celui-ci atteint son apogée au 13e s. L'abbé, seigneur ecclésiastique, dirige la ville. Les artisans et les commerçants aisés de Figeac bénéficient de sa situation géographique au carrefour de l'Auvergne, du Quercy et du Rouergue.
En 1302, à la suite d'un conflit entre l'abbé et les consuls, Philippe le Bel étend son autorité sur la ville. Représenté par un viguier, il se concilie les habitants en leur accordant le privilège rare de battre monnaie royale (d'où l'invention postérieure d'un « hôtel de la Monnaie »). La guerre de Cent Ans et les guerres de Religion ralentissent le développement de la ville. En 1576, les calvinistes s'emparent de la cité dont ils font, jusqu'en 1622, une de leurs places de sûreté avant qu'elle ne soit démantelée.
Aux 18e et 19e s., les activités de la ville continuent; le long du canal, moulins et tanneries s'activent. L'architecture des vieux quartiers évolue : les îlots insalubres disparaissent et laissent place à des espaces plus lumineux grâce à des destructions d'habitations menées au 20e s.

★ Chapelle N.-D.-de-Pitié B2

À droite de l'église St-Sauveur, cette chapelle, qui servait autrefois de salle capitulaire, devient un lieu de culte après le départ des protestants en 1622, et reçoit alors un somptueux décor de bois sculpté et peint, œuvre, semble-t-il, d'une famille de maîtres sculpteurs figeacois, les Delclaux.
Quittez la place par le nord, engagez-vous dans la rue Tomfort pour bifurquer à droite.

Rue Roquefort B1-2

La maison à tourelle en encorbellement au cul-de-lampe sculpté appartenait à Galiot de Genouillac, grand maître de l'artillerie de François Ier et sénéchal du Quercy, qui fit construire le château d'Assier *(voir p. 372)*.
Gagnez la rue Émile-Zola par la rue du Canal.

Rue Émile-Zola B1

Elle conserve des arcades médiévales et, aux nos 35-37, une intéressante succession de portails du 17e s.
Prenez à droite.

Rue Delzhens B1

Au no 3, l'**hôtel du Viguier du Roy** n'a conservé de son architecture d'origine qu'une tour carrée et une tourelle d'escalier du 14e s. Restauré, il a été transformé en hôtel de luxe.
Remontez la rue.

Église N.-D.-du-Puy B1

Elle est située sur une hauteur d'où l'on a une belle vue sur la ville et ses environs. Les protestants l'intégrèrent dans une citadelle, confortant la façade d'une chambre de veille.
L'édifice gothique, très remanié au 17e s., marque l'emplacement d'un des deux premiers noyaux de la ville. À l'intérieur, un vaste **retable** en noyer sculpté, de la fin du 17e s., encadre deux toiles représentant l'Assomption et le couronnement de la Vierge. Les « salons du recteur » sont recouverts de panneaux en bois sculpté polychrome.
Redescendez la colline par la rue St-Jacques. Prenez à gauche la rue de Colomb.

JEAN-FRANÇOIS CHAMPOLLION

Le 23 décembre 1790 naquit à Figeac cet orientaliste dont le génie permit à l'égyptologie de faire des pas de géant. Au début du 19e s., la civilisation égyptienne demeurait une énigme, les hiéroglyphes n'ayant pas été déchiffrés. Ayant rejoint Grenoble à 11 ans, c'est là qu'il parfait son apprentissage du grec et du latin, puis se lance à 14 ans dans l'hébreu et l'éthiopien. Plus tard, il suit à Paris les cours de l'École des langues orientales et ceux du Collège de France, tout en étudiant les manuscrits coptes et en préparant un dictionnaire et une grammaire de cette langue. Nommé à 19 ans professeur d'histoire à la faculté des lettres de Grenoble, il s'efforce de déchiffrer une stèle à la face polie, trouvée lors de l'expédition d'Égypte dans le delta du Nil près de Rosette, la « pierre de Rosette » (conservée au British Museum à Londres). Travaillant sur des copies de la pierre, il perce progressivement le secret des hiéroglyphes. En 1826, Champollion fonde le musée égyptien du Louvre, dont il devient le conservateur, et part deux ans après en mission en Égypte. En 1831, il se voit confier une chaire d'archéologie égyptienne au Collège de France, mais n'y dispense que quatre cours, et meurt l'année suivante de la phtisie.

Espace Patrimoine B1

5 r. de Colomb - ✆ 05 65 50 05 40 - www.ville-figeac.fr - de mi-juil. à mi-sept. : 10h-12h30, 14h-18h ; de déb. avr. à mi-juil. et de mi-sept. à fin oct. : tlj sf lun. 14h-18h ; reste de l'année : sur demande préalable - possibilité de visite guidée sur demande (1h).

Une frise retrace 1 000 ans d'histoire, des maquettes et bornes interactives reproduisent l'évolution de l'architecture, le tout fait le portrait d'une ville complété de focus thématiques et d'expositions temporaires. À voir si possible avant de parcourir les rues du secteur sauvegardé de Figeac.

Revenez sur vos pas et prenez à gauche.

Rues Maleville et St-Thomas B1

La rue Maleville passe sous le passage couvert blasonné de l'hôtel de Laporte (17e s.).

Descendez l'escalier sur la gauche et prenez à droite.

Rue de Crussol B1

Au n° 5, la cour de l'hôtel de Crussol (17e s.) présente une galerie au-dessus de l'escalier.

Poursuivez dans la rue Laurière et prenez à gauche la rue Bonhore.

Rue Caviale AB1

Au n° 30, l'hôtel dit Louis XI (le roi y aurait simplement passé un moment en 1463…) est un rare exemple de demeure intégralement construite en pierre au 15e s. Au n° 24, on remarque une maison médiévale affichant un modèle de fenêtre à trois arcades et deux *oculi* sous un arc supérieur, témoin du passage du roman au gothique à Figeac.

Place Carnot B1

Autrefois place Basse, elle était le siège de la halle au froment, détruite en 1888. Dans l'angle nord-ouest, la **maison Duchêne** est flanquée d'une tourelle.

De la place Carnot, on accède par un porche à la place des Écritures, après avoir traversé l'étroite rue Séguier.

★ Place des Écritures B1

Enchâssée dans un ensemble architectural du 13e s., son sol est couvert d'une immense reproduction de la **pierre de Rosette** sculptée dans du granit noir du Zimbabwe par l'artiste américain Joseph Kossuth. Dans une courette attenante, la traduction en français des inscriptions est gravée sur une plaque de verre.

Place Champollion B1

Ici se font face une grande demeure privée (14e s.) et la plus vieille maison datable de la ville (milieu du 12e s.), dite du Griffon.

★★ Musée Champollion - Les Écritures du monde B1

Pl. Champollion - ✆ 05 65 50 31 08 - www.musee-champollion.fr - ♿ - juil.-août : 10h30-18h30 ; avr.-juin et sept.-oct. : tlj sf lun. 10h30-12h30, 14h-18h ; reste de l'année : tlj sf lun. 14h-17h30 - fermé de mi-à fin janv., 1er janv., 1er Mai, 25 déc. - possibilité de visite guidée sur demande (1h30) - 5 € (-12 ans gratuit) - gratuit 1er merc. du mois (sf juil.-août).

La maison natale de Champollion (13e s.), où se trouvait un musée qui lui était consacré, s'est vu adjoindre deux bâtiments attenants permettant de tripler la surface du lieu et d'élargir la thématique de l'exposition. Cet espace, véritable « moucharabieh typographique polyglotte », dont la partie la plus remarquable est la façade de cuivre et de verre (due à Pierre Di Sciullo) dans laquelle se découpent près de mille caractères de vingt-huit écritures différentes filtrant la lumière, a été aménagé par l'architecte **Alain Moatti**.

Au-delà de la personnalité de Champollion, de ses travaux et de l'égyptologie (sarcophages, momies, tablettes d'argile…) présentés au rez-de-chaussée, se déploie, dans les étages, l'histoire des graphies du monde. Naissance de l'écriture, du calame des scribes à l'invention de l'alphabet ; évolution du livre, du parchemin à l'informatique, ce musée invite à un voyage dans tous les sens des signes liés à des civilisations (Chine, Mexique, pays méditerranéens). L'ensemble s'appuie sur un fonds documentaire varié (objets, manuscrits) et des outils multimédias (bornes interactives, vidéos et espace Internet). Ludique et didactique, le musée invite les visiteurs à tracer du doigt les signes d'écriture et à s'essayer aux différentes graphies.

Regagnez la place Carnot pour rejoindre la rue Gambetta.

Hôtel médiéval B1

Nos 41-43. Ce vaste ensemble à la belle façade gothique date du milieu du 14e s. Le premier corps de bâtiment est constitué de deux tours couvertes, le second corps présente une structure à colombages.

Revenez à la place Vival par la rue du 11-Novembre.

À VOIR AUSSI

Musée Paulin-Ratier A1

16 r. Caviale - ratier.org - juil.-sept. : tlj sf dim. 15-19h ; reste de l'année : sam. 10h-12h, 15h-18h - possibilité de visite guidée (40mn) - gratuit.

Ce petit musée présente plusieurs hélices en bois produites par la manufacture Ratier-Figeac à partir de 1908, ainsi que des modèles à changement ou à réglage de pas.

Les aiguilles de Figeac

Ce sont deux monuments de forme octogonale qui se dressent l'un au sud, l'autre à l'ouest de la ville et mesurent respectivement 14,50 m et 11,50 m, socle compris. Certains ont voulu y voir les limites du monastère. Elles dateraient du

13e s. L'**aiguille du Cingle** (ou du pressoir) est visible depuis la D 822 au sud de Figeac. L'**aiguille de Lissac**, plus isolée, se trouve dans une zone boisée proche du quartier de Nayrac.

À proximité Carte de microrégion p. 279

Capdenac C3

À 6 km au sud-est de Figeac par la D 840.

Remparts – Ils sont les derniers vestiges de l'enceinte et de la citadelle des 13e et 14e s. La porte nord, dite « Comtale », par laquelle on pénètre dans le village, et la porte sud, appelée « Vigane », subsistent.

Entrez dans le bourg, au milieu de la place Lucterius.

Donjon – *05 65 38 32 26 - juil.-août : 9h30-12h30, 14h30-18h30, dim. 14h30-18h30 ; avr. et oct. : tlj sf dim. 14h30-18h ; mai-juin et sept. : 10h-12h30, 14h30-18h, dim. 14h-17h - fermé nov.-mars, 1er Mai - 2,50 € (-12 ans gratuit) - 2,50 € billet combiné avec l'accès à la tour et à la fontaine romaine.* Puissante tour carrée, flanquée d'échauguettes d'angle datant du 13e-15e s. Le donjon abrite le syndicat d'initiative et un petit **musée** évoquant le passé historique et préhistorique de Capdenac.

Place Lucterius – De cette place partent les rues de la Peyrolerie et de la Commanderie bordées de maisons à encorbellement, à pans de bois et arcs en ogive. L'église St-Jean, brûlée par deux fois lors des guerres de Religion, a été remaniée au 18e s. À l'extrémité de la place s'ouvre un superbe **panorama★** : la vallée du Lot déploie ses méandres jusqu'à Faycelles.

Fontaine des Cent-Marches (dite des Anglais) – *Pl. St-Andrieu - 05 65 38 32 26 - Mêmes conditions de visite que le musée du Donjon - billet combiné avec le donjon.* Un escalier très raide de 135 marches, creusé dans la falaise au-dessus de Capdenac-Gare, mène à deux bassins aménagés dans une grotte. « On dirait l'antre révéré d'un oracle où l'on va chercher sa destinée », s'émerveillait Champollion.

CONTROVERSE À PROPOS DE CAPDENAC

Certains historiens ont voulu y voir l'emplacement de la place forte d'**Uxellodunum**, dernier bastion de la résistance à César. D'après des recherches récentes et concordantes, il semble qu'elle doive être située au puy d'Issolud *(voir p. 330)*, près de Martel. Au début du 19e s., d'importants travaux, notamment ceux des frères Champollion, ont néanmoins prouvé que l'endroit était une cité gallo-romaine. La tradition locale a fait sienne l'explication, décrite dans une charte du 14e s., du nom de Capdenac : il viendrait de la configuration du bourg sur son promontoire en forme de navire. On l'appelle aussi **Capdenac-le-Haut** pour le différencier de son voisin Capdenac-Gare, situé à quelques kilomètres, dans la vallée du Lot. Capdenac soutint au moins onze sièges au cours de son histoire. Considérée comme l'une des positions clés du Quercy, elle joua un rôle de premier plan au Moyen Âge : dès le 8e s., le roi Pépin le Bref s'empare d'une forteresse située à cet emplacement ; lors de la croisade des Albigeois, Simon de Montfort occupe Capdenac en 1209 et en 1214 ; pendant la guerre de Cent Ans, les Anglais assiègent la ville, s'y installent et en sont délogés par le futur roi Louis XI. Au début du 16e s., l'orgueilleux Galiot de Genouillac *(voir p. 373)* acquiert le château. Lors des guerres de Religion, Capdenac devient une place protestante importante.

Fontaine romaine, dite de César – *À l'entrée nord du village, suivez un sentier sur 50 m.* Une fontaine d'époque gallo-romaine côtoie une autre fontaine, plus ancienne, asséchée, qui passe pour être celle tarie par César.

★ Cardaillac C2

À 11 km au nord par la D 840, puis la D 15. Se garer sur le parking du fort et suivre le fléchage du circuit historique.
Ce village est le berceau de la grande famille quercynoise à laquelle il a donné son nom. En haut du bourg se dresse le **quartier du fort**, bâti sur un éperon rocheux. De cette construction du 12e s., de forme triangulaire, subsistent deux tours carrées, la tour de l'Horloge, ou tour des Barons, et la **tour de Sagnes**. Cette dernière se visite : elle possède deux hautes salles voûtées desservies par un escalier à vis. De la plate-forme, **vue★** sur la vallée du Drauzou.
Musée éclaté – *Pl. de la Tour - 05 65 40 10 63 - www.musee-eclate-cardaillac.fr - visite guidée sur demande préalable (1h) juil.-août : 15h et 16h30 ; reste de l'année : sur demande préalable - fermé sam. (sf demande préalable) - tarif, se rens.*
Animations pour les enfants. Plusieurs sites de visite sont disséminés dans le bourg, évoquant de façon dynamique la vie au siècle dernier : l'école du village, l'artisanat local et la condition paysanne. Vous repartirez incollables sur la fabrication des « comportes » (hottes de vignerons), spécialité de Cardaillac.

Circuit conseillé Carte de microrégion p. 279

★ D'UNE VALLÉE À L'AUTRE C3

Circuit de 95 km tracé en vert sur la carte p. 289. Comptez environ une journée. Quittez Figeac par la D 802, puis la D 41 à l'ouest, vers Cahors.
Le circuit suit en grande partie la vallée du Célé. Né sur les granits de la châtaigneraie cantalienne, le Célé (de *celer*, rapide) doit son nom à la vivacité de ses eaux. Il fait vite son entrée en Quercy et court vers la vallée du Lot. Lorsque la colline de Capdenac lui barre la route, il n'en est plus qu'à 5 km ! Mais le Célé oblique vers l'ouest et perce un bloc calcaire long de 40 km. Cette percée héroïque est une suite de défilés où le Célé serpente entre de hautes murailles colorées dont il vient miner la base : c'est le **Val-Paradis**.
La route longe le hameau de **Ste-Eulalie**, dont la grotte *(ne se visite pas)* est réputée dans le milieu scientifique pour ses fresques pariétales préhistoriques.

Espagnac-Ste-Eulalie

Établi à l'extrémité d'un méandre, le village groupe ses maisons coiffées de clochetons et de toits pointus autour de l'**ancien prieuré N.-D.-du-Val-Paradis**. Fondé en 1145 par le moine Bertrand de Griffeuille de l'ordre augustinien, le prieuré Notre-Dame accueille en 1211 une communauté de chanoinesses. Il prend une grande extension sous l'impulsion d'Aymeric Hébrard de Saint-Sulpice, fondateur de l'université de Coïmbra, au Portugal, et évêque de cette cité. Soumis aux caprices de la rivière, le prieuré est déplacé en 1283, à l'abri des inondations du Célé. Mais la guerre de Cent Ans voit le cloître et l'église en partie démolis. Ils sont reconstruits au 15e s., et une nouvelle vie religieuse s'y déroule jusqu'à la Révolution. Les bâtiments conventuels subsistants abritent foyer rural et gîtes communaux, ouverts aux pèlerins de St-Jacques.
De style flamboyant, l'**église** remplace un édifice du 13e s. dont il ne reste que les murs de la nef, un portail et, en prolongement, les ruines des travées détruites au 15e s., lors d'incendies. L'extérieur offre la particularité d'un chevet pentagonal s'élevant au-dessus de la nef et flanqué, au sud, d'une tour-clocher.
Revenez sur la rive droite et poursuivez sur la D 41.

Brengues

Ce modeste village, qui fut possession des seigneurs de Cardaillac, comme une grande partie des environs, occupe un site agréable accroché à une plate-forme que domine un à-pic vertigineux.

St-Sulpice

Les maisons et les jardins du vieux bourg s'accrochent sous un magnifique encorbellement de la falaise. Un château du 12e s., remanié aux 14e et 15e s., garde le passage. Il appartient à la famille Hébrard de St-Sulpice, dont c'est le fief d'origine.

Marcilhac-sur-Célé *(voir ce nom)*

La D 17 contourne la falaise du **Bout du Rocher**. Dolmens, ruines et grottes se succèdent sur ce causse parsemé de fermes. La route, agréablement ombragée, redescend à flanc de combe pour rejoindre la vallée du Lot, offrant de belles échappées.

Cajarc

Village rendu célèbre par le président **Pompidou** qui y avait une propriété, et par l'enfant du pays, **Françoise Sagan**, révélée à l'âge de 19 ans par son premier roman, *Bonjour tristesse* (l'écrivain est enterrée dans le petit village voisin de Seuzac), Carjac est aussi réputé pour sa culture du safran du Quercy, qui le classe « Site remarquable du goût ». Une trentaine de petites **safranières** ont été recensées dans le canton de Cajarc, relançant une production tombée un temps en désuétude.

Près de l'église, la maison de l'Hébrardie, aux fenêtres gothiques, est un vestige d'un palais des 13e et 14e s.

Maison des Arts Georges-Pompidou – *134 av. Germain-Canet - ✆ 05 65 40 78 19 - www.magp.fr - ♿ - juil.-août : 10h-13h, 14h-18h ; reste de l'année : en période d'expo merc.-jeu. 14h-18h - fermé certains j. fériés - possibilité de visite guidée (1h) - gratuit.* Elle gère le Centre d'art contemporain, lieu d'expérimentation artistique et d'expositions. Les rétrospectives Hartung, Bissière et Soulages ont hissé Cajarc parmi les principales places régionales de l'art contemporain.

Quittez Cajarc par le sud en empruntant la D 24, direction Villefranche-de-Rouergue. Juste après avoir franchi le Lot, tournez à gauche dans la D 127.

La route qui remonte la rive gauche du Lot passe en encorbellement au-dessus de la rivière et, aussitôt après Saujac, s'élève, sinueuse, dominant une gorge boisée avant d'atteindre le sommet du causse.

★ Saut de la Mounine

Le point de **vue★** se situe à 323 m, et la rivière en contrebas à 155 m. Périlleux, donc, de jouer sur le bord de la falaise. Mais le large méandre du Lot qui enserre un damier de cultures et qui découvre, à gauche, les ruines de Montbrun, mérite qu'on s'y attarde.

Ce vocable de « saut de la Mounine » évoque une curieuse légende : voulant punir sa fille pour l'amour qu'elle portait au fils du châtelain de Salvagnac, le sire de Montbrun donna l'ordre de la précipiter du haut de la falaise ; ému par cette cruauté, un ermite déguisa avec des vêtements de femme une petite guenon (*mounine* en langue d'oc) aveugle et la jeta dans le vide. À ce spectacle, le père regretta son acte criminel, et sa joie de revoir sa fille saine et sauve fut telle qu'il en oublia ses réticences envers le prétendant.

Revenez à Cajarc et prenez vers l'est sur l'autre rive la D 662 en direction de Figeac.

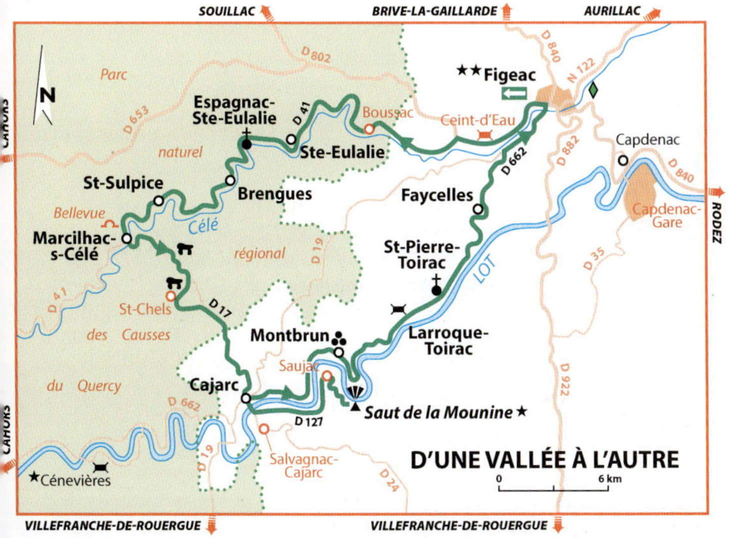

Montbrun

Enserré de falaises abruptes, le village de Montbrun s'étage sur un promontoire rocheux dominant la rivière. Au sommet de cette éminence se dressent les **ruines** d'un château fort qui appartint à l'un des frères du pape Jean XXII, Pierre Duèze, puis à la puissante famille des Cardaillac.

Poursuivez sur la D 662.

Château de Larroque-Toirac

✆ 06 60 08 80 10 - www.chateautoirac.com - visite guidée (1h) juil.-sept. : 10h30-12h, 14h-18h ; mai-juin et oct. : dim. et j. fériés 14h-18h ; reste de l'année : se rens. - 7 € (-12 ans 3 €).

À flanc de falaise, le château dresse sa haute silhouette au-dessus du village et de la vallée du Lot. Bâti au 12e s., il appartient à la famille de Cardaillac qui, au cours de la guerre de Cent Ans, s'illustra dans la résistance quercynoise à la domination anglaise. De la place de l'église, un chemin mène au château, bel exemple de conception défensive. On accède d'abord à une tour ronde construite au début de la guerre de Cent Ans pour résister aux techniques nouvelles de l'artillerie. Remarquez sa charmante ouverture en forme de cœur. Après deux cours successives, on pénètre dans la demeure seigneuriale (15e s.). Un escalier à vis, situé dans une tour accolée au bâtiment principal, en dessert les différents étages. Pour les amateurs de cheminées : la salle des gardes a conservé une belle cheminée romane (remarquez les latrines, aux murs peints) et la salle d'honneur, une cheminée gothique. À noter également, la cuisine d'origine et la chambre des enfants.

À l'est du site, l'énorme donjon (fin 12e s.), autrefois haut de 38 m, a été rasé de 22 m en 1793 sur l'ordre des commissaires de la Convention. Sa forme pentagonale avait été choisie pour mieux supporter le choc des rochers précipités sur lui depuis le sommet de la falaise.

St-Pierre-Toirac

Édifiée aux 12e et 13e s., l'**église** fut fortifiée au 14e s. puis au 15e s. L'abside romane vient seule rompre le caractère austère de l'édifice, énorme donjon carré crénelé dont l'étage supérieur constituait un réduit pour la défense. Sur la façade ouest, curieuse scène de combat : Samson tue le lion de Thymée que seul l'ange peut affronter. La nef, nécessairement très courte, voûtée en berceau, est décorée de chapiteaux de facture primitive.

Des **sarcophages mérovingiens** mis au jour dans les environs ont été disposés derrière l'église.

Poursuivez sur la D 662.

Faycelles

Ce village, qui surplombe au sud la vallée du Lot, était une possession de l'abbaye de Figeac. Au gré de ses rues silencieuses se dessine la vie de cette bourgade : la fontaine non loin de la maison du Fort, ancienne propriété du seigneur de Larroque-Toirac, la place de la Barrière, octroi pour les foires et le barri (faubourg) des Carbes, à la limite du village, au sud-est.

Aux premières heures du jour, la brume se déchire au-dessus de la vallée, découvrant ses trésors.

Poursuivez sur la D 662 qui ramène à Figeac.

NOS ADRESSES À FIGEAC

HÉBERGEMENT

PREMIER PRIX

Le Champollion – B1 - *3 pl. Champollion - ✆ 05 65 34 04 37 - 10 ch. 57 € - ☕ 8 €.* Une maison médiévale sur la jolie place Champollion, face au « moucharabieh typographique » qui rehausse la façade du musée éponyme. Les chambres sont épurées et agréables, avec leur beau parquet en châtaignier massif.

Hôtel des Bains – B2 - *1 r. du Griffoul - ✆ 05 65 34 10 89 - www.hoteldesbains.fr - fermé de mi-déc. à déb. janv. - ♿ - 19 ch. 52/80 € - ☕ 8,50 €.* Sur la rive gauche du Célé, les établissements de bains publics ont été transformés en hôtel dans les années 1970. Chambres bien tenues, terrasse-bar au ras de l'eau.

À proximité

Hôtel La Bastie d'Urfé – *Bez de Naussac - 12700 Naussac (19 km au sud de Figeac par la D 840 et la D 35) - ✆ 05 81 35 14 14 - www.labastiedurfe.com - ♿ P 🏊 - 10 ch. 59/79 € - ☕ 10,50 € - ✕ 22,50/29 €.* En pleine campagne aveyronnaise à quelques kilomètres du département du Lot, cette ancienne maison de maître, à l'architecture périgourdine, abrite un hôtel de charme au mobilier très contemporain. Salon, salle à manger et chambres sont sobrement décorés. Pour la détente, piscine et Jacuzzi.

BUDGET MOYEN

Le Relais de la Tour – *Pl. Lucter - 46100 Capdenac-le-Haut (6 km au sud-est de Figeac par la D 840) - ✆ 05 65 11 06 99 - www.lerelaisdelatour.fr - fermé vac. de la Toussaint et de fév. - ♿ - 11 ch. 67/93 € ☕ - formule déj. 11 € bc - 23/37 €.* Cette maison villageoise du 15e s., entièrement restaurée, fait face à une tour médiévale qui surplombe la vallée du Lot. Chambres sobrement décorées. Plats du terroir au restaurant.

POUR SE FAIRE PLAISIR

Le Pont d'Or – B2 - *2 av. Jean-Jaurès - ✆ 05 65 50 95 00 - www.hotelpontdor.com - ♿ P 🏊 - 35 ch. 78/146 € - ☕ 12 € - ✕ formule déj. 14 € - 22/32 €.* Cet hôtel borde le Célé, face à la vieille ville. Les chambres y sont confortables ; préférez celles avec vue sur la rivière. Sauna, piscine et fitness sur le toit. Au restaurant, on apprécie les recettes traditionnelles.

RESTAURATION

BUDGET MOYEN

La Puce à l'oreille – B1 - *5-7 r. St-Thomas - ✆ 05 65 34 33 08 - fermé lun. - formule déj. 16 € (sem.) - 23/42 €.* Aux beaux jours, on s'attable dans la cour verdoyante de cette maison médiévale embusquée dans une ruelle de la vieille ville. Une cheminée monumentale réchauffe l'élégante salle à manger. Cuisine traditionnelle raffinée.

POUR SE FAIRE PLAISIR

La Dînée du Viguier – B1 - *4 r. Boutaric - ✆ 05 65 50 08 08 - www.ladineeduviguier.fr - fermé 17-30 nov., 19 janv.-8 fév., dim. soir oct.-mars, sam. midi et lun. - formule déj. 21 € - 32/81 €.* Au cœur de la cité médiévale, dans l'ancienne salle des gardes du château du Viguier : haut plafond de poutres peintes, cheminée au manteau sculpté… et cuisine pourtant bien dans l'air du temps ! Belle carte des vins.

À proximité

L'Allée des vignes – *32 bd du Tour-de-Ville - 46160 Cajarc (25 km au sud-ouest de Figeac par la D 662 puis la D 19) - ✆ 05 65 11 61 87 - www.alleedesvignes.com - fermé dim. soir et merc. nov.-mars, lun. et mar. - formule déj. 18 € - 33/62 € bc.* Dans cet ancien presbytère, les gourmands sont les nouveaux enfants de chœur… À la tête du restaurant, un couple voyageur et dynamique souhaite faire partager une nouvelle vision de la gastronomie, légère et ludique. Le soir, les plats sont déclinables en bouchées et demi-portions : de quoi démultiplier les plaisirs !

ACHATS

Marchés et foires à Figeac – Marché samedi matin. Foires le 2e et le dernier samedi de chaque mois. Marchés fermiers nocturnes le 3e jeudi en juillet-août.

Marché de nuit à Capdenac – Juillet-août.

ACTIVITÉS

Domaine du Surgié – *Figeac-Surgié - ✆ 05 61 64 88 54 - www.domainedusurgie.com - juil.-août : 8h-20h.* Importante base de loisirs de 14 ha située au bord du Célé, au nord-est de Figeac : plan d'eau, parc de jeux et centre nautique *(11h30-19h15 - 6,20 € ; enf. 3,20 €).*

AGENDA

Festival de théâtre – *✆ 05 65 38 28 08 - www.festivaltheatre-figeac.com.* De fin juillet à début août. Un festival ouvert à la diversité, à la découverte de nouveaux talents et à la réhabilitation de grandes figures du théâtre. L'un des moments forts du calendrier culturel du Lot.

À proximité

Africajarc – *✆ 05 65 40 29 86 - www.africajarc.com.* Festival pluridisciplinaire, sur scène et dans les rues, réunissant des artistes de tout le continent africain pendant 4 jours, fin juillet.

Fête du safran – Le 3e week-end d'octobre, Cajarc fête le safran. Avec un grand marché au safran et visite de safranière possible pendant tout le mois d'octobre.

Marcilhac-sur-Célé

194 Marcilhacois – Lot (46)

Marcilhac est tout entier bâti autour des ruines de son abbaye. Des ruines impressionnantes, démultipliées par leur reflet dans le Célé, qui donnent une idée de son prestige passé. Étape importante sur le chemin de St-Jacques-de-Compostelle, l'abbaye possédait en effet de vastes territoires incluant même Rocamadour jusqu'au 11e s. Le village offre un bon point de départ pour la découverte des causses, mais aussi des vallées du Lot et du Célé.

S'INFORMER

Office de tourisme – *Maison du Roy - 46160 Marcilhac-sur-Célé - ✆ 05 65 40 68 44 - de fin juin à mi-sept. : 10h30-12h30, 14h30-17h30.*

SE REPÉRER

Carte de microrégion BC3 (p. 279).
À 35 km à l'ouest de Figeac et à 52 km au sud de Rocamadour, Marcilhac est traversé par la route de la vallée du Célé (D 4) et la D 17, qui mène à celle de la vallée du Lot.

SE GARER

Dans le village, privilégiez le parking situé en face de la mairie (aire de repos aménagée).

À NE PAS MANQUER

Les sculptures romanes de la salle capitulaire et du tympan de la porte sud ; la vue depuis la D 17.

ORGANISER SON TEMPS

Comptez 1h30 pour l'abbaye ; une demi-journée avec les activités nautiques en été et les nombreuses possibilités de randonnée.

AVEC LES ENFANTS

L'écomusée de Cuzals.

Découvrir

Ancienne abbaye

✆ 05 65 40 61 43 - entrée libre - possibilité de visite guidée 11 juil.-5 sept. : jeu. 17h30, se rens. à l'office de tourisme (4,50 €, -16 ans 3 €), reste de l'année sur demande. L'association des Amis de l'abbaye organise également des visites guidées de l'abbaye et du petit musée d'Art sacré situé dans la Maison du Roy (✆ 05 65 40 68 44 - http://abbaye-marcilhac.fr - 14h-16h30 - 3 €).

L'église abbatiale se compose de deux parties bien distinctes.

Partie romane – Le porche, à l'ouest, et les trois premières travées de la nef sont à ciel ouvert et flanqués d'une haute tour carrée. Au sud, une porte en plein cintre est surmontée d'un **tympan** sculpté représentant le Jugement dernier : le Christ en majesté, entouré de deux emblèmes figurant le Soleil et la Lune, est placé au-dessus de deux anges trapus aux ailes déployées et de saint Pierre et saint Paul. Ces sculptures, d'un style archaïque, semblent remonter aux 11e-12e s. Remarquez dans la partie romane de l'abbatiale une haute tour carrée, vraisemblablement fortifiée au 14e s.

Franchissez cette porte et pénétrez à droite dans l'église.

Partie gothique – Fermée à l'ouest au-delà de la 4e travée, la partie de l'église relevée au 15e s. est de style gothique flamboyant. Reprenant des éléments de l'église primitive, le chœur, voûté en étoile, est entouré d'un déambulatoire. Une stalle Renaissance aux armes des Hébrard recèle une

UN LIEU DE LUTTES D'INFLUENCE

Au 11e s., l'abbaye de Marcilhac possède l'humble sanctuaire de Rocamadour, mais le laisse à l'abandon. Profitant de cette négligence, des moines de Tulle s'y installent. En 1166, la découverte du corps de saint Amadour *(voir p. 314)* en fait un riche et célèbre lieu de pèlerinage. Marcilhac se souvient alors de son droit et fait chasser les moines. Peu après, l'abbé de Tulle s'empare de nouveau de Rocamadour; les procès succèdent aux procès. L'affaire est épineuse, l'évêque de Cahors, le légat, l'archevêque de Bourges, le pape lui-même, appelés à se prononcer, évitent de trancher; enfin, après un siècle de chicanes, Marcilhac accepte une indemnité de 3 000 sols et abandonne Rocamadour. Jusqu'au 14e s., l'abbaye jouit d'une remarquable prospérité, mais, pendant la guerre de Cent Ans, les bandes anglaises et les « grandes compagnies » l'anéantissent. Après les troubles de la Réforme, Marcilhac passe aux mains des Hébrard de St-Sulpice qui délaissent l'établissement. Faute d'entretien et de moyens, les religieux doivent renoncer à la vie conventuelle et loger chez… l'habitant.
Située au nord-ouest du village, la chapelle N.-D.-de-Pailhès, dite aussi du Bon-Rencontre, fait encore l'objet d'un pèlerinage le jeudi de l'Ascension.

somptueuse **miséricorde** sculptée d'une tête d'ange. Une chapelle à gauche du chœur conserve des fresques du 15e s. : le Christ bénissant est entouré des douze apôtres; sous chaque apôtre, on peut lire son nom et une phrase qui le caractérise. Le blason au centre de chaque triade est celui des Hébrard de St-Sulpice.
En sortant de l'église, prenez sur la droite, dans la 2e travée romane, un sentier qui conduit à l'ancienne salle capitulaire.
Salle capitulaire – Elle date du 12e s. Ses baies sont décorées de chapiteaux romans d'une grande finesse, alternativement exécutés en calcaire gris-bleu et pierre de stalagmite rosée.
Gagnez une esplanade ombragée de platanes : une tour ronde indique l'emplacement de la maison de l'abbé. Au bord du Célé, à droite, une poterne perce les anciens remparts. Revenez au pied des vestiges romans.

Circuit conseillé Carte de microrégion p. 279

★★ À LA CONFLUENCE DU CÉLÉ ET DU LOT BC3

Circuit de 60 km tracé en violet sur la carte p. 279. Comptez environ une journée. Quittez Marcilhac par le sud-ouest en empruntant la D 41, vers Cabrerets.

Sauliac-sur-Célé B3
Le vieux village s'accroche à une énorme et imposante falaise colorée. Dans la muraille, on aperçoit encore l'entrée des grottes fortifiées qui servaient, pendant les guerres, de refuge aux habitants de Sauliac. Les plus agiles grimpaient dans les grottes par des échelles, les invalides et les animaux étaient hissés à l'aide de cordes dans de vastes paniers. Le village s'est déplacé au fil des années pour occuper aujourd'hui une partie du méandre du Célé.
À la sortie de Sauliac, prenez à droite la D 24 qui franchit le Célé.
La vallée s'élargit, le fond alluvial se couvre de cultures et de prairies. La route grimpe sur le causse qu'elle traverse pour redescendre sur le Lot.
À St-Martin-Labouval, suivez la rive droite du Lot.

Écomusée de Cuzals B3

Domaine de Cuzals - ✆ 05 65 31 36 43 - www.lot.fr - juil.-août : 10h-19h ; de fin avr. à fin juin et de déb. à fin sept. : merc.-dim. 14h-18h - 5 € (-12 ans gratuit).

Sur 50 ha sont évoqués tous les aspects de la vie rurale en Quercy, de l'Ancien Régime à la Seconde Guerre mondiale. Deux **fermes** rassemblent, dans le moindre détail, le mobilier d'époque ; même souci dans l'inquiétant atelier de dentiste 1900 ou encore la chapellerie et la boulangerie d'autrefois. Les présentations d'architectures quercynoises, l'invraisemblable collection d'engins agricoles et les reconstitutions d'ateliers d'artisans forgerons, de tourneurs sur bois retiendront l'attention. L'été, tout ce matériel est remis en marche avec le concours de Lotois venus des communes voisines : la batteuse bat, le moulin moud, le pain cuit dans le four et les attelages de bœufs promènent inlassablement les enfants, le musée prend vie. Chaque dimanche, un thème différent est proposé, accompagné d'animations.

Un **sentier d'interprétation** *(3 km)* a été aménagé pour vous faire découvrir les interventions successives de l'homme sur le milieu caussenard.

Revenez et poursuivez (à gauche) sur la D 41.

Fontaine de la Pescalerie B3

C'est l'un des sites les plus séduisants de la vallée du Célé. D'une paroi rocheuse, toute proche de la route, s'échappe une cascade, résurgence d'une rivière souterraine du causse de Gramat ; à côté, un moulin *(privé)* est blotti au milieu des saules et des peupliers qui protègent ce havre de paix des passages incessants des véhicules.

Poursuivez sur la D 41 ; 1,5 km après Liauzu, prenez une petite route sur la gauche.

Cabrerets B3

Dans un cirque de rochers, Cabrerets occupe une situation privilégiée au confluent de la Sagne et du Célé. En franchissant le pont se révèle, de la rive gauche du Célé, une belle **vue★** d'ensemble sur le site du bourg.

En face, les ruines du **château du Diable** ou château des Anglais s'accrochent à la puissante falaise de Rochecourbe, en surplomb, et semblent vouloir écraser le vieux village. Ce nid d'aigle servit de repaire aux pillards des « grandes compagnies » pendant la guerre de Cent Ans.

En aval, en belles pierres blondes, le **château des Gontaut-Biron★**, des 14e et 15e s., domine la vallée. Une grosse tour d'angle flanque un corps de bâtiment entourant une cour intérieure.

Dans le bourg, rive droite, suivez la D 198.

★★★ Grotte du Pech-Merle *(voir ce nom)* B3

Peu après Cabrerets, la route D 41 en corniche passe au pied du hameau du Bout-du-Lieu pour s'accrocher au flanc de hautes falaises.

Bouziès B3

Sur cette rive opposée au village, le **château des Anglais** est le plus fameux des « creux fortifiés » bâtis au cours de la guerre de Cent Ans et dont l'accès n'était envisageable qu'avec des échelles de corde. À deux pas, surplombant ce paysage de vallée encaissée, le château Renaissance de Conduché veille sur la confluence des deux rivières.

NAVIGUER

Lot navigation – *www. lot-navigation.com.* À Bouziès, location de toutes sortes de bateaux, notamment de petits gabarots 4 places, embarcations en bois avec toile protégeant du soleil, ou de baladines électriques *(35 €/h ; 120 €/sem.).*

★ **Chemin de halage du Lot** – *6 km jusqu'à St-Cirq-Lapopie. Engagez-vous à droite du parking de la halte nautique.* Au bout de 500 m apparaît le spectaculaire « chemin de tire », taillé dans le roc en raison de l'encorbellement de la falaise au-dessus de la rivière. À certains endroits, comme dans cette portion de chemin, le halage des gabares remontant le Lot avec leur chargement de sel, poisson séché, épices ou plâtre ne pouvait plus être effectué par les habituels attelages de bœufs ou de chevaux; il fallait faire appel à des tireurs de gré, hommes qui avaient, paraît-il, un tempérament querelleur et dont l'existence était à coup sûr fort âpre. La beauté de la promenade rend difficile à imaginer la souffrance de ces gens qui animaient de leurs cris les berges du Lot.
À noter : le bas-relief sculpté dans la falaise calcaire est l'œuvre de Daniel Monnier (1985).

★★ St-Cirq-Lapopie *(voir ce nom)* B3

Au-delà de St-Cirq, la D 40, taillée dans la falaise au milieu de boqueteaux de chênes, est aménagée en route touristique. Du petit **belvédère du Bancourel** se dégage une très belle **vue★** sur la confluence du Lot et du Célé.
Traversez le Lot par la D8 pour rejoindre la D 662.

★ Château de Cénevières *(voir ce nom)* B3

Du pont de Tour-de-Faure, vous pourrez admirer le site remarquable de St-Cirq-Lapopie qui apparaît, au détour d'une courbe, accroché à sa falaise.

Calvignac C3

Bâti sur l'autre rive, le village s'accroche à un éperon de la rive gauche. Dès le Moyen Âge, Calvignac s'impose comme l'une des vicomtés du Quercy. Le bourg a conservé de cette importance politique d'alors les vestiges d'un château fort. **Point de vue★** sur la vallée depuis le rocher de la Baume.
Quittez Calvignac par l'ouest en empruntant la D 8.

Larnagol C3

Ancienne possession des rivaux des seigneurs de Gourdon, ce bourg connaît une grande prospérité au 19e s. grâce à l'exploitation du phosphate de chaux, transporté par la rivière. Le village conserve quelques belles façades des 16e et 17e s. Dans le haut du village, le **château** a gardé son donjon à contreforts.
Quittez Larnagol par le sud en longeant le Lot. La D 143 ramène à Marcilhac-sur-Célé.

Grotte du Pech-Merle

★★★

Lot (46)

À l'écart des grands axes routiers, dans un environnement boisé, ce site exceptionnel remporte un vif succès auprès de tous les publics. Le long des couloirs et des galeries se succèdent gravures et peintures, dont la troublante « main négative », tout au long d'une fabuleuse vitrine de l'art pariétal. Quant aux formes minérales insolites et colorées, elles suscitent l'étonnement et l'émerveillement.

SE REPÉRER

Carte de microrégion B3 (p. 279)

La grotte se trouve à 52 km à l'ouest de Figeac par la vallée du Lot et à 3 km de Cabrerets. Elle est accessible par une seule route étroite qui serpente et se termine en cul-de-sac. Restez prudent !

ORGANISER SON TEMPS

Prévoyez 1h45, compte tenu de l'attente, de la visite du musée et du film. En été, mieux vaut réserver votre billet 3 jours avant. Une aire de pique-nique est aménagée dans ce cadre verdoyant, et la buvette propose une restauration rapide.

Découvrir

Grotte

05 65 31 27 05 - www.pechmerle.com - visite guidée (1h) juil.-août : 9h15-17h ; avr.-juin et de déb. sept. à mi-nov. : 9h30-12h, 13h30-17h ; reste de l'année : se rens. - fermé janv., 25 déc. - 11 € (-14 ans 7 €) - billet donnant accès au musée de Préhistoire - visite limitée à 700 visiteurs par j.

En visitant la grotte du Pech-Merle, vous pourrez à la fois admirer de vastes salles décorées de très belles concrétions et vous émerveiller devant la série de gravures et de peintures pariétales témoignant d'une technique déjà éprouvée. Encore appelée « frise noire », la **chapelle des Mammouths** est ornée dans son niveau supérieur de dessins de bisons et de mammouths, exécutés il y a 15 000 à 16 000 ans au trait noir (oxyde de manganèse), formant une frise longue de 7 m et haute de 3 m.

La **salle des Disques** est décorée de nombreuses et curieuses concrétions de calcite, évoquant des disques dont la formation serait due au dépôt très lent de calcite sur les lèvres de fentes de la roche. L'aspect arrondi est expliqué par une théorie physique de cristallisation : les cristaux s'organiseraient naturellement en lignes concentriques. Des traces de pas semblent mener à la salle suivante. Elles ont été imprimées par des adolescents il y a 12 000 ans environ.

HISTOIRE D'UNE DÉCOUVERTE

Deux jeunes Cabreretsiens de 15 et 16 ans, André David et Henri Dutertre, ont été les héros de la découverte de la grotte du Pech-Merle. Fascinés par les recherches menées par l'**abbé Lemozi**, préhistorien et spéléologue, ils explorent une petite faille et découvrent les merveilleuses peintures pariétales. En 1949, la mise au jour d'une nouvelle salle a permis de retrouver l'**accès primitif**, celui qu'utilisaient les hommes il y a environ 16 000 à 20 000 ans pour pénétrer dans cette caverne.

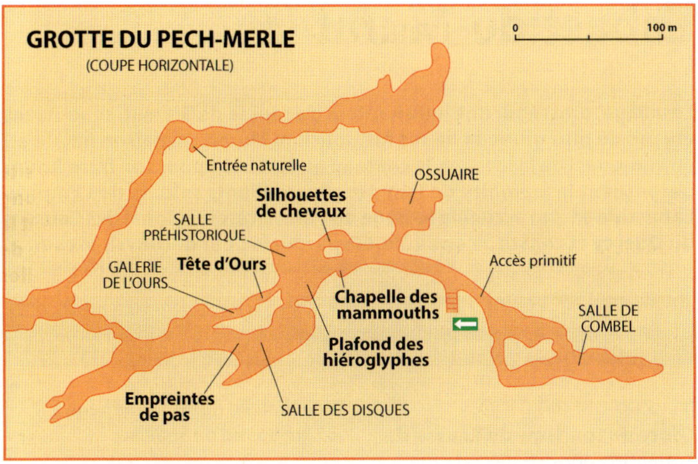

La **galerie de l'Ours** est remarquable pour ses concrétions naturelles : colonnes aux dimensions impressionnantes, excentriques, fistuleuses, ainsi que de rarissimes **perles des cavernes** qui retiennent l'attention par leurs couleurs allant du blanc étincelant de la calcite pure à l'ocre rouge dû à la présence dans le calcaire d'argile et d'oxyde de fer. Ces perles se seraient formées d'une façon semblable à celle… des huîtres, par recouvrement d'un gravier. Après la salle Rouge, on redescend par un boyau, où fut gravée une tête d'ours. Dans la partie inférieure de la **salle préhistorique**, un panneau est décoré de **deux grandes silhouettes de chevaux** (1,2 m de longueur sur 0,9 m de hauteur). Surchargées, ces silhouettes sont entourées de points, de signes mystérieux et d'**empreintes de mains**, dites « mains négatives » obtenues en projetant des pigments avec la bouche sur la main, selon le principe du pochoir. Comme à Lascaux, les chevaux ont des silhouettes déformées avec un corps énorme et une tête minuscule. Ces peintures et le **plafond des hiéroglyphes** décoraient un sanctuaire plus ancien que celui de la chapelle des Mammouths (il y a 20 000 ans environ). Derrière le cheval de droite est dessiné un probable poisson, peut-être un brochet. C'est l'une des très rares représentations préhistoriques de poisson connues au monde *(voir également l'abri du Poisson, aux Eyzies, p. 143)*. Dans la dernière salle visitée, la **salle de Combel**, ont été découverts des **ossements d'ours** des cavernes, toujours en place. Au centre de la salle, des racines particulièrement développées d'un chêne rouvre viennent chercher l'humidité. Étonnant !

Musée Amédée-Lémozi

Dédié à l'art pariétal et à la préhistoire en Quercy, il présente de façon attrayante et didactique les ossements, les outils, les armes et les œuvres d'art trouvés dans 160 gisements préhistoriques différents. Ces objets couvrent toute la période allant du paléolithique ancien à l'âge du fer.

Labastide-Murat

674 Bastidois – Lot (46)

Le village, dressé sur une jolie hauteur du causse de Gramat, se souvient encore du plus glorieux de ses fils, Joachim Murat. Sa maison natale et, au sud-ouest de la localité, le château qu'il fit bâtir pour son frère André perpétuent la mémoire de l'un des plus vaillants soldats de l'Empire. Labastide-Murat accueille le siège du Parc naturel régional des Causses du Quercy et constitue une ville-étape idéale pour découvrir le causse.

NOS ADRESSES PAGE 302
Hébergement, restauration, achats, activités, etc.

S'INFORMER

Office du tourisme du Causse de Labastide-Murat – *Grande-rue du Causse - 46240 Labastide-Murat - 05 65 21 11 39 - www.tourisme-labastide-murat.fr - juil.-août : 10h-13h, 15h30-19h, w.-end et j. fériés 10h-13h, 2e et 4e lun. du mois 10h30-12h30 ; reste de l'année : tlj sf w.-end et j. fériés 15h-18h, 2e et 4e lun. du mois 10h30-12h30 - fermé 1er et 3e lun. du mois.*

SE REPÉRER

Carte de microrégion B2 (p. 279).
Labastide-Murat est relié l'A 20 par une bretelle de raccordement, à 32 km au sud de Souillac.

À NE PAS MANQUER

Le musée Murat ; les animations et informations proposées par le Parc régional.

ORGANISER SON TEMPS

Comptez 1h pour le village, une demi-journée pour les environs.

AVEC LES ENFANTS

Les animations du Parc régional et les balades faciles dans la forêt de la Braunhie.

Découvrir

Musée Murat

Pl. Tolentino - 05 65 24 97 82 - www.musees-midi-pyrenees.fr - visite guidée (1h) de mi-juil. à mi-sept. : 10h-12h, 15h-18h - fermé mar. - tarif, se rens.

Il est installé dans la maison natale de Murat *(petite rue à gauche de l'église)*. On y voit la cuisine du 18e s., la salle d'auberge et un grand tableau généalogique où sont représentées plus de dix nations européennes et de nombreuses familles royales. Le musée, qui a fait l'acquisition d'un portrait d'Antoinette Murat, épouse du prince de Hohenzollern-Sigmaringen, présente différents souvenirs du roi de Naples et de sa mère. La descendance du flamboyant maréchal était alliée avec la plupart des trônes d'Europe.

LE TRIANGLE NOIR

L'un des cieux les plus noirs d'Europe se trouve en France, sur le **causse de Gramat**. La grande sécheresse de l'air, alliée à la très faible densité de population, explique l'exceptionnelle pureté du ciel, peu turbulent et peu pollué par la lumière des réverbères. Assier est une porte idéale pour pénétrer ce « triangle noir », que le Parc régional des Causses du Quercy tente de défendre. Entre Carlucet, Livernon, Sauliac-sur-Célé et Labastide-Murat, les étoiles semblent plus nombreuses et plus brillantes qu'ailleurs.

LE PRODIGIEUX DESTIN DE JOACHIM MURAT

Né en 1767 de parents aubergistes et voué à l'état ecclésiastique, Murat se sent attiré, à l'âge de 21 ans, par la carrière des armes. Les campagnes d'Italie et d'Égypte lui permettent de gravir rapidement tous les grades dans l'ombre de Bonaparte, dont il devient le beau-frère en se mariant avec Caroline, sœur du Premier consul. Dès lors, il cumule les honneurs, remporte la victoire de Marengo, devient maréchal puis prince d'Empire, grand-duc de Berg et de Clèves et… roi de Naples. La folle bravoure dont il fait preuve sur tous les champs de bataille de l'Europe, son ascendant sur ses cavaliers à la tête desquels il n'hésite pas à charger font de lui un héros de légende.

Son étoile pâlit avec celle de Napoléon, qu'il abandonne aux jours sombres de l'Empire. Sa fin misérable illustre cette vie toute de contrastes : après le retour des Bourbons à Naples, il tente de reconquérir son royaume, mais il est fait prisonnier et fusillé en 1815.

Bastide royale fondée vers 1200 par Fortanier de Gourdon, le bourg portait le nom de Labastide-Fortanière, puis celui de Labastide-Fortunière avant de choisir, sur délibération du conseil municipal en 1836, le nom de Murat, en souvenir de l'illustre enfant de la commune.

Circuit conseillé Carte de microrégion p. 279

★ LE SUD DU CAUSSE DE GRAMAT B2-3

Circuit de 60 km tracé en bleu vif sur la carte p. 279. Comptez environ une demi-journée. Quittez Labastide-Murat par la D 32 au sud.

St-Martin-de-Vers B3

Ce village aux charmantes maisons à toits de tuiles brunes s'est formé autour d'un ancien prieuré dépendant de Marcilhac. Le clocher-tour barlong et crénelé témoigne encore du sentiment d'insécurité ressenti par la population d'autrefois.

Quittez St-Martin par l'est en empruntant la D 13. Après 3 km, prenez à gauche la D 10, puis la D 17.

Soulomès B2-3

Au 12e s., les Templiers aménagent une commanderie dans ce village du causse de Gramat.

Église – *05 65 21 17 58 - du w.-end de Pâques à la Toussaint : 9h-18h.* Dans le chœur, admirez d'intéressantes **fresques** des 15e et 16e s. représentant divers épisodes de la vie du Christ. On reconnaît, entre autres, le Christ et Marie-Madeleine, l'incrédulité de saint Thomas, la mise au tombeau, l'apparition de Jésus ressuscité à un chevalier de Malte.

Quittez Soulomès par le sud en empruntant la D 17, puis après 1 km, tournez à gauche dans la D 71.

Caniac-du-Causse B3

La **crypte de l'église** fut construite au 12e s. par les moines de Marcilhac-sur-Célé pour abriter les reliques de saint Namphaise. Cet officier de l'armée de Charlemagne devenu ermite est tenu en grande vénération par les populations de la Braunhie ; il passait, en effet, pour avoir creusé dans le roc les petits « lacs de St-Namphaise » que l'on aperçoit encore sur le causse et qui

Le Parc naturel régional des Causses du Quercy

Créé en 1999, le Parc s'étend sur 183 000 ha, entre Figeac, Souillac et Cahors, couvrant les causses entre la rive sud de la Dordogne, les contreforts du bassin garonnais, l'Auvergne, la Dordogne et l'Agenais. Il couvre 102 communes rassemblant plus de 30 000 habitants. Ses objectifs sont la protection et la mise en valeur de la richesse des milieux naturels, mais aussi celle des patrimoines bâtis et archéologiques. Le Parc entend aussi soutenir et promouvoir le pastoralisme, garant de l'entretien des pelouses sèches emblématiques du Quercy et des pratiques agricoles ou artisanales de qualité. Enfin, il favorise le développement d'un tourisme respectueux de l'environnement (labels d'hébergements, plaquettes d'information, organisation de manifestations en saison).

SOUS LE SIGNE DE L'EAU ET DE LA PIERRE

Deux mondes cohabitent dans le PNR des Causses du Quercy. D'un côté, il y a les causses de Gramat, de Saint-Chels ou de Limogne, couverts de pelouses sèches où paissent des ovins. À cet univers suffocant l'été, tantôt désertique, tantôt couvert de chênes pubescents, s'oppose la fraîcheur des verdoyantes vallées de la Dordogne, du Lot, du Célé, et celles creusées par de plus petites rivières comme la Rauze ou la Vers. L'action incessante de l'eau a créé partout d'étonnantes formations calcaires, le karst – falaises, grottes, gouffres –, et tout un réseau complexe de galeries ou de rivières souterraines. Versants boisés des vallées, mares et lacs, falaises et plateaux calcaires arides : la diversité des milieux explique l'extrême variété de la faune et de la flore. On dénombre dans le parc près de 200 espèces d'oiseaux, une centaine de papillons différents, et 58 mammifères dont de très rares loutres. Sur les hauteurs des causses poussent des espèces de lichens particulièrement résistants à la chaleur, des plantes rares et même des orchidées.

L'action de l'homme, à l'origine de nombreux espaces naturels aujourd'hui classés Natura 2000, a laissé un patrimoine d'une très grande richesse : dolmens et menhirs, vestiges gallo-romains, châteaux tirant parti de la protection naturelle des falaises, appelés « châteaux des Anglais », ainsi que d'innombrables maisons quercynoises des 18e et 19e s. avec escalier extérieur ou bolet. À cela s'ajoute le formidable patrimoine rural lié à l'eau (fontaines, lavoirs, citernes, etc.) et à l'activité agricole. C'est en effet au pastoralisme que le Quercy doit ces fameuses constructions en pierres sèches (murs et murets, abris de bergers ou gariottes), qui constituent l'un des grands attraits des paysages du Parc.

Maison du Parc - *11 r. Traversière - 46240 Labastide-Murat - ✆ 05 65 24 20 50 - www.parc-causses-du-quercy.fr - ♿ - 9h-12h30, 14h-17h30 - fermé w.-end et j. fériés - gratuit - pour connaître les animations proposées par le Parc (veillées, sorties nature, atelier de construction en pierres sèches, etc.), demandez Les Causseries ; possibilité de télécharger sur Internet différentes publications dont le magazine Purelaine, destiné aux enfants. Pour les randonneurs, un topo-guide est en vente (7 €) dans les offices du tourisme des communes du Parc.*

Troupeau de brebis dans le causse de Gramat.
Ch. Boisvieux / hemis.fr

en atténuent l'aridité. Minuscule, cette crypte présente une voûte inhabituelle et une attrayante colonnade centrale *(interrupteur au pied de l'escalier à droite du chœur).*

Prenez la D 42 au départ de Caniac-du-Causse, direction Fontanes-du-Causse.

Espace naturel sensible de la forêt de la Braunhie B2

La Braunhie (prononcez « brogne ») est la partie la plus élevée d'un plateau calcaire du causse de Gramat à l'intérieur duquel l'eau a façonné nombre de gouffres et de cavités.

Boucles de 6,5 km (2h10) et 5,5 km (1h30) - balisage jaune. Restez sur les chemins, car les gouffres sont aussi nombreux qu'invisibles. Fiches guides disponibles à la Maison de la Braunhie (sous la mairie de Caniac-du-Causse), à l'office du tourisme de Labastide-Murat et en téléchargement sur www.tourisme-lot.com. Un sentier d'interprétation entre les deux villages (à hauteur de l'igue de Planagrèze), un autre près de Fontanes.

Les sentiers permettent de découvrir la faune, la flore (chênes pubescents, érables de Montpellier, cornouillers, genévriers), la géologie et l'histoire du site. Les traces de l'occupation humaine sont nombreuses : murets, compte-moutons, passages à gibier ou à berger, caselles et bassins de rétention pour l'eau de pluie (les « lacs » de St-Namphaise).

Revenez à Caniac-du-Causse. Poursuivez sur la D 71. Cette route traverse les terres les plus arides de la Braunhie.

« DÉSERT » DE LA BRAUNHIE

La portion la plus âpre du causse déroule à perte de vue ses murets de pierres sèches et sa maigre végétation : chênes, érables, noyers rabougris, genévriers et épineux.

Quissac B2

À voir : de belles fermes-manoirs, un « travail » à bœufs, autrefois présent dans toutes les localités du causse.

Pour apprécier pleinement cette contrée, partez à la découverte des cloups, igues ou

cuzouls, noms du pays qui désignent des formations calcaires *(voir p. 67)*, dans les anciens chemins de troupeaux réhabilités.
Quittez Quissac par la D 146 à l'ouest. À Fontanes-du-Causse, prenez à gauche la D 2 et franchissez l'A 20. 4,5 km après Montfaucon, tournez à gauche dans la D 17.

Château de Vaillac B2

La silhouette d'un puissant château féodal (15ᵉ-16ᵉ s.) domine ce modeste village du causse, réputé dès le 18ᵉ s. pour sa fabrique de draps. Le vaste corps de logis est flanqué de cinq tours et d'un donjon. Des travaux ont agrandi les écuries afin d'abriter quelque 200 chevaux et un nouveau corps de logis fut édifié pour accueillir la nombreuse descendance du seigneur de Vaillac. L'ensemble offre l'un des meilleurs exemples d'architecture militaire du Quercy à la fin de la guerre de Cent Ans.
Rejoignez à l'est la D 10 vers Labastide-Murat.

NOS ADRESSES À LABASTIDE-MURAT

HÉBERGEMENT

PREMIER PRIX

La Garissade – *20 pl. de la Mairie - ✆ 05 65 21 18 80 - www.garissade.com - ♿ - fermé nov.-mars - 19 ch. 78 € - ☕ 9 € - ✕ formule déj. 15 €, menu 32 €.* Une ambiance familiale règne dans cette maison villageoise du 13ᵉ s. Les chambres sont fonctionnelles et bien tenues. Une bonne adresse pour découvrir le parc naturel régional des Causses du Quercy.

BUDGET MOYEN

À proximité

Le Bois de Faral – *46500 Le Bastit (à 13 km au nord-est par les D 17 et D 677) - ✆ 05 65 40 13 38 - www.bois-de-faral.com - ≋ - 15 chalets 79/99 € (hors juil.-août) - sem. 280/1 040 €.* Dans un cadre boisé de 18 ha, les écologîtes de bon confort sont en bois de mélèze et douglas *made in France* ! De belle superficie, ils sont adaptés aux familles. Eau chaude solaire, chauffage bois, récupération des eaux de pluie, les installations sont respectueuses de l'environnement. En saison, piscine, club enfants et location de VTT.

RESTAURATION

À proximité

BUDGET MOYEN

Les 2 Pattes – *46500 Le Bastit, Le Bourg - ✆ 05 65 34 32 82 - fermé mar. et merc. soir et dernier sam. du mois - formule déj. 15 € - menus 21,50/28,50 €.* Sa façade colorée, sa terrasse semi-couverte, une carte simple et des prix doux en font une adresse prisée. Le serveur vous présentera de belle façon les plats du chef, à base de produits locaux, que votre palais saura grandement apprécier. Une vraie bonne adresse.

ACHATS

Foires et marchés – En plus du marché des producteurs de pays du dimanche matin, la foire de Labastide-Murat a lieu les 2ᵉ et 4ᵉ lundis du mois.

Les Arques

★

181 Arquins – Lot (46)

Grâce à la création du musée Zadkine en 1980, le village des Arques, terre d'adoption de l'artiste russe, est revenu à la vie. Au centre de la Bouriane, il est l'un des plus représentatifs de cette région boisée, vallonnée, anciennement sidérurgique, qui marque la frontière avec le Périgord noir.

NOS ADRESSES PAGE 304
Hébergement, restauration, achats, activités, etc.

SE REPÉRER
Carte de microrégion A3 (p. 278)
Le village est situé à 28 km au sud de Gourdon et à 33 km au nord-ouest de Cahors.

À NE PAS MANQUER
La pietà et le christ de l'église St-Laurent.

ORGANISER SON TEMPS
Comptez 1h15 pour le village ; 2h de plus pour découvrir l'espace naturel sensible de la vallée de la Masse.

AVEC LES ENFANTS
Le sentier d'interprétation de la vallée de la Masse.

Découvrir

★ Église St-Laurent

05 65 22 87 55 - juin-sept. : 10h-13h, 15h-19h ; reste de l'année : se rens.
Située au cœur du village, cette église est le seul vestige d'un prieuré bénédictin fondé au 11e s. par l'abbaye de Marcilhac. La nef, autrefois plus large et plus longue, a été restaurée au 20e s. à l'instigation de Zadkine. L'abside et les absidioles ont conservé toute la pureté de leur architecture romane. Certains archaïsmes apparaissent, tel l'oculus du bras sud du transept, reste des traditions carolingiennes, et les bases à bourrelet des colonnes des arcs doubleaux. Les chapiteaux sont sculptés de motifs orientaux. L'aspect le plus original de l'édifice réside dans le cintre de ses arcs. Deux œuvres poignantes de Zadkine ornent cette église : le **Grand Christ★**, arraché par l'artiste à un orme du Lot et installé au revers de la façade, et la **Pietà★** de la crypte.

★ Musée Zadkine

05 65 22 83 37 - www.lot.fr - avr.-oct. : 10h-13h, 15h-19h ; reste de l'année : 14h-18h - fermé lun., janv., certains j. fériés - 3 € (-26 ans 1,50 €).

L'ART DE ZADKINE
D'origine russe, **Ossip Zadkine** (1890-1967) arrive à Paris en 1909. En 1934, il acquiert une maison aux Arques où il réalise des sculptures marquantes comme *Diane*, la *Pietà*, *le Grand Christ*, caractérisées par leur expression monumentale. D'essence cubiste, l'œuvre de Zadkine heurte l'observateur par le déploiement et l'apparente anarchie des formes, qui comptent autant pour l'artiste que le propos qu'elles véhiculent…

5

Trois petites salles montrent un éventail des matériaux et de l'œuvre de l'artiste : lithographies, tapisseries, terres cuites, pierres et bronzes (*Trio musical*, 1930 ; *Formes féminines*, 1922…) et bois monumentaux *(dont Homo sapiens, 1935, très ouvragé)*. Un montage audiovisuel présente un long entretien de Zadkine. également des expositions temporaires et des tableaux de Valentine Prax, l'épouse de l'artiste. D'autres sculptures sont installées dans les rues du village.
Au musée sont associés **Les Ateliers des Arques**, structure accueillant des artistes pour quelques mois. Leurs œuvres sont exposées dans l'une des salles.

Espace naturel sensible de la vallée de la Masse

Le Bourg - ✆ 05 65 22 87 55 - circuit d'interprétation ouvert à la découverte tlj - guide d'interprétation en vente à l'office de tourisme le plus proche (1 €).
Le long de ce beau sentier qui allie écologie, agriculture et histoire, on découvre les marais de la rivière Masse. Leur richesse biologique (libellules, grenouilles, oiseaux…) est soutenue par l'entretien permanent assuré par les chevaux camarguais et fjord. Avant le milieu du 20e s., ces marais étaient gérés par les paysans qui y coupaient le carex pour leurs chaumes. Des artisans vanniers travaillent toujours ce végétal.

NOS ADRESSES AUX ARQUES

RESTAURATION

BUDGET MOYEN

La Récréation – *Le Bourg - ✆ 05 65 22 88 08 - www.restaurant-traiteur-lot.com - fermé mi-nov. à mi-fév., merc. sf juil.-août et jeu. - formule déj. 26 € - 36/49 €.* Les nostalgiques des taches d'encre seront ravis d'apprendre que l'école du village abrite un restaurant. La classe-salle à manger a pris de belles couleurs et le préau accueille une charmante terrasse. Les recettes concoctées par le chef n'ont aucun rapport avec les menus de la cantine : sa cuisine au goût du jour enchante le palais.

À proximité

UNE FOLIE

Le Gindreau – *46150 St-Médard (11 km au sud des Arques par la D 150 et la D 13) - ✆ 05 65 36 22 27 - www.legindreau.com - fermé 16-31 mars, 19 oct.-12 nov., dim. soir et merc. midi en janv.-fév., mar. en mars-déc. et lun. - formule déj. 40 € - 57/147 €.* Encore une école de village reconvertie ! Derrière les fourneaux, Pascal Bardet – ancien d'Alain Ducasse pendant 18 ans – signe une savoureuse cuisine contemporaine qui met en valeur les produits du terroir, et particulièrement la truffe, dont il est un vrai spécialiste ! Terrasse sous les marronniers.

Gourdon

★

4 497 Gourdonnais – Lot (46)

Capitale d'un pays vallonné appelé la Bouriane, à la limite du Périgord et du Quercy, Gourdon s'étage au flanc d'une butte rocheuse autrefois surmontée d'un château. Il est agréable d'y flâner, dans un décor médiéval remarquablement conservé.

NOS ADRESSES PAGE 310
Hébergement, restauration, achats, activités, etc.

S'INFORMER

Office de tourisme – *24 r. du Majou - 46300 Gourdon - 05 65 27 52 50 - www.tourisme-gourdon.com - juil.-août : 10h-19h, dim. 10h-12h ; de mi- à fin juin et de déb. à mi-sept. : 10h-12h, 14h-18h, dim. 10h-12h ; de déb. mars à mi-juin et de mi-sept. à fin oct. : tlj sf dim. 10h-12h, 14h-18h ; reste de l'année : tlj sf dim. 10h-12h, 14h-17h - fermé 1er janv., dim. de Pentecôte, 25 déc.*

Visite guidée de Gourdon – ♿ - *visite guidée (1h30) juil.-août : jeu. 13h30 ; mai-juin : jeu. 16h - visite sensorielle juil.-août : mar. 17h - 4 € (-16 ans 2 €).*

SE REPÉRER

Carte de microrégion A2 (p. 278)

Gourdon est à 21 km au sud-est de Sarlat-la-Canéda, à 47 km au nord de Cahors et à 30 km au sud de Souillac.

SE GARER

La circulation est déconseillée dans le vieux bourg, stationnez plutôt sur les deux boulevards extérieurs.

À NE PAS MANQUER

La rue du Majou ; le panorama depuis l'esplanade ; les panneaux du chœur de l'église.

ORGANISER SON TEMPS

Comptez 3h pour la visite de la ville et ses environs immédiats, une demi-journée avec la grotte de Cougnac.

AVEC LES ENFANTS

Le sentier des landes du Frau, le Musée agricole et automobile de Salviac.

5

Se promener

Partez de la place de la Libération où se trouve un point info avec un plan.

★ Rue du Majou

Passé la porte fortifiée du 13e s., vous remontez l'ancienne artère principale de Gourdon. Étroite et pittoresque, la rue du Majou est bordée de maisons à encorbellements dont les rez-de-chaussée s'ouvrent par de grands arcs en ogive.

Au n° 17, la maison d'Anglars a conservé de jolies fenêtres à meneaux. Au passage, vous pourrez faire un arrêt à l'office de tourisme.

Sur la droite, une rue mène au **jardin Zig-Zag**. D'inspiration médiévale, la roseraie et le potager, conçus en plusieurs espaces en enfilade, forment une jolie balade. Attenant, le **jardin du Sénéchal** fait la part belle au buis taillé au cordeau.

La rue débouche sur l'esplanade de l'hôtel de ville (à droite) et l'église St-Pierre.

Hôtel de ville
Cet ancien consulat du 13e s., agrandi au 17e s., présente des couverts qui servent de halles. Au-dessus, une table d'orientation offre un magnifique panorama sur la région.

Église St-Pierre
Autrefois dépendance de l'abbaye du Vigan, elle fut édifiée au 14e s. Elle possède un portail orné d'élégantes archivoltes qu'encadrent deux hautes tours asymétriques. La grande rosace est protégée par une ligne de mâchicoulis, témoins des anciennes fortifications.
La nef, voûtée d'ogives, est remarquable par son ampleur; des panneaux de bois sculptés du 17e s., peints et dorés, décorent le chœur et le croisillon droit. Ceux-ci proviennent vraisemblablement des ateliers des frères Tournié, des sculpteurs charentais qui ont laissé nombre de retables baroques dans le Grand Ouest en général et en Bouriane plus précisément *(voir la chapelle Notre-Dame-des-Neiges, ci-contre)*.
En contournant l'église par la gauche, un escalier permet d'accéder à l'esplanade où s'élevait jadis le château féodal.

Esplanade
En lieu et place du château médiéval, une **table d'orientation** a été aménagée. Au-delà des toits de la ville, **panorama★** sur les plateaux qui bordent les vallées de la Dordogne et du Céou et, au premier plan, le cimetière, véritable forêt de cyprès.
Revenez sur la place de l'Hôtel-de-Ville et contournez l'église par la droite.
Face au chevet de l'église s'élèvent de vieilles maisons, parmi lesquelles celle du conventionnel Cavaignac avec un beau portail du début du 17e s.
Empruntez face au portail latéral droit de l'église la **rue du Cardinal-Farinié** en descente, ancienne rue habitée par les marchands de la ville.
En contrebas se trouve l'église des Cordeliers.

Église des Cordeliers
Église désaffectée, utilisée pour des concerts et des expositions en juil.-août.
Une belle abside à sept pans est éclairée par des vitraux du 19e s. Au milieu de la nef gothique trône une magnifique **cuve baptismale★** du 14e s., sur le pourtour de laquelle s'inscrivent des arcatures trilobées.

À proximité Carte de microrégion p. 278

★ Grottes de Cougnac A2
À 3 km au nord de Gourdon par la D 704.
05 65 41 47 54 - www.grottesdecougnac.com - visite guidée (1h10) juil.-août : 10h-18h; avr.-juin et sept. : 10h-11h30, 14h30-17h; de déb. oct. à la fin des vac. de la Toussaint : tlj sf dim. 14h-16h - 8 € (-12 ans 5,50 €).
Elles sont intéressantes à double titre : d'une part, elles sont riches en concrétions, d'autre part, certaines parties ont été ornées de dessins qui semblent contemporains de ceux de **Pech-Merle** (gravettien, de – 29000 à – 22000 ans et peut-être pour partie solutréen entre – 22000 et – 18000 ans).
Les grottes comprennent deux cavités distantes de 200 m environ et développent leur réseau sous un plateau calcaire boisé de chênes.
La première compte trois salles de petites dimensions dont les voûtes présentent une pluie de stalactites extrêmement serrées et souvent très fines.

Gourdon, capitale de la Bouriane.
M. Viard/Photononstop

La seconde grotte, plus spacieuse, compte surtout deux salles remarquables : la **salle des Colonnes** et la **salle des Peintures préhistoriques**, où l'on contemple un grand panneau orné de dessins noirs ou ocre rouge : sept bouquetins, trois mammouths, trois mégacéros, un cheval réduit à son encolure. Notez la présence de signes en forme d'oiseau, datés du solutréen, un peu à l'écart et du dessin d'un « homme blessé », au corps hérissé de lances : est-ce l'expression d'un mythe ? On retrouve ce motif à la grotte du Pech-Merle *(voir p. 296)*.

Les Prades A2

À 7 km au nord-est de Gourdon.

Musée Henri-Giron – *✆ 05 65 41 33 78 - visite guidée sur demande préalable (20mn) au ✆ 05 65 41 33 78.* Il renferme une quarantaine d'œuvres du peintre bruxellois. Héritier des primitifs flamands, Henri Giron colore de cette lumière si particulière des sujets et des ambiances très modernes. Singulières et troublantes figures féminines.

Le Vigan A2

À 5 km à l'est de Gourdon par la D 1.

D'une abbaye fondée au 11e s. par l'évêque de Cahors, Géraud II, et qui devint au 14e s. un chapitre régulier de chanoines, subsiste l'**église** gothique.
Elle possède un chevet spectaculaire, dominé par une tour coiffant le carré du transept, intercalant des tourelles défensives dans les absidioles. À l'intérieur, remarquez de belles voûtes d'ogives dans la nef.

Chapelle de N.-D.-des-Neiges A2

À 1,5 km au sud-est de Gourdon.

Cette petite chapelle, lieu de pèlerinage pour sa source miraculeuse depuis le 12e s., date du 14e s. Elle abrite un beau retable polychrome (17e s.), chef-d'œuvre d'art populaire sculpté par les frères Tournié.
La « source miraculeuse » s'écoule dans le chœur même de la chapelle.

Circuit conseillé Carte de microrégion p. 278

LA BOURIANE A2-3

Circuit de 85 km tracé en orange sur la carte ci-dessous. Comptez environ une demi-journée. Quittez Gourdon par l'ouest en empruntant la D 673.

De Gourdon à la vallée du Lot et à l'ouest de la D 820 s'étend la Bouriane, région couverte de châtaigniers, de pins et de noyers. La vigne occupe les versants bien exposés. Des rivières sillonnent le plateau, créant des paysages vallonnés et boisés à l'habitat très dispersé : riche en surface, la Bouriane dispose d'un sol pauvre et caillouteux. Les hommes ont tout de même pu exploiter les oxydes de fer, utilisés pendant des siècles par les débuts de la sidérurgie et ses moulins à eau.

Poursuivez sur la D 673.

Salviac

Maison Bouriane - bd Hugon - 46340 Salviac - 05 65 41 57 27 - www.tourisme-cazals-salviac.com - juil.-août : 10h-12h30, 14h-18h ; reste de l'année : tlj sf sam. et lun. 9h-12h30, 14h-17h - fermé dim., certains j. fériés.

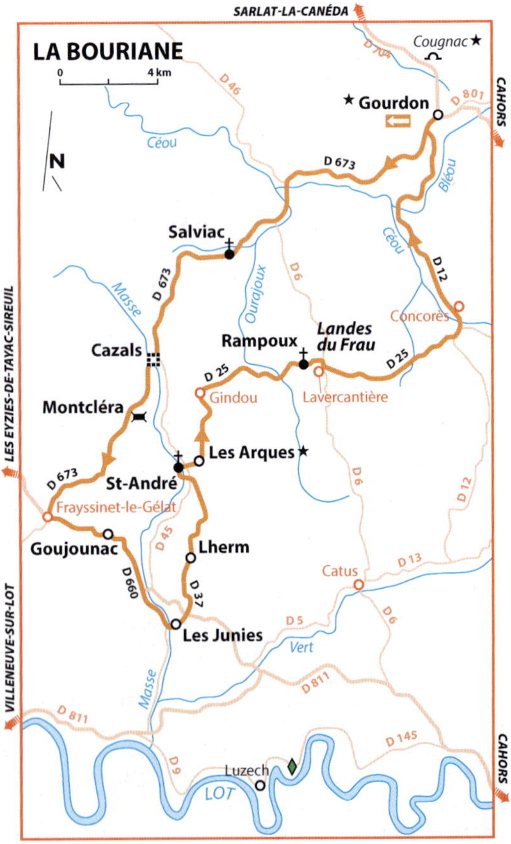

De style gothique, l'**église** possède de beaux vitraux du 16e s. contant la vie de saint Eutrope.

Musée agricole et automobile – *Lieu-dit Pepy - ✆ 05 65 41 56 18 - www.musee-agricole-salviac.com - ♿ - juil.-août : 10h-19h ; avr.-mi-nov. : 10h-12h, 14h-19h ; reste de l'année sur RV - 8 € (5-11 ans 5 €), visite guidée 12 € (5-11 ans 5 €).* Ici tout fleure bon la nostalgie ! Des dizaines de Solex côtoient des reconstitutions du début du siècle dernier (une épicerie, une école…), tandis que les tracteurs et les voitures rivalisent d'authenticité. La visite guidée du propriétaire, un passionné, vaut le détour. À noter : la première voiture électrique datant de 1975 (premier choc pétrolier) semble, avec ses allures rétro-futuristes, sortie tout droit de l'imagination d'un auteur de science-fiction.

Cazals

R. de la République - 46250 Cazals - ✆ 05 65 22 88 88 - www.tourisme-cazals-salviac.com - juil.-août : 10h-12h30, 15h-18h30, dim. 10h-12h30 ; sept.-oct. : tlj sf sam. 10h-12h, 15h-18h, dim. 10h-12h ; reste de l'année : se rens. - fermé 1er janv., 1er et 11 Nov., 25 déc.

Cette **bastide**, fondée en 1319 pour le roi d'Angleterre, s'organise autour de sa grand-place carrée. L'ancien château domine un plan d'eau aménagé au bord de la Masse.

Quittez Cazals par le sud et poursuivez sur la D 673.

Château de Montcléra

De la fin du 15e s., il présente une porte d'entrée fortifiée derrière laquelle se profilent le donjon carré et un corps de logis flanqué de tours rondes couronnées de mâchicoulis.

Poursuivez sur la D 673. À Frayssinet-le-Gélat, prenez à gauche la D 660.

Goujounac

Les pierres ocre des maisons de ce village lui donnent un charme et une douceur bien agréables. Autour de l'église se trouvait autrefois un prieuré roman dont il reste quelques vestiges.

Sur le mur sud, un **tympan** roman, représentant un Christ en majesté entouré des symboles des quatre évangélistes, est l'œuvre d'un artiste quercynois probablement influencé par le tympan de Beaulieu-sur-Dordogne.

Poursuivez sur la D 660 et tournez à droite sur la D 45.

Les Junies

Le château du 15e s. flanqué de tours rondes s'orne d'élégantes fenêtres Renaissance. À l'écart du village, l'église Ste-Madeleine du 14e s., édifice sobre et puissant, impressionne par ses proportions. Elle faisait partie d'un prieuré rattaché aux dominicains en 1345, qui avait été fondé par l'un des seigneurs du lieu, Gaucelin des Junies, cardinal d'Albano.

Quittez le village par le nord en empruntant la D 37.

Lherm

Lherm fut la capitale de la sidérurgie en Bouriane. Le clocher, une tourelle et des pigeonniers dominent les solides constructions de calcaire blanc aux toits très pentus et couverts de tuiles brunes. Ancien siège d'un prieuré perdu dans ce vallon boisé, l'**église N.-D.-de-l'Assomption** présente une abside romane et une sobre nef voûtée d'un berceau de moellons. Le chœur abrite un **retable** à trois panneaux débordant d'or et de sculptures sur un fond bleuté, savoureuse interprétation locale du style baroque. L'édifice a été remanié au 16e s. : porte soignée de style Renaissance.

Poursuivez vers le nord sur la D 37.

Église St-André

Descendez vers la Masse, traversez la D 45. S'adresser au musée Zadkine aux Arques pour la clé (18h heure limite de retrait).

Située dans une clairière au milieu des bois, dans un site très poétique qui respire la sérénité, cette église de style roman, édifiée entre le 10e et le 12e s., présente un ensemble assez remarquable de **fresques murales★** de la fin du 15e s. découvertes par Zadkine en 1954. La fenêtre du chœur est encadrée par l'Annonciation, puis, de part et d'autre, par les apôtres tenant soit l'instrument de leur supplice (croix en diagonale de saint André, hallebarde de Matthias), soit l'objet qui les symbolise (clef de saint Pierre, long bâton de pèlerin de saint Jacques, équerre d'architecte de saint Thomas). Au-dessus, sur la voûte constellée d'étoiles rouges, le Christ en majesté assis sur un trône en forme d'arc-en-ciel bénit d'une main et tient un globe dans l'autre. Il est entouré des attributs des quatre évangélistes. Sur les piliers de l'abside soutenant l'arc triomphal, on reconnaît saint Christophe et de l'autre côté, l'Enfant Jésus l'attendant pour passer la rivière.

★ Les Arques *(voir ce nom)*

Quittez Les Arques par le sud-est en empruntant la D 150 que l'on poursuit après Maussac. Après 2 km, prenez à gauche la D 47 qui bientôt rattrape la D 25.

Rampoux

Intéressante église romane du 12e s. en pierre rouge et blanche, restaurée au 19e s., qui fut un prieuré bénédictin dépendant de Marcilhac. À l'intérieur, des fresques de la fin du 15e s. racontent, dans un style naïf, la vie de Jésus.

Poursuivez sur la D 25. 2 km après Lavercantière, prenez à gauche vers Concorès, puis la D 12, qui ramène à Gourdon en longeant le Céou et le Bléou.

Espace naturel sensible des landes du Frau

Le Frau - 05 65 41 54 11 - circuit d'interprétation ouvert à la découverte tlj - guide d'interprétation en vente à l'office de tourisme le plus proche (1 €).

Marais, tourbières, bocages, prairies humides; bruyères, ajoncs ou fougères mais, aussi loge et vie des forestiers au 19e s. sont commentés le long de ce sentier court et plaisant.

NOS ADRESSES À GOURDON

HÉBERGEMENT

PREMIER PRIX

Chambre d'hôte du Paradis – *Rte de Salviac - 05 65 41 09 73 ou 06 72 18 05 44 - www.chambresduparadis.com - - 4 ch. 56 €.* Cette maison de style quercynois abrite des chambres claires et parfois mansardées. Accueil des plus sympathiques.

À proximité

Chambre d'hôte La Métairie des Songes – *Flagel (5 km au sud-ouest par les D 673 et D 39) - 05 65 32 19 33 - www.lametairie-gourdon.com - 4 ch. 60/85 € - table d'hôte 32 €.* Dans une jolie et cossue maison quercynoise, Clare et Mark Newton, un jeune couple d'Anglais, proposent des chambres confortables à la décoration classique. Le soir, à la table d'hôte, laissez-vous tenter par les inspirations créatives du chef, ancien chef en Angleterre.

BUDGET MOYEN

Hostellerie de la Bouriane – *Pl. du Foirail - 05 65 41 16 37 - www.*

hotellabouriane.fr - *P* - *fermé 16-25 oct., 20 janv.-10 mars, dim. soir et lun. d'oct. à avr. - 20 ch. 87/127 € - ☕ 14 € - ✕ 30/46 €.* Cette maison cultive le sens de l'hospitalité depuis 1898 ! On s'y repose dans des chambres rustiques bien tenues. L'été, il fait bon profiter de l'agréable jardin.

À proximité

Chambre d'hôte Le Moulin des Fumades – *Le Moulin des Fumades - 46300 Payrignac (5 km au nord-ouest par la D 704) - ✆ 05 65 41 04 70 ou 06 79 66 75 06 - www.lemoulindesfumades.com - P - 3 ch. 80/85 € ☕.* Cette ferme périgourdine a été en partie transformée pour accueillir des hôtes. Si la maison de maître est le lieu des petits déjeuners, c'est dans l'ancienne grange que l'on a aménagé et joliment décoré les trois chambres. Pour le repos, on aura le choix entre le salon, le parc ou l'agréable piscine chauffée. Moulin à huile du 19e s. entretenu par les propriétaires. Explications et démonstrations pour les hôtes.

Chambre d'hôte La Lysiane – *Lieu-dit Mondonnet - 46300 Rouffilhac (10 km au nord par la D 12) - ✆ 05 65 41 42 54 - www.la-lysiane.com - P - 4 ch. 85/95 € ☕.* Ancienne forge du 18e s., La Lysiane offre un cadre chaleureux et paisible, à l'image de ses propriétaires. Les petits déjeuners bio et faits maison sont un délice. Chambre familiale possible.

RESTAURATION

PREMIER PRIX

Pizzeria La Notté – *30 r. du Corps-Franc-Pommies- ✆ 05 65 41 27 70 - fermé oct.-avr. - formule déj. 13 €, 15/25 €.* Sur une jolie terrasse ombragée, on déguste d'excellentes pizzas, mais aussi des grillades, des salades et des spécialités locales telles que le confit de canard. La cuisine est simple, généreuse et savoureuse.

À proximité

La Bonne Étape – *Le Bourg derrière l'église - 46300 Le Vigan (5 km à l'est par la D 801) - ✆ 05 65 32 64 88 - www.la-bonne-etape.fr - fermé lun. et mar. - formule déj. 13 €, menu 24,50 €.* L'ancienne auberge Chez Louise a changé de propriétaire. Si le charme romantique des lieux reste intact, la cuisine fait aujourd'hui la part belle aux produits locaux. Accueil remarquable.

ACHATS

Marchés – Marché le samedi matin pl. du Gén.-de-Gaulle. Marché des producteurs de pays du Lot (charte de qualité) jeudi matin en juillet-août pl. St-Pierre.

ACTIVITÉS

Plan d'eau de la Cayre – *46250 Cazals.* Un enclos piscicole plébiscité par les pêcheurs de black-bass de la région. Baignade surveillée et canotage en juillet et en août. Possibilité également de baignade au plan d'eau de Moulin Bas, à Frayssinet-le-Gélat *(11 km au sud de Cazals par la D 673).*

AGENDA

Les Médiévales – *medievalesdegourdon.jimdo.com.* Le 1er dim. et lun. d'août, fête médiévale dans le vieux Gourdon.

Rencontres estivales de musique de chambre – *✆ 05 65 41 20 06.* 2de quinz. de juil. ou 1re quinz. d'août. Concerts en l'église des Cordeliers.

Rocamadour

★★★

656 Amadouriens – Lot (46)

Rocher miraculeux, recueil d'histoire, de croyances et de légendes, sanctuaire de la Vierge noire, lieu de pèlerinage : Rocamadour est tout cela à la fois. C'est aussi l'un des sites les plus extraordinaires qui soient. Les vieux logis, les tours et les oratoires dégringolent le long de la falaise escarpée dominant de 150 m le canyon de l'Alzou, sous l'égide du fin donjon du château et des sept sanctuaires.

NOS ADRESSES PAGE 321
Hébergement, restauration, achats, activités, etc.

S'INFORMER

Office de tourisme – Plan de ville B1 - *L'Hospitalet - 46500 Rocamadour - ✆ 05 65 33 22 00 - www.vallee-dordogne-rocamadour.com - juil.-août : 10h-19h ; reste de l'année : 10h-12h30, 14h-18h - fermé 1er janv.*

Bureau de la cité médiévale – Plan de ville B2 - *Juil.-août : 9h30-19h ; avr.-juin et sept. : 10h-12h30, 14h-18h ; reste de l'année : se rens.*

SE REPÉRER

Carte de microrégion B2 (p. 279).
À 50 km au nord-ouest de Figeac, à 70 km au nord-est de Cahors et à 71 km à l'est de Sarlat.

SE GARER

Le bourg et la cité religieuse sont réservés aux piétons. On y accède soit depuis le plateau *(parking)* à pied ou en ascenseur *(payant)*, soit de la vallée de l'Alzou *(parkings)*, à pied, ou en petit train *(payant)* jusqu'au bourg ; de celui-ci à la cité religieuse, on a le choix entre le grand escalier des pèlerins et l'ascenseur *(payant)*.

TRANSPORT

Accès autorisé en voiture uniquement pour les clients des hôtels et restaurants.

Ascenseur de Rocamadour – *✆ 05 65 33 62 44 - ♿ - mi-fév.-mi-nov. : 9h-20h - poss. de visite guidée (30mn) - 2,10 € (3,10 € AR, -8 ans gratuit).* Relie la cité médiévale au sanctuaire.

Ascenseur incliné – *Le Château - ✆ 05 65 33 67 79 - www.ascenseurincline-rocamadour.com - ♿ - juil.-août : 9h-21h ; mai-juin et sept. : 9h-19h ; avr. et oct. : 9h-18h ; reste de l'année : 10h-12h30, 14h-17h30 - fermé janv., 25 déc. - 4,20 € (-9 ans gratuit) AR, 2,60 € (-9 ans gratuit) aller simple.*
Relie le sanctuaire aux remparts du château.

Petit train de nuit – *✆ 05 65 33 65 99 - www.lepetittrainderocamadour.com - ♿ - visite guidée (30mn) de mi-avr. à mi-mai, et de déb. juin à mi juil. à mi-août : 21h45 et 22h15 ; de déb. avr. à mi-mai et de mi-août à fin sept : 21h30 et 22h - fermé 1er janv., 1er et 11 Nov., 25 déc. - 5 € (-12 ans 2,50 €) - commentaires en 7 langues.*

À NE PAS MANQUER

Le point de vue depuis l'Hospitalet ; le système défensif du moulin de Cougnaguet et une balade dans les vallées de l'Ouysse et de l'Alzou.

ORGANISER SON TEMPS

Comptez une journée et profitez d'une nuit sur place pour voir la cité illuminée, le soir, sans la foule.

AVEC LES ENFANTS

La promenade des vallées de l'Ouysse et de l'Alzou, la Forêt des Singes, le Rocher des Aigles et le parc animalier de Gramat.

Se promener

LA CITÉ RELIGIEUSE B2

Circuit tracé en vert sur le plan de la ville p. 316.
05 65 33 23 23 - www.rocamadour.eu - visite guidée juil.-août : 8h-20h ; reste de l'année : 9h-18h30 - gratuit - s'adresser au relais des Remparts.

Par la **porte du Figuier**, qui existait déjà au 13e s., vous pénétrez dans la rue principale du village, encombrée de magasins de souvenirs. Il vous reste à gravir les 223 marches du **Grand Escalier** dont les pèlerins font souvent l'ascension en s'agenouillant à chaque degré. Cinq paliers conduisent à une plate-forme où s'élèvent les habitations des chanoines, aujourd'hui converties en magasins et en hôtels. La **plate-forme du Fort** est également appelée **place des Senhals** : là étaient fabriqués les insignes de pèlerinage, *senhals* ou *sportelles*. La **porte du Fort**, percée sous le mur d'enceinte du palais des évêques, permet d'accéder à l'enceinte sacrée.

Parvis des églises

C'est autour de cet espace assez restreint, également appelé place St-Amadour, que s'élèvent **sept sanctuaires** : la basilique St-Sauveur en face de l'escalier; en dessous, l'église (ou crypte) St-Amadour ; à sa gauche la chapelle Notre-Dame ou chapelle miraculeuse.

À droite se trouvent les trois chapelles St-Jean-Baptiste, St-Blaise et Ste-Anne *(dans le cadre des visites guidées de la cité religieuse)*, tandis que la chapelle St-Michel se dresse à gauche sur une terrasse.

Basilique St-Sauveur

De style romano-ogival (11e-13e s.), elle appuie ses deux nefs sur la paroi de la falaise. La mezzanine en bois a été rajoutée au siècle dernier pour pallier la petitesse de la basilique lors des grands pèlerinages. Sur le mur gauche de la nef se dresse un beau **christ** en bois polychrome du 16e s. dont la croix représente un arbre privé de ses rameaux.

Église St-Amadour

Cette petite église inférieure, édifiée au 12e s., s'étend sous les deux travées sud de la basilique St-Sauveur. Elle comporte un chevet plat et deux travées sous voûtes quadripartites. Elle servait autrefois de lieu de culte : on venait y vénérer le corps de saint Amadour.

Chapelle Notre-Dame

Du parvis, un escalier de 25 marches s'élève jusqu'à la chapelle miraculeuse, considérée comme le « saint des saints » de Rocamadour. C'est là en effet que l'ermite aurait aménagé un oratoire dans le roc. Écrasée en 1476 par la chute d'un rocher, elle fut reconstruite en gothique flamboyant par l'évêque de Tulle, Denys de Bar. Cette nouvelle chapelle, saccagée pendant les guerres de Religion et sous la Révolution, a fait l'objet d'autres travaux au 19e s.

Dans la pénombre de la chapelle noircie par la fumée des cierges, on découvre sur l'autel la Vierge miraculeuse appelée aussi **Vierge noire★** : elle est assise, hiératique, portant sur son genou gauche, sans le tenir, un étonnant Enfant Jésus au visage d'adulte. Cette statue reliquaire de petite taille (69 cm), en bois, de facture rustique, date du 12e s.

Tout autour ont été accrochés de nombreux témoignages de reconnaissance : ex-voto, fers que l'on mettait jadis aux pèlerins pendant certaines cérémonies de pénitence *(voir plus haut)*. Suspendue à la voûte, une très vieille **cloche**,

Un haut lieu de la chrétienté médiévale

L'ÉNIGMATIQUE SAINT AMADOUR

Son identité n'a pu être établie d'une façon formelle. Un chroniqueur rapporte qu'en 1166 « un habitant de la localité ayant manifesté le désir d'être enterré sous le seuil de la chapelle élevée à la Vierge, on trouva en creusant la terre un corps intact, que l'on déposa auprès de l'autel pour l'exposer à la vénération des fidèles et que de nombreux miracles se produisirent depuis lors en ce lieu ».

Quel était ce personnage mystérieux dont la sépulture semblait très ancienne ? On a soutenu sur ce point les thèses les plus contradictoires. Certains auteurs en font un ermite égyptien, d'autres l'identifient à saint Sylvain. La légende la plus répandue (à partir du 15e s.) est qu'il s'agit de Zachée, le collecteur d'impôts de petite taille qui, grimpé dans un sycomore pour apercevoir le Christ, le vit s'arrêter pour lui demander l'hospitalité.

Dans l'évangile, l'homme, bouleversé de n'être pas tenu à l'écart par son métier et l'usage qu'il en a fait, se convertit. La tradition locale ajoute qu'il était le mari de sainte Véronique. Tous deux seraient venus s'établir en Limousin et, à la mort de Véronique, Zachée se serait retiré dans cette vallée de l'Alzou, alors désertique et sauvage.

LA RENOMMÉE DE ROCAMADOUR

Dès les premiers miracles et jusqu'à la Réforme, le pèlerinage de Rocamadour est l'un des plus célèbres de la chrétienté. Les foules y accourent. Avec plus de 120 miracles déjà recensés dans ses pages, le *Livre des miracles de Notre-Dame* assoit la réputation de Rocamadour dès sa parution en… 1172. Les jours de « grand pardon » où l'indulgence plénière est accordée, 30 000 personnes se pressent à Rocamadour. Comme le village est trop exigu, la vallée de l'Alzou est transformée en un vaste campement.

Henri Plantagenêt, roi d'Angleterre, miraculeusement guéri, est l'un des premiers à s'agenouiller devant la Vierge et son exemple est suivi, au cours du Moyen Âge, par les plus illustres personnages : saint Bernard, saint Dominique, Saint Louis et Blanche de Castille, Philippe IV le Bel, Philippe VI et Louis XI. Le culte de Notre-Dame de Rocamadour s'établit à Lisbonne, à Porto, en Sicile et en Andalousie où l'étendard de Rocamadour, déployé à la bataille de Las Navas de Tolosa, contribue à mettre en déroute les musulmans et donne la victoire aux rois d'Aragon, de Castille et de Navarre.

LE PÈLERINAGE ET LES PÉNITENTS

Les tribunaux ecclésiastiques, et parfois les tribunaux civils, ont fréquemment imposé le pèlerinage de Rocamadour. C'était une grande pénitence. Le jour de son départ, le pénitent entendait la messe et, vêtu d'un costume orné de grandes croix, coiffé d'un large chapeau, il partait bourdon en main et besace au dos. Arrivé au terme de son voyage, le pèlerin se dépouillait de ses vêtements et, en chemise, gravissait à genoux les fameux degrés. On lui attachait alors des chaînes aux bras et au cou.

Conduit devant l'autel de la Vierge noire, il prononçait l'amende honorable dans cette posture humiliante. Le prêtre récitait les prières purificatrices et enlevait ses fers au pénitent qui, désormais sanctifié, recevait une attestation

Rocamadour.
Ch. Boisvieux/age fotostock

du recteur et une « **sportelle** », sorte de médaille de plomb à l'image de la Vierge miraculeuse.
Mais les pèlerinages n'étaient pas toujours un but d'expiation : les seigneurs et les consuls des villes aimaient à se placer sous la protection de Notre-Dame pour conclure un traité ou signer une charte. On venait aussi au pèlerinage de Rocamadour par curiosité, pour rencontrer nombre de gens ou éventuellement traiter des affaires.

DÉCLIN ET RENAISSANCE

Au 13e s., Rocamadour atteint son apogée. On y obtient des grâces refusées à Jérusalem ; les donations affluent sans cesse. Mais les richesses accumulées suscitent de nombreuses convoitises.
Pendant un siècle, les abbayes de Marcilhac et de Tulle se disputent la possession de l'église de Rocamadour. Après arbitrage, Tulle l'emporte. Au cours du Moyen Âge, la ville est plus d'une fois saccagée : Henri Court-Mantel, révolté contre son père Henri Plantagenêt, dévaste l'oratoire en 1183 ; pendant la guerre de Cent Ans, les bandes anglaises et les routiers pillent à plusieurs reprises le trésor ; au cours des guerres de Religion, les capitaines protestants Bessonies et Marchastel s'emparent de Rocamadour qu'ils profanent et dévastent. Les reliques sont déterrées.
La tradition veut que le corps, étonnamment préservé, ait été livré aux flammes mais n'ait pas brûlé si bien que, de rage, le capitaine protestant Bessonies le brisa à coups de marteau. Seules la Vierge et la cloche miraculeuse échappent à la destruction.
Rocamadour ne se relèvera pas vite de ses ruines, le sanctuaire végète jusqu'à la Révolution qui lui porte le coup de grâce. Au 19e s., les évêques de Cahors essaient de faire renaître le pèlerinage : les sanctuaires sont restaurés.
Avec une partie de sa splendeur passée, Rocamadour a retrouvé la ferveur des pèlerins et c'est aujourd'hui le but d'un pèlerinage suivi, ainsi qu'une étape du pèlerinage en plein renouveau vers St-Jacques-de-Compostelle.

faite de plaques de fer assemblées et datant sans doute du 9e s., sonnait d'elle-même pour annoncer les miracles, par exemple lorsque des marins perdus en mer invoquaient Notre-Dame de Rocamadour.

En sortant de la chapelle Notre-Dame, on peut voir au-dessus de la porte une grossière épée de fer fichée dans la paroi rocheuse.

La légende l'identifie à **Durandal**, la célèbre épée de Roland *(voir encadré ci-contre)* : cerné par les Sarrasins et ne pouvant la briser, Roland implora

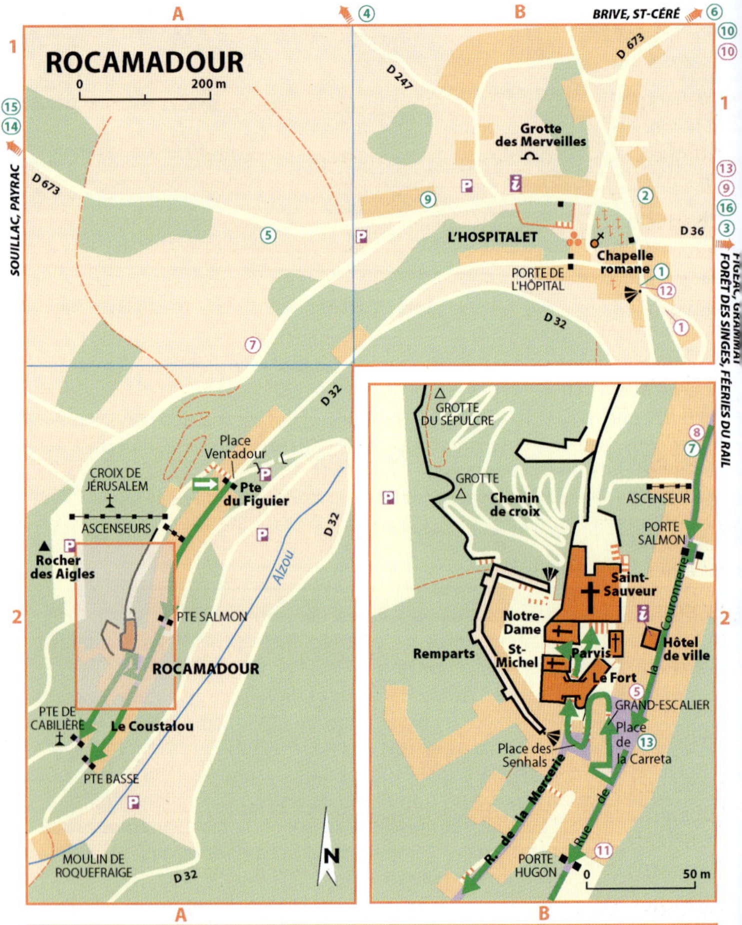

SE LOGER

- Amadour Hôtel ... 2
- Beau Site (Hôtel) ... 7
- Belvédère (Le) ... 1
- Bellaroc (Hôtel Le) ... 9
- Centre (Hôtel du) ... 3
- Château (Hôtel du) ... 6
- Domaine de Lagardelle (Chambre d'hôte du) ... 4
- Esclargies (Les) ... 5
- Le Padimadour (Camping) ... 10
- Noyeraie (Chambre d'hôte La) ... 16
- Petit Relais (Chambre d'hôte Le) ... 14
- Terminus des Pèlerins (Hôtel Le) ... 13
- Vieilles Tours (Les) ... 15

SE RESTAURER

- Bellevue (Hostellerie) ... 1
- Château (Hôtel-Restaurant du) ... 7
- Envies de Terroir ... 5
- Esplanade (L') ... 12
- Jardins de la Louve (Les) ... 11
- Jehan de Valon (Le) ... 8
- Limargue (Hôtel-restaurant Le) ... 13
- Lion d'or (Le) ... 9
- Roc du Berger (Le) ... 10

QUI EST ROLAND ?
En 778, Roland, neveu de Charlemagne et préfet des marches de Bretagne, s'en revenait de guerroyer aux côtés de l'empereur dans la péninsule Ibérique. Il commandait l'arrière-garde de l'armée lorsqu'il fut pris en embuscade au fond d'un défilé pyrénéen, à Roncevaux.
Attaqués par les Vascons lui et tous ses hommes perdirent la vie. De cette défaite, la *Chanson de Roland*, dont l'auteur demeure inconnu, fait une victoire : l'empereur reviendra se venger de cette traîtrise.
La chanson de geste vante l'idéal monarchique, le courage, la loyauté et la victoire militaire de Charlemagne sur l'Islam conquérant.

l'archange saint Michel et lança son épée qui d'un seul jet vint se planter dans le rocher de Rocamadour, loin des infidèles.
À droite, creusé dans le roc, le **tombeau de saint Amadour**, à l'emplacement présumé où fut découvert le corps.

Chapelle St-Michel

Surélevée de quelques marches, cette chapelle de style roman est abritée par un encorbellement rocheux. Son abside, dans laquelle s'inscrit un petit oratoire, fait saillie du côté du parvis. Elle servait pour les offices des moines du prieuré qui y avaient aussi aménagé leur bibliothèque.
Sur le mur **extérieur** deux fresques représentent l'Annonciation et la Visitation : l'habileté de la composition, la richesse des tons (ocre, jaune, brun-rouge, fond bleu roi), l'élégance des mouvements datent l'œuvre, qui s'inspire à la fois des châsses limousines et des mosaïques byzantines du 12e s. Au-dessous, une autre fresque du 14e s. montre un immense saint Christophe, patron des voyageurs et par extension des pèlerins. À l'**intérieur**, le chœur est orné de peintures : le Christ en majesté est entouré des évangélistes, tandis qu'au-dessous un séraphin et l'archange saint Michel, devisant avec le démon, pèsent les âmes.

LE BOURG AB2

À la sortie du chemin de ronde, regagnez la place des Senhals et prenez à gauche.

Rue de la Mercerie B2

L'ancienne rue marchande est bordée de jardins en terrasses. Remarquez à droite la maison de la Pommette, ancienne boutique à arcades du 15e s., et un peu plus loin à gauche, la maison romane médiévale.
Vous arrivez à la porte de Cabiliert, du 13e s., que flanquait autrefois une tour de défense.
Revenez place des Senhals, descendez le Grand Escalier et tournez à droite.

Le Coustalou A2

Passé la porte Hugon du 13e s., vous pénétrez dans ce charmant quartier médiéval. La maison de la Louve à colombages est la mieux préservée.
Au-delà de la porte Basse, au bord de l'Alzou, se dresse le vieux moulin fortifié dit « de Roquefrège ».
Retournez sur vos pas pour rejoindre la porte du Figuier.

Hôtel de ville B2

R. de la Couronnerie - ✆ 05 65 33 63 26 - www.mairierocamadour.fr - horaires, se rens. - fermé certains j. fériés.

Il est installé dans une maison du 15e s. restaurée et appelée « la Couronnerie » ou maison des Frères. Dans la salle du Conseil sont exposées deux belles **tapisseries★** de Jean Lurçat *(voir p. 360)*.
Poursuivez un peu après la porte de Figuier.

SUR LE PLATEAU AB2

Chemin de croix B2

Aménagé au 19e s., il monte en lacet à travers un sous-bois jusqu'aux remparts. Après les grottes de la Nativité et du Sépulcre, on aperçoit la grande croix de Jérusalem, rapportée des lieux saints par les pèlerins de la pénitence.

Remparts B2

✆ 05 65 33 23 23 - 9h-20h - 2 €.
Ultimes vestiges d'un fort du 14e s. destiné à barrer l'éperon rocheux et à protéger le sanctuaire. Adossée à ce fort, la demeure des chapelains de Rocamadour a été construite au 19e s.

★ Rocher des Aigles A2

Rte du Château - ✆ 05 65 33 65 45 - www.rocherdesaigles.com - ♿ - avr.-sept. : horaire, se rens. - 9,80 € (-13 ans 6 €) - possibilité de prendre un spectacle en cours et d'assister au suivant - prévoir d'arriver 10mn av. le spectacle.
Tout près des remparts se trouve un **centre d'élevage et de reproduction** de rapaces diurnes et nocturnes, où œuvre Raphaël Arnaud, initiateur de cette aventure, entouré d'une douzaine de passionnés qui travaillent sur les lieux à plein temps. Près d'une centaine d'oisillons naissent ici chaque année *(vidéo de présentation)*. Certaines reproductions en captivité constituent des premières mondiales. Les volières sont adaptées pour assurer le bien-être des animaux, d'où la visibilité réduite pour le visiteur. Par ailleurs, une unité de soin accueille des oiseaux blessés pour les relâcher ensuite dans leur milieu naturel.
Vous assisterez à une étonnante **démonstration de vol** de ces rapaces dressés auxquels succèdent des perroquets, apportant une touche de couleur finale à ce spectacle exceptionnel. Le commentaire assuré par des spécialistes ajoute à la compréhension de ces oiseaux de proie méconnus, dont certaines espèces sont menacées de disparition.
Pour redescendre au bourg, revenez à l'esplanade à hauteur de l'enceinte sacrée et empruntez l'ascenseur qui permet de gagner la rue principale près de la porte Salmon.

À proximité Carte de microrégion p. 279

Espace naturel sensible des vallées de l'Ouysse et de l'Alzou

4,5 km (2h) et 8 km (3h), balisage jaune - à parcourir avec les fiches du guide de découverte disponibles dans les offices du tourisme de Gramat et de Rocamadour (1 €), et en téléchargement sur www.tourisme-lot.com.

POINT DE VUE

En arrivant par la route de l'Hospitalet, **vue★★** remarquable sur le site de Rocamadour : au fond d'une gorge, l'Alzou serpente au milieu des prairies, et à 500 m environ, agrippé à la falaise du causse, se détache l'extraordinaire profil du village dont l'élévation est un défi à la pesanteur. Au-dessus du bourg s'étage la cité religieuse couronnée par les remparts du château.

L'Ouysse et l'Alzou ont tellement taillé le calcaire que Rocamadour vit perché. Le sentier du moulin du Saut *(4,5 km - 2h. Dép. parking du moulin du Saut - dir. Cahors, par Gramat, puis Les Aspes et Lauzou)* et celui entre Ouysse et Alzou *(8 km - 3h. Dép. du parking du gouffre de Cabouy - par la D 32 au sud de Cahors)* permettent de comprendre le travail de l'eau. Technologie des moulins, régimes particuliers de ces deux rivières, écologie des berges et d'un canyon pour le premier circuit ; karst, résurgences, combes et gouffres pour le second.

Moulin de Cougnaguet B2

À 10 km à l'ouest de Rocamadour par la D 673. ✆ 05 65 32 63 09 - www.cougnaguet.com - visite guidée (30mn) avr.-sept. : 10h-12h, 14h-18h ; oct. : 10h-12h, 14h-17h - 4,50 € (enfant 2,50 €).

Le moulin fortifié de Cougnaguet enjambe de ses arches en plein cintre une dérivation de l'Ouysse. Il date du 15e s. mais fut précédé par un autre moulin auquel le « droit des eaux » fut concédé en 1279. Au Moyen Âge, le grain et la farine, denrées précieuses très convoitées, devaient être particulièrement protégés.

Le système défensif du moulin est impressionnant : l'ouverture des vannes précipitait les assaillants vers une conduite forcée où, engloutis, ils connaissaient une mort atroce. Le moulin abrite quatre meules qui pouvaient produire 3 t de farine par jour ; l'une d'elles fonctionne et moud le grain sous vos yeux.

Circuit conseillé Carte de microrégion p. 279

LE NORD DU CAUSSE DE GRAMAT B1-2

Circuit de 70 km tracé en rose sur la carte p. 279. Comptez environ une demi-journée. Quittez Rocamadour par le nord en empruntant la D 32.

Le causse de Gramat s'étend entre la vallée de la Dordogne, au nord, et celles du Lot et du Célé, au sud.

Vaste plateau calcaire, haut de 350 m, il est le plus important et le plus sauvage des causses du Quercy. C'est en automne qu'il faut le parcourir, lorsque les arbres hésitent entre le jaune et le rouge et illuminent de leurs teintes dorées le gris des pierres et des rochers.

L'Hospitalet Plan de ville B1

Le nom de ce village, sur le rebord de la falaise de Rocamadour, lui vient d'un petit hôpital fondé au 11e s. par Hélène de Castelnau, pour soigner les pèlerins sur la route du Puy à Compostelle. Seule la **chapelle romane**, remaniée au 15e s., a été conservée. Passé le parvis, vous verrez les vestiges de cet hôpital et, au-delà, le Champ aux pauvres (ancien cimetière des pèlerins modestes) aménagé en jardin.

Grotte des Merveilles – *✆ 05 65 33 67 92 - www.grottedesmerveilles.com - visite guidée (45mn) juil.-août : 9h30-19h ; avr.-juin et sept. : 10h-12h, 14h-18h ; reste de l'année : 10h-12h, 14h-17h - fermé de mi-nov. à déb. avr. - 7 € (-11 ans 4,50 €).* Découverte en 1920, cette petite grotte située sous seulement 8 m de roche présente quelques belles formations minérales : stalactites, stalagmites, gours où se reflètent la voûte et ses concrétions… Sur ses parois, quelques peintures rupestres dateraient d'environ – 20 000 ans. Elles représentent des mains « négatives », des ponctuations, quelques chevaux, un félin et un cervidé schématique.

Quittez L'Hospitalet par l'est en empruntant la D 36.

Forêt des Singes B2

05 65 33 62 72 - www.la-foret-des-singes.com - ♿ - juil.-août : 9h30-18h30 ; mai-juin : 10h-12h, 13h-18h ; avr. : 10h-12h, 13h-17h30 ; reste de l'année : se rens. - 9 € (-15 ans 5,50 €) - tarif susceptible de modification, se rens.

Sur 10 ha boisés, 150 singes vivent en liberté dans ce cadre qui rappelle les hauts plateaux d'Afrique du Nord, d'où ils sont originaires. En effet, ce sont des magots – ou macaques – de Barbarie (en fait, de Berbérie), primates en voie de disparition, qui s'ébattent dans la forêt.

Poursuivez sur la D 36. À Rignac, tournez à gauche sur la D 20.

Source Salmière B2

Les premières études sur l'eau de source de Miers datent de 1624. Très riche en magnésium, elle séduit rapidement les spécialistes pour son efficacité contre les maladies de foie, des voies biliaires et urinaires, mais surtout pour son action laxative. L'eau minérale de Miers-Alvignac est vendue dans les boutiques diététiques.

★★ Gouffre de Padirac *(voir ce nom)* B1-2

Rejoignez Padirac (au sud) et prenez à droite la D 673. Après 2 km, tournez à gauche dans la D 11.

Gramat B2

Pl. de la République - 46500 Gramat - 05 65 33 22 00 - www.vallee-dordogne-rocamadour.com - juil.-août : 9h30-13h, 14h-18h30, dim. 9h30-13h (sur réserv.) ; mai-juin et sept. : 10h-12h30, 14h-18h30 ; reste de l'année : se rens. - fermé certains j. fériés.

Capitale du causse qui porte son nom, Gramat est un centre de **foires** (ovins notamment) très importantes qui la rendent conviviale les 2e et 4e jeudis matin du mois. Vous y verrez bien sûr la halle, vous y goûterez les bons produits du terroir *(marché mar. et vend. matin)*, mais un tour dans les ruelles vous fera découvrir une autre facette. C'est à Gramat qu'est installé, depuis 1945, le **Centre de formation des maîtres-chiens de la gendarmerie**, bien que ce soit une ville dédiée au cheval ! Des haras y sont installés et des courses se déroulent au mois d'août. *R. du Col.-Puyaubert-le-Segala - 05 65 10 14 30 - démonstration de dressage de mi-juin à mi-août. : jeu. 15h-17h30.* Enfin Gramat offre un excellent point de départ pour la visite de Padirac, de Rocamadour et de la région comprise entre le Lot et la Dordogne.

Quittez Gramat par le sud-ouest en empruntant la D 677. Après la voie ferrée, tournez à gauche dans la D 14.

Parc animalier de Gramat B2

D 14 - 05 65 38 81 22 - www.gramat-parc-animalier.com - ♿ - avr.-oct. : 9h30-19h ; reste de l'année : 14h-18h - fermé 25 déc. - 11 € (enfant 6,50 €).

Cet espace a été acquis par la municipalité de Gramat pour que les visiteurs découvrent la réalité animale et végétale dans un cadre isolé de 40 ha. Les spécimens de la flore locale – chênes pubescents, cornouillers, frênes du causse – côtoient des espèces animales en grande partie européennes qui vivent là en semi-liberté. Certains des animaux présentés (aurochs, cheval de Przewalski, bouquetin, bison d'Europe) vivaient sur ces terres à l'époque préhistorique. Un conservatoire de races de basse-cour présente des espèces très variées de gallinacés, de porcs, etc. Un parcours balisé de 3 km permet de découvrir ces animaux tout en faisant une agréable promenade.

Faites demi-tour et rejoignez la D 677 (à gauche). Au Bastit prenez à droite la D 50, puis à Carlucet tournez à droite dans la D 32 qui ramène à Rocamadour.

NOS ADRESSES À ROCAMADOUR

HÉBERGEMENT

PREMIER PRIX

Camping Le Padimadour – B1 en direction - *Lieu-dit La Chataigneraie - ✆ 05 65 33 72 11 - www.padimadour.fr - fermé déb. oct. à fin avr. - 52 empl. - mobile homes 63 à 141/nuit, 315 à 987 €/sem.* Des emplacements ombragés sont disposés en pleine nature et baignent dans un calme serein. Les mobile homes, sur le haut du terrain, proposent quant à eux un réel confort. Pour la détente, une piscine et un snack sont installés au centre du terrain.

Amadour Hôtel – B1 - *L'Hospitalet - ✆ 05 65 33 73 50 - www.amadour-hotel.com - fermé 11 Nov.-15 fév. - P - 15 ch. 59/69 € - 8,50 €.* Construction récente proche des ruines de l'hôpital qui soignait les pèlerins de Compostelle. Petites chambres pratiques, lumineuses et bien tenues. Certaines avec terrasse.

Le Belvédère – B1 - *L'Hospitalet - ✆ 05 65 33 63 25 - www.hotel-le-belvedere.fr - fermé 4 janv.-10 fév. - P - 17 ch. 57/78 € - 9 € - formule déj. 18 € - 18/34 €.* Une atmosphère familiale règne dans cet hôtel rajeuni. Chambres aux touches décoratives actuelles; splendide vue panoramique pour la plupart. Restaurant gastronomique; brasserie et pizzeria en saison. Terrasse offrant une vue sur le site.

Le Bellaroc – B1 - *L'Hospitalet - ✆ 05 65 33 63 06 - hotel-bellaroc.com - fermé 15 oct.-15 mars - P - 12 ch. 57/71 € - 8,50 € - 19/25 €.* Perché sur une falaise, cet hôtel jouit d'une jolie perspective sur Rocamadour. Chambres lumineuses, agréable jardin et piscine.

Le Terminus des Pèlerins – B2 - *Pl. de la Carretta - ✆ 05 65 33 62 14 - www.terminus-des-pelerins.com - fermé nov.-mars - 12 ch. 62/83 € - 8 € - 19/35 €.* Au pied d'une falaise escarpée, terminus dans ce petit hôtel familial et chaleureux. Les chambres, sobres et confortables, offrent une vue imprenable sur la vallée en contrebas.

À proximité

Hôtel Le Petit Relais – A1 en direction - *46350 Calès (14 km à l'ouest par la D 673) - ✆ 05 65 37 96 09 - www.hotel-petitrelais.fr - hôtel fermé 15 fév.-15 mars; rest. fermé du lun. au vend. midi de nov. à mi-mars - 13 ch. 69/75 € - 11 € - 23/54 €.* Chambres rénovées et insonorisées dans cette maison quercynoise. Restaurant rustique, terrasse ombragée et plats du terroir. Piscine.

Chambre d'hôte La Noyeraie – B1 en direction - *Lieu-dit En Caminou (5 km à l'est par la D 36) - ✆ 05 65 40 43 91 - www.lanoyeraierocamadour.com - P - 3 ch. 69/79 € - 23 €.* Cette ancienne ferme a gardé le charme suranné du début du siècle dernier. Les chambres sont spacieuses et donnent toutes sur la campagne environnante. Les petits déjeuners et dîners sont savoureux et faits maison, l'essentiel venant du potager du propriétaire des lieux.

Chambre d'hôte Domaine de Lagardelle – A-B1 en direction - *Lagardelle (1,5 km au nord-est par la D 673 et à gauche) - ✆ 05 65 33 44 03 ou 06 85 74 98 83 - www.lagardelle.com - fermé de déb. oct. à mi-avr. - P - 3 ch. 56 €.* L'ancienne ferme équestre, située en plein causse du Quercy, accueille, dans ses 3 chambres d'hôte indépendantes et son gîte, les cavaliers et les simples amateurs de détente. Sur place, vous aurez l'embarras du choix en matière de randonnées pédestres.

Hôtel du Centre – B1 en direction - *R. de la République - 46500 Gramat (11 km à l'est par la D 36 et la D 840) - 05 65 38 73 37 - www.lecentre.fr - - 18 ch. 65/81 € - 9,90 € - formule déj. 12 € - 26/55 €.* Chambres fonctionnelles n'attendant que votre visite, au cœur de cette localité animée par d'importantes foires agricoles. La cuisine traditionnelle, qui fait un clin d'œil à la Bretagne, est servie dans une salle à manger claire ou en terrasse.

Hôtel du Château – B1 en direction - *46500 Alvignac (8 km au nord-est de Rocamadour par la D 673) - 05 65 33 60 14 - www.hotelduchateaualvignac.fr - fermé Toussaint-Pâques - - 28 ch. 47/59 € - 8 € - formule déj. 15 € - 17/25 €.* Adossée à l'église, bâtisse séculaire à la façade en pierre tapissée de vigne vierge. Les chambres sont fonctionnelles et bien tenues. Agréable jardin avec piscine. Salle à manger simple et chaleureuse, en accord avec la cuisine du terroir.

POUR SE FAIRE PLAISIR

Les Vieilles Tours – A1 en direction - *Lafage - 05 65 33 68 01 - www.vtrocamadour.com - fermé nov.-mars et 26 déc.-8 janv. - - 15 ch. 78/172 € - 12 € - 33/40 €.* Voilà une adresse parfaite pour un week-end au vert ! Dans un site classé Natura 2000, cet ancien relais de chasse dégage une ambiance des plus champêtres. Sachez que le fauconnier (13e s.) abrite la plus belle chambre. Cuisine de produits au restaurant.

Les Esclargies – A1 - *Rte de Payrac - 05 65 38 73 23 - www.esclargies.com - fermé 22 déc.-12 fév. - - 16 ch. 76/150 € - 12 €.* Une belle découverte ! Implanté au cœur d'une chênaie, cet établissement à l'architecture contemporaine mêle avec bonheur la pierre et le bois. Tout a été pensé pour donner la part belle à la lumière, omniprésente. Matières naturelles et couleurs douces dominent dans les chambres, spacieuses et chaleureuses. Accueil parfait. Calme absolu. Piscine.

Hôtel Beau Site – B2 - *Cité médiévale - 05 65 33 63 08 - www.bw-beausite.com - fermé de mi-nov. à mi-fév. - - 38 ch. 89/165 € - 14 €.* Toutes les chambres de cette vénérable maison disposent d'un excellent confort, la plupart bénéficient d'une superbe vue (et pour certaines d'un petit balcon) sur la vallée de l'Alzou (celles donnant sur la rue principale sont un peu plus bruyantes). Piscine dans le parc. Une excellente adresse, tenue par la même famille depuis cinq générations.

RESTAURATION

PREMIER PRIX

L'Esplanade – B1 - *L'Hospitalet - 05 65 33 18 45 - www.lesplanade-creperie.fr - été : 10h-0h - fermé de fin nov. à déb. fév. - 10/20 €.* Ce bar-crêperie bénéficie d'un point de vue exceptionnel sur la cité médiévale et les montagnes qui l'entourent. Sa terrasse ombragée est un lieu idéal pour admirer le « deuxième » site de France. Mais quel est donc le premier ?

Envies de Terroir – B2 - *R. de la Couronnerie - 05 65 33 67 38 - 16/20 €.* Pour déjeuner sur le pouce, cette brasserie, lumineuse et cosy, à la décoration contemporaine, dispose d'une superbe terrasse d'où le regard embrasse toute la falaise, face au village de Rocamadour. Une restauration légère aux accents du terroir comblera les petites faims. Accueil souriant, service rapide et efficace.

À proximité

Hôtel-restaurant Le Limargue – B1 en direction - *Au bourg - 46500 Lavergne (14 km à l'est par la D 36, la D 840 et la D 807) - ✆ 05 65 38 76 02 - www.lelimargue.com - P - menu unique 13,50 € - 3 ch. 52 € - ☕ 7,50 €.* En parcourant le causse de Gramat, faites une halte dans cette sympathique maison en pierre de taille pour y goûter la cuisine du Quercy. Chambres joliment personnalisées.

BUDGET MOYEN

Hostellerie Bellevue – B1 - *L'Hospitalet - ✆ 05 65 33 62 10 - fermé nov.-mars - menus 18/30 € - 13 ch. 47/59 € - ☕ 9 €.* Cette petite pension de famille qui porte bien son nom dispose d'un restaurant aux airs de vieille taverne. Sur la terrasse et sous la vigne vierge, on goûte une cuisine traditionnelle familiale aux portions généreuses. Service sympathique et impeccable.

Les Jardins de la Louve – B2 - *Pl. Hugon - ✆ 05 65 33 62 93 - restauration : du 1er avr. au 11 Nov. 12h-14h, 19h-21h ; bar : du 1er juin-30 sept. : 10h-2h - 24/40 €.* Élégante adresse installée dans une superbe demeure bâtie au 13e s. et remaniée au 15e s. Grande cheminée, pierres et poutres apparentes et agréable terrasse arborée pour les beaux jours. Cuisine régionale et pizzas ; formule « salon de thé » l'après-midi et pub-bar à cocktails le soir *(tlj juin-sept. et w.-ends en basse saison).*

À proximité

Le Roc du Berger – B1 en direction *- Bois de Belveyre, rte de Padirac (1,5 km au nord-est de Rocamadour par la D 673) - ✆ 05 65 33 19 99 - www.rocduberger.fr - fermé de fin sept. à fin mars, sam. soir et dim. midi en oct. - P - 14/27 €.* Terrasse sous les chênes truffiers, ambiance animée, service décontracté et, sur la table, des produits fermiers exclusivement régionaux et préparés au feu de bois.

Le Lion d'Or – B1 en direction - *Pl. de la République - 46500 Gramat (11 km à l'est de Rocamadour par la D 36 et la D 840) - ✆ 05 65 10 46 10 - www.liondorhotel.fr - fermé dim. soir et lun. 15 nov.-15 avr. - formule déj. 18 € - 25/59 €.* Cette demeure régionale de caractère établie en centre-ville propose une carte classique et des recettes du terroir dans une salle à manger bourgeoise. Agréable bar-salon. Service de brasserie en terrasse sous une pergola : agneau grillé du Quercy et bœuf de l'Aveyron. Quelques chambres au décor soigné à l'étage.

POUR SE FAIRE PLAISIR

Hôtel-restaurant du Château – A1 - *Rte du Château - ✆ 05 65 33 62 22 - www.hotelchateaurocamadour.com - fermé nov.-mars, lun. midi en avr. et oct. - P - formule déj. 19 € - 28/82 €.* Situé en retrait du village, ce restaurant déploie quelques tables sous les chênes, dans un véritable sous-bois. Le chef mise sur la simplicité et la qualité des produits pour concocter une cuisine traditionnelle : foie gras mariné au jurançon, navarin d'agneau du Quercy, tarte fine aux pommes. Cuisine bien tournée qui connaît ses classiques. Service familial et attentif.

Le Jehan de Valon – B2 - *Cité médiévale - ✆ 05 65 33*

63 08 - www.bw-beausite.com - fermé 9 nov.-13 fév. - P - formule déj. 20 € - 27/110 €. Dans le restaurant de l'hôtel Beau Site, la chef Nathalie Vallée se plaît à décliner des recettes classiques mais goûteuses tel ce gigot d'agneau fermier du Quercy découpé en salle accompagné de haricots blancs en cocotte et de pommes de terre gratinées au cantal. Cuisine haut de gamme, adresse incontournable dans la cité amadourienne. Salle à manger panoramique embrassant la vallée de l'Alzou ou terrasse à l'ombre des tilleuls, selon la saison. En salle, une équipe des plus charmantes veille au bien-être des hôtes.

ACHATS

Ferme Lacoste – *Les Alix - ✆ 05 65 33 62 66 - 10h-12h, 14h30-17h tlj sf fermeture exceptionnelle.* Cette belle ferme abrite une centaine de chèvres qui broutent courageusement pour préserver la réputation de leur délicieux fromage : le fameux cabécou de Rocamadour.

La Maison de la Noix – *R. de la Couronnerie - ✆ 05 65 33 67 90 - 10h-20h tlj (été 22h, hiver 18h).* Apéritifs, liqueurs, confitures, huiles, biscuits, confiseries, moutardes et vinaigres de noix, mais aussi du safran.

À proximité

Marché des producteurs de pays du Lot – *46500 Miers (11 km au nord-est de Rocamadour).* Productions agricoles et artisanales de qualité : le vendredi soir *(17h-21h)* en juillet-août, pl. de la Mairie.

ACTIVITÉS

Association Rocamadour Aérostat – *Hôtel de ville - sur demande par téléphone ✆ 06 79 24 28 21 - www.rocamadouraerostat.fr.* Rocamadour est le lieu rêvé pour découvrir la montgolfière. Après avoir assisté à la préparation du ballon, on s'élève du fond de la vallée pour un vol de 45mn environ.

Ferme-découverte La Borie d'Imbert – *À 4 km au nord de Rocamadour sur la D247 - ✆ 05 65 33 20 37 - www.laboriedimbert.com - mai-sept. : 10h-19h ; oct.-avr. : 9h-12h, 13h-18h30 (w.-end 16h-18h30) - 5 € (enf. 3 €).* De nombreuses animations sont proposées dans cette ferme dotée d'un écomusée, d'un sentier pédagogique et d'une boutique. La traite de 17h est un moment fort de la visite de la ferme.

AGENDA

Fête des fromages – Sur le parcours à moutons de Belveyre le week-end de la Pentecôte.

Fête de l'Assomption – Procession aux flambeaux le 14 août.

Cantica Sacra – *www.cantica-sacra.fr.* La 3e semaine d'août, cycle de concerts de musique sacrée en l'honneur de Francis Poulenc. Stages de chant choral.

Montgolfiades – *www.rocamadouraerostat.fr.* Dernier week-end de septembre.

Gouffre de Padirac

★★

Lot (46)

Plongez dans un monde à part, celui des « réseaux noyés » parmi les plus longs du monde après ceux du Yucatán (40 km !), au Mexique. La visite de ce gouffre vertigineux, de sa mystérieuse rivière et des vastes cavernes ornées de concrétions calcaires gigantesques reste un rendez-vous incontournable pour qui découvre le causse de Gramat.

SE REPÉRER

Carte de microrégion B1-2 (p. 279)

À 54 km au nord-ouest de Figeac et à 13 km au nord-est de Rocamadour. Du petit village de Padirac, prenez la D 90.

À NE PAS MANQUER

Le gouffre, vu de l'extérieur, qui fume en hiver ; la balade en barque ; la salle du Grand Dôme.

ORGANISER SON TEMPS

Avec l'attente, comptez 2h30 en saison.

Découvrir

05 65 33 64 56 - www.gouffre-de-padirac.com - visite guidée tlj, horaires se rens. sur Internet - fermé de la Toussaint au w.-end de Pâques - 10,50 € (-4 ans 7 €) - la température sur le parcours de visite est constante à 13 °C, il est donc conseillé de se couvrir et de se munir de chaussures adaptées à une visite en milieu humide. Pour réduire l'attente en période de ponts et de vac. scol., réservez vos billets coupe-file sur Internet.

À la descente, deux ascenseurs doublés d'escaliers conduisent à l'intérieur du gouffre de 32 m de diamètre jusqu'au cône d'éboulis formé par l'effondrement de la voûte primitive.

Du fond du cône, à 75 m de profondeur, la vue est saisissante sur les parois couvertes de coulées de stalagmites et de végétation, et sur le coin de ciel qui se détache au-dessus.

Ensuite, des escaliers mènent, jusqu'au niveau de la rivière souterraine, à 103 m au-dessous du sol. Après la descente au fond du gouffre, on parcourt 500 m en barque puis 400 m à pied.

Galerie de la Source

Elle est aménagée au fond d'un canyon souterrain dont la voûte s'élève peu à peu. Longue de 300 m, elle emprunte le tracé de la rivière qui l'a creusée et conduit à l'embarcadère.

5

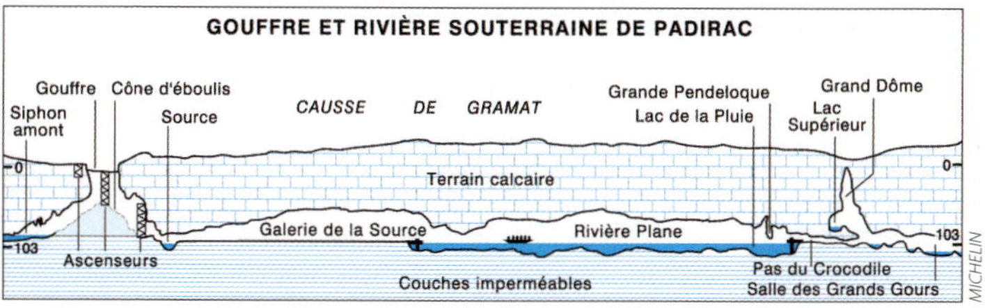

Rivière Plane

Une flottille de bateaux plats permet d'effectuer une promenade féerique sur la « rivière plane » aux eaux étonnamment limpides. Les guides se transforment alors en gondoliers le temps de cette « traversée » souterraine. La profondeur de la rivière varie de 50 cm à 4 m, la température de l'eau est constante, à 11 °C, comme celle de la grotte, à 13 °C. Au cours de cette navigation, remarquez les niveaux d'érosion correspondant aux cours successifs de la rivière. En fin de parcours, on admire la **Grande Pendeloque du lac de la Pluie**. Cette gigantesque stalactite dont la pointe atteint presque la surface de l'eau n'est que le pendentif final d'un chapelet de concrétions de 78 m de hauteur.

Pas du Crocodile

Un passage resserré entre de hautes parois sépare le lac souterrain des salles vers lesquelles se poursuit la visite. Sur la gauche du pas du Crocodile trône le **Grand Pilier**, haut de 40 m.

Salle des Grands Gours

Une série de bassins séparés par des gours, barrages naturels de calcaire, partagent la rivière et le lac en superbes vasques au-delà desquelles une cascade haute de 6 m marque l'extrémité du parcours aménagé pour les visiteurs.

LA LÉGENDE DU DIABLE

Saint Martin, à la recherche d'âmes à sauver et n'en ayant pas trouvé, vit brusquement sa mule stopper : Satan surgit portant un grand sac plein d'âmes. Se moquant du saint, il lui propose un marché : il lui donnera les âmes qu'il emporte en enfer à condition que saint Martin fasse franchir à sa mule un obstacle qu'il crée sur-le-champ. Il frappe le sol du pied et aussitôt apparaît un gouffre béant. L'animal fit un tel bond de l'autre côté de l'abîme que les empreintes de ses sabots y sont encore visibles ; dépité, Satan regagna l'enfer par le trou qu'il avait créé, laissant les âmes à saint Martin !

De la légende à l'exploration – Malgré la légende et leur peur du gouffre, les gens du lieu y descendaient pour y chercher du salpêtre. Le gouffre servit de refuge aux habitants du causse pendant la guerre de Cent Ans et au cours des guerres de Religion, mais il semble que ce soit seulement vers la fin du 19e s., à la suite d'une violente crue de la rivière, qu'une communication praticable se soit ouverte entre le fond du puits et les galeries souterraines. Le spéléologue **Édouard Alfred Martel** découvre ce passage en 1892. En onze ans, il entreprend neuf expéditions. En 1898, Padirac est inauguré. Depuis, de nombreuses expéditions spéléologiques ont porté la longueur du réseau reconnu à 22 km.

L'expédition de 1947 a permis de déterminer, par une expérience de coloration à la fluorescéine, que les eaux de Padirac réapparaissent à l'air libre à 11 km de là, à la source du Lombard et à la fontaine de St-Georges, au **cirque de Montvalent**, près de la Dordogne.

Au cours des expéditions de 1984 et 1985, les spéléologues accompagnés de paléontologues, de préhistoriens et de géologues, ont mis au jour, à 9 km de l'orifice sur l'affluent de Joly, un gisement qui renferme de nombreux ossements de mammouths, de rhinocéros, de bisons, d'ours, de lions des cavernes et de cerfs… vieux de 150 000 à 200 000 ans. Parmi les ossements ont aussi été découverts des silex taillés datant de – 30 000 à – 50 000 ans.

Gouffre de Padirac : le lac des Grands Gours.
J.-D. Sudres/hemis.fr

Lac Supérieur
Alimenté seulement par les eaux d'infiltration tombant de la voûte, il est situé à 20 m au-dessus de la rivière plane et limité par une série de gours aux formes arrondies. Ses eaux sont d'un beau vert émeraude. La forme plate des concrétions s'explique par la hauteur de plafond.

Salle du Grand Dôme
Cette **salle impressionnante** par sa hauteur (91 m) est la plus belle et la plus vaste du gouffre. Le belvédère établi à mi-hauteur permet d'observer les formations rocheuses et les coulées de calcite qui décorent ses parois. Au cours de la descente vers l'embarcadère, vues intéressantes sur le Grand Pilier et la Grande Pendeloque.
De l'extrémité de la galerie de la Source, près du gouffre, 4 ascenseurs ramènent au pavillon d'entrée, évitant ainsi la montée de 455 marches.

Souillac

★

3 808 Souillagais – Lot (46)

La ville est considérée comme la porte orientale du Périgord noir. Avec son patrimoine architectural, à commencer par son élégante abbaye à coupole, ses commerces et son animation, elle constitue un excellent lieu de villégiature pour découvrir le Quercy et le Périgord noir.

NOS ADRESSES PAGE 332
Hébergement, restauration, achats, activités, etc.

S'INFORMER

Office du tourisme – *Bd Louis-Jean-Malvy - 46200 Souillac - ✆ 05 65 33 22 00 - www.vallee-dordogne-rocamadour.com - juil.-août : 9h30-13h, 14h-18h30 ; avr.-juin et sept. : tlj sf dim. 10h-12h30, 14h-18h, j. fériés 10h-13h ; oct. : tlj sf dim. 10h-12h, 14h-18h ; reste de l'année : tlj sf w.-end 10h-12h, 14h-17h30 - fermé 1er janv., 1er Mai, 25 déc.*

SE REPÉRER

Carte de microrégion B1 (p. 279)

Souillac se situe à la croisée de la D 820, de l'A 20 et de la D 703 (Sarlat-Martel). Elle se trouve à 32 km au sud de Brive, à 29 km à l'est de Sarlat et à 63 km au nord de Cahors.

ORGANISER SON TEMPS

Comptez 1h30 pour la ville, un jour pour les environs.

AVEC LES ENFANTS

Le musée de l'Automate leur plaira, de même qu'une descente de la Dordogne en canoë *(voir « Nos adresses »)* ou le sentier de visite de l'Espace naturel sensible de la Couasne de Florac.

Découvrir

Ancienne église abbatiale

L'église abbatiale Ste-Marie *(voir ABC d'architecture p. 83)* est devenue l'église paroissiale, à la suite de l'église St-Martin. Elle remonte au 12e s. et, si elle s'apparente aux édifices de style byzantin de Périgueux et de Cahors, elle

DU MARÉCAGE AU TABAC

Lorsque les bénédictins s'installent dans la plaine de Souillès, de *souilh*, lieu marécageux, ils remplacent une communauté fondée, d'après la tradition, par saint Éloi. Les moines assèchent sans relâche et transforment le marécage en un riche domaine. Plusieurs fois ruinée et saccagée par les Anglais au cours de la guerre de Cent Ans, l'abbaye se relève grâce à la ténacité des abbés, mais les guerres de Religion lui causent des dommages encore plus grands. Reconstruite au 17e s. et rattachée alors à la congrégation de St-Maur, l'abbaye cesse d'exister à la Révolution, ses bâtiments étant transformés en magasin des tabacs.

L'église romane St-Martin, détruite lors des guerres de Religion, fut reconstruite au cours des 15e et 16e s. Son clocher sert de **beffroi** et elle abrite désormais l'office de tourisme.

L'église abbatiale Ste-Marie et son chevet aux cinq absidioles pentagonales.
ARCO / B Bönsch / Arco Images / age fotostock

est plus évoluée dans ses formes, plus légère dans son élévation. De l'extérieur, on admire un ravissant chevet aux absidioles pentagonales et une étonnante tour.

À l'intérieur de l'église, les fragments du magnifique **portail**★ retiennent l'attention.

À droite de la porte, le bas-relief roman du prophète **Isaïe**★★ est saisissant d'expression. Le pilier sculpté qui jouxte ce bas-relief représente, dans un tumulte d'animaux plus ou moins imaginaires et de couples enlacés (face externe), le sacrifice d'Isaac par son père Abraham, arrêté à temps par la main de Dieu.

Au-dessus de la porte, entre saint Benoît et saint Pierre, s'inscrit la légende du moine Théophile. Ce dernier, injustement privé de ses fonctions d'économe, signa un pacte avec le diable pour recouvrer son emploi. Rongé par le remords, il implora le secours de la Vierge qui lui apparut en rêve, accompagnée de saint Michel et de deux anges, pour lui accorder son pardon.

Remarquez aussi le trumeau, d'une grande richesse décorative.

★ Musée national de l'Automate

Pl. de l'Abbaye - ✆ 05 65 37 07 07 - www.musee-automate.fr - ♿ - juil.-août : 10h-12h30, 14h-18h ; avr.-juin et sept.-oct. : tlj sf lun. (sf j. fériés) 10h-12h, 15h-18h ; reste de l'année : tlj sf lun. 14h30-17h30 - fermé 1er janv., 1er Mai, 25 déc. - 7 € (-12 ans 3 €).

Ce musée-spectacle, toujours en mouvement, réunit plus de trois mille pièces, dont mille automates, et permet de revivre plus d'un siècle d'histoire du jouet mécanique, qui a longtemps animé les vitrines des supermarchés parisiens. Un tel lieu n'aurait jamais existé sans la perspicacité de la dynastie Roullet-Descamps qui, à travers quatre générations de créateurs, a renouvelé ce monde du mécanisme.

Observez en particulier l'exceptionnel **jazz-band**, groupe d'automates électriques créé en 1920, où violoniste, pianiste et batteurs noirs donnent un vrai concert. Aujourd'hui, les robots du 21e s. animent la collection.

Circuit conseillé Carte de microrégion p. 279 et carte ci-contre

★★ LA VALLÉE DE LA DORDOGNE LOTOISE B1-2

Circuit de 85 km tracé en bordeaux sur la carte ci-contre. Comptez environ une journée. Quittez Souillac par le nord-est en empruntant la D 803.

★ Martel *(voir ce nom)*

Continuez sur la D 803 jusqu'à Vayrac et prenez, vers le nord, la D 720 en direction de Brive. Avant la sortie du bourg, tournez à gauche sur la D 119.

★ Puy d'Issolud

Culminant à 311 m, ce plateau est bordé de falaises abruptes surplombant des affluents de la Dordogne. Du sommet, la **vue★**, bien que fragmentée, s'étend en direction de la vallée. Entouré à l'époque gauloise de solides retranchements en terre et en pierres sèches qui en faisaient l'un des *oppida* les plus redoutables du Quercy, ce puy correspond à **Uxellodunum**, théâtre de l'ultime résistance gauloise face à Jules César après Alésia. Certains auteurs situaient *Uxellodunum* à Capdenac, d'autres à Luzech, mais les dernières recherches archéologiques ont démontré qu'il est bien situé au **puy d'Issolud**. La lutte menée par les légions romaines se solda par une nouvelle défaite gauloise, à la suite du détournement d'une source, qui fit croire aux défenseurs d'*Uxellodunum* que leurs dieux les avaient abandonnés… en les assoiffant.
Revenez à Vayrac.

Vayrac

Musée Uxellodunum – *Pl. Lucterius - ✆ 05 65 32 40 26 - www.vayrac.fr - juil.-août : horaires, se rens. - 2,10 € (-12 ans 1,20 €).* Annexe du musée de Martel *(voir p. 339)*, il présente les vestiges préhistoriques et gallo-romains trouvés sur l'*oppidum* du puy d'Issolud.
Poursuivez sur la D 803, vers Puybrun. À Bétaille, prenez à droite la D 20.

★ Carennac *(voir ce nom)*

Quittez Carennac par le nord-ouest en empruntant la D 43 qui longe la rive gauche de la Dordogne.
Après Carennac, se frayant un passage entre causses de Martel et de Gramat, la Dordogne s'engage dans la magnifique trouée du cirque de Floirac.

Floirac

Dressée sur la place du village, une tour-donjon constitue le dernier vestige d'une forteresse médiévale. Au nord, la chapelle du 15e s. mérite un coup d'œil.

Espace naturel sensible de la Couasne de Floirac

À parcourir avec le guide découverte disponible à la mairie ; fiche rando téléchargeable sur www.tourisme-lot.com.
La Couasne est un bras mort de la Dordogne. Son hydrologie très particulière lui confère une singularité écologique : ce sont des espèces animales et végétales spécifiques qui l'habitent. Ce long sentier, très facile, visite Floirac, le lit de la Dordogne, la forêt alluviale, des paysages agricoles, les prés sableux… et explique en quoi l'homme modifie, volontairement ou non, les paysages.

★ Cirque de Floirac (cirque de Montvalent)

La route longe souvent la rivière et s'élève parfois en corniche au-dessus d'elle. À chaque tournant se révèlent de belles **perspectives** sur la vallée et les falaises des causses.

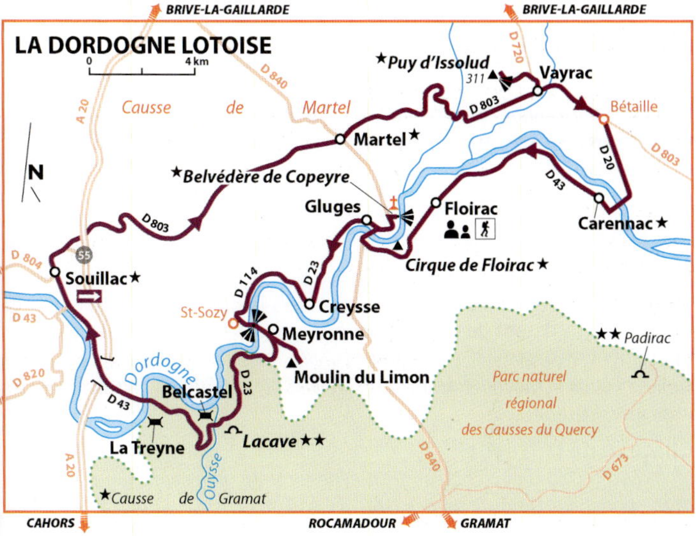

Prenez à droite la D 840, direction Gluges. Après avoir franchi la Dordogne, tournez à droite.

★ Belvédère de Copeyre

Du petit calvaire planté au bord de la falaise, **vue** sur les sinuosités argentées de la Dordogne du cirque de Floirac, à droite, et sur le puy d'Issolud, à gauche.

Gluges

À l'entrée d'un méandre, le bourg se blottit au pied de la falaise autour de son église romane semi-troglodytique. Le village occupe un **site★** pittoresque, dominé de 120 m par une falaise à la végétation clairsemée.

Quittez Gluges par le sud-ouest en empruntant la D 43 et poursuivez sur la D 23 creusée dans la falaise.

Creysse

La châtellenie des vicomtes de Turenne regroupe ses vieilles maisons aux toits de tuiles brunes au pied d'un petit éperon. À son sommet se dressent les vestiges du château (15e s.) et sa chapelle romane (12e s.), originale avec ses deux absides accolées. De la place ombragée de platanes, vue d'ensemble sur le bourg. En contrebas, le port de Creysse, très fréquenté, appartenait au roi. Creysse accueille la **Station expérimentale de la noix**, chargée, en collaboration avec l'Inra et le CTIFL, de la création de la noiseraie du 3e millénaire. Une action qui concerne toute la filière nucicole française.

Quittez Creysse par le nord-ouest en empruntant la D 114. À St-Sozy, prenez à gauche la D 15.

Meyronne

Du pont, on découvre une jolie **vue★** sur la rivière et le village. Le cadre exquis de Meyronne plut aux évêques de Tulle qui en firent leur lieu de résidence. Si leur château a aujourd'hui disparu, l'église, restaurée à la fin du 19e s., porte encore des traces de leur passage.

Sortez de Meyronne par le sud-est en empruntant la D 15, puis tournez à droite après avoir parcouru 1 km.

Site du moulin du Limon

Il se compose d'un vieux moulin ruiné et d'un gouffre entouré d'une rafraîchissante verdure… très bucolique!

Revenez à Meyronne et prenez à gauche la D 23.

La route épouse alors le tracé de la rivière dans un très beau décor de rochers et de falaises jusqu'à Lacave.

★★ Grottes de Lacave *(voir ce nom)*

Château de Belcastel

En face du village de Lacave, sur l'autre rive de l'Ouysse, le château de Belcastel domine la vallée depuis le Moyen Âge. Seuls le donjon et la partie est du corps de logis datent de cette époque, les autres éléments ayant été ultérieurement reconstruits.

La D 43 coupe le méandre de la vallée en direction de Pinsac. Prenez à gauche juste avant le pont.

Château de la Treyne

✆ 05 65 27 60 60 - www.chateaudelatreyne.com - ♿ - juin-sept. : 10h-18h - fermé mar. - possibilité de visite guidée (1h) - 5 € (-10 ans 2,50 €) - jardins, chapelle et expositions uniquement.

Construit au bord de la falaise, le château déploie un vaste parc côté plateau. Il fut incendié par les catholiques lors des guerres de Religion et reconstruit au 17e s. On peut visiter le parc et ses **jardins à la française**, ainsi que la chapelle romane, cadre privilégié d'expositions.

La D 43 ramène à Souillac. Si vous souhaitez profiter encore de la Dordogne, tournez à gauche (D 43) au port de Souillac et rentrez à Souillac par Cieurac.

NOS ADRESSES À SOUILLAC

HÉBERGEMENT

PREMIER PRIX

Belle Vue – *68 av. Jean-Jaurès - ✆ 05 65 32 78 23 - www.hotelbellevue-souillac.com - P - 26 ch. 50/58 € - ☕ 8 €.* Grande bâtisse des années 1960, proche de la gare. Chambres propres. Piscine et produits régionaux.

Grand Hôtel - Restaurant l'Imprévu – *1 allée Verninac - ✆ 05 65 32 78 30 - www.grandhotel-souillac.com - fermé nov.-mars - 28 ch. 50/62 € - ☕ 6,50 € - ✕ formule déj. 12,50 € - 17,90/33 €.* Cet édifice centenaire abrite des chambres contemporaines personnalisées. Un agréable patio, vrai puits de lumière, éclaire la salle des petits déjeuners. Véranda ou terrasse sous les platanes.

Le Quercy – *1 r. de la Recège - ✆ 05 65 37 83 56 - www.le-quercy.fr - fermé 16 nov.-19 mars - P - 25 ch. 70/78 € - ☕ 12 €.* Accueil familial dans cet hôtel confortable, à l'écart du centre. Les chambres, bien tenues, sont pour la plupart dotées d'un balcon tourné vers la terrasse fleurie ou la piscine.

À proximité

Grangier – *46200 St-Sozy (12 km au sud-est de Souillac par la D 803 et la D 15) - ✆ 05 65 32 20 14 - hotelgrangier.free.fr - P - fermé en fév. - 12 ch. 67/115 € (1/2 P) ☕ 9 € - ✕ (déj. seult) formule 20 €, 29/49 €.* Une belle maison en pierre flanquée d'une tour, abritant des chambres bien tenues et confortables… L'été, on profite de la jolie piscine. Restaurant traditionnel.

RESTAURATION

BUDGET MOYEN

Le Redouillé – *28 av. de Toulouse - ✆ 05 65 37 87 25 - www.leredouille.c.la - fermé 7 janv.-4 fév., 6 mars-1er avr., dim. soir, lun. et mar. midi - P - 17/40 € bc.* Deux salles de restaurant séparées par un salon ; l'une d'elles, très ensoleillée, affiche les couleurs de la Provence. Cuisine traditionnelle parfois revisitée. Terrasse d'été.

À proximité

La Terrasse – *46200 Meyronne (14 km au sud-est de Souillac par la D 803 et la D 15) - ✆ 05 65 32 21 60 - www.hotel-la-terrasse.com - fermé 2 nov.-20 mars et mar. midi (rest.) - 15 ch. 93/145 € - 23/75 €.* La terrasse, qui domine la Dordogne, est parfaite pour un dîner romantique ; l'hiver on peut se réfugier sous les voûtes médiévales de cette ancienne place forte du 11e s. Au menu, une cuisine aux parfums bien marqués, avec quelques clins d'œil aux saveurs du Sud. Charmant !

POUR SE FAIRE PLAISIR

La Vieille Auberge – *1 r. de la Recège - ✆ 05 65 32 79 43 - www.la-vieille-auberge.com - fermé en déc.-janv. ; reste de l'année : fermé lun. midi (et dim. midi en fév., mars et nov.) - formule déj. 17/20 € - 26/68 €.* Une institution. Cuisine de haute volée qui fait la part belle à l'agneau du Quercy et au foie gras de canard, avec des échappées marines (cassolette de gambas et Saint-Jacques poêlées). Incontournable omelette aux cèpes. Service parfait, attentif sans être compassé. Des chambres à l'étage, un peu étroites mais de bon confort, en collaboration avec l'hôtel Le Quercy *(ci-contre)*.

ACHATS

Distillerie Louis Roque – *41 av. Jean-Jaurès - ✆ 05 65 32 78 16 - www.lavieilleprune.com - ♿ - visite guidée (1h) 8h30-12h, 14h-17h30 - fermé w.-end et j. fériés.* Les héritiers de Louis Roque élaborent liqueurs et apéritifs régionaux dans le souci d'une tradition vieille de près d'un siècle. On goûtera notamment la vieille prune, l'eau-de-vie qui a fait la renommée de la maison. Visite (gratuite) du chai et du musée et dégustation offerte.

ACTIVITÉS

Quercyland – *Les Ondines - ✆ 05 65 32 72 61 - www.copeyre.com - 11h-20h - fermé de déb. oct. à mi-mai - 9 € tarif unique.* Location de canoë-kayak sur la Dordogne, parc aquatique et accrobranche.

AGENDA

Souillac en jazz – *www.souillacenjazz.fr.* À la mi-juillet, pendant 7 jours, festival Sim Copans qui s'adresse volontiers aux non-spécialistes.

Grottes de Lacave

★★

Lot (46)

Ces faiseurs de merveilles sont lents et discrets, mais quelques aventuriers ont révélé leur secret : sous terre, la rencontre de l'eau et du calcaire donne naissance à des concrétions de toute beauté. Les salles et gours sont exceptionnellement grands, et magnifiquement mis en lumière.

SE REPÉRER

Carte de microrégion B2 (p. 279)

Situées à la sortie sud de Lacave, les grottes se trouvent à 20 km au nord-ouest de Rocamadour et à 12 km à l'est de Souillac.

SE GARER

Parking gratuit. Accès aux grottes en train électrique, puis ascenseur.

ORGANISER SON TEMPS

Comptez 1h30.

Découvrir

Grottes

Le Bourg - ✆ 05 65 37 87 03 - www.grottes-de-lacave.com - juil.-août : 9h30-18h ; avr.-juin et sept. : 9h30-12h, 14h-17h30 ; reste de l'année : 10h-12h, 14h-17h - fermé de mi-nov. à mi-fév. (sf 26-30 déc.), 1er janv., 25 déc. - 10 € (-13 ans 6 €) - 15 € billet combiné avec le Rocher des Aigles à Rocamadour - possibilité de visite guidée (1h20), accès en petit train dans la grotte.

Le site a été découvert en 1902 par Armand Viré, fondateur de la biospéléologie, discipline qui étudie les animaux des cavernes et souterrains.

Le circuit aménagé pour le public représente un trajet de 1,6 km et se divise en deux galeries que l'on parcourt successivement en aller-retour.

La première galerie est riche en stalactites et stalagmites en forme de personnages, d'animaux, de végétaux, voire de monuments ou de cités englouties. Vous verrez de superbes cascades, de fines draperies, la plus ancienne concrétion de la grotte de 100 m de hauteur et de belles orgues. L'ensemble offrant des teintes contrastées, entre les parties blanches et ocre des concrétions.

La seconde galerie comprend des salles très différentes. D'abord celle du **grand dôme** à l'aspect chaotique lié à des éboulements provoqués par des secousses telluriques. Haute de 60 m, elle compte en son centre une stalactite qui paraît petite mais n'en mesure pas moins 3 m ! Suit une belle colonne isolée

Grottes de Lacave.
Robert Harding Produc/Robert Harding Picture Library/age fotostock

sur laquelle sont accolées des **excentriques** (parmi les plus grandes d'Europe) semblables à des pattes d'araignée et des draperies en forme de cigarettes russes. Puis vous pénétrerez dans le domaine des eaux souterraines : un **lac** de 2 m de profondeur cascade de gour en gour (barrage naturel) pour terminer en filet d'eau. Dans la **salle des Merveilles★** (au moins 2000 m^2), un jeu de lumière noire qui permet de mieux voir les concrétions rend luminescente la partie vivante des stalactites. Enfin, vous traverserez une salle d'excentriques. De retour dans la salle des Merveilles, quand l'éclairage revient, la magie se fait jour : c'est à un jeu de miroir que vous assisterez, l'eau reflétant les concrétions.

Préhisto-Dino Parc

5 km au nord-ouest par la D 247. Rte de Rocamadour - ✆ 05 65 32 28 28 - www.prehistodino.com - juil.-août : 10h-20h ; avr.-juin et sept. : 10h-19h ; de déb. oct. à mi-nov. : 10h-18h ; reste de l'année : se rens. - 7,80 € (enfant 4 €).

Parcourez quelque 4,6 milliards d'années qui séparent l'apparition des premiers animaux de celle de l'Homme. Des reconstitutions scientifiques et grandeur nature de dinosaures (autour d'un volcan en activité), d'oiseaux et de reptiles primitifs, de mammifères préhistoriques et des premiers hommes illustrent l'évolution de la vie sur Terre.

Martel

★

1 652 Martelais – Lot (46)

Le clocher de St-Maur, le beffroi, les tours de Tournemire, de Mirandol, des Cordeliers, de l'hôtel Vergnes de Ferron et de la maison d'Henri Court-Mantel : par ces éminences visibles de loin, Martel mérite bien son surnom de « ville aux sept tours ». Bâtie sur un causse du haut Quercy éponyme, elle est une étape agréable pour découvrir le causse de Gramat et la vallée de la Dordogne.

NOS ADRESSES PAGE 340
Hébergement, restauration, achats, activités, etc.

S'INFORMER

Office de tourisme – Plan de ville A1 - *Pl. des Consuls - 46600 Martel - ✆ 05 65 33 22 00 - www.vallee-dordogne-rocamadour.com - juil.-août : 9h30-13h, 14h-18h30, dim. et j. fériés 10h-13h ; avr.-juin et sept. : tlj sf dim. 10h-12h30, 14h-18h, j. fériés 10h-13h ; reste de l'année : tlj sf dim.-lun. 10h12-, 14h-17h30 - fermé certains j. fériés.*

Chemin de fer touristique du haut Quercy « Le Truffadou » – *Près la gare - ✆ 05 65 37 35 81 - www.trainduhautquercy.info - ♿ - visite guidée (1h) avr.-sept. : horaires se rens. - train à vapeur : 10,50 € (4-11 ans 6,50 €) ; train diesel 8 € (4-11 ans 4 €) - durée 1h env. AR.* Un sifflement, un gros panache de fumée à l'odeur familière, et vous voici transportés 50 ans en arrière à bord d'un vrai train à vapeur ou diesel, de Martel à St-Denis-lès-Martel. Circulant sur les falaises à plus de 80 m de hauteur en corniche, il vous fera découvrir la vallée de la Dordogne et ses châteaux, ainsi que la riche histoire de cette ligne, devenue concurrente des gabares de la rivière Espérance en 1889.

SE REPÉRER

Carte de microrégion B1 (p. 279). Martel se trouve à 15 km à l'est de Souillac, à 58 km au nord-est de Figeac et à 77 km au nord de Cahors.

À NE PAS MANQUER

Le décor en façade de l'hôtel de la Raymondie ; la place des Consuls, surtout les jours de marché ; la nef et la baie de l'église St-Maur.

ORGANISER SON TEMPS

Comptez une demi-journée.

AVEC LES ENFANTS

Les serpents de Reptiland.

Se promener

Circuit tracé en vert sur le plan de la ville p. 338.

Ancienne enceinte

Des boulevards – fossés des Cordeliers, fossés du Capitani – ont été aménagés à l'emplacement des remparts des 12e et 13e s. La **tour de Tournemire** (A1), qui servit à la fois de tour de guet et de prison, la porte de Souillac et la porte de Brive évoquent l'époque où Martel était une ville forte, protégée par une double enceinte. La seconde muraille englobait alors les faubourgs de la ville.
Laissez la voiture au parking aménagé à l'emplacement des anciens remparts nord. Passez entre la poste et la tour de Tournemire pour pénétrer dans la vieille ville.

La ville aux sept tours

LES TROIS MARTEAUX

Après avoir arrêté les Arabes à Poitiers en 732, **Charles Martel** les poursuivit en Aquitaine. Quelques années plus tard, il leur livre un nouveau combat et les anéantit. Pour commémorer cette victoire sur les « infidèles » et remercier Dieu, il fait édifier en ce lieu une église, près de laquelle s'élève bientôt une ville qui reçoit alors le nom de Martel et qui place sur son blason trois marteaux, en souvenir de son fondateur.
Charles Martel préférait en effet le marteau à toute autre arme. Il faut dire qu'à l'époque sa forme était très différente de l'outil que l'on connaît et beaucoup plus dangereuse !

MARTEL ET LA VICOMTÉ DE TURENNE

Si la fondation de Martel par le vainqueur de la bataille de Poitiers relève plus du conte que de l'histoire, on sait en revanche que les très puissants vicomtes de Turenne en firent une communauté urbaine importante dès le 12e s. En 1219, le vicomte Raymond IV octroie à Martel une charte la reconnaissant comme ville libre et lui accorde l'exemption d'impôts vis-à-vis du roi et le droit de frapper monnaie.
Très vite, la cité s'organise avec un conseil communal et un consulat ; elle devient le siège du bailliage royal et de la sénéchaussée. Véritable cour d'appel où se traitaient toutes les affaires juridiques de la région, la sénéchaussée occupait plus de cinquante magistrats, juges et avocats. L'apogée de Martel se situe à la fin du 13e s. et au début du 14e s. ; ensuite, elle connaît les vicissitudes de la guerre de Cent Ans : jamais prise, la ville tombe aux mains des Anglais par le traité de Brétigny. Elle connaît aussi les ravages des guerres de Religion, pendant lesquelles elle est saccagée par les bandes huguenotes. En 1738, la vente de la vicomté de Turenne au roi fait perdre ses privilèges à Martel qui devient une simple châtellenie.

LE FILS REBELLE

À la fin du 12e s., Martel est le théâtre d'un épisode des tragiques discordes qui mettent aux prises le roi d'Angleterre **Henri Plantagenêt**, sa femme, Aliénor d'Aquitaine, et leurs quatre fils.
Le ménage royal va mal. Henri ne peut plus supporter Aliénor : il l'enferme dans une tour. Les fils prennent alors les armes contre le père et l'aîné, **Henri Court-Mantel**, ravage la vicomté de Turenne et le Quercy. Pour le punir, Henri Plantagenêt donne ses terres à son troisième fils, Richard Cœur de Lion, et suspend sa pension. Henri Court-Mantel, désormais sans ressources, pille les trésors des abbayes. À Rocamadour *(voir p. 312)*, il enlève la châsse et les pierreries de saint Amadour et aurait vendu Durandal, l'épée de Roland. Mais, comme il quitte la ville, la cloche miraculeuse tinte : c'est un avertissement de Dieu. Henri s'enfuit alors jusqu'à Martel où il arrive malade et confesse ses crimes. Son père lui envoie son pardon par messager. Henri Court-Mantel agonise sur un lit de cendres, une lourde croix de bois sur la poitrine. Bientôt il expire, adressant à sa mère Aliénor un suprême adieu.

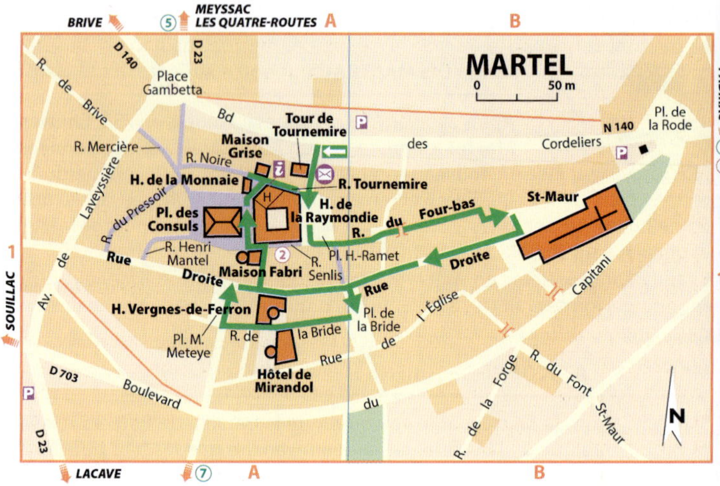

SE LOGER

Cabrejou (Chambre d'hôte)................................ 1

Relais Ste-Anne................................ 7

7 Tours (Auberge des)................................ 5

SE RESTAURER

Moulin à Huile de Noix (Ferme-auberge Le)........... 1

Saveurs des halles................................ 2

Rue du Four-Bas B1

Traversée par une archivolte ogivale, elle conserve quelques maisons Renaissance.

Suivez cette rue en direction de la place de la Rode.

Église St-Maur B1

L'édifice gothique (14e-16e s.) était inclus dans le dispositif défensif de la ville, d'où son caractère massif : contreforts aménagés en tours de défense, mâchicoulis protégeant le chevet plat, et une tour-clocher de 40 m de hauteur qui prend des allures de donjon. Sous le porche s'ouvre un beau **tympan** historié, d'époque romane, représentant le Jugement dernier : le Christ assis, la tête entourée du nimbe crucifère, écarte les bras et montre ses plaies ; deux anges tiennent les instruments de la Passion, deux autres sonnent les trompettes de la Résurrection. La nef ne manque pas d'ampleur ; le chœur, couvert d'une savante voûte en étoile, est éclairé par une grande **verrière** du 16e s. représentant Dieu le père, les quatre évangélistes et diverses scènes de la Passion.

Revenez vers le centre par la rue Droite.

Rue Droite AB1

Elle est bordée de vieux hôtels dont celui de **Vergnes-de-Ferron**, qui s'orne d'une belle porte Renaissance, et que l'on aperçoit également de la rue de la Bride.

Place de la Bride, engagez-vous dans la rue du même nom.

Hôtel de Mirandol A1

Édifié au 15e s. par François de Mirandol, il possède une grosse tour carrée avec escalier à vis.

Quittez la rue de la Bride par la place Mathieu-Meteye, prenez à droite, puis engagez-vous à gauche.

Maison Fabri A1

La petite tour qui barre la façade en son milieu montre sur cinq niveaux des baies ornées de frontons à boules. Cette tour porte aussi le nom d'**Henri Court-Mantel** car celui-ci y mourut en 1183.

★ Place des Consuls A1

Le centre est occupé par la **halle**, qui date du 18e s. La charpente repose sur de gros piliers de pierre. On remarque sur l'un des côtés les anciennes mesures de Martel.

★ Hôtel de la Raymondie A1

La forteresse des vicomtes de Turenne, commencée vers 1280, a été transformée en palais gothique au 14e s.

La **façade★** donnant sur la rue Senlis est remarquable par ses ouvertures : la file d'arcades en ogive du rez-de-chaussée est surmontée de sept fenêtres à roses quadrilobées, dominée par un beffroi et couronnée de tourelles d'angle. Le portail de l'entrée principale, situé place des Consuls, s'orne d'un écusson sculpté de trois marteaux. Dans les salles du 1er étage, remarquez les deux cheminées en bois sculpté et le bas-relief Renaissance.

Musée d'Uxellodunum – *Pl. des Consuls - ✆ 05 65 37 30 03 - www.martel.fr - musée en travaux - horaires et tarifs, se rens.*

Il est consacré à l'archéologie préhistorique et gallo-romaine, aux objets de l'époque médiévale, mais compte également une collection de pots à pharmacie (17e-18e s.).

Rue Tournemire A1

La rue s'ouvre à gauche de l'hôtel de la Raymondie. C'est à l'hôtel Condamine, aussi appelé **hôtel de la Monnaie** (13e s.), qu'étaient frappés écus et deniers pour la vicomté de Turenne. La **maison Grise**, du 16e s., s'orne d'un buste sculpté et d'un écusson aux trois marteaux.

À VOIR AUSSI

★ Reptiland

Sur la D 840, à environ 2 km à la sortie de Martel en direction de Figeac. ✆ 05 65 37 41 00 - www.reptiland.fr - ♿ - juil.-août : 10h-18h ; des vac. de fév. à fin juin et sept.-nov. : 10h-12h, 14h-18h - fermé lun., déc.-janv. - 9,50 € (-4 ans 6 €).

Dans plus d'une quarantaine de terrariums éclairés par la lumière du jour vivent 92 espèces de serpents mais aussi de lézards, crocodiles, tortues et autres scorpions. Des panneaux vous permettent de connaître leur lieu de vie, leur alimentation, leur mode de reproduction… Le propriétaire, Pancho Gouygou, a pris le parti de mettre en avant la beauté et le caractère calme des serpents vivant chez lui plutôt que leur côté dangereux ou spectaculaire. Les phobiques peuvent même venir et se faire connaître à l'accueil, il s'engage à les guérir de leur peur des serpents. S'il y a des amateurs…

NOS ADRESSES À MARTEL

HÉBERGEMENT

PREMIER PRIX

À proximité

Chambre d'hôte Cabrejou – *46600 St-Denis-lès-Martel (7 km à l'est de Martel par la D 803) - 05 65 37 31 89 - www.ferme-cabrejou.com - fermé 11 Nov.-Pâques - - 7 ch. 50 €.* Cette exploitation agricole (noix) vous accueille dans une très jolie maison en pierre. Chambres, simples, vastes et confortables (quatre sont aménagées dans une ancienne grange rénovée). Agréable jardin, cuisinette à disposition.

Auberge des 7 Tours – *Av. de Turenne - 05 65 37 30 16 - www.auberge7tours.com - fermé vac. de fév. - - 7 ch. 50/70 € - 9 € - formule déj. 12,60 € - 21/31 €.* Chambres fonctionnelles rénovées. Belle salle à manger-véranda tournée vers la campagne. Spécialités de canard et vins locaux.

POUR SE FAIRE PLAISIR

Relais Ste-Anne – *R. du Pourtanel - 05 65 37 40 56 - www.relais-sainte-anne.com - fermé de mi-nov. à mi-avr. - - 14 ch. et 5 suites 80/275 € - 13 € - 28/32 €.* Dans le parc fleuri et arboré, une chapelle et de vieux bâtiments rénovés vous accueillent pour un séjour épicurien. Salle chaleureuse et terrasse avec le jardin illuminé pour le dîner. Menus du jour très créatifs et plats superbement présentés. Réserv. pour le dîner.

RESTAURATION

BUDGET MOYEN

Saveurs des Halles – A1 - *Rue Senlis - 05 65 37 35 66 - fermé mi-nov. à janv., merc. et jeu. hors sais. - 26/52 €.* Au cœur de la vieille ville, à l'angle de la belle place des Consuls, cet établissement sans prétention sert une cuisine où les produits frais tiennent le haut du pavé, les saveurs locales (tourte de confit de canard aux cèpes) voisinent avec des plats plus recherchés (ravioles de Saint-Jacques aux petits légumes). Clientèle locale. Tables éparpillées en terrasse aux beaux jours.

À proximité

Le Moulin à Huile de Noix (Ferme-auberge) – *Rte de Bretenoux (3 km à l'est de Martel par D 803 puis rte à gauche) - 05 65 37 40 69 - www.moulin-martel.com - fermé Toussaint-Pâques - - 16/24 €.* Dans la très belle salle de ce moulin datant du 17e s., savoureuse cuisine du terroir. En été (mardi et jeudi après-midi), vous pourrez aussi y découvrir la fabrication de l'huile, effectuée dans la tradition. Petite boutique de produits maison dans l'ancienne cave.

FAIRE UNE PAUSE

Le Pourquoi Pas – *46600 Floirac (10 km au sud-est de Martel par la D 840 puis la D 43) - 05 65 32 46 79 - www.lepourquoipas.fr - fermé lun.-merc. hors saison.* Pourquoi pas une crêpe et une bière au pays du foie gras et du malbec ? Vous trouverez près de 110 références de bières (blondes, brunes, ambrées) ! Conseils avisés et petite terrasse.

ACHATS

Marchés – Marché mercredi et samedi matin sous la halle. Marché aux truffes un samedi en décembre et un samedi en janvier.

Vue sur le château et l'église.
N. Thibaut/Photononstop

Carennac

★

397 Carennacois – Lot (46)

Il semble que rien n'ait changé ici depuis le 18e s. : même architecture typique du nord du Quercy, mêmes murs de calcaire patiné, mêmes portes et fenêtres sculptées, mêmes sobres tuiles plates et brunes, comme grillées par le soleil, et même célébration du grand homme des lieux, Fénelon. La promenade dans les ruelles en surplomb de la Dordogne vous donnera peut-être l'illusion d'avoir échappé au temps.

NOS ADRESSES PAGE 343
Hébergement, restauration, achats, activités, etc.

5

S'INFORMER

Office de tourisme – *Cours du Prieuré - 46110 Carennac - ✆ 05 65 33 22 00 - www.vallee-dordogne-rocamadour.com - juil.-août : 9h30-13h 14h-19h ; reste de l'année : 10h-12h 14h-18h, dim. 14h-18h - fermé nov.-mars.*

Visite guidée de la ville – *Rens. au Service animation du patrimoine de l'ADVD : ✆ 05 65 33 81 36 - www.pays-vallee-dordogne.com - 6 € (-12 ans gratuit), 8 € avec animation (flambeaux, cirque…).*

SE REPÉRER

Carte de microrégion B1 (p. 279)

À 33 km à l'est de Souillac par la vallée de la Dordogne et à 22 km au nord de Rocamadour, par le causse.

À NE PAS MANQUER

La troublante mise au tombeau du cloître ; l'impressionnant portail de l'église St-Pierre.

ORGANISER SON TEMPS

Comptez 2h environ, sans pause déjeuner, ni promenade le long de la Dordogne, ni canoë…

Se promener

LE VILLAGE

Depuis Fénelon, le cadre a gardé tout son charme. Supprimé en 1788 par un arrêt du Conseil du roi, le prieuré fut mis aux enchères et vendu en 1791. Des anciens remparts, il ne reste qu'une porte fortifiée et des bâtiments, le château et la tour du prieur.
Franchissez la porte fortifiée.

Château

Attenant à l'église St-Pierre, cet édifice du 16e s. est composé d'un corps de logis flanqué de tourelles d'angle et d'une galerie construite au-dessus des chapelles gothiques de l'église. L'austère façade domine la Dordogne et l'**île de Calypso**. L'île Barrade a reçu ce nom en hommage à Fénelon et on montre une tour du village appelée « tour de Télémaque » dans laquelle aurait été écrit ce chef-d'œuvre.

★ Église St-Pierre

Elle est précédée d'un porche orné d'un beau **portail**★ sculpté du 12e s. dont le tympan s'apparente par sa facture à ceux de Beaulieu, de Moissac, de Collonges et de Cahors : au centre de la composition, le Christ en majesté, dans une mandorle symbolisant la gloire de Dieu, la main droite levée en signe de bénédiction, est encadré par les symboles des quatre évangélistes. De chaque côté, les apôtres sont disposés sur deux registres superposés, tandis que deux anges prosternés figurent au registre supérieur. Ce tympan est encadré de petits animaux. La suite de ce bestiaire se retrouvait autrefois sur un bandeau saillant qui doublait l'arc du porche : un chien et un ours subsistent à gauche. À l'intérieur, les chapiteaux archaïques de la nef sont ornés d'animaux fantastiques, de feuillages ou de scènes historiées.
Longez le château qui surplombe la Dordogne et l'île Calypso. Prenez la première rue à gauche.
Un petit jardin public s'ouvre sur une ravissante **chapelle romane**. En face, une maison du 16e s. à fenêtre d'angle.
Prenez sur la droite pour contourner l'ancien prieuré et revenez devant le château.
Une bretèche domine encore le pont de Carennac. Elle aurait servi de tour de harangue. De l'autre côté du pont, une autre tour du 16e s. toise de ses quatre étages un embarcadère.

Espace patrimoine – château des Doyens

Escalier à gauche du portail. ✆ 05 65 33 81 36 - www.pays-valleedordognelotoise-artethistoire.com - visite guidée sur demande préalable (45mn) mai-sept. : 10h-12h, 14h-18h, w.-end et j. fériés 14h-18h ; avr. et oct. : tlj sf w.-end et lun. 10h-12h, 14h-18h ; reste de l'année : sur demande préalable - gratuit.
Le château accueille un centre d'interprétation de la vallée de la Dordogne dans son parcours lotois. Une **maquette** évoque la vallée de la Dordogne de Biards à Souillac. Les autres salles sont consacrées au patrimoine, à la géologie, la faune et la flore, à l'histoire de l'art et de la navigation, à la préhistoire (projection en 3D).

★ Cloître

✆ 05 65 33 22 00 - www.vallee-dordogne-rocamadour.com - juil.-août : 9h30-13h, 14h-19h ; avr.-juin et sept.-oct. : 10h-12h30, 14h-18h - fermé 1er janv., 25 déc. - possibilité de visite guidée sur demande (45mn) - 3 € (-14 ans gratuit).

FÉNELON À CARENNAC

Le prieuré-doyenné, fondé au 10e s. et rattaché au siècle suivant à l'abbaye de Cluny, doit sa célébrité aux longs séjours qu'y fit François de Salignac de La Mothe-Fénelon (1651-1715) avant de devenir archevêque de Cambrai. Encore étudiant à Cahors, Fénelon aime passer ses vacances chez son oncle, le prieur doyen. En 1681, ce dernier meurt ; le jeune abbé lui succède et reste titulaire du prieuré pendant quinze ans. Il s'est plu à relater les festivités qui ont marqué son arrivée par bateau et son installation en tant que prieur. La tradition veut que Fénelon ait composé son *Télémaque* à Carennac. Cet ouvrage n'aurait été au départ qu'un exercice littéraire, avant de devenir un livre instructif à l'attention du duc de Bourgogne, petit-fils de Louis XIV, dont l'illustre prélat écrivain était devenu le précepteur.

Il conserve une galerie romane accolée à l'église et trois belles galeries de style flamboyant. Un escalier mène à la terrasse. Donnant sur le cloître, la salle capitulaire abrite une remarquable **mise au tombeau★** du 15e s. Le Christ est étendu entre deux disciples, Joseph d'Arimathie, à ses pieds, qui s'apprête à décrocher son corps de la croix, et le pharisien Nicodème, à sa tête ; derrière, la Vierge est soutenue par l'apôtre Jean et Marie Cléophas ; Marie-Madeleine essuie ses larmes, Marie Salomé prie à sa gauche. Les attitudes sont sobres, le rendu réaliste.

NOS ADRESSES À CARENNAC

HÉBERGEMENT

PREMIER PRIX

Hostellerie Fénelon – *Le Bourg - ✆ 05 65 10 96 46 - www.hotel-fenelon.com - P - 18 ch. 54/71 € - 10 € - formule déj. 15 € - 19/34 €.* Grande maison quercinoise à l'ambiance familiale, où vous préférerez les chambres offrant une vue sur le cours de la Dordogne. Poutres, pierres, cheminée et objets paysans font le cachet de la salle de restaurant largement ouverte sur la campagne. Piscine dans le jardin.

ACHATS

Marché des producteurs de pays – Mardi à partir de 17h en juillet-août.

Marché de la reine-claude dorée de Carennac – Le 1er lundi d'août (fruits frais et confitures).

Turenne

★

781 Turennois – Corrèze (19)

Classée parmi les « plus beaux villages de France », la cité dresse autour des vestiges de son château ses maisons perchées formant cascade. Turenne, fief du huguenot Henri de La Tour d'Auvergne, maréchal de France et héros de la guerre de Trente Ans, reste fière d'avoir été la capitale de l'ancienne vicomté. Un célèbre dicton local, comparant la ville à ses voisines, déclare : « Pompadour pompe, Ventadour vente, Turenne règne. »

NOS ADRESSES PAGE 349
Hébergement, restauration, achats, activités, etc.

S'INFORMER

Office de tourisme – Plan de ville - *Pl. du Belvédère - 19500 Turenne - 05 55 24 08 80 - www.turenne-tourisme.com - juil.-août : 9h30-12h30, 14h30-18h30 ; du w.-end de Pâques à juin et sept. : 9h30-12h30, 14h-18h ; vac. de la Toussaint : 10h-12h, 14h-17h - il propose une brochure Circuit du patrimoine (1 €).*

Visite guidée –*Rens. à l'office de tourisme - tte l'année sur demande préalable - visite historique et costumée (1h30) - 5 € (enf. 2,50 €).*

SE REPÉRER

Carte de microrégion B1 (p. 279). Accroché à une butte calcaire isolée au cœur du causse corrézien, Turenne contrôle l'entrée des causses du Quercy. Le bourg se trouve à 30 km au nord de Souillac, porte d'entrée du Lot.

À NE PAS MANQUER

La vue depuis la tour de César et la descente dans le gouffre de la Fage.

ORGANISER SON TEMPS

Comptez 2h pour Turenne, compte tenu de l'affluence en saison.

AVEC LES ENFANTS

La gouffre de la Fage et ses chauves-souris.

Se promener

Circuit tracé en vert sur le plan de la ville ci-contre. Comptez 2h.

LA VILLE BASSE

C'est le quartier du Barri-Bas, ancien faubourg de la ville.

Place du Foirail

Au sud, l'**hôtel Sclafer** avec sa terrasse à l'italienne était la demeure de notaires au 17e s. En face, remarquez une **échoppe** du 15e s. et sa grande arcade.
Remontez la rue du Cdt-Charollais.

Place de l'Ancienne-Halle

Les logis tout autour témoignent de la richesse des habitants, surtout l'élégante **maison Vachon**, demeure des consuls de Turenne aux 16e et 17e s. L'hôtel de Carbonnières, du 17e s., orné de tours et de tourelles, appartenait à une famille noble de la Xaintrie.

Rue Droite

Entre deux hôtels, cette rue étroite et spectaculaire s'élève vers le château, bordée de très belles maisons anciennes à encorbellement et d'échoppes.
De la place de la Halle, prenez à droite.

Rue Joseph-Rouveyrol

Admirez la **maison de l'Ancien Chapitre**, dont la tour est décorée d'une belle porte de style gothique flamboyant.
Poursuivez tout droit en empruntant la rue de l'Église.

Collégiale Notre-Dame-et-St-Pantaléon

Insérer une pièce de 2 € pour mettre en marche le son et lumière.
Cette belle église fortifiée fut construite entre 1660 et 1680. L'édifice, en forme de croix grecque, est curieusement voûté ; une belle mosaïque de pierres jaunes et blanches dessine un réseau de nervures prismatiques. Les murs très épais donnent à l'intérieur un aspect austère inhabituel pour l'époque. Le clocher-porche culmine à 30 m de haut. Le mobilier des 17e et 18e s. comprend un maître-autel surmonté d'un **tabernacle-retable★** en bois sculpté et doré figurant la passion du Christ. Un décor en trompe l'œil plus tardif occupe de part et d'autre l'espace entre les colonnes torses.
Au-dessus de l'église, la **maison Tournadour** était le grenier à sel de la ville.

VILLE HAUTE

On pénètre dans la ville haute par la **porte fortifiée** de la deuxième des trois enceintes qui protégeaient le château, la **porte de Mauriolles**. À droite, la **maison du Sénéchal** s'orne d'une élégante tour. À gauche, la **chapelle des Capucins** (1644), élevée par le frère du Grand Turenne, sert de cadre estival à des expositions et des concerts.

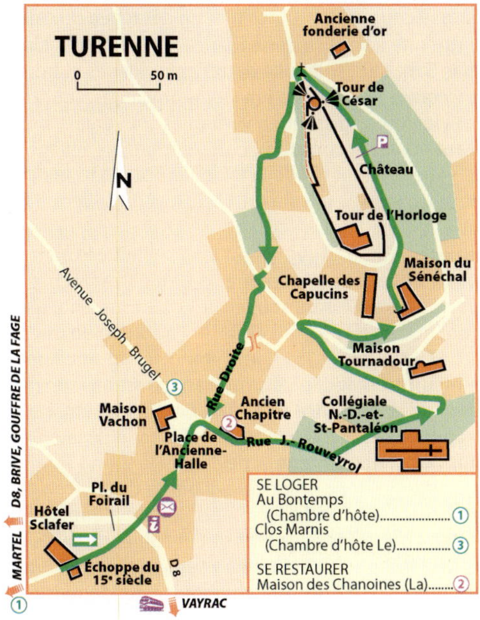

En contournant le **château** par la droite, remarquez une série de manoirs recouverts de toits d'ardoises et flanqués de tours trapues.

Redescendez vers la ville basse en empruntant la ruelle qui sépare la deuxième de la troisième enceinte, puis la **rue Droite**.

Château

✆ 05 55 85 90 66 - www.chateau-turenne.com - juil.-août : 10h-19h ; avr.-juin et sept.-oct. : 10h-12h, 14h-18h ; reste de l'année : dim. 14h-17h - 4,80 € (-10 ans gratuit).

Il fut démantelé sur ordre de Louis XV juste après la réunion de la vicomté à la Couronne. Seules les tours de l'Horloge et de César ont été épargnées, occupant chacune une extrémité du promontoire, **site★** remarquable qui était autrefois entièrement couvert par le château et ses vastes corps de logis. Une chapelle s'élevait derrière la **tour de l'Horloge**. De cet ancien donjon du 14e s., on ne visite que la salle des Gardes, voûtée en berceau brisé. Quelques objets évoquant le passé de Turenne y ont été rassemblés. Au-dessus se trouve la salle de la Monnaie ou salle du Trésor.

À l'opposé du donjon, la **tour de César** circulaire, à l'appareillage irrégulier, remonte au 12e s. Un escalier permet d'accéder au sommet *(322 m d'altitude, table d'orientation)* d'où vous pourrez contempler un superbe **panorama★★** sur la région par-delà un paysage verdoyant et vallonné, avec les monts du Cantal vers l'est et, plein sud, la vallée de la Dordogne.

CAPITALE D'UNE VICOMTÉ

Castrum Torina au 8e s., puis Torena trois siècles plus tard, Turenne voit la forme presque définitive de son nom apparaître au milieu du 12e s. : Turena. Son origine ? Le mot préceltique *turra* (« hauteur »). L'incapacité des derniers Carolingiens à gouverner l'ensemble de leurs possessions et l'aptitude des seigneurs de Turenne à résister aux invasions normandes semblent être à l'origine de l'émancipation du fief vis-à-vis du pouvoir royal. Dès le 11e s., une forteresse couronne la butte témoin détachée du causse de Martel. Au 15e s., Turenne a sous sa dépendance le tiers du bas Limousin, le haut Quercy et le Sarladais, soit mille deux cents villages et bon nombre d'abbayes. La vicomté jouit alors d'enviables privilèges. Tout comme le roi de France, les vicomtes agissent en véritables souverains anoblissant à leur guise, créant offices et consulats, battant monnaie, levant les impôts. Les habitants étaient exonérés de la taille (impôt). Mais le dicton « heureux comme les vicomtins » prit fin en 1738, lors de la vente de la vicomté à Louis XV…

La famille des **La Tour d'Auvergne** a rendu célèbre le nom de Turenne. Au 16e s., Henri Ier de La Tour d'Auvergne (1555-1623) est le chef des huguenots du Limousin et le plus vaillant soutien de la Réforme. Pour récompenser son zélé lieutenant, Henri IV lui fait épouser l'héritière du duché de Bouillon, Charlotte de La Marck, en 1591 ; les Turenne émigrent alors à Sedan. Mais Charlotte meurt trois ans après ce mariage, laissant à son mari les titres de duc de Bouillon et de prince de Sedan. Celui-ci se remarie avec Élisabeth de Nassau dont il aura huit enfants. Son fils cadet, également prénommé Henri, est un fabuleux stratège et deviendra le Grand Turenne (1611-1675). Mais c'est l'aîné, Frédéric-Maurice, qui hérite de la vicomté. Il y reçoit en 1650 la princesse de Condé et son fils, le duc d'Enghien. La rencontre entre ces deux partisans de la Fronde fut l'objet de telles magnificences qu'elle resta célèbre sous le nom de « semaine folle de Turenne » et qu'il fallut deux années d'impôts pour rembourser les dépenses occasionnées.

Vue sur le village de Turenne.
J.-P. Azam / hemis.fr

Circuit conseillé Carte de microrégion p. 279

★ SUR LES TERRES DE M. DE TURENNE B1

Circuit de 50 km tracé en vert clair sur la carte p. 279. Comptez environ 3h.
Cet itinéraire traverse la partie centrale de l'ancienne vicomté de Turenne, unie à la couronne de France en 1738 seulement. Au-delà de Turenne, les collines boisées du Limousin font place aux premiers plateaux du causse quercynois.
Quittez Turenne par la D 8, après 3 km, prenez sur la gauche vers Lagleygeolles.

★ Gouffre de la Fage

05 55 85 80 35 - www.gouffre-de-la-fage.com - juil.-août : 9h30-13h, 14h-19h ; avr.-juin et sept. : tlj sf merc. 14h-18h ; vac. de la Toussaint : mar. et jeu. 15h - fermé nov.-mars - possibilité de visite guidée (1h) - 8 € (-12 ans 5,50 €).

Découvert en 1891, le gouffre, d'une profondeur de 25 m, débouche à la croisée de deux galeries qui occupent le lit d'une ancienne rivière. L'escalier d'accès emprunte le grand aven, qui résulte d'un effondrement de la voûte de pierre.

Dans la première galerie, stalactites et stalagmites ont pris avec le temps des formes étranges : piliers, orgues, draperies, dos de tortue, colonnettes et cascades. Les couleurs des concrétions – de l'orange au vert – varient selon les oxydes transportés par les eaux de pluie. La grotte est habitée par une importante colonie de plusieurs milliers de **chauves-souris** (près de 14 000 !), relevant de 14 espèces différentes. Un film leur est consacré. Avril est la meilleure période pour les observer. Dans la deuxième galerie, de véritables forêts d'aiguilles pendent des plafonds.

Un sentier d'interprétation aborde la géologie, la paléontologie et le thème des chauves-souris.

Revenez à Lagleygeolles pour prendre, sur la gauche, la route qui rejoint la D 73.

Jugeals-Nazareth

Le village de Nazareth fut fondé par Raymond Ier de Turenne au retour de la première croisade. Celui-ci y installa une maladrerie confiée à l'ordre des Templiers. Sous la mairie subsistent des salles voûtées, équipées de puits fermés par une grille, où séjournaient les lépreux.

À la sortie nord du village, sur la D 8, un point de vue se dégage sur la droite. Au carrefour de Montplaisir, prenez la D 38, sur la droite vers Meyssac.

Château de Lacoste

Cette ancienne place forte, bâtie en grès de la région *(propriété privée, ne se visite pas)*, se compose d'un corps de logis flanqué de trois tours rondes du 13e s. et complété au 15e s. par une élégante tourelle d'escalier polygonale.

À **Noailhac**, on pénètre dans le pays du grès rouge, matériau qui servit à construire ces villages aux si belles tonalités. On aperçoit bientôt le plus fameux d'entre eux, Collonges-la-Rouge, émergeant de son écrin de verdure.

★★ Collonges-la-Rouge *(voir ce nom)*

Meyssac

Pl. de la Halle - 19500 Meyssac - ✆ 05 55 25 32 25 - www.ot-collonges.fr - juil.-août : 9h30-12h30, 14h30-18h, dim. et j. fériés 9h30-12h30 ; mars-juin et de déb. sept. à mi-nov. : tlj sf w.-end et j. fériés 9h30-12h, 14h-17h ; reste de l'année : tlj sf w.-end et j. fériés 9h30-12h.

Au centre de cette région vallonnée où abondent noyers, peupliers, vignes et arbres fruitiers, Meyssac, comme Collonges, est bâtie en grès rouge. Cette terre, dite terre de Collonges, a donné naissance à un artisanat de la **poterie** qui s'est particulièrement développé à Meyssac. L'office de tourisme propose un circuit du patrimoine.

L'**église St-Vincent,** de style gothique rayonnant, est assez curieuse. Son clocher-porche du 12e s. possède des baies pour le tir et le guet. Le portail en calcaire de style roman limousin, à triples voussures, présente des chapiteaux sculptés de têtes d'homme ou de lion. Au 16e s., les guerres de Religion ont amené les habitants de Meyssac à fortifier l'édifice en ajoutant des hourds ou galeries de bois défensives au sommet du clocher ainsi qu'une tour de guet sur la façade nord de l'église.

La charpente de la **halle** repose sur des piliers et des colonnes intercalés. Construite au 18e s., elle s'élève au milieu d'une place bordée de belles demeures, certaines ornées de tours.

Quelques maisons à encorbellement, à auvents et à pans de bois achèvent de conférer du cachet à ce village.

Quittez Meyssac par la D 14 (direction Martel). Après 2 km, prenez à droite la D 28.

Saillac

Le village apparaît au milieu des noyers et des maïs. Il a conservé son **moulin,** qui produit de l'huile de noix le 1er dimanche d'octobre, les années paires, lors de la Fête de la noix.

De style roman, l'**église St-Jean-Baptiste** (12e s.) a subi de nombreuses attaques au cours des guerres de Religion et de la Révolution, d'où son aspect défensif : clocher-porche massif, baies pour le tir et le guet.

De style languedocien, son portail à triples voussures possède un très beau **tympan★** en pierre polychrome, relativement rare au 12e s., où figure l'adoration des Mages. En dessous, sculptés dans une frise, un monstre ailé dévore un enfant tandis que l'archange saint Michel tient en laisse un dragon. Le style des figures est très naïf. Un trumeau axial torsadé, orné de feuillages, d'animaux

et d'êtres humains, divise le portail en deux. Dans le chœur, couvert d'une coupole sur pendentifs, beaux chapiteaux historiés.
Quittez Saillac par le nord-ouest pour rejoindre la D 19, puis, vers le nord la D 8, qui ramène à Turenne.

NOS ADRESSES À TURENNE

HÉBERGEMENT

PREMIER PRIX

Chambre d'hôte Au Bontemps – *direction Nespouls - ✆ 05 55 85 97 72 - ⊭ - 5 ch. 50/55 €* ☕. Cette ancienne ferme du Quercy, située à proximité de Turenne, dispose de 5 chambres calmes pour 2 ou 5 personnes avec des enfants, d'une salle de détente, d'une salle de pique-nique avec frigo et micro-ondes et d'un agréable jardin.

Chambre d'hôte Le Clos Marnis – *Av. Joseph-Brugel - ✆ 05 55 22 05 28 - closmarnis.online.fr - fermé de mi-nov. à mi-déc. - 5 ch. 66 € - table d'hôte 25 €.* Cette belle maison de pierre est idéale pour recevoir des hôtes dans un décor du début du 18e s. Le petit déjeuner est servi sous les voûtes de l'ancien réfectoire des Pénitents blancs, où l'on peut également dîner, en prévenant à l'avance. Grand jardin accueillant, d'où l'on a vue sur le château.

RESTAURATION

POUR SE FAIRE PLAISIR

La Maison des Chanoines – *R. Joseph-Rouveyrol - ✆ 05 55 85 93 43 - www.maison-des-chanoines.com - fermé mi-oct.-mars et le midi - 39/54 € - 7 ch. 80/105 € - ☕ 10 €, 1/2 P possible.* Au cœur de Turenne, cette demeure du 16e s. allie charme historique et confort, non sans évoquer une véritable maison d'hôte (mobilier ancien, tableaux, etc.). Avis aux gourmets, la table gastronomique est très soignée ; ne vous en privez pas…

PETITE PAUSE

Le Jardin perché – *Château de Turenne - ✆ 05 55 85 90 66.* Pour boire un verre et profiter pleinement du jardin à la française du château de Turenne et de la vue panoramique.

ACHATS

Distillerie des Terres Rouges – *Les Prés de la Gare - ✆ 05 55 25 44 72 - www.terres-rouges.com - avr.-oct. : 10h-12h30, 14h-19h ; reste de l'année : tél. au préalable - fermé janv.* Distillateur-liquoriste et moutardier renommé en Corrèze. Vous trouverez ici un choix renversant d'apéritifs (pastis, absinthe, génépi, apéritifs à base de toutes sortes de fruits, etc.), ainsi que tout l'éventail de condiments.

Collonges-la-Rouge

★★

475 Collongeois – Corrèze (19)

Collonges-la-Rouge est l'emblème des « plus beaux villages de France », appellation inventée par Charles Ceyrac, maire de Collonges de 1965 à 1996. Une fois les grappes de touristes reparties, venez goûter au charme de ce village lumineux, aux couleurs pourpres si particulières. Le paysage, déjà quercynois, est composé de garennes parsemées de genévriers, de noiseraies et de vignobles.

NOS ADRESSES PAGE 353
Hébergement, restauration, achats, activités, etc.

S'INFORMER

Office de tourisme – Plan de ville - *R. de la Barrière-sous-la-Mairie - 19500 Collonges-la-Rouge - ✆ 05 55 25 47 57 - www.ot-collonges.fr - juil.-août : 10h-12h30, 14h-19h ; avr.-juin et sept. : 10h-12h30, 14h30-18h ; reste de l'année : tlj sf dim. et j. fériés 10h-12h, 14h-17h - fermé 11 Nov.-2 mars.*

Visite guidée – *Rens. et réserv. à l'office de tourisme.*

Visite nocturne – *Rens. et réserv. à l'office de tourisme - durée 1h30 - 5 € (-17 ans 2,50 €).*

SE REPÉRER

Carte de microrégion B1 (p. 279).
À 32 km au nord-est de Souillac.

SE GARER

La circulation automobile est interdite dans le village en été. Utilisez les parkings *(payants au-delà de 30mn)* à l'entrée et à la sortie du site.

À NE PAS MANQUER

Une promenade à pied en fin de journée quand les touristes l'ont déserté ; le tympan et le clocher de l'église St-Pierre ; les castels en grès rouge surmontés de tourelles en poivrière, comme celui de Vassinhac.

ORGANISER SON TEMPS

Comptez 2h pour la visite du village.

Se promener

Circuit tracé en vert sur le plan de la ville p. 352. Partez de l'ancienne gare.

UN LIEU DE VILLÉGIATURE

Le nom de Collonges-la-Rouge viendrait de *Colonicas* (le *colonus* était un fermier « libre », mais attaché à la terre qu'il cultivait), puis *Colongas*. La couleur qui la désigne évoque le grès rouge que l'on trouve sur un escarpement au nord du village. Et pourtant, les maisons ont été édifiées sur un sol de calcaire… blanc !

Collonges s'est développée au 8e s. autour de son église et de son prieuré qui dépendait de la puissante abbaye poitevine de Charroux. Au 13e s., elle obtient les franchises et les libertés de la vicomté de Turenne *(voir encadré p. 346)* dont elle fait partie, puis devient au 16e s. un lieu de villégiature des grands fonctionnaires de la vicomté qui font construire les manoirs contribuant à l'originalité de Collonges.

La rue Noire traverse le quartier le plus ancien de Collonges.
H. Lenain/hemis.fr

Une indéniable harmonie émane de la cité, sans doute liée à l'utilisation exclusive de matériaux traditionnels dans la construction, aux proportions harmonieuses de l'architecture et à la richesse des édifices.

Maison de la Sirène

R. de la Barrière - ✆ 07 82 27 41 39 - www.amisdecollonges.fr - juil.-août : 10h30-12h30, 14h30-18h - fermé certains j. fériés - possibilité de visite guidée sur demande (25mn) - 2 €.

Coiffée d'un joli toit de lauzes, cette maison du 16e s. à encorbellement, précédée d'un porche, est ornée d'une sirène qui tient un miroir d'une main et un peigne de l'autre. C'était la propriété d'Henry de Jouvenel, second mari de **Colette**, qui possédait aussi les châteaux de Curemonte et de Castel Novel à Varetz.

Elle abrite un intérieur collongeois d'autrefois reconstitué au sein du **musée des Arts et Traditions populaires**. En 2010 ont été installées une salle sur le vignoble corrézien ainsi qu'une exposition sur les vêtements des années 1900.

Plus loin, une **porte de style ogival** marque l'accès du prieuré bénédictin qui fut détruit à la Révolution.

Hôtel des Ramades de Friac

Cette gentilhommière, surmontée de deux tourelles, était la maison de ville de la puissante famille dont elle porte le nom. Au-delà du **relais de St-Jacques-de-Compostelle** (dont l'appellation rappelle que Collonges fut une étape du pèlerinage), franchissez un passage couvert : dans une ruelle se dresse à droite une vieille demeure à tourelle.

Château de Benge

Se détachant sur un fond de peupliers et de noyers, ce fier manoir possède une tour en poivrière qui s'orne d'une gracieuse fenêtre Renaissance. Les seigneurs de Benge régnèrent sur le vignoble réputé de Collonges, jusqu'à sa destruction par le phylloxera.

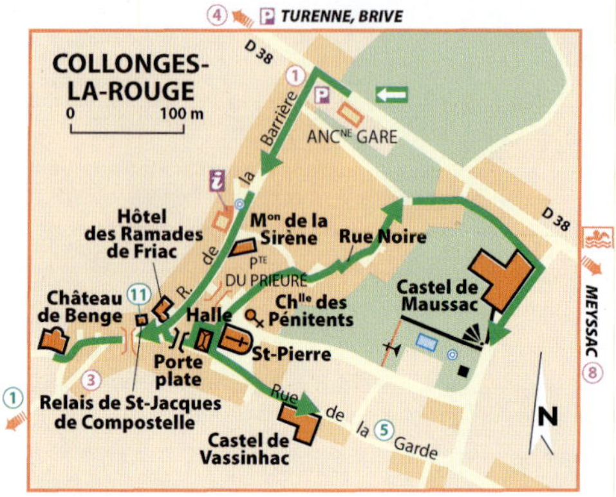

SE LOGER

Jardin de la Raze (Chambre d'hôte Le)................ 1
Jeanne (Chambre d'hôte)........ 5
Relais de St-Jacques de Compostelle (Hôtel Le)..... 11

SE RESTAURER

Benges (Auberge de)................ 3
Cantou (Le).................................... 1
Pierres Rouges (Les).................... 4
Relais du Quercy (Le)................ 8

Porte plate

Appelée ainsi parce qu'elle a perdu ses tours, cette porte faisait partie de l'enceinte fortifiée qui protégeait l'église, le cloître et les bâtiments du prieuré.

Halle

Dotée d'une charpente supportée par de robustes piliers, la halle aux grains, édifiée à la fin du 16e ou au début du 17e s., fut le centre la vie sociale durant des siècles. Elle abrite le four banal, installé en 1880.

★ Castel de Vassinhac

L'élégante demeure appartenait à Gédéon de Vassinhac, seigneur de Collonges, capitaine gouverneur de la vicomté de Turenne. Construit en 1583, le castel, hérissé de grosses tours et de tourelles en poivrière, est percé de fenêtres à meneaux. Échauguettes et meurtrières témoignent de la fonction défensive de l'édifice.

★ Église St-Pierre

Cette église date des 11e et 12e s., mais elle fut fortifiée au cours des guerres de Religion au 16e s. Le grand donjon carré fut alors pourvu d'une salle de défense communiquant avec un chemin de ronde. Le tympan de l'église, mis hors d'atteinte dans le nouveau pignon de la façade, retrouva sa place d'origine en 1923.

Tympan – C'est probablement une œuvre des sculpteurs de l'école toulousaine qui ont voulu représenter ici l'Ascension (ou peut-être la parousie, le retour du Christ à la fin des temps). Au registre supérieur, le Christ parmi les anges apparaît nimbé, tenant d'une main la Bible et bénissant de l'autre ; au registre inférieur, la Vierge attristée est entourée des onze apôtres commentant ce prodige. Ce tympan est bordé par un arc brisé décoré d'un fin cordon d'animaux.

Clocher – Avec ses deux étages carrés ajourés de baies en plein cintre, surmontés de deux étages octogonaux flanqués de gâbles, ce clocher du 12e s. est un bel exemple de style roman limousin.

Intérieur – Au 12e s., l'église présentait un plan cruciforme autour de la croisée du transept surmontée d'une coupole elle-même emboîtée dans le clocher. Celui-ci repose sur des piliers du 11e s. Des chapelles latérales ont été ajoutées aux 14e et 15e s., ainsi qu'une seconde nef.

Chapelle des Pénitents

Élevée au 13e s., elle a été aménagée au 17e s., lors de la Contre-Réforme, par la famille de Maussac.

Rue Noire

Elle traverse le quartier le plus ancien de Collonges, dont les maisons, construites en retrait les unes des autres, s'ornent de tourelles et de tours et s'habillent de glycines et de treilles.

Castel de Maussac

Cet édifice à tourelle est précédé par un portail à auvent; une échauguette fait saillie sur une tour carrée dominée par une lucarne.

Il abrita avant la Révolution le dernier membre de la famille des Maussac qui, émigré en Italie, devint l'aumônier de la princesse Pauline Borghèse.

En poursuivant un peu plus au sud dans la rue, on a une jolie **vue★** sur Collonges, le castel de Vassinhac et le clocher.

NOS ADRESSES À COLLONGES-LA-ROUGE

HÉBERGEMENT

PREMIER PRIX

Hôtel Le Relais de St-Jacques-de-Compostelle – *Le Bourg - ✆ 05 55 25 41 02 - www.hotel-stjacques.com - fermé mi-nov.-mi-mars et merc. - 10 ch. 70/80 € - ☕ 8 €, 1/2 P possible - ✕ 26/36 €.* Chambres modestes pour l'étape. Cette maison du 15e s. cache deux salles à manger rafraîchies dans un esprit rustique actuel. Jolie terrasse et cuisine du terroir (mique, tourtous...).

Chambre d'hôte Le Jardin de la Raze – *5,5 km au sud-ouest par D 38 et D 19, suivre fléchage La Raze - ✆ 05 55 25 48 16 - www.jardindelaraze.blogspot.com - ⊭ - 5 ch. 53 € ☕.* Cette ferme du 18e s. est à 10mn à pied de Collonges. Chambres confortables, décorées avec soin. Tout autour, un grand jardin à l'anglaise avec des arbres fruitiers et des centaines de rosiers.

BUDGET MOYEN

Chambre d'hôte Jeanne – *Le Bourg - ✆ 05 55 25 42 31 - www.jeannemaisondhotes.com - ⊭ - wifi - 5 ch. 100 € ☕.* Rouge, elle l'est aussi cette fière demeure en pierres flanquée d'une tour (15e s.). D'emblée, on se sent le bienvenu et les chambres séduisent avec leur mobilier d'antiquaire, leur cheminée, leurs poutres... Un style élégant et rustique que l'on retrouve au salon, puis au calme du jardin. Ah, les beaux jours !

RESTAURATION

PREMIER PRIX

Les Pierres Rouges – *Le Bourg - ✆ 05 55 74 19 46 - www.restaurant-les-pierres-rouges.fr - 15,50/29,50 €.* Agréable restaurant avec terrasse qui sert des spécialités régionales et d'excellentes salades. Bonne ambiance et accueil prévenant.

Le Cantou – *Le Bourg - ✆ 05 55 84 25 15 - www.lecantou.fr - fermé janv., le soir sf juil.-août - ♿ - 16/26 €.* Sur l'agréable terrasse ombragée ou dans la salle en partie voûtée, vous pourrez choisir menus, tartines ou omelettes. Vraie cuisine du terroir et desserts maison. Boutique d'objets et de produits locaux.

À proximité

Le Relais du Quercy – *Av. du Quercy - 19500 Meyssac - 1,7 km au sud-est par D 38 - ✆ 05 55 25 40 31 - www.relaisduquercy-meyssac.fr - ♿ - 12,50/36,50 € - 12 ch. 55/72 € - ☕ 7 €.* Installez-vous côté jardin dans la confortable salle à manger, où vous savourerez une cuisine maison préparée avec des produits du terroir. Sur la terrasse, vous serez aux premières loges pour les soirées piano-bar. Quelques chambres. Idéal pour un week-end de charme avec soins visage et corps.

BUDGET MOYEN

Auberge de Benges – *Le Bourg - ✆ 05 55 85 76 68 - www.aubergedebenges.com - fermé janv.-fév., mar. soir et dim. soir sf juil.-août - formule déj. 19/22 €, menu 28/39 €.* Profitez de la terrasse ombragée de cette charmante auberge rouge pour déguster un foie gras de canard et du confit de porc suivis de délicieux desserts maison.

ACHATS

La Maison du Moutardier – *Le Bourg - ✆ 05 55 25 41 00 - www.lemoutardierdupape.com - vac. scol. : 10h-20h ; avr.-sept. (sf vac. scol.) : 10h-18h ; reste de l'année : w.-end et vac. scol. 10h-18h - visite accompagnée avec dégustation gourmande : ttes les h à partir de 10h30, dernière visite 1h30 av. fermeture - 4,50 €.* Ouvert en 2014 au cœur du village dans une maison ancienne, ce lieu insolite se propose de faire découvrir 20 saveurs de moutardes. Une boutique et un restaurant côtoient l'espace d'exposition.

À proximité

Clos des Quatre Croix – *Lacoste - 19500 Saillac - 3 km au sud-ouest par D 14 et D 28 - ✆ 06 72 13 58 95 - www.closdesquatrecroix.com - w.-end 10h-20h et en sem. après 19h.* Pour acheter du **vin paillé**, issu de vendanges séchées sur lit de paille pendant 6 semaines minimum. Très sucrée, cette boisson obtenue après conservation en fût se boit fraîche, à l'apéritif ou au dessert.

Poterie des Grès Rouges – *Av. du Quercy - 19500 Meyssac - 1,7 km au sud-est par D 38 - ✆ 05 55 84 07 57 - www.poterie-meyssac.com - tlj sf lun. hors sais. 9h30-12h, 14h30-19h, dim. 10h-12h (et 15-18h en été).* Dernière gardienne d'une tradition millénaire, cette potière installée dans le bourg depuis 2006 propose une visite de son atelier. Vaisselle et objets utilitaires ou décoratifs, fabriqués avec la terre rouge du pays. Large choix d'objets réalisés sur place.

Au Moulin de Niel – *19500 Chauffour-sur-Vell - 5 km au sud par D 38 et D 14 - ✆ 05 55 25 33 33 - www.moulinsduquercy.com - juil.-août : visite guidée merc.-jeu. à 17h ; reste de l'année : sur RV - 4 €.* Moulin à eau réhabilité, dont l'origine remonte au 12e s., avec aussi son four banal et son moulin à huile. Vente d'huile de noix et démonstrations.

ACTIVITÉS

Randonnées – L'office de tourisme vend les topofiches *(0,30/0,50 €)* des 12 itinéraires balisés dans le pays de Collonges-la-Rouge. Deux randonnées partent de Collonges : le « Circuit des lavoirs collongeois » (7 km) et « La Chaise du diable » (14 km).

Vélo – L'office de tourisme édite un petit guide dédié au cyclotourisme (téléchargeable sur le site), dans lequel figurent des adresses de loueurs de vélos et de VTT, ainsi que le descriptif des circuits réalisables dans la région.

AGENDA

Théâtrales – *✆ 05 55 25 41 19 - www.theatrales-collonges.org.* Le mardi de mi-juillet à mi-août : spectacles de théâtre en plein air.

Marché d'antan et Fête du pain – *www.collonges-festif.fr.* 1er dimanche d'août : grand marché de produits du terroir.

Beaulieu-sur-Dordogne

★★

1 223 Bellocois – Corrèze (19)

Occupant un méandre de la Dordogne, cette jolie cité médiévale est une avancée du Périgord en Limousin. Son climat tempéré et son ensoleillement important tout au long de l'année lui valent le surnom de « Riviera limousine ». Ce « beau lieu » offre de nombreux trésors d'architecture, parmi lesquels le somptueux portail de son église romane et les vestiges du monastère bénédictin.

NOS ADRESSES PAGE 359
Hébergement, restauration, achats, activités, etc.

S'INFORMER

Office du tourisme – *Pl. Marbot - 19120 Beaulieu-sur-Dordogne - ☎ 05 55 91 09 94 - www.beaulieu-tourisme.com - avr.-oct. : 9h30-12h30, 14h30-18h, dim. et j. fériés 9h30-12h30 ; reste de l'année : tlj sf dim.-lun. et j. fériés 10h-12h30, 14h30-17h - fermé 1er janv., 1er et 11 Nov., 25 déc.* Un circuit du patrimoine *(0,50 €)* très utile est disponible à l'office.

Visite guidée – *Ville, abbatiale et chapelle de Pénitents : vac. de Pâques, juin-sept. et vac. de la Toussaint : mar. 10h - 4,50 € (-12 ans gratuit).*

SE REPÉRER

Carte de microrégion C1 (p. 279).
À 17 km au nord de St-Céré via Bretenoux.

À NE PAS MANQUER

Le charme des berges de la Dordogne et de la vieille ville ; les sculptures romanes de l'église St-Pierre ; le parc botanique de Lostanges en été.

ORGANISER SON TEMPS

Prévoyez une demi-journée pour la ville, une journée pour les deux circuits.

AVEC LES ENFANTS

Le musée de l'Homme de Neandertal (à La Chapelle-aux-Saints), où furent découverts les restes d'un homme de préhistorique ; le parc botanique de Lostanges.

Se promener

★ LA VIEILLE VILLE

Un dédale d'étroites ruelles bordées de demeures anciennes converge vers l'église, le long d'un circuit à faire à pied. Une belle tour à coquille (16e s.) se dresse rue Ste-Catherine.

Maison Renaissance

Pl. de la Bridolle - ☎ 05 55 91 49 66 - juin.-août : 10h-19h ; mars-mai et sept.-oct. : 10h-12h 14h-18h ; nov. : w.-end 14h-17h ; fermé déc.-fév. sf vac. scol. - 5 € (-12 ans 2,50 €).
La maison dite Renaissance possède une façade ornée de statues et de médaillons du 16e s., utilisés en remploi lors de la reconstruction de l'édifice, après un incendie, en 1806. Ouverte à la visite depuis 2014, elle conserve une belle cheminée monumentale du 15e s., dont les sculptures représentent le jardin d'Eden. Exposition permanente de costumes, cabinet de curiosités.

Quais de la Dordogne

Ils se trouvent à l'emplacement de l'ancien port haut : au 19e s., des gabarres circulaient en effet sur la Dordogne, embarcations qui descendaient la rivière depuis Argentat pour gagner Libourne. Quai Fromentèze, la maison des Gabariers, au grand balcon de bois, rappelle cette époque où la navigation était florissante. Aujourd'hui, les visiteurs peuvent monter à bord de **L'Adèle-et-Clarisse**, reconstruite à l'identique en 2002 et baptisée ainsi en l'honneur des deux dernières passeuses de bac *(mai-oct. - balade commentée de 1h15 - 7,50 €, 5-11 ans 6 € - rens. et réserv. à l'office de tourisme)*.

★★ Église St-Pierre

Imprégnée d'influences architecturales venant du Limousin comme du sud-ouest de la France, cette église abbatiale du 12e s. fut un lieu de pèlerinage important. Bâtie en grès, elle affiche un plan bénédictin que l'on retrouve dans les églises de pèlerinage de ce type. Le chœur, le transept et la travée orientale de la nef furent édifiés de 1100 à 1140 environ. Au milieu du 12e s., on poursuivit les travaux par le côté sud de la nef et le mur du collatéral nord ; la campagne s'acheva au 13e s. par la travée occidentale de la nef et la façade.

★★ **Portail méridional** – Édifié en 1125, il est l'un des premiers chefs-d'œuvre de la sculpture romane. Le portail a été exécuté par les tailleurs d'images toulousains qui travaillèrent à Moissac, Collonges, Souillac et Carennac. Précédé d'un porche ouvert, il présente un ensemble sculpté d'une composition et d'une exécution remarquables. Il illustre la parousie (le second avènement du Christ). Au sommet trône le Christ, avec les apôtres qui figurent dans le prolongement de ses bras. Il est entouré d'une cour d'anges. En dessous, dans le monde terrestre, les morts, soulevant les couvercles de leurs tombeaux, ressuscitent. Le monde infernal occupe le registre inférieur du tympan.

Chevet – Ses proportions harmonieuses donnent une impression d'unité, renforcée par l'homogénéité du style décoratif. Le clocher central comprend un seul étage octogonal percé de huit baies en arc brisé à voussure limousine. En contournant le chevet, dans le prolongement du croisillon nord, remarquez les restes du cloître bordant la salle capitulaire (sacristie).

Façade occidentale – Elle s'ouvre par un large portail sans tympan. Le clocher qui la surmonte à l'angle sud fut rajouté au 14e s., au moment de la guerre de Cent Ans, et surélevé en 1556.

Intérieur – Sanctuaire de pèlerinage, l'église fut conçue pour faciliter la circulation des foules : larges bas-côtés et déambulatoire. La voûte en berceau

DE CLUNISIENNE À BÉNÉDICTINE

Le nom de Beaulieu remonterait à 855. **Rodolphe de Turenne**, alors archevêque de Bourges, visitant la région, est séduit par le site, qu'il baptise *Bellus locus* (beau lieu), et décide d'y fonder une abbaye. En dépit des luttes meurtrières des seigneurs de Turenne et de Castelnau qui se disputent sa suzeraineté, le monastère d'obédience clunisienne devient très vite influent. C'est une étape pour les pèlerins se dirigeant vers Rocamadour et St-Jacques-de-Compostelle. Les abbés doivent ensuite compter avec les bourgeois de la cité qui, obtenant privilège sur privilège, acquièrent bientôt une indépendance presque totale. Au sortir des guerres de Religion, l'abbaye est en pleine décadence. En 1663, l'abbé de La Tour d'Auvergne fait appel aux austères bénédictins de St-Maur, qui entreprennent les réformes nécessaires, réparent les bâtiments conventuels et permettent à l'abbaye de vivre des heures sereines jusqu'à la Révolution.

Beaulieu-sur-Dordogne, chapelle des Pénitents.
Ch. Guy / hemis.fr

de la nef repose sur des piles cruciformes. À la croisée du transept s'élève une coupole irrégulière sur pendentifs plats. Le chœur est éclairé par cinq baies en plein cintre.

Trésor – Exposé dans le bras nord du transept, le trésor renferme une remarquable **Vierge à l'Enfant★** du 12e s. (60 cm de haut), en bois revêtu d'argent, des reliquaires et une châsse du 13e s. en émail champlevé.

Chapelle des Pénitents

Également nommée N.-D.-du-Port-Haut, cette chapelle du 12e s. a conservé son chevet roman et son clocher-mur à cinq baies. Ancienne église paroissiale, rattachée par la suite aux Pénitents bleus, elle sert désormais durant l'été de lieu pour des expositions temporaires.

Circuits conseillés Carte de microrégion p. 279

ENTRE PALSOU ET SOURDOIRE BC1

Circuit de 26 km tracé en vert d'eau sur la carte p. 279. Comptez environ 2h30. Quittez Beaulieu à l'ouest par la D 144.

La Chapelle-aux-Saints

Du parking *(200 m du village)*, un chemin conduit à la **grotte** où furent retrouvés les restes de notre lointain cousin, enseveli il y a environ 45 000 ans. C'est ici, à la *bouffia* Bonneval (*bouffia* signifiant grotte, trou en occitan), que fut trouvé, en 1908, un squelette quasiment complet de l'homme de Neandertal. Il gisait dans une fosse, entouré d'objets familiers.

Musée de l'Homme de Neandertal – *05 55 91 18 00 - www.neandertal-musee.org - ♿ - visite guidée (45mn) juil.-août : 10h-12h, 14h30-18h ; reste de l'année : tlj sf jeu. 14h30-18h - fermé de mi-nov. à déb. avr., jeu. de l'Ascension - 5 € (-16 ans 3 €).* Il présente la reconstitution de la sépulture de ce chasseur, ainsi que son mode de vie et son environnement. Les visites commentées expliquent l'enjeu scientifique de cette découverte.

Le portail de l'**église** du village (12e s.), au beau toit d'ardoises, est doté de deux colonnes dont les chapiteaux sont décorés d'oiseaux qui encadrent un homme et tiennent dans leur bec une couronne ornée de perles.

★ Curemonte B1

Mairie - ✆ 05 55 25 34 76 - www.curemonte.org - possibilité de visite guidée du site (1h30) - 15 juil.-20 sept. : mar., jeu. et w.-end 17h.

Ce petit joyau médiéval impose de loin la silhouette de ses remparts, de ses fiers châteaux et de ses nobles maisons aux toits de tuiles plates. Il domine les vignobles vallonnés de Branceilles. C'est dans cette paisible cité que Colette écrivit, durant la Seconde Guerre mondiale, son *Journal à rebours*.

Sous la **halle aux grains**, au-dessus d'un socle, remarquez le fût de calvaire sculpté de douze bas-reliefs du 16e s. ayant pour thème la vie de Jésus.

Au-delà de la halle, sur la droite, observez le petit **château de La Johannie**, demeure du 14e s., et la belle maison à tourelle bâtie un siècle plus tard.

L'**église** a gardé son clocher à peigne protégé par un auvent et renferme un maître-autel avec un retable peint daté de 1672, ainsi que deux autres autels des 17e et 18e s. Prenez à droite derrière l'église. L'enceinte aux tons chauds flanquée de bastions couverts en poivrière protège le **château de Plas** (tours rondes du 16e s.) et le **château St-Hilaire** (tours carrées à mâchicoulis du 14e s.) qu'on longe successivement. Montez jusqu'à la **table d'orientation** d'où vous découvrirez une **vue★** magnifique sur Curemonte et tous les alentours boisés et vallonnés. Redescendez place du Château où s'élèvent plusieurs « maisons nobles » à tourelles, des 16e et 17e s. Tournez à gauche en suivant les remparts ; cet itinéraire de retour dégage de belles vues vers le causse de Martel et le Périgord noir.

Rejoignez Lostanges par la D 15, puis la D 163.

Parc botanique de Lostanges B1

✆ 05 55 25 47 78 - www.jardin-de-lostanges.com - juil.-août : 14h-19h ; mai-juin et sept. : w.-end et j. fériés 14h-18h ; reste de l'année : sur demande préalable - fermé 1er janv., 25 déc. - possibilité de visite guidée (1h) - 5 € (-10 ans gratuit) - aire de pique-nique.

Dans un cadre agréable de moyenne montagne, découvrez au gré du parcours 500 plantes groupées par origine géographique : de la lointaine Nouvelle-Zélande aux essences locales corréziennes, en passant par les déserts de cactus. Un diaporama sur les régions évoquées complète la visite. Chasse au trésor pour naturalistes en herbe.

Rejoignez la D 940 que vous prendrez à droite ; à Tudeils, bifurquez à droite sur la D 153.

Puy-d'Arnac C1

Il se blottit au pied d'une butte que couronne une **église**. Du village, une route en très forte montée permet d'accéder en voiture à la plate-forme entourant l'église (site de la Cafoulière). Celle-ci est aménagée en aire d'accueil et donne accès à des chemins pédestres entretenus. Trois tables d'orientation aident à découvrir le vaste **panorama★** : à l'est et au sud, la vue se porte sur la vallée de la Dordogne, composée de vallons et de collines avec des prairies coupées d'élégants rideaux de peupliers, tandis qu'au nord-ouest se dessinent les reliefs plus accentués de la région de Meyssac et de Turenne.

Rejoignez Beaulieu par la D 153.

GORGES DE LA CÈRE C1

Circuit de 50 km tracé en corail sur la carte p. 279. Comptez environ 3h.

Née dans les monts du Cantal, la Cère appartient au Quercy pour la dernière partie de son cours. Mais avant de confondre ses eaux avec celles de la Dordogne en aval de Bretenoux, au pied du promontoire où se dresse le

célèbre château de Castelnau-Bretenoux, la Cère a dû se frayer un chemin, entre Laroquebrou et Laval-de-Cère, en creusant des gorges sauvages.
Quittez Beaulieu par la D 940 vers St-Céré, puis à gauche la D 41.
Après avoir traversé la Dordogne, la route s'élève, offrant de belles vues sur la vallée.

Reygade

Près du cimetière, une petite chapelle abrite un chef-d'œuvre de la fin du 15e s., en pierre polychrome. Cette émouvante **Mise au tombeau★** pourrait avoir été réalisée par le même sculpteur que celui de Carennac *(voir p. 341)*, mais on ignore son nom. Les couleurs, qui ont gardé presque toute leur vivacité, accentuent l'expression des visages et donnent du relief aux costumes. Un spectacle son et lumière explique les particularités de chaque personnage.
✆ 05 55 28 50 19 - juil.-août : 9h-22h ; reste de l'année : 9h-18h - 6 € - (monnayeur avec pièces de 2 €).
Rejoignez et poursuivez sur la D 41. 7 km après La Chapelle-St-Géraud, prenez la D 13 vers Camps.

★ Rocher du Peintre

Site panoramique aménagé sur un terre-plein au sud de Camps : de là se révèle une belle **vue** sur les gorges boisées de la Cère.
Alors que la voie ferrée emprunte de bout en bout les gorges, aucune route ne longe la rivière des environs de Laroquebrou à Laval-de-Cère.
Poursuivez sur la D 13.

Laval-de-Cère

Entre Laval-de-Cère et Port-de-Gagnac, la route sinueuse s'élève au-dessus de la vallée dans un décor de prairies et de collines, et surplombe le barrage de Brugale.
1 km avant Port-de-Gagnac, tournez à droite sur la D 116e.
Avant de regagner Beaulieu, en montant jusqu'à l'église de **Fontmerle**, vous pourrez profiter, une dernière fois, du paysage de la région.

NOS ADRESSES À BEAULIEU-SUR-DORDOGNE

HÉBERGEMENT

BUDGET MOYEN

Hôtel Le Relais de Vellinus – *17 pl. du Champ-de-Mars - ✆ 05 55 91 11 04 - www.vellinus.com - fermé de Noël au Jour de l'an, vend. soir, sam. midi et dim. soir - wifi - 20 ch. 70/95 € - ☕ 10 €, 1/2 P possible - ✕ 13/27 €.* Cette maison, ouverte sur la place du marché, propose des chambres confortables, toutes décorées sur un thème invitant au voyage. Petites touches ethniques dans la salle à manger, agréable terrasse et plats traditionnels.

À proximité

Chambre d'hôte Château de la Grèze – *La Grèze - 19120 Brivezac - 5 km au nord par D 940, D 12 et rte secondaire - ✆ 05 55 91 08 68 ou 06 07 62 09 05 - www.chateaudelagreze.com - fermé de mi-nov. à mi-mars - 💳 - wifi - 5 ch. 99/125 € ☕ - ✕ 35 €.* Quel calme… Entourée d'un parc, cette élégante demeure du 18e s. abrite des chambres spacieuses au décor soigné ; les tissus d'indienne fleurissent sur les murs et la vue sur la vallée est imprenable. Piscine, promenades à pied ou à cheval, dîners à la table d'hôte : une vraie vie de gentilhomme.

Grand Hotel Le Turenne – *1 bd Rodolphe-de-Turenne - ✆ 05 55 91 94 72 - www.leturenne.com - 9 ch. 73/120 € - menus 30/38 €.* Cette superbe bâtisse datant du 12e s. a été réaménagée en hôtel. Les chambres, modernes et bien équipées, ont été personnalisées avec quelques touches colorées, ethniques ou baroques… et l'ensemble a du cachet !

RESTAURATION

PREMIER PRIX

À proximité

Auberge de la Grotte – *Au bourg - 19500 Curemonte - 12 km au nord-ouest par D 144, D 153E, D 153, D 15 et D 106 - ✆ 05 55 25 35 01 - fermé janv.-mars, dim. soir et soir les j. fériés - 19 € - 3 ch. 58 €* ☕. Ne manquez pas de réserver votre table dans cette belle ferme bâtie dans le village. Elle interprète avec entrain le répertoire culinaire régional : magrets et confits, petit salé, pâtisseries maison…

BUDGET MOYEN

Les Charmilles – *20 bd Rodolphe-de-Turenne - ✆ 05 55 91 29 29 - www.auberge-charmilles.com - ouvert de Pâques à fin oct. - formule 16 € bc, 28/60 € - 8 ch. - 74/86 €.* Foie gras et magrets sauce câline, salade aux gésiers, purée maison… On l'aura compris, la table est régionale. La terrasse au bord de la Dordogne, en pleine verdure, et la salle aux baies vitrées sont tout simplement délicieuses !

À proximité

La Barbacane – *Pl. de la Barbacane - 19500 Curemonte - 12 km au nord-ouest par D 144, D 153E, D 153, D 15 et D 106 - ✆ 05 55 25 43 29 - fermé le soir et le sam. midi. hors juil.-août - formule déj. 13 €, menu 20/26 €.* Au cœur du village perché, salle à manger rustique ménageant une plaisante perspective sur les confins vallonnés de la Corrèze et de la Dordogne. Gaillarde cuisine familiale faite de pâtés, terrines, jambon de pays, spécialités régionales et pâtisseries maison.

ACHATS

Marché des producteurs – Place du Monturuc (devant la chapelle des Pénitents) en juillet-août, le lundi soir *(17h-20h)*.

Domaine de Chirac-Jean Mage – *Chirac-de-Brivezac - 8 km au nord-est par D 12 - ✆ 05 55 91 54 52 - 9h-12h, 14h30-19h, dim. sur RV.* Une adresse pour déguster et acheter du **vin paillé** (rouge ou blanc), grande spécialité de basse Corrèze. Vente également d'huile de noix et de conserves de canard gras.

ACTIVITÉS

Randonnées – Le guide « Pays vallée de la Dordogne corrézienne » est en vente *(8 €)* à l'office de tourisme, de même que le topoguide des 9 circuits *(2,8-13 km)* autour de Beaulieu *(3 €)*. Le GR 480 et le GRP « Les Gabariers » passent par Beaulieu-sur-Dorgogne.

AGENDA

Fête votive des Corps saints – *✆ 05 55 91 09 94.* 1er week-end de septembre : commémoration des saints Prime et Félicien. Messe accompagnée par une harmonie, procession et corsos fleuris.

Saint-Céré

★

3 526 Saint-Céréens – Lot (46)

Le Festival de musique de St-Céré attire de nombreux amateurs, mais la qualité de la programmation musicale n'explique pas, à elle seule, cette affluence. L'atmosphère de la ville, ses couleurs chaudes et harmonieuses, sa situation stratégique dans le haut Quercy, la beauté du site, sa relation privilégiée avec le grand tapissier Jean Lurçat, qui acheta les tours de St-Laurent dominant la vallée, participent à sa notoriété.

NOS ADRESSES PAGE 366
Hébergement, restauration, achats, activités, etc.

S'INFORMER

Office du tourisme – Plan de ville - *13 av. François-de-Maynard - 46400 St-Céré - ✆ 05 65 33 22 00 - www.vallee-dordogne-rocamadour.com - juil.-août : 9h30-13h, 14h-18h30, dim. 10h-13h ; avr.-juin et sept.-oct. : tlj sf dim. 10h-12h, 14h-18h ; reste de l'année : tlj sf w.-end 10h-12h, 14h-17h30.*

SE REPÉRER

Carte de microrégion C1-2 (p. 279)

À 45 km au nord-ouest de Figeac, St-Céré est à 28 km à l'est de Rocamadour et à 17 km à l'ouest du gouffre de Padirac.

À NE PAS MANQUER

Le marché place du Mercadial ; le cirque d'Autoire ; le point de vue de Loubressac.

ORGANISER SON TEMPS

Une demi-journée pour la cité, une journée avec les alentours.

Se promener

LA VILLE ANCIENNE

Circuit tracé en vert sur le plan p. 362.

Place de l'Église

Près du chevet de l'église, l'**hôtel de Puymule** (15e s.) est un édifice à tourelles dont les portes et les fenêtres sont décorées d'arcs en accolade.

Quittez la place de l'Église par la rue Notre-Dame et traversez la rue de la République.

5

Rue du Mazel

Plusieurs maisons anciennes et de beaux portails s'ouvrent sur cette jolie rue. À l'angle de la rue St-Cyr, remarquez l'**hôtel Ambert** (15e s.) avec ses deux tourelles terminées en cul-de-lampe et sa porte Renaissance.

Plus loin s'ouvre, à droite, le **passage Lagarouste**, pavé de galets, dont l'étroitesse fait ressortir les maisons à encorbellement.

Continuez sur la rue du Mazel.

Place du Mercadial

Elle accueille encore le marché, comme autrefois. Les pêcheurs venaient alors y déposer leurs prises sur le « taoulié », étal de pierre qui flanque la **maison**

de Jean de Séguirier (15e s.) à l'angle de la rue Pasteur. Celle-ci a conservé sa façade à pans de bois en encorbellement et son beau toit de petites tuiles brunes. Sur la même place, la **maison des Consuls** à la façade Renaissance donne sur la rue de l'Hôtel-de-Ville.

Prenez la rue des Tourelles.

Rue St-Cyr

À l'angle qu'elle partage avec la rue de l'Olie, belle maison du Moyen Âge à encorbellement sur ses trois façades. Au 19e s., elle fut transformée en auberge pour accueillir les notables de la ville. Quelques mètres plus loin dans la rue de l'Olie, se dresse à gauche, l'**hôtel de Miramon**, du 15e s., flanqué d'une tourelle d'angle.

Au bout de la rue de l'Olie, engagez-vous à droite sur le boulevard Carnot.

Maison Louis XIII

Ce bel hôtel présente une élégante façade ornée d'une loggia.

Regagnez la place de l'Église en poursuivant le long des boulevards extérieurs.

L'ŒUVRE DE LURÇAT

Jean Lurçat, le fameux tapissier moderne, a terminé sa vie à St-Céré. Le flamboiement de ses dernières œuvres doit beaucoup à la lumière si particulière de la région. Né en 1892 dans les Vosges, il abandonna vite la médecine pour la tapisserie, et c'est comme peintre-cartonnier qu'il acquit une notoriété mondiale. Après un séjour à Aubusson, il participe au maquis comme résistant et découvre le Lot. Il se fixe à partir de 1945 à St-Céré, dans les tours de St-Laurent, où il a installé son atelier et dont il fera sa résidence jusqu'à sa mort en 1966.

★ Château de St-Laurent-les-Tours - musée Jean-Lurçat

1679 av. Jean-Lurçat - ✆ 05 65 38 28 21 - avr.-sept. : 10h30-12h30, 14h30-18h30 - fermé lun., 1er Mai - 4 € (-26 ans 2 €).

Perchées sur la colline abrupte qui domine la ville, les deux hautes **tours**★ médiévales et leur enceinte sont inséparables du site et de l'histoire de St-Céré. À la nuit tombante, elles se parent d'une couleur rouge orangé et attirent immédiatement l'œil curieux. Pour un peu on serait transporté en Toscane…

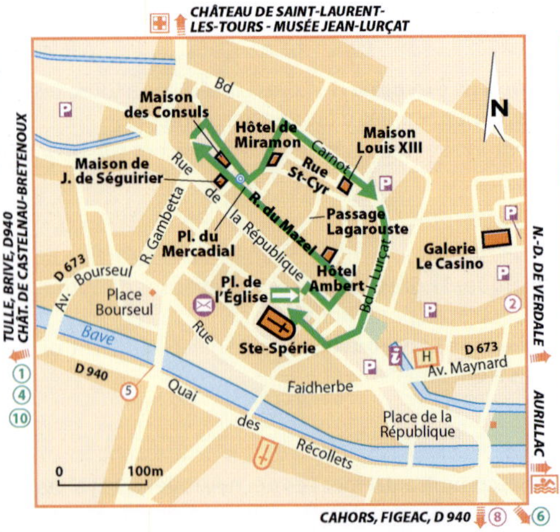

ST-CÉRÉ

SE LOGER

Château de Gamot (Chambre d'hôte) ... 1
Relais de Castelnau (Le) ... 4
Trois Soleils (Les) ... 10
Villa Ric ... 6

SE RESTAURER

France (Hôtel de) ... 2
Victor Hugo (Le) ... 8

Propriété de la famille des Turenne, elles furent acquises par Jean Lurçat en 1945. La tour maîtresse est un beau spécimen de donjon carré qui surplombe le site du haut de ses 35 mètres. En cours de restauration, elle abritera dès 2015 dans deux salles voûtées un espace dédié à des expositions temporaires. Au rez-de-chaussée de l'ancien logis, reconstruit en 1895, est aménagé le musée Jean-Lurçat. Véritable atelier-musée, il présente les lieux tels qu'ils étaient à la mort de l'artiste. D'inspiration cubiste, ses œuvres reflètent un humanisme touchant. Vous y verrez tour à tour des tapisseries et cartons (notamment dans la grande salle des gardes), mais aussi des peintures, céramiques, lithographies, gouaches et papiers peints. Un petit film contribue à s'imprégner de l'état d'esprit de l'auteur d'une des plus belles tapisseries contemporaines françaises, *Le Chant du monde*, conservée à Angers. Du jardin et des remparts, la **vue★** sur les environs vallonés et les toits de Saint-Céré est très belle.

Galerie d'art « Le Casino »

✆ 05 65 33 22 00 - juil.-sept. : 9h30-12h, 14h30-18h30 ; reste de l'année : se rens. - possibilité de visite guidée sur demande (30mn) - gratuit.

Outre des expositions temporaires, on y trouve en permanence une collection de **tapisseries de Jean Lurçat★**. Sur les murs, matière, formes et couleurs se déploient chaleureusement à travers un bestiaire fabuleux ou des visions cosmiques. « Feu du ciel, feu des laines, feu du cœur, c'est toujours la même chaleur qui rayonne des murailles tissées qu'invente Jean Lurçat. »

À proximité Carte de microrégion p. 279

★ Site de N.-D.-de-Verdale C2

Quittez St-Céré à l'est, en empruntant la D 673. Après 2 km, prenez la D 30 à droite. 1 km après Latouille-Lentillac, prenez à gauche une petite route qui longe le Tolerme. Laissez la voiture sur le parking bordant le cours d'eau et continuez à pied.

Environ 1h AR. Un sentier borde le cours impétueux du Tolerme, qui coule en cascade au milieu des rochers. Franchir à deux reprises le ruisseau par de rudimentaires ponts de bois ; le sentier s'élève alors rapidement, dans un cadre vallonné. Bientôt, on découvre la chapelle de pèlerinage N.-D.-de-Verdale (15e s.) accrochée à un piton rocheux. De la chapelle s'étend une jolie **vue★** sur les gorges du Tolerme et sur les collines couvertes de châtaigniers.

Lac du Tolerme C2

À 23 km à l'est de St-Céré par la D 673, puis la D 30.

Situé à 530 m d'altitude dans un agréable cadre de verdure, ce vaste plan d'eau de 38 ha accueille une **base de loisirs** : *baignade surveillée, centre nautique, aviron, parcours de santé, pêche, aires de jeux, pique-nique, buvette, snack (✆ 05 65 40 31 26 - parking payant en saison - 5 €/voiture). Un sentier de 4 km longeant les rives du lac permet une agréable promenade.*

Un sentier de 4 km longe les rives du lac et permet une agréable promenade.

Circuit conseillé Carte de microrégion p. 279

ENTRE VAL D'AUTOIRE ET DORDOGNE, VILLAGES DE CHARME ET CHÂTEAUX C1-2

Circuit de 45 km tracé en bleu foncé sur la carte p. 364. Comptez environ 3h. Quittez St-Céré par l'ouest.

★★ Château de Montal *(voir ce nom)*

La route, en direction de Gramat, s'élève au-dessus de la vallée de la Bave : vues sur les tours de St-Laurent.

Par St-Jean-Lespinasse, rejoignez la D 673.

★ Grotte de Presque

✆ 05 65 40 32 01 - www.grottesdepresque.com - visite guidée (45mn) juil.-août : 9h30-18h30 ; reste de l'année : 9h30-12h, 14h-18h - fermé de mi-nov. à mi-fév., Vend. saint - 8 € (-12 ans 4 €).

Une succession de salles et de galeries s'étire sur 350 m pour nous faire découvrir un ensemble de **concrétions** : de superbes coulées murales aux mille facettes dans la salle des Draperies ; les piliers stalagmitiques de 8 à 10 m de hauteur, d'une grande finesse, dans la salle de la Grande Cuve ; mais aussi la salle des Merveilles où s'élèvent des colonnes d'une blancheur surprenante…

Poursuivez sur la D 673 en direction de Padirac, puis bifurquez à droite sur la D 38.

★ Cirque d'Autoire

Parking sur la droite ; il est interdit de se garer au-delà du virage. Traversez la route et engagez-vous à gauche de la route sur un chemin.

Après le petit pont, un sentier rocailleux, en forte montée, court à flanc de rocher *(zone sécurisée)*. Très rapidement se développe une **vue★★** magnifique sur le cirque, le vallon et le village d'Autoire. En continuant sur le chemin *(soyez prudent)*, vous accédez à la très spectaculaire **ruine du château des Anglais**, qui se confond avec la falaise. Les moins courageux apprécieront le coup d'œil depuis la route qui descend vers le village, à gauche.

★ Autoire

Le bourg était autrefois un lieu de villégiature très apprécié des notables de St-Céré. On les comprend quand on découvre ce **site★** magnifique, à l'entrée d'un cirque. Au hasard de ses rues se dévoile, intact, le caractère quercynois

Le château de Limargue à Autoire.
Ph. Orain / Michelin

d'Autoire : fontaine entourée de maisons à colombages, vieilles demeures à encorbellement coiffées de tuiles brunes, élégantes gentilhommières flanquées de tourelles comme le manoir Laroque-Delprat, le château de la Roque-Maynard ou le château de Busquelles, haut manoir du 15e s. De la terrasse proche de l'église St-Pierre, au beau chevet roman, jolie **vue** sur le moulin de Limargue et le cirque rocheux qui se dessine au sud-ouest.
Quittez Autoire par le nord en empruntant la D 135. Au détour des virages, beaux coups d'œil sur le village perché de Loubressac.

★ Loubressac

Le Bourg - 46130 Loubressac - 05 65 33 22 00 - www.vallee-dordogne-rocamadour.com - juil.-août : 9h30-12h30, 14h-17h30 - fermé dim.-lun.
Moins authentique qu'Autoire, mais néanmoins charmant et propret, le bourg fortifié de Loubressac, situé au sommet d'un piton rocheux, découvre l'un des plus **harmonieux paysages** de la vallée de la Dordogne embrassant la vallée de la Bave, St-Céré qu'on reconnaît à ses tours, les châteaux de Castelnau et de Montal, ainsi que les premiers contreforts du Massif central.
En empruntant des ruelles aux maisons coiffées de tuiles brunes, on gagne la poterne du château. Ce manoir *(ne se visite pas)* du 15e s., remanié au 17e s., occupe un **site★** remarquable à l'extrémité de l'éperon qui porte le village. À voir également, la porte fortifiée et la maison des gardes.
Poursuivez sur la D 118. Au hameau de La Poujade, tournez à droite dans la D 14. La route descend vers la vallée de la Bave en offrant des **vues★** remarquables sur la vallée de la Dordogne.

★★ Château de Castelnau-Bretenoux *(voir ce nom)*

Quittez Castelnau par la D 14 au nord.

Bretenoux

Baignée d'eau et de verdure, cette bastide, fondée en 1277 par un puissant seigneur de Castelnau, a conservé son plan en damier, sa place centrale entourée

5

de couverts et des restes de remparts. Ne manquez pas la pittoresque **place des Consuls** avec sa maison du 15e s. à tourelle, dite « château fort », et de là, par un passage voûté, le vieux manoir qui occupe un angle au bout de la jolie rue du Manoir-de-Cère. Tournez deux fois à droite et revenez par le quai plein de charme qui longe la Cère.

Prenez la D 803 pour rejoindre Tauriac.

Église St-Martial de Tauriac

Composée d'un sanctuaire roman et d'une nef remontant au début du 16e s., l'église Saint-Martial recèle des peintures monumentales d'une grande richesse qui recouvraient à l'origine entièrement les murs et les voûtains. Ceux de la première travée du collatéral sud mettent en scène des épisodes de la Création, d'Adam et ève, du péché originel et du martyre de saint Jean-Baptiste. Remarquez les motifs ornementaux peints sur les croisées d'ogives, les colonnes et les arcs où carreaux, feuilles et cœurs côtoient de simples pointillés. Les voûtains du collatéral nord relatent quant à eux des épisodes de la vie des prophètes, revêtus de costumes somptueux et réalistes.

Revenez à Bretenoux. Prenez la D 940 vers St-Céré. Après 4 km, tournez à gauche dans la D 43. 5 km après Belmont-Bretenoux, tournez à droite dans la D 40.

★ Château de St-Laurent-les-Tours - musée Jean-Lurçat

Route privée à droite. Circulation tolérée. 1h à pied AR. *(voir p. 362).*

Revenez sur la D 48 (à gauche) qui ramène à St-Céré.

NOS ADRESSES À SAINT-CÉRÉ

HÉBERGEMENT

PREMIER PRIX

À proximité

Chambre d'hôte Château de Gamot – *46130 Loubressac (9,5 km à l'ouest de St-Céré par la D 673, la D 30 et la D 118) - 05 65 10 92 03 - www.domaine-de-gamot.com - fermé oct.-mai - (accès possible à la piscine privée des propriétaires, hors mois d'août) - 5 ch. 70 €.* Vous serez séduit par le charme de cette grande demeure familiale du 17e s. nichée dans un cadre pastoral. Certaines chambres n'ont pas de salle de bains privée, mais elles sont si spacieuses et si confortables… Les deux gîtes sont aussi agréables. Piscine.

BUDGET MOYEN

Le Relais de Castelnau – *Rte de Padirac - Loubressac (9,5 km à l'ouest de St-Céré par la D 673, la D 30 et la D 118) - 05 65 10 80 90 - www.relaisdecastelnau.com - fermé mi-nov.-mars. - - 40 ch. 98/125 € - 10 € - 19/48 €.* Tourné vers l'imposant château de Castelnau-Bretenoux, cet établissement offre une vue imprenable sur la vallée de la Dordogne. Les chambres sont fonctionnelles et confortables ; préférez celles avec balcon.

Villa Ric – *Rte Leyme (2,5 km par la D 48) - 05 65 38 04 08 - www.villaric.com - fermé 11 nov.-28 mars - - 5 ch. 89/109 € - 11 € - 36/52 €.* Maison accrochée à flanc de colline proposant des chambres d'esprit cosy aux tons pastel. Cadre reposant et ambiance *guest-house*. Piscine chauffée.

Les Trois Soleils – *Les Prés-de-Montal (rte de Gramat, 2 km par la D 673) - 05 65 10 16 16 - www.3soleils.fr - - fermé 1 sem. fin mars, 1 sem. déb. oct.,* *déc. et janv. ; rest. fermé dim. soir et mar. midi d'oct. à mars et lun. sf le soir d'avr. à sept. - ♿ P - 29 ch. 95/125 € - ☕ 13 € - formule déj. 32 € - 52/78 €.* Immergé dans un parc boisé et à deux pas du château, l'hôtel est très agréable. Les chambres, vastes et aménagées de manière contemporaine, ont des petits balcons privés qui invitent au farniente, tout comme la grande piscine. Côté cuisine, vous serez comblés par un chef créatif qui sait marier le foie gras local au miso de Kyoto ou revisiter de grands classiques locaux comme l'agneau fermier du Quercy en cuisson lente. Le rapport qualité-prix mérite le détour, tout comme la visite du superbe château situé à 300 mètres de cette maison qui reflète un véritable art de vivre à la française.

RESTAURATION

La ville compte de nombreuses adresses et des bars avec terrasse pour prendre un repas sur le pouce. Néanmoins, nous vous conseillons de traverser la rivière Bave pour déjeuner ou dîner dans l'un de ces trois restaurants de qualité.

BUDGET MOYEN

Le Victor Hugo – *7 av. des Maquis - ✆ 05 65 38 16 15 - www.hotelsaintcere.com - rest. fermé dim. soir (hors sais.), 3 sem. oct.-nov. et 2 sem. fév.-mars - ♿ P - 16 ch. 61/69 € - ☕ 9 € - formule déj. 14 € - menu 19/36 €.* Ancrée sur les bords de la Bave, cette jolie maison à colombages du 17e s. abrite une salle à manger accueillante où l'on sert une cuisine traditionnelle qui met à l'honneur magrets et pâtés locaux. Excellent rapport qualité-prix au déjeuner. Petites chambres coquettes, pour la plupart climatisées ; certaines offrent une vue sur la rivière.

Hôtel de France – *Av. François-de-Maynard - ✆ 05 65 38 02 16 - www.lefrance-hotel.com - fermé 20 déc.-20 janv. et vend. soir de sept. à juin - P 🏊 - 20 ch. 49,50/90 € - ☕ 10 € - formule 15/21 €, menus 27/43 €.* S'il est bien agréable de s'attabler à la terrasse ombragée par la glycine qui ouvre sur le jardin de l'hôtel, on vient ici surtout pour la cuisine du chef, renommée et très appréciée par la clientèle locale. Carte relativement traditionnelle. Hôtel récent et confortable, bien tenu. Quelques chambres très simples avec un petit balcon donnant sur la piscine. Service attentionné.

ACTIVITÉS

À proximité

Art Nature – *✆ 05 65 33 22 00 - 7,5 km à l'est de St-Céré par la D 673 et le D 30.* Un sentier en sous-bois *(env. 4 km)* fait aller à la rencontre d'une trentaine d'œuvres aussi poétiques qu'insolites… et de quelques arbres à rêves.

AGENDA

Festival de St-Céré – *www.festival-saint-cere.com.*
La 1re quinzaine d'août, opéra, théâtre musical, concerts… à St-Céré et dans d'autres lieux : abbatiale de Souillac, église de Martel, cathédrale de Cahors, château de Montal, etc.

Château de Castelnau-Bretenoux

★★

Lot (46)

« À plus d'une lieue à la ronde, écrit Pierre Loti, c'est le point marquant… la chose qu'on regarde malgré soi de partout : cette dentelure de pierres de couleur sanguine, émergeant d'un fouillis d'arbres, cette ruine posée en couronne sur un piédestal garni d'une belle verdure de châtaigniers et de chênes. » À la lisière septentrionale du Quercy, la masse triangulaire du château s'élève sur un éperon qui domine le confluent de la Cère et de la Dordogne. L'importance de son système de défense en fait l'un des plus beaux exemples de l'architecture militaire du Moyen Âge.

S'INFORMER

Office de tourisme – *Av. de la Libération - 46130 Bretenoux - 05 65 38 59 53 - www.vallee-dordogne-rocamadour.fr - juil.-août : 9h30-13h, 14h-18h30, dim. et j. fériés 10h-13h ; avr.-juin et sept. : tlj sf dim. 10h-12h30, 14h-18h, j. fériés 10h-13h ; oct. : tlj sf dim. 10h-12h, 14h-18h ; mars et nov. : tlj sf dim.-lun. 10h-12h, 14h-17h30 ; reste de l'année : se rens.*

SE REPÉRER

Carte de microrégion C1 (p. 279)

Situé à 3 km de Bretenoux par la D 14, dans le village de Prudhomat, le château se trouve à 41 km à l'est de Souillac et à 55 km au nord de Figeac.

SE GARER

Grand parking relativement ombragé au pied du village *(payant, 2 €)*.

À NE PAS MANQUER

Les **vues**★★ sur le château depuis la D 14, la D 43 et la route de Félines.

ORGANISER SON TEMPS

Comptez 2h en saison, car il y a foule (salle d'attente agréablement fraîche). Visite guidée obligatoire pour les appartements.

Découvrir

Château fort

05 65 10 98 00 - www.monuments-nationaux.fr - visite guidée (40mn) juil.-août : 10h-19h ; mai-juin : 10h-12h30, 14h-18h30 ; avr. et sept. : 10h-12h30, 14h-17h30 ; reste de l'année : tlj sf mar. 10h-12h30, 14h-17h30 - fermé certains j. fériés - 7,50 € - 11 € billet combiné avec le château de Montal.

Protégé par son enceinte fortifiée, le vaste château fort s'est développé pendant la guerre de Cent Ans autour d'un puissant donjon élevé au 13e s. Laissé à l'abandon au 18e s., il subit diverses déprédations lors de la Révolution. Incendié en 1851, il est habilement restauré de 1896 à 1932 grâce à la passion de **Jean Mouliérat** pour cet édifice. Cet enfant du pays, devenu chanteur d'opéra-comique, acheta le château en 1896 et consacra sa fortune à sa restauration. Il en fit don à l'État en 1932.

Extérieur – Il se présente sous la forme d'un triangle irrégulier flanqué de trois tours rondes et de trois autres en demi-saillie sur les côtés. Trois enceintes concentriques en défendent les approches, tandis qu'une allée d'arbres remplace les anciens remparts. Les douves, larges et profondes, ne furent jamais remplies d'eau. Des remparts se développe une large **vue★** : au nord, les vallées de la Cère et de la Dordogne ; au nord-ouest, à l'horizon, le château de Turenne ; à l'ouest, le cirque de Montvalent ; au sud-ouest et au sud, le château de Loubressac et le vallon d'Autoire.

Cour d'honneur – Face à vous s'élève la tour-résidence, partie la plus ancienne du site, bâtie en pierre rouge ferrugineuse comme à Collonges. D'élégantes ouvertures romanes à colonnettes signalent la grande salle, aula, aux étages supérieurs. Du haut de ses 30 m, le donjon carré domine l'ensemble. La chapelle gothique a miraculeusement gardé son mobilier d'origine. Du vaste logis édifié au nord au 17e s., seul subsiste un balcon ouvert sur la campagne. Ne manquez pas de monter au sommet de la grosse tour d'artillerie, dont le diamètre de 14 mètres en fait une des plus grosses tours de château fort en France. Du sommet, superbe **vue★** sur la cour et les environs.

Intérieur – La visite du château reflète les goûts éclectiques d'un collectionneur de la fin du 19e s. Un dépôt lapidaire est aménagé dans des salles voûtées de manière contemporaine. Remarquez en particulier les **chapiteaux★** romans provenant de l'église de Ste-Croix-du-Mont près de Bordeaux (et notamment le baiser de Judas). Les salles rassemblent un mobilier de styles médiéval, Renaissance et classique. La salle des états généraux du Quercy présente de nombreuses statues, dont un beau saint Sébastien en bois, issu de l'école flamande du 17e s. Dans le salon dit de Luynes et le grand salon, remarquez les boiseries peintes, les parquets et les plafonds qui constituent un bel exemple d'art décoratif du 17e s. et qui ont échappé à l'incendie de 1851. Des tapisseries d'Aubusson et de Beauvais, ainsi que de nombreux tableaux ornent les murs. Enfin, dans l'oratoire vouté d'ogives, transformé par Jean Mouliérat en salle à manger, un vitrail du 15e s. provient de la cathédrale de Quimper, tandis qu'un remarquable **retable★** espagnol de la même époque figure le martyre de saint Barthélemy.

Quittez le château, puis engagez-vous à gauche pour descendre sur la collégiale.

Collégiale St-Louis

Élevée par les seigneurs de Castelnau en 1460, bâtie aussi en belle pierre rouge ferrugineuse, elle se dresse en contrebas du château. À proximité subsistent quelques-uns des logis des chanoines. À l'**intérieur★**, la chapelle des seigneurs présente une belle **voûte** quadripartite dont la clef porte les armes des Castelnau. Important mobilier dont les pièces maîtresses sont dans le chœur. Il s'agit de deux œuvres en pierre polychrome du 15e s. : une Vierge de majesté et un baptême du Christ. Remarquez également de belles stalles de bois sculptées du 15e s.

L'ŒUF DE TURENNE

Dès le 11e s., les barons de Castelnau sont les plus puissants seigneurs du Quercy ; ils ne prêtent hommage qu'aux comtes de Toulouse et s'appellent fièrement les « seconds barons de la chrétienté ». En 1184, Raymond de Toulouse donne au vicomte de Turenne la suzeraineté de Castelnau ; le baron n'accepte pas l'humiliation et fait hommage à Philippe Auguste. Une guerre sans merci éclate alors entre Turenne et Castelnau ; le roi Louis VIII intervient et son arbitrage tranche en faveur de Turenne. Bon gré mal gré, le baron s'incline. Redevance toute symbolique, Castelnau devra apporter à son suzerain… un œuf. Aussi, tous les ans, en grande pompe, un attelage de quatre bœufs transportait-il à Turenne un œuf frais.

Château de Montal

★★

Lot (46)

Qui s'attend, au détour d'une petite route de campagne, à tomber sur l'un des plus beaux et charmants châteaux de France ? Ne passez pas par St-Céré sans aller le visiter. Protégé par deux tours cylindriques et un repli anguleux de son plan médiéval, couronné de toits de lauzes à forte pente, le château se découvre avec deux visages : d'un côté, une défense austère, de l'autre, une cour ouverte dans laquelle sa plus charmante façade, ornée à la Renaissance, expose aux rayons du soleil ses frises de pierre dorée.

SE REPÉRER

Carte de microrégion C1-2 (p. 279)

Le château de Montal se trouve à 44 km au nord de Figeac, à 26 km à l'est de Rocamadour par le causse, et à 3 km à l'ouest de St-Céré.

ORGANISER SON TEMPS

Visite libre, comptez au moins 1h.

Découvrir

05 65 38 13 72 - www.monuments-nationaux.fr - mai-août : 10h-12h30, 14h-18h30 ; avr. et sept. : 10h-12h30, 14h-17h30 ; reste de l'année : tlj sf lun.-mar. 10h-12h30, 14h-17h30 - fermé certains j. fériés - possibilité de visite guidée (1h) - 7,50 € (-18 ans gratuit) - 11 € billet combiné avec le château de Castelnau-Bretenoux - gratuit 1er dim. du mois (nov.-mai) - fermé pour travaux jusqu'à l'été 2016.

Extérieur

Par ses toits à forte pente couverts de lauzes et ses grosses tours rondes à meurtrières, le château présente l'aspect d'une forteresse. Cette sévérité fait mieux ressortir, par contraste, le charme de la cour intérieure, parée des sourires de la Renaissance. Montal se compose de deux corps de logis en équerre reliés par la tour carrée qui abrite l'escalier commandant la distribution des pièces. Au-dessus des ouvertures du rez-de-chaussée court une **frise** de 32 m de longueur. C'est une merveille d'ornementation aux sujets les plus divers : amours, oiseaux et chimères voisinent avec des écussons et une énorme tête humaine. Au 1er étage, les fenêtres à meneaux alternent avec de fausses lucarnes à frontons très ouvragés, encadrant **sept bustes** en haut relief, chefs-d'œuvre d'un réalisme parfait. On reconnaît les effigies des membres de la famille de Montal, de gauche à droite : Amaury, l'air hautain, coiffé d'un bonnet ; Jeanne, sa femme, la fondatrice du château, dont le visage, presque monacal, semble figé dans un deuil éternel ; Robert, le fils aîné, tué en Italie, qui porte un chapeau à panache à la mode de François Ier ; Dordé, le second fils, au visage de jeune page ; puis Robert, le père de Jeanne, Antoinette de Castelnau sa mère et enfin l'abbé de Vézelay Dordet de Béduer (Béduer est un gros château près de Figeac).

Au nombre de quatre, les **lucarnes** rappellent par leur décoration celles de Chambord : de part et d'autre des pignons sont accolés de petits personnages et leurs niches abritent des figures.

« J » « R » et « D » : ces lettres, situées en écusson sur la frise de la cour intérieure du château, sont les initiales de la fondatrice et de ses fils : Jeanne, Robert et Dordé.

UN CHÂTEAU AU FÉMININ

Un miracle d'amour maternel – Pour son fils aîné Robert, qui guerroie en Italie au service de François Ier, **Jeanne de Balsac d'Entraygues**, veuve d'Amaury de Montal, gouverneur de Haute-Auvergne, fait construire en 1523 un manoir de « plaisance » à l'emplacement d'un château féodal. Des rives de la Loire, la châtelaine fait venir les meilleurs artistes et, en 1534, s'élève un véritable chef-d'œuvre. Mais les jours passent et la mère attend toujours le retour du fils aîné ; seul son cadavre reviendra au castel. Jeanne fait sceller la lucarne à laquelle elle s'accoudait pour guetter l'arrivée de son fils et, sous celle-ci, fait graver ce cri déchirant : « Plus d'espoir. » Son second fils, Dordé de Montal, dignitaire de l'Église, reçoit alors l'autorisation du pape de se démettre de ses fonctions afin de perpétuer le nom de sa lignée.

Agonie et résurrection – Proclamé bien national et devenu inhabitable à la suite des déprédations commises au cours de la Révolution, Montal échoit en 1879 à un certain Macaire qui, à court d'argent, met le château en pièces : 120 t de pierres sculptées sont débitées et expédiées à Paris. Vendus aux enchères, les chefs-d'œuvre de Montal sont dispersés dans les musées et les collections privées du monde entier. En 1908, Montal renaît grâce à l'initiative de son nouvel acquéreur, M. Fenaille. Avec un acharnement admirable, celui-ci rend au château tous ses joyaux, rachetés à prix d'or, et, après l'avoir entièrement meublé, en fait don à l'État en 1913.

Intérieur

On y accède par une porte placée à l'angle des deux corps de bâtiments. Flanquée de pilastres, celle-ci est surmontée d'un linteau supportant plusieurs niches. Admirez l'**escalier Renaissance★★**, chef-d'œuvre de proportions et d'ornementation, construit en belle pierre blonde de Carennac : l'évidement du mur central permet d'admirer le dessous des marches, très finement sculpté : rinceaux, coquillages, oiseaux fantastiques, initiales et petits personnages forment un plafond dont la décoration complète celle des voûtes à clef des vestibules *(voir aussi le château de Cieurac – p. 388 – avec une décoration d'escalier du même type)*. Dans la **salle des gardes**, voûtée d'arcs surbaissés et ornée d'une magnifique cheminée, et dans la **salle du Cerf**, comme dans le reste des appartements, se côtoient meubles anciens (surtout Renaissance et Louis XIII), retables, tableaux, plats attribués à Bernard Palissy et tapisseries des Flandres et de Tours.

Assier

★

677 Assiérois – Lot (46)

Deux très beaux monuments, un château et un tombeau, répètent à l'envi la devise d'un personnage haut en couleur, d'un grand homme, ou au moins de quelqu'un qui fit tout pour nous le laisser penser. Aujourd'hui encore, vous ne pouvez oublier que vous êtes sur les terres de Jacques Galiot de Genouillac, grand écuyer de France, en son village du Quercy, à la limite d'un pays verdoyant et du causse aride.

NOS ADRESSES PAGE 375
Hébergement, restauration, achats, activités, etc.

S'INFORMER

Office du tourisme – *Pl. de l'Église - 46320 Assier - ☎ 05 65 40 50 60 - www.assier.quercy-tourisme.com - juil.-août : tlj sf vend.-sam. 9h-12h30, 14h-18h ; reste de l'année : se rens. - fermé j. fériés.*

Office du tourisme du pays de Lacapelle-Marival – *Pl. de la Halle - 46120 Lacapelle-Marival - ☎ 05 65 40 81 11 - www.lacapelle-marival-tourisme.fr - horaires, se rens.*

SE REPÉRER

Carte de microrégion C2 (p. 279)

À 18 km à l'ouest de Figeac et à 4,5 km au nord de Livernon, Assier s'ouvre par la D 653.

À NE PAS MANQUER

La frise et le tombeau de l'église ; la façade du château.

ORGANISER SON TEMPS

Comptez 1h pour visiter le village et le château.

Découvrir

★ Château

☎ 05 65 40 40 99 - www.monuments-nationaux.fr - juil.-août : 10h-12h30, 14h-18h45 ; mai-juin et 1er-4 sept. : tlj sf mar. 10h-12h30, 14h-18h45 ; reste de l'année : tlj sf mar. 10h-12h30, 14h-17h30 - fermé certains j. fériés - possibilité de visite guidée sur demande (45mn) - 3 € (-18 ans gratuit) - gratuit 1er dim. du mois.

L'ancien chancelier du roi Pierre de Bourdeille Brantôme écrivit au 16e s. que « bien qu'élevé en fort laide assiette, en fort laid pays montagneux et raboteux, le château d'Assier égale en splendeurs les palais du val de Loyre », car il était « mieux meublé que maison de France, tant en vaisselle d'argent qu'en tapisseries et ciels de soye d'or et d'argent ». Galiot de Genouillac voulait en effet une demeure somptueuse digne de son rang, souhait exaucé entre 1525 et 1535, dont on ne peut juger que d'après une aquarelle de Gaignières montrant le château en 1680. En effet, la propriété fut vendue par les descendants dès 1766, puis démantelée par quelques vendeurs de pierres. Seule a été conservée l'aile du corps de garde, plus simple et plus sobre que les trois autres ailes au somptueux décor Renaissance. On doit à Prosper Mérimée d'avoir fait classer Monument historique, en 1841, les vestiges de ce château alors à l'abandon.

Façades – La **façade extérieure** garde des traces de mâchicoulis entre ses deux tours rondes. Au centre, l'entrée monumentale, encadrée par deux colonnes, est surmontée par une niche qui abritait une statue équestre de… Galiot, bien entendu, et d'un fronton où l'on voit la salamandre de François Ier.

La façade extérieure du château d'Assier.
J.-D. Sudres / hemis.fr

La **façade intérieure★** montre une grande pureté de lignes. Elle est ornée de frises à compartiments courant au-dessus de chaque étage. De nombreuses scènes de la légende d'Hercule font allusion à la toute-puissance du capitaine, des canons crachant des flammes rappellent sa charge de grand maître de l'artillerie.

Intérieur – Les salles du bas, voûtées d'ogives, contiennent des éléments architecturaux du château et un remarquable gisant du 17e s. représentant Anne de Genouillac. Un bel escalier de transition gothique-Renaissance donne accès à l'étage. Sur le palier, un **pilier★** sculpté dans un calcaire pur représente sur une face la Fortune, sur la deuxième les trophées de Galiot de Genouillac et sur la troisième Hercule luttant contre le lion de Némée.

★ Église

✆ 05 65 40 40 99 - clé disponible sur demande à la mairie ✆ 05 65 40 57 97.

Construite de 1540 à 1550, elle nous est parvenue intacte. L'ornementation extérieure est un long panégyrique des exploits et des titres de Galiot de Genouillac. Une **frise** d'une centaine de mètres fait le tour de l'église. Les sujets

GALIOT DE GENOUILLAC (1465-1546)

Page de Louis XI, écuyer de Charles VIII, capitaine général de l'artillerie de Louis XII en 1512, enfin grand écuyer de France sous François Ier, Jacques Galiot de Genouillac aimait à dire qu'il avait servi quatre rois. Il contribua largement à la victoire de Marignan, reçut le collier de chevalier de l'ordre de St-Michel, fut nommé sénéchal du Quercy, puis gouverneur de Guyenne. Enfin, il organisa le fameux camp du Drap d'or, où François Ier rencontra Henri VIII d'Angleterre dans un luxe inédit pour l'époque. Cet homme d'armes, qui montra un véritable génie tactique, était tellement imbu de ses exploits guerriers qu'il les fit reproduire en frise sur son château et son église. En divers endroits des deux monuments, on retrouve également sa devise : « J'aime Fortune » (qui pouvait aussi s'écrire « J'aime Fort Une »).

qui y sont traités : sièges de villes et combats, cavaliers, fantassins, artilleurs, surprennent le visiteur peu habitué à rencontrer tant de sujets belliqueux dans la décoration d'un édifice religieux. Un document irremplaçable pour les historiens militaires. Le **portail** a une allure classique : au tympan, deux angelots offrent à la Vierge les insignes de Galiot, l'épée de grand écuyer et le collier de St-Michel.

Le portique, formé de deux colonnes surmontées d'un fronton triangulaire, supporte une niche à dôme. N'oubliez pas le **tombeau** du grand capitaine dont le gisant repose sur un sarcophage de marbre : il est représenté en costume de cour ; au-dessus, un haut-relief montre Galiot entouré de ses attributs militaires et de deux canonniers. La **voûte** à 16 branches de la chapelle, taillée en étoile, forme un dôme soutenu par des trompes, un procédé remarquable et rarissime.

Pigeonnier

Au nord du bourg, ce pigeonnier du 16e s. est un exemple de l'architecture rurale. Sa tour cylindrique (9 m de diamètre) et son toit conique surmonté d'un lanternon d'envol (11 m de hauteur) en font l'un des plus grands du Quercy.

Circuit conseillé Carte de microrégion p. 279

ENTRE CAUSSE ET LIMARGUE C2

Circuit de 40 km tracé en gris sur la carte p. 279. Comptez environ 2h. Quittez Assier par le nord-ouest en empruntant la D 11, puis la D 38 (à droite). À Théminettes, prenez à droite.

Rudelle

Fondée au 13e s., l'**église fortifiée**, la plus surprenante du Quercy, est en fait un ancien bastion féodal, dont le niveau inférieur, de plan ovale, a été aménagé en chapelle. L'accès à la chambre de défense se fait par l'escalier de bois montant à la tribune, une échelle, une trappe et un escalier de pierre ! D'étroites meurtrières éclairent ce refuge qui abrite les cloches. Du vieux cimetière qui entoure cette église-forteresse *(accès par un passage public à droite de l'église)*, **vue** sur le chevet et l'ensemble du monument. Derrière l'église, l'**oratoire** décoré d'une coquille rappelle qu'un des chemins de St-Jacques-de-Compostelle passait là.

Quittez Rudelle par le nord-ouest en empruntant la D 840. Après 2 km (aux Quatre Routes), prenez à droite la D 40.

Château d'Aynac

Dans un cadre de bois et de prairies, cet édifice du 15e s. presse autour de son curieux donjon central à six étages ses tours d'angles crénelées couvertes de dômes. Remarquez les armes des Turenne sur la belle porte d'entrée.

Quittez Aynac par l'est en empruntant la D 39.

La route longe la **vallée de Largentié**, puis s'élève vers les bois de Leyme, classés pour ses hêtres centenaires. Peu après Leyme, la route *(D 48 à droite)* offre de belles **vues** sur l'est du causse de Gramat. Un autre point de vue de grande ampleur avant Molières, au **Pech Mouleyret** *(suivez les panneaux)*.

Lacapelle-Marival

De l'ancienne et importante seigneurie de Lacapelle-Marival, qui appartint du 12e au 18e s. à la famille de Cardaillac, la localité a conservé plusieurs bâtiments. L'**église**, de style gothique, et la **halle**, coiffée d'une charpente en

châtaignier couverte de tuiles rondes et soutenue par des piliers de pierre, datent du 15e s. L'ancienne **porte** de ville, l'« Arbol », était jadis intégrée aux remparts du bourg qui conserve de belles maisons.
Le donjon carré massif du **château** *(ouvert au public)*, à mâchicoulis et flanqué d'échauguettes à chacun de ses angles, remonte au 13e s., tandis que le corps de logis, cantonné de grosses tours rondes, a été ajouté au 15e s. Il abrite des poutres ornées du début du 17e s. représentant les châteaux quercynois de la famille Cardaillac, des paysages pittoresques et des figures antiques.
Quittez Lacapelle par le sud en empruntant la D 940.

Le Bourg

Unique vestige d'un prieuré dépendant de l'abbaye d'Aurillac, l'**église** du 12e s. comprend un transept et un chœur décoré d'arcatures romanes supportées par de beaux chapiteaux où quelques oiseaux observent les rares fidèles.
Quittez Le Bourg par le sud-est en prenant la D 840, vers Figeac. Après 1 km, prenez à droite la D 653 qui ramène à Assier.

NOS ADRESSES AUTOUR D'ASSIER

HÉBERGEMENT

À proximité

PREMIER PRIX

Chambre d'hôte Les Moynes – *Les Moynes de St-Simon - 46320 St-Simon (3,5 km au nord-ouest d'Assier par la D 11) - ✆ 05 65 40 48 90 - ♿ P 🏊 - http://les.moynes.free.fr - fermé Toussaint-Pâques - 🚭 - 5 ch. et 2 gîtes 59/65 € ☕ - table d'hôte 20 €.* Maison quercynoise (1885), nichée sur une exploitation agricole dédiée aux canards. Couleurs vives, poutres anciennes, vieilles pierres et salles de bains bien équipées caractérisent les chambres douillettes. Jolie salle à manger agrémentée d'un cantou et de mangeoires. Piscine.

BUDGET MOYEN

Le Grézalide – *Le bourg - 46320 Grèzes (8 km au sud-ouest d'Assier par la D 653 et une rte secondaire) - ✆ 05 65 11 20 40 - www.grezalide.com - fermé d'oct. à mars. - 🏊 - 19 ch. 85/145 € - ☕ 11 € - 🍴 26/38 €.* Au cœur de ce village du Quercy, une adresse qui vous entraîne sur les chemins de l'art avec ses chambres dédiées à des artistes (Dalí, Rodin…) et son espace exposition. Une cuisine aux accents du terroir vous attend dans une jolie salle à manger voûtée.

RESTAURATION

À proximité

POUR SE FAIRE PLAISIR

La Terrasse – *Près du château - 46120 Lacapelle-Marival (9 km au nord-ouest d'Assier par la D 653, la D 80 et la D 940) - ✆ 05 65 40 80 07 - www.hotel-restaurant-la-terrasse.fr - fermé janv.-mars, dim. soir, lun. (basse saison), lun. midi (haute saison) - 23/62 € - 13 ch. 69/79 € - ☕ 8,50/10 € - formule déj. 15 €.* Dans un cadre verdoyant bordé d'une rivière, cet établissement séduisant propose d'appétissants plats au goût du jour avec des produits du terroir revisités… Quelques chambres fonctionnelles à disposition.

Cahors et le bas Quercy 6

Carte Michelin Départements 337 - Lot

Saint-Cirq-Lapopie, classé parmi les plus beaux villages de France.
Ph. Body / hemis.fr

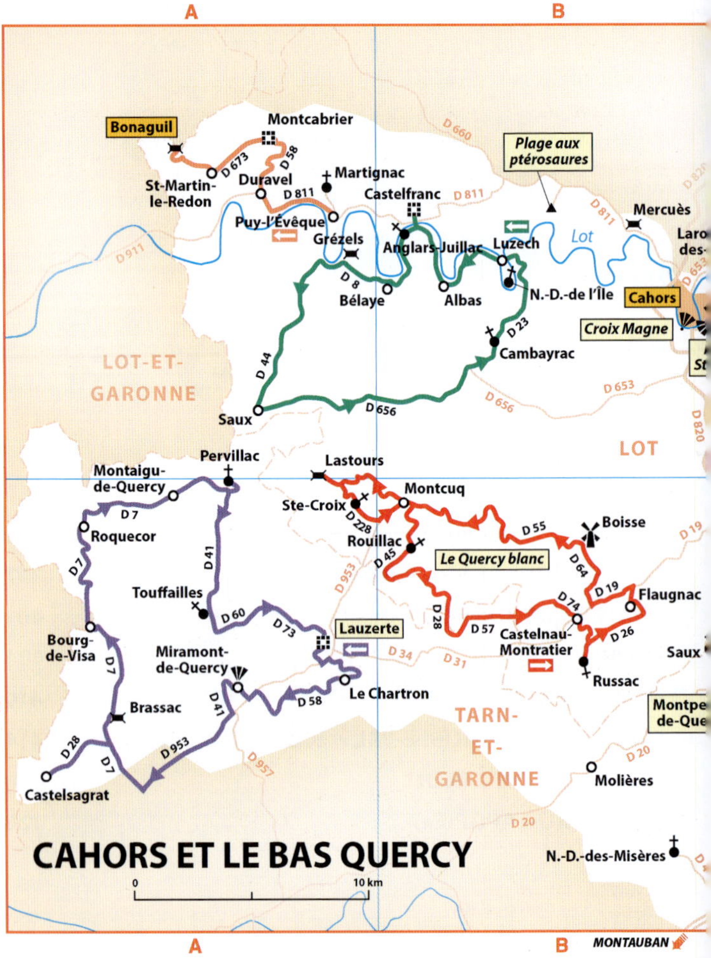
A
B
1
2
Bonaguil
Montcabrier
St-Martin-le-Redon
Duravel
Martignac
Castelfranc
Puy-l'Évêque
Grézels
Anglars-Juillac
Luzech
Lot
Mercuès
Plage aux ptérosaures
Bélaye
Albas
N.-D.-de l'Île
Cahors
Croix Magne
Cambayrac
LOT-ET-GARONNE
Saux
LOT
Pervillac
Lastours
Montaigu-de-Quercy
Montcuq
Ste-Croix
Boisse
Roquecor
Rouillac
Le Quercy blanc
Touffailles
Flaugnac
Bourg-de-Visa
Miramont-de-Quercy
Lauzerte
Castelnau-Montratier
Le Chartron
Russac
Brassac
TARN-ET-GARONNE
Castelsagrat
Molières
N.-D.-des-Misères
CAHORS ET LE BAS QUERCY
0
10 km
MONTAUBAN
D 673
D 58
D 811
D 8
D 44
D 656
D 23
D 653
D 660
D 911
D 7
D 41
D 60
D 73
D 58
D 953
D 28
D 228
D 45
D 55
D 64
D 19
D 74
D 57
D 26
D 34
D 31
D 957
D 20

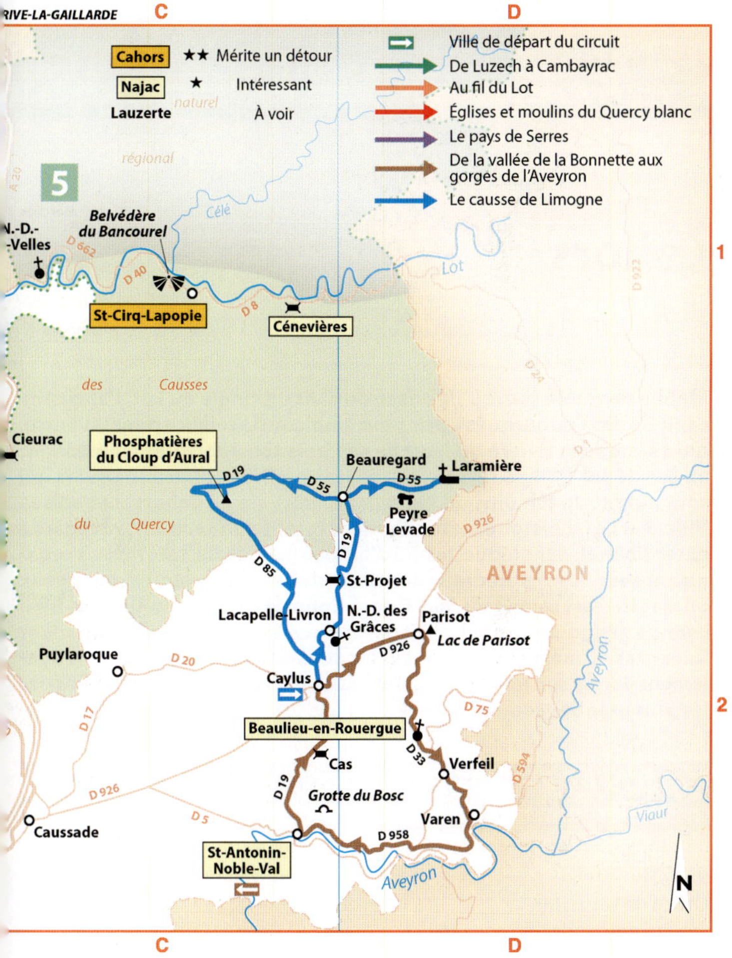
RIVE-LA-GAILLARDE
C
D
1
2
Cahors ★★ Mérite un détour
Najac ★ Intéressant
Lauzerte À voir
Ville de départ du circuit
De Luzech à Cambayrac
Au fil du Lot
Églises et moulins du Quercy blanc
Le pays de Serres
De la vallée de la Bonnette aux gorges de l'Aveyron
Le causse de Limogne
5
naturel
régional
des Causses
du Quercy
Célé
Lot
N.-D.-
-Velles
Belvédère du Bancourel
D 662
D 40
D 8
St-Cirq-Lapopie
Cénevières
D 922
D 24
Cieurac
Phosphatières du Cloup d'Aural
D 19
D 55
Beauregard
Laramière
Peyre Levade
D 926
AVEYRON
D 85
D 19
St-Projet
Lacapelle-Livron
N.-D. des Grâces
Parisot
Lac de Parisot
Puylaroque
D 20
Caylus
D 926
D 75
Aveyron
D 17
Beaulieu-en-Rouergue
Cas
D 33
Verfeil
D 594
D 926
D 19
Grotte du Bosc
Varen
Viaur
Caussade
D 5
D 958
St-Antonin-Noble-Val
Aveyron
N

Cahors

★★

20 224 Cadurciens – Lot (46)

Établie dans une presqu'île enserrée dans un cingle du Lot, l'ancienne capitale des Cadourques a pris pour emblème le célèbre pont Valentré, qui enjambe la rivière du haut de ses trois tours fortifiées. En flânant au gré de ses jardins secrets, découvrez ruelles et maisons hautes qui sont autant de témoins de l'histoire médiévale de Cahors. Labellisée Ville d'art et d'histoire, cette dernière compte un secteur sauvegardé exceptionnel, dans lequel le bâti d'origine médiévale, très riche, s'organise autour de la cathédrale, dont le portail rivalise avec les plus beaux ouvrages d'art roman du Sud-Ouest. Enfin, la capitale du Quercy, bien connue des gourmets qui, au fil des saisons, aiment à choisir canards et foies gras ou melons odorants sur les étals de son marché coloré, a également donné son nom à un vin fameux, apprécié depuis des siècles par les plus grandes cours d'Europe.

NOS ADRESSES PAGE 388
Hébergement, restauration, achats, activités, etc.

S'INFORMER

Office de tourisme – Plan de ville B2 - *Pl. François-Mitterrand - 46000 Cahors - 05 65 53 20 65 - www.tourisme-cahors.fr - juin-sept. : 9h-19h, dim. et j. fériés 10h-18h ; avr.-mai et oct. : tlj sf dim. 9h-12h30, 13h30-18h30 ; reste de l'année : tlj sf dim. 9h30-12h30, 14h-18h - fermé 1er janv., 1er et 11 Nov., 25 déc.*

Visites – *05 65 53 20 65 - Rens. à l'office de tourisme ou sur le site.* Cahors, labellisée Ville d'art et d'histoire, propose des visites découverte abordant diverses thématiques (1h à 2h) animées par des guides conférenciers. Des visites patrimoine, des visites et ateliers pour les familles, visites nocturnes et sur les thématiques de la gastronomie et du vin. Tarifs variables selon visites se rens.

SE REPÉRER

Carte de microrégion B1 (p. 378)

Prolongeant la D 820, le boulevard Gambetta est le grand axe nord-sud de la ville. C'est un cours typiquement méridional avec ses

Cahors, la ville et le méandre du Lot depuis le mont Saint-Cyr.
H. Lenain/hemis.fr

platanes, ses cafés, ses commerces et son animation. Il coupe la ville en deux et mène à une sorte de périphérique à hauteur du Lot.

SE GARER

Deux parkings ont été aménagés aux extrémités est et sud de Cahors. Un service de navettes gratuites les relie au centre-ville. Délai d'attente entre deux dessertes : de 11 à 22mn selon les tranches horaires. Un troisième parking, dit de l'Amphithéâtre, a été aménagé au cœur de la ville en 2009, en sous-sol des allées Fénelon *(accès depuis le boulevard Gambetta, fléché)*.

À NE PAS MANQUER

Le pont Valentré ; le portail latéral nord de la cathédrale ; le point de vue sur la ville depuis le mont St-Cyr ; les marchés des mercredi et samedi matin.

ORGANISER SON TEMPS

Comptez une journée.

AVEC LES ENFANTS

En juillet-août, « l'été des 6-12 ans » : ateliers ludiques sur le patrimoine permettant de sensibiliser les enfants pendant que les parents suivent une visite. Rendez-vous à la Maison du patrimoine *(8, rue de la Halle)*.

La découverte des traces d'animaux à la « Plage aux ptérosaures » les fascine ; une croisière en bateau sur le Lot avec passage d'écluse ; un parcours dans les arbres les amusera *(voir « Nos adresses »)*.

Se promener

★ LE QUARTIER DE LA CATHÉDRALE

La ville a mis en place un parcours, **Les jardins secrets de Cahors★**, matérialisé au sol par des clous en cuivre frappés d'une feuille d'acanthe et ponctué de panneaux expliquant le rapport entre le thème du jardin et les lieux, qui commence au pont Valentré. Demandez la brochure à l'office de tourisme.
Les allées Fénelon, perpendiculaires au boulevard Gambetta, ont été paysagées et aménagées pour les piétons.

Circuit tracé en vert sur le plan de la ville p. 384.

★ Cathédrale St-Étienne B2

Elle doit à ses évêques et à son chapitre son aspect composite, formé d'une nef romane à coupoles sur laquelle viennent se raccorder un chevet et un massif occidental gothiques. Ce dernier exprime la puissance de l'évêque-comte face aux velléités des consuls. Sur l'emplacement d'une cathédrale remontant à saint Didier (7e s.), un nouvel édifice roman est entrepris au début du 12e s., le maître-autel de cette église est consacré en 1119 par le pape Calixte II. Les modifications apportées à l'édifice aux 13e et 14e s. sont complétées à partir de 1493 par la reconstruction du cloître dans le style gothique flamboyant et la création de la chapelle St-Gausbert.

Parvis – La façade ouest est formée d'un imposant massif occidental en grès, ouvert par des baies étroites et un portail à voussure surmonté d'une rose inspirée de celle du transept sud de Notre-Dame de Paris. Le beffroi de brique a été rajouté au 17e s.

★★ **Portail nord** – *Entrée.* Ancien portail principal de la cathédrale, il date des années 1150 et s'apparente aux ensembles romans de Conques, Moissac, Carennac et Beaulieu-sur-Dordogne. Son tympan a pour sujet l'Ascension, associée aux étapes de la vie profane avec ses dérives (notamment sexuelle).

Intérieur – En pénétrant dans la cathédrale par le portail sud, couvert d'un arc trilobé, on admirera une nef très large coiffée de deux coupoles sur pendentifs. L'une d'elles comporte un décor peint représentant le martyre d'Étienne entouré des prophètes de l'Ancien Testament. Après avoir admiré les scènes de la Genèse peintes au revers du massif occidental, on rejoindra le chœur gothique, dont les peintures et les vitraux ont été repris au 19e s. Une partie du mobilier date des 17e et 18e s. comme l'orgue, la chaire et le retable de la chapelle profonde.

★ **Cloître** – *Accès par une porte, à droite du chœur.* De style Renaissance (datant de 1509), il fait suite à ceux de Carennac *(voir p. 341)* et de Cadouin *(voir p. 202)* avec lesquels il présente de nombreuses ressemblances. Vraisemblablement jamais achevé, il offre néanmoins une riche décoration sculptée. Les galeries sont couvertes d'une voûte en étoile, dont les clefs auraient dû être ornées de pendentifs : un seul est visible au-dessus de la porte nord-ouest et représente Jésus aux cieux entouré d'anges. Près de la porte du chœur, remarquez un escalier à rampe hélicoïdale, et, sur le pilier d'angle du nord-ouest, une gracieuse Vierge de l'Annonciation, aux longs cheveux tombant sur les épaules, drapée dans un manteau.

Par le cloître, on accède à la chapelle St-Gausbert.

★ Chapelle St-Gausbert B2

✆ 05 65 20 88 91 - uniquement dans le cadre des visites guidées de la ville (2h) - 6 € (enf. 4 €).

Bâtie vers 1500 à l'emplacement de l'ancienne salle capitulaire, elle est ornée d'une voûte très élaborée, dont les liernes et tiercerons encadrent des voûtains peints. Un grand Jugement dernier orne son mur ouest. Cette chapelle abrite le trésor de la cathédrale.

Par la porte de l'angle sud-est du cloître, on gagne la cour intérieure de l'ancien archidiaconé St-Jean, dont la décoration Renaissance est intéressante et qui abrite l'un des plus ravissants jardins secrets de Cahors.

Partez de la cathédrale pour découvrir le secteur sauvegardé.

Rue Nationale B2

Anciennement rue Droite, c'était l'artère principale de la ville médiévale, partie commerçante et industrieuse de la ville. Vous passerez devant la halle. Après avoir traversé la rue Clemenceau, au n° 116, une belle porte du 17e s. présente des panneaux décorés de fruits et de feuillages. Un peu plus loin, jetez un coup d'œil sur la gauche : l'étroite **rue St-Priest** a gardé l'aspect d'une venelle médiévale avec ses maisons en brique, à colombages et à encorbellements.

Tournez à droite.

De Divona à Cahors

DES ROMAINS AUX MARCHANDS LOMBARDS

La source divine

L'antique *Divona Cadurcorum* doit sa naissance à la fontaine des Chartreux, belle résurgence qui alimente encore la ville en eau potable. Les Gaulois, puis les Romains, lui vouèrent un culte, dévotion confirmée par la découverte en 1991 de nombreuses monnaies gallo-romaines, jetées en offrande dans la fontaine. La ville s'épanouit : elle possède son forum, son théâtre, ses temples, ses thermes.

L'âge d'or

Au 13e s., Cahors connaît une période de prospérité économique, due en grande partie à l'arrivée de marchands et de banquiers lombards. Ces derniers ont le génie du négoce et de la banque, mais ils se livrent souvent à des opérations de « prêt à usure » assez peu recommandables. Cahors était une ville marchande dynamique, et une poignée de grandes familles bourgeoises faisaient commerce aux quatre coins de l'Europe. Le mot « cahorsin », qui désignait autrefois les habitants de Cahors, était alors synonyme d'usurier. L'enrichissement trop facile étant une insulte à Dieu, l'écrivain florentin Dante (1265-1321) a précipité Cahors, comme Sodome, dans l'enfer de sa fameuse *Divine Comédie*. En 1316, le Cadurcien Jacques Duèze devient le deuxième pape d'Avignon sous le nom de **Jean XXII**. En 1332, il fonde dans sa ville natale une université qui est alors plus florissante que celle de Toulouse et qui fonctionnera jusqu'en 1751.

Ville fidèle au roi de France

Dès le début de la guerre de Cent Ans, les Anglais s'emparent de toutes les places du Quercy : seule Cahors demeure imprenable malgré la peste noire qui emporte la moitié de sa population. Le traité de Brétigny, en 1360, cède le sud-ouest de la France à Édouard III d'Angleterre, mais la ville invaincue refuse de se livrer. Fidèle au roi de France, Cahors subit une brève occupation des troupes du parti anglais mais elle s'en libère rapidement. Le roi de France la récompensera de sa fidélité par des exemptions de taxes. En 1450, lorsque les Anglais quittent le Quercy, Cahors est ruinée.

Cahors et la Réforme

Après quelques décennies de paix, la Réforme pénètre, vers 1540, dans les murs de la ville. Très rapidement, la population se trouve divisée. En 1560, des protestants sont massacrés rue des Soubirous. Vingt ans plus tard, la cité est assiégée par les huguenots conduits par Henri de Navarre. L'assaut dure trois jours et se termine par le pillage de Cahors.

CÉLÈBRES CADURCIENS

Parmi les Cadurciens ayant atteint la célébrité, au premier rang desquels se place le pape **Jean XXII**, on trouve le poète **Clément Marot** (1496-1544), l'homme politique **Léon Gambetta** (1838-1882) et l'ancien rugbyman **Denis Charvet** (né en 1962), joueur du XV de France qui participa à la première finale de coupe du monde en Nouvelle-Zélande en 1987.

Rue Docteur-Bergounioux B2

Au n° 40, l'hôtel Lémozi, une demeure du 16e s., montre une intéressante façade Renaissance (moulures à l'antique et entablement orné de reliefs sculptés) percée de fenêtres aux croisées sculptées, d'inspiration italienne.
Rebroussez chemin et poursuivez en face.

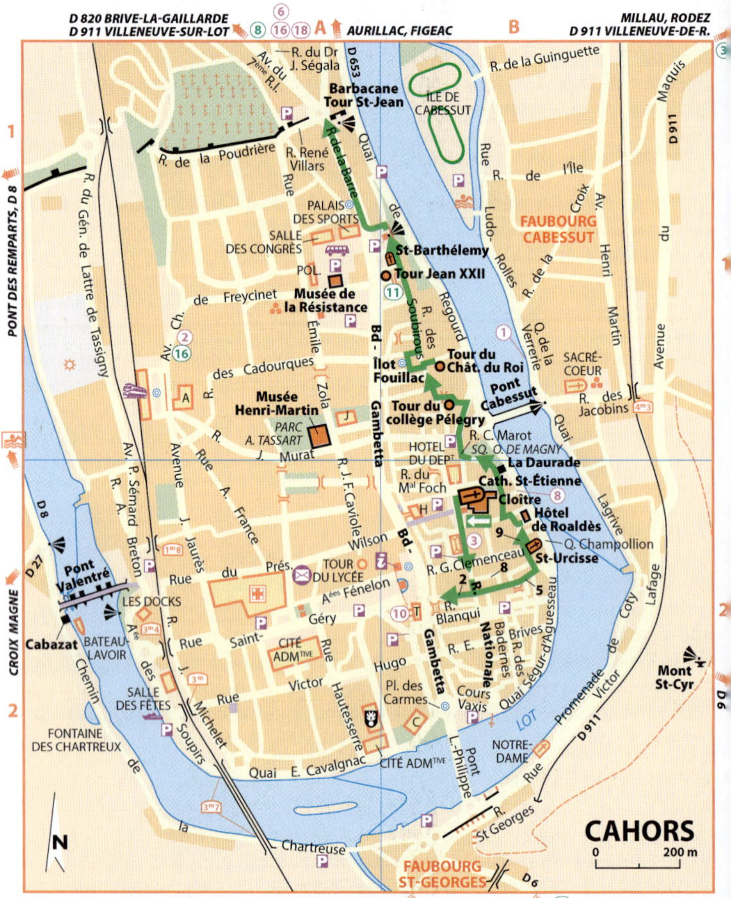

SE LOGER

- Clos des Dryades (Chambre d'hôte Le) 3
- Domaine de Labarthe (Chambre d'hôte Le) 8
- Jean XXII (Hôtel) 11
- Terminus (Hôtel) 16
- Vayssade (Chambre d'hôte La) 19

SE RESTAURER

- Au Fil des Douceurs 1
- Balandre (Le) 2
- Garenne (La) 6
- Gabarres (Auberge des) 8
- Marché (Le) 3
- Ô à la Bouche (L') 10
- Vieux Douelle (Auberge du) 16
- Vinois (Le) 18

INDEX DES RUES

- Dr-Bergougnioux (R.) 2
- Lastié (R.) 5
- St-Priest (R.) 8
- St-Urcisse (R.) 9

Rue Lastié B2
Au n° 35, remarquez les fenêtres à remplage. Place St-Priest, ne manquez pas au n° 18 un très bel escalier extérieur en bois d'époque Louis XIII. Au n° 117, une maison des 14e et 16e s. a conservé son échoppe au rez-de-chaussée, surmontée au premier étage d'élégantes fenêtres à remplage de style gothique. Cette rue se termine par de jolies maisons en brique et pans de bois.
Tournez à gauche.

Rue St-Urcisse B2
L'église St-Urcisse (fin du 12e s.) s'ouvre par un portail du 14e s. Le trumeau central accueille une statue de Vierge à l'Enfant de la même époque, dont le visage a été remanié *(église fermée pour une durée indéterminée)*. La rue est bordée de maisons anciennes de taille modeste, dans lesquelles voisinent arcades de boutiques, fenêtres géminées et pans de bois.
Tournez à droite.

Hôtel de Roaldès B2
Appelée aussi maison d'Henri IV (le roi de Navarre y aurait logé pendant le siège de Cahors en 1580), cette demeure de la fin du 15e s. a été restaurée en 1912. Elle appartint, à partir du 17e s., à une famille de notables du Quercy, dont elle porte le nom. La façade nord, donnant sur la place, est décorée de roses, de soleils flamboyants et d'arbres écotés (réduits à leurs troncs) – éléments typiques de l'école de sculpture quercynoise au début du 16e s. La façade sud, à pans de bois, est surmontée d'un balcon et flanquée d'une grosse tour ronde.
Contournez la maison pour rejoindre à droite la rue de la Chantrerie. Au passage, vous apprécierez le jardin à l'arrière de la cathédrale.

La Daurade B2
Riche ensemble de demeures anciennes, parmi les plus belles de la ville, bordant le square Olivier-de-Magny : maison dite du « Bourreau », à fenêtres géminées (13e s.), maison Dolive (17e s.) et maison Heretié (14e-16e s.).
Prenez à droite, puis la rue Clément-Marot qui descend à droite. Depuis cette rue, vous pourrez apercevoir, sur votre droite, le pont Cabessut.

Pont Cabessut B1
De ce pont, la **vue★** sur le quartier haut de la ville ou quartier des Soubirous est intéressante. Au loin se dresse la tour des Pendus ou tour St-Jean, puis le clocher de l'église St-Barthélemy, la tour Jean-XXII, plus près, la tour du Château du Roi et enfin celle du collège Pélegry.

Tour du collège Pélegry B1
Créé en 1368, le collège reçut d'abord treize étudiants pauvres fréquentant l'université. Ce fut, jusqu'au 18e s., l'un des établissements les plus importants de la ville. Il est surmonté d'une belle tour hexagonale du 15e s.
Empruntez la venelle à gauche qui débouche sur la rue du Château-du-Roi. Tournez à droite. Prenez à droite après la maison d'arrêt.

Tour du Château du Roi B1
L'ancien donjon du palais de Via domine la vallée. Devenu au 15e s. la résidence du sénéchal du Quercy, le site accueille aujourd'hui une maison d'arrêt.
Revenez à la maison d'arrêt, prenez en face et tournez à droite.

Tour Jean-XXII B1
Principal vestige du palais de Pierre Duèze, frère de Jean XXII. Haute de 34 m, cette tour est percée de cinq étages de fenêtres géminées.

Église St-Barthélemy B1

Édifié dans le quartier le plus élevé de la ville, ce bâtiment s'appelait au 13e s. St-Étienne-de-Soubirous, *sancti Stephani de superioribus*, par opposition à la cathédrale, qui occupait le quartier bas : Soubirous vient du latin *superioribus*, qui signifie « plus haut ».

Reconstruit en plusieurs étapes, il présente un beau clocher-porche rectangulaire à trois rangs de baies en tiers-point superposées ; ce clocher sans flèche, dont la base est du 14e s., est presque entièrement en brique. La nef, voûtée d'ogives a été édifiée au 15e s. Dans la chapelle la plus proche de l'entrée, à gauche, une plaque de marbre et un buste rappellent que Jean XXII y fut baptisé. Les émaux cloisonnés qui ornent le couvercle des fonts baptismaux modernes ont pour thème les principaux événements de la vie du pape cadurcien.

De la terrasse située à proximité de l'église, on bénéficie d'une jolie vue sur le faubourg de Cabessut et la vallée du Lot.

Rejoignez le boulevard Gambetta et poursuivez vers le nord.

★ Barbacane et tour St-Jean A1

La ligne des remparts, construite à partir de 1345, barrait entièrement l'isthme du Lot. De ces fortifications subsistent quelques vestiges : une grosse tour, à l'ouest, abrite une poudrière et l'ancienne porte St-Michel sert d'entrée au cimetière.

C'est à l'est, à l'endroit où la D 820 pénètre dans la ville, que s'élèvent les deux plus belles constructions fortifiées : la barbacane, élégant corps de garde qui protégeait la porte de la Barre, et la tour St-Jean (ou tour des Pendus) bâtie sur un rocher dominant le Lot.

Sur la place se trouve le « **Closelet des croisades** » : il compte parmi la vingtaine de jardins aménagés dans la ville.

À voir aussi Plan de la ville

★★ Pont Valentré A2

Voir ABC d'architecture p. 87. C'est de la rive droite du Lot, en amont de l'ouvrage, que l'on a la meilleure vue sur le pont Valentré. Cet ouvrage constitue une remarquable manifestation de l'art militaire du Moyen Âge. Ses trois tours, dont deux sont fortifiées, ses parapets crénelés et ses avant-becs aigus rompent la succession des sept arches créant ainsi une impression de grande harmonie. L'aspect initial du pont commencé en 1308 a été sensiblement modifié au cours des travaux de restauration entrepris en 1879 par Paul Gout, émule de Viollet-le-Duc : des deux châtelets qui complétaient la défense, l'un a été détruit, l'autre a été modifié dans son aspect actuel. Tel qu'il se présentait alors, il formait une sorte de forteresse isolée commandant le passage du fleuve ; tandis que la tour centrale servait de poste d'observation, les tours extrêmes étaient fermées de portes et de herses. Les tours s'élèvent à 40 m au-dessus de la rivière.

D'après la légende, l'architecte du pont Valentré avait livré son âme au diable, en échange de l'**aide du Malin**. Mais il ne tint pas parole et, pour se venger, ce dernier aurait fait tomber chaque jour sur le pont la même pierre de l'angle nord-est de la tour centrale. C'est à cet emplacement que les rénovateurs du 19e s. ont sculpté un diable.

Maison de l'eau - ancienne station de pompage de Cabazat – *Quai Albert-Cappus - ✆ 05 65 53 04 99 - www.mairie-cahors.fr/Art/expo/cabazat.html - juil.-août : 10h-13h, 15h-19h ; reste de l'année : se rens. - gratuit.* Le pont traversé, vous pourrez vous rendre dans cette ancienne station de pompage, qui abrite des expositions temporaires.

Musée de la Résistance, de la Déportation et de la Libération A1

Pl. Bessières - ✆ 05 65 22 14 25 - 14h-18h - fermé dim. et j. fériés - possibilité de visite guidée sur demande (1h) - gratuit.

Il retrace la naissance et le développement de la très active Résistance dans le Lot, les déportations et persécutions qui en résultèrent, les combats de la Libération et enfin l'épopée des Français libres de Brazzaville à Berlin. Sont exposées 18 maquettes d'avions de guerre, et des journaux de l'époque sont mis à la disposition des visiteurs.

Musée de Cahors Henri-Martin (ancien palais épiscopal concordataire) A1

792 r. Émile-Zola - ✆ 05 65 20 88 66 - 11h-18h, dim. et j. fériés 14h-18h - fermé mar., 1er janv., 1er Mai, 25 déc. - 3 € (-18 ans gratuit).

Situé dans l'ancien palais épiscopal, il présente l'œuvre du peintre pointilliste **Henri Martin** (1860-1943) dans une salle, pour beaucoup consacrée au Lot, en particulier au fameux monument aux morts de la Grande Guerre, plus spécialement à St-Cirq-Lapopie. Cette collection s'est considérablement enrichie en 2012 avec l'achat d'une quinzaine de toiles d'Henri Martin provenant de la collection Paul Riff. Par ailleurs, le musée propose des expositions temporaires de qualité (photographie contemporaine, peintres majeurs du 20e s. ou de nos jours) et s'attache à explorer l'image de Cahors à travers son histoire jusqu'à l'époque actuelle, en interprétant son patrimoine par le biais d'artistes contemporains. Enfin, ce musée ne manque pas de ressources : il conserve d'importantes collections archéologiques et historiques relatives au Quercy, présentées par roulement en attendant que l'ensemble des lieux soit aménagé.

À proximité Carte de microrégion p. 378

★ Point de vue de la Croix Magne B1

À 5 km par la sortie ouest. Du pont Valentré, prenez à droite et aussitôt à gauche, puis, juste après l'école d'agriculture, tournez à gauche, ainsi qu'en haut de la montée.

Des abords de la croix, une **vue★** s'offre sur le causse, le cingle du Lot, la ville de Cahors et le pont Valentré.

★ Point de vue du mont St-Cyr B1

À 7 km par le pont Louis-Philippe et la D 6, que l'on quitte 1,5 km plus loin pour gagner le mont, en obliquant toujours à gauche.

Du sommet *(table d'orientation)* se révèle une très belle vue sur Cahors : l'opposition entre les quartiers neufs et anciens, que sépare le boulevard Gambetta, artère vitale de la ville, apparaît nettement, tandis que se profile à l'arrière-plan la silhouette du pont Valentré.

Château de Mercuès B1

À 6 km au nord-ouest de Cahors par la D 811.

L'ancienne propriété des comtes-évêques de Cahors, aujourd'hui transformée en hôtel, occupe un site remarquable au-dessus de la rive droite du Lot. Château fort cité dès 1212, agrandi au 14e et au 15e s., assiégé à plusieurs reprises au cours de la guerre de Cent Ans et pendant les guerres de Religion, devenu demeure de plaisance au 16e s. avec la création de terrasses et de jardins, la résidence des évêques de Cahors a été restaurée au 19e s. Du château, la vue sur la vallée est remarquable. À l'ouest de Mercuès, la route abandonne un instant la vallée pour traverser une région où abondent la vigne et les arbres fruitiers, puis elle suit les méandres de la rivière.

★ Plage aux ptérosaures de Crayssac B1

À 11 km au nord-ouest de Cahors par la D 811. ✆ 05 65 20 86 40.

Vous parcourrez une ancienne carrière, qui fait référence pour les traces d'animaux préhistoriques, notamment de reptiles volants. Il y a 150 millions d'années, ces derniers se posaient sur la plage. Les empreintes de leurs pas n'ont jamais été effacées par les marées. Depuis, le sédiment et la vase se sont faits calcaire. Fossilisées, les empreintes apparaissent dans la lumière rasante des fins d'après-midi. On en découvre de nouvelles tous les jours.

Château de Cieurac C1

À 12 km au sud de Cahors par la D 6.

✆ 05 65 31 64 28 - www.chateaudecieurac.com - visite guidée (1h) de fin juil. à déb. sept. : 14h-18h - fermé lun. - 7,50 € (-10 ans 4 €).

Le château Renaissance fut édifié à la fin du 15e s. sur les bases d'une forteresse du 13e s., par Raymond et Jacques de Cardaillac, seigneurs de St-Cirq-Lapopie. Sous Richelieu, son deuxième étage fut rasé, puis la division Das Reich l'incendia en 1944. Il a été alors complètement restauré et agrémenté de jardins à la française. Dans le parc subsistent le moulin à vent, le colombier et le four à pain seigneuriaux. Aujourd'hui, les pièces comportent de superbes **meubles★** de la fin du 15e au 17e s., des tapisseries des 16e et 17e s., et des tableaux du 17e s. On remarque l'**escalier à vis★** dont tout le dessous est sculpté de façon différente à chaque marche, comme au château de Montal, ainsi que la porte d'entrée très travaillée et refaite selon l'originale.

Laroque-des-Arcs B1

À 4 km à l'est de Cahors par la D 653.

Son nom évoque l'aqueduc qui traversait le vallon de Francoulès et alimentait Cahors en eau. Un pont de trois étages soutenait l'aqueduc qui transportait sur 20 km l'eau de Vers à *Divona* (l'antique Cahors). Les consuls de Cahors l'ont fait démolir en 1370. D'une tour perchée sur un rocher, en bordure du Lot, on surveillait le trafic et percevait les péages.

N.-D.-de-Velles C1

À 8,5 km à l'est de Laroque-des-Arcs par la D 653.

Cette chapelle de pèlerinage du 12e s. a un beau clocher carré et une abside romane. Son nom, qui signifie N.-D.-des-Voiles, indique qu'elle était fréquentée autrefois par des mariniers du Lot.

NOS ADRESSES À CAHORS

VISITES

Bateau « Le Valentré » – *Allée des Soupirs - quai Valentré - ✆ 05 65 30 16 55 - www.bateau-cahors.com - ♿ - visite guidée (1h20) mai-sept. - 10 € (-13 ans 5 €) - 14,50 € billet combiné avec le petit train - croisière Boucle de Cahors : 1h20 à bord du bateau le* Valentré, *dans le méandre de la ville de Cahors, avec le passage de l'écluse de Coty.*

Le Petit Train de Cahors – *Quai Valentré - ✆ 05 65 30 16 55 - www.bateau-cahors.com - visite guidée (50mn) juil.-août : 11h, 14h, 15h, 16h, 17h et 18h ; mai-juin et sept. :*

11h, 14h, 15h, 16h, merc., w.-end et j. fériés 11h, 14h, 15h, 16h, 17h et 18h- fermé dim. de Pâques - 7 € (-13 ans 3,50 €) - 14,50 € billet combiné avec la croisière Boucle de Cahors (1h20) sur le Valentré. Tain avec toit panoramique.

HÉBERGEMENT

PREMIER PRIX

Jean XXII – B1 - *2 r. Edmond-Albe - ✆ 05 65 35 07 66 - www.hotel-jeanxxii.com - fermé dim. de nov. à mai - 9 ch. 68/77 € - ☕ 8 €.* Voici un point de chute pratique et calme, au pied de la tour Jean-XXII. Les murs de ce palais (13e s.), édifié par la famille du pontife, abritent des chambres confortables et fonctionnelles. Vos bagages posés, partez à la découverte de la cité !

À proximité

Chambre d'hôte Le Clos des Dryades – *Le Bois Noir - 46090 Vers (15 km à l'est de Cahors par la D 653) - ✆ 05 65 31 44 50 - www.closdesdryades.com - P - 5 ch. 45/49 € ☕ - table d'hôte 18 € -* Au milieu des bois, cette maison basse coiffée de tuiles romaines bénéficie d'un calme total. Les chambres sont confortables. Également trois gîtes, une piscine, du tir à l'arc et la location de vélos.

BUDGET MOYEN

À proximité

Chambre d'hôte La Vayssade – *205 chemin de la Vayssade - 46230 Lalbenque (17 km au sud-est de Cahors par la D 6) - ✆ 05 65 24 31 51 - www.lavayssade.com - P - 5 ch. 87/100 € ☕ - table d'hôte 29 €.* La grange de ce domaine familial, à deux pas de la capitale du diamant noir, a été transformée en lieu d'habitation, combinant à merveille moderne et ancien. Chambres de grand confort. Tonnelle et jolie piscine surplombant les arbres truffiers.

POUR SE FAIRE PLAISIR

Hôtel Terminus – A1 *-5 av. Charles-de-Freycinet - ✆ 05 65 53 32 00 - www.balandre.com - fermé 15-30 nov. - 22 ch. 73/165 € - ☕ 10 €.* Terminus, tout le monde descend ! Face à la gare, cet hôtel de 1911 conserve quelques vestiges de la Belle Époque. Les chambres ne sont pas de prime jeunesse, mais elles sont spacieuses et confortables. Préférez celles avec des vitraux et du mobilier ancien. Une bonne adresse.

À proximité

Chambre d'hôte Domaine de Labarthe – *1 r. des Granges - 46090 Espère (10 km au nord-ouest de Cahors par la D 811) - ✆ 05 65 30 92 34 ou 06 08 70 22 52 - www.domaine-de-labarthe.com - P - 3 ch. 115/135 € ☕ - table d'hôte 29 €.* Vous serez accueilli en ami dans ce joli domaine agrémenté d'un pigeonnier. Chambres calmes et coquettes ouvrant sur le jardin et sa piscine, bouquet de fleurs et biscuits déposés le jour de votre arrivée : on vous rend la vie douce.

RESTAURATION

PREMIER PRIX

Auberge des Gabarres – B2 - *24 pl. Champollion - ✆ 05 65 53 91 47 - fermé dim. et lun. - 15/21 €.* Une auberge comme on n'en voit plus guère : ici, l'expression « cuisine du terroir » prend tout son sens. Assiettes généreuses, un seul menu du jour dans lequel la tête de veau, le cassoulet ou l'aligot sont souvent à l'honneur. Atmosphère bon enfant et humeur joyeuse du patron.

BUDGET MOYEN

L'Ô à la Bouche – B2 - *56, allée Fénelon - ✆ 05 65 35 65 69 - www.*

loalabouche-restaurant.com - fermé vac. de Pâques et de la Toussaint, dim. et lun. - formule 22 €, 28/47 €. À la tête de ce sympathique restaurant, un couple de passionnés qui a sillonné les contrées et les mers lointaines avant de jeter l'ancre à Cahors. Jean-François concocte des plats gourmands, comme ce saumon mariné au fenouil, ce bar sauvage ou cette poêlée de blettes et cromesquis d'ail rose de Lautrec. On en a l'eau à la bouche !

Le Marché – B2 - *27 pl. Jean-Jacques-Chapou - ✆ 05 65 35 27 27 - www.restaurantlemarche.com - fermé 12-27 avr., 20 oct.-3 nov., dim. et lun. - formule déj. 18 € - 22/50 €.* Si vous allez au marché – mercredi et samedi matin – profitez-en pour déjeuner à côté ! Dans ce restaurant, où la carte change souvent, on ne sert que des produits frais. À apprécier dans un cadre à l'élégance toute contemporaine.

Au Fil des Douceurs – B1 - *32 av. André-Breton - ✆ 05 65 22 13 04 - fermé 2 sem. en juin, 3 sem. en jan., dim. et lun. - fomule déj. 14 € - 20/55 €.* Après 23 années passées dans son bateau-restaurant sur le Lot, le chef du Fil des Douceurs a finalement posé pied à terre et pris ses quartiers dans cette petite maison colorée, au cadre contemporain, face au superbe pont de Valentré (14e s.). Sa bonne cuisine traditionnelle, à prix doux, nous fait toujours voyager !

À proximité

Auberge du Vieux Douelle – *Rue des Tonneliers - 46140 Douelle (12 km au nord-ouest de Cahors par la D 12) - ✆ 05 65 20 02 03 - www.aubergemalique.com - formule déj. 8/10 € - 19,50/29,50 € - 8 ch. 50/60 € - ☕ 6 €.* Connue sous le nom « Chez Malique », cette auberge propose, dans une belle cave voûtée, salades, omelette aux cèpes, grillades au feu de bois *(avr.-oct.)* et une spécialité : la tête de veau. Chambres de bon confort.

POUR SE FAIRE PLAISIR

Le Balandre – A1 - *5 av. Charles-de-Freycinet - ✆ 05 65 53 32 00 - www.balandre.com - fermé 15-30 nov., dim. (sf j. fériés) et lun. - formule 29 € bc, 40/77 €.* Vitraux, belle hauteur sous plafond, moulures… Le cadre de ce restaurant familial vaut le détour ! Aux fourneaux, on trouve Alexandre, le fils de la famille : il revisite la cuisine traditionnelle avec brio.La cave, supervisée par son père Gilles, recèle des merveilles !

À proximité

La Garenne – *À St-Henri (3 km au nord de Cahors sur la RN 20) - ✆ 05 65 35 40 67 - fermé fév., 26 juin-2 juil., 13-21 nov., lun. soir, mar. soir et merc. - P - formule déj. 19 € - 30/68 €.* Mangeoires, murs en pierre, charpentes apparentes, objets paysans… Ces anciennes écuries cultivent de glorieux temps oubliés ! Voilà qui se marie harmonieusement avec la cuisine du chef : des recettes tantôt classiques tantôt régionales, tels les magrets de canard ou les escalopes de foie gras poêlées au verjus…

Le Vinois – *Le Bourg - 46140 Caillac (12 km au nord-ouest de Cahors par la D 811 et la D 240) - ✆ 05 65 30 53 60 - www.levinois.com - fermé 12-26 oct. et 5-27 janv., dim. soir, mar. midi et lun. - ☕ 14 € - formule déj. 20/22 € - 38/78 € - rest. fermé dim. soir, mar. midi, lun.* Au cœur du vignoble de Cahors, ne ratez pas cette étonnante auberge au décor résolument contemporain et sa goûteuse cuisine, actuelle et soignée, appuyée sur de solides bases classiques. La spécialité de la maison : le canard à la presse, réalisé sous vos yeux avec une authentique presse en argent du 18e s.

PETITE PAUSE

Mets Saisons – *64 pl. de la Libération - ✆ 05 65 23 08 31 - www.metssaisons.com - fermé dim.* Tartes et desserts faits maison en fonction de l'offre maraîchère. Également des glaces artisanales et un beau choix de thés à siroter en terrasse à la belle saison.

ACHATS

Marché – Mercredi et samedi matin, pl. Chapou, face à la cathédrale : le plus beau du département. Marché couvert tous les jours sauf lundi *(dim. le matin seul.)*, pl. Galdemar.

Cahors Malbec Lounge – *Pl. François-Mitterrand - ✆ 05 65 23 82 35 - 15 juin-15 sept. : 11h-19h ; reste de l'année : lun.-sam. 11h-13h30, 16h-19h.* Géré par l'Union interprofessionnelle, un espace lounge pour connaître le vin de Cahors. Organise aussi des cours d'œnologie et des soirées dégustation.

ACTIVITÉS

À proximité

Cap Nature - accrobranche – *Chemin de l'Île - 46090 Pradines (8 km au nord de Cahors par la D 8) - ✆ 05 65 22 25 12 ou 06 30 99 31 26 ou 06 22 37 40 29 - www.capnature.eu - horaires variables - 10/20 € - à partir de 3 ans.* Plusieurs parcours sécurisés, de 2 à 5h. Les plus petits pourront s'initier aux jeux d'équilibre à la forêt des lutins, tandis que les aventuriers chevronnés partiront à l'assaut des plus hautes branches. Réservation obligatoire.

AGENDA

Cahors Juin Jardin – *www.cahorsjuinjardins.blogspot.com.* Durant tout le mois de juin, autour d'une thématique, jardins publics et privés de la ville s'ouvrent à l'art contemporain, aux spectacles et aux animations ludiques.

Lot of saveurs – *✆ 05 65 53 20 65 - www.lotofsaveurs.fr.* Début juillet, rencontres autour de la gastronomie avec de grands chefs des Bonnes Tables du Lot.

Cahors Blues Festival – *www.cahorsbluesfestival.com.* À la mi-juillet, une semaine de concerts donnés par des artistes renommés.

Luzech

1 670 Luzechois – Lot (46)

Couronnée par le donjon de son château épiscopal, Luzech occupe un site magnifique au cœur d'un méandre presque refermé du Lot. Dans sa partie la plus resserrée, l'isthme atteint à peine 90 m. La bourgade est bordée au nord par l'oppidum de l'Impernal et au sud par le promontoire de la Pistoule.

NOS ADRESSES PAGE 395
Hébergement, restauration, achats, activités, etc.

S'INFORMER

Office du tourisme – *Pl. du Canal - 46140 Luzech - 05 65 20 17 27 - www.tourisme-lot-vignoble.com - juil.-août : 9h30-13h, 14h-18h ; mars-juin et sept.-nov. : tlj sf sam. 9h30-12h30, 14h-17h - fermé dim.*

SE REPÉRER

Carte de microrégion B1 (p. 378)

À 20 km à l'ouest de Cahors par la D 8, Luzech n'occupe pas seulement la boucle du méandre, mais aussi la rive gauche du Lot.

ORGANISER SON TEMPS

Comptez 1h30 pour Luzech et son musée, une journée pour les alentours.

Se promener

Laissez votre véhicule sur le parking le long du Lot et rejoignez à pied la place du Canal (centrale).

LA VILLE ANCIENNE

Dans l'ancien faubourg du Barry, des ruelles relient la rue du Barry-del-Valat aux quais.

De l'autre côté de la place du Canal, le quartier de la place des Consuls conserve son aspect médiéval où se mêlent briques et pierres : chapelle des Pénitents (13e s.), porte du Capsol avec son ogive de brique, ou encore **maison des Consuls** ornée de belles fenêtres géminées. Elle abrite désormais l'office de tourisme et le musée.

Musée Armand-Viré

Maison des Consuls - 05 65 20 17 27 - www.ville-luzech.fr - horaires, se rens. - fermé 1er Mai - possibilité de visite guidée sur demande (1h30) - 3 € (-12 ans gratuit).

Aménagé dans la belle cave voûtée de la maison des Consuls du 13e s., ce musée retrace l'histoire du riche site de Luzech, du paléolithique à la période gallo-romaine. Les objets de la collection proviennent des fouilles du plateau de l'Impernal et de la grotte creusée dans ses flancs. Certains sont exceptionnels, comme le modèle réduit de la **colonne Trajane★**, diffusé dans l'Empire romain au début du 2e s. apr. J.-C., d'autres, insolites, comme la **cuillère articulée** gallo-romaine en bronze et fer.

Suivez le sentier balisé GR 36.

Donjon

On pénétrait à l'origine dans ce donjon qui surplombe l'ancien castrum médiéval par la petite porte ogivale du 1er étage.

« L'isthme » de Luzech.
F. Cormon / hemis.fr

★ Point de vue

Du haut de l'**Impernal** (150 m), la vue embrasse Luzech ramassée au pied de son pech, puis le promontoire de la Pistoule, comme une proue de navire fendant la plaine alluviale où le Lot serpente parmi d'opulentes cultures.

À proximité Carte de microrégion p. 378

N.-D.-de-l'Île B1

À 1,2 km au sud de Luzech par la D 23.

Dans un cadre paisible de vignes et de vergers, sur la toile de fond des coteaux abrupts enserrant le Lot, cette chapelle de style gothique flamboyant (début 16e s.) s'élève à l'extrême pointe de l'isthme. Ce lieu de pèlerinage remontant au 13e s. est encore très fréquenté comme l'attestent plusieurs ex-voto, dont une superbe maquette de gabarre suspendue aux voûtes (18e s.).

LE PECH DE L'IMPERNAL

Habité dès les temps préhistoriques, l'Impernal constitue une défense naturelle appréciée par les Gaulois qui font du plateau une puissante place forte. En contrebas est édifiée au Moyen Âge une citadelle dont il subsiste le donjon carré. En 1118, Richard Cœur de Lion se rend maître de Luzech. Siège de l'une des quatre baronnies du Quercy, la ville est convoitée par les Anglais au cours de la guerre de Cent Ans, mais elle résiste à tous leurs assauts et devient un important centre fortifié. Pendant les guerres de Religion, elle demeure un fidèle bastion du catholicisme en restant aux mains des évêques de Cahors. Des fouilles pratiquées sur la colline de l'Impernal ont permis de mettre au jour des murailles et des vestiges de constructions des époques gauloise et romaine.

Circuit conseillé Carte de microrégion p. 378

DE LUZECH À CAMBAYRAC AB1

Circuit de 60 km tracé en vert sur la carte p. 378. Quittez Luzech par l'ouest en empruntant la D 8.

C'est à travers les causses du Quercy que le Lot déroule ses plus beaux atours, au pied d'escarpements couverts de châtaigneraies et de villages promontoires. Depuis la route qui suit la rive gauche de la rivière, vous découvrirez d'agréables perspectives sur la vallée.

Albas B1

Albas se découvre progressivement lorsque l'on emprunte les derniers lacets de la route qui vient de Luzech. Les points de vue sur le village, perché sur son rocher et dominant fièrement la vallée, sont saisissants.

Cette bourgade, ancienne résidence des évêques de Cahors, a conservé les vestiges du château épiscopal et des rues étroites bordées de maisons anciennes. Belle vue sur le vignoble depuis l'esplanade de la mairie.

Peu avant d'arriver à Anglars-Juillac, traversez le Lot pour rallier Castelfranc.

Castelfranc B1

Ancienne bastide, Castelfranc est dominée par une **église** massive à mur clocher (14e s.), l'un des exemples les plus significatifs d'un type fréquent dans la région. De l'autre côté de la place, derrière la halle, s'étend le petit et ravissant **jardin des Sens**. Rafraîchies par la rivière Vert, plantes tinctoriales, variétés potagères, simples et fleurs renouvellent la mode du jardin médiéval en bousculant sa conception et sa traditionnelle séparation des usages.

Repassez sur la rive gauche et dirigez-vous vers Anglars-Juillac.

Anglars-Juillac B1

Le portail de l'église romane Saint-Laurent a été orné à la Renaissance d'une Crucifixion qui a subi les outrages du temps.

Poursuivez sur la D 8. Après 2,5 km, tournez à gauche dans la D 50.

Bélaye B1

Le village occupe le sommet d'une des hautes falaises qui bordent le Lot et que l'on appelle dans la région une « cévenne ». De la place supérieure, où une petite terrasse ombragée accueille les visiteurs, se révèle une **vue★** étendue sur la vallée (130 m de hauteur). Qui prend le temps de parcourir le bourg découvre nombre de souvenirs de ce fastueux passé où Bélaye était intégré au fief des évêques de Cahors : les vestiges du château du coseigneur, à l'extrémité de la « montagne », se dévoilent déjà du fond de la vallée ; le château de l'évêque, dont seul reste intact le mur méridional, ou encore l'église de l'hôpital, du 14e s.

Revenez à la D 8, que vous prenez à gauche.

Grézels A1

Château de La Coste – *✆ 06 83 53 21 41 - de mi-juil. à fin août : 15h-18h - possibilité de visite guidée (1h30) - 4 € (-16 ans gratuit).* Les évêques de Cahors possédaient la vallée du Lot de Cahors à Puy-l'Évêque, et Grézels marquait une des limites de leur fief. Ils avaient donc construit ce château au 12e s. pour défendre l'entrée de leur territoire. Transformé pendant la guerre de Cent Ans par les Guiscard en château fort et restauré au 14e et au 16e s., il tomba à l'abandon après la Révolution.

Continuez sur la D 8, puis vers le sud (D 44).

Saux A1

Dominant le village, l'**église saint-André** (12e s., reconstruite au 15e s. et remaniée au 17e s.) présente un chevet roman semi-circulaire et un clocher-tour percé de quatre baies en plein cintre, flanqué d'une tourelle d'escalier à vis. L'église recèle en outre un beau mobilier baroque (bénitier à godrons, clôture à balustre en pierre).

Suivez la D 656 en direction de Cahors; après Sauzet, prenez à gauche la D 23 puis à droite la D 67.

Église de Cambayrac B1

Elle se signale par son clocher-mur en forme de chapeau de gendarme. À l'intérieur, l'abside romane fut revêtue au 17e s. d'un rare décor de marbres et de stucs dans le goût classique.

Revenez sur la D 23 pour rentrer à Luzech.

NOS ADRESSES À LUZECH

HÉBERGEMENT

BUDGET MOYEN

À proximité

Yourtes Les Hauts d'Albas – *Au lieu-dit Bos del Pech - 46140 Albas - ✆ 06 83 80 14 44 - www.les-hautsdalbas.com - - 10 yourtes 99/116 €.* Perchée sur une colline, la maison en bois des propriétaires sert de repère. On découvre ensuite la piscine et enfin, à l'orée de la forêt, les premières yourtes. De belle superficie (56 m², chambre à l'étage avec couchage grand confort), elles sont aménagées pour accueillir à la nuitée et surtout à la semaine avec le nécessaire pour cuisiner. En hiver, le petit bassin couvert et chauffé est un lieu prisé. Calme absolu.

RESTAURATION

BUDGET MOYEN

À proximité

Ô Plaisir des Sens – *50 bd Aristide-Briand (en face de l'église et de la poste) - 46220 Prayssac (11 km à l'ouest de Luzech par la D 9 et la D 811) - ✆ 05 65 22 47 12 - fermé dim., lun. soir et mar. soir - formule déj. 13,50 € - 24,50/30 €.* N'hésitez pas à pousser la porte de cet établissement pour déguster une cuisine fraîche et inventive qui met en valeur les saveurs du Sud. Réservation fortement conseillée.

POUR SE FAIRE PLAISIR

Clau del Loup – *Métairie Haute - 46140 Anglars-Juillac (11 km à l'ouest de Luzech par la D 9 et la D 8) - ✆ 05 65 36 76 20 - www.claudelloup.com - P - 4 ch. 75/135 € - formules déj. 20 € bc - 29/54 €.* Une belle demeure en pierre (1818), un univers feutré et une cuisine gastronomique aux accents du Sud, savoureuse et réalisée avec des produits de qualité, signée par un enfant du pays. Conquis ? Si oui, des chambres agréables et soignées permettent de ne pas refermer trop vite cette douce parenthèse.

PETITE PAUSE

Le 14 – *14 pl. d'Istrie - 46220 Prayssac (11 km à l'ouest de Luzech par la D 9 et la D 811) - sur la place principale - ✆ 05 65 36 04 86 - fermé dim.-lun.* Un restaurant-magasin de décoration-salon de thé qui offre un joli patio ombragé et un salon extérieur pour des pauses thé revigorantes. Pour les petites faims, des salades et quelques plats d'honnête facture.

ACHATS

Marchés – Joli marché régional à **Prayssac** le vend. matin. Marché des producteurs le dim. matin l'été. Marché de **Luzech**, plus modeste, le merc. matin. Après la visite du marché, faites un saut au **Café Richard**, sur la place, un café hors du temps qui plonge le visiteur de passage dans une époque révolue…

Cave des Côtes d'Olt, Vinovalie – *46140 Parnac (3,5 km à l'est de Luzech par la D 23) - ✆ 05 65 30 57 80 - www.cavedecahors.com - lun. 14h-18h, mar.-vend. 9h-12h30, 14h-18h, sam. 9h-12h.* Cette cave coopérative, jumelée avec celles de Rabastens (Tarn), de Técou (Tarn) et de Fronton (Haute-Garonne), donne un bel aperçu de la production locale. L'Astrolabe est une valeur sûre en malbec et le rosé-gingembre se prête bien aux apéros sous le soleil.

Château Les Croisille – *Famille Croisille - Fages - 46140 Luzech - ✆ 05 65 30 53 88 - www.lescroisille.com.* Un vignoble trentenaire qui s'étend sur 12 ha. Le Divin et le Noble Cuvée, régulièrement primés lors des concours et encensés par les revues spécialisées, raviront les amateurs de malbec.

Château Eugénie – *Famille Couture - Rivière-Haute - 46140 Albas (5 km à l'ouest de Luzech par la D 8) - ✆ 05 65 30 73 51 - www.chateaueugenie.com - lun.-sam. 9h30-12h30 et 14h-19h.* Travaillant remarquablement, la famille Couture propose une gamme très intéressante de cahors puissants et gourmands, de l'entrée de gamme Tradition au fleuron de la maison, le Haute Collection.

Château Saint-Sernin – *Familles Cavalié et Swartvagher - 46140 Parnac (3,5 km à l'est de Luzech par la D 23) - ✆ 05 65 20 13 26 - www.chateau-st-sernin.com - lun.-sam. 9h-19h.* La famille Cavalié possède 48 ha dans la vallée du Lot. Elle travaille de façon appliquée pour produire de jolis rosés charnus et des rouges de très bonne facture. Les origines polynésiennes de Jean-Michel se rerouvent sur les surprenantes étiquettes de certaines cuvées.

Le Grenier du Voyageur – *46700 Grezels (18 km à l'ouest de Luzech par la D 9, la D 811, la D 207 et la D 8) - ✆ 05 65 36 40 48 - tlj en saison, renseignez-vous hors sais.* Une brocante de village appréciée des chineurs qui peuvent y trouver objets vintage, beaux meubles en bois, miroirs et mobilier de jardin.

AGENDA

Rencontres internationales de violoncelle de Bélaye – *belayerencontres.free.fr.* Les rencontres se déroulent pendant la 1re quinzaine d'août dans le village perché de Bélaye, qui offre un superbe panorama sur la vallée du Lot. La direction artistique est assurée par Roland Pidoux, musicien renommé qui enseigne au Conservatoire national supérieur de musique de Paris. Si vous ne trouvez pas de places pour les concerts du soir, vous pouvez toutefois assister l'après-midi aux « séminaires », répétitions et cours dirigés par Roland Pidoux.

Puy-l'Évêque

249 Puy-L'Évêquois – Lot (46)

Étagée sur la rive droite du Lot, cette petite ville pleine de charme regroupe ses vieilles maisons aux belles pierres ocre jaune autour de son donjon et de son église. Depuis le pont qui se trouve à la sortie du village en allant vers Vire-sur-Lot, la vue d'ensemble est saisissante. Passée sous la suzeraineté des évêques de Cahors, Puy-l'Évêque garde gravées dans sa toponymie les traces de la domination épiscopale.

NOS ADRESSES PAGE 399
Hébergement, restauration, achats, activités, etc.

S'INFORMER

Office de tourisme – *46700 Puy-l'Évêque - 05 65 21 37 63 - tourisme.puy-leveque.fr - juil.-août : 9h30-13h, 14h-18h, dim. 9h30-13h ; reste de l'année : tlj sf dim. 9h30-12h30, 14h-17h, sam. 9h30-12h30.*

SE REPÉRER

Carte de microrégion A1 (p. 378)

À 33 km à l'ouest de Cahors par la D 811.

SE GARER

Le stationnement dans la vieille ville est difficile. Le plus simple est de se garer sur la rive gauche du Lot.

À NE PAS MANQUER

La promenade dans la vieille ville et la visite du château de Bonaguil.

Se promener

LA VIEILLE VILLE

La municipalité a mis en place un intéressant parcours fléché, ainsi qu'un jeu de piste pour les enfants (livret disponible à l'office de tourisme, 2,50 €).

Église St-Sauveur – Au nord-est de la ville, elle était située à l'extrémité du système défensif dont elle faisait partie. Précédé d'un puissant clocher-porche flanqué d'une tourelle, l'édifice s'ouvre sur un magnifique portail couronné d'un fronton en accolade et décoré de statues. La nef surélevée date des 14e et 15e s.

Redescendez vers la place du Rampeau pour rejoindre la place du Mercadiel. Au-delà de la Grand-Rue, le bourg s'accroche au promontoire dans un entrelacs de rues et ruelles.

Donjon – Seul vestige du château épiscopal, il remonte au 13e s. Haut de 23 m, il domine les anciennes dépendances du palais épiscopal, comme la Lychairie, vaste salle capitulaire.

Esplanade de la Truffière – Contre le donjon, découvrez une **vue** étendue sur la vallée. Puy-l'Évêque marque la limite des amples méandres du Lot. Le fond alluvial s'élargit considérablement, terrasses et collines sont couvertes de vignes, tandis que la plaine est tapissée de cultures.

À proximité Carte de microrégion p. 378

Martignac A1

À 2 km au nord de Puy-l'Évêque par l'av. de Martignac (D 28).

Le village possède une belle **église** rustique. Bâtie en pierre jaune et surmontée d'un haut clocher barlong à pans de bois, elle présente une nef et un chœur presque entièrement décorés de **fresques** du 15e s. L'expression des physionomies et la composition des scènes donnent à cet ensemble un intérêt certain. Dans la nef, un personnage monté sur un homme figure la paresse, un autre, un jambon sous le bras, la gourmandise, tandis qu'une femme chevauchant un bouc symbolise la luxure. Face à cette fresque se déroulent le couronnement de la Vierge et l'entrée des élus au paradis, conduits par saint Michel et accueillis par saint Pierre. Dans le chœur, on distingue un superbe christ en majesté, une mise au tombeau et des anges.

Circuit conseillé Carte de microrégion p. 378

AU FIL DU LOT A1

Circuit de 30 km tracé en orange sur la carte p. 378. Comptez environ 1/2 journée. Quittez Puy-l'Évêque par la D 811 à l'ouest.

Duravel

Rattachée à un prieuré dépendant de l'abbaye de Moissac, l'**église** fut édifiée au 11e s.; elle possède un chœur décoré de chapiteaux historiés de style auvergnat; des colonnes ornées de chapiteaux plus anciens rythment une intéressante **crypte préromane**. Le bourg et l'église furent cédés à l'abbaye de Moissac qui y transféra les corps des saints Hilarion, Poémon et Agathon, encore conservés au fond de l'abside. L'exposition solennelle de leurs reliques, appelée « ostension », a lieu tous les cinq ans en octobre.
Quittez Duravel par le nord (D 58).

Montcabrier

La **bastide** fut fondée en 1297 par Guy de Cabrier, sénéchal de son état, qui lui donna son nom, puis elle fut dotée en 1304 d'une charte de franchise par Philippe le Bel. Autour de la place, quelques maisons anciennes, dont la maison de la Cour royale (16e s.), occupent encore le tracé régulier du plan d'origine. Reconstruite en partie au 14e s., l'**église** possède un portail flamboyant restauré, surmonté d'un joli clocher ajouré. À l'intérieur, objet d'un pèlerinage local, une statue d'un style plutôt rustique (14e s.) représentant Saint Louis, le saint patron de la paroisse, est entourée d'ex-voto.
Prenez la D 673 en direction de Fumel.

St-Martin-le-Redon

Conservant encore de belles bâtisses anciennes, le joli village est connu pour les eaux de la source St-Martial qui avaient la réputation de soigner les maladies de peau. C'est en effet saint Martial, premier évêque de Limoges (3e s.), qui les aurait fait jaillir pour guérir les lépreux. L'église du 16e s. garde dans sa façade des vestiges du bâtiment roman préexistant.
Prenez la D 158 vers le nord en direction de Bonaguil.

★★ **Château de Bonaguil** *(voir ce nom)*

NOS ADRESSES À PUY-L'ÉVÊQUE

HÉBERGEMENT

BUDGET MOYEN

Bellevue – *Pl. de la Truffière - 46700 Puy-l'Évêque - ☏ 05 65 36 06 60 - www.hotelbellevue-puyleveque.com - fermé dernière sem. de nov. et 5 janv.-4 fév. - ♿ - 11 ch. 76/96 € - ☕ 10/12 € - ✕ formule déj. 19,50 €, menu 30/34 €.* L'hôtel, bâti sur un éperon dominant le Lot, mérite bien son nom. Les chambres, spacieuses, sont contemporaines et personnalisées. Cuisine inventive et vue étendue sur la vallée au restaurant Côté Lot. Véranda, plats du terroir et esprit brasserie à L'Aganit.

À proximité

Chambre d'hôte La Carelle – *47500 Sauveterre-la-Lémance (16 km au nord-ouest de Puy-l'Évêque par la D 811, la D 68 et la D 58) - ☏ 05 53 01 63 04 - fermé oct.-avr. - ⊠ 🏊 - réserv. obligatoire - 2 ch. 95 € ☕.* Un peu perdue au milieu d'un parc partiellement boisé, cette superbe bâtisse périgourdine vous accueille pour un séjour en toute tranquillité. Anciens antiquaires, les propriétaires ont aménagé l'intérieur avec beaucoup de goût. Terrasse couverte et jolie piscine.

Hostellerie le Vert – *Lieu-dit « Le Vert » - 46700 Mauroux (12 km au sud-ouest de Puy-l'Évêque par la D 5) - ☏ 05 65 36 51 36 - www.hotellevert.com - fermé nov.-mars - P 🏊 - 6 ch. 85/130 € - ☕ 10 € - ✕ 32/38 €.* Ambiance chaleureuse dans cette ferme quercynoise du 14e s. perdue dans la nature. Dans les chambres, le mobilier de style cohabite avec les meubles campagnards. Cuisine réalisée à quatre mains à partir de produits frais et bio, au gré de l'inspiration.

RESTAURATION

BUDGET MOYEN

À proximité

Aux Délices de la Serpt – *Frayssinet-le-Gélat - 46250 Cazals (11 km au nord de Puy-l'Évêque par la D 44) - ☏ 05 65 36 66 15 - sur réserv., fermé lun. - P - 1 ch. 40 € ☕ - menus 16/27 € bc.* Une ferme-auberge isolée dans la campagne qui propose, dans une grande salle à manger ou dans un agréable jardin, tous les classiques de la gastronomie quercynoise. Cuisine solide et portions généreuses. Seuls les appétits les plus féroces parviendront au bout du menu gastronomique…

Le Caillau – *46700 Vire-sur-Lot (de Puy-l'Évêque, suivez la D 5 dir. Mauroux, puis rte à droite) - ☏ 05 65 23 78 04 - www.lecaillau.com - lun. et dim. jusqu'à 19h, merc.-sam. jusqu'à 23h (horaires haute saison), fermé mar. (sauf juil.-août) - P - formule déj. 13,50 €, carte 30 €.* En plein cœur du vignoble, une adresse qui propose des plats goûteux et exotiques (burger d'agneau épicé et sauce à la menthe, poulet grillé avec sauce thaï à la noix de coco et riz à la cardamome). Atelier poterie.

ACHATS

Marchés – Foire aux vins et produits régionaux les 14 et 15 août à **Duravel**. Marché des producteurs de pays du Lot (charte de qualité) en juillet-août, le vendredi soir, à **Montcabrier**.

Clos Triguedina – *Jean-Luc Baldès - 46700 Vire-sur-Lot (5 km à l'ouest par la D 8) - ☏ 05 65 21 30 81 - www.jlbaldes.com - lun.-sam. 9h-12h, 14h-18h, dim. sur*

RV. La famille Baldès, dans laquelle on est vigneron depuis huit générations, cultive avec passion et savoir-faire ce domaine viticole de plus de 60 ha. Le Clos Triguedina est l'un des fleurons de l'appellation cahors et l'un des crus les plus primés du Quercy. Visite des caves, du chai et du musée familial.

Le Clos d'un jour – *Véronique et Stéphane Azémar - Le Port, 46700 Duravel (5,5 km à l'ouest par la D 811) - ✆ 05 65 36 56 01 - leclosdunjour.fr - tlj sf dim.; téléphonez avant pour une visite-dégustation*. Trois cuvées produites par cette récente propriété de 7 ha qui ont rapidement acquis leurs lettres de noblesse. À noter l'intéressante Un jour sur terre, dont l'élevage en terre cuite permet une oxygénation lente et continue, sans apport d'arôme supplémentaire, contrairement à la barrique…

Château de Chambert – *Philippe Lejeune - Les Hauts Coteaux - 46700 Floressas (8,5 km au sud par la D 44) - ✆ 05 65 31 95 75 - www.chambert.com - 9h-12h30, 14h-17h30 - fermé sam. (en hiver), dim. et j. fériés*. De nombreuses médailles remportées dans plusieurs concours viticoles ont récompensé ce vin de Cahors élaboré sur un domaine de 57 ha cultivé en « production intégrée ». La maison commercialise également le rogomme, boisson apéritive à base de raisin malbec chauffé en marmite et d'eau-de-vie de raisin. Visite des chais; caveau de dégustation.

Château Nozières – *Famille Maradenne-Guitard - Bru, 46700 Vire-sur-Lot (5 km à l'ouest par la D 8) - ✆ 05 65 36 52 73 - www.chateaunozieres.com - tlj 9h-12h et 14h-19h (dim. sur RV); téléphonez avant pour une visite-dégustation*. Une production sur 40 ha de plusieurs cuvées régulièrement primées, de l'attrayant et fruité Château Nozières au puissant et racé Élégance.

ACTIVITÉS

Gabare Copeyre – *✆ 05 65 20 03 25 - www.gabare-copeyre.com - avr.-nov.: 9h-18h - circuit avec dégustation offerte: 1h: 10 €, enf. 7 €; 2h: 16 €, enf. 14 €*. De la promenade de Héron appareille une gabare électrique pour une croisière parmi le vignoble de la vallée du Lot. Possibilité de louer des embarcations électriques *(1h: 40 €)*.

Château de Bonaguil.
ICP/age fotostock

Château de Bonaguil

★★

Lot-et-Garonne (47)

Aux confins du Périgord noir et du Quercy, cette stupéfiante forteresse se dresse, sur une éminence rocheuse, au milieu des bois. Difficile de ne pas succomber à sa puissance… et à l'étonnement : pourquoi une telle forteresse à une époque où elle était inutile ? Bonaguil est un caprice, un baroud d'honneur, un chef-d'œuvre gratuit. Pour la beauté de l'art et le prestige du geste, tout simplement.

S'INFORMER

Office de tourisme Fumel - Vallée du Lot – *Pl. Georges-Escande - 47500 Fumel - ✆ 05 53 71 13 70 - www.tourisme-fumel.com - juil.-août : 10h-13h, 14h-18h, dim. 10h-12h30 ; avr.-juin et sept.-oct. : tlj sf dim. 10h-12h, 14h-17h30, mar. et sam. 14h-17h30 ; reste de l'année : tlj sf w.-end 10h-12h, 14h-17h30, mar. 14h-17h30 - fermé 1er janv., 1er et 11 Nov., 25 déc.*

Festival de Bonaguil-Fumel – *✆ 05 53 71 17 17 - www.festivaldebonaguil-fumel.fr.* Le château devient le cadre d'un festival de théâtre la 1re semaine d'août.

SE REPÉRER

Carte de microrégion A1 (p. 378)

Bonaguil est à deux pas (8 km) de Fumel. Prenez la D 811 au départ de Cahors, puis la D 673 à Condat (5 km avant Fumel) et enfin la D 58 après 3 km, au lieu-dit Boussac.

AVEC LES ENFANTS

En été, ils apprécieront les animations médiévales et découvertes nocturnes théâtralisées *(sur réserv.)*.

Découvrir

✆ 05 53 41 90 71 - www.chateau-bonaguil.com - juil.-août : 10h-19h ; mars-juin et sept.-oct. : 10h-17h30 ; reste de l'année : vac. scol. 14h-17h - fermé 1er janv., 11 Nov. 25 déc. - possibilité de visite guidée (1h30) - 7 € (-13 ans 4 €).

On pénètre dans le château par la **barbacane**, énorme bastion qui disposait de sa propre garnison, ses magasins et son arsenal. La barbacane faisait partie de la première ligne de défense, longue de 350 m, dont les bastions permettaient le tir rasant grâce à des canonnières.

Dans la lice, douve sèche, la paroi naturelle de droite est transformée en un glacis capable de faire éclater sur les assaillants les projectiles lancés par les défenseurs depuis les tours.

La seconde ligne se composait de cinq tours, dont la « **Grosse Tour** » qui est l'une des plus importantes de plan circulaire jamais construites en France. Haute de 35 m, couronnée de corbeaux, elle servait à ses étages supérieurs de logis d'habitation, tandis que ses étages inférieurs étaient équipés de mousqueterie, couleuvrines, arquebuses, etc.

Dominant ces deux lignes, ultime bastion de la défense, le **donjon** à pans coupés formait le poste de guet et de commandement. Ni circulaire ni carré, il a la forme d'un vaisseau, difficile à ébrécher par des projectiles, dont la proue est tournée vers le nord, secteur le plus vulnérable. À l'intérieur, une

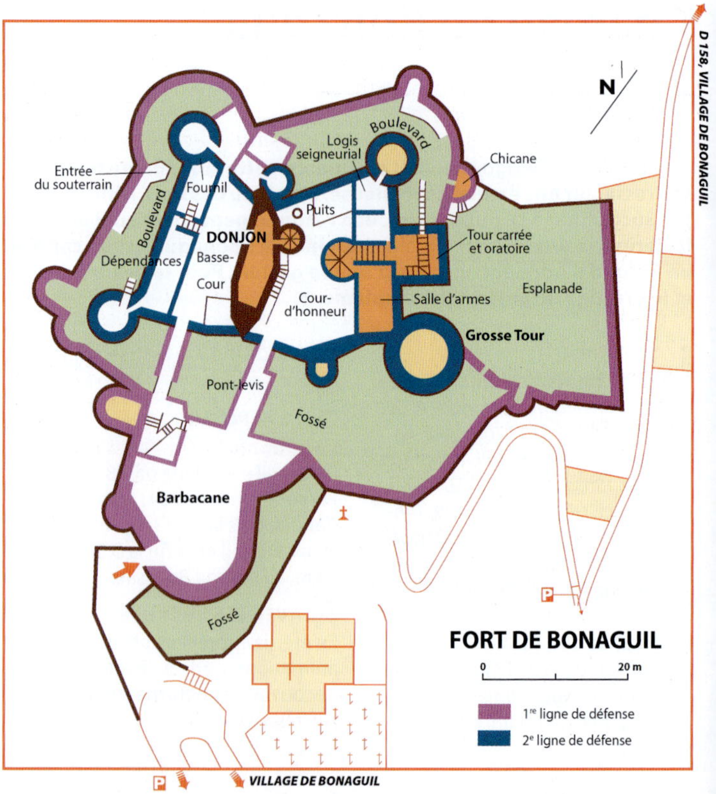

UNE FORTERESSE INEXPUGNABLE

L'orgueil de Roquefeuil – « Par Monseigneur Jésus et touts les Saincts de son glorieux paradis j'eslèveroi un castel que ni mes vilains subjects ne pourront prendre, ni les Anglais s'ils ont l'audace d'y revenir, voire même les plus puissants soldats du Roy de France », proclame, en 1477, Béranger de Roquefeuil. Fils de l'une des plus anciennes familles du Languedoc, l'orgueilleux baron ne lésine ni sur les exactions ni sur les violences. Mais ses sujets se révoltent ! Béranger fait alors transformer le château de Bonaguil, qui existait depuis le 13e s., en une forteresse inexpugnable. Son entreprise, démesurée et anachronique, est comparable, toutes proportions gardées et dans un style très différent, à celle de Louis II en Bavière.

Un fort inébranlable – Il fallut quarante ans à Roquefeuil pour édifier ce nid d'aigle, plutôt inattendu à une époque où la mode tend à la demeure de plaisance. Mais Bonaguil présente la particularité d'offrir, sous la carapace traditionnelle des châteaux forts, une parfaite adaptation aux techniques nouvelles des armes à feu : canonnières et mousqueteries.

Jamais attaqué, c'est l'un des plus parfaits spécimens de l'architecture militaire de la fin du 15e s. et du 16e s., remarquable dans l'intelligence de conception, incomparablement efficace dans la manière de piéger les assaillants. Ce fut aussi le chef-d'œuvre de milliers de compagnons.

La lutte contre le temps – La Révolution, dans son ardeur à supprimer les symboles de l'Ancien Régime, démantèlera et découronnera bien le colosse, mais sans pour autant réussir à le déposséder de sa puissance. Viollet-le-Duc envisagera, un temps, de le restaurer. Il optera finalement pour Pierrefonds, dans l'Oise. Au début du 20e s., Bonaguil impressionnera le futur Lawrence d'Arabie dans son périple de jeunesse en France, consacré à l'étude des vestiges médiévaux. Dans une lettre à sa mère, envoyée en août 1908, il écrivit : « C'est si parfait qu'il est presque ridicule d'appeler cela une ruine. »

salle abrite des armes et des objets provenant de fouilles effectuées dans les fossés. Panorama depuis la terrasse.

Un puits taillé dans le roc, des dépendances (dont un fournil) où l'on accumulait les provisions, des cheminées monumentales, un réseau d'écoulement des eaux fort bien conçu, ainsi que des tunnels admirablement voûtés constituant de véritables axes de circulation rapide des troupes permettaient à près d'une centaine d'hommes de soutenir un siège (ce qui n'arriva jamais).

Pour se battre et décourager les assaillants, ils avaient le choix : canonnières multiples, meurtrières à tirs croisés, escaliers tournant tous à droite (afin de gêner la main portant l'épée), casse-tête à leur sortie, chicanes…

Le Quercy blanc

★

Lot (46) et Tarn-et-Garonne (82)

Situé entre les vallées du Lot et du Tarn, le Quercy blanc doit son nom à la tribu gauloise des Cadourques, et sa couleur à celle de son sol crayeux, formé de calcaires lacustres. D'innombrables ruisseaux entaillent les bas plateaux, les maisons sont bâties en moellons de calcaire, les toitures presque plates sont couvertes de tuiles romaines rose pâle : le Quercy blanc s'imagine aux bords de la Garonne. Au gré de la polyculture, moulins, églises romanes et maisons fortes s'élèvent, ponctuant ces terres fertiles de lignes verticales.

NOS ADRESSES PAGE 408
Hébergement, restauration, achats, activités, etc.

SE REPÉRER

Carte de microrégion AB2 (p. 378).
Le Quercy blanc englobe le sud du département du Lot et le nord du Tarn-et-Garonne. Castelnau-Montratier se situe à 30 km au sud-ouest de Cahors.

À NE PAS MANQUER

Les places à couverts de Castelnau-Montratier et de Lauzerte ; les innombrables églises et chapelles romanes ; le changement subtil du paysage qui, du nord au sud, devient de plus en plus agricole ; la grande diversité de l'architecture des maisons.

ORGANISER SON TEMPS

Comptez une journée pour chacun des deux circuits.

Circuits conseillés Carte de microrégion p. 378

ÉGLISES ET MOULINS DU QUERCY BLANC AB2

Circuit de 60 km tracé en rouge sur la carte p. 378. Comptez environ une journée.
Au 19e s., le Quercy totalisait quelque 170 moulins à vent. Aujourd'hui, on n'en compte plus qu'une petite poignée.

Castelnau-Montratier B2

37 pl. Gambetta - 46170 Castelnau-Montratier - 05 65 21 84 39 - www.castelnau-montratier.fr - ♿ - juil.-août : 10h-12h30, 15h-18h, dim. 10h-12h30 ; reste de l'année : se rens. - fermé certains j. fériés - un plan commenté de la ville est disponible à l'office de tourisme.

À Castelnau-de-Vaux, établi en contrebas de la colline et totalement détruit par les troupes de Simon de Montfort en 1214, succède vers 1250 Castelnau-Montratier, **bastide** édifiée au sommet du promontoire par Ratier, seigneur de Castelnau, qui lui donne son nom. Elle connaît alors une période de prospérité : ses foires réputées attirent marchands de laine et d'étoffes. De nombreux visiteurs campent sous les couverts de sa place triangulaire. Mais les conflits successifs ternissent définitivement cet éclat.

Ombragée de tilleuls et de marronniers, l'ancienne **place du Mercadial**, aujourd'hui place Gambetta, conserve encore couverts et vieilles maisons (remarquez la maison Périé, au bout de la rue Clemenceau). Dressée à l'extrémité du promontoire, l'**église St-Martin** a des airs de Sacré-Cœur.

Au nord s'élèvent trois **moulins** à vent, dont l'un est mentionné dans des écrits de 1400 (les autres sont postérieurs).
Quittez Castelnau par le sud (D 659) puis, après 3 km, tournez à gauche.

Église de Russac B2

Elle a conservé une abside romane en cul-de-four décorée de modillons sculptés, mais l'ancien portail sur le côté nord a été muré. L'abside recèle une **fresque** du 16e s. qui s'articule autour d'un panneau central représentant saint Georges terrassant le dragon.
Revenez sur la D 659 en direction de Castelnau, après 1 km tournez à droite sur la D 26. Après 6 km, tournez à gauche sur la D 214.

Flaugnac B2

L'ancien bourg fortifié occupe un charmant **site** qui surplombe la vallée de la Lupte. Au 13e s., un château s'élevait à l'extrémité du promontoire et sur les pentes de l'éminence s'étiraient les faubourgs, autrement appelés *barris*. Les guerres successives ont ruiné Flaugnac, et seules deux maisons anciennes demeurent (dont l'une remaniée).
Quittez Flaugnac par la crête. Après 2 km, empruntez à gauche la D 19, 6 km plus loin prenez à droite la D 64 en direction de Ste-Alauzie.

Moulin de Boisse B2

Rens. et visite sur réserv. à l'office de tourisme au ✆ 05 65 21 84 39 ou 05 65 22 94 04.
Ce moulin à vent construit en 1699, en très bon état de conservation, est une référence en Quercy. Il fait l'objet d'une démonstration cinq fois dans l'année.
Poursuivez sur la D 55.

Montcuq B2

8 r. de la Promenade - 46800 Montcuq - ✆ 05 65 22 94 04 - www.tourisme-montcuq.com - juil.-août : 9h-12h30, 15h-18h, dim. 10h-13h ; avr.-juin : 9h-12h30, 15h-18h, dim. 10h-12h30 ; reste de l'année : se rens. - fermé certains j. fériés.
Montcuq (prononcez le « q » final !) provient de la racine prélatine *kuk* qui a donné en latin *mons acutus* : mont arrondi. Chef-lieu d'une **châtellenie** à laquelle Raymond VI, comte de Toulouse, octroie une charte de coutumes au 12e s., la ville fait l'objet de luttes sanglantes lors de la croisade des albigeois, puis pendant la guerre de Cent Ans et encore durant des guerres de Religion. De ses puissantes fortifications, il ne reste que le haut **donjon** (24 m de hauteur) du 12e s. campé au sommet d'une butte dominant le cours de la petite Barguelonne.
Entre la place des Consuls (près de la mairie) et celle de la Halle-aux-Grains, l'ancien quartier recèle encore de vieilles bâtisses à pans de bois et aux nombreuses ouvertures en arc brisé.
Quittez Montcuq par le nord-ouest sur la D 4, puis la D 55.

Château de Lastours A1

Ne se visite pas. Les deux tours de son enceinte dominent la vallée de la Séoune. Le logis a été reconstruit au 16e s.
Revenez sur vos pas. Après 1 km, tournez à droite sur la D 228.

Ste-Croix A2

Le bourg a conservé nombre de ses vieilles maisons, regroupées autour de son imposante **église**. Celle-ci avait un joli portail roman, aujourd'hui muré, qui s'ouvrait sur le cimetière.
Poursuivez sur la D 228, puis tournez à gauche sur la D 953 pour rejoindre Montcuq. Quittez Montcuq par le sud (D 28). Après 2 km, tournez à droite sur la D 45.

Église de Rouillac B2

Du 12e s., elle fut remaniée au 15e s. et complétée par des chapelles et un clocher au 19e s. L'abside à chevet plat renferme des vestiges de **fresques** romanes illustrant la Passion.

Poursuivez sur la D 45, puis tournez à gauche vers St-Laurent-de-Lolmie. Après 2 km, tournez à gauche sur la D 28 puis encore à gauche sur la D 57, poursuivez sur la D 104 et, enfin, tournez à droite sur la D 74 pour rejoindre Castelnau-Montratier.

LE PAYS DE SERRES A2

Circuit de 70 km tracé en violet sur la carte p. 378. Comptez environ une journée.
Les vallées entre les plateaux calcaires, parsemées de fermes isolées ou de hameaux de quelques maisons, sont fort colorées : bois de chênes pubescents, champs de lavande et de tournesols, vergers de cerisiers et de pruniers. Les bordures ondulées des plateaux forment de longues lanières appelées « serres ».

★ Lauzerte

3 pl. des Cornières - 82110 Lauzerte - 05 63 94 61 94 - www.lauzerte-tourisme.fr - juil.-août : 9h-19h ; reste de l'année : tlj sf dim. 9h-12h, 14h-18h - fermé 1er janv., 1er et 11 Nov., 25 déc.

Surnommée la « Tolède du Quercy », Lauzerte est une bastide fondée en 1241 par le comte de Toulouse. Perchée sur son promontoire, d'où elle s'épanche doucement, la **ville haute** presse ses maisons d'un gris clair et couvertes de toits presque plats autour de la place des Cornières. Au bord de celle-ci s'élève l'église St-Barthélemy, qui abrite 40 étonnants paysages en camaïeu de Joseph Ingres, père de Dominique.

La **promenade de l'Éveillé** était autrefois le quartier des riches bourgeois et des officiers de justice. S'y élèvent encore de belles demeures, parfois à pans de bois, certaines de style gothique, d'autres d'époque Renaissance. Bordant les rues de la Garrigue et de la Gendarmerie, les rez-de-chaussée de quelques maisons des 13e et 14e s. s'ouvraient sur des boutiques animées.

À l'est, au-delà des anciens remparts, se dresse l'église des Carmes, remaniée aux 17e et 19e s.

La *via podiensis*, au départ du Puy-en-Velay, passe par Lauzerte qui constitue donc une halte sur le chemin de St-Jacques-de-Compostelle. Sous la barbacane s'étage le **jardin du Pèlerin** : ce jeu de l'oie paysagé grandeur nature retrace les péripéties rencontrées sur le parcours du pèlerin *(demander les clés à l'office de tourisme).*

Quittez Lauzerte par le sud en empruntant la D 2, tournez à gauche dans le D 953, puis à droite dans la D 81. Après 2 km, tournez à droite en direction de Ste-Amans-de-Pellagal.

Chartron

Beau **pigeonnier** quadrangulaire sur piliers surmonté d'une « capel », sorte de chapeau qui empêchait les rongeurs ou les rapaces de rentrer. La volière à colombages est munie d'un toit de tuiles plates et d'un lanternon.

DES FIENTES EN OR

Dans cette région agricole, pas une ferme sans son **pigeonnier**, la colombine (fientes de pigeon) constituant un engrais très fertile. La construction d'un colombier relevait autrefois d'un droit seigneurial ; devenus un signe extérieur de richesse, au 19e s., les colombiers se multiplient, mais de nos jours, la plupart sont délaissés.

Lauzerte, sur le chemin de Compostelle.
J.-M. Barrère / hemis.fr

Poursuivez durant 1 km, prenez à gauche puis tout de suite à droite. Passé St-Amans, suivez la direction Miramont.

Miramont-de-Quercy

Joli **point de vue** sur la vallée depuis le chemin de ronde de ce village.
À la sortie de Miramont, prenez à gauche dans la D 41 puis à droite sur la D 953. Après 8 km, tournez à droite dans la D 7, puis tournez à gauche sur la D 28.

Castelsagrat

Une jolie petite bastide de plus ! Place à cornières avec, au milieu, un vieux puits, maisons coiffées de tuiles rondes, bref, un ensemble plein de charme. La façade de l'église, du 14e s., très sobre, dissimule une nef gothique dont le chœur est orné d'un retable en bois sculpté et doré aussi gigantesque qu'inattendu…
Revenez sur la D 7 et prenez à gauche.

Château de Brassac

✆ 07 86 50 58 90 - juil.-août : 10h-18h ; mai-juin et sept. : 14h-18h ; reste de l'année : se rens. - 4 € (-12 ans gratuit) - possibilité de visite guidée sur demande préalable août : 10h30, 15h et 16h.

Dominant la vallée de la Séoune, cette forteresse quadrangulaire du 12e s. fut modifiée jusqu'au 16e s. Ses quatre tours rondes et ses courtines ont été arasées au niveau de la cour. Propriété des comtes de Toulouse, elle passa alternativement aux mains des Anglais et des Français pendant la guerre de Cent Ans pour appartenir définitivement aux Galard de Béarn (Hector Galard de Béarn, chambellan du roi Louis XI, n'est autre que le personnage représenté par le valet de carreau dans nos jeux de cartes !). Assiégée par les protestants lors des guerres de Religion, incendiée durant la Révolution, elle fut abandonnée au 19e s., puis restaurée à partir de 1891. Après avoir contourné l'ancienne motte féodale, on pénètre dans la cour d'honneur par un pont de pierre qui remplace le pont-levis. À votre gauche, le logis du 14e s. et la tour polygonale renfermant un escalier à vis du 15e s. Sous la cour se trouvent les salles des gardes.

Poursuivez sur la D 7 en direction de Bourg-de-Visa.

Bourg-de-Visa

Sur la place de la Mairie se trouve une halle en fer, de style Baltard, entourée de maisons à arcades. De l'ancien château ne restent que quelques vestiges. Près de l'église, remarquez le pigeonnier-tour.

Poursuivez sur la D 7 ; après 10 km, tournez à gauche.

Roquecor

Perché sur un piton rocheux, le village surplombe la Petite Séoune. Face à la mairie, prenez à droite la rue des Coutelets, bordée de maisons anciennes, puis la rue du Barry. Sur la gauche, vous descendrez au **lavoir** en passant devant les vestiges des remparts de la vieille ville, et arriverez au **roc de Nobis**, site troglodytique.

Quittez Roquecor par le nord et tournez à droite sur la D 7.

Montaigu-de-Quercy

Le bourg entoure un promontoire où se trouvait autrefois un château *(propriété privée)*. Remontez la rue des Frères-Quémeré, ancienne rue commerçante, pour rejoindre la place de la Mairie, bordée du **lavoir** et de l'église. De style néogothique, elle a été reconstruite au 19e s., mais le **clocher** a été conservé : remarquez qu'il n'est ni dans l'axe ni à la dimension de l'église.

Longez ensuite les **remparts** *(rue des Colombiers)* et revenez à la mairie par la rue des Anciens-Fours. À droite, la rue de la Fontaine mène à une place où se trouve… la **fontaine**.

Quittez Montaigu par le nord-est (D 24) ; après 2 km, tournez à gauche.

Pervillac

L'église romane de ce hameau, remaniée au 19e s., renferme des **peintures murales** du 15e s. en bon état, longtemps cachées par un badigeon posé au 18e s. Scènes de l'enfer, purgatoire, Vertus… toute cette iconographie à la gamme chromatique limitée et au dessin grossier avait une vocation didactique.

Revenez sur vos pas et prenez vers le sud (D 41) en direction de Touffailles.

Touffailles

L'**église St-Georges** (fin 15e s.) domine le village *(sur la droite après la mairie)*. La voûte de la nef est ornée de douze scènes représentant les deux cycles de l'enfance et de la passion du Christ.

Depuis la D 41, prenez à gauche la D 60 et à droite la D 73 qui mène à Lauzerte.

NOS ADRESSES DANS LE QUERCY BLANC

HÉBERGEMENT

PREMIER PRIX

Chambre d'hôte La Grange de Marcillac – *À Marcillac - 46800 St-Cyprien (7 km au sud-est de Montcuq par D 28) - 05 65 22 90 73 - www.lagrangedemarcillac.com - tlj juin-sept. ; hors sais. sur réserv.* - P - *3 ch. 66/76 €* - *table d'hôte 25 €.* Idéale pour qui souhaite séjourner au calme, cette ancienne ferme isolée dans le Quercy blanc a été transformée en auberge faisant maison d'hôte et restaurant. Recherchées par les randonneurs, les chambres au confort inégal associent néanmoins bonne tenue et prix légers. Séjours culinaires, vente de produits locaux.

POUR SE FAIRE PLAISIR

Chambre d'hôte Four – *4 r. Montmartre (dans la rue parallèle surplombant l'office de tourisme) - 46800 Montcuq - ✆ 05 65 21 23 08 - www.4ruemontmartre.com - 3 ch. 135/185 € ☕ - table d'hôte le soir sur réserv. 45 € bc.* Ne pouvant être à la fois au four et au moulin, les amoureux de vieilles pierres, à la vue de cette maison du 15e s., n'hésiteront pas longtemps ! Cette demeure de caractère allie authenticité et style contemporain. Les chambres, calmes et confortables, ont un charme fou. Jolie vue sur le village médiéval.

RESTAURATION

BUDGET MOYEN

Le Quercy – *Fg d'Auriac - 82110 Lauzerte - ✆ 05 63 94 66 36 - www.hotel-du-quercy.fr - fermé vac. de la Toussaint et de fév., dim. soir sf juil.-août et lun. - P formule déj. 14/17 € - 23/36 € - 10 ch. 48/60 € - ☕ 7 €.* Au cœur de ce bourg pittoresque, cette maison de pays possède le charme désuet des auberges de campagne… Les propriétaires se mettent en quatre pour satisfaire leurs hôtes ; on savoure donc de bons petits plats du terroir (dont l'agneau du Quercy). Pour l'étape, des chambres simples et bien tenues.

Auberge de Miramont – *Au bourg - 82190 Miramont-de-Quercy (7 km au sud de Lauzerte par D 953) - ✆ 05 63 94 65 57 - www.aubergedemiramont.com - fermé le soir sf sam. hors sais., mar. soir, sam. midi et merc. - réserv. conseillée - formule déj. 14,50 € - 24/32 €.* Cette auberge de campagne est une adresse idéale pour faire bombance, sur sa terrasse fleurie à l'ombre des catalpas, d'écrevisses poêlées ou de généreux confits.

ACHATS

Marchés – Marché dominical, marché des producteurs de pays le mercredi *(17h30-20h)* à Castelnau-Montratier et le dimanche (ainsi que le jeudi en saison) à Montcuq.

AGENDA

Festival du Quercy blanc et des Arts vivants – *✆ 05 65 22 90 73 - www.festivalduquercyblanc.com.* Pendant le mois d'août, concerts de musique classique à Lauzerte, Montcuq et Montpezat. L'un des plus anciens festivals du genre dans la région.

Montpezat-de-Quercy

★

1 492 Montpezatais – Tarn-et-Garonne (82)

Castrum puis bastide, Montpezat-de-Quercy a conservé de son riche passé médiéval un plan en quadrilatère, une dénomination des rues rappelant les corporations anciennes et un grand nombre de maisons à pans de bois. Mais c'est surtout la collégiale St-Martin et ses innombrables trésors, dont les remarquables tapisseries des Flandres, qui font le renom de ce bourg du Quercy blanc.

NOS ADRESSES PAGE 413
Hébergement, restauration, achats, activités, etc.

S'INFORMER

Office de tourisme – *24 bd des Fossés - 82270 Montpezat-de-Quercy - ✆ 05 63 02 05 55 - www.tourisme-montpezat-de-quercy.com - juil.-août : 9h30-12h30, 14h-18h ; juin et sept. : tlj sf lun. et j. fériés 9h45-12h30, 14h-18h, dim. 9h30-12h30 ; reste de l'année : tlj sf dim., lun. et j. fériés 9h30-12h30, 14h-17h30, merc. 14h-17h30.*

SE REPÉRER

Carte de microrégion B2 (p. 378)

Montpezat est au bord de la D 820, à 26 km au sud de Cahors et à 15 km au nord de Caussade.

SE GARER

Sur les places Reduch et de la Résistance, ou boulevard des Fossés.

À NE PAS MANQUER

La collégiale St-Martin et ses tapisseries.

ORGANISER SON TEMPS

Comptez 2h pour la vieille ville et la collégiale.

Découvrir

La bastide

L'entrée dans la ville se fait par l'ancienne porte fortifiée du 14e s. ; la bastide s'étageant au-dessus des remparts. La place de la Résistance, centrale, s'entoure de couverts et de maisons à colombages. La mairie (19e s.) a été construite à l'emplacement de l'ancien hôtel de ville. Au nord, le cloître de l'ancien couvent des Ursulines du 12e s. a été remanié au 20e s. pour abriter l'école.

Collégiale St-Martin

Dédiée à saint Martin de Tours, elle est construite en 1337 par un architecte de la cour papale d'Avignon. Elle seule fut épargnée lors du saccage de la ville en représailles aux actes de la Résistance pendant la Seconde Guerre mondiale.

Elle présente les caractéristiques des édifices du Languedoc : une nef unique et des chapelles latérales séparées par les contreforts intérieurs de la nef. Voûté d'ogives dont les clefs de voûte sont peintes aux armes de la famille Des Prés, le **vaisseau** frappe par son unité, sa simplicité et l'harmonie de ses proportions. Les pièces qu'il renferme ne sont qu'une partie de l'extraordinaire trésor accumulé en ces lieux : dans la première chapelle à droite, belle Vierge de piété en grès polychrome du 15e s., dans la chapelle opposée, une Vierge

Paysage autour de Montpezat-de-Quercy.
ICP/age fotostock

aux colombes du 14e s. en albâtre. Dans la 2e chapelle à droite, trois éléments de retable en albâtre provenant de Nottingham ont pour thème la Nativité, la Résurrection et l'Ascension ; enfin, dans la 4e chapelle à gauche, coffrets en bois du 15e s. avec application de pâtes dorées.

★★ **Tapisseries des Flandres** – Cinq panneaux de trois tableaux, spécialement adaptés au plan du sanctuaire, longs de près de 25 m et hauts de 2 m environ, retracent en seize scènes les principaux épisodes historiques et légendaires de la vie de saint Martin : figurent, entre autres, le partage du manteau, diverses guérisons obtenues par le saint et sa lutte victorieuse contre le diable. Chaque scène est commentée par un quatrain en ancien français, placé sur la partie supérieure de chaque panneau. L'excellent état de conservation de ces tapisseries du 16e s., l'éclat et la richesse de leurs coloris, l'existence d'une telle série placée dans le cadre même pour lequel elle a été conçue leur confèrent un intérêt exceptionnel.

★ **Gisants** – Si le corps du cardinal Pierre Des Prés repose sous le pavement situé en avant du chœur, le mausolée en marbre de Carrare qui le représente

LA FAMILLE DES PRÉS

Originaire de Montpezat (« Montpezat » désigne la localisation du bourg : *mons Pedatus* signifiant le mont fortifié, palissadé), cette famille a donné à l'Église cinq éminents prélats. Pierre Des Prés, cardinal de Préneste (actuelle Palestrina en Italie) est le fondateur de la collégiale St-Martin qu'il consacra en 1344. Son neveu Jean Des Prés fut tour à tour évêque de Coïmbra, ancienne capitale du Portugal, et de Castres. Trois autres membres de la famille montent successivement sur le siège épiscopal de la ville de Montauban, toute proche : Jean Des Prés (1517-1539), qui offre à la collégiale de Montpezat ses célèbres tapisseries flamandes, Jean de Lettes (1539-1556) et Jacques Des Prés (1556-1589), grand pourfendeur de huguenots, au sein de son diocèse, alors l'un des plus ardents foyers du protestantisme.

fut placé en 1778 à l'entrée du chœur, à droite. De l'autre côté, à gauche, le gisant en pierre de son neveu Jean Des Prés est un chef-d'œuvre de la statuaire funéraire.
Derrière la collégiale se trouvent les habitations des chanoines : une galerie au 1er étage reliait ces maisons à pans de bois du 15e s. À gauche en sortant de la collégiale, le **chemin des Remparts** offre une vue d'un côté sur le village et de l'autre sur les coteaux.

À proximité Carte de microrégion p. 378

Église de Saux B2

À 5 km au nord. Quittez Montpezat-de-Quercy par la D 20 en direction de Cahors, tournez à gauche après avoir parcouru 2 km.
Cet édifice dédié à saint André est situé au bout d'une route étroite qui serpente à travers bois et débouche dans un cadre bucolique. L'intérieur composé de trois travées à coupoles est décoré de belles **fresques** des 14e et 15e s. Les mieux conservées se trouvent dans le chœur : christ en majesté entouré des attributs des quatre évangélistes, Crucifixion et scènes de l'enfance de Jésus. Dans la chapelle de droite, fresques représentant la légende de sainte Catherine ; dans celle de gauche, saint Georges.

Molières B2

À 13 km à l'ouest de Montpezat-de-Quercy par la D 20.
Le village se développa au 13e s. quand Alphonse de Poitiers lui donna le statut de bastide. Si elle n'a plus sa halle, elle conserve son plan urbanistique. Il reste seulement des pans de remparts, détruits pendant la Révolution. De la promenade, point de vue sur l'**étang de Malivert**. Vous verrez deux passerelles en fer forgé du 19e s. qui relient les remparts à des habitations, attestant la prospérité passée. Outre deux maisons à colombages après la mairie, au nord se trouvait la tour de l'horloge dont témoigne la cloche accrochée à un arc en brique. Au sud, le clocher du 13e s. a été remanié au 17e s.

Caussade C2

À 15 km au sud de Montpezat-de-Quercy par la D 20 et la D 820.
Place forte protestante lors des guerres de Religion, Caussade est reconquise par les catholiques qui y implantent un couvent de récollets en 1683. Les remparts sont rasés au 18e s. Au 19e s., et encore au milieu du 20e s., la ville constitue un centre important de l'industrie du chapeau de paille. Les fluctuations de la mode ont recadré son activité des canotiers d'antan aux casquettes de plage. L'**église**, reconstruite à la fin du 19e s. par l'architecte toulousain Gabriel Bréfeil dans le style gothique, a conservé un clocher octogonal de style toulousain, en brique rose, dont les trois étages sont surmontés d'une flèche à crochets. En face se trouve la **tour d'Arles** du 13e s. Près de l'église, le **quartier ancien** abrite quelques vieilles demeures des 17e et 18e s.

COUP DE CHAPEAU
Les bêtises sont de Cambrai, les parapluies de Cherbourg, la dentelle de Calais et les chapeaux de paille de… Caussade. Sont ici en effet produits près des deux tiers de ceux fabriqués en France, ce qui explique que tout, dans la ville, fasse référence à cette activité.

N.-D.-des-Misères B2

À 13 km au sud-ouest de Caussade par la D 820, puis la D 40, commune de Mirabel.

Dominant la vallée de l'Aveyron, la chapelle, fondée en 1150, est coiffée d'un séduisant clocher octogonal à deux étages ajouré de baies géminées d'allure romane (16e s.).

Puylaroque C2

À 14 km au nord-est de Caussade par la D 17.

Cette **bastide** du bas Quercy resserre ses maisons aux toits très plats au sommet d'une colline dominant les vallées de la Candé et de la Lère. Près de l'église, dont le massif clocher carré est accolé au portail principal, les rues étroites du bourg ont conservé des maisons (13e-14e s.) à encorbellements et à pans de bois. Des esplanades, notamment depuis celle proche de l'église, on découvre des **vues** étendues sur les doux vallonnements de la campagne quercynoise, les plaines de Caussade et de Montauban.

NOS ADRESSES À MONTPEZAT-DE-QUERCY

HÉBERGEMENT/RESTAURATION

PREMIER PRIX

À proximité

L'Auberge du Quercy blanc – *23 av. des promenades - 82220 Molières - 05 63 67 19 00 - www.logishotels.com - P - 7 ch. 38/70 € - 7 € - menus 12/32 €.* Ce petit hôtel dispose de chambres avec une belle vue sur la vallée. L'accueil est charmant et le restaurant propose une cuisine traditionnelle familiale.

Hôtel-restaurant Dupont – *25 r. Récollets - 82300 Caussade - 05 63 65 05 00 - www.hotel-restaurant-dupont.com - P - fermé fin déc.-déb. janv. - 30 ch. 52/70 € - 8 € - menu 18 €, 19/42 €.* Au cœur de la petite capitale du chapeau de paille, un relais de poste du 18e s. avec des chambres simples et propres, ainsi qu'un restaurant traditionnel. Pratique lors d'une étape.

ACHATS

Vin

Les Vignerons du Quercy – *D 20 (sortie vers Cahors) - 82270 Montpezat-de-Quercy - 05 63 02 03 50 - www.les-vignerons-du-quercy.com - tlj sf dim. 9h-12h, 14h-19h (18h le sam. et lun. apr.-midi seult.).* Vente et dégustation de coteaux-du-quercy, AOC depuis 2011.

Saint-Antonin-Noble-Val

★

1 899 St-Antoninois – Tarn-et-Garonne (82)

Les rayons du petit matin, dans la vertigineuse vallée de l'Aveyron, rosissent un peu plus les tuiles rondes qui couvrent les toits de cette cité ancienne aux confins du Quercy, de l'Albigeois et du Rouergue. Organisée autour de l'ancienne maison des Consuls, plus ancien bâtiment civil de France, St-Antonin est l'avant-poste idéal pour rayonner dans le sud du Quercy.

NOS ADRESSES PAGE 418
Hébergement, restauration, achats, activités, etc.

S'INFORMER

Office de tourisme – *10 pl. de la Pélisserie - 82140 St-Antonin-Noble-Val - ☎ 05 63 30 63 47 - http://tourisme-saint-antonin-noble-val.com - juil.-août : 9h-13h, 14h-19h ; avr.-juin : 9h30-12h30, 14h-18h ; sept. : 9h30-12h30, 14h-18h, dim. 9h30-13h, 14h-17h ; reste de l'année : se rens. - fermé 1er janv., 1er Mai, 25 déc.*

Visite guidée de St-Antonin – *Rens. à l'office de tourisme - juil.-août : merc. et vend. 10h - 3,50/4 €.* Un circuit commenté (1h30) permet de faire le tour des principaux monuments.

SE REPÉRER

Carte de microrégion C2 (p. 379)

À 60 km au sud-est de Cahors, à 12 km au sud de Caylus et à 18 km à l'est de Caussade.

SE GARER

La circulation peut s'avérer particulièrement délicate dans le centre aux rues et ruelles étroites, autant ne pas s'y aventurer en voiture. Le vieux bourg est ceint de nombreux parkings plus ou moins ombragés : sur la route de Caussade, en direction de Caylus, place des Tilleuls, ou en direction du Bosc, vers la salle polyvalente.

À NE PAS MANQUER

La façade de l'ancien hôtel de ville ; les ruelles lors du marché dominical ; le style roman très pur de l'église de Varen.

ORGANISER SON TEMPS

Comptez une demi-journée pour la ville, une journée pour les environs.

Se promener

Au Moyen Âge, la présence d'un point de passage assure à la bourgade d'importantes sources de revenus (octroi), ainsi qu'une grande circulation commerciale ! St-Antonin est fréquentée par de riches marchands de draps, de fourrures et de cuirs qui s'installent dans de belles demeures aux 13e, 14e et 15e s., dont certaines subsistent.

★ Ancien hôtel de ville

Bâti en 1125 pour un riche bourgeois anobli, Pons de Granolhet, ce bâtiment est l'un des plus anciens spécimens d'architecture civile en France. Au 14e s., il fut utilisé comme maison des consuls. Viollet-le-Duc le restaura au 19e s. et lui accola un beffroi carré, couronné d'une loggia à mâchicoulis dans le style toscan, selon le projet qu'il présenta en 1845. La façade se compose de deux étages. La galerie de colonnettes du 1er étage de l'ancien hôtel de ville est

Saint-Antonin-Noble-Val et son beffroi roman.
G. Bertolissio/hemis.fr

ornée de deux piliers portant les statues de l'empereur Justinien, d'Adam et d'Ève. Au rez-de-chaussée, des arcades en arc brisé s'ouvrent sur un musée. **Musée** – *Pl. de la Halle - ✆ 05 63 30 63 47 - juil.-août : 16-19h ; reste de l'année : sur demande préalable - fermé dim.-lun. - tarif, se rens.* Il abrite des collections de préhistoire, parmi lesquelles la période magdalénienne est particulièrement bien représentée. Une salle est réservée au folklore.

Rue Guilhem-Peyre

Débutant sous le beffroi de l'ancien hôtel de ville, c'était la voie noble qu'empruntaient tous les cortèges. À droite s'élève l'ancienne caserne royale dite « caserne des Anglais » et, dans le coude de la rue, une splendide demeure du 12e s.

Descendez la rue vers la place de Payrols, puis engagez-vous à droite à la hauteur de la Perception.

Rue des Grandes-Boucheries

À l'angle de la rue de l'Église, la maison du Roy présente au rez-de-chaussée cinq arcades ogivales et, au 1er étage, autant de baies géminées, aux chapiteaux ornés de têtes juvéniles.

Remontez la rue de l'Église vers la mairie.

Ancien couvent des Génovéfains

Construit en 1751, il accueille la mairie et l'office de tourisme. Un panneau placé à l'entrée de la galerie sud permet d'en connaître l'historique.

Gagnez la place de la Halle par la rue St-Angel et la place du Buoc.

Croix de la halle

Devant la halle aux robustes piliers se dresse une curieuse croix du 15e s. « à raquette », sculptée sur ses deux faces. Cet ouvrage original et rare, offert par la confrérie des Orfèvres, aurait figuré primitivement à l'entrée ou au centre de l'ancien cimetière, alors situé aux abords de l'Aveyron. L'actuelle **promenade des Moines** a été aménagée sur l'ancien cimetière.

LA VALLÉE NOBLE
Son site agréable a valu à la station gallo-romaine, ancêtre de la ville actuelle, le nom de Noble-Val. La première partie du nom a été donnée en souvenir d'**Antonin**, saint martyrisé à Pamiers qui, selon la tradition, serait venu évangéliser les confins du Rouergue. Ses reliques auraient été placées par les anges dans une barque. Guidée par des aigles blancs, celle-ci aurait descendu l'Ariège et la Garonne jusqu'ici.

Rue de la Pélisserie
Elle est bordée des riches maisons des maîtres tanneurs et fourreurs (13e-14e s.).
Tournez à gauche dans la rue des Banhs.

Rue Rive-Valat
Longée par un petit canal enjambé par des ponts, c'est une des nombreuses dérivations de la rivière Bonnette creusées au Moyen Âge pour servir de tout-à-l'égout et alimenter les tanneries; celles-ci possèdent un dernier étage à claire-voie, à usage d'entrepôt et de séchoir, semblable à un *soleilho*.
La rue Rive-Valat débouche sur la rue Droite qui regagne, sur la droite, la place de la Halle.

Rue Droite
Dans cette rue, deux habitations se distinguent par la qualité de leurs clés de voûte figurées, la maison de l'Amour (fin 15e s.) ornée d'un baiser amoureux et la maison du Repentir où, à l'inverse, deux visages se détournent l'un de l'autre. Vers le milieu de la rue, très belle façade à double encorbellement, colombage garni de travertin et croisillons de bois.
Par la gauche, on débouche sur la place des Capucins d'où s'étire la rue du Pont-des-Vierges.

Rue du Pont-des-Vierges
Au niveau de la place du Bessarel, ancien **moulin et pressoir à huile de noix**, aujourd'hui encore en état de fonctionnement. *Pl. du Béssarel - ✆ 05 63 30 63 47 - visite seulement dans le cadre de la visite guidée de la ville.*

À proximité Carte de microrégion p. 379

Grotte du Bosc C2
À 4 km au nord-est de St-Antonin-Noble-Val par la D 75. Le Bosc-de-la-Cam - ✆ 05 63 30 62 91 - http://grotte.du.bosc.free.fr - visite guidée (50mn) juil.-août : 10h-12h30, 13h45-17h30; juin et sept. : 14h-17h; avr.-mai : dim., vac. scol. et j. fériés 14h-17h - 7 € (enfant 4,50 €).
Ancien lit asséché d'une rivière souterraine, ce boyau long de 200 m s'étend sous le plateau entre les vallées de l'Aveyron et de la Bonnette. Nombreuses stalactites et excentriques. Un **musée** minéralogique et préhistorique a été aménagé dans le hall de réception.

Circuit conseillé Carte de microrégion p. 379

DE LA VALLÉE DE LA BONNETTE AUX GORGES DE L'AVEYRON CD2

Circuit de 56 km tracé en brun sur la carte p. 379. Comptez environ une journée. Quittez St-Antonin par le nord en empruntant la D 19.

Château de Cas C2

05 63 67 07 40 - www.chateaudecas.fr - mi-avr.-mi-nov. : 14h-18h - 8 € (-15 ans 4 €).
Élevé au 12e s. pour garder la vallée de la Bonnette, ce château fut remanié au 14e et au 16e s. Il abrita une commanderie de Templiers, où Philippe le Bel crut trouver le fameux trésor des Templiers. Démantelé à trois reprises, le château actuel a été reconstruit et rénové à partir de 1979. Vous visiterez 15 pièces agréablement meublées, la chapelle, le jardin et les communs.
Revenez sur la D 19 (à droite).

Caylus *(voir ce nom)* C2

Quittez Caylus par l'est en empruntant la D 926.

Parisot D2

Dans un site vallonné, à l'est du village, apparaît le **lac de Parisot** bordé de peupliers *(baignade, pédalos, camping, accès payant).*
Au sud par la D 33, puis empruntez la D 75T et la D 20.

★ Abbaye de Beaulieu-en-Rouergue D2

05 63 24 50 10 - www.monuments-nationaux.fr - ♿ - juil.-août : 10h-12h, 14h-18h ; avr.-juin et sept.-oct. : tlj sf mar. 10h-12h, 14h-18h ; reste de l'année : sur demande préalable - fermé 1er janv., 1er Mai, 1er et 11 Nov., 25 déc. - possibilité de visite guidée (45mn) - 5,50 € (-26 ans gratuit).
Alliance parfaite de l'histoire et de la modernité, l'église cistercienne du 13e s. a été transformée, en 1970, en Centre d'art contemporain. Des œuvres de Simon Hantaï, Michaux Serpan, Dubuffet, Roger Bissière ou encore Arpad Szenes et Maria Vieira da Silva offrent une nouvelle émotion dans ce site reculé du Tarn-et-Garonne. En plus de cette collection permanente léguée au Centre des monuments nationaux, de belles expositions sont organisées chaque année dans ce cadre exceptionnel.
★ **Église** – Bel exemple d'architecture cistercienne, l'église du 13e s. est représentative du style gothique le plus pur. Sa nef unique est voûtée d'ogives et éclairée par des lancettes et des roses taillées en arabesques. L'abside à sept pans est précédée par la croisée du transept que surmonte une **coupole** octogonale sur trompes. Chaque croisillon du transept s'ouvre sur une chapelle carrée.
Bâtiments abbatiaux – La **salle capitulaire**, partie la plus ancienne, s'ouvrait par trois arcs d'ogive sur le cloître, aujourd'hui disparu. Elle se compose de deux travées couvertes chacune de trois voûtes d'ogives retombant sur deux colonnes plutôt imposantes. Le **cellier**, au rez-de-chaussée du bâtiment des frères convers, comprend dix voûtes sur croisée d'ogives reposant sur quatre colonnes dont les **chapiteaux** sont décorés de feuilles plates. La beauté de cette salle et le raffinement dont témoignent les sobres clefs de voûte montrent le soin que les moines cisterciens apportaient à l'édification de chaque bâtiment, même annexe. Au-dessus, à l'étage, était installé le dortoir, aujourd'hui reconverti en **salle d'exposition**. Le bâtiment des moines a été entièrement remanié au 17e s. et flanqué de deux tourelles un siècle plus tard.
En été, l'abbaye abrite des **expositions thématique**s et accueille des **animations musicales**. N'oubliez pas de vous renseigner à l'avance sur le programme. *Rens. www.art-beaulieu-rouergue.com.*
Revenez à la D 33 que vous prenez vers le sud direction Verfeil.

Verfeil D2

Ce petit bastion de la vallée de la Seye vous charmera par ses vieilles demeures aux façades fleuries qui entourent une halle refaite en pierre. Dans l'**église**, on peut voir un maître-autel en bois doré historié et un christ en bois du 17e s. provenant de l'abbaye de Beaulieu.

La D 20 à l'est, puis la D 958 à droite mènent à Varen.

Varen D2

Pl. de l'Église - 82330 Varen - 05 63 65 45 09 - www.varen.fr - juil.-août : 10h-12h, 14h-18h, sam. 9h30-12h ; reste de l'année : merc. et sam. 9h30-12h, mar. et jeu. 13h30-15h45, lun. et vend. 9h30-12h, 13h30-15h45 - fermé j. fériés.

Blotti autour de son église romane que protège un important système défensif, le bourg de Varen est installé sur la rive droite de l'Aveyron.

Pénétrez dans la partie ancienne de la localité par le sud. La **porte El-Faoure**, ancienne porte fortifiée, illustre la fidélité du doyenné de Varen au roi Louis XIII par l'inscription « IHS MA un diev une foy ». Cette porte s'ouvre sur la rue dite « Carrera del Fabre » et sur d'autres ruelles étroites. Ces dernières sont bordées de maisons à pans de bois et garnies de torchis dont les étages en encorbellement et les toits plats coiffés de tuiles rondes composent un vrai tableau.

Le **château** a été entièrement fortifié lors de sa construction. C'est dans ce bâtiment que le « seigneur-prieur » de Varen s'enfermait pour braver les décisions de l'évêque de Rodez et faire preuve de la plus complète indépendance. Cette situation prit fin lorsque, en 1553, le concile de Trente remplaça les moines du prieuré bénédictin par un collège de douze chanoines, plus dociles.

Construite à la fin du 11e s., l'**église St-Pierre★** jouxte le château du prieur. Dès sa construction, elle est conçue comme partie intégrante du système défensif de la ville, sa façade servant de mur d'enceinte. De l'ancien portail, muré au 16e s., il reste encore deux chapiteaux de facture archaïque représentant saint Michel terrassant le dragon *(à gauche)* et Samson ouvrant la gueule du lion *(à droite)*. Un sobre clocher sur plan carré surmonte le chœur plat entre deux absidioles semi-circulaires. Le vaisseau, de style roman très pur, comprend une longue nef aveugle à neuf travées séparées des bas-côtés par des piles carrées. Le chœur et les absidioles sont ornés de chapiteaux à motifs végétaux, entrelacs, animaux affrontés et chérubins.

La D 958 vous ramène à St-Antonin en longeant la rive droite de l'Aveyron.

NOS ADRESSES À ST-ANTONIN-NOBLE-VAL

HÉBERGEMENT

PREMIER PRIX

À proximité

Camping Les Trois Cantons – *Les Trois Cantons (7,7 km au nord par la D 19, rte de Caylus et chemin à gauche, après le petit pont sur la Bonnette, entre le lieu-dit Tarau et la D 926, entre Septfonds à 6 km, et Caylus à 9 km) - 05 63 31 98 57 - www.3cantons.fr - fermé de fin sept. à déb. mai - réserv. conseillée - 99 empl. - 15 mobile homes et 2 chalets 44 à 123 €/nuit, 308 à 860 €/sem.* Pour ceux qui veulent se détendre dans un cadre verdoyant tout en s'offrant la possibilité de visiter les alentours, ce terrain boisé conviendra. À 6 km des gorges de l'Aveyron, il combine piscine, tennis et VTT.

BUDGET MOYEN

Chambre d'hôte La Résidence – *37 r. Droite - 05 63 67 37 56 - www.laresidence-france.com - fermé 2 sem. en fév. et 2 sem. en nov. - 5 ch. 95/120 €*. Cette maison de maître du 18e s. tenue par un couple germano-hollandais dissimule un jardin arboré. Un bel escalier en tomettes conduit aux chambres, lesquelles conjuguent avec bonheur charme *british* et couleurs du Sud : la plupart s'ouvrent sur le jardin et l'une d'elles dispose d'une vaste terrasse.

RESTAURATION

BUDGET MOYEN

Auberge des Sens – *6 bd des Thermes - ✆ 05 63 31 27 41 - www.aubergedessens.fr - fermé dim. soir et lun. sf juil.-août - formule déj.15 € - 22/27 €.* Avec ses murs en pierre peints en rouge et gris et sa terrasse ombragée par une tonnelle, ce bistrot ravit ses hôtes de passage comme ses habitués. Cuisine de saison comprenant un menu « à l'improviste », sélection de vins du Sud-Ouest intéressante et service des plus charmants.

À proximité

La Corniche – *Brousses - ✆ 05 63 68 26 95 - www.brousses.wix.com/la-corniche - fermé 2 sem. en oct. et vac. de Noël - ♿ P 💳̸ - formule déj. 20 € - 30 €.* Sur la route des gorges de l'Aveyron, cette coquette maison de village, à l'ambiance chaleureuse, sert une cuisine authentique. En saison, dégustez cailles et agneaux du terroir. Agréable terrasse surplombant la vallée.

ACHATS

Marchés – Dimanche matin. En été, marché de nuit un soir par semaine.

ACTIVITÉS

Bon à savoir – Activités sur l'eau, sur terre, dans le ciel, vous n'aurez que l'embarras du choix. Pour les randonnées pédestres, équestres ou VTT, sachez que les sentiers sont bien balisés et que l'office de tourisme vend des topoguides. Vous pourrez aussi louer un canoë pour descendre l'Aveyron ou vous rendre sur le site d'escalade.

Variation – *À la plage - ✆ 05 63 68 25 25 - www.variation82.eu - hors sais. : sur réserv.* Encadrés par des moniteurs diplômés, les amateurs de sensations fortes trouveront leur bonheur ici : canoë-kayak, VTT, via ferrata, escalade, spéléo, randos… pour des périodes allant de 1 heure à 4 jours.

AGENDA

Fête des battages – En août, avec démonstrations de machines anciennes pl. du Pradel et du Bessarel, animations, repas campagnard et bal musette.

Fête des moissons – En juillet,au hameau de Gauthier *(6 km au nord de St-Antonin-Noble-Val)*, avec messe en plein air en occitan, moissons à l'ancienne et bal.

Caylus

1 526 Caylusiens – Tarn-et-Garonne (82)

Des maisons à colombages, un clocher en position dominante, un château fort en ruine, surtout un extraordinaire christ sculpté par Zadkine, le tout accroché aux pentes de la vallée de la Bonnette, entre Tarn et Rouergue : voici Caylus. Aux alentours, les paysages arides du causse de Limogne, parsemés de dolmens, de champs de lavande ou d'une rare phosphatière, se prêtent à la randonnée.

NOS ADRESSES PAGE 423
Hébergement, restauration, achats, activités, etc.

S'INFORMER

Office de tourisme – *20 r. Droite - 82160 Caylus - 05 63 67 00 28 - www.caylus.com - juil.-août : 10h-12h30, 14h30-18h30, dim. et j. fériés 10h-12h30, 15h-17h30 ; avr.-juin et sept. : tlj sf dim.-lun. et j. fériés 9h30-12h30, 14h30-17h30 ; reste de l'année : se rens. - fermé 1re sem. de juin, de déb. à mi-oct. et de mi- à fin déc., certains j. fériés.*

SE REPÉRER

Carte de microrégion C2 (p. 379)

Situé à 60 km au sud-est de Cahors et à 62 km au sud-ouest de Figeac, Caylus est accessible depuis Limogne-en-Quercy via de belles départementales (D 19, D 52 et D 33).

À NE PAS MANQUER

Le christ de Zadkine dans l'église ; l'imposante halle ; la vie animale préhistorique vue au travers des phosphatières du Cloup-d'Aural.

ORGANISER SON TEMPS

Comptez 2h pour la ville, une demi-journée pour l'itinéraire conseillé.

AVEC LES ENFANTS

Les phosphatières du Cloup d'Aura et ses empreintes de félins géants de l'ère tertiaire.

Se promener

Halle

Elle siège au milieu de la place de la Mairie, témoignant, à l'image de ses imposantes dimensions, du rôle commercial qu'avait Caylus sous l'Ancien Régime. Elle a conservé ses vieilles mesures à grains taillées dans la pierre.

Rue Droite

Partant de la place de la Mairie, la rue Droite est bordée de belles maisons médiévales, en particulier la fameuse « maison des Loups » (13e s.), dont la façade est ornée de quatre gargouilles en forme de loups prêts à bondir sur le passant.

Au bout de la rue Droite, église St-Jean-Baptiste.

Église

Autrefois fortifiée, elle est épaulée de lourds contreforts surmontés de mâchicoulis. Au-delà de la nef unique du 14e s., près du chœur se dresse un gigantesque **christ★** en bois d'ormeau exécuté en 1954 par le sculpteur **Ossip Zadkine**, une œuvre à la fois saisissante, pathétique et émouvante, où l'absence de croix exacerbe la perception de la souffrance. L'artiste aurait offert ce christ à la commune en témoignage de sa reconnaissance après son séjour

UNE HISTOIRE DE CHÂTEAU
Aussi loin que remonte la mémoire du bourg, Caylus est associé au mot latin *castrum*, le château, qui donna en occitan *cailar*; la terminaison en « us » est une forme diminutive, péjorative pour certains. Caylus fut appelé aussi Caylus de Bonnette, du nom de la petite rivière qui coule à ses pieds.

caylusien où il s'était réfugié pour échapper aux nazis pendant la Seconde Guerre mondiale avant de regagner les États-Unis. Les vitraux du chœur, qui datent du 15e s., ont été patiemment restaurés.

Circuit conseillé Carte de microrégion p. 379

LE CAUSSE DE LIMOGNE CD1-2

Circuit de 55 km tracé en bleu sur la carte p. 379. Comptez une demi-journée. Quittez Caylus par la D 19 au nord.
Ce paysage doucement vallonné est assez sauvage. Sur un sol calcaire dur à cultiver, quelques champs, mais surtout de l'herbe rase et des genévriers, des bois de chênes et des prairies où paissent les moutons. Des murets de pierres séparent les parcelles et des « **gariottes** » (abris de berger) ou « **caselles** » (abris pour les animaux ou de remise à outils) surgissent ici ou là.

N.-D.-des-Grâces CD2
Lieu de pèlerinage, cette chapelle de style gothique flamboyant, coiffée d'un toit de lauzes, s'ouvre par un beau portail sculpté et ciselé. Bâtie à l'extrémité d'un promontoire, la chapelle N.-D.-des-Grâces embrasse une vue étendue sur la vallée de la Bonnette et les collines boisées entrecoupées de prairies.
Poursuivez sur la D 19.

Lacapelle-Livron C2
Le village aux maisons couvertes de lauzes a conservé les vestiges d'une **commanderie de templiers** qui, après 1307, passa à l'ordre de Saint-Jean-de-Jérusalem (l'ordre de Malte) jusqu'à la Révolution. C'est actuellement un manoir fortifié dominant la Bonnette, avec une cour centrale conservant le plan d'origine de la commanderie. Au sud, sa petite **église-forteresse** romane est veillée par un puissant clocher-donjon dont subsistent les consoles du chemin de ronde. Elle fait face au réfectoire devenu salle des gardes.
Poursuivez sur la D 19.

Château de St-Projet CD2
05 63 65 74 85 - www.saint-projet.com - de déb. juin à fin oct. : 14h-19h ; de déb. à mi-nov. : 14h-19h, w.-end 14h-18h - fermé certains j. fériés - possibilité de visite guidée (40mn) - 6 € (-16 ans 4 €) - accès libre aux jardins.
Construit sur un tumulus gallo-romain à la fin du 13e s., il hébergea en 1595 la **reine Margot** et son amant recherchés par les armées d'Henri IV. Après leur départ, la chambre fut murée telle quelle et ne fut découverte par hasard qu'en 1990. En 1622, Louis XIII y fit également étape.

Beauregard D2
Édifiée sur un ancien bourg, la bastide a conservé le tracé d'origine de ses rues à angle droit. Sur la place centrale s'élève une **halle** du 14e s. dont les piliers trapus soutiennent une solide charpente et sa belle couverture de lauzes ; creusées dans la pierre, des **mesures à grains** témoignent de l'activité

économique exercée jadis dans cette cité gouvernée par des consuls. Sur le parvis de l'église se dresse un **calvaire** qui daterait du 15e s.
Prenez la D 55 vers Laramière.

Dolmen de la Peyre Levade D2

Bien dégagé, c'est l'un des plus beaux dolmens du Quercy (qui en compte près de 800) et sans doute l'un des plus lourds : on estime son poids à 25 tonnes ! Une cupule, sorte de bassin de 40 cm de diamètre, est creusée dans la table.
Poursuivez sur la D 55.

Prieuré de Laramière D2

Pl. de l'Église - ✆ 06 80 88 13 13 - de déb. juil. à mi-sept. : 14h-19h - fermé mar. - possibilité de visite guidée (1h30) - 6 € (-18 ans gratuit).
Il fut fondé en 1148 par le moine itinérant Bertrand de Grifeuille, de l'ordre des Augustins, également fondateur, quelques années plus tard, du prieuré d'Espagnac-Ste-Eulalie. Les bâtiments élevés aux 12e et 13e s. formaient un quadrilatère, mais une partie d'entre eux fut démolie pendant les guerres de Religion. Au milieu du 17e s., les jésuites s'y installèrent et élevèrent la maison du régisseur. La visite des bâtiments restaurés permet de voir les voûtes de la chapelle, la salle romane qui accueillait les pèlerins de St-Jacques-de-Compostelle et surtout la **salle capitulaire** voûtée et peinte de décors géométriques, ainsi que des chapiteaux à l'effigie de Saint Louis et de Blanche de Castille. Sur le mur sud de l'église, des enfeus abritaient les tombeaux des donateurs Hugues de La Roche et sa femme. La rivière Rausel est absorbée par le causse, sous le prieuré. Elle ressort par le gouffre de Lantouy, près de Cajarc.
Rebroussez chemin, passez Beauregard, continuez sur la D 55 jusqu'à Varaire, puis prenez la D 19 en direction de Bach. Tournez à gauche avant Bach.

★ Phosphatières du Cloup d'Aural C2

Cloup-d'Aural - ✆ 06 03 93 45 91 - www.phosphatieres.com - visite guidée (1h) juil.-août : 11h-18h ; reste de l'année : 15h et 16h30 - fermé de mi-nov. à fin mars - 7 € (-14 ans 4,50 €).
Dans une cavité évidée, cet ancien site d'exploitation des phosphates présente un double intérêt. S'il conte en effet l'histoire de la découverte et de l'extraction industrielle du **phosphate** (résultat de la transformation du phosphore des cadavres d'animaux, utilisé comme engrais), il est aussi et surtout un véritable livre ouvert sur la « mégafaune » de l'ère tertiaire (hyènes et félins géants, rhinocéros, chevaux primitifs…).
Sur le plateau calcaire à la végétation clairsemée, très fissuré et perméable à l'eau, des infiltrations avaient creusé des cavités où se sont accumulés des cadavres d'animaux. Les fossiles qu'ils sont devenus sont des instantanés des différentes époques de cette ère. Les silhouettes reconstituées de ces animaux ponctuent le site.
À Bach, tournez à gauche sur la D 22, puis poursuivez sur la D 85 qui ramène à Caylus.

NOS ADRESSES À CAYLUS

HÉBERGEMENT/RESTAURATION

À proximité

BUDGET MOYEN

Au Rince Cochon – *14 r. de Cénevières - 46260 Limogne-en-Quercy - ✆ 05 65 23 87 20 - fermé 1 sem. fin juin, 30 oct.-20 nov., mar. et merc. - 23/39 €.* Une jolie façade en pierre sur laquelle se découpent des volets colorés, une petite terrasse donnant sur la rue : dès l'abord, on ne peut contester le charme de cette maison de pays ! En cuisine, on défend le terroir avec des préparations soignées et savoureuses, basées sur le meilleur de la production locale.

Ferme-auberge des 4 Gîtes – *Château de Couanac - 46260 Varaire - ✆ 05 65 31 52 32 - P - 25 € bc.* Une allée de buis mène au château du 12e s. qui abrite une salle à manger d'époque. Au menu, agneau bio avec pommes de terre sarladaises, produits du terroir et cabécou de la ferme. Sur réservation uniquement. Quatre gîtes dans les anciennes écuries.

POUR SE FAIRE PLAISIR

Château de St-Projet – *À 9 km au nord de Caylus, par la D 19 - ✆ 05 63 65 74 85 - www.saint-projet.com - 1 ch. 70 € - 15 € - gîte à louer (550 € la sem. en été, 350 € en sept.-oct.) - table d'hôte 20 €.* p. 421.

ACHATS

Les Conserves d'Autrefois – *Las Couchos - 82160 Caylus - ✆ 05 63 67 06 14 - www.lesconservesdautrefois.fr - tlj sf dim. 9h-12h30, 14h-18h30.* Conserverie familiale située dans un joli village médiéval. Depuis quatre générations, les Ramond se transmettent de père en fils leur savoir-faire et leurs recettes : pavé caylusien (médaillon de foie de canard), magret de canard fourré, bûche de dinde au foie gras, plats cuisinés, etc. La découverte de l'atelier est instructive, et la boutique décorée avec goût *(visite et dégustation gratuites).*

À proximité

Marchés – Le causse de Limogne compte deux gros bourgs réputés pour leurs marchés. **Lalbenque** : marché aux truffes mardi à 14h de décembre à mars ; marché hebdomadaire le sam. matin. **Limogne-en-Quercy** : marché traditionnel le dimanche matin ; marché aux truffes vendredi à 10h30 de décembre à mars ; marché aux truffes d'été dimanche à 10h30 de juin à août.

ACTIVITÉS

À proximité

Centre équestre – *Mas de Bassoul - 46260 Limogne-en-Quercy - ✆ 05 65 31 67 91 - www.fraysse-equitation-lot.ffe.com - randonnées et promenades sur réserv.* Ce centre a choisi de pratiquer le dressage éthologique, une technique tout en douceur, rare en France. Ici, donc, pas de cravache ni de manière forte. Initiation à cette approche particulière, promenades aux alentours et découverte du causse sur réservation.

Saint-Cirq-Lapopie

★★

218 St-Cirquois – Lot (46)

C'est l'un des sites majeurs de la vallée du Lot : perché sur un escarpement rocheux, St-Cirq (prononcez St-Cyr) occupe en effet une position remarquable, surplombant de 80 m la rive gauche du Lot, face à un cirque de hautes falaises blanches. Partagé par quatre grandes familles féodales, ce nid d'aigle a connu une longue période de prospérité, lisible dans ses maisons médiévales, qui lui a valu la faveur de quelques artistes au 20e s.

NOS ADRESSES PAGE 428
Hébergement, restauration, achats, activités, etc.

S'INFORMER

Office de tourisme – *Pl. du Sombral - 46330 St-Cirq-Lapopie - ✆ 05 65 31 31 31 - www.saint-cirqlapopie.com - juil.-août : 10h-19h, dim. 10h-18h ; juin et sept. : 10h-18h ; avr.-mai et oct. : 10h-13h, 14h-18h, dim. 11h-17h ; vac. de fév. et vac. de Noël : tlj sjf lun. 9h30-12h30, 14h-17h30, dim. 11h-17h ; reste de l'année : 9h30-12h30, 14h-17h30 - fermé 1er janv., 11 Nov., 25 déc.*

Visites guidées – *Rens. à l'office de tourisme - juil.-août : 10h-18h ; reste de l'année : se rens. - 6 € (-8 ans gratuit). Visites guidées (1h30) thématiques, familiales et insolites.* Découverte de Saint-Cirq du bourg médiéval au village d'artiste.

SE REPÉRER

Carte de microrégion C1 (p. 379)

À 36 km à l'est de Cahors, St-Cirq est en retrait de la rive gauche du Lot. On y accède par deux ponts, l'un très étroit à Bouziès, l'autre à Tour-de-Faure.

SE GARER

Le stationnement en bord de route est interdit. Se rendre dans l'un des parkings payants *(3 €/j)*, au sommet du bourg.

ORGANISER SON TEMPS

Comptez une demi-journée.

AVEC LES ENFANTS

La plage de St-Cirq est surveillée en été et des locations de canoës sont proposées en été *(voir « Nos adresses »)*.

Se promener

LE BOURG

Glissant de la falaise, le village égrène ses vieilles maisons qui s'animent, le soir venu, sous la lumière dorée. Il faut flâner au hasard des rues étroites et en pente, bordées de maisons à colombages aux toits de tuiles brunes. Au hasard des façades en encorbellement s'ouvrent quelques boutiques où s'expriment des artistes (peintres, graveurs, céramistes…) qui doivent beaucoup à leurs prédécesseurs.

En effet, la plupart de ces demeures ont été restaurées par des peintres et des artisans séduits par St-Cirq et la vallée du Lot. Parmi les plus célèbres, citons le photographe Man Ray, le poète surréaliste André Breton, les peintres Henri Martin, Foujita et Pierre Daura ; ce dernier habitait dans la ruelle de la

St-Cirq-Lapopie domine la rive gauche du Lot.
H. Lenain/hemis.fr

Fourdonne la maison (13e-14e s.) qui porte désormais son nom, dont il sculpta les poutres et qui accueille maintenant une résidence d'artistes.

Maison de la Fourdonne – *✆ 05 65 31 21 51 - www.maisondelafourdonne.com - horaires, se rens. - possibilité de visite guidée (1h30) - 4 € (-13 ans gratuit) - fermé pour travaux, réouverture encore non définie.* Elle abrite le musée de la Mémoire du village et un théâtre de plein air. Elle organise également des visites guidées. Dans la rue principale qui descend depuis les parkings, notez les portes en arc brisé des 13e et 14e s. La place du Sombral accueillait les foires, elle compte encore une maison à arcades et pans de bois (14e s.).

Rue Droite, les habitations bâties entre le 16e et le 17e s. s'élargissent d'un double encorbellement. La dernière à gauche, une maison forte du 16e s., s'ouvre en saison pour des expositions.

En contrebas, la **maison Rignault** abrite un petit musée d'art ; de sa terrasse, **vue★** sur la vallée. Plus bas, l'**auberge des Mariniers**, flanquée de sa tour, fut habitée par André Breton.

En face de ce dernier logis, la place du Carol donne accès à la **rue de la Pélissaria** où se succèdent des constructions à pans de bois et bancs d'échoppes (15e, 16e et 17e s.).

La Popie

À droite de l'office de tourisme, un sentier conduit aux vestiges du château et au point le plus élevé de la falaise. De ce rocher, où se dressait autrefois le donjon de la forteresse de La Popie, on embrasse une **vue★★** remarquable sur le village de St-Cirq et son église accrochée au flanc de la falaise.

Derrière le bourg, un méandre du Lot souligné d'une rangée de peupliers enserre un damier de cultures et de prairies. Au-delà s'étendent les reliefs boisés de la bordure du causse de Gramat.

Église fortifiée

Bâti sur une terrasse rocheuse dominant le Lot, cet édifice du début du 16e s. a absorbé la chapelle romane primitive. Précédé d'un clocher-tour trapu,

UN SITE DÉFENSIF RECHERCHÉ

Il est vraisemblable que l'occupation de cet escarpement commandant la vallée a tenté les hommes dès l'époque gallo-romaine. L'histoire de la forteresse est une longue suite de sièges et de batailles obscures. Les derniers pans de murs de la vaillante forteresse furent abattus en 1580, sur ordre d'Henri de Navarre, futur Henri IV.

Le nom actuel de la localité rappelle le martyre du jeune **saint Cyr**, tué avec sa mère en Asie Mineure sous le règne de Dioclétien et dont les reliques auraient été, croit-on, rapportées par saint Amadour. Les La Popie, seigneurs du lieu au Moyen Âge, donnèrent leur nom au château établi au plus haut de la falaise et par extension au bourg qui se développa en contrebas.

Depuis le Moyen Âge était établie ici une puissante corporation de **tourneurs sur bois**. Ces artisans, encore nombreux au 19e s., animaient du roulis de leurs tours les ruelles et venelles du bourg. Les « roubinetaïres », comme on les appelait alors, fabriquaient des robinets de barriques ; les boisseleurs, des chandeliers, des grains de rosaire ou des barreaux de chaise. Les noms de rues (peaussiers de la rue Pélissaria, chaudronniers de la rue Peyrolerie – le peyrol étant un chaudron) et les façades des échoppes conservent, derrière leurs ouvertures en ogive ou à meneaux, le souvenir de ces métiers. Il ne reste plus qu'un tourneur sur bois à St-Cirq.

flanqué d'une tourelle ronde, le vaisseau voûté d'ogives abrite des statues de l'époque baroque.

Au pied du clocher, il reste une mesure qui régulait la vente des grains du marché. De la terrasse à droite de l'église, belle vue sur la vallée.

Descendez vers la place du Carrol et bifurquez à gauche (écriteau).

Château de la Gardette

✆ 05 65 31 23 22 - www.lot.fr - juil.-août : 10h-12h30, 14h30-19h ; reste de l'année : 10h-12h30, 14h30-18h - fermé nov.-mars, mar., 1er Mai - 2 € (-26 ans 1 €).

Les deux corps de logis flanqués d'une belle échauguette abritent le **musée Rignault** qui accueille des expositions temporaires.

À proximité Carte de microrégion p. 379

Les Chemins qui parlent

Fiches en vente à l'office de tourisme. Boucles de 3 à 9 km (1 à 4h de difficulté variable). Une vingtaine de balades entre causses et vallées du Lot et du Célé. Le promeneur est accompagné par des commentaires enregistrés, correspondant à des bornes réparties sur chaque chemin. Sont mis en évidence des points d'intérêt divers : architecture et vie rurale, histoire, flore…

Belvédère du Bancourel C1

Pour atteindre ce promontoire rocheux dominant le Lot, suivez pendant 300 m la D 40 en direction de Bouziès. À l'embranchement de la D 8 à gauche, au départ de la route touristique tracée en corniche dans la falaise, a été aménagée une esplanade (parc de stationnement).

Du Bancourel se développe un très beau **panorama★** sur la vallée du Lot et St-Cirq d'où surgit le rocher de La Popie.

★ Château de Cénevières C1

À 7 km à l'est de St-Cirq-Lapopie par la D 8.

05 65 31 27 33 - www.chateau-cenevieres.com - visite guidée (1h) du w.-end de Pâques à la Toussaint : horaires, se rens. - fermé 1er janv., 11 Nov., 25 déc. - 7 € (-15 ans 3,50 €) - visites nocturnes juil.-août : merc. et vend. 20h30.

Surplombant la rivière qu'il toise à une distance respectable, le château de Cénevières mêle, depuis les fondations jusqu'aux toits, douze siècles d'architecture. L'ensemble compose un édifice de grande taille, composite, et riche de quelques éléments inattendus.

On distingue le donjon du 13e s. et les deux corps de bâtiments du 15e s. reliés par la **galerie Renaissance** du 16e s. Celle-ci est soutenue par des colonnes toscanes et surmontée de lucarnes. Les fossés sur lesquels était jeté un pont-levis ont été comblés.

À l'intérieur, le rez-de-chaussée comprend plusieurs salles voûtées : la « salette », la cuisine et la salle du donjon où une trappe permet d'apercevoir les trois étages souterrains du cellier. À côté, la **chapelle**, toujours consacrée, où se trouve l'autel du St-Suaire.

Au premier étage du donjon, le **Grand Salon** présente un plafond peint de style Renaissance longtemps dissimulé par un plafond de plâtre. De même, les peintures représentant des vues d'Istanbul sur le haut des murs ont été découvertes récemment à la suite d'une infiltration d'eau. Il abrite également des tapisseries des Flandres des 15e et 16e s. et le reliquaire de la sainte coiffe rapporté de la prise de Cahors.

La salle suivante rassemble différents objets : casque militaire espagnol, pétard, moule à boules à canon, lettres de personnalités retrouvées dans les archives familiales, arbres généalogiques… Mais le propriétaire des lieux vous en contera l'histoire.

La petite salle d'alchimie surprend par ses fresques naïves du 16e s. aux sujets puisés dans la mythologie grecque. Le four de l'alchimiste s'orne d'une représentation de la pierre philosophale.

DU FORTIN AU LOGIS RENAISSANCE

Cénevières vient de l'ancien français *cheneve*, qui signifie « chanvre ». Une chènevière est un champ de chanvre. Ce sont les ducs d'Aquitaine qui, dès le 8e s., ont construit un fortin à cet emplacement, lieu retranché qu'ils opposèrent à Pépin le Bref. Au 13e s., les seigneurs de Gourdon font élever le donjon et prennent le titre de vicomtes de Gaiffier. À la Renaissance, Flottard de Gourdon, qui avait participé aux guerres d'Italie aux côtés de François Ier, remanie complètement le château. Son fils Antoine de Gourdon embrasse la religion protestante et participe à la prise de Cahors avec Henri de Navarre, en 1580. Il se livre à quelques pillages dans la cathédrale, charge l'**autel du St-Suaire** et le maître-autel sur des barques à destination de Cénevières. Celle du maître-autel chavire malheureusement à mi-parcours. Avant sa mort, Antoine de Gourdon fait construire le temple protestant qui se trouve dans la cour d'entrée. Il meurt sans descendant, mais sa veuve se remarie avec un La Tour du Pin : une nouvelle lignée occupe alors Cénevières. À la Révolution, le château est pillé et mutilé, mais échappe à l'incendie.

NOS ADRESSES À SAINT-CIRQ-LAPOPIE

HÉBERGEMENT

PREMIER PRIX

Auberge du Sombral « Aux Bonnes Choses » – *05 65 31 26 08 - www.lesombral.com - fermé déc.-mars, jeu. sf vac. scol., sept. et le soir sf vend. et sam. - 8 ch. 60/80 € - 9 € - rest. ouv. vend.-sam.soir, midi sf jeu. hors sais. - formules déj. 17 €, 25/30 €.* Dans cette maison, au pied du château des Lapopie, on sait ce que sont Les Bonnes Choses ! La preuve : on y savoure une sympathique cuisine du terroir où les produits locaux ont la part belle (agneau, foie gras, fromages…). Quelques jolies chambres pour prolonger la visite de ce village dominant le Lot.

BUDGET MOYEN

Hôtel le Saint Cirq – *05 65 30 30 30 - www.hotel-lesaintcirq.com - fermé janv. - - 25 ch. 78/180 € - 14 €.* Face au cirque de Lapopie, cet hôtel récent s'inspire d'un hameau quercynois : accueil dans un ancien séchoir à tabac, matériaux nobles et parc planté d'arbres fruitiers. L'ensemble dégage un charme et une quiétude qui donnent envie de s'attarder…

RESTAURATION

BUDGET MOYEN

L'Oustal – *Le Bourg - 05 65 31 20 17 - fermé nov.-mars et jeu. - réserv. souhaitée - formule déj. 13 € - 17/25 €.* Un petit restaurant où le patron en cuisine tient à la qualité. Spécialité de pommes de terre gratinées. Prix tout à fait convenables. Une agréable terrasse permet de déjeuner dehors.

Le Gourmet Quercynois – *05 65 31 21 20 - www.restaurant-legourmetquercynois.com - fermé janv.-mi-fév. - formule déj. 16 € - 20/28 €.* Un restaurant plaisant ainsi qu'un petit musée viticole intéressant aménagé dans une maison de village tenue par un œnophile passionné. Salle à manger à la fois moderne et rustique ouverte sur une jolie terrasse dressée sous une tonnelle. Belle carte des vins et cuisine locale.

À proximité

Au Vinagrou – *Mas de Vinagrou - 46260 Concots (11 km au sud par la D 42) - 05 65 22 58 08 - www.vinagrou.com - ouv. tlj midi et soir (hors sais., ouv. à midi, sam. soir, fermé lun.) - formule déj. 13,50 €, menu 20/28 € - 4 ch. d'hôte 68 €.* Isolée dans la campagne, cette ferme rénovée est un lieu très accueillant. La grange, aux murs de pierre, abrite au rez-de-chaussée la salle à manger, prolongée aux beaux jours par une belle terrasse sous pergola. À l'étage, les chambres indépendantes sont simples, vastes et climatisées. Côté cuisine, le Sud-Ouest règne en maître : escalope de foie gras poêlée, magret de canard au miel, pastis.

ACTIVITÉS

À proximité

Kalapca – *Conduché - 46330 Bouzies - 05 65 24 21 01 - www.kalapca.com - mars-nov. : 9h-19h ; reste de l'année sur réserv.* Base multiactivités sur le Lot et le Célé. Descente de la rivière en canoë libre ou accompagnée, escalade, spéléologie, canyoning, etc.

Notes

Parce que le monde est mobile, **Michelin** améliore notre mobilité.

Par tous les moyens et sur toutes les routes.

Depuis l'avènement de l'entreprise – il y a plus d'un siècle ! –, Michelin n'a eu qu'un objectif : aider l'homme à toujours mieux avancer. Un défi technologique, d'abord, avec des pneumatiques toujours plus performants, mais aussi un engagement constant vis-à-vis du voyageur, pour l'aider à se déplacer dans les meilleures conditions. Voilà pourquoi Michelin développe, en parallèle, toute une collection de produits et de services : cartes, atlas, guides de voyage, accessoires automobiles, mais aussi applications mobiles, itinéraires et assistance en ligne : Michelin met tout en œuvre pour que bouger soit un plaisir !

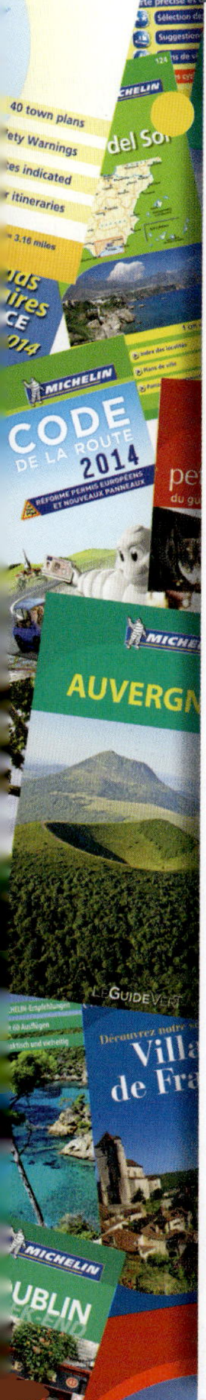

→ Michelin Apps

Parce que le confort et la sécurité sont des notions essentielles, pour vous comme pour nous, Michelin a créé un bouquet de 6 applications mobiles gratuites. Un équipement complet pour que la route soit un plaisir !

→ *MICHELIN MyCar* • *Pour obtenir le meilleur de vos pneus, des services et des infos pour préparer sereinement vos trajets.*

→ *MICHELIN Navigation* • *Une nouvelle approche de la navigation : le trafic en temps réel avec une nouvelle fonctionnalité de guidage connecté.*

→ *ViaMICHELIN* • *Calcul d'itinéraires et données cartographiques : un incontournable pour se déplacer sans perdre de temps.*

→ *MICHELIN Restaurants* • *Parce que la route doit être un plaisir, retrouvez un très large choix de restaurants, en France et en Allemagne, dont la sélection complète du guide MICHELIN.*

→ *MICHELIN Hôtels* • *Pour réservez votre chambre d'hôtel au meilleur tarif, partout dans le monde !*

→ *MICHELIN Voyage* • *85 pays et 30 000 sites touristiques sélectionnés par le Guide Vert Michelin, et un outil pour réaliser votre propre carnet de route.*

Un pneu
→ c'est quoi ?

Rond, noir, à la fois souple et solide, le pneumatique est à la roue ce que le pied est à la course. Mais de quoi est-il fait ? Avant tout de gomme, mais aussi de divers matériaux textiles et / ou métalliques... et d'air ! Ce sont les savants assemblages de tous ces composants qui assurent aux pneumatiques leurs qualités : adhérence à la route, amortissement des chocs, en deux mots : confort et sécurité du voyageur.

1 BANDE DE ROULEMENT
Une épaisse couche de gomme assure le contact avec le sol. Elle doit évacuer l'eau et durer très longtemps.

2 ARMATURE DE SOMMET
Cette double ou triple ceinture armée est à la fois souple verticalement et très rigide transversalement. Elle procure la puissance de guidage.

3 FLANCS
Ils recouvrent et protègent la carcasse textile dont le rôle est de relier la bande de roulement du pneu à la jante.

4 TALONS D'ACCROCHAGE À LA JANTE
Grâce aux tringles internes, ils serrent solidement le pneu à la jante pour les rendre solidaires.

5 GOMME INTÉRIEURE D'ÉTANCHÉITÉ
Elle procure au pneu l'étanchéité qui maintient le gonflage à la bonne pression.

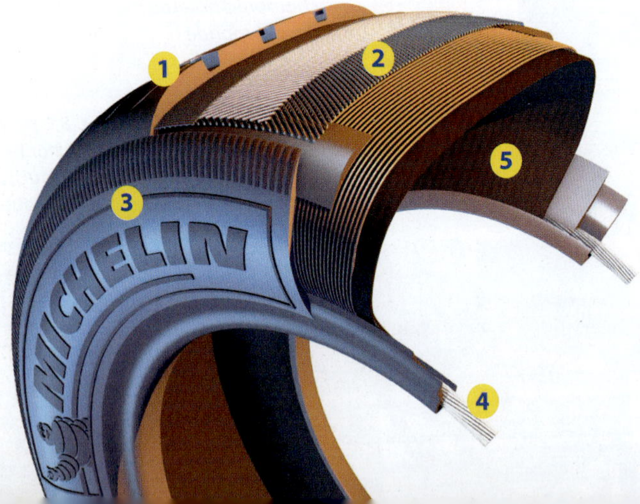

Michelin

→ *l'innovation en mouvement*

Créé et breveté par Michelin en 1946, le pneu radial ceinturé a révolutionné le monde du pneumatique. Mais Michelin ne s'est pas arrêté là : au fil des ans, d'autres solutions nouvelles et originales ont vu le jour, confirmant Michelin dans sa position de leader en matière de recherche et d'innovations, pour répondre sans cesse aux exigences des nouvelles technologies des véhicules.

→ *la juste pression !*

L'une des priorités de Michelin, c'est une mobilité plus sûre. En bref, innover pour avancer mieux. C'est tout l'enjeu des chercheurs, qui travaillent à mettre au point des pneumatiques capables de "freiner plus court" et d'offrir la meilleure adhérence possible à la route. Aussi, pour accompagner les automobilistes, Michelin organise, partout dans le monde, des campagnes de sensibilisation à la sécurité routière : les opérations "Faites le plein d'air" rappellent à tous que la juste pression des pneumatiques est un facteur essentiel de sécurité.

La stratégie Michelin :

→ *des pneumatiques multiperformances*

Qui dit Michelin dit sécurité, économie de carburant et capacité à parcourir des milliers de kilomètres. Un pneumatique MICHELIN, c'est tout cela à la fois.

Comment ? Grâce à des ingénieurs au service de l'innovation et de la technologie de pointe. Leur challenge : doter tout pneumatique – quel que soit le véhicule (automobile, camion, tracteur, engin de chantier, avion, moto, vélo et métro !) – de la meilleure combinaison possible de qualités, pour une **performance globale optimale**.

Ralentir l'usure, réduire la dépense énergétique (et donc l'émission de CO_2), améliorer la sécurité par une tenue de route et un freinage renforcés : autant de qualités dans un seul pneu, c'est cela Michelin Total Performance.

MICHELIN
Total Performance

Chaque jour, **Michelin** innove en faveur de la mobilité durable.

DANS LE TEMPS ET LE RESPECT DE LA PLANÈTE.

La mobilité durable

c'est une mobilité propre... et pour tous

La mobilité durable c'est permettre aux hommes de se déplacer d'une façon plus propre, plus sûre, plus économique et plus accessible à tous, quel que soit le lieu où ils vivent.

Tous les jours, les 113 000 collaborateurs que Michelin comptent dans le monde innovent :

• en créant des pneus et des services qui répondent aux nouveaux besoins de la société,

• en sensibilisant les jeunes à la sécurité routière,

• en inventant de nouvelles solutions de transport qui consomment moins d'énergie et émettent moins de CO_2.

Michelin Challenge Bibendum

La mobilité durable, c'est permettre la pérennité du transport des biens et des personnes, afin d'assurer un développement économique, social et sociétal responsable. Face à la raréfaction des matières premières et au réchauffement climatique, Michelin s'engage pour le respect de l'environnement et de la santé publique. De manière régulière, Michelin organise ainsi le Michelin Challenge Bibendum, le seul événement mondial axé sur la **mobilité routière durable.**

MICHELIN CHALLENGE BIBENDUM

INDEX GÉNÉRAL

Sarlat-la-Canéda : villes, curiosités et régions touristiques.
Champollion, Jean-François : noms historiques ou termes faisant l'objet d'une explication.
Les sites isolés (châteaux, abbayes, grottes…) sont répertoriés à leur propre nom.
Nous indiquons par son numéro, entre parenthèses, le département auquel appartient chaque ville ou site. Pour rappel :
12 : Aveyron
19 : Corrèze
24 : Dordogne
46 : Lot
82 : Tarn-et-Garonne

A

B

C

D

H

I

J

L

M

N

O

P

Q

R

S

CARTES ET PLANS

CARTE GÉNÉRALE

Premier rabat de couverture

CARTES DES RÉGIONS

PLANS DE VILLES

PLANS DE MONUMENTS

CARTES THÉMATIQUES

CARTES DES CIRCUITS

LÉGENDE DES CARTES ET PLANS

Curiosités et repères

- Itinéraire décrit, départ de la visite
- Église
- Mosquée
- Synagogue
- Monastère - Phare
- Fontaine
- Point de vue
- Château - Ruine ou site archéologique
- Barrage - Grotte
- Monument mégalithique
- Tour génoise - Moulin
- Temple - Vestiges gréco-romains
- Temple : bouddhique - hindou
- Autre lieu d'intérêt, sommet
- Distillerie
- Palais, villa, habitation
- Cimetière : chrétien - musulman - israélite
- Oliveraie - Orangeraie
- Mangrove
- Auberge de jeunesse
- Gravure rupestre
- Pierre runique
- Église en bois
- Église en bois debout
- Parc ou réserve national
- Bastide

Sports et loisirs

- Piscine : de plein air - couverte
- Plage - Stade
- Port de plaisance - Voile
- Plongée - Surf
- Refuge - Promenade à pied
- Randonnée équestre
- Golf - Base de loisirs
- Parc d'attractions
- Parc animalier, zoo
- Parc floral, arboretum
- Parc ornithologique, réserve d'oiseaux
- Planche à voile, kitesurf
- Pêche en mer ou sportive
- Canyoning, rafting
- Aire de camping - Auberge
- Arènes
- Base de loisirs, base nautique ou canoë-kayak
- Canoë-kayak
- Promenade en bateau

Informations pratiques

- Information touristique
- Parking - Parking - relais
- Gare : ferroviaire - routière
- Voie ferrée
- Ligne de tramway
- Départ de fiacre
- Métro - RER
- Station de métro (Calgary, ...) (Montréal)
- Téléphérique, télécabine
- Funiculaire, voie à crémaillère
- Chemin de fer touristique
- Transport de voitures et passagers
- Transport de passagers
- File d'attente
- Observatoire
- Station-service - Magasin
- Poste - Téléphone
- Internet
- Hôtel de ville
- Banque, bureau de change
- Palais de justice - Police
- Gendarmerie
- Théâtre - Musée
- Université
- Musée de plein air
- Hôpital
- Marché couvert
- Aéroport
- Parador, Pousada (Établissement hôtelier géré par l'État)
- A Chambre d'agriculture
- D Conseil provincial
- G Gouvernement du district, Délégation du Gouvernement Police cantonale
- L Gouvernement provincial (Landhaus)
- P Chef-lieu de province
- Station thermale
- Source thermale

Axes routiers, voirie

- Autoroute ou assimilée
- Échangeur : complet - partiel
- Route
- Rue piétonne
- Escalier - Sentier, piste

Topographie, limites

- Volcan actif - Récif corallien
- Marais - Désert
- Frontière - Parc naturel

Comprendre les symboles utilisés dans le guide

LES ÉTOILES

★★★ **Vaut le voyage** ★★ **Mérite un détour** ★ **Intéressant**

HÔTELS ET RESTAURANTS

9 ch.	Nombre de chambres
☕ 7,5 €	Prix du petit-déjeuner en sus
50 € ☕	Prix de la chambre double, petit-déjeuner compris
bc	Menu boisson comprise
	Air conditionné dans les chambres
	Restaurant dans l'hôtel
	Établissement servant de l'alcool (à l'étranger)
	Piscine
CC	Paiement par cartes de crédit
	Carte de crédit non acceptée
P	Parking réservé à la clientèle
Tram	Station de tramway la plus proche
M	Station de métro la plus proche

SYMBOLES DANS LE TEXTE

	À faire en famille
	Pour approfondir
	Promenade à pied
	Randonnée à vélo
	Facilité d'accès pour les handicapés
i	Organisme de tourisme
	Astuce, conseil
	Adresse coup de cœur
A2 B	Repère sur le plan

Note au lecteur

Michelin a apporté le plus grand soin à la rédaction de ce guide et à sa vérification. Toutefois, les informations pratiques (formalités administratives, prix, adresses, numéros de téléphone, adresses Internet, etc.) doivent être considérées comme des indications du fait de l'évolution constante de ces données.

Il n'est pas totalement exclu que certaines d'entre elles ne soient plus, à la date de parution du guide, tout à fait exactes ou exhaustives. N'hésitez pas à nous signaler toute omission ou inexactitude que vous pourriez constater, ainsi qu'à nous faire part de vos avis et suggestions sur les adresses contenues dans ce guide.

Avant d'entamer toute démarche, formalités administratives ou douanières notamment, vous êtes invité à vous renseigner auprès des organismes officiels. Ces informations ne sauraient, de ce fait, engager notre responsabilité.

Collection Le Guide Vert sous la responsabilité de Philippe Orain

Édition
Hélène Payelle, Émilie Morin

Rédaction
Luc Decoudin, Frédéric Denhez, Serge Guillot, Corinne Langlois, Denis Montagnon, Béatrice Peyret-Vignals, Nathalie Rouveyre-Scalbert, Stéphanie Vinet

Cartographie
Maria-Mirabela Dumbraveanu, Évelyne Girard, Thierry Lemasson

Relecture
Hélène Jovignot

Remerciements
Didier Broussard, Maria Gaspar (iconographie), Marion Desvignes-Canonne, Mathilde Denanot

Conception graphique
Christelle Le Déan

Régie publicitaire et partenariats
business-solutions@tp.michelin.com
Le contenu des pages de publicité insérées dans ce guide n'engage que la responsabilité des annonceurs.

Contacts
Michelin Guides Touristiques
27 cours de l'Île-Seguin, 92100 Boulogne-Billancourt
Boutique en ligne : www.michelin-boutique.com
Service consommateurs : tourisme@tp.michelin.com

Parution 2016

Michelin Travel Partner
Société par actions simplifiées au capital de 11 288 880 EUR
27 cours de l'Île-Seguin - 92100 Boulogne-Billancourt (France)
R.C.S. Nanterre 433 677 721

Toute reproduction, même partielle et quel qu'en soit le support, est interdite sans autorisation préalable de l'éditeur.

© Michelin, Propriétaires-éditeurs
Dépôt légal : 03-2016 – ISSN 0293-9436
Compograveur : IGS-CP, L'Isle-d'Espagnac
Imprimeur : Canale, Ilfov (Roumanie)
Imprimé en Roumanie : 02-2016

Usine certifiée 14001
Sur du papier issu de forêts gérées durablement (100 % PEFC)